国家出版基金项目
NATIONAL PUBLICATION FOUNDATION

单中惠 总主编
杜威教育研究大系

杜威评传

单中惠 编译

山东教育出版社
·济南·

图书在版编目（CIP）数据

杜威评传 / 单中惠编译 . — 济南：山东教育出版社，2024.6
（杜威教育研究大系 / 单中惠总主编）
ISBN 978-7-5701-2710-8

Ⅰ . ①杜…　Ⅱ . ①单…　Ⅲ . ①杜威（Dewey, John 1859—1952）—评
传　Ⅳ . ①K837.125.46

中国国家版本馆CIP数据核字（2023）第 198893 号

丛书策划：蒋　伟　孙文飞
责任编辑：周红心　齐　爽
责任校对：舒　心
装帧设计：王玉婷

DUWEI PINGZHUAN

杜威评传

单中惠　编译

主　　管：山东出版传媒股份有限公司
出版发行：山东教育出版社
地　　址：济南市市中区二环南路2066号4区1号　　邮　　编：250003
电　　话：（0531）82092660　　　　　　　　　　网　　址：www.sjs.com.cn
印　　刷：山东临沂新华印刷物流集团有限责任公司
版　　次：2024年6月第1版　　　　　　　　　　印　　次：2024年6月第1次印刷
规　　格：710毫米×1000毫米　1/16　　　　　印　　张：38.25
字　　数：550千　　　　　　　　　　　　　　定　　价：152.00元

如印装质量有问题，请与出版社发行部联系调换。（电话：0531-82092686）

美国哲学家、教育家约翰·杜威（John Dewey，1859—1952）

杜威的出生地——美国佛蒙特州伯灵顿市南威兰德街186号。1859年10月20日,杜威在此出生,是阿奇博尔德·斯普雷格·杜威夫妇四个子女中的第三个儿子。

19世纪80年代后期，杜威的父亲阿奇博尔德·斯普雷格·杜威和母亲卢西娜·里奇在杜威任教的密歇根大学所在地安阿伯的合影。

杜威与他哥哥戴维斯·里奇·杜威（右二）、查尔斯·迈纳·杜威（右一）及他的表兄约翰·帕克·里奇（左一）的合影，摄于1865年左右。

杜威外祖父戴维斯·里奇的住宅，位于佛蒙特州里奇维尔。19世纪七八十年代，杜威兄弟常常在其外祖父的农场里度过他们的暑期，养成了对户外活动的爱好。

佛蒙特州夏洛特村的莱克维尤高级中学。这是一所规模较小的私立中学，距伯灵顿市16英里。1881—1882年冬季学期，杜威受聘在该校任教，并主管学校事务。

约翰斯·霍普金斯大学。这是美国第一所仿效德国柏林大学模式而创建的大学，1876年建于马里兰州巴尔的摩市。1882—1884年，杜威在这里攻读博士学位。他曾指出，约翰斯·霍普金斯大学的开办，开创了美国高等教育发展的新纪元。

在密歇根大学任教时的杜威。在约翰斯·霍普金斯大学获得博士学位后，杜威受聘于密歇根大学哲学系（1884—1888，1889—1894），先后任讲师、助理教授、教授和系主任。在密歇根大学任教初期，杜威因参与教师培训工作而激起了对教育的兴趣。

　　杜威（前排右二）与密歇根大学生杂志《内陆人》（*The Inlander*）月刊的编辑们合影（摄于1885年左右）。在密歇根大学任教期间，杜威除教学和科研外，还参加校园内一些学术团体的活动。

　　去芝加哥大学前夕的杜威。从1894年起，杜威在芝加哥大学担任哲学、心理学和教育学系主任，并讲授研究生课程。1896年，他开办了芝加哥大学实验学校，通称"杜威学校"，进行了历时八年（1896—1903）的教育实验活动。

　　位于芝加哥市艾利斯大街5412号的芝加哥大学实验学校。1896年1月，杜威在一个私人住宅开办了芝加哥大学实验学校；同年10月迁至金巴克大街5178号；同年圣诞节迁至南方公园俱乐部。1898年10月，该校迁至艾利斯大街5412号；1903年，迁至坐落于金巴克大街和肯沃德大街之间的埃蒙特·布莱恩大楼。

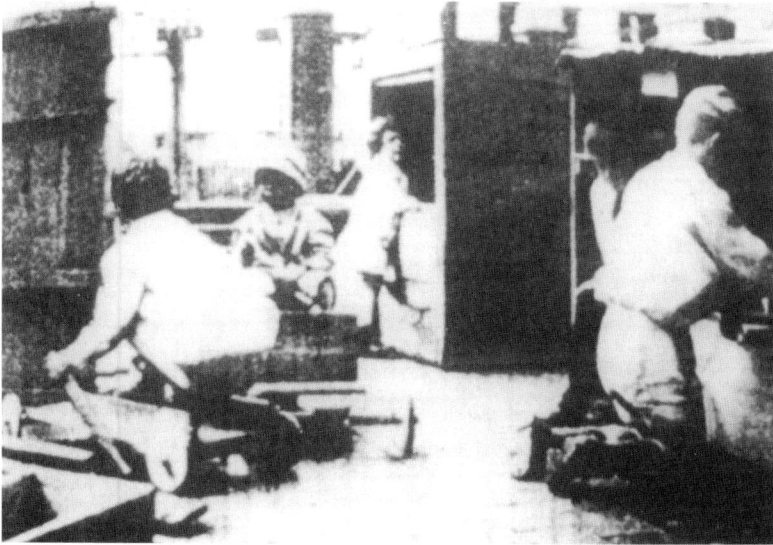

　　在芝加哥大学实验学校中，儿童正在教室里活动。根据杜威的教育原理，该校以体现儿童本能的各种游戏和作业活动为核心来组织教学。

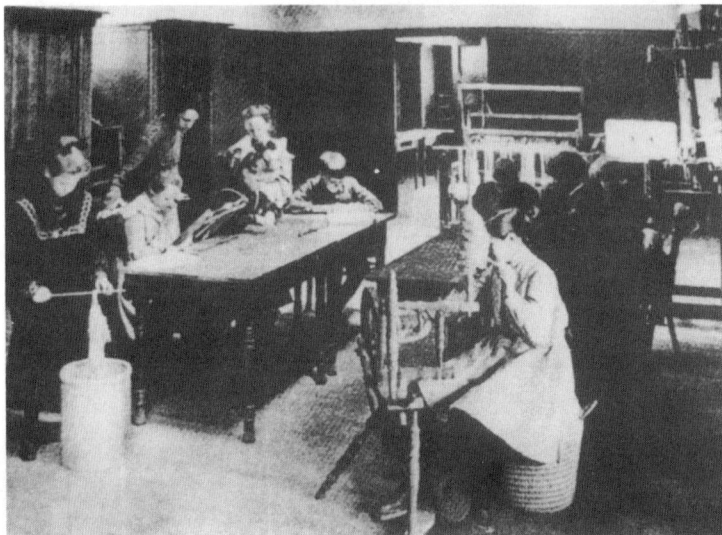

学生正在教师指导下从做中学。芝加哥大学实验学校根据杜威的教育原理在教学方法上进行了改革，注重学生的活动。

儿童正在大学的院子里愉悦地工作。芝加哥大学实验学校的学生一直利用芝加哥大学校园内的设施工作。

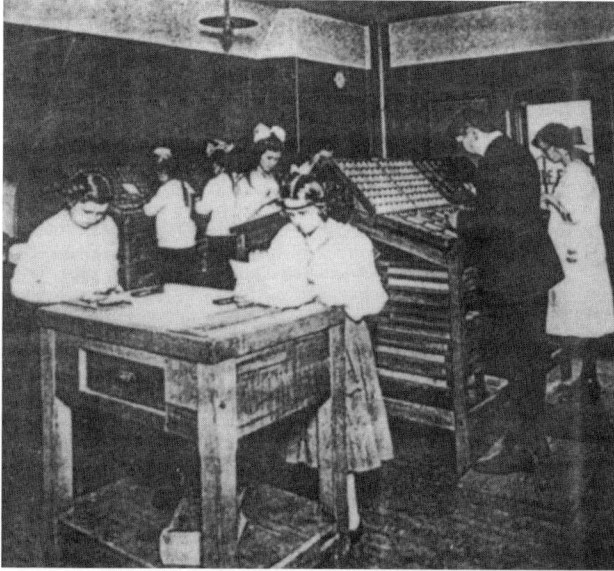

在一次印刷工艺课上，学生正在用心地排放铅字。芝加哥大学实验学校每月出版的刊有学校新闻和通知的校历，是由学生在印刷车间印刷的。

芝加哥大学实验学校五年级学生在午餐时学习与食物有关的法语单词和短语。正如杜威指出的，学生通过有意义的和有趣的活动更容易记忆。

在哥伦比亚大学任教初期的杜威。因为与芝加哥大学校长哈珀在有关芝加哥大学实验学校行政管理上的意见分歧，杜威辞去他在芝加哥大学的职务。后经友人联系，杜威于1904年4月应聘到哥伦比亚大学任教。

哥伦比亚大学全景鸟瞰。哥伦比亚大学位于纽约市曼哈顿西116街至120街，是纽约州最古老的高等学府，是"常青藤联合会"成员之一。1905—1930年，杜威在这里任教。

哥伦比亚大学哲学系大楼。杜威从1905年2月开始在哥伦比亚大学从事教学和研究工作，其中主要是在哲学系开设研究生课程。我国近现代著名学者胡适、冯友兰等曾在这里留学。

哥伦比亚大学师范学院，位于纽约市曼哈顿西120街。从1905年起，杜威在哥伦比亚大学哲学系任教的同时，也在师范学院授课。我国近现代教育家陶行知、陈鹤琴、蒋梦麟、郭秉文等曾在哥伦比亚大学师范学院留学。

　　杜威夫妇（前排左一和左二）、女儿露西（前排左三）在南京与陶行知（前排左五）、陈鹤琴（前排左四）等合影。从1919年4月30日（抵达上海）至1921年8月2日（离开青岛），杜威访问中国。访华期间，他在11个省及北京、上海和天津三市作演讲。

　　杜威夫妇（前排右一、右二）在上海申报馆与胡适（后排左一）、陶行知（后排右二）、蒋梦麟（后排左二）、史量才（前排左一）等合影，摄于1919年5月。

1920年，杜威（前排右三）等被北京大学授予名誉博士学位后与时任北京大学校长的蔡元培（前排右四）等合影。

1921年7月11日杜威（前排左三）离开北京赴济南前，北京高等师范学校平民教育杂志社欢送杜威及其家属的合影。

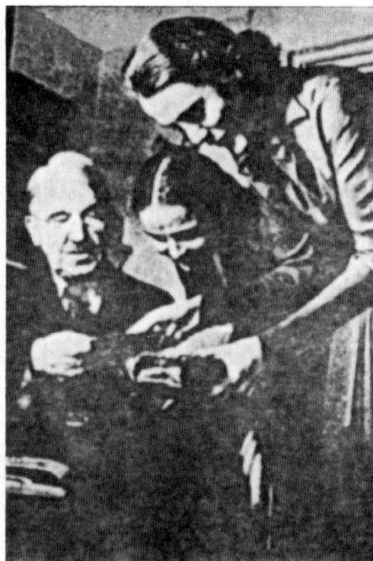

　　杜威与他的女儿露西·杜威和伊夫琳·杜威一起观看中国之行的纪念品，回忆访问中国的美好时光。

　　1930年，法国巴黎大学授予杜威名誉法学博士学位，并指出他是美国精神最深刻和最完全的表现。杜威生前曾先后被美国、英国、法国、挪威和中国的一些大学授予名誉博士学位。

1934年7月，新教育联谊会（New Education Fellowship）主办的国际教育讨论会在南非的开普敦举行。会议期间，杜威（第二排右四）和与会的前哥伦比亚大学学生一起合影。

20世纪40年代中期，杜威在加拿大新斯科舍省哈巴兹避暑时进行园艺劳动。

1949年10月，90岁生日之际，杜威（中间站立者）回到他的母校佛蒙特大学。杜威及校长伊莱亚斯·莱曼（杜威左旁）、杜威传记作者乔治·戴克威曾（杜威右旁）与大学师生在一起。

1949年10月20日，杜威90岁生日。杜威在观看中国留学生送给他的90岁生日礼物———尊菩萨瓷像。

　　杜威（左一）和夫人格兰特（左二）在生日宴会上一起切生日蛋糕。1949年10月20日晚，在纽约市康芒多尔酒店的格兰德大舞厅举行庆贺杜威90岁生日宴会，美国各界人士及国际友人出席并表示祝贺。

　　1949年10月20日晚，印度总理尼赫鲁（右一）出席了庆贺杜威90岁生日宴会。虽然第一次与杜威（左一）相识，但尼赫鲁向杜威表达了由衷的敬意，送上了美好的祝福。

晚年的杜威正在专注地阅读。杜威在父母的影响和严格要求下自幼就养成喜爱阅读的习惯，并在他的人生和学术道路上始终保持着这一习惯。

晚年的杜威在书房里查阅文献。杜威在他的93年人生道路上，始终不渝地从事哲学和教育研究，取得了丰硕的学术成就。

美国知名画家约瑟夫·马古利斯（Joseph Margulies）画的杜威肖像（水彩画）。

杜威在办公室里写作。

　　杜威生前的住宅——纽约市第五大道1158号公寓。1952年6月1日杜威在此去世，走完了他93年的人生和学术道路。杜威的学生、美国教育家克伯屈指出，在教育哲学史上，他是世界上还未曾有过的最伟大的人物。

1972年10月，在杜威诞辰113周年之际，在他的母校佛蒙特大学校园中竖起的杜威纪念碑。

约翰·杜威生平示意图
（1859.10.20—1952.6.1）

分期： 童年和少年 ｜ 十年大学求学和中学任教 ｜ 十年门徒 ｜ 十年摆脱影响和渐露头角 ｜ 五十年杜威成了杜威自己

时间节点：

- **1859年10月20日** 出生于佛蒙特州伯灵顿
- **1874年** 15岁 从中学毕业
- **1884年** 在密歇根大学任教（其中1888—1889年 在明尼苏达大学任教）
- **1894年** 在芝加哥大学任教 担任哲学、心理学和教育学系主任
- **1904年** 在哥伦比亚大学任教（师范学院和哲学系）
- **1919年**
- **1930年** 驻校荣誉退休 哲学教授
- **1939年** 荣誉退休 哲学教授
- **1949年10月20日** 美国各界人士 在纽约庆贺杜威 90岁生日
- **1952年6月1日** 在纽约市去世

相关事件与著作：

- **1859年** 英国博物学家、进化论奠基人达尔文出版了《物种起源》；英国哲学家穆勒出版了《论自由》；马克思主义的创始人马克思出版了《政治经济学批判》
- **1875—1879年** 在佛蒙特大学学习 确立研究哲学的志向 激起研究教育的兴趣
- **1879—1882年** 在石油城中学和莱克维尔高级中学当老师
- **1882—1884年** 在约翰斯·霍普金斯大学攻读研究生
- **1896—1903年** 创办芝加哥大学实验学校（杜威学校）

《我的教育信条》（1897）
《学校与社会》（1899）
《教育学讲座》（1901）
《儿童与课程》（1902）

10月20日 北京教育界团体 在北京庆贺 杜威60岁生日

到日本（1919）、中国（1919—1921）、土耳其（1924）、墨西哥（1926）、苏联（1928）访问

《明日之学校》（1915）
《民主主义与教育》（1916）
《我们如何思维》（修订版，1933）
《经验与教育》（1938）

（编译者绘制）

总　序

单中惠

美国哲学家和教育家约翰·杜威（John Dewey，1859—1952）走过了93年的人生道路。在整个学术生涯中，杜威从哲学转向教育，既注重教育理论，又注重教育实验，始终不渝地进行现代教育的探索，创立了一种产生世界性影响的教育思想体系，成为现代享有盛誉的西方教育思想大师。凡是了解杜威学术人生或读过杜威著作的人，都会惊叹其知识的渊博、思维的敏锐、观点的新颖、批判的睿智、志向的坚毅、撰著的不辍。综观杜威的学术人生，其学术生涯之漫长、学术基础之厚实、学术成果之丰硕、学术思想之创新、学术影响之广泛，确实是其他任何西方教育家都无法相比的。

杜威的著述中蕴藏着现代教育智慧，他的教育思想具有恒久价值。这种恒久价值主要体现在五个方面：阐释了学校变革与社会变革的关系；强调了教育目标应该是学生发展；倡导了课程教材的心理化趋向；探究了行动和思维与教学的关系；阐明了教育过程是师生合作的过程。特别值得指出的是，杜威的那些睿智的教育话语充分凸显了创新性。例如，关于社会和学校，杜威提出："社会改革是一种有教育意义的改革"，"社会重构和教育重构是相互关联的"，"学校是一个社会共同体"，"教会儿童如何生活"，等等。关于儿童和发展，杜威提出："身体和心灵两方面的发展相辅而行"，"身体健康乃各种事业的根本","心智不是一个储藏室","解放了的好奇心就是系统的发现","教育的首要浪费是浪费生命",等等。关于课程和教材,杜威提出:"课程教材心理化","在课堂上拥有新生命","批量生产造就了埋没个人才能和技艺的批量教育","教师个人必须尽其所能地去挖掘和利用教材",等等。关于思维和学习,杜威提出:"教育的原理就是学行合一","做中学并不意味着用工艺训练课或手工课取代教科书的学习","学习就是要学会思维","讲课是刺激和指导反思性思维的时间和场所",等等。关于创造与批判,杜威提出:"创造与批判是一对伙伴","发展就等于积极地创造","批判和自我批判是通往创造性的道路",等等。关于道德教育和职业教育,杜威提出:"道德教育的重要就因为它无往不在","道德为教育的最高最后的目的","品格发展是学校一切工作的最终目的","职业教育的首要价值是教育性的","普通教育与职业教育同时并行",等等。关于教师职业和教师精神,杜威提出:"教师职业是全人类最高贵的职业","教师是学校教育改革的直接执行者","教师必须是充满睿智的心灵医师","教师是艺术家","确保那些热爱儿童的教师拥有个性和创造性","教育科学的最终实现是在教育者的头脑里",等等。

　　杜威的教育名著及其学术思想,受到众多哲学家、教育学家的推崇。例如,美国哲学家和教育家胡克(Sidney Hook)特别强调了杜威的《民主主义与教育》一书的经典价值:"在任何领域中,在原来作为教科书出版的著作中,《民主主义与教育》是唯一的不仅达到了经典著作的地位,而且成为今天所有关心教育的学者不可不读的一本书。"[①]英国教育史学家拉斯克(Robert R. Rusk)和斯科特兰(James Scotland)在他们合著的《伟大教育家的学说》(1979)一书中则指出:"在过去的一百年里,提供指导最多的人就是约翰·杜威。……在教育上,我们不得不感谢杜威,因为他在对传

---

　　① [美]约翰·杜威.杜威全集·中期著作第9卷[M].俞吾金,孔慧,译.上海:华东师范大学出版社,2012:导言.

统的、'静止的、无趣的、贮藏的知识理想'的挑战中做出了自己最大的贡献，使教育与当前的生活现实一致起来。……在20世纪70年代后期，在杜威去世后的四分之一世纪里，有一些迹象表明教育潮流再一次趋向杜威的方向。"①

尽管杜威也去过日本（1919）、土耳其（1924）、墨西哥（1926）、苏联（1928）访问或讲演，但他印象最深刻的是在中国的访问和讲演。从1919年4月30日至1921年8月2日，杜威在中国各地访问讲学总计两年零三个月又三天。其间，他的不少哲学和教育著作也在中国翻译出版，对近现代中国教育的发展以及近现代中国教育家陶行知、陈鹤琴、黄炎培等产生了不可忽视的影响。因此，西方教育学者中对近代中国最为熟悉，对近代中国教育影响领域最广、程度最深和时间最长的，当属杜威。

杜威在华期间，蔡元培在他的60岁生日晚餐会演说中曾这样说：杜威"博士不绝的创造，对于社会上必更有多大的贡献"②。我国近现代学者胡适在《杜威先生与中国》（1921）一文中也写道："自从中国与西洋文化接触以来，没有一个外国学者在中国思想界的影响有杜威先生这样大。"③ 因此，杜威女儿简·杜威（Jane Dewey）在她的《约翰·杜威传》（1939）一书中这样提及杜威和中国的交往："不管杜威对中国的影响如何，杜威在中国的访问对他自己也具有深刻的和持久的影响。杜威不仅对同他密切交往的那些学者，而且对中国人民表示了深切的同情和由衷的敬佩。中国仍是杜威所深切关心的国

---

① ［英］罗伯特·R. 拉斯克，詹姆斯·斯科特兰. 伟大教育家的学说［M］. 朱镜人，单中惠，译. 济南：山东教育出版社，2013：266-288.
② 蔡元培. 在杜威博士之60生日晚餐会上之演说. // 沈益洪. 杜威谈中国［M］. 杭州：浙江文艺出版社，2001：330.
③《晨报》，1921年7月11日。

家，仅次于他自己的国家。"①

教育历史表明，如果我们要研究美国教育的发展，要研究世界教育的发展，要研究中国教育的发展，那我们就必须研究杜威教育思想。正如美国学者罗思（R. J. Roth）在他的《约翰·杜威与自我实现》（1961）一书的"序言"中所指出的："未来的思想必定会超过杜威……可是很难想象，它在前进中怎么能够不通过杜威。"这段话是那么睿智深刻，又是那么富有哲理。

在中华人民共和国成立后，杜威教育研究在相当长的一个时期里成为学术禁区。1980年，我国著名教育史学家、华东师范大学教育系赵祥麟教授在《华东师范大学学报（哲社版）》当年第2期上发表了《重新评价杜威实用主义教育思想》一文，首先提出对杜威教育思想进行重新评价，在我国教育界特别在教育史学界产生了很大的影响。应该说，这是我国改革开放后对杜威教育思想重新评价的"第一枪"，引领了对杜威教育思想的再研究。赵祥麟教授这篇文章中最为经典的一段话——"只要旧学校里空洞的形式主义存在下去，杜威的教育理论将依旧保持生命力，并继续起作用"，它不仅被我国很多教育学者在杜威教育研究中所引用，而且被刊印在人民教育出版社2008年出版的五卷本《杜威教育文集》的扉页上。

自改革开放以来，在实事求是精神的引领下，我国教育学界对杜威教育思想进行了重新评价，并使杜威教育思想研究得到了深化。其具体表现在：杜威教育研究的成果更加多样，多家出版社组织翻译出版杜威教育著作，研究生开始关注杜威教育研究，中小学教师对阅读杜威教育著作颇有兴趣，等等。

特别有意义的是，华东师范大学出版社出版了由刘放桐教授主编、复旦大学杜威与美国哲学研究中心组译的中文版《杜威全集》38卷，其中包括《杜威全集·早期著作（1882—1898）》5卷、《杜威全集·中期著作（1899—

---

① Jane M. Dewey. *Biography of John Dewey.* // Paul Arthur Schilpp. *The Philosophy of John Dewey.* Evanston and Chicago: North-western University, 1939：42.

1924）》15卷、《杜威全集·晚期著作（1925—1953）》17卷以及《杜威全集·补遗卷》。刘放桐教授在《杜威全集》"中文版序"（2010）中强调指出，杜威"被认为是美国思想史上最具影响的学者，甚至被认为是美国的精神象征；在整个西方世界，他也被公认是20世纪少数几个最伟大的思想家之一"。应该说，《杜威全集》中文版提供了珍贵的一手资料，不仅有助于杜威哲学思想的研究，而且也有助于杜威教育思想的研究。

2016年是杜威的最重要的标志性著作《民主主义与教育》出版100周年。作为对这位西方教育先辈的一个纪念，美国杜威协会（John Dewey Society）于2016年4月、欧洲教育研究学会（European Education Research Association）于同年9月28日至10月1日分别在美国华盛顿和英国剑桥大学召开了《民主主义与教育》一书出版100周年纪念会。2019年是杜威诞辰160周年，也是他来华访问讲演100周年。美国芝加哥大学、哥伦比亚大学师范学院等高等学府的学者，分别举行了纪念杜威访华100周年的学术研讨会。

与此同时，在我国，不仅众多教育学者发表了与杜威教育相关的文章，而且一些教育学术期刊也开设了相关的纪念专栏或专题，还有一些全国或地方教育学术团体举行了各种形式的纪念性学术研讨活动。中华教育改进社、北京师范大学教育历史与文化研究院等还共同发起了纪念杜威来华100周年系列活动。其中，2019年4月28日举行了"杜威与中国教育高端学术会议"，人民网、新华网、光明网、中国社会科学网等分别对此进行了报道。事实表明，如果没有改革开放，我国教育学界就不会有对杜威教育思想的重新评价，也就不会有杜威教育研究的深化。

杜威是20世纪美国乃至世界上最有影响的教育家之一，他给教育带来了一场深刻的革命。杜威教育研究是西方尤其是美国教育研究中的一个重要领域，也是一个既有恒久价值又有现实意义的重要课题。对于当今我国学校的教育教学和课程改革，杜威教育思想也具有重要的现实意义。"杜威教育研究大系"的出版，既可以展示我国改革开放以来杜威教育研究的成果，又可以推动杜威教育研究在我国的进一步深化，还有助于教育学者和学校教师更深入更理性地认识与理解杜威教育思想。这是"杜威教育研究大系"出版的目的之所在。

"杜威教育研究大系"由我国杜威教育研究知名学者、华东师范大学教育学系单中惠教授任总主编，由合肥师范学院教师教育研究中心朱镜人教授、沈阳师范大学教育学院关松林教授和河南大学教育学部杨捷教授任副总主编。"杜威教育研究大系"共11分册，具体包括：

《杜威与实用主义教育思想》（单中惠/著）

《杜威教育经典文选》（朱镜人/编译）

《杜威在华教育讲演集》（王凤玉、单中惠/编）

《杜威教育书信选》（徐来群/编译）

《杜威教育名著导读》（单中惠/著）

《杜威心理学思想研究》（杨捷/主编）

《杜威教育信条》（单中惠/选编）

《杜威教育在日本和中国》（关松林/主编）

《杜威教育在俄罗斯》（王森/著）

《杜威评传》（单中惠/编译）

《学校的公共性与民主主义——走向杜威的审美经验论》（［日］上野正道/著，赵卫国/主译）

在确定"杜威教育研究大系"的总体框架时，我们主要考虑了四个原则：一是综合性。不仅体现杜威在理论与实践结合的基础上对教育各个方面进行的综合性论述，而且阐述他把哲学、心理学和教育学结合起来，以及对世界各国教育产生的广泛影响。二是创新性。凸显杜威教育著述中的创新精神和教育智慧，以及杜威教育研究的新视角、新发现、新观点和新方法。三是多样性。既有西方学者的研究，也有我国学者的研究；既有总体的研究，又有专题的研究，还有比较的研究；既有理论研究，又有著作研究，还有资料研究。四是基础性。对于杜威教育研究这个主题来讲，整个研究无疑具有重要的学术价值，但有些研究在某种意义上还是基础性研究，冀望在研究视野及研究深度和广度上推进我国杜威教育研究。当然，这四个方面也是"杜威教育研究大系"力图呈现的四个特点。

杜威教育研究是一项具有重要意义的工作，又是一项十分艰辛的工作。就拿一手资料《杜威全集》（*Collected Works of John Dewey*）来说，南伊利诺伊大学卡本代尔分校杜威研究中心前主任博伊兹顿（Jo Ann Boydston）主编英文版《杜威全集》，从1969年出版早期著作第一卷到2012年出版补遗卷，这项38卷本的汇编工作前后共花费了43年时间；由复旦大学刘放桐教授主持翻译的中文版《杜威全集》启动于2004年，从2010年翻译出版早期著作起，至2017年最后翻译出版补遗卷，也历时13年。因此，就杜威教育研究而言，如果再算上难以计数的二手资料和三手资料以及大量的相关资料，那要在相关研究中取得丰硕的创新成果并非一件易事，这需要我国教育学者坚持不懈地潜心研究。在这个意义上，"杜威教育研究大系"的出版虽然是我国改革开放以来杜威教育研究的一个具有标志性的系列成果，但也只能说是初步的研究成果。

对当今我国教育改革和发展来说，杜威教育思想仍然具有重要的现实价值。那是因为，尽管杜威与我们生活在不同时代，但杜威所探讨的那些问题在现实的教育中并没有消失，后人完全可以在杜威教育思想探讨的基础上对那些教育问题进行更深入的思考和分析，并从杜威教育思想中汲取智慧。在杜威教育研究不断深化和提升的过程中，首先要有更理性的研究意识，其次要有更广阔的研究视野，还要有更科学的研究方法。当然，展望杜威教育研究的未来，我国教育学者应该努力把新视角、新发现、新观点、新方法作为关注的重点。

"杜威教育研究大系"是山东教育出版社承担的"十三五"国家重点图书出版规划项目，也是2022年度国家出版基金资助项目。"杜威教育研究大系"的出版，得到了山东教育出版社领导的高度重视和大力支持，在此谨致以最诚挚的敬意。"杜威教育研究大系"项目从启动到完成历时五年多，在此应该感谢整个团队各位同人的愉悦合作。

在西方教育史上，约翰·杜威无疑是一位具有新颖的教育理念和产生巨大影响力的伟大教育家，但他自己还是最喜爱"教师"这一称呼，并为自己做了一辈子教师而感到无比的自豪。在此，谨以"杜威教育研究大系"献给为教师职业奉献一生的约翰·杜威教授。

2023年8月

目　录

前　言

单中惠

　　美国哲学家和教育家约翰·杜威（John Dewey）从1859到1952年走过了九十三年人生道路，他的学术生涯是给人深刻启迪的。杜威从哲学转向教育，并在理论和实践结合的基础上始终不渝地探索现代教育，构建了实用主义教育思想体系。综观杜威的一生和学术生涯，他对社会生活的变迁是敏感的，他对传统教育的批判是深刻的，他对教育革新的态度是热情的，他的理论基础是广泛的，他的教育思想体系是庞大的，他对美国和世界教育的影响是巨大的。因此，作为当代西方教育思想大师，杜威是当之无愧的。

　　1859年10月20日，杜威出生在佛蒙特州伯灵顿市南威兰德街186号。童年时代和少年时代，他是在自己的家乡接受中小学教育的。他喜爱读书，几乎对阅读任何书籍都感兴趣，但对采取死记硬背方法的传统学校教育却感到厌烦。可以说，在杜威所受到的中小学教育中，最重要的部分是在课堂外获得的。因此，杜威的女儿简·M. 杜威（Jane M. Dewey）在《约翰·杜威传》（*Biography of John Dewey*）中指出："在形成约翰·杜威教育理论的各种因素中，他童年时代的环境显然起了很大的作用。"[①]

　　[①] Jane M. Dewey. *Biography of John Dewey*. // Paul Arthur Schilpp. *The Philosophy of John Dewey*. Evanston and Chicago: Northwestern University Press, 1939：9.

当我们解读杜威漫长的人生和学术道路时，可以很清楚地看到，在他探索现代教育的整个生涯中，在他学术研究走向成熟的发展道路上，在他的实用主义教育思想体系的构建过程中，他的大学生时代和教授生涯起着重要的甚至可以说决定性的作用。

从十五岁进入佛蒙特大学起，杜威就对哲学产生了兴趣，并开始确立了研究哲学的志向。这是杜威大学时代的第一阶段。对杜威来说，这是他走上学术研究道路的起点，是一个非常重要的起点。这要归功于以哲学为传统的佛蒙特大学的学术环境，更要归功于他的老师们特别是哲学教授托里（Henry A. P. Torrey）教授的悉心指导和不断鼓励。当然，英国博物学家赫胥黎的进化论思想也开阔了杜威的眼界。告别家乡以及童年和青少年时代的环境，进入约翰斯·霍普金斯大学攻读研究生，这是杜威大学时代的第二阶段。当然，这是一个更为重要的阶段。约翰斯·霍普金斯大学是美国第一所研究型大学，杜威在这里受到了更浓厚的学术气氛的熏陶，接触了更多具有学术精神且对其有激励作用的学者，参加了更广泛的学术活动和研究，从而更加坚定了他研究哲学的志向。特别是杜威的老师莫里斯（G. S. Morris）教授，对他的成长影响和帮助最大，使他对黑格尔哲学产生了极大的兴趣。杜威自己后来也这样说："与黑格尔的结识在我的思想中留下了一种不可磨灭的痕迹。"[1]

在大学时代结束后，杜威从1884年起任教于密歇根大学，开始了他的大学教学生涯。除1888—1889学年在明尼苏达大学任教外，他主要先后在密歇根大学、芝加哥大学和哥伦比亚大学任教。正是在这个过程中，杜威在学术研究和学术思想上逐步走向成熟，不仅表现在哲学上，而且表现在教育上。也正是在这个过程中，杜威从美国走向世界，不仅成为美国著名的教育家，而且成为世界著名的教育家。尽管杜威在佛蒙特大学毕业后曾先后在宾夕法尼亚州石油

[1] John Dewey. *From Absolutism to Experimentalism*. // George P. Adams and William P. Montague. *Contemporary American Philosophy*, Vol. II. New York: MaCmillan, 1960：21.

城中学和佛蒙特州夏洛特村莱克维尤高级中学当过老师，但他对教育的兴趣实际上源于在密歇根大学任教期间对中学教师的培训工作，以及他的新生家庭和孩子教育的动力。因此，他不仅在承担教学工作的同时继续进行哲学研究，而且开始对教育问题感兴趣，并萌发了把哲学、心理学和教育学结合起来进行研究的想法，这使得杜威有了一个新的学术研究领域。应该说，这是他探索现代教育并构建实用主义教育思想体系的开始。

从19世纪七八十年代起，以马萨诸塞州昆西学校实验为开端，在美国兴起了一次广泛的群众性教育改革运动，史称"进步教育运动"。杜威在芝加哥大学任教后，在哲学上提出了工具主义理论，在心理学上创立了机能主义心理学派。但是，应该看到，正是在教育革新思潮的影响下，他建立了自己的实验学校——芝加哥大学初等学校，通称"杜威学校"，进行了长达八年（1896—1903）的教育实验活动，对美国教育及世界教育界产生了很大的影响。为了使教育理论研究与实际需要结合起来，早在1896年芝加哥大学初等学校开办之际，杜威就明确指出："如果哲学要成为一门实验性科学，建立学校就是它的开端。"[①]通过这所实验学校的活动，杜威所提出的那些教育理论假设在教育实践中得到了检验。在这个意义上，可以说，芝加哥大学初等学校的教育实验活动是实用主义教育思想的实践基础。美国哲学家和教育家蔡尔兹（J. L. Childs）曾指出："在教育领域中，杜威既是一位实践者，又是一位理论家……他把自己的哲学和心理学思想付诸这所实验学校的实践。"[②]因此，在芝加哥大学期间，他对现代教育的探索更加深入，并开始结出一批硕果。这不仅确立了杜威在美国哲学界的地位，而且开始确立他在美国教育界的地位。当然，哥伦比亚大学是杜威的大学教授生涯中任教时间最长的一所大学。在哥伦比亚

---

① ［美］罗伯特·B. 威斯特布鲁克. 约翰·杜威. // ［摩洛哥］扎古尔·摩西. 世界著名教育思想家（1）［C］. 梅祖培，等译. 北京：中国对外翻译出版公司，1995：228.

② J. L. Childs. *John Dewey and Education.* // Sidney Hook. *John Dewey.* New York: New York University Press, 1950：153.

大学任教时期，无论在哲学上，还是在教育上，杜威都出版了一些重要的著作。到1916年出版《民主主义与教育》（*Democracy and Education*）这本最重要的教育著作时，他已初步建构了自己的实用主义教育思想体系。"杜威自称《民主主义与教育》一书是他的教育哲学'最完整而又最详尽'的阐述。"[1]此后，一直到他1952年去世，杜威又撰写了不少教育论著，其中最重要的论著就是1938年出版的《经验与教育》（*Experience and Education*）一书，这是他对实用主义教育思想体系的进一步阐述以及辩解和修正。此外，他还作了很多教育讲演，阐述了很多给人思考和启迪的教育观点，进一步拓展和丰富了其富有创新特色的教育思想。可以说，直到去世前，杜威也没有停止过对现代教育的探索。1952年，他撰写了生前最后一篇教育文章《〈教育资源的使用〉一书的引言》（*Introduction to The Use of Resources in Education*），就清楚地表明了这一点。当然，《民主主义与教育》一书的出版确立了杜威在美国教育界的地位，使他被誉为美国最有创见和最为渊博的教育家，并开始成为一位在世界范围享有盛誉的教育家。

作为当代西方教育思想大师，杜威的实用主义教育思想不仅在美国，而且在世界上很多国家产生了广泛而深远的影响。在整个20世纪，就对世界教育的广泛影响而言，几乎很少有教育家能与杜威相提并论。在哥伦比亚大学任教期间，杜威曾先后赴一些国家访问讲学和教育考察，其中包括日本（1919）、中国（1919—1921）、土耳其（1924）、墨西哥（1926）和苏联（1928）等。特别是在中国的访问讲演，使杜威留下了深刻的和持久的印象。通过讲学和考察，杜威对他亲自访问过的那些国家的教育产生了比其他国家更大的影响。就杜威对近代中国的影响来说，他的实用主义教育思想在近代中国得到了广泛的

① William W. Brickman. *John Dewey's Impressions of Soviet Russia and the Revolutionary World Mexico-China-Turkey*. New York: Bureau of Publications, Teachers College, Columbia University Press, Preface, 1964: 6.

传播。相比之下，杜威对近代中国教育的影响显然要比对中国哲学的影响大。近现代中国学者邹恩润先生就指出："现代教育家的思想最有影响于中国的，当推杜威博士。"①因此，在杜威访华前后，对杜威哲学和教育思想的研究达到近代中国学术界的一个高潮。

自1930年从哥伦比亚大学退休后，身体健康和精力充沛的杜威除继续为哲学专业和教育专业研究生讲课外，还积极参加学术研究活动，比如学术会议、学术讲演、学术著述等，同时还参加了不少社会活动。杜威的学生马克斯·伊斯特曼②教授1941年在他的《约翰·杜威》（*John Dewey*）一文中曾这样写道："约翰·杜威虽然刚刚过了他的82岁生日，但是，他的说话声音没有一丝颤音，他的手写动作也没有一点颤抖。他身高5英尺8.5英寸，体重160磅，这正好是身高体重表所要求的。"

杜威生前曾担任过美国心理学会会长（1899—1900）、美国哲学学会会长（1905—1906）、美国大学教授协会会长（1915）等。1952年6月1日，年已93岁的杜威因肺炎于纽约市第五大道1158号寓所去世。

杜威的教育著作自1900年在国外翻译出版后，至少已被译成35种文字，其中有法文、德文、俄文、瑞典文、意大利文、西班牙文、保加利亚文、匈牙利文、波兰文、罗马尼亚文、阿拉伯文、土耳其文、希伯来文、印地文、朝鲜文、日文和中文等。确实，在世界上，很少有一位教育家能像杜威那样，有那么多著作被译成那么多种文字出版。据美国南伊利诺伊大学卡本代尔分校杜威研究中心教授安德逊（R. Aderson）和博伊兹顿（J. A. Boydston）汇编的翻译杜威著作文献目录，从1900年到1967年，杜威著作在世界各国翻译出版的文本共有237种。③基于著作在国外的翻译出版，杜威的教育思想在世界上得到了

---

① 邹恩润. 译者序言. // ［美］约翰·杜威. 民本主义与教育 [M]. 邹恩润，译. 上海：商务印书馆，1928.

② 马克斯·伊斯特曼（Max Eastman，1883—1969），美国作家和编辑。杜威在哥伦比亚大学任教时的学生。

③ A Harry Oasson. *Dewey's Influence on the World Education*. Teachers College Record, Spring, 1982.

更为广泛的传播，产生了更为深远的影响。无疑，杜威的哲学和教育著作已成为经典著作，激起了一代又一代学者阅读和研究的兴趣。杜威的学生、美国哲学家胡克（Sidney Hook）教授就认为，《民主主义与教育》已成为今天所有教育学者不可不读的一本经典著作。就杜威漫长的学术人生来说，美国塞顿·霍尔大学教授托马斯·培里（Thomas Berry）指出："从19世纪80年代初期起，可以分为三个时期：十年的门徒身份，十年的摆脱影响和渐露头角，其后五十年杜威成了杜威。"①

从杜威漫长的学术人生中，可以清楚地看出，如果没有教育实验活动，没有对传统教育的批判，没有美国进步教育运动，没有对大转折年代美国社会生活变化的深刻思索，没有新生家庭和孩子教育的影响，杜威也就不可能构建起他的实用主义教育思想体系。作为美国实用主义哲学具有重要影响的代表人物之一和实用主义教育思想的创始人，杜威肯定受到美国和世界上其他许多国家学者的评论。毫无疑问，人们对杜威及其学术成就给予了充分的肯定和高度的评价。英国哲学家和教育家怀特海（A. N. Whitehead）1939年在《约翰·杜威与他的影响》（*John Dewey and His Influence*）一文中曾这样写道："约翰·杜威是典型的最有影响力的美国思想家。"②美国教育学者德沃金（M. S. Dworkin）1950年在《杜威论教育》（*Dewey on Education*）一书的"前言"中写道："作为一位著名教育家，杜威的著作不仅在美国，而且在其他国家中产生了最广泛和最深刻的影响。"③当代美国教育家鲍尔斯（S. Bowles）和金蒂斯（H. Gintis）1976年在他们合著的《美国：经济生活与教育改革》

① ［美］托马斯·培里. 一个创始的心的影响. // 中国科学院哲学研究所. 现代美国哲学［C］. 北京：商务印书馆，1963：362.

② Paul Arthur Schilpp. *The Philosophy of John Dewey*. Evanston and Chicago: Northwestern University Press, 1939：477.

③ Martin S. Dworkin. *John Dewey on Education*. New York: Teachers College, Columbia University Press, Preface, 1959.

（*Schooling in Capitalist America: Educational Reform and the Contradictions of Economic Life*）一书中指出："约翰·杜威无疑是美国眼光最为敏锐的教育哲学家。"①当代美国教育家、结构主义教育代表人物布鲁纳（J. S. Bruner）也写道：为激励人们起来批判和改变传统学校教育的状况，"杜威作出了极大的贡献"②。1990年，美国《生活》（*Life*）杂志还把杜威评选为"20世纪100个最重要的美国人之一"③。在美国教育史以及现代西方教育史上，一位教育家能够受到不同年代那么多学者的关注和评论，确实是不多见的。这也清楚地表明了杜威作为一位哲学家和教育家在美国乃至世界学术界的地位。

　　甚至在教育理论上与杜威的观点相左的那些教育家也不得不对杜威刮目相看。比如，美国教育家、要素主义教育代表人物巴格莱（W. C. Bagler）不仅把杜威称为"当代杰出的领袖"，而且指出要素主义者过去和现在都承认杜威的理论是"对教育实践真正有价值的贡献"。④曾与杜威有过激烈争论的美国教育家、永恒主义教育代表人物赫钦斯（R. M. Nutchins）在《民主社会中的教育冲突》（*The Conflict in Education in a Democratic Society*，1953）一书中虽然批判了杜威，但同时又承认："约翰·杜威是最有影响的美国教育家和哲学家。四十年来，他改造了美国教育制度。"⑤

　　教育历史表明，杜威并没有被人们所忘记，实用主义教育思想仍然被人们所研究。1960年秋天，美国南伊利诺伊大学卡本代尔分校建立了杜威研究中心。杜威研究中心主任博伊兹顿和波洛斯（K. Poulos）于1978年合编出版了

---

　　①［美］鲍尔斯，［美］金蒂斯.美国：经济生活与教育改革［M］.王佩雄，等译.上海：上海教育出版社，1990：152.

　　②［美］布鲁纳.杜威教育之我见［J］.伟俊，钟会，译.外国教育研究，1985（4）.

　　③Barbara Levine. *Works about John Dewey, 1886—1995*. Carbondale: Southern Illinois University Press, Preface, 1996.

　　④［美］巴格莱.教育与新人［M］.附录二.袁桂林，译.北京：人民教育出版社，1996：214.

　　⑤Arthur G With. *John Dewey as Educator: His Design for Work in Education*（1894—1904）. New York: John Wiley & Sons, Inc., Preface, 1966.

《有关论述杜威的文章一览》（*Checklist of Writings about John Dewey*）一书，其中指出："自从第一篇评论有关杜威和他的工作的文章问世以来的86年中，共有2200多篇文章问世，平均每年25篇。但是，从1973年1月至1977年1月这四年中平均每年就发表了有关杜威的文章60多篇。仅仅是数字还不足以反映出对杜威的注意力正在增长的全部情况，有关杜威的研究文章的质量和范围也在不断地提高和扩大。"①确实，从20世纪60年代起，学界人士重新表现出对杜威教育研究的热情，更深入和更理性地反思杜威对现代教育的探索。1991年，美国学者洛克菲勒（S. C. Rockefeller）在《约翰·杜威的宗教信念与民主的人文主义》（*John Dewey's Religions Faith and Democratic Humanism*）一书中这样写道："在20世纪前几十年里，杜威正处于他的生涯的顶峰……然而到50年代，对他的著作早期的广泛的兴趣却在衰退。但是，一种对杜威的更广泛的学术理解于20世纪60年代开始……80年代，人们重新意识到经典的美国哲学传统的价值，包括对杜威的学术成就的肯定。"②1996年，在时任杜威研究中心主任的希克曼（L. Hickman）的指导下，莱文（B. Levine）又编辑出版了《有关论述杜威的著作目录（1886—1995）》（*Works about John Dewey, 1886-1995*）一书，并在"前言"中指出："在1886至1994年的108年里，有关论述杜威的作品共计4759篇，其中1977年以来发表或出版的约2000篇（本），有关杜威著作的书评共计91篇。"还指出："杜威的思想和观念已经影响现代思想整整一个世纪，并还将继续引起人们的注意。"③

就哲学史或教育史上的一位历史人物研究来说，在研究他的著作的同时，也可以借助他的自传或传记文献对其思想发展历程进行分析研究。在某种

---

①［美］伯内特. 如何评价杜威? // 陈友松. 当代西方教育哲学［C］. 北京：教育科学出版社，1982：195-196.

②Steven C. Rockefeller. *John Dewey Religions Faith and Democratic Humanism*. New York: Columbia University Press, Preface, 1991.

③*Barbara Levine. Works about John Dewey, 1886-1995*. Preface, 1996.

意义上，自传或传记是了解一个历史人物的门户。因此，通过传记或传记性文献资料对杜威的人生和学术活动进行了解，无疑会有助于对他的哲学和教育思想进行深入研究。杜威自己曾这样写道："肯定地说，我羡慕那些能够用一种统一的形式来撰写他们的学术传记的人。"[1]应该说，这正是编译《杜威评传》一书的主旨。

尽管杜威的学术人生道路十分漫长，但令人们惊讶的是，他本人从未写过有关自己人生和学术生涯的传记。如果要从杜威的众多论著中寻觅他对自己哲学和教育思想发展的过程以及学术思想特点进行阐述的论著，那就是他1930年发表的《从绝对主义到实验主义》（ *From Absolutism to Experimentalism* ）一文，它被杜威女儿简·M. 杜威称为杜威本人的"自传性提纲"。从具体内容来说，杜威在《从绝对主义到实验主义》这篇文章中简要地论述了自己的哲学和教育思想发展的过程，以及学术思想发展的特点，并在一定程度上揭示了自己的学术心路历程。1982—1984年，我作为访问学者在美国哥伦比亚大学师范学院进修学习，师从当代美国教育史学家、时任哥伦比亚大学师范学院院长克雷明（Lawrence A. Cremin）教授。其间，我曾就杜威传记问题写信请教当代美国杜威研究知名学者、时任美国南伊利诺伊大学卡本代尔分校杜威研究中心主任博伊兹顿。使我感到十分高兴的是，博伊兹顿主任很快给我回了信。在1983年10月11日的回信中，他这样写道："我给你寄的是《约翰·杜威传》的照相复制本，取自《约翰·杜威哲学》1939版，这是你想要的材料。在接受这份材料的同时，也请接受我们的问候。"在1983年10月26日的回信中，他又写道："我随信寄去约翰·杜威的《从绝对主义到实验主义》一文的复印件，这是他曾经写过的唯一的自传性文章。我寄给你的《约翰·杜威传》取自希尔普主编的著作。一般理解，杜威本人在他女儿撰写《约翰·杜威传》时提供了素材。

---

[1] John Dewey. *From Absolutism to Experimentalism.* // *Contemporary American Philosophy*, Vol. II, 1960：22.

因为这个原因，《约翰·杜威传》可以看作是一本广义的杜威'自传'。我希望这些材料将对你的研究工作有帮助。"因此，杜威女儿简·M. 杜威的《约翰·杜威传》一书为人们了解杜威的人生和学术活动提供了重要的传记文献资料。它对杜威的家庭背景、童年时代、学生时期、教师生涯、个人交往和国外访问等进行了简要而清晰的论述。由于其作者简·M. 杜威的特殊身份，加上杜威本人知道自己女儿在撰写他的传记并为她提供了写作素材，此外杜威的另外两个女儿伊夫琳（Evelyn R. Dewey）和露西（Lucy A. Dewey）也对简·M. 杜威的撰写工作提供了帮助，因此，这本书所提供的资料是比较翔实准确的。总之，在对杜威人生和学术生涯的研究上，杜威的《从绝对主义到实验主义》一文和杜威女儿简·M.杜威的《约翰·杜威传》一书无疑是经典文献。

《杜威评传》一书除"前言"和"附录"外，全书共收入48篇文献，分为六编。

第一编"杜威传记"收入6篇文献。其中，除上面提及的杜威的《从绝对主义到实验主义》一文和杜威女儿简·M. 杜威的《约翰·杜威传》外，还有杜威在哥伦比亚大学任教过的三个学生马克斯·伊斯特曼、克伯屈（W. H. Kilpatrick）和胡克（S. Hook）分别撰写的文章，另外还有美国学者克利巴德（H. M. Kleebader）的《杜威与一个意大利男孩的逸事》。这里需要指出，伊斯特曼的《约翰·杜威：我的良师益友》是在杜威生前撰写发表的，撰写之前他还对杜威本人进行过一次访谈，而克伯屈的《回忆杜威与他的影响》和胡克的《对杜威的一些回忆（1859—1952）》则是以回忆形式在杜威去世后撰写发表的，无疑，这些作品对研究杜威的人生和学术生涯都提供了十分珍贵和鲜为人知的资料。

第二编"杜威实验学校"收入6篇文献。其中，既有美国教育学者德彭西尔（I. B. Depencier）记叙了杜威实验学校发展史的《杜威在芝加哥大学实验学校》；也有杜威本人回顾了杜威实验学校最初发展的《一个教育学实验》和《大学初等学校的三年》；还有当代美国教育史学家克雷明的《杜威实验学校

浅析》、英国教育史学家博伊德（W. Boyd）和埃德蒙·金（Edmund King）的
《杜威和他的实验学校》，以及我国近现代教育家陈鹤琴的《杜威为什么办实
验学校》，它们分别从不同的角度对杜威实验学校进行了评析。

第三编"杜威与美国教育"收入10篇文献。其中，有关杜威在中学任
教以及在约翰斯·霍普金斯大学和哥伦比亚大学情况的有：美国杜威研究知
名学者戴克威曾（G. Dykhuizen）的《杜威在中学当老师》和《杜威在约翰
斯·霍普金斯大学攻读研究生》，以及我国近现代学者胡适的《哥伦比亚大
学和杜威》。有关杜威与美国学校的有：当代美国教育史学家克雷明的《杜
威唤醒了黑暗中的美国学校》、美国教育学者马辛尼·格林（M. Greene）的
《杜威和美国教育》和美国教育学者伯内特（J. R. Burnett）的《约翰·杜威
究竟发生了什么》。有关杜威教育思想回顾及影响评析的有：美国教育学
者李尔奇（F. Learch）的《杜威的教育思想和社会思想回顾》、美国哲学学
者培里的《一个创始的心的影响》、美国教育家伯杰（M. I. Berger）的《杜
威和今日的进步教育》，以及当代美国教育家布鲁纳的《杜威教育哲学之我
见》。

第四编"杜威与世界教育"收入10篇文献。其中，有关杜威对世界教
育影响的有：美国教育史学家布里克曼（William W. Brickman）的《世界教
育家杜威》和美国教育学者帕苏（A. H. Passow）的《杜威对世界教育的影
响》。有关杜威对苏联教育考察的有：杜威本人的《苏维埃俄罗斯教育的印
象》和苏联教育家沙茨基（С. Т. Шацкий）的《美国教育家杜威在我们苏
联做客》。有关杜威对土耳其教育考察的有：土耳其教育学者巴尤克迪文奇
（S. Buyuduvenci）的《约翰·杜威对土耳其教育的影响》和杜威本人的《在
土耳其的外国学校》。有关杜威对墨西哥教育考察的有：杜威本人的《墨西哥
的教育复兴》。有关杜威在日本讲学及杜威教育思想影响的有：美国杜威研究
知名学者戴克威曾的《杜威的日本之行》以及日本教育学者小林繁夫的《日本
的"杜威勃兴"》。最后，还有大卫·布里奇斯（D. Bridges）和理查德·普林

（R. Pring）的《杜威教育在当今英美两国》。

第五编"杜威与中国教育"收入8篇文献。其中，有关杜威来华讲学的有：我国近代教育家陶行知的《就杜威来华讲学之事致胡适》和《介绍杜威先生的教育学说》。有关杜威中国之行的有：美国杜威研究知名学者戴克威曾的《杜威的中国之行》、杜威本人的《在上海三教育团体公宴会上的致辞》和《在北京五团体公饯会上的致辞》，以及我国近现代学者胡适的《杜威先生与中国》。有关杜威对中国影响的有：我国近现代学者胡适的《杜威在中国》和美国哲学学者培里的《杜威对中国的影响》。

第六编"杜威生日庆典"收入7篇文献。在杜威的一生中，除六十岁生日庆贺活动是在中国北京举行的之外，从七十岁到九十岁的三次生日庆贺活动都是在美国纽约举行的，其中九十岁生日庆贺活动还同时在伊利诺伊州厄伯纳市的伊利诺伊大学校园举行。本编中，有关庆贺杜威六十岁生日的有：我国近现代教育家蔡元培的《杜威六十岁生日晚餐会演说词》。有关庆贺杜威七十岁生日的有：杜威本人的《在纽约庆贺杜威七十岁生日会上的答谢辞》。有关庆贺杜威八十岁生日的有：杜威本人的《在纽约庆贺杜威八十岁生日晚宴上的致辞》。有关庆贺杜威九十岁生日的有：美国工业民主联盟执行董事莱德勒（H. W. Laidler）等的《在纽约庆贺杜威九十岁生日宴会上》和杜威本人的《在纽约庆贺杜威九十岁生日宴会上的答谢辞》《在厄伯纳举行的杜威九十岁生日庆贺会上的致辞》，以及美国教育联谊会主席肯尼恩·贝恩（kenneth D. Benne）的《在厄伯纳举行的杜威九十岁生日庆贺会上的演讲》。

"附录"是单中惠编写的《约翰·杜威生平活动年表》。该年表在丰富的史料基础上对杜威从1859年10月20日至1952年6月1日的漫长人生和学术生涯进行了较为详细的梳理。在某种意义上，可以把《约翰·杜威生平活动年表》看作一个简明的杜威传记。

改革开放以来，在实事求是精神的指引下，我国学者对杜威哲学和教育进行了重新评价，并在杜威哲学和教育研究领域获得了可喜的学术发展，取得了丰硕的学术成果。因此，期盼《杜威评传》一书的出版能够推动我国学术界对杜威哲学和教育研究的进一步深入。

　　《杜威评传》一书从传记的视角收入有关杜威人生和学术活动的文献资料，包括国内外一些学者的相关成果，在此表示衷心的感谢。在本书的编译过程中，我的博士生原青林教授（肇庆学院）、高惠蓉副教授（华东师范大学）、周雁副教授（江苏大学）、勾月副教授（沈阳师范大学）等协助我做了一些翻译工作，龚兵副教授（湖南师范大学）在国外进修学习期间为我搜集了重要资料，谨以致谢。

一、杜威传记

约翰·杜威传[①]

[美] 简·M. 杜威[②]

佛蒙特州的伯灵顿是新英格兰地区的一个市镇。今天，它与1860年时的情况并没有很大的区别。同现在一样，当时它也是该州的商业和文化中心。从那时起，法属加拿大人来到这里，帮助它建立了现代工业。它的魅力也开始被来自大城市的有钱人发现，他们在镇上和镇的周围建造了避暑住宅。

由于汽车的使用，许多较为富裕的居民从城里搬到它的近郊，并在那里的宽敞场地上盖起了殖民地时期式样的房子。但是，它仍是一个具有新英格兰传统特点的市镇，环境优美，坐落在尚普兰湖中耸起的一个丘陵地上。丘陵地的顶部是一块平原，从那里可以看到阿迪朗达克山脉穿过尚普兰湖一直往西延伸，视野的尽头是穿过碧绿的田野往东而去的格林山。

1859年10月20日，约翰·杜威（John Dewey）出生在这个镇上。他是一对中产阶级夫妇四个子女中的第三个儿子。他们的长子在婴儿时就夭折了，而比约翰大一岁半的戴维斯·里奇·杜威（Davis Rich Dewey）和年纪更小的查尔斯·迈纳·杜威（Charles Miner Dewey）长大了起来，与约翰一起进了附近的公立学校。这个镇的所有儿童几乎都进这所公立学校读书。他们来自各式各样

---

①译自：Jane M. Dewey. *Biography of John Dewey*. // Paul Arthur Schilpp. *The Philosophy of John Dewey*. Evanston and Chicago: North western University Press，1939：3–45. 单中惠，译. 后文注释不注明者，均为编译者注。

②这篇传记是1939年由杜威的女儿简·M. 杜威（Jane M. Dewey）根据杜威本人所提供的材料写成的，可以看作杜威的一篇自传。——原注

的家庭：富裕的和贫穷的、美国公民和外国移民……进入私立学校读书的少数人，被大多数孩子看作是"柔弱的"或"傲慢的"，因此虽然少数上层家庭具有特别显赫的地位，但是，整个社区的生活是民主的。从更深刻的意义来说，平等和没有阶层的区分在社区生活中被认为是理所当然的。

在杜威家子女的成长中，很难说什么遗传的影响是重要的。但是，假如我们考虑文化上的遗传超过生物学上的遗传的话，那么，拓荒者时代的背景在他们生活中所具有的重要性是确定无疑的。他们的父亲阿奇博尔德·斯普雷格·杜威（Archibald Sprague Dewey）1811年出生在佛蒙特州北部。后来，他与几乎比他小20岁的卢西娜·里奇（Lucina Rich）结了婚。当他的孩子出生时，他已经快50岁了。对这些孩子来说，拓荒者时代好像并不遥远，因为他们家族中的人结婚都很迟。大约在1630年至1633年之间，托马斯·杜威（Thomas Dewey）就已经定居在马萨诸塞州。在阿奇博尔德与托马斯·杜威之间只隔着四代人。阿奇博尔德的父亲出生在独立战争之前。据说，在独立战争中，他的一位叔叔被伪装成印第安人的亲英分子杀害了。阿奇博尔德曾对他的孩子们说，在1812年战争①的一次战役中，他听到过尚普兰湖的舰船上传来的炮声。

对杜威家族来说，在托马斯移居美国之前，不同分支的家庭有着不同的传统。多年来，杜威家族中的一个成员一直在美国收集关于这个家族的家谱材料。在因阿德米拉尔·杜威（Admiral Dewey）的功勋而命名的那个家庭的帮助下，他能够印出这份家谱材料。这使得杜威家族中的许多人希望知道，他们自己是怎样与"堂兄乔治"（Cousin George）有关系的。正如他们所期望的，这本已印出的家谱材料给他们提供了有贵族血统的祖先。可是，这一血统都在女方一边，而杜威一边的血统仍是平民。杜威家族很可能是来自佛兰德斯②的

①1812年6月18日，美国正式对英国宣战，开始了美国第二次独立战争（1812—1814）。

②佛兰德斯（Flanders），旧地区名，位于今法国西北部和比利时西部，临多佛尔海峡，是13至14世纪欧洲最发达的毛纺织中心之一。

编织工，他们把精巧的编织技术介绍到英格兰，并得到了"杜威"（草地的意思）这个名字。家族的传说表明，为了逃避阿尔瓦公爵的迫害，托马斯·杜威的父母或祖父母离开了佛兰德斯。托马斯和他的后裔无疑是自由民世系，即农民、修造车辆的工人、细木工和铁匠。托马斯·杜威曾亲眼看到他画了押的证书，他的儿子也在上面签了名；但是，包括阿奇博尔德在内的孙子并没有在签名之列。一直到居住在佛蒙特大学附近时，戴维斯和约翰才受到了大学教育。这是由于学费低和有奖学金，他们才能够进入佛蒙特大学学习。

托马斯·杜威是马萨诸塞州多尔切斯特的一位移民。多尔切斯特是以那里居民中的许多人移居前所居住的那个英国市镇而命名的。他们离开英国的多塞特郡，可能与大约12年前乘"五月花号"①离开英国德文郡的人有着同样的原因。多尔切斯特现在是波士顿市地铁网的一个终点站。有一个时期，它曾是新英格兰地区中人口最稠密的市镇。也许托马斯发现它对务农兼经商，即大部分移民赖以谋生的行业来说太拥挤了。于是，在1635年10月，他与一些情况相同的移民开始了去康涅狄格州温泽的新的艰难旅程。托马斯的六个孩子都出生在温泽，并接受了初等教育。他们的后裔后来分散到康涅狄格河周围的村庄居住。约翰·杜威的祖父马丁（Martin）1716年出生在马萨诸塞州的韦斯特菲尔德，并在那一直生活到他因娶了他亡妻的妹妹而被开除出教会为止。

约翰的父亲阿奇博尔德出生于一个农民家庭，但是，他并没有务农而是搬到了伯灵顿做杂货生意。在独立战争中，他曾在一个佛蒙特骑兵团里担任过四年时间的军需官。他通过阅读书籍来补充他仅受过的一点点学校教育。他的文学兴趣显然是古典的。他读过莎士比亚②和密尔顿③的著作。这并不是文化修养上的原因，而是因为他对他们演说的语言和措辞感兴趣。在干活时，他常

---

① "五月花号"（May Flower），英国第一艘载运躲避英国国教会迫害的清教徒移民驶往北美殖民地的船只。

② 莎士比亚（William Shakespeare，1564—1616），英国文艺复兴时期剧作家和诗人。

③ 密尔顿（John Milton，1608—1674），英国诗人。

常引用密尔顿的话，得意地反复念着与众不同的悦耳的句子。在他的孩子们还没有长大时，他就对卡莱尔①的著作失去了兴趣，但他仍然喜欢查里斯·拉姆②和萨克雷③的著作。在一位朋友的帮助下，阿奇博尔德学习苏格兰的方言。在给他的孩子们背诵摘自彭斯④诗篇的长句子时，他得到了一些乐趣，并对彭斯的幽默方式感到满意。可能是因为学术上的保守主义和对传统神学尊重的缘故，他不喜欢爱默生⑤和霍桑⑥的著作。阿奇博尔德本人有演说的天赋，善于利用赞美他人的做法来做广告。在书面印刷还没有被公认为一种技术时，他在自己的地区赢得了名声。有一个广告写着："火腿和雪茄——烟熏的和未烟熏的。"而他把为一种雪茄烟做广告看作是"为吸烟这种坏习惯寻找适当的借口"。他的记忆力非凡，能够记起一些经历过的事情的细节。他常常告诉他的孩子们，在他童年时代或在他参加战争期间的某一天，他正在做什么。在财政管理上，阿奇博尔德缺乏积聚钱财的本事。据说，他出售的商品比镇上其他任何商人多，而赚的钱却比他们少。

　　阿奇博尔德的妻子卢西娜·里奇（Lucina Rich）出生于佛蒙特州的肖拉姆。她的家庭大概与杜威一家在同一时期定居在美国。里奇家是一个比较富裕的家庭。卢西娜的祖父曾是华盛顿国会的一位议员，她的兄弟都大学毕业。她的父亲戴维斯·里奇（Davis Rich）在肖拉姆近郊以"律师"里奇闻名，担任了阿迪森县法院的兼职法官——当地一般称为"陪审"法官。因为戴维斯·里

①卡莱尔（Thomas Carlyle，1795—1881），英国历史学家和社会评论家，维多利亚女王时代最重要的哲学家、道德家。
②查里斯·拉姆（Charles Lamb，1775—1834），英国评论家和随笔作家，曾用笔名"埃利"（Elia）。
③萨克雷（William Makepeace Thackeray，1811—1863），英国小说家，著名历史小说《名利场》和《亨利·艾斯芒德的历史》的作者。
④彭斯（Robert Burns，1759—1796），英国诗人。
⑤爱默生（Ralph Waldo Emerson，1803—1882），美国诗人、演说家、散文作家和哲学家。
⑥霍桑（Nathaniel Hawthorne，1804—1864），美国小说家和散文作家。

奇公正和具有判断力，享有声望，镇上居民都喜欢请他去对他们之间的争端作出仲裁。卢西娜年轻的时候，曾去看望住在俄亥俄州的一位叔叔。像里奇家的所有人一样，那位叔叔也是一位活跃的宇宙神①教徒。那位叔叔给卢西娜的父亲写信说，卢西娜曾参加了那里具有鼓动性的福音布道会②的集会，他担心卢西娜将成为这个宗教团体的一个"信徒"，除非她父亲出面进行干预。他的预言后来被证实了，卢西娜成了公理会③的一个成员。

卢西娜的性格是比较热情的，对教会的热情超过了她那对教会抱无所谓态度的丈夫。因此，她对孩子们的要求是严格的，并对他们提出更多的具体目标。孩子们之所以能摆脱家庭的传统，获得了大学教育，这主要应该归功于卢西娜的影响。当有人问阿奇博尔德他的孩子准备做什么时，他常常回答说，希望在孩子们中间至少有一个人能成为一名技工。两位家长的爱好，有助于给孩子们提供范围更广的有益读物，这是那些与他们同样经济状况的家庭所不能相比的。当孩子们还在上学时，一所公共图书馆建立起来了，大学图书馆也增加了一批可供他们借阅的书籍。在一次书籍拍卖中，他们用自己辛苦挣来的钱买了一套钱伯斯④的《百科全书》和一套《威弗利》⑤小说集。后来，他们阅读了这些书籍。

在卢西娜与她丈夫之间，除了年龄和性格上的区别外，他们的婚姻是美满的。孩子们的生活是简朴的和健康的，但有点脱离他们周围的生活潮流。约翰和戴维斯是喜爱读书的人。约翰是怕羞的，经常表现出随这种性格而来的忸怩状态。对约翰来说，比他大一岁多的表兄约翰·帕克·里奇（John Parker

---

① 宇宙神，旧哲学名词，它所研究的是宇宙作为一个整体的起源和结构等问题。

② 福音布道会，基督教宗派之一。

③ 公理会，基督教（新教）主要宗教派别之一，16世纪后期产生于英国，由勃朗等人所创。

④ 钱伯斯（Ephraim Chambers，1680—1740），英国作家和百科全书编纂者。

⑤《威弗利》，英国诗人和小说家司各特（Walt Socott，1771—1832）从1814年到1831年出版的小说集。

Rich）就像是另一个亲兄弟。当阿奇博尔德·杜威还在军队服役时，年幼的约翰·里奇就失去了他的母亲，于是，卢西娜承担了里奇一家的家务活。他们的亲密朋友和同伴是巴克汉姆①的两个儿子，年纪比他们稍大一些。这两个孩子是里奇的远房表兄弟。他们的父亲巴克汉姆担任了佛蒙特大学校长。在暑期里，这些孩子常常待在外祖父里奇的农场里。在农场里，有着舒适的住宅，离村百货店仅几步路远。在附近被称为"柠檬集市"（Lemon Fair）的莱蒙尔河的一条支流上，坐落着由里奇家族所开办的一个锯木厂和磨坊。孩子们经常好奇地高兴地在那里待上好几个小时。在其他时间里，他们还去看望了在佛蒙特州圣阿尔巴斯附近的约翰·里奇的父亲。他在那里经营一个干草冲压的企业和一些石灰窑。这也是把孩子们从书本上吸引过来的源泉。学校使他们感到厌烦，但是，当他们相当轻松地学习时，在精神上也没有很多负担。尽管存在着不很明显的早熟，但他们比年级中的其他孩子更为年轻，并对游戏有一些兴趣。可是，他们并没有意识到自己与同学之间有任何不愉快的区别，反而对学习和游戏中的同伴感到满意。按照今天的看法，道德感情上过多的压力是受宗教环境的影响而产生的。那时，在他们周围的宗教环境，与其说是福音派教会的，不如说是清教主义②的。对小镇上所有孩子来说，除了对他们敞开着的野外之外，宗教环境对他们的影响确实是比较大的。约翰的母亲对丈夫在联邦军队里服役而造成的长期分居感到不耐烦，因此，在战争期间的最后一个冬天，把家搬到了设在佛蒙特州北部的司令部驻地。对当时的一位妇女来说，这几乎是一次传奇式的搬家。这个荒芜地区的贫困状况，给年幼的孩子们留下了一种深刻的印象。

在书籍拍卖中，孩子们所花的钱是他们为《伯灵顿日报》分送下午版，

---

① 巴克汉姆（Matthew H. Buckham），佛蒙特大学校长。
② 清教主义，基督教（新教）中一派的理论，要求"清洗"国教内所保留的天主教旧制和烦琐主义。

以及在尚普兰湖旁堆放场帮忙清点从加拿大运来的木材而挣来的。当家庭还不很贫困时，当然只需要孩子参加一些家务活。在亲戚的农场里，他们让孩子做力所能及的工作。同现在一样，当时佛蒙特州是一个戒酒的大本营，同样有着在禁酒的社区里普遍存在的非法酒店的问题。阿奇博尔德·杜威在痛惜许多"蠢猪"的坏影响的同时，还尽可能去消除这些影响，并遵照严格的法律和以伟大高尚的精神去经营镇上领有执照的药房。他在商业方面富有同情心的逸事，给了孩子们对一个生活侧面的早期一瞥。而这正是那些比较傲慢的母系亲戚所忽视的。

环境独特的自然美，使得人们情不自禁地表示赞美，并以某种方式表现出来。约翰和戴维斯曾穿过阿迪朗达克山脉，徒步到曼斯菲尔德山去旅行。他们还搞到了一条划艇，带着帐篷、羊毛毯和炊具，从头到尾地勘探了尚普兰湖。在一些相似的旅行中，他们有时划船到乔治湖去；有时租借木制手推车来运送划艇，往下到连接尚普兰湖与圣劳伦斯河的河流和运河中去划船；有时沿着法属加拿大的另一条河往上划船，到一个美丽的内陆湖去。据他们的印第安人向导说，虽然这次去加拿大的冒险行动被称为一次钓鱼旅行，但"很不幸运"（la lune etait trcpfaible）①，他们没有钓到几条鱼。在划船旅行中，他们的伙伴经常是詹姆斯·巴克汉姆（James Buckham）和约翰·巴克汉姆（John Buckham）。詹姆斯·巴克汉姆对自然界的所有事物都特别敏感，并把自己全部的课余时间消磨在森林里。当他长大一些时，他就携带着一支枪，但这仅仅是为了有一个借口，以便能在农村里待上几个小时观察动植物。在去加拿大的旅行中，孩子们练习了在伯灵顿学会的法语，所以，在学校老师教法语以前，他们就已经能阅读从一所新英格兰公共图书馆里借来的法文小说了。

当约翰·杜威是一个孩子时，他在女孩子面前特别害羞。长大一些后，约翰和他的兄弟自然地成为他们所在街区的一个包括女孩子在内的小组成员。

---

①这里的法文，直译为"月亮太弱了"。

于是，他的怕羞情绪渐渐地消失了。有一次暑假，他们参加了在曼斯菲尔德山山脚下的野营活动。野营活动是在他母亲的照料下举行的，参加野营活动的孩子有八个或十个，其中有两个女孩子——科妮莉亚·恩达伍德（Cornelia Underwood）和她的妹妹维奥拉·恩达伍德（Viola Underwood）。维奥拉就是现在的爱德华·霍伊特（Edward Hoyt）夫人，现仍然住在伯灵顿。

在影响约翰·杜威教育理论形成的各种因素中，他童年时代的环境显然起了很大的作用。作为一个男孩和一个男青年，他亲眼看到了他所有的亲戚都参加了家务活，并承担了一部分责任。一方面，年轻人被引导去深入接触简易工农业的所有工作；另一方面，学校是一个惹人厌烦的地方，不仅对杜威的同伴来说是这样，而且对戴维斯和杜威自己来说也是如此。除学校课本外，他们几乎对阅读任何书籍都感兴趣。而且，仅仅由于个别教师鼓励讨论外界问题的谈话，学校那惹人厌烦的情况有所缓和。当杜威长大成人并成为一位教师时，城市的发展和机器的广泛使用，与原来校外生活中那些对学校教育有价值的补充发生了抵触。在他的童年时代，这些有价值的补充是通过主动的职业活动以及他个人与各行各业人们的接触而提供的。也正是在这个时候，原来贫乏和昂贵的阅读材料开始丰富和便宜起来，而且差不多是强加给每一个人的。这就降低了正规学校教育在3R①中的重要性。而在杜威所成长的土地所有制共和国里，3R在正规学校教育中是占有主要地位的。应该认识到，一直到杜威上大学时，在他本人所受到的教育中，最重要的部分是在课外获得的。在杜威的教育工作中，课外也起了很大的作用。无论在理论上还是在实践中，职业活动是如此重要，以至于成为获得真正知识和个人智力训练的最有效方法。毫无疑问，杜威对普通学校中死记硬背方法的愚蠢性所作的评论，在很大程度上应该归功于他个人对偶尔的令人愉快的课程的回忆。他回忆到，这是一些教师并不完全拘于规定课程的缘故。

---

①3R，指读（reading）、写（writing）和算（arithmetic）。

十五岁时，约翰·杜威从中学毕业。这时，他的家仍住在佛蒙特大学附近的普罗斯佩克特街上的一座房子里。他的哥哥戴维斯一年前已上了大学，约翰·里奇准备与他的表兄弟一起上大学。因为身体不好，戴维斯休学了一年。因此，1879年，三个孩子一起大学毕业。

当时，大学的规模很小。作为最早的专业学院，农工学院①开办以来仅有12年的时间。1879年，佛蒙特大学有18名学生毕业。与杜威家的孩子一样，所有选修希腊语的学生与除工程学教授外的其他八位教授都相当熟悉。所有的科目都是必修的。前两年，学习希腊文、拉丁文、古代史、解析几何和微积分。在三年级时，自然科学占有主要的地位。佩金斯②教授使用讲演和示范的方法教地理（采用达纳③的课本）和动物学。他还整理了关于进化论的参考资料。在他那关于动物生命发展的讲演中，他描述了一些早期教父的思想，指出他们并不坚持在上帝直接命令下的刻板的七日创世期。佩金斯教授不顾传统的环境（他是公理会的一个成员）而强调进化论思想，显然引起了一些不满。同年开设的生理学课程，他采用了赫胥黎④所写的课本。这本书描述了活的生物统一体，给约翰·杜威留下了深刻的印象，激起了杜威对事物的一种广泛的学术好奇心，并使得他这个年轻人对哲学产生了兴趣。

大学图书馆订阅了一些英国期刊。这些期刊讨论以进化论为中心的新思想。其中，《双周刊》代表了更为激进的科学思想派别，《当代评论》是更为传统的一种温和的刊物，而《十九世纪》则走一条中间路线。在这个时候，出现了一种有关某个论题的联合讨论，以"专题研讨课"（symposia）著称；

---

① 农工学院（College of Engineering and Agriculture），即农业和工艺学院，亦称"赠地学院"，美国根据1862年《莫里尔法案》而建立的一种高等院校。

② 佩金斯（G. H. Perkins），佛蒙特大学地质学教授。

③ 达纳（James Dwight Dana，1813—1895），美国地质学家、矿物学家和动物学家。

④ 赫胥黎（Thomas Henry Huxley，1825—1895），英国生物学家。

也正是在这个时候，廷德尔①和赫胥黎的理论产生了最大的影响。一些对生物学感兴趣的学生对进化论的好奇心，超过了对工艺性质的考虑。可是，对有关进化论的论战来说，这些期刊所讨论的问题，远远超出了这个专题。在自然科学和传统观念的关系中，它们处在新兴势力的最前列。反映了各种新酵素的英国期刊，是约翰·杜威这一时期在学术上的主要刺激物。这些英国期刊对于他的影响，比他所学的系统的哲学课程更为深刻。

大学的最后一年，被用来为学生介绍一个更广阔的学术世界。它作为一个"结束学业"的过程，是以哲学为特色的。托里②教授讲授的心理学是建立在诺亚·波特尔③的《智慧哲学》基础上的一门课程，他还开设了一门基于约瑟夫·巴特勒④《类比》的短期课程。四年级学生阅读了柏拉图的《理想国》，并从亚历山大·培因⑤那比较乏味的《修辞学》中，获得了有关英国经验主义的一些知识。巴克汉姆校长开设了政治经济学和国际法方面的课程，还教基佐⑥的《文化史》。巴克汉姆是一位优秀的教师，他既具有有条理、有逻辑性的思维能力，也具有清楚的表达能力。他是一个具有说服力的人，但反对试图把自己的观点强加给学生。他的教学方法是苏格拉底⑦式的，而不是教条主义的。在四年级之前，没有因纪律问题被他叫去谈话的学生与他接触的唯一机会，就是在他每周一次会见大学一年级学生的时候。这种会见名义上是讨论

① 廷德尔（John Tyndall，1820—1893），英国物理学家。
② 托里（Henry A. P. Torrey，1837—1902），佛蒙特大学哲学教授，杜威曾跟他学习哲学史。
③ 诺亚·波特尔（Noah Porter，1811—1892），美国教育家和辞典编辑，主要著作有《人类的智慧》（1868）。
④ 约瑟夫·巴特勒（Joseph Butler，1692—1752），英国神学家和哲学家。
⑤ 亚历山大·培因（Alexander Bain，1818—1903），英国心理学家、哲学家和教育家，因在心理学研究中应用科学方法而闻名。
⑥ 基佐（Francois Guizot，1787—1874），法国政治领袖和历史学家，1832—1837年任法国公共教育大臣，主要著作有《文化史》（1828）。
⑦ 苏格拉底（Socrates，公元前469—前399），古希腊哲学家，首次提出归纳和定义的方法。

基本的道德问题，但实际上是对学生进行了解。所讨论到的一些道德问题，并没有给这位未来的哲学家留下持久的印象，但是，杜威却一直受到了在教室里所发生的那件小事的影响。有一次，巴克汉姆校长试图要杜威班上的每个学生能对那一周所要讨论章节的一般问题进行论述，但没有人能够这样做。从这之后，在这些学生中，至少有一个人在他自己没有抓住任何有学术意义的问题细节前，决心弄明白他将应该阅读什么。

像这时美国多数大学的哲学教学一样，托里教授的哲学教学也是建立在苏格兰学派著作的基础上的。唯心论与唯实论的争论并不尖锐，而且很少写到或谈到贝克莱①主教。苏格兰哲学家的影响，应该归于他们在介绍德国唯灵论者的唯心主义之前坚持直觉论的主张。直觉论的主张，形成了反对对英国经验主义起瓦解作用的道德和宗教观念的主要学术堡垒。由于坚持从牧师詹姆斯·马什②教授的教学中得到的思想和论题，那颇为枯燥无味的苏格兰学派的思想多少有了点生气。马什教授是最早不顾德国哲学家的危险名声，而充分地研究和讲授德国哲学思想的美国人之一。德国哲学家的思想主要是通过科尔里奇③的著作而得到了更广泛的介绍，但是，甚至连这种介绍形式也受到了保守的哲学家的怀疑。社会风俗本身带有一种神的含意，《圣经》是因为它鼓舞人们产生的那些思想而被认为是危险的，甚至托里教授也采用最温和的方式来描述它们。正如马歇的《遗稿》所表明的，他具有一种冒险精神；他的一些著作也许首先引起了埃默森对德国思想和它的解释者科尔里奇的注意。

---

① 贝克莱（George Berkeley，1685—1853），爱尔兰哲学家和主教，他反对英国哲学家约翰·洛克的哲学观点。

② 詹姆斯·马什（James Marsh，1894—1842），美国哲学家，1826—1833年任佛蒙特大学校长，1833—1842年任佛蒙特大学哲学教授。

③ 科尔里奇（Samuel Taylor Coleridge，1772—1834），英国诗人、哲学家和评论家，19世纪英国和美国理念论的提倡者之一。

虽然这些学习当时并没有决定杜威的生涯，但是，它们却有助于他决定自己学术兴趣的方向。他的哲学读物是通过在《双周刊》上刊载的弗雷德里克·哈里逊[①]的一些文章而得到扩大的。《双周刊》把杜威的注意力引向了孔德[②]，并促使他去学习哈丽雅特·马蒂诺[③]编的孔德《实证哲学》的节选本，而不是孔德关于社会发展三个阶段的理论和孔德对新的宗教的解释，这使得杜威对孔德特别感兴趣。虽然在杜威自己的哲学思想中，重点是在科学的方法上，而不是在推理的结构上，但是，孔德关于现存社会生活的瓦解和发现科学的社会功能的必要性的理论，可能对杜威的思想产生了持久的影响。阅读孔德和他的英国解释者的著作，开始唤起了杜威对社会环境与科学及哲学思想发展的相互作用的独特兴趣。当杜威在大学读书时，每一个三四年级的学生都要准备作一次介绍性演讲。最优秀的演讲者将作为他们的代表，在一个公共展示会上演讲。杜威准备的题目是《政治经济学的范畴》，内容是孔德对政治经济学从属于社会学的影响，但他没有去演讲。

杜威毫不费力地学习，但总能得到很好的成绩。四年级的科目激起了他的兴趣，那一年他的学习成绩是大学里任何学生都不可能得到的最高分数。大学二年级时，他参加了一个地区性的大学生联谊会（Delta Psi）。在毕业典礼上，他成为美国大学优秀生联谊会的会员。

毕业后的那个夏天，是杜威感到忧虑的一个夏天。像其他一些还没有决定自己职业的年轻大学毕业生一样，他想得到一个教师职位。由于年轻和缺乏

---

① 弗雷德里克·哈里逊（Frederick Harrison，1831—1923），英国法学家和文学家，伦敦社会学学会创建者之一和英国实证主义运动领袖之一。1880—1905年，担任英国实证主义者委员会主席。

② 孔德（Auguste Comte，1798—1857），法国实证主义哲学家。1839年提出了社会学的名称，在主编的《实证哲学讲义》中作了社会学系统化的尝试。他曾把社会发展分成三个阶段，即神学阶级、形而上学阶段和实证阶段。

③ 哈丽雅特·马蒂诺（Harriet Martineau，1802—1876），英国作家和社会改革家，孔德实证主义哲学的追随者。

经验，他要找到这个工作是困难的；但是，他的经济状况又使他感到，找到一份工作对他来说是颇为重要的。当秋季学校开学时，杜威仍然没有找到工作。就在这个时候，他收到了在宾夕法尼亚州石油城担任石油城中学校长的表姐克莱拉·威尔逊（Clara Wilson）的一封电报，告诉他那里有一个职位空缺。在石油城任教的两年时间里，杜威教过一些科目，例如，拉丁文、代数和选自斯蒂尔（Steele）《十四周》的自然科学。第一年，他每月的工资是40美元。在这段时期结束时，杜威的表姐因为结婚而辞职，他也就离开石油城回到了伯灵顿。在随之而来的冬天里，杜威利用一部分时间在夏洛特镇附近的一所乡村学校①里教书。同时，他又在托里教授的指导下阅读了一些哲学名著。托里先生还经常与杜威一起长时间地在森林里散步，这使他更加直接地谈出了他在教室里没有讲过的观点，表述了他的一种见解，即认为在比较适宜的环境下人才有可能获得盛名。他发现在大学图书馆所订阅的杂志中，有哈里斯②编的《思辨哲学杂志》。当哈里斯担任圣路易斯的地方教育长官时，他曾接触过一批参加过1848年革命的德国流放者。他们是德国哲学思想的热情研究者，特别是对谢林③和黑格尔④的思想颇有研究。多年来，哈里斯编的这份不定期出版的杂志，是在美国出版的唯一具有特色的哲学杂志。它成了这批人的一个喉舌。那时，杜威的思想开始转向把哲学教学作为一种职业。杜威曾怀着担忧和焦虑的心情把他自己写的一篇文章寄给哈里斯博士，并询问他这篇文章的作者是否应该从事专业的哲学研究。不久，哈里斯博士就写信给他说，寄去的那篇文章表述了一种卓越的哲学见解。在1882年4月那一期的《思辨哲学杂志》（但出版

---

① 即莱克维尤高级中学。

② 哈里斯（William Torrey Harris，1835—1909），美国教育家和哲学家。早年对德国文学和哲学产生兴趣，从事黑格尔思想的研究，最后成为美国研究黑格尔的一流学者。1867—1893年，他主办《思辨哲学杂志》。1889—1906年，担任美国教育总署署长。

③ 谢林（Friedrich Wilhelm Joseph von Schelling，1775—1854），德国古典哲学家。

④ 黑格尔（George Wilhelm Friedrich Hegel，1770—1831），德国哲学家，德国古典哲学集大成者。

时间稍迟一些）上，刊载了杜威的那篇文章，标题是《唯物论的形而上学假设》。哈里斯博士的鼓励，决定了这位新作者将继续他的哲学研究，并使他写出了另外两篇通过哈里斯博士而发表的文章。根据杜威的慎重看法，这三篇文章在纲要的逻辑形式方面比在本质方面更值得注意。

由于托里教授和哈里斯博士的鼓励，1882年秋天，杜威向一位伯母借了500美元，动身去巴尔的摩，进入了约翰斯·霍普金斯大学。这一行动表明了杜威永远告别了童年时代的环境。杜威的表兄约翰·里奇经营了他父亲在佛蒙特州的商店；查尔斯·杜威也进入了商业界，而且他一生中的大部分时间住在美国西海岸，约翰·杜威也很少能见到他。还在孩提时就对自然界表现出一种具有想象力和兴趣的詹姆斯·巴克汉姆，有一段时间曾是人们熟悉的和著名的《青年指南》杂志的编辑之一，但他在自己的才华还没有完全表现出来之前就去世了。当时，约翰·巴克汉姆是太平洋宗教学校的教授，这所宗教学院是设在加利福尼亚州伯克利的一所不分教派的（尽管最初是公理会的）神学院。在约翰·杜威开始第二年学习时，戴维斯·杜威在几年非常成功的中学教学工作之后，也进入了约翰斯·霍普金斯大学。在获得政治经济学博士学位之后，戴维斯去麻省理工学院承担了统计学和经济学两门课程的教学工作。这些课程是由当时的麻省理工学院院长沃克①组织的。在以后的长时间中，戴维斯一直是沃克的亲密助手。在工程管理的课程研究方面，戴维斯进行了诸多实践，并使它得到了发展。这种工程管理专业相当于当今大学里所建立的商学院。他所教的课程不仅是一流的课程或一流的课程之一，也是最成功的课程之一。为准备学工程管理的学生开设的课程表明，这些课程是把重点放在实践方面的，而不是放在与戴维斯的爱好完全相符的纯经济理论方面的。在美国统计学学会（American Statistical Society）中，戴维斯是非常活跃的，编辑学会刊物，并担任参加国际会议的代表。尽管几年前他已从教学职位上退休了，但年逾八十

---

① 沃克（Francis Amasa Walker，1840—1897），美国经济学家和教育家。

的戴维斯仍然是《美国经济学评论》杂志的编辑。

对约翰·杜威来说，戴维斯在约翰斯·霍普金斯大学学习的那些年里，约翰和戴维斯兄弟俩在中小学和佛蒙特大学期间的亲密关系得到了令人愉快的恢复。在以后的半个世纪中，两个兄弟密切交往，增进了彼此间的友谊。尽管戴维斯·杜威在社会和政治观点上比他的弟弟更加保守，但是，他们身心上的相似之处是很多的。他们俩都具有一种独特的顽强精神，对于从事不感兴趣的工作都具有一种正确的判断力。他们俩也都具有一种非常可爱的性格，即能漠视许多使他们恼怒的事情。

当约翰·杜威进入约翰斯·霍普金斯大学时，该校的研究生院设立已有几年了。吉尔曼①校长在那里集中了一批优秀的学者和教师，帮助一些研究生为到德国去并获得奖学金做准备，以使其在德国学习美国需要的知识。住在大学附近的少数学生被允许在那里进行最后两年的大学本科学习，但是，整个学校的重点都放在研究生院上。吉尔曼校长经常鼓励学生去了解创造性研究的可行性和重要性。他认为，对大多数年轻学生来说，只有具有一种创新的和令人振奋的思想，才有可能进行新的有创造性的研究。学生们必须认识到，世界上的人们正在做前人从来没有做过的事情，但是，他们从前所受过的教育从来没有使他们想到，他们自己可以成为这样幸福的人。因此，新的大学环境是具有极大的激励作用的，这种经验后来几乎不可能被重复。许多学生感到，他们自己能生活在这种学术环境里是极大的幸福。当时，专题研讨课（seminar）在美国大学中实际上是前所未闻的，而在约翰斯·霍普金斯大学中却是学术生活的中心。有时，吉尔曼校长在他的热情演讲中，会谈到这所大学的毕业生在学

---

① 吉尔曼（Daniel Gilman，1831—1908），美国教育家。1875年，担任约翰斯·霍普金斯大学第一任校长。在他的领导下，该大学提供了美国研究生教育的模式，获得了国际声望。

术上和专业上所取得的成就。历史和政治科学系的教授赫伯特·B. 亚当斯[1]非常赞同吉尔曼校长的这种做法。在亚当斯教授的指导下，杜威曾把历史和政治科学系作为他的"选修科"。在学校里，学生相互之间很少亲密地交往，也不经常与教师接触。在约翰·杜威的亲密朋友中，除了他哥哥戴维斯外，还有康涅狄格州的耶格[2]，后来他是波多黎各的总督；阿瑟·基姆鲍尔[3]，曾是杜威的室友，后来他是阿默斯特学院的物理学教授；哈里·奥斯本[4]，他曾在圣保罗附近的汉姆林学院里教过生物学，杜威在明尼苏达大学教书的那一年里经常去拜访他；还有，后来成为生理学家的弗雷德里克·S. 李[5]，后来成为心理学家的约瑟夫·贾斯特罗[6]和詹姆斯·麦克基姆·卡特尔[7]。卡特尔不仅是杜威的一位亲密朋友，而且是尽力使得他在1904年从芝加哥大学辞职后到哥伦比亚大学工作的介绍人。这样的交往对杜威在教室里和图书馆中所得到的教育来说，是一种非常宝贵的补充。

吉尔曼校长分别会见学生，并友好地给予他们鼓励和建议。他不赞成学生专门从事哲学研究，部分原因是他回忆起自己在大学时学哲学的艰难情况，部分原因是哲学研究方面的教学职位很少。当时，美国多数大学是由牧师讲授哲学科目的。吉尔曼建议杜威转到其他一些学术领域去，但这并不能使这位满

---

①赫伯特·B. 亚当斯（Herbert Baxter Adams，1850—1901），美国历史学家和教育家。他是美国历史学会的创建者之一，并担任该学会的秘书，一直到1900年。1882年，他在约翰斯·霍普金斯大学开始了历史和政治科学的研究。

②耶格（Arthur Yager，1857—1941），杜威在约翰斯·霍普金斯大学时的亲密朋友，后来担任波多黎各的总督（1913—1921）。

③阿瑟·基姆鲍尔（Arthur Lalanne Kimball，1856—1922），美国物理学家。

④哈里·奥斯本（Harry Osborn），杜威的亲密朋友，后来是汉姆林学院生物学教授。

⑤弗雷德里克·S. 李（Frederic Schiller Lee，1859—1939），美国生理学家。

⑥约瑟夫·贾斯特罗（Joseph Jastrow，1863—1944），美国心理学家。1888年，任威斯康星大学心理学教授。1900年，任美国心理学会会长。

⑦詹姆斯·麦克基姆·卡特尔（James Mckeen Cattell，1860—1944），美国心理学家。曾在哥伦比亚大学教心理学将近30年。1895年，任美国心理学会第一任会长。1929年，当选为国际心理学大会主席。

怀热情和崭露头角的哲学家从自己的道路上转走。吉尔曼并没有因为他的建议没有被采纳，而不再友好地关心杜威。当杜威获得博士学位后被叫到校长办公室时，这位卓越的校长对杜威的孤僻和书生气进行了告诫，还提供了一笔贷款使杜威能够在欧洲继续自己的学业。

在杜威主修哲学的哲学系里，密歇根大学的乔治·S. 莫里斯①教了第一学期，然后由G. 斯坦利·霍尔②博士教第二学期。霍尔当时刚结束在德国的长期学习回国。与这两个人的交往，特别是与莫里斯教授的交往，在杜威心中留下了深刻的印象。莫里斯是美国少数不是以牧师身份担任的哲学教师中的一位，他曾把宇伯威格③的《哲学史》翻译成英文。在他的全部教学工作中，他充分利用了自己丰富的背景。作为一个在学术上具有巨大热情的人，莫里斯在教学工作中不仅在学术上表现出杰出的理解力，而且也在感情上表现出高度的忠诚。有一个时期，他竭力反对清教主义的新英格兰教育上的宗教传统，并在学术上成为穆勒④、培因等英国经验主义者的信徒。在德国，莫里斯曾受到特伦德伦伯格⑤的影响，对黑格尔学派的唯心主义和亚里士多德哲学进行过综合学习，这种方式多少有点像在华莱士⑥所写的一本小册子里所描述的模式。他也曾与爱德华·凯尔德⑦等当代牛津大学的黑格尔主义者通信联系。

———————————

①乔治·S. 莫里斯（George Sylvester Morris，1840—1889），美国教育家和哲学家。

②G. 斯坦利·霍尔（Granville Stanley Hall，1844—1924），美国心理学家和教育家，美国心理学最有影响的先驱者之一。1881年，他在约翰斯·霍普金斯大学建立了美国第一个心理实验室。1887年，他创办美国第一份心理学刊物《美国心理学杂志》。

③宇伯威格（Friedrich Ueberweg，1826—1872），德国哲学家。

④穆勒（John Stuart Mill，1806—1873），英国哲学家、经济学家和逻辑学家。

⑤特伦德伦伯格（Triendrich Adolf Trendelenburg，1802—1872），德国哲学家和语言学家。1933年，任伯林大学教授。

⑥华莱士（Alfred Russel Wallace，1823—1913），英国博物学家，自然选择学说创立者之一。

⑦爱德华·凯尔德（Edward Caird，1835—1908），英国哲学家，英国最有影响的德国理念论的阐述者之一。

在《现代美国哲学》第二卷里刊载的题为《从绝对主义到实验主义》的论文中，杜威叙述了黑格尔哲学对他的吸引力，以及具有这种吸引力的原因。毫无疑问，他的老师莫里斯那异常的、容易被他人感受到的纯洁以及满腔热情和专心致志的个性对此起了作用，但是，只有记住这位学生的新英格兰背景，才能更好地理解这种吸引力的影响。杜威名义上承认在他自己成长中曾受过宗教教育，早年在伯灵顿还加入过怀特街的公理会。他试图相信这个教会的教义，但并没有意识到这需要他的努力；然而他的信仰不是虔诚的，因为这一信仰还不能充分满足其感情上的需要。正如莫里斯所说的，从黑格尔的唯心主义出发，青年时期的杜威的感情和智力得到了融合，他曾依靠童年时代的宗教经验去追求这种融合，但没有成功。在这篇论文中，杜威提到了他与黑格尔的结识"在自己的思想中留下了一种不可磨灭的痕迹"。下面就是他对这种痕迹的陈述。

在个人精神生活的形成中，每个人都依赖于黑格尔所说的一种"客观精神"，即文化制度思想。这种思想也带有孔德、孔多塞[①]和培根[②]的影响。在社会制度中曾出现的一种绝对精神，即形而上学思想已退了出去，而通过文化环境对个人的观念、信仰和学术态度的形成起作用的思想，则在经验主义的基础上继续存在着。在形成我关于现成智力在心理学和哲学两方面具有共同设想的信念中，它是一种因素。这种现成智力作为一个没有经验主义支持的客体，是与物质世界相对的。在形成我关于最合理的心理学是一种社会心理学的信念中，它也是一种因素。这种心理学不同于对行为的生物学描述。就更加专门的哲学问题而言，在我早期的辩证法信念被怀疑论所取代之后，黑

---

① 孔多塞（Jean Antoine Condorcet，1743—1794），法国数学家和哲学家。
② 培根（Francis Bacon，1561—1626），英国哲学家。

格尔学派所强调的连续性和交互作用的思想，在经验主义的基础上对我继续产生影响。一直到我在芝加哥的最初几年里，在与黑格尔《逻辑学》的专题研讨课的联系中，我试图用"重新调整""重新改造"的术语来解释黑格尔的思想范畴。最后，当我完全从黑格尔学派的束缚下解放出来时，我逐渐认识到，这实际上意味着能够更好地理解和阐述黑格尔的这些原理。

莫里斯教授的影响是杜威后来对逻辑学理论感兴趣的一个根源。莫里斯热衷于把自己认为跟亚里士多德和黑格尔有联系的"实证"逻辑与他自己所具有的一些肤浅观点的形式逻辑进行对照。杜威在安阿伯（Ann Arbor）与莫里斯交往的那些日子里，形成了一种具有媒介物的逻辑学思想。这种逻辑学既不纯粹是形式的，也不是强调事物内在结构"真理"的逻辑学，而是通过所得到的知识进行的那种过程的逻辑学。对穆勒来说，他的逻辑学似乎是在这个方面的一种努力；但是，由于穆勒不加批判地接受一种感觉论和以单一因素阐明社会复杂现象的心理学，这种努力受到了阻碍并偏离了方向。在缪尔海德①的《哲学丛书》的前几卷中，他曾预告"密歇根大学哲学教授约翰·杜威博士的《工具逻辑学原理》一书"即将出版。但是，这本书一直没有出版。这种思想，也许能在杜威后来的"工具主义"中找到。当时杜威所列的书名，意味着这是一种思维理论，这种思维理论可作为获得知识的方法或工具，它与宇宙结构真理的理论或"实证"逻辑是有区别的。杜威感到，他的主体思想的发展使他自己完全离开了与"实证"逻辑有联系的学说，而去研究一些有关经验的问题以及知识与经验的关系问题，这种研究占据了杜威的大量时间和智力。

从各方面来看，与莫里斯的交往对杜威的成长是有极大好处的。在第一学期结束后，莫里斯从约翰斯·霍普金斯大学回密歇根大学时，他把大学本科

①缪尔海德（James Fullarton Muirhead，1853—1934），德国人，编辑，曾在英国和美国居住过。

生班第二学期的哲学史课程让给攻读博士学位的杜威去教。这使得杜威在其他人面前有了自信心，因为直到那时杜威仅仅在写作方面感到自信。第二年，莫里斯对杜威能够得到一笔奖学金也是有帮助的，这使得杜威能够继续学习而不必增加债务。1884年的夏天，杜威在约翰斯·霍普金斯大学学习结束后，又同从佛蒙特大学毕业后一样，面临着寻找工作的困难。这种情况使得这位新博士开始怀疑他的职业选择是否明智。当莫里斯写信给杜威给他提供密歇根大学的一个哲学讲师的职位时，他非常高兴地接受了这个年薪900美元的职位。

密歇根大学校长詹姆斯·B. 安吉尔①在某些方面超过了佛蒙特大学的巴克汉姆。这时，安吉尔正在尽力建设一所著名州立大学，以便能够在州立大学中确立领导地位，并取得有创造性的学术成就。对在他领导之下的所有教师来说，安吉尔校长仍是一位典型的大学校长，但又是一个努力提高学校水平的人。他给师生提供了一种真正民主的环境，并提倡创造性教育所必需的自由权利和个人责任感。他个人的魅力与和蔼形象带动全校形成了一种对新教师和学生普遍友好的氛围，一些教授甚至坚持拜访年轻的讲师；讲师参加每周一次的教师会议，这对他们来说是一种很有教育意义的过程。这所大学也自然地成为实行男女同校教育的州立教育系统的楷模。这些实际情况给杜威留下了深刻的印象，并成为构成他以后的教育理论的思想链条。虽然杜威童年时代的环境不是以工业和财政上的真正民主为标志的，但是，他在不知不觉中形成了一种极其重要的民主信念。这使杜威意识到，要把这种民主信念作为他的许多哲学著作的基础。

杜威在安阿伯的第一个冬天，他与另一位新讲师霍默·金斯莱（Homer Kingsley）住在一幢供膳的寄宿公寓里，有两位女学生也住在这个公寓里。

---

① 詹姆斯·B. 安吉尔（James Burrill Angell，1829—1916），美国教育家。在密歇根大学，他第一次开设了"教学艺术和科学"讲座，并制订了评价中学课程和教学工作的计划。

她们中的一位叫艾丽丝·奇普曼①，比年轻的哲学讲师杜威大几个月。两年以后，即1886年7月，她与杜威结了婚。奇普曼是密歇根州本地人，曾教过几年书，以便挣钱完成自己的学业。与杜威的家庭背景一样，她的家庭背景也具有拓荒者的渊源。奇普曼的父亲是一位细木工，童年的时候从佛蒙特州搬到了密歇根州。奇普曼和她的妹妹埃丝特（Esther）很早就成了孤儿，由她们的外祖父母弗雷德里克·里格斯（Frederick Riggs）和伊娃林娜·里格斯（Evalina Riggs）抚养长大。里格斯先生是作为赫德森海湾公司（Hudson Bay Company）的代理商，从纽约州北部来到这个州的。作为非常早的一批移居者之一，他曾勘测了穿过这个州北部的第一条公路，管理过印第安人的商业邮政，后来又在荒地里从事过农业。在这个家庭里，他们对拓荒时代的记忆是牢固的，并认为冒险精神是一种充满生气的力量。奇普曼和埃丝特这两个女孩，就是在这样的家庭里长大的。当外祖父里格斯作为毛皮商被介绍到印第安人奇普瓦部落时，他学会了他们的语言，所以印第安人凭他的说话口音简直不能说他是白人。在里格斯的一生中，一些印第安人经常去拜访他。他是恢复印第安人逐渐消失的权利的支持者。他是民主党党员。民主党厌恶战争，对州与州之间的战争抱有反感。他是个易激动的持异议者，反对既定的惯例；他也是位自由思想家，捐款资助自己家乡芬顿所有教堂的建设；他又是一个战争反对者，曾充分利用他的积蓄为应征入伍的朋友和亲戚购买替代人。里格斯患有气喘病，为了能有一个更好的气候环境，他曾在美国新西部住了几年，其中一段时间住在道奇城。在那里，他担任过一个志愿者法庭的法官。这个法庭曾将一个从背后开枪打死人的边疆居民判处死刑。里格斯曾在科罗拉多州发现了一个金矿，但因它离任何的居民点都太远而无利可图。里格斯的丰富经验，以及灵敏和创造性的精神，大大地补偿了他的学校教育的不足。"总有一天，这些事情

① 艾丽丝·奇普曼（Alice Chipman，1860—1927），杜威的第一位夫人，曾是密歇根大学的学生，后成为专业教育工作者。

将被发现，不仅发现而且能认识它们。"里格斯的这段话，多次被杜威引用。由于家庭财力的限制，里格斯的外孙女在实现她们的抱负时，虽然在思想上受到了很多影响，但在物质上却没有得到那么多的帮助。这是因为外祖父母在家里使她们激进的个性能够付诸实际，并把她们的训练主要限于"做任何你们认为正确的事情"。对没有经验的人来说，这未必是适宜的，但这种训练肯定极大地培养了艾丽丝·奇普曼在学术上的独立性和自力更生的精神。对来自保守的伯灵顿的杜威来说，奇普曼是起激励和振奋作用的。奇普曼具有她外祖父母所信奉的品质，但没有他们的信仰模式，而且有一种要求受教育以扩大自己的眼界的强烈愿望。她具有揭穿环境本质的虚伪性和欺骗性的卓越才华、把不屈不挠的勇气和活力结合起来的灵敏性，以及努力促进个人智力完善的精神，并对所有与她交往的那些人表现出少有的慷慨。通过她的外祖父母，奇普曼认识到，对社会环境和不公正行为需要有一种批判态度。毫无疑问，奇普曼是促使杜威早期的哲学兴趣扩大的主力，使其从评论的和古典的领域扩大到现代生活领域。最重要的是，杜威通过与她的接触，使以前的一些理论问题获得了对人类来说必不可少的和直接的意义。杜威把在所谓情境和人的"直觉"判断中所获得的能力都归功于她。奇普曼具有浓厚的宗教本性，但她从来不接受任何教会的教义。她的丈夫杜威从她那里得到了一种信念，即宗教信仰是在自然经验中固有的，神学和教会制度已经僵化，因此不要去提倡它。

杜威在安阿伯与莫里斯交往的那些年里，他的哲学观点最接近德国的客观唯心主义。这一时期，是德国人对英国思想影响最大的时期。许多英格兰和苏格兰的哲学著作对传统的英国哲学表示了极大的不满。这些哲学著作求助于德国思想，以便通过一种论述"有机体"关系的哲学，来抵消极端的英国个人主义的影响。这种影响曾对宗教及社会生活和理论的所有方面起着分裂和瓦解的作用。从黑格尔学派的观点来说，爱德华·凯尔德对康德①的批判性评注修

---

① 康德（Immanuel Kant，1724—1804），德国哲学家，德国古典哲学的创始人。

改了康德哲学。凯尔德将否定论学说巧妙地从黑格尔学派辩证法的纠缠下解放出来，这对杜威的影响特别大。杜威以前是通过格林①对洛克②和休谟③的批判以及格林的《伦理学导论》一书而受到影响的。而杜威在《心理》杂志上的两篇论文和他的《心理学》的一部分，则表明了杜威在这时的观点。除了"工具"逻辑学的作用外，有两种更大的影响逐渐削弱了在杜威头脑里占统治地位的德国思想的基础。

第一种影响是，当杜威被分配教伦理学课程时，他进行了系统的研究。当地曾出版了杜威写的两本小册子，供学生使用。它们表明了在杜威的观点中因伦理学研究而引起的持续变化。其中，第一本名为《批判的伦理学理论要点》，出版于1891年。它表明了杜威对智慧在具体的人类行动（个人的和社会的）方向中的作用的看法。这与理性在制定行动方案时的一劳永逸的作用是有区别的。而这种行动方案，是根据理性主义者的理论来陈述的。第二本名为《伦理学研究提纲》，发表于1894年，当时第一本小册子已经卖完。杜威认为，就人们行为的结果而论，智慧是自然冲动的"媒介"。第二本书就是根据这样的思想写成的。这种思想包含了杜威后来的"工具"实用主义的萌芽，与把心理看成一成不变的唯心论观点是不能调和的。

第二种影响是杜威在心理学方面的研究。这种影响已经在《伦理学研究提纲》的基本思想中显露了。G. 斯坦利·霍尔关于心理学论题（实验的和理论的）的海阔天空的讲课，使杜威得到了这样的信念，即心理学和哲学的关系是一种密切的关系，但是，它是一种必须在实验心理学基础上建立起来的关系。实验推翻了原来与哲学关系疏远的比较陈旧的"理性"心理学，有助于形成新的心理学与哲学联合的趋势。这就使杜威的学术活动范围在更大程度上超出了

① 格林（Thomas Hill Green，1836—1882），英国哲学家。

② 洛克（John Locke，1632—1704），英国哲学家。

③ 休谟（David Hume，1711—1776），英国哲学家、历史学家和经济学家。主张不可知论。

他所认识到的范围。当然，伦理学研究需要有心理学基础。威廉·詹姆士①的《心理学原理》（*Psychology*）一书，对杜威改变哲学思想的方向有着特殊的影响。杜威在第二本伦理学小册子的提纲中，明显地突出了对心理学的探讨，这可能要归功于詹姆士的这本书。詹姆士的这本书是在杜威写完第一本小册子后不久出版的。

詹姆士对杜威认知理论的影响，不是通过在杜威理论已经形成之后出版的《实用主义》一书施加的，而是通过《心理学原理》中的一些论述概念、区别、比较和推论的章节施加的。杜威经常向学生推荐该书的这些章节。这是因为对实用主义认知理论要素的介绍来说，它们比《实用主义》一书更好。詹姆士对杜威的影响，可以从前面曾提及的杜威的自传性提纲②中了解到。詹姆士的《心理学原理》中存在着两种未取得一致的论调，其中一种源于作为"意识"理论的传统心理学观点，另一种源于建立在生物学基础上的更加客观的心理学理论。关于后者，杜威曾这样写道："这种思想通过它的方法越来越进入了我的全部思想之中，并成为改变旧的信念的一种酵素。"③这个时期，人们正在讨论这两种观点之间的区别。对于这种区别，杜威也不是很清楚，以至于后来竟出现了这样的情况：由于他正在放弃的一些思想，他的言论受到了歪曲。这导致了对杜威哲学的一些曲解。对一种建立在最近确立的或者不完全被接受的知识基础上的理论来说，那几乎是不可避免的。这也导致了其他人比杜威自己赋予这种哲学更加"主观的"含义。1916年，在重版1901年所写的逻辑学论文时，杜威说，虽然他们的心理学文章写于使用那种表达方式之前，但这些文章"是从现在被称为行为心理学的观点出发而写成的"。

---

①威廉·詹姆士（William James，1842—1910），美国哲学家和心理哲学家、实用主义者、机能主义心理学创始人。

②即杜威的《从绝对主义到实验主义》一文。

③John Dewey. *From Absolutism to Experimentalism*. // George P. Adams, William P. Montague. *Contemporary American Philosophy*. New York：Macmillan，1930：24.

　　当杜威接受明尼苏达大学的教授职位时，他在密歇根大学的教学工作中断了一年。就在那一年，杜威所尊敬的老师莫里斯教授去世了，于是他又受邀重新回到安阿伯，主持密歇根大学哲学系的工作。在杜威中断密歇根大学工作期间，接替他职位的温利①教授曾写过一本莫里斯传记。那是一个关于美国哲学发展的一个重要阶段的有价值的文献。在这本书的最后一章里，温利重复了杜威在莫里斯去世后所写的一段话。那段话论述了杜威从他的老师和同事莫里斯那里所得到的一切，可能比这里更为详细。在杜威的一生中，无论是在个人生活方面，还是在专业方面，莫里斯的去世都是一个巨大的损失。莫里斯一家把自己的住宅提供给了这位年轻的讲师，后来他的妻子也住了进去。与仁慈好客的莫里斯一家的交往，是杜威社会生活的焦点。

　　杜威夫妇给他们1893年出生在安阿伯的第三个孩子取名为莫里斯。这个孩子在智力上好像是他们六个子女②中最高的，并具有一种与内在的成熟结合起来的特别吸引人的气质。两岁半时，莫里斯因患白喉病而在意大利米兰去世。这是一个沉重的打击，使得杜威夫妇始终无法完全恢复。在去英国的旅途中，与他们同船的一个旅伴在旅途的最后一天说："假如那个男孩长大的话，世界上将会有一种新的宗教。"这句夸张的话，表达了小莫里斯给其他人所留下的印象，以及人们通过他的家庭而体验到的小莫里斯的气质。杜威在明尼苏达大学任教时，霍夫③担任了密歇根大学哲学系的副主任；当杜威从明尼苏达大学回到密歇根大学时，霍夫则被聘请到明尼苏达大学去任教。于是，詹姆

---

　　①温利（Robert Mark Wenley，1861—1929），美国教育家，曾任密歇根大学哲学系教授、哲学系主任，著有《莫里斯的生平与著作》（1917）。

　　②杜威夫妇共有7个孩子，除第一个孩子弗雷德里克出生于芬顿、第二个孩子伊夫琳出生于明尼阿波利斯外，第三个孩子阿奇博尔德和第四个孩子莫里斯均出生于安阿伯，第五个孩子戈登、第六个孩子露西和第七个孩子简均出生于芝加哥。其中，第三个孩子阿奇博尔德一出生就夭折了。可参见本书附录《约翰·杜威生平活动年表》。

　　③霍夫（Willston Samuel Hough，1860—1912），美国教育家，曾在密歇根大学、明尼苏达大学等任哲学、心理学教授。

斯·海顿·塔夫茨①被聘请去接替霍夫原来在密歇根大学的职位。塔夫茨是阿默斯特学院的一位毕业生，曾在柏林获得博士学位，他通过翻译文德尔班②的《哲学史》而确立了自己的学术地位。祖籍新英格兰的塔夫茨那纯朴和粗犷的性格，就如那里的山脉一样。在他待在安阿伯的短暂时间里，他与杜威在生活上和学术上建立了友谊，并持续了好多年。在芝加哥大学刚开办时，塔夫茨接受了那里的一个职位，这也为杜威在1894年被聘请到芝加哥大学工作埋下了伏笔。他们在芝加哥大学进行了多年的合作，在1908年出版的《伦理学》一书则表明他们的合作结出了果实。该书1932年的新版，就是他们在学术上继续联系的一个证明。这里无须再作进一步的论述。

在塔夫茨离开密歇根大学时，学校需要补充两位哲学教师，以照管日益增多的学生。艾尔弗雷德·H. 劳埃德③和乔治·H. 米德④被选上了，他们俩都在哈佛大学念过书。米德还没有完成他的博士学位论文，就从柏林被聘请来了；劳埃德刚刚获得博士学位。与这两个人以及他们家庭在生活上和学术上的交往，对杜威一家的帮助极大。劳埃德具有一种创造精神，在用一种富有个性的语言表达与众不同的见识方面也是颇有才华的，因此，不能确定他属于哪一个哲学流派。这可能限制了劳埃德著作的影响，但却加强了他对同事和学生的创造性和独立性的激发力。劳埃德那坦率直爽的性格与他学术上的才华，使他本人在全体教师心中占据着杰出的地位。在劳埃德去世时，他已经担任了多年的研究生院院长。

---

①詹姆斯·海顿·塔夫茨（James Hayden Tufts，1862—1942），美国大学教授，曾在密歇根大学、芝加哥大学等任教，与杜威合著了《伦理学》（1908）。

②文德尔班（Wilhelm Windelband，1848—1915），德国哲学史家、哲学家，新康德主义者，曾在苏黎世、弗赖堡、斯特拉斯和海德尔堡等大学任教授。著有《哲学史》（1892）。

③劳埃德（Alfred H. Loyd，1864—1927），美国大学教授。1894—1925年，在密歇根大学任教。

④米德（George H. Mead，1863—1931），美国哲学家和社会心理学家。在社会心理学和实用主义发展两方面，他是一个重要的代表人物。他的社会心理学理论对杜威有很大的影响。

　　在安阿伯时，米德一家与杜威一家是隔壁邻居。搬到芝加哥之后，他们两家又住在同一幢公寓大楼里。两家稍大一些的孩子年龄又差不多。因此，杜威和米德两家很快建立了亲密的友谊。杜威一家曾参观了米德夫人在檀香山出生时的城堡式住宅。甚至在杜威一家搬到纽约之后，米德一家仍然是杜威一家最亲密的朋友，一直到米德去世。

　　因为米德一生中出版的著作不多，所以，他对杜威的影响是通过他们持续了好多年的交谈而产生的。但是，这种影响的程度往往被低估了。1931年，在米德的葬礼上，杜威说米德具有一流学者的创新精神。这也是怀特海[①]在读了米德死后出版的一些著作之后公开表示赞同的一种观点。米德的学术成就，特别是在自然科学方面的学术成就，比杜威的学术成就更大。在与杜威交往的那些年里，米德的主要兴趣是在与科学心理学有关的生物学理论上。那时，注意到心理现象与人体之间关系的一些心理学家和哲学家，仅仅发现了大脑中的心理物质基础，或者说最多发现了神经系统中的心理物质基础。而这种神经系统是与整个有机体相脱离的，因而也就脱离了有机体与它的环境的关系。相反地，米德是从有机体在环境中的作用与反作用的观点出发的。按照这种观点，包括大脑在内的神经系统是一种器官，以调节作为一个整体的有机体与客观的生活环境的关系。于是，必须从这一观点出发，来描述包括思维和认知过程在内的心理现象。米德提出了一种具有独创性的心理学理论，这是在以前确认的有机体与环境的关系遭到破坏而新的关系还没有建立时所出现的陈述；同时，又是一种包含了人与人之间相互关系的本性起源和性质的理论。杜威并没有试图发展这些专门思想，但是，他从米德那里接受了它们，并使它们成为他后来的哲学理论的一部分。因此，从19世纪90年代起，米德的影响与威廉·詹姆士的影响在杜威身上是并存的。米德不断地重复提出他的思想，但他的大部分著

---

　　① 怀特海（Alfred North Whitehead，1861—1947），英国哲学家、数学家。他的教育哲学在英国有较大的影响。1924年，担任哈佛大学哲学教授。

作在他去世后才得到出版。在他去世前不久，他曾在美国哲学学会（American Philosophical Association）开设了卡鲁斯①讲座，但是他没有能写好预备出版的草稿。他以前的学生和同事对他的手稿以及由他的学生记录的讲演笔记进行编辑，出版了四卷本的《米德文集》。米德的一位研究生在他去世后说过，多年来，一流作家乔治·米德的论文和书籍不断地得到了出版。

约翰·杜威在密歇根大学的最后几年里，与他的父母住在一起。每当他的父亲对自己的孩子背叛共和党而感到痛心时，他就想到要维持家庭的融洽气氛，而他的母亲则因孩子们背离了童年时代的宗教教义而感到伤心。但是，他的父母的思想是十分开明的，充分相信孩子们会保持一种亲密的家庭关系。两个坚固的链环使密歇根大学与州立学校系统联结了起来，并成为州立学校系统的一部分。第一个链环是，密歇根大学开设了美国第一个教育学讲座。它最初由威廉·佩恩②主持，然后由欣斯戴尔③主持。一些大学教师还访问了州里的中学，并作了中学生如何为大学学习做准备的报告。杜威对普通教育的兴趣，就是通过他对中学的访问而激发起来的。第二个链环是，密歇根州教师俱乐部（Schoolmaster Club of Michican）打算通过它的讨论会和委员会，把中学教育和大学教育更加紧密地结合在一起。杜威曾是这个教师俱乐部的成员。他对心理学的兴趣，使他对学习过程进行了研究。杜威在安阿伯的最后几年里，经常在一些教师讲座和教师大会上演讲这样的题目——"注意""记忆""想象""思维"等，所有的题目都涉及教学和学习。这时，杜威有三个孩子，即生于1887年的弗雷德里克·阿奇博尔德（Frederick Archibald）、1890年生于

---

①卡鲁斯（Paul Carus，1852—1919），美国教育家、哲学家和编辑。

②威廉·佩恩（William Harold Payne，1836—1907），美国教育家。1879年，担任密歇根大学教育学教授。1888年，担任皮博迪师范学校校长。1901年，又回到密歇根大学任教。

③欣斯戴尔（Burke Aaron Hinsdale，1837—1900），美国大学教授、学院院长。1888年，在密歇根大学任教。

明尼阿波利斯的伊夫琳①和1893年生于安阿伯的莫里斯。杜威对自己孩子的观察，加深了他对从威廉·詹姆士那里得来的天赋倾向的重要性的认识，并使他十分重视儿童早期的适当发展。杜威出版了两本供教师训练使用的书，多伦多大学詹姆斯·A.麦克莱伦（James A. McLellan）教授写了这两本书的实际应用部分。杜威在哲学的社会作用方面的信念，由于一种对抽象推理不满的情绪而得到了加强，他感到有必要用实际经验去正确地检验和发展推理思想。杜威逐渐认识到，现在的教育方法，特别是小学的教育方法，是与儿童正常发展的心理学原理不相协调的。这激起了他创办一所实验学校的愿望。在他看来，实验学校应该把学习心理学的原理与他本人道德研究中的合作交往原理结合起来；同时，也应该使学生从其自己在学生时代就感到的乏味无趣的状况中解放出来。在学校的直接教育经验中，哲学应该得到它的社会应用，并受到检验。

1894年，杜威接受了芝加哥大学的聘请。他这样做的原因之一是，芝加哥大学的那个系里包括了教育学、哲学和心理学。几年以后，他发现，一批家长希望他们的孩子受到的教育不同于芝加哥城其他学校所提供的教育。由于家长们在精神上和财力上的支持，在其担任系主任的哲学、心理学和教育学系的倡导之下，杜威创办了一所初等学校。后来，它被命名为"实验学校"（The Laboratory School），一般通称"杜威学校"（Dewey School）。大学部允许给这所学校教师的子女免除100美元的学费，除此之外并没有提供更多的财政资助。在这所学校所存在的七年半时间里，一些朋友和赞助人对它的支持超过了大学部。

这所学校不是今天的实习学校（practice school）或进步学校（progressive school）。它与哲学、心理学和教育学系的关系，表现为学校进行了自然科学科目的教学实验。这所学校的教师梅休（Katherine Camp Mayhew）和爱德华

---

① 据乔治·戴克威曾《约翰·杜威的人生与精神》（1973年英文版）和B.莱文《约翰·杜威的生平和著作年表》（2001年英文版）的记述，伊夫琳出生于1899年。

兹（Anna Camp Edwards）曾全面和有权威性地论述了杜威学校的工作①，这里就不作详细叙述了。

在杜威的著作中，流传最广和影响最大的是《学校与社会》——已被译成12种语言。这本书是由为实验学校筹集资金而作的一些演讲组成的。由芝加哥大学出版社（University of Chicago Press）和霍顿·米夫林公司（Houghton Miflin Company）分别出版的两本教育专题论文集，是这所实验学校工作以及与伊利诺伊州的一些教育家协作的共同成果。杜威在《现代美国哲学》中说，总的看来，在他从唯心主义转到自然主义和实用主义的实验主义之后，个人交往对他的思想倾向的影响超过了他读过的那些书本的影响。在芝加哥时建立起来的许多重要的交往中，也包括了通过这所实验学校而建立起来的一些交往。可以说，这些年来不同教育思想流派的友好论战，标志着批判美国教育制度的进步教育运动的开始。后来担任芝加哥库克县师范学校校长的弗兰西斯·W. 帕克②通过他在马萨诸塞州昆西市的工作，表明了在公立学校中这个新的教育运动③的开始。在建立儿童研究协会的过程中，帕克也是积极的。此时，在德国与赖因④一起工作过的德加谟⑤和麦克默里兄弟⑥，也把赫尔

---

① 指凯瑟琳·C. 梅休和安娜·C. 爱德华兹合著的《杜威学校》（*Dewey School*，1936）。——原注

② 弗兰西斯·W. 帕克（Francis Wayland Parker，1837—1902），美国教育家，美国"进步教育"的最早提倡者，被称为"进步教育之父"。

③ 在美国教育史上，该教育运动一般称为"昆西运动"。

④ 赖因（Wilhelm Rein，1847—1929），德国教育家。1885—1923年，任耶拿大学教育学教授。曾与德国的齐勒尔（Tuiskon Ziller，1817—1882）一起，把赫尔巴特的四个教学阶段扩充为五个教学步骤，以"五段教学法"闻名。

⑤ 德加谟（Charles De Garmo，1849—1934），美国教育家。他是赫尔巴特教育哲学的拥护者，并把它介绍到美国，曾担任美国赫尔巴特学会第一任主席。

⑥ 麦克默里兄弟（McMurrys），指查理·麦克默里（Charles Alexander McMurry，1857—1929）和弗兰克·麦克默里（Franke McMurry，1962—1936），美国教育家，因向美国教育界介绍赫尔巴特而闻名。

巴特学派的方法介绍到了美国。哈里斯是一个教育哲学的积极提倡者。这种带有明显的独创性的教育哲学，吸收了黑格尔的思想。

杜威与埃拉·弗拉格·扬①的友谊是一种更加密切的关系。在杜威待在芝加哥的最初几年里，扬是城市学校系统中的一位学区督学。杜威把那些年在教育工作中的最大影响归功于扬和他自己的妻子。他把扬女士看作是在学校管理工作上最有见识的人，并利用一些方式与她交往。扬开始是一位级任老师，通过中学的教学工作为自己铺平了担任高级管理职务的道路。她是担任美国大城市学校系统中督学职务的第一个妇女，也是美国教育协会（National Educational Association）的第一任妇女主席。扬经常思考她的实际经验的含义。她重视个人身上两个不可分离的方面，即道德上的个性和智力上的个性，由此，她通过自己的经验将其发展成为一种坚决要求教师考虑学生心理过程完整性的主张，以及一种坚决反对学校管理工作脱离上述思想的主张。这些主张对学校教育的方法产生了巨大的影响，首先在芝加哥，然后扩大到整个美国。与扬的交往，补充了杜威教育思想中所缺乏的实际管理方面的经验，并使杜威的民主思想在学校工作和社会生活中进一步具体化。

杜威对赫尔会所（Hull House）的兴趣对他的一生也产生了很大的影响。之所以有这种影响，是因为杜威居住在芝加哥，而不是因为他在芝加哥大学所拥有的专业职位。从更多的意义上来说，赫尔会所是一个新的社区。在那里，居住着各种各样的人，包括具有各种信念和没有什么信念的人，他们聚集在同一个地区。杜威夫妇经常到那里去访问，并与那里的居民，特别是与简·亚当斯②建立了亲密的友谊。杜威夫妇感到，与那里的许多类型的人交往，是他们

---

①埃拉·弗拉格·扬（Ella Flagg Young，1845—1918），美国教育家。曾在杜威指导下进行研究。1900年，在芝加哥大学获得博士学位。在进步教育运动和社会活动中，扬很活跃。曾担任过美国教育协会第一任妇女主席（1910—1911）。

②简·亚当斯（Jane Addams，1860—1935），美国社会活动家。曾建立芝加哥社会福利中心，以赫尔会所闻名。1931年，获得诺贝尔和平奖。

业余生活中最有趣味的和最有激励作用的部分。亚当斯小姐深信，通过赫尔会所建立的交往，不仅对社区周围比较贫穷的居民来说是重要的，而且对出生于经济状况和教育机会上具有更多特权家庭的那些人来说也是重要的。亚当斯认为，在那里不存在"设想另外一半人的生活方式"的问题，而仅仅存在着共同学习怎样在一起生活的问题。她特别强调，民主是一种生活方式，一种真正有道德的和有人性的生活方式，而不是一种政治制度的手段。在必须把"设想另外一半人的生活方式"具体化的时候，杜威成为这个会所的一个理事。但这是亚当斯长期以来尽可能要避免的一步，因为她担心这会使社区的生活僵化。由于赫尔会所和亚当斯的缘故，杜威那作为教育指导力量的民主信念具有了更加激烈和更加深刻的含意。

杜威离开芝加哥时，他与亚当斯的亲密交往中断了，但是，他们在相互尊重和影响方面一直没有什么问题。在战争①时期，亚当斯小姐仍没有背叛她那公谊会②教徒的经历和托尔斯泰主义者（Tolstoyan）的不抵抗政策。在战争初期，这样做对她很有帮助。因为当时赫尔会所曾是敌对行动的对象，她也是遭受人身侮辱的对象。但杜威则认为，美国应该参战。这个分歧是他俩感情上产生痛苦的一个根源。但是，他们后来的关系仍然是真诚的。1929年，在纽约城举行的杜威七十岁生日庆贺会上，亚当斯曾致辞祝贺。前不久，杜威曾在赫尔会所召开的赫尔会所周年纪念庆祝会上发过言。在亚当斯去世后，杜威又在纽约附近举行的亚当斯追悼会上讲过话。亚当斯的去世，意味着那个时代里一位最杰出女子的个人生涯结束了。杜威热情支持一切扩大妇女活动自由的事业。他把这种热情大部分归功于他对妻子、埃拉·弗拉格·扬和简·亚当斯的性格与智慧的认识。

在芝加哥的那些年里，杜威曾到阿迪朗达克山区度假。当杜威还在安阿伯时的一个夏天，他全家参加了托马斯·戴维森（Thomas Davidson）在赫雷

①指第一次世界大战。
②公谊会，亦称"贵格会"或"教友派"，基督教（新教）教派之一。

凯恩山山脚下的格莱莫尔举办的野营和暑期班。实际上，它是康德哲学学校的一个后继者。第二年夏天，在离戴维森的房产不远的地方，杜威家盖了一间简陋的房子。多年来，他们都在那里避暑。他们的房产与格莱莫尔被一条名叫海湾溪的小河隔开，这条小河很深。戴维森说，杜威家之所以选定在"海湾的另一边"生活，是因为他们并不完全同意他把暑期班专门用来对那些参加者反复灌输道德原理的计划。戴维森是一个卓越的、博学的和很有主见的人。威廉·詹姆士曾发表的一篇文章，就是对他的一个引人注目的纪念。所有接近过戴维森的人，都能感受到他的影响。冬天，戴维森住在纽约城里。在那里，他把一些没有机会进行智力训练的青年组织起来，成立了一个俱乐部，并通过他的教学、鼓励和经济上的资助，使他们中的许多人开启了职业生涯。

在赫雷凯恩，杜威与一些具有进取精神的学者建立了亲密的关系。哈里斯在那里有一幢小别墅；耶鲁大学的贝克韦尔[①]、哥伦比亚大学的希斯勒普[②]和琼斯[③]是定期的访问者；史密斯学院的加德纳[④]也常常去那里；菲利克斯·阿德勒[⑤]是肯尼村另一端的一位避暑者，偶然也访问那里；威廉·詹姆士几乎每年夏天都在那里住一些日子。杜威正是在那里认识了詹姆士，詹姆士对杜威思想具有深刻的影响。密歇根大学校长安吉尔的儿子、杜威在芝加哥大学

---

①贝克韦尔（Charles Montague Backewll，1857—1957），美国前国会议员，教育家。曾在加利福尼亚大学、耶鲁大学等大学担任哲学教授。1910年，曾担任美国哲学学会主席。

②希斯勒普（James Hervey Hyslop，1854—1920），美国心理学家和教育家。1895—1902年，曾在哥伦比亚大学担任逻辑学和伦理学教授。

③琼斯（Adam Leeroy Jones，1873—1934），美国大学哲学教授。曾担任纽约州考试委员会成员。

④加德纳（Harry Norman Gardiner，1855—1927），美国学院教授。曾在阿默斯特学院、史密斯学院等担任哲学教授。

⑤菲利克斯·阿德勒（Felix Adler，1851—1933），美国教育家、社会改革家和作家。伦理文化运动的提倡者，于1876年在纽约创立了伦理文化协会。1902年，担任哥伦比亚大学政治学和社会伦理学教授。在纽约创立了儿童研究协会，担任过美国的全国儿童劳动委员会主席（1904—1921）。

的同事詹姆斯·R.安吉尔①，也经常住在格莱莫尔。

约翰·杜威被聘请担任芝加哥大学哲学、心理学和教育学系的系主任，不仅是对他在美国哲学界中已经确立的地位的承认，而且使他以前的教学工作模式发生了巨大的变化。在密歇根大学时，他教的班级大部分是大学本科生；而在芝加哥大学，他从事研究生教学工作。这种变化是由于杜威个人地位迅速提高，他不仅从许多班级的大量日常工作中摆脱出来，而且获得了一个机会——他可与一些能从事研究工作的研究生一起实现自己的计划。全校范围内对研究生教学工作的重视，刺激全体教师进行创造性的工作。杜威发现自己处在一种富有创造性的环境之中，被由著名人士组成的教授会包围着。杜威在芝加哥大学里最亲密和最有影响的交往，是与从密歇根大学来的米德和塔夫茨的继续交往。但是，还应该提到另外两个人的名字。其中一个是阿迪生·穆尔②，他是个非常有能力的哲学研究生，后来留在系里担任教师；他是教师中最有进取心的实用主义者，但因不断患病而过早地去世，这妨碍了社会对他能力的全面认识。另一个是詹姆斯·R.安吉尔。他是心理学教师，以前是密歇根大学的本科生，曾在杜威的指导下学习。毕业后，他进了哈佛大学，在威廉·詹姆士、乔赛亚·罗伊斯③和那里一批卓越的教授的指导下进行学习。他在明尼苏达大学任教了很短的一段时间，然后来到芝加哥大学。尽管那时心理学正在成为一门建立在经验基础上的实验学科，而不再是附属于哲学的一个分支，但是，心理学与哲学这两门学科的联系还是比现在所想象的更加紧密。这是在詹姆斯·R.安吉尔的老师詹姆士的生涯中，明显地表现出来的一

①詹姆斯·R.安吉尔（James Rowland Angell，1869—1949），美国心理学家。在芝加哥大学创立机能主义心理学派。曾任美国心理学会主席和耶鲁大学校长。

②穆尔（Addison Wedster Moore，1866—1930），美国大学哲学教授。1898年在芝加哥大学获得博士学位后，在该校任教。1918年，在哈佛大学讲授哲学。1911年，任美国西部诸州哲学协会主席。1917年，任美国哲学学会主席。

③乔赛亚·罗伊斯（Josiah Royce，1855—1916），美国哲学家。曾在哈佛大学担任哲学教授，与威廉·詹姆士长期共事。

个事实。在机能心理学的发展中，詹姆斯·R. 安吉尔是最活跃的人之一。机能主义心理学主要是与以康奈尔大学铁钦纳①为代表的分析学派相对立的。在杜威的逻辑学理论发展中，以及在他的逻辑学理论和道德理论的联系中，机能主义心理学的发展起了一定的作用。

杜威曾在三个冬季学期里分别开设课程，名为"心理伦理学""伦理逻辑学"和"社会伦理学"。"心理伦理学"是他在安阿伯出版的《学习》一书中所阐述的原理的进一步发展。它用冲动、习惯、愿望、情感和想象等相互作用的词句来表述的道德理论。这门课程的资料为他许多年以后出版的《人性与行为》一书奠定了基础。"伦理逻辑学"这门课程对目的、标准、原则和职责等范畴进行了分析，并按照解决实际问题的特殊作用来进行分析。这种实际问题是因为不一致的愿望和目的的冲突而产生的。杜威也经常组织已取得申请博士学位资格者的专题研讨课，把一些逻辑学问题作为研究的中心。由于一些唯心主义者的理论在当时的威望，于是，布拉德里②和博赞克特③的逻辑学著作与穆勒、维恩（Venn）和杰文斯④的比较古老的逻辑学一起，特别受到关注。因为洛采⑤把经验的和科学的理论放在重要的地位上，所以，他的逻辑学成为最少极端的唯心主义逻辑学理论之一，而在一次专题研讨课上被选为研究中心进行分析。在庆祝芝加哥大学成立十周年时，芝加哥大学出版社出版了一系列代表所有系科的专题著作。在这些出版物中，有一本主要由哲学研究生写就的，

---

① 铁钦纳（Edward Bradford Titchener，1867—1927），英籍美国心理学家。1893年，他从英国到美国，在康奈尔大学担任心理学教授35年。

② 布拉德里（Francis Herbert Bradley，1846—1924），英国哲学家。著有《伦理学研究》（1876）、《逻辑学原理》（1883）等。

③ 博赞克特（Bernerd Bosanquet，1848—1923），英国黑格尔学派哲学家、政治理论家和社会学家。他最早的著作《知识与现实》和《逻辑学》，受到了德国哲学家洛采的影响。

④ 杰文斯（William Stanley Jevons，1835—1882），英国经济学家和逻辑学家。

⑤ 洛采（Rudolf Hermann Lotze，1817—1881），德国哲学家。他的思想在德国古典主义哲学和20世纪理念论之间起了桥梁作用。

书名为《逻辑原理论研究》，其中包括杜威撰写的对洛采的逻辑学理论进行分析的一系列介绍性文章。但即使在有这本书的大学哲学教师中，它也很可能只引起了少数人的注意；同时，它也没有从威廉·詹姆士那里得到热诚的祝贺。詹姆士曾写过评论文章欢呼"芝加哥学派"的诞生。这个学派赞成詹姆士的实用主义，并按照他的方法进行实验。尽管存在着很多对其有敌意者，但这个学派仍然得到了一定的重视。杜威的文章标志着他与自己早期的黑格尔学派唯心主义的最后的彻底的决裂，他在书中提出了反射弧思想的工具主义理论。

这些出版物中的另一本书，是杜威写的专题著作，书名为《道德理论的科学条件》。他第一次采用简略的方式写作，力图阐述科学探究和道德判断统一的逻辑学原理。虽然这本书没有引起人们的注意，也一直没有重版，但在研究杜威思想的发展中，它标志着杜威见解的一种决定性变化。

杜威后来在哥伦比亚大学写成的《我们如何思维》和《民主主义与教育》，是他的芝加哥实验的直接成果。他的工作以及他与其他人的交往，促使他的教育思想和哲学思想在这两本著作中融合了起来。在《民主主义与教育》中，杜威阐述了哲学本身是"教育的一般理论"的观点，在某种意义上，他把教育扩大到包括用来构成社会的个人气质、情感、智力和活力的所有因素上。

在芝加哥大学的最后几年里，杜威与芝加哥大学校长[①]之间在有关实验学校行政管理问题上的摩擦日益增加。当时，芝加哥学院是训练教师的一所师范学校，并附有一所招收儿童的实习学校。弗兰西斯·帕克建立这所学院是为了继续他自己的工作，而不受政治势力的影响。这种政治影响曾在库克县的教育机构中妨碍了帕克的工作。1901年，这所学院并入芝加哥大学。因为大学与师范学校在教育哲学和心理学方面的地位不同，所以，当杜威担任系主任的那个系不承担师资训练工作时，这方面不存在什么争论。但在杜威外出进行短期

---

① 即哈珀（William R. Harper，1856—1906），美国教育家，19世纪末20世纪初兴起的"初级学院"运动的提倡者。1891年，任芝加哥大学首任校长。

讲学时，校长竟同意把杜威开办的实验学校和与从前的芝加哥学院（即现在的大学教育学院）有联系的实习学校合并起来。这个决定既没有规定该学校要保持在实验学校中已进行的工作模式，也没有规定要支持那些为克服资金困难而提供热诚服务的教师。当教育学院的理事们了解到，大学部作出的合并实验学校的决定并没有同杜威本人商量过，而且杜威还没有意识到他的实验学校实际上被抛弃了，他们便自愿对这个合并的决定进行纠正。因此，对实验学校提供财政支持的那些家长和朋友，组成了活跃的家长与教师联谊会（Parents and Teachers Association）。这个联谊会在美国可能是第一个。他们强烈抗议学校抛弃这所实验学校的做法，并提供了一笔保证它继续存在的资金。遍及美国的教育工作者也写信给芝加哥大学当局，坚决支持实验学校的工作。这时，弗兰西斯·帕克病得很厉害。这正是芝加哥学院被并入芝加哥大学的主要原因。于是，大学部制定了一个暂时解决这些困难的办法，但在它生效时帕克上校去世了。这导致了合并后的学校，归杜威担任院长的教育学院领导。可是，大学校长对这所没有资助的学校的态度仍是那样的冷淡和不友好，因此，杜威在1904年辞去了职务，教育学教授埃拉·弗拉格·扬也随之辞职。

当杜威辞职的时候，他还没有别的职位可以考虑。他在做了这决定性的一步行动之后，写信给威廉·詹姆士以及他的老朋友、哥伦比亚大学哲学和心理学系的J. 麦克基姆·卡特尔，把这一情况告诉了他。经过努力，卡特尔为杜威在哥伦比亚大学找到了一个职位，同时杜威每周在哥伦比亚大学师范学院讲课两小时，作为增加薪酬的办法。

杜威一家决定到欧洲去度假。在芝加哥时，杜威夫妇又添了三个孩子，即戈登·奇普曼（Gordon Chipman，以他外公的名字取名）、露西·艾丽丝（Lucy Alice）和简·玛丽（Jane Mary，分别以简·亚当斯和她的亲密朋友玛丽·史密斯的名字取名）。他们带着五个孩子一起去欧洲，但是，不幸再一次伴随着他们的欧洲旅行。在他们乘船从蒙特利尔到利物浦的路上，戈登患了伤寒病。他在一所医院里经过治疗之后，看上去好像已经痊愈了，但在去爱尔兰的旅途中，因旧病复发而去世。年仅八岁的戈登曾结交了许多朋友。在六岁时，他已表现出一种成熟的个性，但并不是早熟。当戈登去世的消息传到赫尔会所时，那里举行了一个追悼会，简·亚当斯小姐致了悼词。隔了很久，她的悼词被刊印在一本同类的演说集里。家人之外的人对戈登的慈爱和热情的赞扬，表明了人们认为戈登的死是一种损失。戈登的死对杜威夫人是一个沉重的打击，她丧失了活力，再也不复从前。但是，她仍然带着其他孩子到欧洲大陆去学习外国语，并表现出特有的勇气。上一年秋天就去哥伦比亚大学任教的杜威，于六月份与他的家人在意大利威尼斯重新碰头。在意大利逗留时，杜威夫妇收养了萨拜诺（Sabino），这使全家感到非常高兴。[1]萨拜诺是一个与病死的戈登年龄差不多大的意大利男孩。他那不知疲倦的快乐和不怕重病的勇气，以及生命的活力和交朋友的能力，使他成为这个家庭中一个惹人喜爱的成员，并给这个失去亲人的家庭带来了安慰。更为有趣的是，这个被收养的孩子后来继续从事杜威夫妇的初等教育工作，成为进步学校的一位教师。他还是教育仪器的设计者和制造者，这些仪器是供学校中的手工活动和科学实验使用的。在对一些学校进行访问之后，杜威和他的大女儿伊夫琳一起合写了《明日之学校》，以及另一本论述农村教育的书《适合旧传统的新学校》。伊夫琳长期与教育实验局（Bureau of Educational Experiments）合作，拟定教育实验的方法，并对实验结果进行统计和系统阐述。后来，她整理出一份完整的幼儿发展调查报告。

在哥伦比亚大学时，杜威发现自己正处在一种新的哲学环境之中。到1905年时，唯实论运动处在哲学的最前线。在哥伦比亚大学，这个运动是以伍德布里奇[2]为代表的。伍德布里奇完全是一个古典主义和亚里士多德学派的学

---

① 参见本书第一编中的《杜威与一个意大利男孩的逸事》（第123—127页）。

② 伍德布里奇（Frederick James Eugene Woodbridge, 1867—1940），美国教育家和哲学家。1895—1902年，任密歇根大学哲学教授。从1902年起，在哥伦比亚大学担任哲学教授。

者，也是一位有独创性的和使人受到激励的哲学史教师。他赞同和讲授亚里士多德学派模式的自然主义的形而上学。与伍德布里奇的交往，使得杜威认识到形而上学理论模式的可能性和重要性。这种形而上学理论模式，不承认依赖于没有以经验为根据而证实的一些原理。杜威在这次交往中的收获，充分反映在《经验与自然》一书中。此书的内容是杜威最初在由卡鲁斯基金会支持的美国哲学学会所作的一系列演讲。伍德布里奇和杜威都承认多元论。多元论是与绝对论相对的，也是与一种把主体和客体作为它的限定词的认识论相对的。他们俩也同样不相信直觉感知理论。所以，这些观点与一些有着分歧的观点结合在一起，使得他们在学术上的联系在杜威思想的进一步发展中具有特殊的重要性。1915年前那个时期，是一元论者和二元论的唯实论者相互激烈地批判和争论的时期（伍德布里奇因持有不同的看法，所以没有公开参加这场争论），也是唯实论者和唯心论者相互激烈地批判和争论的时期。由于哥伦比亚大学哲学系的邀请，威廉·詹姆士在那里重复作了关于"实用主义"的讲演。在随后的几年里，詹姆士形成了他的"彻底经验论"（radical empiricism）[1]。在包括研究生教学工作在内的新的学术环境中，杜威发现自己的看法完全跟研究生无关，这促使他对自己的全部哲学观点重新进行了思考。其思考的结果可以在《哲学的改造》（在日本东京帝国大学所作的讲演）、《经验与自然》和《确定性的寻求》（1929年在英国爱丁堡所作的由吉福德基金会主持的讲演）中看到。杜威到纽约之后所出版的书籍，几乎都是由在各种基金会上所作的一些讲演发展而来的。除了上面提到的几本书，还有《人性与行为》《公众及其问题》《德国哲学和政治》《自由主义和社会行动》《作为经验的艺术》等。另外，寄给一些哲学期刊的很多稿件，特别是寄给哥伦比亚大学出版社编辑出版的《哲学杂志》的大量稿件，也记录了杜威多年的哲学主张。

---

[1] "彻底经验论"，认为存在即被经验，世界上的一切都是由没有任何物质基础或客观内容的纯粹经验所构成的。

　　杜威的个人交往很多。他在哥伦比亚大学的一位同事蒙塔古①，在他的认识论和对现代自然科学理论的浓厚兴趣的基础上，发展了一元论的唯实论理论。这种感觉和认知的效果理论，是建立在一种本能论，即新颖的和很有独创性的物活论②的基础上的。蒙塔古和杜威在社会问题上的观点，比在专门的哲学问题上的观点更为接近。他们两个家庭之间的关系一直是亲密的。杜威夫人由于长期患动脉硬化和心脏病于1927年病逝。在杜威夫人的葬礼上，蒙塔古是主要的致悼词者。

　　其他短期或长期影响杜威（包括肯定或批判他的主张）的朋友，有洛弗乔伊③、托尼（Tawney）、谢尔登④、哈罗德·查普曼·布朗（Harold Chapman Brown），以及后来成为哥伦比亚大学和附近院校教师的一些学生——布什⑤、施克乃特（Schnide）、兰德尔（Randall）、埃德曼⑥、克伯屈⑦、古德塞

　　①蒙塔古（William Pepperel Montague，1873—1953），美国大学教授。1899—1947年，担任哥伦比亚大学哲学教授。曾到日本、捷克斯洛伐克和意大利等国讲学。

　　②物活论，亦称"万物有生论"，认为自然界所有物体都具有生命、精神活动能力。

　　③洛弗乔伊（Arthur Oncken Lovejoy，1873—1962），美国历史学家。1910—1938年，任约翰斯·霍普金斯大学教授。1916—1917年，任美国哲学学会主席。

　　④谢尔登（Charles Monroe Sheldon，1857—1949），美国公理会牧师。

　　⑤布什（Wendell T. Bush，1861—1941），美国大学教授。曾担任哥伦比亚大学哲学教授以及《哲学杂志》编辑。

　　⑥埃德曼（Irwin Edman，1896—1954），美国哲学家。他的哲学把詹姆士和杜威的实用主义与柏拉图主义结合了起来。1935年，担任哥伦比亚大学哲学教授。1945年，担任该校哲学系主任。

　　⑦克伯屈（William Heard Kilpatrick，1871—1995），美国教育家，杜威的门徒。曾提出"设计教学法"。1918—1938年，在哥伦比亚大学师范学院讲授教育哲学，与杜威长期共事。

尔[1]、蔡尔兹[2]、马克斯·伊斯特曼、悉尼·胡克[3]和拉特纳（Ratner）等。在胡克和拉特纳离开纽约之后，杜威仍与他们保持了密切的联系，就像他们在纽约时一样。他们俩都与杜威的出版成果有关。拉特纳收集和编辑了一本杜威关于当代问题的论文选，并出版了一本杜威的哲学著作选，书名为《现代世界中的智慧》，该书前言是一篇叙述性的介绍。在杜威新书出版之前，胡克通读了这些原稿，并提出一些有助于修改的建议。

大约在1915年，宾夕法尼亚州梅里恩的阿尔伯特·C.巴恩斯[4]博士因为自己的思想与杜威在《民主主义与教育》中所阐述的那些思想相似，于是参加了杜威的一个专题研讨课。他们在这个研讨课上相识，并建立起亲密的友谊。巴恩斯是位科学家和学者，他因精心收藏现代绘画而非常出名。他希望自己的收藏品能够为艺术教育服务，并对艺术教育方法感兴趣。他凭个人经验发展了有辨别力的观察方法。通过这种观察方法，人们一般能得到对艺术作品和经验的一种更加深刻的鉴赏。与巴恩斯基金会的联系，给杜威以前有点零乱的艺术思想提供了一定的哲学形式。巴恩斯把他写的《绘画艺术》一书献给杜威，杜威则把自己的《作为经验的艺术》一书献给巴恩斯。这两本书是他们在学术上合作的证明。

纽约城有一个哲学俱乐部。俱乐部的12至18位成员大多来自纽约的一些院校，最远的来自耶鲁大学和宾夕法尼亚大学。多年来，他们每月聚会一次。在这个俱乐部里，他们彼此之间进行直率的批评，但要把他们在彼此批评中

---

① 古德塞尔（Willystine Goodsell，1870—1962），美国大学教授和作家。1905—1936年，在哥伦比亚大学师范学院任教。

② 蔡尔兹（John Childs，1889—1985），美国作家和编辑。1907—1911年，曾在哥伦比亚大学任教。

③ 悉尼·胡克（Sidney Hook，1902—1989），美国哲学家和教育家。曾在杜威、蒙塔古等指导下，在哥伦比亚大学学习研究生课程。从1927年起，在纽约大学任教；1934年，任该校哲学系主任；1949年，任该校哲学和心理学系主任。

④ 阿尔伯特·C.巴恩斯（Albert C. Barnes，1872—1951），美国药品制造商。1922年，他在宾夕法尼亚州梅里恩创立了巴恩斯基金会，资助艺术鉴赏教育。1926年，杜威也参加了这一工作。

所阐述的各种哲学观点归纳起来，那是困难的。在俱乐部里，杜威与一些能够激励他人的人进行了交往。例如，联邦神学院的麦克吉法特[1]、托马斯·霍尔（Thomas Hall）、亚当斯·布朗[2]和利曼（Lyman），伦理文化协会（Ethical Culture Society）的菲利克斯·艾德勒，建筑师、出版了有关美学与心理学著作的亨利·拉特格斯·马歇尔[3]，以及贝克韦尔、谢尔登、法特[4]、辛格（Sinser）、莫里斯·科恩[5]和德拉格那（de LaGuna）；还有与之有过短期交往的富勒顿[6]和凯姆普·史密斯（Kemp Smith）。哲学俱乐部的讨论，使杜威能不断地了解那些具有同样诚意和学术能力的人所持有的各种观点。

杜威在政治领域中的冒险行动，使他的社会哲学在这个时期处在显著的地位。当他在安阿伯任教时，他开始开设政治哲学课程。在讲课中，他主要从历史的观点出发，讨论了"天赋人权"论、功利主义、英国的法学派和唯心主义学派。在哲学系，这门课程的最显著特点是，按照霍布斯[7]、洛克和卢梭[8]的思想讨论了君权问题、法律与政治权利的性质和职责，以及政治思想史。发表在《政治科学季刊》上的评论奥斯丁[9]君权理论的一篇文章，以及由大学哲

---

①麦克吉法特（Arthur Cushman McGiffert，1861—1933），美国神学家。1917—1926年，担任联邦神学院院长。

②亚当斯·布朗（William Adams Brown，1865—1943），美国长老会牧师，自由神学家和美国基督教运动的领袖。1887年，他参加了联邦神学院。

③亨利·拉特格斯·马歇尔（Henry Rutgers Marshall，1852—1927），美国建筑师。

④法特（William Benjamin Fite，1859—1952），美国教育家。从1910年起，担任哥伦比亚大学数学教授。

⑤莫里斯·科恩（Morris Raphael Cohen，1880—1947），美国哲学家。1929年，任美国哲学学会主席。

⑥富勒顿（George Stuart Fullerton，1859—1925），美国哲学家。曾任宾夕法尼亚大学哲学教授、副校长。从1904年起，任哥伦比亚大学哲学教授。

⑦霍布斯（Thomas Hobbes，1588—1679），英国哲学家。

⑧卢梭（Jean Jacques Rousseau，1712—1778），法国启蒙思想家、哲学家、教育家和文学家。

⑨奥斯丁（John Austin，1790—1859），英国分析法学派的代表人。他认为法是统治者的理论，具有强制力，要求人民绝对服从资产阶级的法律。

学联盟（Philosophical Union of the University）出版的题为《民主的伦理学》的一篇讲稿，表明了杜威在这个时期的社会思想。《民主的伦理学》一文，把对极端个人主义的政治民主理论的批判与用"自由、平等、博爱"的词句明确表达的道德解释结合了起来。根据现代观点，杜威在讲课中，最重要的论述是"没有经济和工业的民主，就不可能有政治的民主"；但是，这种论述还没有开始具有现实意义。这种论述很可能直接来自政治经济系的同事亨利·卡特·亚当斯①。亚当斯经常指出，经济生活发展的需要和可能性，是与在政治生活中所发生的从专制主义和寡头政治到流行的代表制的变化并行的。

杜威的政治哲学，一度发展成为不受他的专门的哲学兴趣所支配的思想准则。这些政治倾向必将逐渐融合在杜威的头脑里。杜威认为，社会舞台对哲学的影响，不仅是不可避免的不知不觉的影响，而且为修改哲学理论提供了一种检验的场所。这种融合通过在芝加哥大学和哥伦比亚大学所开设的社会哲学和政治哲学课程得到了补充。在很早以前，杜威就具有当时极为普通的信念，那就是：美国民主在它的正常发展中，将最终消除经济领域里存在的极不公平的状况。因此，尽管杜威和布莱恩②在货币银本位③问题以及人民党运动等其他许多观点上不一致，但杜威能够支持布莱恩当校长。杜威这样做的部分原因是为了反帝国主义，但主要是因为他看到了在人民党运动中所存在的民主复兴的迹象。

早在芝加哥时，杜威的社会信念已经开始发生变化。他在纽约居住期间则彻底蜕变。虽然芝加哥的城市生活还有许多地方不够完善，但那里的边疆环境有助于在民主的命定说④中有力地坚持朴实的中西部信念。在美国金融

---

①亨利·卡特·亚当斯（Henry Carter Adams，1851—1921），美国经济学家和社会哲学家。曾创立美国经济学会并任主席，曾任美国统计学会的主席。

②布莱恩（Elmer Burritt Bryan，1865—1934），美国教育家和大学校长。1905—1909年，任富兰克林学院院长。1909—1921年，任科尔格特大学校长。1921年，任俄亥俄大学校长。

③货币银本位，以白银为一般等价物的货币制度。

④命定说，认为某一民族扩张其领土系天命所定。

中心的纽约，在政治和社会的民主与不承担责任的金融资本主义之间，存在着剧烈的冲突。要忽视这种冲突，那是不可能的。1912年，虽然杜威对西奥多·罗斯福[1]的军事和帝国主义的倾向表示怀疑，但他仍积极支持"雄驼鹿"运动（"Bull Moose" Campaign）[2]。他也参加过1924年的拉福莱特运动（La Follette Campaign）[3]。杜威长期积极地支持妇女争取选举权的事业，是建立在一种信念——妇女具有选举权是政治民主的一个必要部分的基础上的。杜威曾是人民院外活动集团（The Peoples Lobby）的第一任主席。这个组织是在华盛顿由它的精力充沛的干事本·C. 马歇（Ben C. Marsh）领导的。多年来，杜威也曾是独立政治行动联盟（The League for Independent Political Action）的主席。

从一些方面来看，杜威本人对学院和大学的民主管理感兴趣。杜威曾是纽约市第一个教师联合会（Teachers Union）的创始成员。当这个联合会被利用来提倡一种特定的政治观点而不是为教育目的服务时，他带着遗憾的心情退出了联合会。这个教师联合会的座右铭"为了民主的教育和教育的民主"，显然是摘自杜威的著作。杜威与他的朋友卡特尔和洛弗乔伊一起，积极地创立了美国大学教授协会（American Association of University Professors）。杜威还担任了第一任主席。

杜威的国外旅行，对他的社会和政治观点的发展起了决定性的作用。其中，最具影响的是去日本和中国的旅行。杜威在安阿伯时就认识了小野荣二郎（Yegiro Ono）博士。当时，小野荣二郎是密歇根大学政治经济系的学生。后

---

[1] 罗斯福（Theodore Roosevelt，1857—1919），美国总统（1901—1909）。1901年，当选为副总统，同年麦金莱总统被刺死后，继任总统。
[2] "雄驼鹿"运动，指1912年的总统竞选运动。在竞选运动中，共和党的党徽是象，民主党的党徽是驴，老罗斯福派的民族进步党则以大公鹿为标记参加竞选，故称之。
[3] 拉福莱特运动，指拉福莱特进步党运动。1924年，拉福莱特（Robert M. F. La Follette）作为进步党推出的候选人参加总统竞选。1925年，拉福莱特去世，他所领导的运动不久也随之消失。

来，小野博士在日本的银行界担任了一个高级职位。杜威搬到纽约之后，小野荣二郎在那里做生意，他们又重拾了从前的友谊。小野博士与日本东京帝国大学的一位教授一起，筹划邀请杜威在1918—1919学年的休假期间到东京帝国大学去作讲演。那个冬季的前一段时间，杜威在加利福尼亚大学作讲演；然后，他从那里去日本。在东京时，杜威夫妇拜访了新渡户（I. Nitobe）一家。在日本讲学期间，新渡户一家热情地给杜威夫妇提供了他们设备齐全的住宅。新渡户是一个公谊会教徒血统的美国人。在新渡户家里居住的几个月，加上与东京帝国大学的联系，杜威夫妇接触了历史悠久的日本文化，包括规模很小的日本男女平等主义者运动。这时，由于协约国在第一次世界大战中的胜利，自由主义运动在日本达到了顶峰。杜威甚至被邀请去作关于民主政治的讲演。然而，即使在那时，日本在思想和行动上与德国的密切联系，以及最有才华的人参加军队的倾向，也是显而易见的。

在日本讲学时，杜威以前的一些中国学生，包括北京大学校长蒋梦麟，去拜访他。他们以刚成立的中国学会（Chinese Society）[1]的名义，邀请杜威去中国讲学一年。杜威在得到了哥伦比亚大学校方当局的准假许可之后，就乘船去中国讲学访问[2]。这次访问的时间后来被延长为两年。

1919年，在中国爆发了一场有组织的学生运动[3]。因为一些大学生进行大规模的示威游行以反对亲日的内阁政府而被捕，所以，杜威一行在上海登岸之后，陪同他们到杭州去的那位校长[4]就突然回北京去了。杜威一行从开始访问起，就看到了中国学生和教师阶层的力量。因为学生罢课引起了公众的同情，所以，在政府提出释放被捕学生时，这些被捕学生拒绝离开，直到他们接到了

---

[1] 中国学会，指尚志学会、新学会等。
[2] 据1919年5月1日上海《民国日报》报道，4月30日午后，杜威夫妇和他们的女儿露西一行由日本乘船抵达上海。
[3] 指著名的五四运动。
[4] 即蒋梦麟。

内阁政府的正式道歉。中国现代化的运动是为了反抗日本人的侵略，并把名义上的共和国变成真正的民主渠道。由于这个运动的领导在教育界，这就给杜威一行提供了一个特殊的机会，能够第一手地了解正在起作用的力量。杜威对访问期间的翻译、顾问和向导感到特别满意。其中，最主要的是胡适①博士。胡适曾在哥伦比亚大学获得博士学位，回到中国后在白话文运动中起了领导作用。这是一个用白话文取代仅仅为专业学者所熟悉的文言文的运动。这个运动迅速地扩展开来，使运动的一些发起者也感到意外。这个运动同时也是为了形成一个更广泛的教育基础，例如，使用一种连小学生都能熟悉的语言编写教科书，并在有文化的公众之间传播现代思想。

除了在北京和南京的一些国立大学（前哥伦比亚大学学生陶行知②博士在南京当校长）作讲演外，杜威几乎访问了太平洋沿岸从山东到广东的每一个省份的省会，并访问了一些内陆省份的省会。听他讲演的，不仅有学生和教师，还有其他知识阶层的代表。这些地方的报纸也充分报道了杜威的讲演活动。在许多情况下，杜威所作的讲演都由一位速记员记录下来，然后发表在一些广泛发行的小册子上。杜威夫人也作讲演，并被授予了金陵女子学院名誉院长的称号。男女同校教育在中国刚刚开始，杜威一行在南京举行暑期讲习班时，女子第一次被允许与男子一起参加这个讲习班。杜威夫人对中国教育中的男女平等主义运动的支持，是值得纪念的。这种纪念采用了传统的仪式。之后，一个中国学生代表团在纽约给她授予了一枚带有纹章饰带的勋章，以表彰她的服务精神。这是杜威家庭的一个珍贵的纪念品。当民主思想和民族精神在中国迅速传播的时候，这种奖赏使人回想起中国人接待杜威一行的热情。杜威一行是中国特别邀请的第一批外国讲演者，与中国人进行了密切的交往，了解了中国人对

①胡适（1891—1962），中国近现代学者。1910年赴美国，先后就学于康奈尔大学、哥伦比亚大学等。曾是杜威的学生。1938—1942年，任国民党政府驻美大使。

②陶行知（1891—1946），中国近现代教育家。曾在美国哥伦比亚大学师范学院留学，是杜威的学生。

国内外一些问题的观点。

不管杜威对中国的影响如何，杜威在中国的访问对他自己也具有深刻的和持久的影响。杜威不仅对同他密切交往过的那些学者，而且对中国人民，表达了深切的同情和由衷的敬佩。中国始终是杜威所深切关心的国家，仅次于他的祖国。中国是世界上历史最悠久的国家之一，那时的中国正在为使自己适应新的形势而斗争。杜威从美国到中国，环境的变化如此之大，以至于使他对学术重燃热情。这就为社会教育作为一种社会进步工具的重要性提供了一个生动的证据。杜威1924年对土耳其的访问和1926年对墨西哥的访问，使他更坚定了在教育的力量和必要性方面的信念，即教育为有益于个人的革命性变化提供了保证，所以这种变化不会仅仅成为一种民族文化的外部形式的变化。

在俄国，杜威主要与教育工作者进行交往。对经济和政治领域的考察来说，他在那里的时间太短了。访问其他国家的经验告诫他，不要对真实说明形势的一些官员和政治家的才能及愿望表示怀疑。杜威以一个美国教育家访问团[1]成员的资格，与一些卓越的俄国男女教师和学生进行了交往。这些俄国人坚信，具有社会目的和合作方法的教育在保证实现革命目标中占有必要的地位。他们满怀热情地建设一个新的更美好的世界。他们对革命的经济和政治方面的兴趣，来自他们的观念，那就是这场革命将充分解放所有个人的力量。杜威通过这些交往而得到的印象，是那样地不同于在美国所流行的观念。杜威非常共情地写了一系列希望与苏维埃社会主义共和国联盟和平相处的文章。这就使他个人在美国保守的报纸上，被描述成"布尔什维克"和"赤色分子"。

杜威是1928年到俄国访问的。那时，俄国学生因按照教师和教育当局的命令去做事，他们早期的"自由"受到了压制。在这之前，俄国已经建立了

①指1928年6月，在美苏文化关系协会的主持下，由包括杜威在内的25位美国教育家组成的非官方旅行团。

严密的学校管理制度。虽然在学校里有很多政治宣传，但在一些较好的学校里，还存在着真正促进个人判断和互相合作的做法。在那个强制实施的五年计划实现之后，杜威收到了一些报告。这些报告表明，苏联的学校管理正日益加强，学校正在成为限制智力发展的工具。对此，杜威感到极大的失望。在莫斯科对一些老布尔什维克进行审判之后，杜威断定这种冲突是一些政治派别信念的冲突。他认为，这些政治派别与在基督教教义形成中的那些教派是相似的，只是具有更加深刻的含义而已；在俄国所发生的一些事情，可以解释为某种教条主义的社会理论的作用，而这种社会理论与民主的自由主义形成了对照。

杜威在俄国访问的时间虽然很短，但却极大地扩充了他在苏联问题上的知识。他曾被邀请成为控诉莫斯科对托洛茨基审判的调查委员会（Commission of Inquiry into the Charges Against Leon Trotsky at Moscow Trial）的一个成员。在杜威相信每个被告人都有申诉权时，这个信念并没有促使杜威去承兑它。从个人方面来说，杜威感到，这是利用社会活动的原理继续进行自己的实际教育的一个机会……这个调查的结果是公开发表了两卷材料：一卷是在墨西哥城托洛茨基住宅里举行的申诉会的记录报告，另一卷是对双方证词的分析以及调查委员会提出的题为《无罪》的调查结论报告。在左派的文化界中，杜威被指责为托洛茨基分子或者反动分子，部分保守的报纸则欢迎他成为这种人，但杜威从来就不属于这一种人。杜威的所有政治活动，可以用一种信念来解释。这种信念被称为"美国方式"。它既不是通过战争宣传而支持的"侵略主义"，也不是经济学界的反动分子所赞同的财政和工业政策上的放任主义。现在，这个信念更普遍地以"自由主义"著称，但在解释杜威的活动时，这个词应该包括一种守旧的美国观念。

谈到社会活动和专门哲学的相互作用时，杜威说：

虽然我不是一直，但我最初经常用抽象的形式，尤其经常根据逻辑的或辩证的连贯性，或者根据言词对观念的激发力来坚持一种观念。通过与个人、团体、或（在对外国的访问中）人民的交往而得到的一些个人经验，对赋予这种观念以具体的意义来说是必要的。在本质上有独创性的观念是不存在的，但是，当它通过个人性格作为媒介以及通过个人生活中所特有的一些事情而起作用时，对共同的本质提供了一种新的表达方式。举一个例子来说，我形成了这样的观念，即一个人的"心理"，也就是在他的行为中所表现出的一些信念，应归功于社会环境与他的天赋素质的相互作用。我参与家庭生活和其他一些团体的活动，赋予了这种观念以具体的个人意义。另一方面，在我的教育活动背后的观念，是有关知与行关系的多少有点抽象的观念。我的学校工作把这种观念转化为一种更加充满活力的形式。在我的思想发展中，我早就建立一种信念。这种信念使我确信，在所使用的方法与获得的结果之间存在着密切的和持久的联系。我想，如果没有我在社会和政治活动方面的经验，在社会活动理论方面的观念的力量未必会被我所认识，并在与我的托洛茨基调查委员会成员资格有关的活动中达到了顶点。我的身心理论、协调本性的能动因素的理论以及有关观念在阻止和支配公开行为中地位的理论，需要与F. M. 亚历山大[1]和后来一些年他的兄弟A. R. 亚历山大[2]的工作联系起来。他们兄弟俩曾把这些理论付诸实践。因为我的性格的缘故，我的观念倾向于采用一种纲要的形式，其中逻辑的连贯性是首先需要考虑的事；但是，在

①F. M. 亚历山大（Frederick Matthias Alexander, 1869 —1955），澳大利亚著名戏剧演员，"亚历山大技巧"（Alexander Technique）的发明者。F. M. 亚历山大在纽约曾与杜威有较多的交往。

②A. R. 亚历山大（Albert Redden Alexander, 1874—1947），F. M. 亚历山大的弟弟，"亚历山大技巧"的讲师。

把本质放进这些形式的各种联系方面，我很幸运。对这些事情反应的结果，进一步证实了最初在更专门的哲学研究基础上所唤起的一些观念。我对智慧能继续作为一种重新改造力量的信念，至少是我自己生活和经验的一个如实的记录。

从绝对主义到实验主义[①]

[美] 约翰·杜威

　　19世纪70年代后期，当我还是一个大学生时，在新英格兰一些规模比较小的学院里，人们对"选修课程"（electives）还是陌生的。但是，在我进入的佛蒙特大学里，却存在着一种"高年级课程"（senior-year course）的传统。这种课程被看作是使在大学前几年里已建立起来的学术结构更为完善的一种方法，或者至少被看作是拱门上拱顶石的一个插入物。它包括政治经济学、国际法、（基佐的）文化史、心理学、伦理学、（以巴特勒《类比》为教材的）宗教哲学和逻辑学等课程。它不包括哲学史，只是附带提一下。我所列举的这些课程名称，可能名不副实。但是，设置这些课程的指导思想是，在三年语言和科学方面进行有点专业化的教学之后，用最后一年来介绍一些具有广泛和深刻意义的重要学术问题——这是对思想界的一个介绍。我觉得，在许多情况下，这种课程未必符合所确定的目的；但是，它却满足了我的爱好。我永远感谢我的最后一年的大学教育。然而，在大学的前几年里，有一门能激发起我兴趣的课程，回想起来，它可能被称为"哲学"课程。那是生理学方面的一门相当短的课程，并不进行实验工作。赫胥黎编著的一本书是它的教材。要精确地讲出

---

　　① 译自：John Dewey. *From Absolutism to Experimentalism*. // George P. Adams, William P. Montague. *Contemporary American Philosophy*, Vol. II. New York: MaCmillan,1930：13-27.后来，该文又发表在《星期六文学评论》第32期（1949年10月22日）上，题为《创造中的哲学家：自传》（*Philosopher-In-The Making:Autobiography*）。

这么多年前我在学业上所发生的事情，那是困难的，但我有一种印象，即从这门课程中学习到一种相互依赖和相互联系的统一体观念。这种统一体观念给从前开始的一些学术活动提供了一定的形式，并产生了表现某种事物观点的形态或模式。任何领域的物质都应该符合这种形态或模式。至少，它使得我下意识地期望一个世界和一种生活。在学习赫胥黎的理论之后，我了解到，我所期望的这种生活将具有赫胥黎所描述的人类有机体生活的同样特点。总之，从这种学习中，我得到了很大的刺激，比我从以前的任何学习中所得到的刺激都多。虽然没有什么原因促使我继续学习那门特别的学科，但从这个时候起，我被唤起了对哲学的特有兴趣。

佛蒙特大学颇以它在哲学方面的传统而骄傲。这所大学早期的一位教师马什博士，差不多是在康德、谢林和黑格尔那纯理论和保守的德国哲学思想的汪洋大海中，无把握地冒险的第一位美国人。当然，这种冒险主要是按照科尔里奇的方法进行的。马什曾编辑了科尔里奇《思维的辅助物》一书的美国版。这种纯理论概括多少带有合理地说明基督教神学教义要点的明显倾向，甚至在基督教会的鸽棚里造成了一场扰乱。在德意志化的唯理论者与苏格兰思想学派的保守代表之间，特别是与后者在普林斯顿①的代表之间的一场争论，正在继续进行。尽管从我接触这种材料以来已有很长的时间，但我想，在美国思想史上，即使这场争论不作为一章的话，那它也提供了一部分资料。

虽然佛蒙特大学为它的先驱者的工作而自豪，而且对神学占统治地位的那些日子来说，在公理会影响下的大学环境也是"自由的"；但是，这所大学的哲学教学在基调上已变得更受约束，尤其受仍占有统治地位的苏格兰思想学派的影响。佛蒙特大学教授托里先生是一个真正有见识和有教养的人，对美学具有明显的兴趣和偏好。在那些日子里，在一个比新英格兰北部更为适宜的环境中，托里的做法使得某些事情变得有意义。然而，托里在气质上是胆怯的，

---

① 普林斯顿，美国新泽西州一市镇。著名的普林斯顿大学所在地。

他从来没有真正地让自己的思路开阔起来。我依稀记得大学毕业后不久我与托里的一次交谈，他说："泛神论^①在理智上无疑是形而上学的最令人满意的形式，但是，它违反了宗教信仰。"我想，这段话表明了托里内心的一种矛盾，正是这种矛盾使得他的天赋能力不能趋于成熟并结出丰硕的果实。但是，他对哲学的兴趣是真诚的，而不是草率的。托里是一位优秀教师，我的成长应该归功于他对我的双份恩惠：一是他使我的思想明确地转向了把哲学研究作为终生的职业；二是在那一年里他用了大量时间对我进行指导，我开始专心于哲学史方面经典著作的阅读，并学习富有哲理性的德国哲学著作。在那一年里，也就是在我的两年中学教学工作之后，在我们散步时的交谈中，托里更加随意地谈出了他在教室里没有讲到过的见解，并且表现出了一种潜质。这种潜质使托里有可能在更自由的美国哲学发展中跻身于领导人中间；但是，这样的时刻并没有到来。

那时，哲学教师与牧师差不多就是一个人，大多数学院所制定的宗教或神学的要求支配了它们的哲学教学。我说不出，苏格兰哲学本身是怎样和为什么那样好地适合于宗教需要的，或许外在的原因超过了内在的原因。但是，不论怎样，在宗教和"直觉"的原因之间已经建立起牢固的联盟。在这个时期，要恢复几乎包围直觉思想的极神圣的气氛，那大概是不可能的。但是，不知怎么地，所有神圣的和有价值的事情，无论成败，其原因都被认为是由于直觉主义的效力。最重要的争论是在直觉主义与为一切高级的客观实在辩解的感觉经验主义之间的争论。对我身上的怀疑论的发展来说，从前是那么的急迫而现在几乎已被遗忘的这种争论的历史，很可能只是其中一种因素。这种怀疑论完全是与当代争论的程度和范围有关的。许多在今天看来是很重要的当代争论，在

---

①泛神论，一种把神融化在自然界中的哲学观点。宣称神即自然界，神存在自然界的一切事物之中，并没有什么超自然的主宰或精神力量。曾流行于16世纪到18世纪的西欧，代表人物有布鲁诺、斯宾诺莎等。

一代人以后将可能降到局部和地方性的位置。在形成哲学史的一种价值观念的过程中，这种争论的历史也曾起了帮助作用。一些人主张，这是研究哲学问题入门的唯一道路，而在我看来，这是指错方向和有害的。但是，在提出与当代争论直接有关的看法和与之相称的观念中，对这种争论的历史价值再怎么高评价也不为过。

因为这个神学的和直觉的方面对我自己思想的发展并没有持久的影响，所以，我不想提及它，除非我对它持否定的态度。我学习了直觉哲学的词汇，但没有学得很深，因为它根本不符合我朦朦胧胧地想得到的东西。我在比较"自由的"福音派新教传统的环境中成长；后来，在接受直觉主义信念与抛弃传统的和固定的教义之间出现的一些斗争，是由于我的个人经验，而不是由于哲学教学的影响。换句话说，在这方面，哲学教学既没有引起我的注意，也没有影响我——虽然反过来我不能肯定，在"怀疑论"的发展中，巴特勒那具有周密逻辑的和尖锐分析的《类比》一书不是一种因素。

前面曾经提到过，在托里教授指导我自学的那一年里，我决定把哲学作为我毕生的研究对象。因此，第二年（1884年）我进入了约翰斯·霍普金斯大学，开启了新的目标："研究生学习"。这种学习是有一些风险的。学校所提供的学习仅仅表明，对除牧师外的其他人来说，在哲学领域中或许能找到某些自食其力的工作。除了我跟托里教授学习的因素外，还有另一种因素促使我去冒这个风险。在大学毕业后的那些年里，我继续阅读哲学著作，甚至还写了一些文章寄给哈里斯博士。哈里斯博士是一位著名的黑格尔主义者，也是那时美国唯一的哲学刊物《思辨哲学杂志》的编辑。哈里斯以及与他有来往的一批人，差不多成了献身于哲学研究的唯一的一批世俗人士。他们并不是因为神学而去研究哲学的。在寄文章的同时，我向哈里斯博士征求关于我能否成功地从事哲学研究的看法。哈里斯给我的答复是那样的鼓舞人心。所以，在我决定把哲学研究作为一种职业生涯时，哈里斯的答复是一个突出的因素。

正如我记得的，给哈里斯博士寄去的文章是很简略的和刻板的。这些文章是用直觉主义的语言来表达的。当时，我对黑格尔是不了解的。可以说，我的更大兴趣在那时还没有得到满足。当时，寄去的那些文章的题目仅仅是由我自己决定的，因此，在与它相符的教材缺乏的情况下，我只能对它们进行刻板的阐述。回想起来，我的思想发展主要受到了一种斗争的制约。我的自然倾向是趋于简略的和刻板的逻辑形式的；而这种斗争正是在这种自然倾向与强迫我去考虑实际事物的个人经验这两者之间产生的。在每一位思想家有意识地明确所表达的思想中，很可能存在着对同他的自然倾向恰恰相反的那些事情的一种赘述。对那些事情的强调是与他固有的爱好相反的，所以，他必须为清楚地表述这些观点而斗争；另一方面，一个人的自然倾向也能满足自身的需要。不管怎样，这种看法也许说明了一种情况，那就是：在我后来的著作中，对具体的、经验的和"实际的"活动的强调，在一定程度上是由于对这一性质的考虑。在实际经验影响的压力下，它是对更加自然的倾向的一种反应，并被我用来反对某些事情。我知道自己的自然倾向是一个弱点。我想，任何人在论述中不适当地牵连到争论时，看起来是直接反对其他人的言论，实际上反映了他自己内心中正在进行的斗争，那是大家所共知的事实。这种斗争把刻板的理论兴趣的特点与同现实联系的周密的经验材料结合在一起。当然，这种斗争的印象和特征也采用了写作的方式和描述的方法来表现。在以纲要形式写作占优势的那个时期里，写作是比较容易的，甚至有人对我条理清楚的写作方式表示赞赏；后来，思维和写作成了困难的事情。纲要形式慢慢地让位给一种辩证法论题式写作；然而，具体经验的压力是相当大的，所以，学术上诚实的观念防止了人们放弃那条道路。但是，刻板的兴趣继续存在着，以致也存在着将与智慧技能相统一的内心要求，还存在着灵活适应所经历过的事情的能力。对一些人来说，要得到适合这两种相对立的（形式的和物质的）要求的统一能力是容易的。但是，我并不在这些人中间，那是不言而喻的。无疑地，因为这个原因，我敏锐地意识到，而且是非常敏锐地意识到其他一些思想家和作家的倾向。这种倾向是：他们通过忽视纯粹的思维过程，而得到了一种华而不实的清晰和简明；但对具体经验材料的更大重视，将强加于这种过程之上。

约翰斯·霍普金斯大学的建立，标志着美国高等教育发展的新纪元。在美国教育史上，这是一件为人们所公认的事情。或许，我们还不宜作这样的评价：约翰斯·霍普金斯大学的建立，以及其他一些大学仿效它的范例而建立的研究生院，是美国文化的一个转折点。19世纪八九十年代，这似乎标志着拓荒者时代的结束，还标志着从南北战争时期进入到新的工业化和商业时期的转折。不论怎样，约翰斯·霍普金斯大学在哲学方面的影响，并不归功于已经形成的学校规模。密歇根大学的乔治·西尔威斯特·莫里斯教授曾在那里，主持了半年的讲课和专题研讨课的工作。莫里斯相信作为德国理念主义本质的"实证"（他最喜欢的一个词）真理，以及相信它能为一种有抱负的思想、感情和行为的生活指出方向。我还从来没有发现一个更为真诚和充满活力的人，一个经历过所有的艰难仍保持完整人格的人。尽管我很早以前就背离了莫里斯的哲学信念，但我十分乐意地承认，他的教学精神对我有着持久的影响。

对一位易受影响的和不了解什么适合于他心灵的某个思想体系的年轻学生来说，他不可能不深深地受到莫里斯先生那热情和博学的献身精神的影响，或者说至少使他的观点发生一种暂时的变化。但是，这种影响并不是我自己思想中的"黑格尔主义"的唯一来源。在英国思想的发展中，19世纪八九十年代是一个新的发酵时期。在这个时期，反对强大的个人主义和感觉经验主义的言论达到了顶峰。这个时期是托马斯·希尔·格林、凯尔德和华莱士的时期，也是在后来的霍尔丹[①]勋爵领导下由一批更年轻的人合作撰写的《哲学批判主义论文集》一书出现的时期。当时，这个运动是哲学方面的一个充满活力和建设性的运动。这个运动的影响，当然符合甚至加强了莫里斯教授的观点。但是，在它们之间，也存在着一种明显的区别，我想，这种区别是对莫里斯先生有利的。莫里斯是通过黑格尔而研究康德的，而不是通过康德而研究黑格尔的，因

①霍尔丹（John Scott Haldane，1860—1936），英国生理学家。

此，他对康德的态度就是黑格尔所表述的对康德的批判态度。而且，在有关客观世界存在的极为普通的信念方面，莫里斯保留了他早期的苏格兰哲学教学中的一些东西。他经常嘲笑那些认为客观世界的存在和物质的存在是通过哲学而加以证实的人。对莫里斯来说，唯一的哲学问题是讨论这个存在的含义。他的理念完全是客观模式的。像他同时代的人、来自金斯顿①的约翰·华生②教授一样，他把一种逻辑的和唯心论的形而上学与一种唯实论的认识论结合了起来。莫里斯在其柏林大学的老师特伦德伦伯格的教导下，极为崇敬亚里士多德，毫不费力地把亚里士多德主义与黑格尔主义结合在一起。

然而，黑格尔思想之所以对我有吸引力，是有一些"主观"原因的。因为黑格尔思想补充了一种统一要求。这种要求无疑是情绪上的一种强烈渴望，但又仅仅是一种理智化的教材能够表现的渴望。要恢复早期的那种情绪是更加困难的，也是不可能的。但是，我想，在我身上所产生的分裂和分离的观念，作为新英格兰文化传统的一种结果，是通过自我与世界的隔离、灵魂与肉体的隔离、自然界与上帝的隔离的形式而表现出来的。它带来了一种痛苦的压抑，或者更确切地说，在精神上存在着一种创伤。我那早期的哲学学习不过是一种智力训练的课程。可是，黑格尔关于主观与客观、物质与精神、神与人的综合，并不是纯粹的智力公式，而是作为一种巨大的释放——一种解放而起作用的。黑格尔关于人类文化、社会制度和艺术的论述，同样也包括关于消除一些牢固的分隔墙的论述，这些对我有着特殊的吸引力。

正如我早已指出的，在传统的宗教信念与我能够真诚地接受的观点之间曾存在着冲突。这种冲突曾是一种难以处理的个人危机的根源，但任何时候它都没有构成一个主要的哲学问题。这好像是分开的两件事情，实际上它应归于一种想法，那就是：任何真正正统的宗教经验能够而且应该使它自己适用于任

---

① 金斯顿，宾夕法尼亚州卢泽恩县一市镇，与威尔克斯-巴里相对。

② 约翰·华生（John Broadus Watson，1978—1958），美国心理学家，行为主义心理学的创始人。

何信念。一个人感到自己在学术上有权利保持的这些信念，起初是一种半意识的信念，但又是一种在以后的时间里逐步加深而变成基本信仰的信念。因此，我希望，在一些人遭受因思想转变而产生痛苦的时候，我们可以对那些人表示一定程度的同情，但不能把情感作为一种宗教上的哲学问题放在非常重要的地位上。就那种感情的作用而言，它最后似乎是无偏见的哲学思考的一种唆使，以适应被指定的但又是人为的一些专门信念倾向的需要。我完全相信，一个人宗教倾向的深度将使他们主动去适应任何学术变化的要求；我还相信，过早地预言什么形成了宗教兴趣是没有好处的（并且很可能是不诚实的），因为这种宗教兴趣将作为正在进行的那种伟大的学术变化的最终结果。我想顺便说一下，由于对宗教问题过分的保留，我经常受到批评。在我看来，这是许多承认宗教需要普遍性信念的人的极大忧虑。宗教的现状和未来表明，宗教实际上更多的是通过信徒对各个宗教团体的兴趣，而不是通过对宗教经验的兴趣而得到推动的。

不过，在这方面插入这些话的主要原因，是说明一种相反的效果。对我来说，早期的一些社会兴趣和问题具有学术上的吸引力，并为我提供了学术上的支持，其中许多最初似乎是源于宗教问题的。在大学生时代，我在大学图书馆里偶然看到了哈丽雅特·马蒂诺论述孔德的文章。我想不起来，孔德提出的"三个阶段"的法则是不是对我具有特别的影响，但是，他有关近代西方文化因起分裂作用的"个人主义"而瓦解的思想，以及他有关科学综合应该是一种有组织的社会生活管理方法的思想，给我留下了深刻的印象。正如我想起的，我发现，同样的评论与一种更加深刻和更加广泛的综合科学在黑格尔那里被结合了起来。在那些日子里，在阅读弗兰西斯·培根的著作时，我没有在他那里发现孔德学派思想的起源，也没有与作为把孔德和黑格尔连接起来的链环——孔多塞相识。

在以后的15年里，我渐渐地离开了黑格尔主义。长期以来，"漂流"这个词说明了这种变化运动的缓慢和细微的特征，尽管它没有表明这种变化有着适当的原因。然而，我从来没有忽视，更不要说去否定的是，与黑格尔的结识在我的思想中留下了一种不可磨灭的痕迹。这曾被一位敏锐的评论家偶然地称为一个新的发现。现在，在我看来，黑格尔体系的形式和系统性的组合是极其矫揉造作的。但是，他的思想常常有一种使人惊奇的深度；他的许多分析，除去机械的和辩证的装饰之外，还有着一种非凡的敏锐性。如果我可能成为任何一种思想体系的信徒的话，我将仍然相信，黑格尔那里比其他任何一个有体系的哲学家那里，有着更加多的财富和更加多样的见识。不过，当我讲这个问题时，我把柏拉图排除在外了，即使柏拉图给我提供了我最喜爱的哲学读物。在我看来，我不能在柏拉图身上发现全面综合的和压倒一切的体系，后来对他的体系进行解释是作为一种暧昧恩惠的表现。当一些古代怀疑论者把柏拉图当作他们的精神之父时，他们把其思想的另一方面讲得太过分；但是，我想，他们比那些刻板地将柏拉图的思想放到一个系统的学说框子里的人更接近真理。虽然我对有时认为归咎于我的体系并不反感，但我对自己达到范围广泛的统一体系的能力是半信半疑的，因此，我对同时代的一些人的这种能力也是半信半疑的。没有什么比"回到柏拉图"运动对现代哲学的探讨更有帮助。但是，这个运动应该回到富有戏剧性、不甚满足和互相合作地探讨柏拉图的《对话集》，不断尝试评论的方式，以发现可以同意的观点；回到他那占主要地位的形而上学的、总是以社会的和实际的变化而结束的柏拉图那里去，而不是回到一些令人费解的、把柏拉图当作最早的大学教授的评论家所臆造的人工柏拉图那里去。

我不能把我的学术思想发展过程的其余部分记录下来，除非更多地沉溺在我不怎么喜欢的虚构之中。到目前为止，我阐述过的观点已随着时间的推移而消失了，所以我能作为旁观者来谈论自己。而且因为很多观点的消失，一些观点显得突出了，而不必强迫它们进入到那突出的地位中去。假如我能对自己使用"哲学家"那个词的话，那么，当我离开了德国理念主义的时候，我便成为哲学家了。哲学家总是过多地以自我为中心，但我依然是且依然长时间地处在宜于记录的变化之中。肯定地说，我羡慕那些能够用一种统一的形式来撰写他们的学术传记的人。相反地，我似乎是不稳定的和经常变化的，并相继屈服于许多各种各样的甚至是不一致的影响。我为吸收来自每一种影响的思想而斗争，但也努力采用了一种方式促使它向前发展。从逻辑上来说，这种方式是与从它的前辈那里得来的思想相一致的。总的说来，在影响我的思想的一些力量中，来自人和环境的超过了来自书本的——我希望，这是我已从哲学著作中学到的东西，而不是我还没有从它们那里学到的很多东西。与我遇到的一些经验而被迫思考的东西相比，这些东西只是技术性的。由于这个原因，我不能坦率地说，我完全羡慕或者非常羡慕我已谈到过的那些人。虽然思考可能是一种防卫反应，但我喜欢思考我被迫走的那条道路所带给我的一切烦恼。思考具有补偿的好处，而不会对经验产生一种思想免疫力——经验毕竟还没有被哲学家看作是需要增强抵抗力去对付的一种病菌。

我不能叙述自己的学术思想发展，除非它能提供一种实际上没有的连续性外表。与此同时，在我的学术思想发展中，似乎存在着四个明显的特点。第一个特点是教育实践和理论，特别是青年的教育对我所产生的重要影响。因为当"高等"教育建立在歪斜的和脆弱的基础上时，我决不能对它的可能性感到很乐观。这种兴趣与在心理学以及在社会制度和社会生活中其他可能分离的兴趣融合在一起，聚集在一起。我记得，有一位评论家曾提出，我的思想过多地沉浸于教育方面的兴趣之中。尽管许多年来，我的哲学在题为《民主主义与教育》这本著作中得到了最充分的阐述，但我不知道一些与教师不同的哲学评论家是否曾经求助于它。我感到疑惑，这样的事实是否表明，虽然那些哲学家本人常常就是教师，但他们一般不利用他们所想到的具有十分重要意义的教育。实际上，任何有理性的人都能想到，哲学研究可能集中在作为人类最高利益的教育上；而且，其他的一些问题（宇宙的、道德的和逻辑的问题）在教育中也达到了顶点。总之，这个可利用的机会提供给了后来任何一位可能希望抓住它的评论家。

第二个特点是，在我的研究和思想有所进展时，由于一些人在学术上对我的恶意诽谤，我变得越来越忧虑。我似乎陷入了当代的和传统的二元论，即处在一方面称为"科学"的某种东西与另一方面称为"道德"的某种东西之间的逻辑观点和方法之中。我早就认为，一种逻辑的形成，即一种有效的调查方法，也就是我们在理论上所需要的解决方法和对我们最大的实际需求的补充。它使连续性不会有断裂口，以应用于由科学和道德这两方面词汇所指明的领域。这种信念更多地与我所说的思想发展结合在一起，因为缺少一个更好的词，也许把它确定为"工具主义"是更为适合的。

在讲到我没有受到来自书本的非常重要的和充满活力的影响时，第三个特点成了例外。它涉及威廉·詹姆士对我的影响。就我能发现的来说，詹姆士的影响是进入我思想中的一种能详细论述的哲学因素，也就是一种赋予我思想新的方向和特性的哲学因素。需要说明的是，它来自詹姆士的《心理学原理》，而不是来自收集在那本名为《信仰的意志》里的一些文章，以及他的《多元论的宇宙》或《实用主义》。我认为，这是因为在詹姆士的《心理学原理》中存在着两种未取得一致的论调。一种论调是在采用从前的心理学传统的主观宗旨时所提出的。甚至当那个传统的主要原则在根本上受到批评时，一种潜在的主观主义至少在词汇中被保留了下来。要找到一种能够真正清楚地表达新思想的词汇是困难的。这种困难大概是阻止哲学自然而然发展的最大障碍。我可能引证以"意识流"（stream of consciousness）代替抽象的基本陈述来作为一个例子，因为我在这方面取得的进展是巨大的。不过，这种观点仍认为，每一种意识领域都是单独开始的。另一种论调是客观的。它是在讲到《心灵》中的早期生物学概念时所提出的；但是，一种具有新的力量和意义的回答，应归功于生物学从亚里士多德时代以来所取得的巨大进展。就这种思想的介绍和应用来说，我怀疑，到目前为止，我们是否从开始就认识到一切都应归功于威廉·詹姆士。正如我早已指出的，我并不认为，詹姆士本人充分地和始终如一地认识到了它。但不管怎样，这种思想通过它的方法而逐渐进入到我的全部思想之中，并成为改变旧的信念的一种酵素。

这种生物学概念以及研究方法，如果是由威廉·詹姆士以不成熟的方式强化起来的，那么，它的结果可能仅仅是以一种系统性的组合代替另一种系统性的组合。但是，它并不是重复詹姆士关于生活观念本身是充满活力的说法。詹姆士对生活范畴和机械范畴之间的差别具有一种深刻的观念，这或许源于艺术和道德方面，而不是"科学"方面。我想，有时某个人可能在一篇文章中，表现出他的一般哲学观点中最有特色的因素，例如，多元论、创新、自由、个性等，然而这一切是与他对生活环境特性的看法联系在一起的。关于有机体的思想，许多哲学家均发表了很多意见，但是，他们只是从结构上来谈论这个问题，因而也就是静止地来谈论这个问题。这个问题在詹姆士那里得到了解决。他从活动中的生物的观点出发，来考虑生命。当心理学在哲学中的作用受到重视时，这个论点以及在詹姆士的思维概念（区别、抽象、观念、概括）中的客观生物学因素的论点，都是十分重要的。后来，它对哲学的影响确实常常被冲淡和歪曲了。但是，那是因为那些心理学是低劣心理学的缘故。

我并不是说，心理学与哲学最后在理论上的联系，比与其他科学分支与哲学在理论上的联系更为密切。从逻辑上来说，心理学坚持在同样程度上与它们发生联系。但是，在历史上和现实中，由詹姆士所带来的那个变革已经具有并仍然具有一种特殊意义。从反面来说，这个变革是重要的，因为就消除对低劣心理学的大量指责来说，它是必不可少的。一般地，哲学传统中所包括的低劣心理学根本没有被承认为心理学。作为一个例子，我将谈到"感觉材料"（sense data）的问题。在近代的英国思想中，"感觉材料"是如此的重要；但对我的思想来说，它并没有什么意义。它与作为旧的和陈腐的心理学学说的一种残存物相比并没有什么不同——尽管论述这个问题的那些人中的大多数，仍在顽固地坚持心理学归属于哲学这个细枝末节的问题。从正面来说，我们具有这种情况的对应面。这种比较新的客观心理学虽然没有在理论上有所作用，但在教学方法上却提供了最简便的方法。通过这种方法，我们可以得到一种富有成效的思维概念和活动，从而得到更佳的逻辑理论——其规定了思维和逻辑彼此要做的事情。而且，在人的心理现状中，哲学与一些重要的实际经验问题的联系，是通过心理学的方法和结论不断的相互作用而得到促进的。例如，更加抽象的科学、数学和物理学，在传统哲学上留下了深深的印记。在与对形式上必然的过分忧虑的联系中，这些更加抽象的学科不止一次地起作用，而使哲学思想与一些具有现实根源的问题分离开来。现在，心理学与这样的抽象观念疏远，而如此有特色地与人类方面接近，对心理学提出了一种强烈的要求——给予富有同情心的注意。

与越来越受到重视的人类学方面产生联系后，其形成了第四个特点。詹姆士学派心理学的客观生物学的方法，直接催生出了具有特色的社会范畴，特别是交往和参与的重要性的观念。我确信，从这个观念出发，我们的大部分哲学研究需要重新进行；而且，一种完整的综合最终将产生一种与现代科学相一致的哲学。这种哲学是与教育、道德和宗教方面的实际需要相联系的。一个人应该进行一次广泛的调查，在超脱直觉偏见之中去了解今天具有独创性的科学与一些社会学科发展的联系程度。这些社会学科，包括了人类学、政治学、经济学、语言和文学、社会心理学和变态心理学等。在学术意义上，这个运动的两个方面是那么的新颖；而且，我们是如此多地提及它，它又是如此多地影响我们，以致这种联系没有受关注。数学在技巧上对哲学的影响是更明显的。最近几年，一些自然科学的主导思想和方法已经发生了伟大的变化，而比社会学科的发展变化更容易引人注意。这正是因为社会学科对我们的影响甚少。学术上的预言是危险的，但是，假如我们正确地觉察到时代文化的征兆，那么，当社会科学和艺术的意义成为反射性注意的一个对象时，同样地，当过去曾提出的一些思考对象的数学和自然科学的整个意义被领会时，哲学将紧接着出现一个综合运动。然而，假如我觉察到的这些征兆是错误的，这段陈述则可以作为我的学术思想发展中具有意义的一个标志。

　　总之，我想，如果认为哲学将模糊地和间断地出现在两千年欧洲史留给我们的那些问题和体系的范围之中，则标志着想象力的灭亡，这是令人可悲的。展望未来，可以看到，整个西欧史是一个偏狭的（地方性的）插曲。我并不期望，在我的时代里看到一种真正的思想综合。这种综合是与强迫的和人工的综合不同的。但是，一种不是以自我为中心和不是过分急躁的心理能够获得这样的信念，即这种统一将在适当的时候产生。与此同时，那些自称为哲学家的人的一个主要任务是，帮助扫除阻塞我们思维道路的无用材料，努力地使它畅通无阻，并开辟通向未来的道路。花费40年时间，漫游在像现在一样的一片荒野上并不是一种悲哀的命运——除非一个人试图使他自己相信，那片荒野本身终究是有希望的土地。

约翰·杜威：我的良师益友[①]

[美] 马克斯·伊斯特曼

1

　　约翰·杜威虽然刚刚过了他的八十二岁生日，但是，他的说话声音没有一丝颤音，他的手写动作也没有一点颤抖。他身高5英尺8.5英寸，体重160磅，[②]这正好符合身高体重表所要求的标准。夏天，他在加拿大新斯科舍省[③]度过，不论天气怎样，他每天都在索拉湖的深水里游泳，并高兴地与当地居民保持着沟通联系。三年前，杜威使那里的人们大吃一惊，他游出去200英尺，不仅自身毫发未损，他还以营救了一位溺水妇女受到当地居民的尊敬。在纽约中央公园西边他举办的鸡尾酒会上，参加者是有各种年龄、信仰、肤色和社会状况的人群，从伦理文化（Ethical Culture）派的前辈到从青年运动（Youth Movement）中最近分裂出来的宣扬者以及现代绘画派中的主要革新者，杜威看起来是在场最活跃的人——他机敏地假装记得他们所有人是谁，他机灵地端

---

　　① 译自：Max Eastman. *John Dewey. The Atlantic Monthly*, December, 1941：671–685. 该文1959年4月6日又以*John Dewey, My Teacher and Friend*（《约翰·杜威：我的良师益友》）为题刊载于《新领导》（*New Leader*）。美国俄克拉何马州立大学教授坎贝尔（Harry M. Campbell）在他1971年出版的《约翰·杜威》（*John Dewey*）一书中（第13页）提及：在撰写本文之前，作者马克斯·伊斯特曼曾对约翰·杜威本人进行过一次访谈。

　　② 身高约174厘米，体重约72.5千克。

　　③ 新斯科舍省，位于加拿大最东端，四面环水，自然风景优美。其省府哈利法克斯是国际海港和运输中心。杜威基本上在新斯科舍省的哈巴兹避暑。

着饮料在他们中间走来走去地应酬。

让我记住约翰·杜威的是，他是一个把儿童从学校里一直处于的令人十分厌烦的状态中解放出来的人。《不列颠百科全书》（*Encyclopedia Britannica*）在它的"教育"这个条目中较为详细地写道："到1900年时，教育重要性的中心已从所教的教材改为所教的儿童。因此，学校开始从一个儿童为生活做准备的场所变为一个儿童生活的场所。这些变化大部分应该归功于约翰·杜威的教育学说，因为他的教育学说极大地影响了20世纪美国初等学校的目的。"从学术专业层面来看，约翰·杜威既是教育家，又是哲学家——一个使他自己充满活力地讨论诸如"我们如何思维"（How We Think）和"思维对现实有什么作用"（What Does Thought Do to Being）这样问题的人。1930年巴黎大学在授予杜威博士学位时，就把他誉为"美国精神的最深刻和最完美的体现"。

有两件事情，使得人们对杜威的这种一流声誉感到惊讶。一件事情是杜威对自己的任性和固执的忽视。他从不自我吹嘘，也从不倾听那些友善朋友对他的吹捧。他没有参加自己的八十岁生日晚宴，尽管世界上不少杰出人士都出席了这次生日晚宴。杜威发现，他曾在密苏里州他女儿伊夫琳的牧场西北角订过婚。整个事情发生在他七十岁的时候。他曾对伊夫琳说："我再也不能站在那里了。"

另一件事情是杜威个人完全没有脾气。他出版了36本著作，发表了815篇论文和小册子。然而，如果他写过一句值得引用的句子，那这个句子就会永远消失在那堆书里了。杜威自己的风格不仅是沉闷的，而且这种沉闷的风格还影响了每一个对他的教育理论有任何看法的人。

也许，有些事情与杜威的出生有关。像柯立芝[①]一样，杜威也出生于佛蒙特州，生来就有一种技巧，那就是：将心里正在思考或没有思考的事情隐藏在外

[①] 柯立芝（John Calvin Coolidge 1872—1933），美国第30届总统（1923—1928）。他出生于佛蒙特州普利茅斯。

表之下。佛蒙特州人有一种并不那么有趣的理解幽默——这种理解幽默是如此的模糊，以至于你猜不出他们是在开玩笑，还是相互间不熟悉。杜威的父亲阿奇博尔德·斯普雷格·杜威（Archibald Sprague Dewey）在当地以爱开玩笑而小有名声。伯灵顿是一个有1万或1.2万人口的小镇，他父亲在镇上"很守规矩"，他的货物销售额比镇上任何人都多，那是因为他采用的方式很古怪。他商店外面的一个广告牌上，写着"火腿和雪茄——烟熏的和未烟熏的"，以提醒他的顾客不要太认真。在一辆经常被人们借去使用的手推车上，他父亲写着这样的红色大字："从A. S. 杜威那里偷来的。"尽管杜威的父亲很受人们欢迎，但他从未与人们相处得很融洽，这是因为他向别人讨账伤害了他们之间的感情。他结结巴巴说不出要账的话，这使他只有在要账的时候显得似乎是一个特别好的人。

A. S. 杜威夫人是里奇维尔这个地方"乡绅里奇"的女儿——卢西娜·里奇（Lucina Rich）是她的名字，她的祖父出生在康格雷斯。但是，从财富的角度来看，里奇家族并没有得到很好的发展，在约翰·杜威的童年时期家里也是节俭度日的。如果杜威想要花钱，那他只能自己去挣——作为一种完全符合美国天才的表达方式，就是在课外送报纸，这使他每周能挣1美元。到了十四岁那年夏天，杜威找到了一份真正的工作——在堆木场理货，每周挣6美元。除此之外，他还得在房子周围做些"家务"。当受到惩罚的时候，杜威受到了良心的谴责，甚至觉得这比被揍一顿更为痛苦。

杜威的父母是属于怀特街公理会的一员，他的父亲是宗教信徒的主要原因是对他自己来说不信教是不可能的，而他的母亲则对宗教是有感情的。母亲并不严厉，也不喜欢对宗教信条发难，但在某些方面具有强烈的道德性。在约翰·杜威的早期生活和环境中，有一些痛苦的事情；或者你愿意这样说的话，有一些神圣的经历。他在尚普兰湖里游泳和滑冰，但他的这两种技能水平都不太好。他喜欢玩，但并不擅长于"策划游戏"——我想，那是他还不够有竞争力。杜威是一个很好的阅读者，但并不"沉溺于课文"。在学校的上课时间里，他学习十分勤奋努力，但只是因为他不想把教科书带回家。他更喜欢那个乡村图书馆，因为那里有很多图书。他很快就读完了小学和中学，但并没有获得高分。人们对杜威的温和脾气和个性的印象比对他的智慧的印象更为深刻，除非他们自己也是特别有智慧的人，否则他们仍然保持着如此的印象。

刚满十五岁时，杜威就进入了佛蒙特大学——这是一个与众不同的成就，但那是一个没有引起特别评论的成就，尤其是他自己的评论。他顺利地度过了大学的前三年，没有迸发出任何火花，也没有对自己的未来进行过任何预测。在大学二年级时，杜威加入了教会，并怀有虔诚的宗教情怀，但没有深刻的皈依经验。他是个好孩子，希望自己做得更好，并认为上帝会帮助他——仅此而已。

然而，杜威希望自己变得更好，因为他内心充满了一个男孩的激情，他的感情生活几乎完全被升华。但他内心太腼腆，以致不敢去爱恋一个女孩。杜威说："在十九岁时，我试着与我的表妹有一点暧昧关系。我想，应该做点什么，但我没有去做。我太害羞了。我异常害羞。我是不正常的。"这件事使得约翰·杜威想要从成为一位无可挑剔的星期日学校（Sunday School）①教师开始自己的人生，这与他母亲反复的道德说教是分不开的。

一直到第二学年末，杜威的这种平静的发展过程才受到一件事情的冲击，但整个计划并没有被扰乱。这场危机源自哲学的一门短期课程，这个课程所使用的教科书是赫胥黎所编写的。在尽力了解世界的过程中，与达尔文②的卓越原理的那次偶然接触，以及对《圣经》中"坚不可摧的岩石"发起的激烈的进化论之战，让约翰·杜威兴奋不已。科学知识的无穷魅力使他神魂颠倒。然而，旧的道德观有太多的力量让人们屈服。杜威不能放弃把人生思考为一种

①星期日学校，亦称"主日学校"，指英美诸国在星期日对在工厂做工的青少年进行宗教教育和识字教育的免费学校。兴起于18世纪末，盛行于19世纪前半期。

②达尔文（Charles Robert Darwin，1809—1882），英国博物学家，进化论的奠基人。

通过道德意志和沉思来塑造的东西，也不能否认赫胥黎关于物质力量如何塑造人生的理论的正确性。

因此，杜威的大学二年级是一个十分努力和冒险的时期。他把自己全部精力都投入到学习之中。他阅读和工作到深夜。他在班上名列前茅，在哲学方面取得了最高的成绩。在回答问题时，他有时，对课文的阐释似乎与其他同学的有点不一样。在那一年结束时，杜威一家对杜威会成为比哲学家更有用的人，几乎已经不抱什么希望。但问题是：你打算与一位十九岁的哲学家一起做什么？

作为一种暂时的解决方法，杜威在一位表姐的安排下，来到了宾夕法尼亚州的石油城，在当地的一所中学里教书。他每月的薪水是40美元。住在同一公寓里的两个经纪人曾鼓动他去借贷一些钱，投资石油城的开创者"美孚石油公司"。如果杜威那时投资的话，那他今天就会有很大的回报。但与此相反，他借阅了不少书籍，经常会用完一盏灯里的油。

有一天晚上，当杜威开始阅读时，他有了一种他称之为"神秘体验"的感觉，这是对那个仍然困扰着他的问题的一个回答；那个问题是：当你祈祷时，你是否确实是认真的？这并不是一种非常激动人心的神秘体验。没有什么幻象，甚至没有一种明确的情感——只有一种最重要的无比幸福的感觉，每当这时他的烦恼就过去了。杜威解释说，一般来讲，这纯粹是感情用事，无法用言语来表达。但当他试图用言语来表达他的想法时，他所说的话是这样的："你到底在担忧什么呢？这里的所有事情都不过如此，你恰恰能够仰靠着它。"

他又补充说："从那以后，我再也没有任何疑虑，也没有任何信念。对我来说，信仰就是没有忧虑。"

尽管杜威的宗教信仰几乎没有确定的内容，而且与他的哲学毫无关系——但他确信，他不仅把自己的哲学比作那时他正在阅读的华兹华斯①的具

---

① 华兹华斯（W. Wordsworth,1770—1850），英国诗人，湖畔派的代表。

有诗意的泛神论，还比作沃尔特·惠特曼①有关宇宙观合一的看法。为了避免他人的评论，他会提醒这很可能是感情的升华，并指出这并不会使它变得那么不正常或不重要。

杜威总结说："我声称，我已经有了宗教信仰，那个晚上我在石油城就已经有了宗教信仰。"

2

1879年，当约翰·杜威决定他一生的任务是使伦理学与哲学结合起来时，在美国几乎还没有哲学这一领域的职业。就美国而言，这种情况并不比佛蒙特州的伯灵顿好多少。哲学教授们都是福音派牧师，因为某种原因，他们的发音器官就如他们的大脑一样繁忙，他们发现教书比传道更容易。他们是学院所雇佣的便衣牧师，以确保学生的心灵不会随着科学而变化。为数不多的例外是哈里斯，他在密苏里州的圣路易斯出版了《思辨哲学杂志》（Journal of Speculative Philosophy）。哈里斯被人们称为"世俗哲学家"，虽然杜威仍然去教堂做礼拜，但他也是"世俗的"，这足以让他把自己的第一篇原创论文寄给哈里斯。在寄出《唯物论的形而上学假设》（*The Metaphysical Assumptions of Materialism*）这篇论文后的一段时间，杜威在佛蒙特州的夏洛特地区教书。当他的论文被接受并发表时，他决定也要成为一位世俗哲学家。

一个名叫约翰斯·霍普金斯（Johns Hopkins）的富有想象力的商人正好在巴尔的摩创办了一所新的研究型大学，杜威的一位报喜天使（annunciation angel）赫胥黎教授在那里发表了就职演说。这所新大学提供20个500美元的奖学金名额，让大学毕业生去竞争。杜威尝试要获得一个奖学金名额，但他

---

① 沃尔特·惠特曼（Walt Whiltman，1819—1892），美国诗人，其创作对美国和欧洲诗歌的发展很有影响。

落选了。维布伦①也尝试获得一个奖学金名额，但他也落选了。不管怎样，正好杜威的一个姨妈有500美元，于是他借了这笔钱进入了约翰斯·霍普金斯大学。在这所大学学习一年后，他又尝试申请奖学金，这次他如愿以偿。他也得到了一个给大学生讲授哲学史的工作。所以，谁说在美国没有哲学领域的职业？可以肯定的是，这份工作是没有报酬的，但从另一方面来说，他也不必为做这份工作付费。杜威对此是高兴的。他遇到了一位极好的教师，一个名叫莫里斯（George S. Morris）的黑格尔学派哲学家。

除非你明白爱上黑格尔是多么令人兴奋的——而且是多么艰苦的工作，否则杜威就无法向你讲述研究生三年的经历。这是一段投入全部时间的罗曼史。对约翰·杜威来说，这件事就像他在石油城的经历一样，让他的心里满怀着喜悦。在杜威看来，即使现在，整个事情似乎是一个伤感的德国人的自欺欺人的行为时，他仍然对黑格尔怀有一种虔诚的崇敬。他一直处于痛苦的紧张状态。黑格尔的形而上学给了杜威一种统一的感觉，让事物融合在一起的感觉。

杜威说："我太害羞了，总是把自己和别人对立起来。也许就是这样。或者，也许是过分强调福音派的道德观，让我觉得自己与世界格格不入。我并不能重新恢复它。如果可以的话，那我会写一些关于青春期的东西，那确实是有趣的。"

1881年，那是杜威在约翰斯·霍普金斯大学学习的第一年，他被黑格尔迷住了。在此后的十到十二年间，他都保持这种黑格尔学派的标致形象，但正在回到现实世界。19世纪90年代，杜威又很适时地回到了芝加哥附近。一个黑格尔学派的人在三十五岁时重新回到现实是不寻常的。如果他们停留那么久的话，那他们通常就会迷失在同温层中。可以肯定地说，其中吸引杜威来到芝加哥的一个主要原因，是一段有血有肉的罗曼史——一段与双脚非常坚定地站在现实和具体上的女孩的罗曼史。

---

① 维布伦（Thortein Veblen，1857—1929），美国经济学家、社会学家。

　　当杜威在约翰斯·霍普金斯大学获得他的博士学位时，吉尔曼校长给他提供了在德国继续学习的一笔贷款。杜威感到很高兴，但他说自己宁愿不贷款，因为他感到在美国也很自在。吉尔曼校长也给他提出了一些建议："不要如此的书生气；不要过这样一种与世隔绝的生活；应该走出去观看周围的人。"尽管杜威确实不知道该如何去做，但他更愿意接受这些建议。当然，他首先需要的是一份工作。在得到这份工作之前，他又在伯灵顿度过了一个充满渴望的夏天。这份工作是在密歇根大学担任哲学讲师的900美元年薪的工作，他的朋友莫里斯教授就在那里教书。

　　在密歇根大学，杜威开始去观看周围的人，他第一个观看到的是一个名叫艾丽丝·奇普曼的女生，她和杜威住在同一个公寓里。她是一个有主见的女孩，来自一个激进主义者和自由思想者的家庭；她是一个富有热情的妇女参政论者；她有宗教信仰但并没有加入教会，特别不能容忍"废话"。与杜威相比，奇普曼的身材更矮更壮，并不漂亮，也不讲究衣着。纯粹是生理上的原因，她的眼睑如此低垂在眼睛上，以致在一种缺乏自信的判断下，她看起来有点危险。但是，她的五官很端庄，嘴巴也很温柔。奇普曼的作为拓荒者的祖父加入了印第安人的奇佩瓦族部落，为他们的权利而战，他还反对林肯①和内战。奇普曼继承了她祖父的精神和勇气。她对思考生活有着强烈的兴趣。这是好的运气，还是明智的选择？—— 杜威爱上了这样一个女子。杜威也很有主见。他采用温和的方式，既没有内心的冲突，也没有外在的小题大做，而以一头骡子般的冲力坚持自己的行动方针，排除与之相反的理性论据。此外，杜威还有更多的知识优势，奇普曼是他所教授的班上的一个学生。总之，他们之间有着一种道德上和智力上完全一致的吸引力。杜威曾经这样说过："从来没有两个人是如此的相爱。"

　　1886年，杜威和奇普曼在后者的外祖父母奇佩瓦·科波菲尔（Chippewa

---

①林肯（Abraham Lincoln, 1809—1865），美国第16届总统（1861—1865）。共和党人。

Copprfield）的家里结婚。同年，杜威被任命助理教授，其年薪增加到了1600美元。第二年，即1887年，他们的第一个孩子弗雷德（Fred）[①]出生了；杜威也出版了他的第一本著作——值得注意的是，它并不是一本哲学著作，而是一本心理学著作。杜威愿意看到，心理学从哲学中挣脱出来，成为一门自然科学。这本著作使他在那个过程中成为先驱者。但是，它仍然有一种虔诚的黑格尔学派的宇宙观——在如今的科学教科书中，这是一种古怪的说法，即最终的现实是上帝。

1888年，在事先没有任何征兆的情况下，杜威应聘上了明尼苏达大学的教授职位，并且有2500美元的年薪。在去明尼苏达大学后的一年，即1889年，杜威的朋友莫里斯去世了，他又回到了密歇根大学，接替莫里斯担任哲学系的系主任和教授，年薪增加到3000美元。杜威有关"世俗哲学家"的预测是正确的。

作为密歇根大学的一个成员，杜威的任务之一是走访全州的中学，调查它们的教育质量，以便把优秀的学生送入大学。这件事情第一次使他决定要研究"民主与教育"这个具有普遍意义的问题，这是他在教育领域的主要工作的核心。这也使他忘记了黑格尔学派的宇宙观。但是，杜威对他所谓的"工具逻辑"越来越感兴趣，即人们通过这种工具逻辑构想出他们想要得到的东西的方法。1890年，威廉·詹姆士的著名的《心理学原理》一书的出版，极大地强化了这一观点。它预示了17年后这本书的作者提出的"实用主义"哲学。正如杜威所说的，黑格尔学派的宇宙观就这样消失了。

---

① 即弗雷德里克。

然而，在此之前，杜威在黑格尔学派的宇宙观方面的个人地位已有了很大的提升。芝加哥大学是由约翰·D. 洛克菲勒[1]以雄厚的财力所创建的，其校长哈珀提出了将哲学、心理学和教育学合并成一个系的新奇想法。1894年，杜威被邀请到芝加哥大学，担任哲学、心理学和教育学系的系主任，年薪5000美元。这对杜威来说是一份难得的职位，因为杜威的哲学越来越多地采用一种有关思维过程的心理学，他对教育的兴趣和他对哲学的兴趣正在并驾齐驱。此外，杜威家庭的人口正在增加，而且肯定会远远超过任何普通的世俗哲学家的收入所设定的界限。杜威太太不相信节育。尽管她的祖父思想自由，但她还是有一些拘谨的清教思想，这使她认为决定在什么时候和在什么情况下要孩子是邪恶的。杜威家庭的第二个孩子伊夫琳是1890年[2]出生的。第三个孩子[3]莫里斯于1893年初出生，以受人尊敬的杜威的老师莫里斯的名字取名。年薪3000美元与5000美元之间的差额开始显得很重要了；而且从各方面来说，从芝加哥寄来的那封信是一个令人高兴的消息。

杜威太太决定和孩子们一起在欧洲度过这个夏天，杜威则继续前往芝加哥在暑期学校（Summer School）承担教学工作，挣点额外的钱。杜威不愿同他的两岁孩子莫里斯说再见，因为他心里已作出判断，从任何迹象来看都很难说莫里斯这个孩子不是圣洁的天才。这也不全是父母的一种偏爱。莫里斯因白喉症而死于意大利的米兰时，轮船上的一个过路的陌生人说了这样一句奇怪的话："假如那个男孩长大的话，世界上将会有一种新的宗教。"甚至在五十年后的今天，当杜威提起这件事的时候，他的喉咙里仍然会有一丝哽咽。

---

[1] 约翰·D. 洛克菲勒（John D. Rockefeller，1839—1937），美国洛克菲勒财团创始人。
[2] 据乔治·戴克威曾《约翰·杜威的人生与精神》（1973年英文版第66页）和B. 莱文《约翰·杜威的生平和著作年表》（2001年英文版）的记述，伊夫琳出生于1889年。
[3] 莫里斯实际上是第四个孩子，第三个孩子阿奇博尔德一出生就夭折了。

杜威的另外三个孩子露西（Lucy）、戈登（Gordon）和简（Jane），都出生在芝加哥。因此，在这位哲学家一生中最好的时光里，有五个孩子在家里玩耍，他们丝毫没有打扰他的沉思。作为一位逻辑学家，杜威的最佳状态是：一个孩子爬上他的裤腿，另一个孩子在他的墨水瓶里钓鱼。他不仅精力集中，而且能够同时做两件事情，这使人感到震惊。朋友们都知道杜威会沿着三个街区散步，于是就跟在他后面，以确保他能安全通过交叉路口，而他似乎完全不知道自己的身体要去哪里。他也会把他自己的帽子往下拉，遮住自己的眼睛，像个喝醉的流浪汉一样，一边迈着快速呆板的步伐，一边微微倾斜地摇晃，这就增加了危险的可能性。但是，真的没有什么危险，他的身体习惯性地照顾着他。

杜威从不关心体育锻炼，认为脑力劳动也一样好，只要有足够的脑力劳动就行。所以，为了消遣，他长时间坐汽车时总会坐在前排，以免去填字游戏以及与同事交谈的问题——这是一个有点令人恼火的习惯，但在旅程结束时，他对风景的记忆却总比他们其他人更为准确，这个习惯就变得不那么令人恼火了。

对这样一个人来说，六个孩子①显然对其哲学研究有很大帮助。同时，杜威的孩子们，除了在他写作时以一种有益的方式帮助他在哲学上进行攀登外，还对那个历史进程作出了另一种更重要的贡献——孩子们使杜威从心里把哲学问题和教育问题完全结合在一起了。

---

① 杜威夫妇一共生了七个孩子，其中二儿子阿奇博尔德·斯普拉格·杜威（Archibald S. Dewey）1891年4月10日一出生就夭折了。

3

人们通常认为，杜威的教育理论来自他的工具主义哲学，但更准确地说，来自他的孩子们。杜威对教育改革很感兴趣，早在成为工具主义哲学家之前就写了一本著作——标题为《应用心理学》（*Applied Psychology*）[①]，阐述了他的教育学说。他认为，教育就是生活本身，只要还有生命就会继续生长；教育在起促进作用的过程中生长；学校是一个应该得到科学管理的场所。这就是关于教育的全部。

家庭也需要沿着这个方向进行一点革新，杜威对父母与孩子之间关系的影响，就像他对学校的影响一样大。从本质上讲，这是一场始于家庭的改革。

在杜威位于密歇根州安阿伯的家里，他的书房就在浴室的正下方。有一天，杜威坐在那里全神贯注于一种新的演算理论，突然他感到有一股水流正从他的背上流下来。他从椅子上跳起来，马上冲到楼上，发现孩子们正在浴缸里玩很多模型帆船，而把水搞得满地都是，此时他的孩子弗雷德正在用自己的双手阻止水溢出来。当杜威打开浴室门时，弗雷德转身过来严肃地对他说："不要争论，约翰——拿拖把！"

你可能会认为，一个有5个孩子的家庭沿着这种方向成长的话，会使一些事情变得一团糟，但他们确实度过了一段难得的美好时光。就孩子们而言，他们是一群非常有礼貌的扰乱者。甚至可以说，他们在小不点儿时，有点过于礼貌了。简在十二岁时，就用一种令人不安的和明智的方式讨论卖淫的原因。伊夫琳很早就形成了一种泰然自若、睿智幽默的气质，现在她身边有许多可爱的朋友，你会希望她有时能傻一会儿。

[①]《应用心理学》一书出版于1889年，其副题是"教育原理与实际引论"。在相当长的时期里，该书一直被认为是约翰·杜威与詹姆斯·A.麦克莱伦两人合著的。但是，经过美国南伊利诺伊大学卡本代尔分校杜威研究中心的学者研究考证，现已得出结论：麦克莱伦是该书的唯一作者。

　　无论作为哲学家，还是作为教育家，约翰·杜威在芝加哥都达到了他的巅峰。在1903年出版的一本题为《逻辑理论研究》（*Studies in Logical Theory*）[①]的著作中，他阐述了在黑格尔学派的德国宇宙观消失之后留在自己脑海里的实用的美国哲学。所有思考物质的人，甚至黑格尔关于宇宙观的著作，都认为它是工具性的，杜威的真理只不过是成功地使人类达到他们的目的。杜威在这个观点中找到了支架，因为它以一种比黑格尔更直接的方式接近了常识性现实，使他感觉到物质科学和道德科学之间的巨大鸿沟。物质世界是真实的，但我们有关它的很多知识在很大程度上是道德的。它是实用的。它是对问题的一种解决，因而在这些问题的解决过程中，人的需要和欲望不可避免地起着至关重要的作用。

　　在杜威的《逻辑理论研究》一书出版后不久，威廉·詹姆士就来到了芝加哥，他有点过于谦虚地谈到这本书，认为它是"实用主义哲学的基础"。同样谦虚的杜威并不知道自己创立了实用主义，当詹姆士以这种方式向他致敬时，他感到极大的惊讶。在哲学家或其他人中间，"加斯顿，你先请！"（After you, Gaston!）的例子[②]并不常见。

　　在杜威来到芝加哥两年后，他的教育家身份在创办了一所初等学校时达到了巅峰。这所学校在字面上被视为哲学系的实验室，被称为实验（Experimental）或实验室学校（Laboratory School）。但是，它在历史上是以"杜威学校"（Dewey School）的名称而存在的，这个名称很可能被写成"Do-y School"，因为"从做中学"（to learn by doing）是它的主要口号之一。这所

---

　　① 该书是杜威和他在芝加哥大学的同事、学生的论文集。

　　② "加斯顿，你先请！"的例子，出自美国漫画家奥珀（Frederick Burr Opper）的连环漫画，1901年第一次出现在《纽约杂志》（New York Journal）上。其中有加斯顿（Gaston）和阿方斯（Alphonse）两个主人公，加斯顿是高的和奇异的，阿方斯是矮的和奇异的，他们每个人都坚持让对方先走，因而让来让去。他们两人的故事娱乐了美国读者10多年时间。加斯顿说："你先请。"（After you.）阿方斯回答说："不，你先请，我亲爱的加斯顿！"（No, you first, my dear Gaston!）

学校的创办者有一个相当天真的想法，那就是：在学校的运行中，他正在把他的工具主义哲学付诸一种实验性检验。

在杜威的教育理念已经成为美国民族文化的一部分的这些日子里，很难想象，实验室学校的理念在1896年会引起如此大的反响。"一所与儿童一起进行实验的学校——想象一下吧！"如果他提议在幼儿园中进行活体解剖的话，那他几乎不会让19世纪90年代的父母们感到震惊。即使经过仔细的研究，他的理念似乎是让儿童做他们想做的事情，这在当时也像让他们下地狱一样。杜威对旧的清教徒灌输式教育体系的反抗，也许——或者曾经——有一点乌托邦色彩。他的同时代人杜利（Dooley）先生曾概括说："只要你不喜欢它，那你所学的东西就不会有很大的区别。"但是，杜威并不主张，也从来没有主张让儿童们去胡思乱想，更没有强迫他们去胡思乱想。他比那些现在以他的名义经营"现代学校"的人更有见识。杜威的想法是，学校内的生活应该与学校外的生活一样，这样，儿童心里就会自然而然地对知识产生兴趣。如果学校能提供足够多的活动，足够多的知识，而且教师能够理解知识和兴趣行为之间的自然关系，那么儿童们就可以享受教育的乐趣，也会喜欢上学。杜威就是这样说的。最早在《学校与社会》（School and Society）这本篇幅不多的著作中，杜威就是这样说的。这本著作被翻译成数十种文字，其中包括东方的中文和日文。

然而，如果不是艾丽丝·奇普曼的缘故，那杜威永远也不会创办杜威学校。杜威除了思考外什么都不做——至少在奇普曼看来是这样的——除非他被迫去参与某些事情。对杜威来说，似乎没有什么比思考更为重要，他始终是一个性格外向的人，但这种外向引起的一切都发生在他的头脑中。对杜威来说，思想是真实的物体，是引发他的强烈兴趣的唯一对象。如果他获得了一个新的思想，那他就会像一条得到一根骨头的狗一样，用半只眼睛扫视一下周围不可避免的喋喋不休的人们，希望他们不会打扰自己，仅此而已。只有这种性情的人，才能把人类的生命和问题作为他所思考的主题，这就是杜威所作出的贡献。

杜威太太会抓住杜威的思想——抓住他坚持要做的某些事情。她有一个聪明的头脑，这比她的表达能力强得多。她是一个狂热者，提出不仅要改革思想，而且还要改革人们。她对杜威的创造能力怀有一种敬佩的崇拜心情，但她也有一种女性的不耐烦情绪。当杜威作出决定时，他肯定会对意识形态各种因素进行考虑。然而，杜威太太的决定是迅速的、直接的和非常现实的——并不总是想知道它们的理由。她会说："你总是反其道而行之。"杜威对其夫人影响的看法是，他的夫人仅仅把"勇气和材料"塞进他得出的理智的结论中。他也回忆到，他的夫人教他不要那么容易上当。杜威这样说："夫人让我从'无法决断'的某种多愁善感的道德观中摆脱出来，教我尊重自己的正面直觉和负面直觉。"总之，杜威夫人一直在把他拉进现实世界。正如杜威所主张的哲学那样，这是人应该去的地方，至少在理论上他始终是愿意被拉一下的。

杜威夫人是杜威学校（即芝加哥大学实验学校）的校长。然而，就像我所说的那样，杜威学校的大部分运作都归功于她，以及芝加哥知名的学校督学埃拉·弗拉格·扬。杜威将埃拉·弗拉格·扬称为"我所见过的学校里真正最聪明的人"。杜威说："我会带着这些抽象思想去找她，她会告诉我这些思想的具体含义。"在杜威学校方面，值得记住的另一个人是克兰恩（Charles R. Crane）夫人，她为杜威学校捐了一大笔钱，并帮助杜威夫妇筹集了其他的钱。还有一个人是布莱恩（Emmons Blaine）夫人，她是这一小群热情的改革者中的一员，分享了塞勒斯·麦考密克①先生捐赠的美元。这些美元在杜威学校的诞生中曾起到决定性的作用，但也正是由于一口气吞下了一百万美元，这所学校突然关闭了。

这个悲惨故事改变了杜威一生的方向，在某种程度上也改变了他整个人生的基调。当时，杜威夫人想让他发表一份公开声明，但杜威决定忍气吞声，因此，三十五年来，大家都能相安无事。这个故事是这样的：

---

①塞勒斯·麦考密克（Cyrus Hall McCormick 1809—1884），美国发明家、商人。曾创建麦考密克收割机公司。

布莱恩夫人捐赠了一百万美元给另一位教育革新家帕克上校（Colonel Parker），他也是一个有才华的人。他建立了一所学校，称为芝加哥学院（Chicago Institute）。帕克处理儿童事务的天赋要比处理一百万美元高，然而他很快就失去了健康。得到帕克的同意，布莱恩夫人最后向芝加哥大学校长哈珀提议，把帕克的学校和杜威的学校合并起来，把捐赠的这笔基金交还给大学。当时，杜威学校是一个正在蓬勃发展的教育机构，有23位教师和140名学生。它没有像芝加哥学院那样衰败；两所学校的建校原理虽然相似，但并不完全相同；它也并不需要一百万美元。因此，杜威学校学生的家长们强烈抵制这一变化，并导致两校合并的时间拖延了一年。但是，哈珀校长想为大学筹集到那一百万美元。第二年，杜威恰好外出不在东部地区，哈珀则与布莱恩夫人重新开始了谈判。当杜威外出回来时，这两所学校的合并几乎已完成了。哈珀校长把杜威叫到他的办公室，毫不掩饰地讲"他们的梦想终于实现了"。对杜威来说，他从来没有做过这样的梦想，但事实恰恰与此相反。而且，哈珀校长从来也没有为杜威的实验学校提供过任何资金。杜威觉得，在他意识到这一点之前，他可能已被询问过了。那次会谈的气氛很紧张，当哈珀校长要杜威参加最后的谈判时，他突然拒绝了。

杜威说："既然你选择我不在的时候开始做这件事情，那我建议你把这件事情做完。在你安排好条件之后，我再决定是否可以进行合作。"

哈珀校长说："我真不愿意去找校董会，告诉他们因为你的固执而让学校付出了一百万美元的代价。"

杜威解释说，他对教育实验感兴趣，但并不是为了向芝加哥大学提供的捐赠。他还告诉哈珀校长——尽管用词不那么干脆，但我敢肯定——如果校长真的觉得他有可能来的话，那他希望能够提高年薪，从5000美元增加到7000美元。

哈珀校长有点担心地说，这么高的年薪可能会让他和他的同事们感到尴尬，但杜威认为自己能挺过痛苦。杜威说："相比我一生中任何其他的行为，这种对更高年薪的要求更能使我成为一个男子汉!"

杜威的另一个约定是,他的教学人员(包括担任校长的杜威夫人)应该继续为新的教育机构服务。在与杜威会谈时,哈珀校长同意了这一点。然而,在与布莱恩夫人交谈时,哈珀校长解释说这只是第一年的安排。布莱恩夫人所关注的主要是帕克上校手下的教学人员。哈珀校长说,特别是杜威夫人打算在学校一开学时就辞职。这使哈珀陷入了相当紧张的境地,但也给他留下了一年时间来摆脱困境。他的出路是,等到杜威再次外出不在东部地区时,派人去找杜威夫人,告诉她:杜威教授曾给他说,她正打算辞职!

由于杜威从来没有告诉过他夫人,而且杜威夫人也没有告诉他自己打算做什么的习惯,因此,她在收到这封信时是保持沉默的。对此,哈珀校长是印象深刻的。

哈珀校长在回答时,对杜威说:"杜威夫人是一个非常有尊严的人!"

但是,杜威现在为他的夫人提供了支持。他知道,作为一个管理者,杜威夫人具有她的优点和缺点。她并不擅长与人打交道。她具有一种不可思议的天赋,能够看穿那些伪装的人,并与他们开诙谐的玩笑。她甚至害怕那些没有装模作样的人,或者至少不太会装模作样的人。而且,她有一种由内而外的胆怯,一种害怕放肆的恐惧,因为她的明显的优越感有时看起来像傲慢的冷漠。然而,杜威夫人是杜威的教育思想能够自然地付诸行动的唯一帮手。她对带领杜威学校的孩子们感到兴奋不已,不愿意因为学校的一个偶然事件而轻易地离开他们。此外,杜威还知道,杜威学校的其他受过训练的教师也会被以同样狡猾的方式打发走。在名义上,他会是学校的校长,但他会是一个反对一百万美元捐赠的人。杜威结束了与哈珀校长的会谈,这是一次情绪激动的会谈。他以教育学教授的身份口头提出辞职。当他一走出门的时候,他就意识到,哈珀校长在听到这个消息后的脸上呈现出一种解脱的表情。他回家后写了一封辞职信,辞去哲学、心理学和教育学系教授的职务。

这是杜威学校的终结,也是杜威一生中一个十分快乐的和极为丰富的重要时期的终结。

当然，杜威失业没有几天。除了他在哲学和教育领域不断提升的学术地位外，杜威还担任了美国心理学协会（American Psychological Association）主席这一职务。他几乎可以在这个国家的任何一所大学里担任哲学、心理学或教育学的教授。事实上，心理学家卡特尔主动邀请杜威作为哲学教授去哥伦比亚大学任教，并建议他在师范学院继续讲授他的教育观点。

杜威和他的夫人逐渐从杜威学校终结的打击中恢复过来。这并不是命运的选择在这一刻发生，所以，这确实使人想起有策划的预谋。前不久，他们还经历了令人悲痛的事件：在等待新工作的一次欧洲旅行中，他们最有天赋的儿子戈登因为伤寒而死于爱尔兰。戈登这个孩子给他周围的人留下了深刻的印象，以至于在芝加哥的赫尔会所举行的一次纪念仪式上，简·亚当斯发表了演讲（这篇演讲被收入她的一本著作中），提及"这位小主人公"是一个"孜孜不倦的报纸读者"，具有一种"勇敢无畏的精神"，具有一种"广博的智慧"以及一种"对生活的幽默感"，很难相信这个孩子只有8岁。

在意大利时，杜威夫妇收养了男孩萨拜诺（Sabino），试图用这种方式来填补他们内心因失去戈登的空虚。但是，杜威从未完全摆脱这种既失去理想的工作、又失去他最心爱的孩子的双重痛苦。哈珀校长的行为深深地刺痛了杜威，在35年之后，杜威才惊讶地发现自己竟然能够嘲笑这个人粗鲁的狡猾行为。

杜威夫人的变化给杜威带来了更大的伤痛，尽管她自己并没有意识到这一点。作为一位母亲，她受到了很大的打击；与此同时，她的极大热情和天才般的领导才能失去了表现场所，于是她逐渐形成了怨恨的心态。在她曾经敏锐的地方，她变得苛刻起来；在她曾经批评的地方，她变得挑剔起来。她的健康状态开始下降了。她已经做了太多的工作，生育孩子也使她的身体不堪重负，除非用欢乐来抚慰她的心灵创伤。当杜威夫人那么渴望行动的时候，她的丈夫却以平淡的方式四处走动，脑子里除了思考外什么也没有，弄得她心烦意乱。于是，在她1927年去世之前，这些没完没了的唠叨的习惯越来越多地在她身上固定了下来。最后，她简直要疯了，尽管她仍然充满了机智的魅力，但因为动脉硬化和高血压，她也只能与"圣人"生活在一起。有一次，她被说服去一所疗养院，但过了一两天，医生就打来电话说：她"没有得到同意"就走了。在人们焦虑不安的几个小时之后，杜威夫人自己从朋友家打来电话说她要回家。对她来说，从那以后到去世不仅仅是一条悲惨的道路。对杜威来说，他感到十分伤痛。

4

尽管杜威的情绪发生了变化，但对他的智力发展来说，他在四十岁时移居东部是一件好事。在哥伦比亚大学中，他发现了一群对自己有激励作用的人。他与乔治·H. 米德在发展生物学的哲学意蕴方面的友谊，被与古典哲学家伍德布里奇的更为深厚的友谊所取代。杜威说，他从伍德布里奇教授那里学到了很多东西，但并不是他所教授的东西。他也从罗宾逊[1]那里学到了很多东西，他自己过去也常常开设《西欧思想史》(*Intellectual History of Western Europe*) 方面的课程。杜威曾这样说："现在，当我提到上帝的时候，我想让班上学生放松一点：提及了查尔斯·比尔德[2]以一种对开国元勋同样不敬的态度来教授美国历史，还提及了米切尔[3]领导一个反对经济人 (Economic Man) 的类似起义。"

总之，在哥伦比亚大学的那些日子里，杜威的各种思想如雨后春笋般地

---

[1] 罗宾逊（James Harvey Robinson, 1863—1936），美国历史学家。从1895年起任哥伦比亚大学教授，后又任美国历史学会会长。

[2] 查尔斯·比尔德（Charles A. Beard，1874—1948），美国历史学家。1904年获哥伦比亚大学哲学博士学位，后任该校教授。

[3] 米切尔（Wesley C. Mitchell，1874—1948），美国经济学家。曾任加利福尼亚大学、哥伦比亚大学教授。

冒出来了，他在那里工作得很开心。他还发现，生活在纽约时，自己更容易在全国性的公民运动中发挥作用，影响国家的政治生活。正如一位哲学家所认为的，一种思想的真理在于它的实际效果。杜威在百老汇大街和第56街的交汇处租了一套公寓，这是一套面朝这两条街的四层公寓。他设法使自己的周围能有足够的噪声，这样他就可以完成一些思考。我猜想，他想避免学术上的抽象；他想去思考一些真实的事情，而百老汇大街的有轨电车就像其他任何东西一样真实。对一个听觉敏锐的人来说，这个地方本身就是地狱。

后来，杜威搬到了长岛，并通过卖鸡蛋和把所种的蔬菜给邻居以保持与现实的联系。带着特有的活力，杜威学习了所有农业知识，并确实在一年内挣了足够的钱来"支付他的开销费用"。他的农庄离沃尔特·惠特曼①的出生地不远，那里的院子里百合花依然盛开着——而且，像惠特曼一样，他热爱卑微的尘世间的友谊。他喜欢与卑微的人们交往。有一天，当一个富有的邻居急急忙忙打电话来要买12个鸡蛋时，他很高兴。由于孩子们都在上学，因此他把鸡蛋放在篮子里亲自送过去。他习惯性地走到前门，有人粗鲁地告诉他把鸡蛋送到后门；他又顺从地绕到后门去，觉得这既有趣又快乐。过了一段时间，他在附近的妇女俱乐部里作讲演，当他走上前发言时，那个富有的顾客大声地说："哎呀，看上去就像给我们送鸡蛋的那个人！"

杜威当时看起来像个年轻人，一个刚刚开始自己职业生涯的人。他长得像斯蒂文森②，有着同样的平头头发和黑胡须，还有着一双明亮的眼睛。杜威的眼睛是深色的，几乎是黑色的，闪烁出柔和的智慧光芒，就像比一位逻辑学教授更恰当地闪烁出光芒的圣方济各③。他的其余部分是使人感到愉悦的，但

---

①沃尔特·惠特曼（Walt Whitman，1819—1892），美国诗人。其创作对美国和欧洲诗歌的发展很有影响。

②斯蒂文森（Robert Louis Stevenson，1850—1894），英国小说家。新浪漫主义的主要代表之一。

③圣方济各（Saint Francis，1181/1182—1226），天主教方济各会和方济各女修会创始人。

并不是令人印象深刻的。

杜威经常在逻辑理论课上出现，他的领圈和吊袜带都掉了下来。有一次，他来了整整一个星期，他的外套衣袖上有一个很大的裂口，使得肩膀附近露出了一块布，就像小天使的翅膀。他的头发看上去是用毛巾梳理过的，如果真是如此的话，总是在中间分开，使得他的脸看起来像外星人的样子，这使他那双奇妙的眼睛更加温柔。杜威会从侧门进来——非常迅速地迈着轻快的步伐。这种轻快的节奏会一直持续到他坐在椅子上，然后他会停下来。他会用胳膊肘在桌子上，用手擦脸。他把自己的几缕头发往后一推，开始噘起嘴巴，茫然地望着窗外和窗户，仿佛能在墙上和天花板之间的裂缝里找到一种思想。他总能找到一种思想。然后，他开始很缓慢地讲述，很少强调，但会停顿很长时间，并经常去想自己是否讲对了。

杜威只是在思考，而不是在讲课，他常常即时地展开一个哲学体系，并在这一方面花费了时间。这个过程是没有人情味的，甚至与他的学生毫不相干——直到其中一个学生问了一个问题。然后，他那闪烁光芒的眼睛会从天花板移下来，停在那个学生身上。他会从这个学生及他的天真问题中提取智力上的奇迹，这些奇迹是杜威从未想过的，但他的脑中和心中有它们的种子。

根据杜威的体系，教育并不意味着引导（drawing out）。但是，在约翰·杜威的教室里，引导是最好的。他总是漫不经心地积极地拖延时间，而不顾别人的感受，但也许不得不说，无论他看上去多么愚蠢和谦卑，这些都是天才最难得的天赋或成就之一。就像惠特曼在一本著作中所写的，杜威身上体现着他的社会态度民主的本质。

上面几段话似乎没有传递什么信息。实际上，杜威在班上的另一个令人印象非常深刻的特点，就是他的个人尊严。尽管他的衣着往往很随意，但他从来没有像许多古怪的教授那样，显得内心是草率凌乱的。你能感受到杜威的道德力量。你能感觉到他的疲乏的行为举止下的严格自律。你还会觉得，或者很快就会发现，杜威对奇异想法有很深的鉴赏力，他精通这一方面。他是一位权威的哲学家。他写了很多论著，使同行的学术传统受到冲击。但他从未写过不成熟的东西，就像他与实用主义的共同领袖威廉·詹姆士和费迪南德·席勒①两人所做的那样。杜威的记忆力十分惊人，他既是一位博学的学者，又是一位令人难忘的朋友。

…………

在这种紧急的情况下，杜威求助于一位名叫F. M. 亚历山大（Frederick Matthias Alexander）的非传统的医生，这位医生开启了他人生的新篇章。亚历山大博士是澳大利亚人，有着原始的且未开化的思想，受到了医学界的抨击。但是，在杜威看来，他所提倡的是一种关于身体姿势和肌肉控制的有效理论和"培训"技巧。人类被假设通过这种理论和技术来恢复有机体的整合，这对动物来说是自然的。在某些圈子里，杜威因为坚持这种业余的治疗技术而受到人们的嘲笑，但在这种情况下它无疑是有效的。他说："我过去常常是拖着脚步走路。现在，我使自己的脚步抬起来了。"杜威的每一个朋友都支持这个说法。

杜威补充说："一个人变老了，那是因为他的腰弯了。"此时与他进行争执是艰难的，因为他显然是一位不会变老的权威专家。当你看到杜威的时候，你简直无法相信，他从1859年起就已经活在世上了。杜威把这百分之九十的功劳归于亚历山大博士，百分之十的功劳归于一位正规医生，这位医生教他如何更好地消化胃里的东西。

---

① 费迪南德·席勒（Ferdinand C. S. Schiller, 1864—1937），英国哲学家，实用主义者。

5

杜威是第一批前往苏维埃俄罗斯旅行的美国自由主义者之一——当时两国的交往还没有被斯大林（Stalin）政府所扼杀——他回来大胆地赞扬列宁（Lenin）和托洛茨基①领导的社会制度的成就，尤其是教育方面。这一行动使他（即使不是激进分子，至少也是美国自由主义者的极左分子）再次处于教育思想方面国际领导的地位。后来，杜威受土耳其新的革命政府的邀请前往安卡拉，拟定一个学校重组的计划，他确实这样做了。他还受到孙中山（Sun Yat-sen）的中国追随者的邀请，在北京大学讲课，他确实也这样做了。由于民主的原因，杜威拒绝了日本帝国政府为他颁发的"旭日东升勋章"，这使他声名鹊起。

在第一次世界大战后的岁月里，杜威也将他的思想转向了对艺术的理解。他对音乐没有鉴赏力，但他具有对绘画的鉴赏力。他的住所布置装饰得很有品位，你总能在墙上发现一两个罕见的装饰品。1926年，杜威在费城的"阿吉鲁尔国王"，即阿尔伯特·巴恩斯的陪同下参观了欧洲艺术工作室，并获得了著名的现代绘画藏品。

在杜威作为哲学教授来到哥伦比亚大学后不久，纽约城就被一则新闻，即著名的苏联作家高尔基②的来访搞得天翻地覆。高尔基是来为苏维埃革命寻求帮助的，还带来了他的终身伴侣或者说他的同居伴侣——女演员安德列耶娃（Madame Andreeva）。只要支持沙皇的官员给一点暗示，就能唤起整个纽约城的人反对他。高尔基作为一个自由恋爱的人，被刊登在头条新闻中，他想住的酒店和私人住宅都拒绝了他，他几乎被扔在了大街上。尽管马克·吐温③以

---

① 托洛茨基（Trotsky, 1879—1940），苏联原革命军事委员会主席。

② 高尔基（Maxim Gorky, 1868—1936），苏联著名作家。

③ 马克·吐温（Mark Twain, 1835—1910），美国著名作家。

文学界的名义发表了呼吁抵制的公开信，但他和其他人最后都回避了这个问题。但是，约翰·杜威把他的家提供给了对此迷惑不解的苏维埃人，并试图用自己的声望庇护他。杜威因为他的宽容行为而受到猛烈的攻击，以致他一时几乎有失去工作的危险。然而，杜威夫人坚定地站在他身后，就像竖立的一块岩石一样。她咬牙切齿地说："我宁愿饿死，也不愿看到我的孩子们死去，也不愿看到约翰牺牲他的原则。"

在杜威对原则的捍卫行动中，最受关注的就是调查莫斯科对托洛茨基叛国罪的审判案。杜威在国内没有得到这样的支持。在他女儿伊夫琳结婚后，他的儿子、儿媳和他生活在一起，他们竭力劝阻杜威不要担任托洛茨基审判案调查委员会主席。杜威年纪也太大了，不能去墨西哥旅行——他不能忍受不适的环境和饮食的变化——他也许会被枪杀，他也许会染上某种致命的疾病。但是，杜威微笑地对待这些焦虑的警告。

杜威说："我将享受这次旅行。"

后来，当托洛茨基被问及对约翰·杜威的印象时，他这样说："太好了！杜威是调查委员会里唯一没有生病的人！"

杜威并不是这个调查委员会的有名无实的主席。除秘书外，他是一个做工作的人，是一个作决定的人。在对俄罗斯的历史发展过程中的政治形势进行深入研究之后，他作出了这个决定。他甚至深入研究了马克思主义哲学的理论背景，最终能够对马克思主义哲学作出一个权威的判断。

当然，《工人日报》（Daily Worker）描述他的行动呈现出衰老的状态。《新大众》（New Masses）对一位伟大的哲学家在自己生命即将落幕时作出这样愚蠢的行为而表示遗憾。值得注意的是，杜威对此的评价是："暮光是常见的表现。"在这个调查委员会的同事看来，杜威的行为举止既有一个法官的尊严，也有一个佛蒙特商人的精明。在40年前所写的一篇文章中，杜威就回应过批评："对哲学来说，宁可错误地积极参与自己人生和时代的现实斗争，也不愿维持一种让人免疫的修道院纯洁。"之后，他也再没有回应他们的批评。

当杜威几乎同时发表长达800页的杜威委员会（Dewey Commission）的报告时，那些对杜威衰老的指责看起来似乎有点愚蠢。杜威委员会的报告以其长达546页的代表作《逻辑，探究的理论》（*Logic, the Theory of Inquiry*）出现在历史上。现在，杜威正在研究哲学的社会动机，在冬天的基韦斯特①他家里的后院，坐在炎热的阳光下写作。如果你走到外面去，并问他的眼睛怎么能够忍受纸张上的白光，那他会说："嗯，我眼睛的视力一直很弱——这只是让它们习惯而已。"

除了身体健康外，杜威这位世俗哲学家即使在低谷仍保持平静，在事业走下坡路时仍十分镇静。他依然像往常一样按部就班，但并不是因为他必须这样做。在来到哥伦比亚大学任教后不久，他的年薪就增加到7000美元，在二十多年里又增加到12000美元。20世纪30年代初杜威退休时，巴特勒②校长授予他"驻校荣誉退休教授"（professor emeritus in residence）称号，继续支付给他12000美元的年薪。然而，三年前，哥伦比亚大学决定缩减开支，于是杜威不得不依靠他的卡内基养老金。他非常平静，并正在适应这一切。这时，他收到了来自费城的巴恩斯基金会（Barnes Foundation）的一封信，信中写道：如果他不介意的话，他们会每年给他5000美元，让他安度晚年。这个消息震惊了他，所以他"表现异常"了两天，但并没有告诉他的家人为什么。但过了一段时间，他就适应了。

基韦斯特有点像冬天的普罗文斯敦③，那是脾气古板的并有着海员肤色的市民们的一个聚集地。来此地短暂居住的艺术家正在画他们的画——现在是一

---

①基韦斯特（Key West），美国本土最南端的一个港城，佛罗里达州西南端的一个岛屿城市。美国海军基地。旅游胜地，以冬季休养地而著名。

②巴特勒（Nicholas M. Butler, 1862—1947），美国教育家。曾担任哥伦比亚大学校长（1901—1945）。与美国妇女运动活动家简·亚当斯同获1931年诺贝尔和平奖。

③普罗文斯敦（Provincetown），美国马萨诸塞州一避暑胜地，科德角的最顶端。英国第一批移民乘坐的"五月花号"帆船驶向新大陆的第一个抵达港湾，因而被称为美国历史的源头。

个下雨的夜晚，从海军基地走出来的水兵以及高速公路上和小路上涌现出来的精心打扮的女人，使这里的一切变得活跃起来。约翰·杜威穿着棕色凉鞋、白色袜子、蓝色短裤，一件蓝色衬衫领口敞开着，与这幅画很相配，仿佛一直都住在那里。除了他的声望还没有被海明威①超过之外，基韦斯特的环境对杜威来说并不是太好。

---

① 海明威（Hemingway, 1899—1961），美国著名作家。获1954年诺贝尔文学奖。海明威在基韦斯特的故居建于1851年，现已成为博物馆。

回忆杜威与他的影响①

[美] 威廉·赫德·克伯屈

我第一次同杜威教授接触是在1898年芝加哥大学的一个暑期班里。但是，我从这个课程里学到的东西很少，对这个课程没有思想准备，对杜威的教学方法也不习惯。我后来才知道，杜威总是带着他的一个问题来到课堂上，坐在班级的前面，仔细地考虑，并把与他的问题有关的创造性思想大声地说出来。

两年后，在查尔斯·德加谟的指导下，我学习了杜威的一篇专题论文——《与意志训练有关的兴趣》。这对我和我的思想产生了一种深刻的和持久的影响。在这篇论文里，杜威分析了关于"兴趣"和"努力"对学生所产生的不同教育效果的一场争论。"兴趣"理论的支持者，把赫尔巴特学派的兴趣学说曲解为一种"使得事情有兴趣"的表面的"糖衣"的方法；由威廉·T.哈里斯领导的"努力"理论一派，则指责这样的"糖衣"将宠坏儿童，而且从任何方面来说都是错误的。我们所需要的东西是品格的形成，而努力正是完成这一事情所必需的。为了保持努力，他们建议在必要时，要通过威胁和惩罚来强制儿童去努力。

杜威说，实际上，你们双方都是错误的。你们用糖衣不能使事情有兴趣，而强制的努力——强制儿童去行动，而不是使儿童自愿置身于他们所进行的活动中去——是不能使儿童形成品格的。特别是，你们误解了兴趣和努力之

---

① 译自：William Heard Kipatrick. *Reminisances of Dewey and His Influence*.// William W. Brickman, Stanley Lehrer. *John Dewey: Master Educator*. New York: Atherton, 1961：13-16.

间的固有关系；更突出的是，个人感到的兴趣是一种正在进行的经验的第一阶段，而与它相联系的个人努力则是产生实效的阶段。因此，适当的努力和适当的兴趣不能对立起来，在本质上，它们是相互联系的，也是相互补充的。

那时，我是一所学院的数学教授，但好几年来，我把教育作为一种业余兴趣而沉醉在里面。杜威在芝加哥大学的经验以及他把教育过程作为品格形成的新看法，说服我放弃了数学。此后，我就把兴趣集中在教育方面，把它作为我毕生的工作。由于种种原因，直到1907年，当我获得了哥伦比亚大学师范学院的一笔奖学金时，我才实现了改变我的兴趣的愿望。当时，杜威教授在哥伦比亚大学教哲学，在以后的三年里，我选听了他所有的课程，同时决定把教育哲学作为自己的主修专业。

我于1907年开始跟杜威教授学习。我认为，在哲学方面，他那时仍然是个新黑格尔主义者。因为有一个时期，杜威和其他人一起曾经追随过新黑格尔主义；而我于1895至1896年在约翰斯·霍普金斯大学研究哲学之后，也接受它作为自己的观点。但是，现在我发现，杜威强调过程的概念，以及强调自然的连续性和归纳科学的方法，已经建立起一种全新的哲学，即后来所称的实验主义。在我和杜威一起工作的富有建设性的三年里，我放弃了新黑格尔主义，接受了取而代之的新观点，从而在生活和思想方面获得了一种新颖而富有生命力的观点。

从那个时候起，一直到1952年杜威去世为止，我对同他的许多接触感到很满意。杜威阅读了我于1912年写成的《蒙台梭利①方法的检验》一书的初稿并表示赞同。当他自己完成了《民主主义与教育》一书的前七章时，他把这些章节交给我征询意见，并提出让我帮助他完成这部著作的其他题目。当时，我正在教"教育原理"这门课程，于是，我列了一份我在教学时感到麻烦的一些

---

① 蒙台梭利（Maria Montessori，1870—1950），意大利教育家。1907年1月6日在罗马的圣洛伦佐贫民区创办了第一所"儿童之家"。

哲学问题的目录，送给杜威。起初，他拒绝接受这份目录，但是，后来他重新阐述了一些问题，这些就是现在所看到的这本已经完成的著作中的一些章节。

我与杜威另一次的接触，是在他从哥伦比亚大学退休之后。他接到了作为教育哲学方面的客座教授职位的邀请，那时我在教育哲学的教学中已经积累了重要的经验。尽管他在哲学和教育哲学两方面的威望很高，是一位有创造力的思想家，但他对新职位的一些实际细节感到没有把握，因此到我这里来征求意见。不用说，我非常高兴地针对他的需求给予了帮助。

说到杜威教育思想的来源，一些人认为他是从卢梭和福禄培尔①那里得来的。关于这一点，我有一次问过杜威，他明确地告诉我：在他形成自己的教育观点之前，随便哪一本书他都没有读过；与此同时，他说过，在他的教育思想中，他从弗兰西斯·W. 帕克那里得到了帮助。当杜威来到芝加哥大学时，帕克正在芝加哥从事教育活动。至于杜威的生活哲学（和随之发生的教育哲学）的来源，他自己说得很清楚，他从威廉·詹姆士那里得到了他在心理学方面的启发。正如杜威后来所说明的，这意味着，他和詹姆士两人都深深地受惠于达尔文的《物种起源》。很可能从这个来源中，杜威得到了如前面已说过的过程的概念、自然的连续性和归纳科学的方法。它似乎也是杜威观点中的一些重要的原理。它们来自他在佛蒙特家庭里所分享到的、与其他美国人相同的有创造力的边疆背景。

就杜威在哲学史上的相应地位来说，我把他放在仅次于柏拉图和亚里士多德的位置上。至于他在教育哲学史上的地位，依我看来，他是世界上前所未有的最伟大的人物。说到他对当代教育的影响，我把他同威廉·詹姆士、弗兰西斯·W. 帕克和爱德华·L. 桑代克②放在一起——他们最有效地帮助美国形成了现代教育思想。

---

① 福禄培尔（Friedrich Wilhelm August Froebel，1872—1852），德国学前教育家。

② 桑代克（Edward Lee Thorndike，1874—1949），美国心理学家。

对杜威的一些回忆（1859—1952）[①]

［美］悉尼·胡克

约翰·杜威逝世了。他通过温暖而沙哑的声音宣告了美国的自由意识，而现在这个声音沉默了。他身后没有留下纪念碑，没有留下帝国，没有留下钱财，也没有留下基金。然而，杜威的遗产是极其丰富且无法估量的。他的存在，使得美国数百万儿童的生活更加丰富和快乐。对于每一个成年人的心灵来说，他也提供了详尽而合理的生活信条。

约翰·杜威出生于维多利亚时代的顶峰时期，去世于危险的新黑暗时代开始时。然而，在我认识他的漫长岁月里，他从不会迷失，从不会歇斯底里，也从不会冒着脱离现实或者幻想的危险去做事。他看到了人类的面目，并且穿过了太多的"十字路口"而受到其他人的干扰。他的言谈远没有他的写作那么乐观。他曾说过："真正的进步是很难实现且不确定的，但至少是存在可能性的。"直到杜威生病之前，无论我什么时候见到他，他都会精力充沛地说："下一件要做的事情是什么？"对他而言，总有某些委员会的项目、文章或著作需要讨论，总有一个问题需要思考，总有一个评论需要回复，总有一封公开信和一份请愿书需要撰写。

杜威在生活中所遭遇的最坏事情是我们所不能想象的，是我们不希望发生的，也是我们毫无准备的。就像他的两个年幼孩子的夭折，这使得杜威悲痛

---

① 译自：Sidney Hook. *Some Memories of John Dewey (1859—1952). // Pragmatism and the Tragicsense of Life*, New York: Basic Books, Inc., Publishers, 1981: 101–114. 勾月，译。

至深，而且这种深深的伤痛并没有因为时间的流逝而有所减轻。杜威似乎相信，我们的担心会起作用，但我们所说的这种担心并不是神经质的焦虑，而是耐心的反思……

约翰·杜威的思想和个性是分不开的。但此刻，我想写关于杜威这个人本身的一些东西，而不想把他作为一位哲学家来描述。他的个性中存在一些矛盾的东西。他是害羞含蓄、沉默寡言的，但他非常欣赏人们的活力。只要不以过分的方式去描述，他就会欣赏别人的激情、热情、特性和创意。比起法国人那种冷漠而夸张的礼仪，他偏爱意大利人那种开放而真诚的性情。他过去常说，法国人总是在掩饰自私的狭隘和对他人的冷漠。这并不是说，他在对个体的态度上有差异，我从不知道有人在关于种族或民族行为的态度上如此轻松。杜威曾告诉我，他认为美国《评论》（Commentary）是最好的杂志。我问他，难道以他的品位和观念，不认为《评论》包含了太多的犹太人主题的文章吗？他回答说："不是的，因为他们与大众的兴趣有着不同的特质。"任何关于对犹太人智慧的严重关注的解释，没有令他满意的，当然他对犹太人的智慧是非常钦佩的。此外，包括犹太教在内的宗教让他感到心灰意冷，也许是他所受到的教养与此相关，那是非常虔诚的，尤其其来自他母亲的影响。

有一次，杜威怀着一种少有的怀旧心情说起一些有关宗教发展和他小时候一些令人尴尬的事情。他的母亲是一个宗教成员，他的父亲是一个风趣而幽默的人。"我的母亲转变为福音主义者（Evangelist），实际上在有些事情上福音主义比清教主义（Puritanism）更糟。有时在别人面前，她不断地问我和我的兄弟：'你认为耶稣是对的吗？你曾向上帝祈求过宽恕吗？'这使我们产生了一种负罪感；与此同时，她不分场合地询问我们，使得我们很恼火。"

"我想起小时候听说，我的母亲转变为福音主义者是去另外的城市拜访表兄妹期间，那个地方就是我的外祖父居住的城市。外祖父的家庭是信仰普救论（Universalism）①的一个派别，最初我的母亲也是这样。然而，在这次拜访中，母亲有很长的时间和一个福音派的朋友在一起。我的外祖父写信警告我们这些直系亲属，除非有人可以管住这件事，否则我的母亲将作为一名普救论者而恢复成为特殊神宠论者（Particularist）②，我母亲确实那样做了。"

杜威觉得宗教存在主义，包括尼布尔学说（Niebuhrian）的派别，都是"同样的旧东西"。他认为，宗教存在主义不能吸引那些实际上经历过并成熟的具有传统宗教经验的人。就像弗洛伊德学派、存在主义者认为事物是真实的，而不是存在于解释中；杜威说，它们使他自己神秘化了。关于尼布尔③的观点，杜威曾说："一个人并没有成为一个坏人，坏人是后天的，而不是先天的。"他更同情海德格尔④，即便仅是从二手资料来了解海德格尔。1929年，当我返回德国时，杜威在听了我对海德格尔的《存在与时间》（Sein und Zeit）的论述之后，他说："它听起来像是用卓越的德语对'情境'（杜威的核心概念之一）的描述。"

杜威对世俗犹太人的生活非常感兴趣，他被纽约的犹太劳工运动领袖所感动，特别是查尼·弗拉德克（Charney Vladeck）、亚伯·卡恩（Abe Cahan）、杜宾斯基（David Dubinsky）、哈德曼（J. B. S. Hardman）。还有其他一些人，杜威是在组织第三党派的一系列运动中与他们相识的，"当他们考虑特殊问题时，他们的思想流畅得惊人，他们用行动例证了实用主义的方法"。尽管杜威怀疑演讲术，但他喜欢他们那种把感觉、情感和雄辩融合起来的演讲。保守的社会民主主义有着固定而严格的分类，他认为这是形而上学的一种。杜威仅有的一次对犹太教感到困惑是1940年那次，他告诉我，他尽可能

---

① 普救论，主张所有人注定必将得救。
② 特殊神宠论者，相信不是每个人都能够被拯救。
③ 尼布尔（R. Niebuhr, 1892—1972），美国神学家。
④ 海德格尔（Heidegger, 1889—1976），德国哲学家。存在主义主要代表之一。

去尝试使自己理解犹太共产主义者支持《苏德互不侵犯条约》的行为，他们的精神，如果不是字面的意思，那就意味着清算。在那个时候，凭借在墨西哥的经验①，杜威有点像共产主义运动和各种运动中的专家。但是，杜威那种出乎意料的自我牺牲的狂热仍然使人们感到不解。

杜威并不是一个健谈的人。大部分人觉得，直到他说完整句话时人们才能确定他的想法。杜威在说话之前，好像一直都在思考，所以有时在谈话和回答之间总是需要很长的时间。如果有人不断地希望在其他话题上很快就能得到回应，那杜威会对这种做法一笑置之，并仍然回到原来的话题上。因此可见，他不容易被分心。

如果聪明是能够意识到个人利益有可能被利用的话，那么，很少有人会意识到约翰·杜威是多么的聪明——他能够意识到自己被恭维了。他知道利己主义怎样将自己隐藏在公共利益之下，他也知道人们通常追求什么。有时，人们自己都意识不到这一点。尽管如此，杜威仍保持一种简单的和坦率的性情，这在他与那些别有用心的人之间的关系中，几乎是一种罕见的天真。这就好像杜威能意识到人们会以很多方式欺骗他和令他失望，然而却依然会使那个人觉得杜威对他是完全信任的。他与别人打赌时，很少让自己失望。对于杜威来说，这也许是他在人的善良和能力方面的一个证据，而不是一种含蓄且过分自信的方法。

杜威总是鼓励甚至过分鼓励那些有希望的人，因为他信任他们，无论他们工作完成的质量如何，他们都会因为杜威的信任得到更多。然而，这并不是教育手段。这可以追溯到他对事物可能性的认识，以及对他接触并开始研究哲学的记忆。杜威在约翰斯·霍普金斯大学做毕业论文之前，向《思辨哲学杂志》（Journal of Speculative Philosophy）的主编哈里斯投寄了一篇关于哲学的文章。当杜威回忆起这件事情的时候，他的眼中闪烁着愉悦的光芒："这

---

① 指杜威赴墨西哥参加托洛茨基审判案调查积累的经验。

是我在哲学研究方面的第一次尝试，就像至纯之水中的一颗宝石，这对于我决定继续从事哲学研究有着很大的影响。"

尽管杜威与朝气蓬勃的年轻人共事，可是他从不说闲言闲语，我过去常在他所熟悉的人和事上给了他很大的压力。除了那么一两次，他几乎未失控过。他承认自己对哥伦比亚大学哲学系感到失望。他几次向我提及，他对于让约翰·J. 科斯（John. J. Coss）和伍德布里奇负责的那些事情感到遗憾，但是只要有机会，他还是会赞扬哲学系中每一个成员所承担的工作。

约翰·杜威并不是一个圣人，他也经常对一些术语表示质疑，比如"至善"和"精神"。尽管有一些人他不喜欢，但是在与他们相处的过程中，他还是会公平地对待他们所犯的错误。有三个人是杜威特别不喜欢的，也可能还有其他人。可是，在过去25年中，我只能想起来一位。这个人是丛书的一个编辑，他的整个项目的成功取决于杜威的青睐。杜威在信中写道，他反感这种讨好奉承的方式和虚假谦卑的气氛，每一次都会促使他试图从那种不情愿的、试探性的承诺中抽身出来。杜威认为，对方"就像他所写和所为的一样，他只是一个冷酷的人，一个恃强凌弱的人"。但是，因为这个人的请求以及他的整个职业生涯都基于杜威的认同，于是杜威便会心软，以至于他后来也为此而感到后悔。

莫蒂默·阿德勒①是另一个杜威不喜欢的人，但杜威不喜欢他的原因并不是《时代周刊》（Time）有关阿德勒的封面故事中所描述的那样。那时阿德勒是哥伦比亚大学的一个学生，他读到一篇关于上帝和心理学的文章，而且是批判杜威的文章。在这个故事中，杜威被描绘为红着脸且非常生气地跳起来喊着"没有人告诉我如何去爱上帝"，并从房间里冲出去的人。杜威自己说，他曾帮助阿德勒在哥伦比亚大学获得了一份工作，但却被描绘成杜威祈求阿德勒停

①莫蒂默·阿德勒（Mortimer Adler, 1902—2001），美国哲学家。曾在哥伦比亚大学学习哲学。

止写驳斥他的哲学观点的诋毁性信件。《时代周刊》在杜威的照片下面印了一个问句："比希特勒更糟吗？"这个问题引自阿德勒1939年的文章《上帝与教授》（God and the Professors）。当这个故事在《时代周刊》出现的时候，杜威的生命已接近尾声，尽管他不会受到这类事情的影响，但我还是很庆幸他没有看到这篇文章。

对于了解杜威的人来说，上面这件事情是非常荒谬的，因为杜威绝不可能与学生不和或者迫害学生。杜威不喜欢阿德勒的那种自我表现，并认为他对事实真相缺乏严谨的尊重。他从未否认过阿德勒在辩证法方面的天赋，但他也认为，在与别人的关系中，阿德勒太像一个在训练中爱出风头的年轻的学院辩论者，随时准备反驳对方所说的观点。无论他们信仰什么，甚至在他们发表观点之前，从没有人听过杜威在哲学会议或其他会议上大喊大叫。有关会议上争论的事实是，按照杜威的习惯，他只是提出了一个较为温和的问题：上帝是精神上的还是现实上的存在。阿德勒就此作出很多说明，但未作出清晰的回答。杜威与哥伦比亚大学对阿德勒的任命无关，虽然当时阿德勒是杜威的热情追随者，但科斯主任会以个人理由让阿德勒离开，好像他对其他人那样。但是，尽管杜威不喜欢阿德勒的做法，他还是为阿德勒所撰写的第一本辩证法著作认真地写了一篇高度赞扬的评论。我对此感到非常吃惊，因为我已经准备发表一篇批评阿德勒的文章。杜威微笑着阅读了我的手稿，这个手稿中大部分内容收入了我的文章《辩证法是什么？》（What Is Dialectic?），他同意我的批评是合理的，但也提出了意见，认为我忽视了阿德勒的一些优秀方面以及他的收获和成长。阿德勒确实成长了。他坚持一种极端唯心主义教义，相信所有观点都是同样正当的。他发展了一个观点，即在神学和哲学上，人的逻辑推理可以容易地对异端死亡采用公正的判断形式。他的确曾在库伯联盟学院（Cooper Union）组织的讲座中为这一理论进行辩护，最后他以半幽默的风格坚持这一观点。但一点也不幽默的是，阿德勒主张对美国教育界所有实证主义者、实用主义者和自然主义者进行清洗，而对美国民主来说，这是比希特勒和斯大林更大的威胁。

但是，我从杜威那里得知，只要以阿德勒为代表的那些人还活着，那对人类、兴趣、能力和性格作出最终判断的危险就会一直存在。对于他针对习惯所发表的具有启发性的讨论，以及针对特定个体的方法，他的前提是假设人被赋予了无限的可塑性。杜威曾冷静地观察他所看到的世界上奇怪的转变。就如他喜欢马克斯·伊斯特曼一样，当伊斯特曼在经济学上转向对放任主义的极端防御时，杜威感到非常痛苦，而且还压低了他的说话声音，似乎害怕会伤害到伊斯特曼的感情，此时他们之间的距离仿佛有千里之遥。他说："真的没有必要走那么远，去补偿一份过于慷慨的热情。"

还有一个人是杜威个人最不喜欢的人，但却是我非常钦佩的人，虽然除了年轻时做学生的几个月，我从未分享过他的哲学观点。这个人就是罗素[①]。虽然罗素公开表示过对杜威深深的敬意，但他经常说对杜威抱有敌意的话语。在他的著作中，他从不会放过任何一个对杜威思想进行夸大批判的机会，甚至有时是自相矛盾的。这些矛盾经常指向他，他会给以回复，最后暗示所有理论都可作为一种工具，以重建一种情景。比如，培根的观点，"知识就是力量"；或者马克思的观点，"哲学的作用不仅是解释世界，而且也是改变世界"；或者杜威的观点，这代表了一种广义的法西斯主义。然而，激怒杜威的并不是罗素的批评，而是他对杜威实用主义多样性的通常描述，杜威——有时甚至罗素自己——被认为是伦理学和逻辑学探究的外延，而作为庸俗的重商主义的一种形式。杜威以非同寻常的坚定的语言说："我没有原谅罗素，他反复把实用主义作为重商主义的一种形式进行贬低性评论。他就那个水平。"

这里不能讲述完整的故事，但杜威对罗素的看法大概始于中国之行。那时，罗素为扩大文化视野而坚持与他未婚怀孕的秘书一起拜访传教士。令杜威担忧的是，罗素对其他人的感受不敏感。他认为，罗素特别冷酷，而且对下层阶级的人带有一种贵族式的鄙视。当罗素感受到杜威的冷淡之后，他便开始对

---

① 罗素（Bertrand A. W. Russell, 1872—1970），英国哲学家。

杜威产生了敌意。

尽管如此,杜威仍全身心地投入到为罗素在纽约市立学院(The City College of New York)不光彩事件的辩护之中。当时,罗素关于婚姻和离婚的观点,使得胆小的市长屈服于激烈的舆论。罗素在曼哈顿的纽约市立学院给上层阶级的男孩讲授数学逻辑学,他教坏了布鲁克林区的一位当家庭主妇的女儿。与此同时,杜威通过这些棘手的事件抓住了问题所在,并撰写文章来描述罗素关于爱情、婚姻和离婚的观点,同时表示,无论正确与否,它们不能被描述成"淫秽"或"不道德",正如麦吉翰(McGeehan)法官提出的主张,没有"该死的重罪"。在罗素被封杀之后,杜威说服阿尔弗雷德·巴恩斯(Alfred Barnes)在巴恩斯基金会给罗素谋得一个教授职位。罗素为杜威对他行为的辩护感到惊讶,并深受感动。但罗素想在巴恩斯基金会谋得职位以失败告终,以致罗素最后仍然愤愤不平,甚至比以前更苛刻地批判杜威。

杜威对我与罗素长期保持良好的关系以及我犯的错误感到疑惑。我的错误在于,我对罗素关于实用主义所说所写的完全谬误的东西进行公开讨论,我误认为这是无关紧要的。对此,我现在也觉得确实是我错了。在一次交谈中,我曾说过:"当然,罗素是不可靠的。"杜威阻止我这样说,并认真地指出:"悉尼,这对任何人来说都是一件相当严肃的事情。"我仍然认为,罗素曾经是、现在也是一个根本不负责任的人,即使他是一个思想家,但我不能适时地与杜威沟通我的感受。我觉得这不是杜威和罗素之间的整个故事。罗素具有新颖的和令人振奋的思想,他那敏锐的洞察力和卓越的对话天赋以及注入每个群体中的温和感,使他老练而狡猾地变成了聚会的中心人物。实际上,杜威从未说过趣味和哲学不能混合之类的话,他觉得在某些场合,一个玩笑或俏皮话是对某个话题的一种粗鲁的回避。

杜威经常说,那些不尊重他的哲学的人总会去赞扬他的品格,但相比他的品格,他更关心他的哲学。然而,关于他的品格的评论也没有错,尽管他们没有公正地对待过杜威的哲学。杜威的善良是如此的真诚、坚定和持久,甚至有时我觉得，即使受到挑衅他也会刻意地去克制自己的情绪。我承认，我曾用一种特别尖刻的眼光，去寻找他话语或行动中任何渺小的东西，以使我可以从侧面来了解他。可以说，我们按照自己的维度贬低了伟人，使得自己可以更容易地与他们相处。我发现了杜威一个严重的缺点，这让我松了一口气，这就是他对阿尔伯特·巴恩斯过分的宽容。

巴恩斯在绘画方面相当有天赋，但在人际关系中却武断、残忍，且报复心强。他利用钱财，甚至利用他的博物馆作为压制比他体面的人的一种手段。他的性情没有受到任何约束。记得，有一天晚上，他在博物馆里当着杜威、布利特（Bullitt）和其他一些他几乎不认识的人的面，用一种放肆的言语公开羞辱了一个亲戚，因为这个亲戚没有为其中的一种饮料买到合适的杯子。巴恩斯对杜威哲学，尤其是他的民主主义哲学作出了专业而完美的贡献，但是他在个人生活上太专制了，而杜威的生活才真正体现了民主的本质。

尽管我与巴恩斯几乎没有什么交集，但是，我从曾经为他工作的人那里听说了有关他的一些事情，也从他的朋友那里听说过，他不仅拒绝这些朋友进入他的免税博物馆，而且还辱骂和殴打他们。当巴恩斯做出不公正的决定的时候，人们经常向杜威求助，因为杜威是唯一能对巴恩斯产生影响的人，即使那只是意味着减少被巴恩斯不公正对待过的无辜受害者的愤怒。

在不同的时间，我几次问杜威为什么能够那样容忍巴恩斯。杜威解释说，巴恩斯是一个有自卑情结的人，因为他原本是一名拳击手；杜威还说，他是唯一可以对巴恩斯还口并可以约束他的人，因此他不会与巴恩斯绝交。此外，杜威还谈到他发现这位伙伴很有趣，特别是在谈到照片的时候，他说自己曾受到巴恩斯思想的影响。然而，我并没有发现杜威从巴恩斯那里获得了什么。每次都是巴恩斯因为威胁、侮辱或欺骗而陷入困境，并试图将杜威卷入其中。他利用杜威，但杜威并不在意。

当巴恩斯解雇罗素的时候，由于巴恩斯极为可怕，我成为论战中罗素派的支持者，帮助罗素在纽约的兰德学院（Rand School）举办了一系列讲座，因为当时罗素并没有其他的经济来源。巴恩斯没有原谅我，还伺机报复我。我后来得知，有一天晚上，当我讲授罗素哲学思想的时候，巴恩斯派他秘书的妹妹到"新学院"来听我的"当代哲学"课程。当课程快结束的时候，她催促我讨论罗素与巴恩斯之间的经历，我认为这没有哲学意义。她将笔记转交给了巴恩斯，巴恩斯显然将笔记编辑了一番，然后将笔记寄给了杜威，并指责我出卖了杜威。笔记上记载，我说罗素是我们时代最杰出的哲学家；而实际上，我说罗素是我们时代最杰出的数学哲学家和哲学散文作家。

即使这样，杜威对巴恩斯的行为只是感到惊讶，而没有排斥。更让人惊讶的是，他告诉我，尽管巴恩斯在解雇罗素的做法上没有法律依据，但有一个道德上的理由——罗素曾承诺不会为了获得额外的2000美元在外面的机构讲课。我知道罗素对待金钱比较贪婪，为了获得更多的钱，他放弃了加利福尼亚大学洛杉矶分校最适合的职位，而选择去纽约市立学院（这简直是一场灾难）。只要能挣钱，罗素可以撰写任意主题的文章，比如，他为《魅力》（Glamour）杂志写的《与已婚男人相爱的对策》一文。据我所知，杜威拥有的唯一证据，就是巴恩斯说的罗素曾许下承诺，但罗素否认了这一点。罗素说，他从未说谎。在此期间，巴恩斯告诉所有人，他是听了杜威的建议才解雇罗素的。在这次以及相似的事件中，杜威对巴恩斯的纵容，是在我认识杜威的二十五年中唯一的一次让我觉得他的动机不够明确的行为。但我也承认，我有一点开心，我看到了他人性中的弱点，而且这些偶然的和微小的事情，激怒了那些想将杜威的观点整合到其他哲学体系，而不是将其他人的观点融入杜威的基本哲学体系的人。

杜威总是担心伤害别人，这一点明显不同于罗素，因为罗素是如此的无情。而且，杜威从不担心自己，无论是身体上还是道德上。这一点在他决定去墨西哥担任莫斯科审判案调查委员会的主席时，就可以得到证明。整个故事比较复杂，而且这里也不是讲故事的地方。几乎没人知道他所承受的各种各样的压力有多大，尤其是来自他的亲属的压力，他们中有一些人担心他会在墨西哥城激烈的政治环境中被杀害。我对杜威去墨西哥负有一定的责任。他曾为此事向我征求意见，我并没有劝说他接受邀请，托洛茨基派领袖的极力请求也未能影响他的决定。顺便说一下，后来当杜威批评托洛茨基主义和斯大林的时候，这些领导者对杜威进行了恶意的攻击。

…………

杜威不是一个傲慢的人，在衣着、社会出身、文体风格或知识成就方面他都不是傲慢的。他很少保存大量来往信件的副本，即使保存也不会太久。他认为他的哲学还未完成而他一直在思考，甚至开始思考它的系统特征。他是一位敏锐的辩证法家，他的评论比他的哲学更为辩证，但他对争论本身并没有兴趣。他一直对一个人的观点或一个问题感兴趣。

杜威常常说，他的思维过于抽象，其意思是说，他难以通过思考具体的、富有戏剧性的案例，得出一般性原则。他的文章冗长且缺乏具体性，因此他会对一些具体的建议表示感谢。在我的记忆中，有关杜威最深刻的印象就是他的思维习惯。他的思想具有新颖性，他会设想很多种开端，他也常感到自己的思想十分冒险。看起来，他好像从未接近预想的解决方案。尽管他的很多想法没有结果，但之前他所说的新方法总是能带来必然发生的惊喜。但是，他的整个职业生涯表现出对所关注的重点以及部分立场的转变。在他九十岁生日庆贺活动后的两个月，杜威对我说："只是在最后的两年，我才逐渐看到我的所有观点的真正转变和坚持。"

这部分地解释了为什么杜威从未感到被早期的构想所束缚，以及为什么他从未感到要对全盘接受这些构想或结论而不经过实验就不加修正地去应用的那些人负责。他很同情那些进步教育家，他们以杜威的名义做了很多事情，也常因为这些事情而受到守旧的传统派的猛烈攻击。然而，杜威从未对那些狂热者和跟风者——"进步教育的杜威主义者"（the Deweyites of progressive education）表示支持，恰恰因为是如他所言，他们并没有进行充分的实验；换言之，他们并没有从自己的实验中得出结论，而依据一些盲目的流行语和假设中的实践。杜威一直强调，进步教育是一种难以正确运用的教育。他的进步教育观念与对课程的解释之间是不矛盾的，其主旨是每一个学生、特别是中学阶段的学生，都应该期待学习——适当地激发学生的学习动机和兴趣。

莫里斯·科恩曾大声向我抱怨，关于我对他的《理性与自然》（*Reasons and Nature*）的评论。我想，我还是很宽宏大量的，也许更甚。为了保护自己，我告诉他，杜威说直到自己读到我的文章，他才知道科恩有哲学著作，他一直认为科恩在对历史上一些学者关于哲学问题的观点方面很有研究。科恩承认有些话是杜威说的，但他反驳说："杜威的问题是他所讨论的哲学问题，好像之前没有人讨论过。"尽管讨论的更多的是有关杜威的声望，而不是有关他的失信，但这的确是事实。这完全是基于历史的观念，而且没有取代历史的分析。

科恩是杜威风格的众多崇拜者之一，然而，他对杜威的哲学则不然。但是，我从不相信科恩是赞同杜威的或努力思考过杜威所感兴趣的问题。在科恩的描述和批评的影响下，那些接受科恩指导的学生自然不可能赞同杜威，除非他们会继续留在这一领域里。尽管科恩扬言他并不希望拥有信徒，但当他的学生因为皮尔斯和杜威的实验自然主义而放弃他的模糊的理性主义时，他是非常愤怒的。

从性情上看，我总觉得罗素和科恩比杜威更随和。他们是清晰的、敏锐的、诙谐的哲学家，很少为好朋友的利益而作出牺牲或为确切的事实而犹豫。但是，我发现科恩并没有什么独到的见解，他主要是一位出色而公正的评论家，而不是分析家。科恩几乎评论过所有当代伟大的思想家，人们不禁自问：任何一个哲学家如何会成为这样一个笨人去相信这种东西？事实上，他没有这样多的时间。罗素有许多想法，但最后他似乎并没有将它们与对现实世界的想象及善与恶真正的可能性叠加起来，因为它是活的和经验的。这个世界如此的复杂，没有一种固定模式，他早将它视作一团乱麻，因此从感情上他仍然是一个柏拉图主义者，是一个来自纯粹数学世界而在历史世界中不存在的异类。

也许有关杜威个性的秘密，就是没有秘密。他没有隐藏的野心，没有徒劳的遗憾，对他来说没有什么比做一个公民、一个邻居、一个教师、一个朋友和一个哲学家更有意义。杜威是一个好人，有时他太好了，以至于他会让他的仁慈影响他的理智决定。

在杜威撰写他的手稿《共同信仰》（*A Common Faith*）时，我曾与他有过密切的合作。他完全自然地接近宗教。我唯一不赞同的一点是，他在道德理想的有效性上使用"上帝"一词表示信仰。杜威的上帝不是亚伯拉罕①、艾萨克②和雅各布③，不是柏拉图、亚里士多德和阿奎那④，不是斯宾诺莎⑤、康德和黑格尔，也不是詹姆士或费迪南德·席勒。于是，我问他为什么要使用"上帝"一词。他回答说，在思想史上，这个词没有明确的意义，没有被误解的危险（这一点很快就被证明是错误的）。神圣的、深刻的和终极的情感联系应该屈服于超自然主义，这是没有理由的，尤其像他这种没有宗教信仰而以宗教经验为中心的人。在我看来，如果没有足够的根据，所有这些都是合理的，但那时他补充了一些内容，这些内容是像罗素或科恩那样的人从未想到的："除了有很多人觉得困惑之外，如果没有伤害，那他们就会否定知识的权威性，而使用'上帝'一词。他们并不在教堂，他们相信我所相信的，他们会觉得如果他们不能谈论上帝是一种损失，为什么我不能使用'上帝'这个词呢？"

就杜威的观点而言，我不能确定自己一直是理解杜威的，但我越反思越相信，杜威在总体上是对的，而只是在一些细节上犯了错误。他曾表达过对我

---

① 亚伯拉罕（Abraham），犹太教、基督教和伊斯兰教的先知，传说是上帝从地上众生中所挑选并给予祝福的人。

② 艾萨克（Isaac），据《圣经》记载，艾萨克是亚伯拉罕的儿子、雅各布的父亲。

③ 雅各布（Jacob），据《圣经》记载，雅各布是艾萨克的儿子。

④ 阿奎那，即托马斯·阿奎那（Thomas Aquinas，约1225—1274），中世纪基督教神学家、经院哲学家。

⑤ 斯宾诺莎（Spinoza，1632—1677），荷兰哲学家。

的看法，没有对我所写的著作进行一种通常的赞赏。此后，我向杜威求教，问他对我著作的真实看法，因为我觉得自己只是将从他那里学到的一些观点进行扩展。有一个不太友好的评论者，甚至把我称为"杜威的恶犬"。我很重视杜威的意见，而不重视那些对我的溢美之词，特别是自从我被指责在自己的观点中加入杜威的观点，以及在杜威的观点中加入马克思的观点。杜威很温和地回答说："不，悉尼，不止这些，当我阅读你的著作时，我更好地了解了我自己。"只有杜威，才会这样说。

杜威与一个意大利男孩的逸事[①]

［美］H. M. 克利巴德

在杜威夫妇1894年去欧洲的旅行中，不幸降临到他们的家庭，他们两岁半的儿子莫里斯因患白喉症在意大利米兰去世。

十年之后，1904年7月，杜威夫妇在与芝加哥大学威廉·雷尼·哈珀校长的一次争论中，辞去他们在那里的职位之后，他们又一次乘船去欧洲旅行。杜威的几个孩子也与父母一起同行。

但在去英国的路上，8岁的戈登生病了，船医诊断是食物中毒。当杜威夫妇抵达英国利物浦时，戈登的病被确诊是伤寒。于是，戈登被隔离在利物浦的一所医院里。在那里，他的病情似乎在慢慢地好转。为了使孩子在病房中能够快乐一些，杜威还帮助儿子整理了一份体温图表。

可是，就在戈登即将出院前不到两个星期时，杜威发现，戈登的病情恶化了。尽管杜威夫妇请来了最好的医生和护士，但病魔仍然残酷地从他们的手中夺去了孩子的生命。

这个不幸的消息传开后，杜威夫妇收到了许多封来自美国的老朋友的慰问信。

尽管如此，戈登的死对杜威夫人来说仍是一个异常沉重的打击，正如她的女儿简·杜威所写到的："她再也没有完全恢复她从前的活力。"

---

①译自：H. M. Kleebader. *Dewey and An Italy Boy*. Teachers College Record, Columbia University, Autumn 1982.

戈登去世后又隔了一段时间，有一天，一个8岁左右名叫萨拜诺（Sabino）的跛脚的意大利男孩，与他的小弟弟一起在威尼斯的圣马科市场正注视着一家商店的橱窗。那天国家管弦乐队正在演奏，街上和商店里都挤满了人。在两个男孩的后面，站着一对美国夫妇和他们的两个年幼的女儿。那个男人就是约翰·杜威。他一面看着这两个男孩在商店橱窗玻璃上的影子，一面轻轻地拍拍萨拜诺的肩膀，邀请他们兄弟俩一起到路旁的一家咖啡馆去。在与这个美国人一家一起喝茶，并高兴地品尝了他第一次吃到的黄油的味道之后，萨拜诺同意由杜威夫妇把他兄弟俩送回家。萨拜诺兄弟俩对这次奇遇有点惊慌失措，跑到装嵌着一只钟的拱门那里去，以辨别他们所在的方位。当他们回到家时，这对美国夫妇请求萨拜诺的母亲，允许他们明天再带萨拜诺到威尼斯郊外的利多海滨去玩。

对萨拜诺来说，第二天是颇为兴奋的一天。在穿过半岛到利多海滨去时，萨拜诺因为看到两匹白马拉着一辆市内有轨电车而非常兴奋，他从来没有见过这样新奇的世界。在海里游泳之后，他们又来到一家餐馆，在那里萨拜诺又一次与杜威一家一起吃点心。

第三天，杜威夫人单独陪同萨拜诺到他的家里。她对萨拜诺的母亲说，她想把这个孩子带到美国去。萨拜诺的母亲对此有点不知所措，就征求萨拜诺自己的意见。萨拜诺犹豫了一下说，他不知道自己该怎么办。在与杜威夫人谈话之后，萨拜诺的母亲告诉萨拜诺，他将随这对美国夫妇过一种更加美好的生活，但是，这必须由他自己作出决定。最后，那个男孩同意与杜威夫妇一起去美国。

在乘船去美国之前，杜威夫妇把萨拜诺送到一所医院里，由他们所认识的一位英国医生进行治疗。当杜威夫妇回国时，他们一起出发去安特卫普，在那里，另一位医生被约请来对萨拜诺那残疾的膝关节进行检查。这位比利时医生在检查后判定需要截肢，但是，萨拜诺的新的父母决定采取另一种做法，于是他们立即回纽约。在纽约，一位著名的矫正医生迈耶斯博士建议使用一个模子来使萨拜诺的大腿处于某种固定状态，并在医院里进行长时期的治疗。在萨拜诺住院的那几个月里，杜威的时间都花费在圣罗克医院里了。萨拜诺的新父亲几乎每天都去看望他。萨拜诺出院之后，仍需要照顾，他腿上的脓疮不仅使他必须每天换绷带，而且阵阵疼痛也让他难以入睡。因此，每天晚上，杜威都蹑手蹑脚地走到他的床边，同他在一起，讲故事给他听，直到他睡着为止。白天，人们也经常可以看到，这位著名哲学家和教育家在哥伦比亚大学附近的河边公园推着萨拜诺的轮椅散步。

一些年以后，杜威夫妇在家里接待了来自芝加哥的一位医生朋友。哈克特博士看到萨拜诺拄着拐杖穿过房间，就对他说，把拐杖放下，走到她那里去。于是，萨拜诺再也没有使用过拐杖。半个世纪之后，萨拜诺在回忆这段时期父亲照顾自己的情况时深情地说："可以把他给我的无微不至的关怀写成一本书——我说，这确实是个人的关怀。"①

萨拜诺成为杜威家庭的成员后，约翰·杜威对他表示出一种特别的信任，尤其是遇到一些手工操作和实际的事情时。因为对那些事情来说，杜威好像只有一点点才能。甚至连具有独立精神且颇为能干的女儿露西·艾丽丝·杜威，也觉得可以依赖萨拜诺。萨拜诺几乎具备完成摆在他面前的任何工作的才能。在萨拜诺到美国后的一年里，杜威夫妇曾带他到阿迪朗达克山区去度假。在那里，杜威给他8岁的儿子搞来了一支萨维奇来复枪。萨拜诺很快就成为一个神枪手。在达到允许驾驶汽车的法定年龄之前，萨拜诺早就成为家庭的司机。那是在杜威把汽车开到一个树林里并决定不再开车后，他开始尝试驾驶家里的汽车。因为杜威一家在长岛的庄园远离任何一个汽车维修站，萨拜诺也就学会了维修汽车的技术。有一次，当两个年纪稍大一些的男孩对他们熄火的法国制造的摩托车感到束手无策时，他们向杜威提出，愿意花10美元请萨拜诺去修理。萨拜诺很快就使他们的摩托车重新发动了起来。

---

① 这是萨拜诺·杜威1967年2月10日在纽约亨廷顿自己家里的谈话。——原注

杜威的庄园需要做相当多的养护工作，萨拜诺不断地被叫去帮忙。杜威特别喜爱芦笋，他计划种植半英亩芦笋。杜威与他那十几岁的儿子合作，一起设计了一种简易的灌溉渠道，因为他们每个星期都要给田里的作物浇水。由于人工水泵效率低，萨拜诺就采用了一个汽油发动机使水泵运转。杜威对儿子的技能感到特别满意。杜威夫人也总是为儿子的自力更生精神感到自豪，还要萨拜诺为她设计植物园。当他的姐姐简·杜威的车库被狂风刮坏时，萨拜诺就与帮简·杜威干活的杂务工一起，重新给车库加上了链索和钢丝绳，一天内就把它修好了。

杜威夫人一向对丈夫的服装审美能力表示异议，常因杜威把他自己衬衫的袖子做得过长而感到特别的恼火。于是，萨拜诺采取了手工的办法，把他父亲的衬衫袖子缩短。后来，他又学会了一种更加精巧的技艺——拆开那个袖口，裁去一小段，然后再重新缝好它。一天，杜威先生买回一件"糟透了的"衣服，他的夫人十分生气，明令禁止杜威穿着那套衣服在房间里走动，也不许穿到学校里去。杜威夫人对杜威说，应该由萨拜诺立即领他到裁缝那里重新选购一件，杜威顺从地去了。在裁缝店里，萨拜诺帮杜威选好了衣服，并看着他试穿。在量尺寸时，杜威告诉萨拜诺，他也应该买一套。于是，萨拜诺很快就为自己选好了衣服，并跟着父亲一起试穿起来。多年后，萨拜诺有了自己的事业和家庭，但他仍然经常去看望杜威夫妇。这时，杜威仍然会要萨拜诺与他一起出去，帮他选购衣服。

在距离给杜威一家带来不幸的意大利之行的30年之后，杜威的女儿简·杜威在《约翰·杜威传》中回忆起她的意大利弟弟，曾这样写道：

在意大利逗留时，杜威夫妇收养了萨拜诺，这使全家感到非常高兴。萨拜诺是一个与病死的戈登年龄差不多大的意大利男孩。他那不知疲倦的快乐和不怕重病的勇气，以及生命的活力和与人交流的能力，使他成为这个家庭中一个惹人喜爱的成员，并给这个失去亲人的家庭带来了安慰。更为有趣的是，这个被收养的孩子后来继续从事杜威夫妇的初等教育工作，成为进步学校的一位教师。他还是教育仪器的设计者和制造者，这些仪器是供学校中的手工活动和科学实验所使用的。

在一次不幸之后，约翰·杜威确确实实地又得到了另一个儿子。

二、杜威实验学校

杜威在芝加哥大学实验学校①

[美] 艾达·B. 德彭西尔

一、实验学校的开端

1896年1月，在芝加哥大学发生的一件事情注定要对整个美国的教育思想和教育实践产生深刻的影响，那就是"杜威学校"（Dewey School）的开办，现在它以"芝加哥大学实验学校"（The Laboratory School of the University of Chicago）②而闻名。杜威学校和芝加哥大学实验学校这两个名称都是十分恰当的。这所学校的创建基于世界著名教育家约翰·杜威的构想，从一开始它就是一所真正的实验室，杜威先生的教育思想在这里付诸实践、受到检验及得到科学评价。1894年夏天，杜威先生到芝加哥大学担任哲学、心理学和教育学系的系主任。1895年秋天，大学校方拨款1000美元建立了杜威先生期盼已久的教育学实验室。仅仅几个月的时间，实验学校就在金巴克大街5178号开始运作起来。它招收六岁至九岁的儿童，共有学生12人，配有2位教师和1位负责手工训练的指导教师。

---

① 译自：Ida B. DePencier. *The History of the Laboratory School, the University of Chicago.* Chicago：Quadrangle Books，1967：15–53. 勾月，译. 标题系编译者所加。

② 从1896年至1903年，芝加哥大学实验学校通称"杜威学校"。在杜威1904年离开芝加哥大学后，芝加哥大学实验学校继续开办一直到现在。

教育革新运动

正当杜威先生因为这种几乎由他独自开启的教育革新而受到赞誉时，他无疑受到了教育革新运动的影响。这个教育革新运动始于18世纪的欧洲，主要是反对当时流行的教育方法。

这场教育革新运动的先驱者之一就是瑞士教育家裴斯泰洛齐（Johann Heinrich Pestalozzi）。1774年，他在瑞士的农场为男女孩建立了一所学校，除教授正规课程以外，男孩学习耕作，女孩学习烹饪和缝纫，同时男女孩都学习纺纱和编织，以此为学校提供支持。来访者常常被裴斯泰洛齐对儿童的耐心所感动，整个学校充满了大家庭的氛围，充分展示了儿童在做中学的过程中最重要的是欢乐的理念。由于缺少资金，裴斯泰洛齐的第一所学校不得不关闭；在20年之后，他又开办了第二所学校。虽然有众多的来访者慕名前来，但他的教育思想传播得较慢。然而，随着时间的推移，裴斯泰洛齐的影响日益增加，尤其在英国和美国。在那里，一些教育家追随裴斯泰洛齐的首创性实践，开始打破过去那种呆板的、纯口头讲授的教学方法，因为过去强调的是安静地和消极地接受局限于书本知识的学习方式。

一位与裴斯泰洛齐同时代的德国教育家福禄培尔非常赞同裴斯泰洛齐的革新性教育哲学思想。他也认为，儿童应在活动中学习，并发展了这一思想。他认为，"游戏"是儿童教育的一个重要因素。因此，他创立了幼儿园（kindergarden，或称"儿童的花园"，即children's garden），加入了这场运动。在幼儿园里，儿童通过活动和游戏进行学习。福禄培尔的教育观点在英国、法国，特别是在美国得到极大的拥护，这些国家也相继建立了幼儿园。

在这一时代，美国教育家也把注意力集中于研究儿童怎样学习上。"美国公共教育之父"贺拉斯·曼（Horace Mann）无疑也受到了福禄培尔的影响，强烈反对被他称为"教室内的严酷教学法"。同一时期的教育家、也是杜威以前的老师霍尔在美国建立了第一个儿童心理学机构，这也是最早的心理学实验室之一。

芝加哥也不乏为这个教育革新运动作出贡献的人，其中主要是帕克（Francis W. Parker）上校。他是一个极具的人格魅力与坚强意志的人，一位作家曾称他是"一个为儿童感到悲哀并对儿童充满同情的人"。他出生在新英格兰地区，并在那里教书。南北战争爆发时，他参加了军队，战争结束前任上校一职。在服兵役期间，他曾对一位朋友讲：他在夜间常常思考教育问题，想弄明白如何使学校的生活成为儿童生动而富有挑战的经历，以防止学校成为一个沉闷而无趣的监狱。战争结束后，他赴德国学习3年，在学习期间接触到了裴斯泰洛齐和福禄培尔的教育思想。

1875年，帕克上校返回美国，开始管理马萨诸塞州昆西市的学校。他所做的工作是那么新鲜而又令人激动。从1875年至1878年，共有3万名来自美国不同地区的教师前来参观他的学校。昆西学校为这些来访者带来了什么呢？一个与传统完全不同的教学方法。帕克上校确信，学校里严酷的形式主义不能满足儿童的需要。他认为，自我发展是最重要的，儿童应该自然和自由地成长；从做中学，而不是在桌椅的束缚下学习。他热切地关注每一个儿童，并以此带动着学校教师的热情，并使师生从读、写、算的苦役般的教学中解脱出来。学生们在学习中穿插活动，学习内容既来自户外也来自书本。地理、历史、自然科目是统一的中心科目，其他的学习都与中心科目相关。例如，地理不再是关于地点或事实的记忆，而是理解整个现实世界。帕克上校本能地感到，儿童对于他们所感兴趣的事物能够快乐地学习而且容易学会，学习的内容应与他们自己的生活经验联系起来。尽管他鼓足勇气脱离当时现存的学校实践，但他的教学方法是依据上述原则的。昆西学校的成功使帕克上校在美国享有了声誉。

1883年，帕克上校担任库克师范学校的校长。他认为，教师的训练是传播活动与自由这一原则的最好方式——自由既是针对儿童的，也是针对教师的。在任师范学校校长的第十八个年头，他建立了一所实习学校，不仅是为了教育实验或介绍教育改革，而且最重要的是关注儿童教育。帕克上校的观点再一次引起了更广泛的关注，前来"实习学校"访问的教师，甚至教育专业外的人士都关注这些教育思想是如何付诸实践的。帕克上校的著作《学习课程》（*Course of Study*）描述了教学的材料、设备和方法。这本书非常畅销，影响了美国几百所公立学校教师的课堂实践。

在芝加哥，另一位教育革新运动的重要人物是贝尔菲尔德（Henry Holmes Belfield）。当1883年帕克上校来到芝加哥时，贝尔菲尔德已在第12街和密歇根大道的交汇处开办了一所手工训练学校。这所学校是由芝加哥商务俱乐部创办的。这个俱乐部中的人都是一些比较有影响力但对城市的中学教育表示不满的商人。他们的不满在于：学校没有充分利用学生的视觉和触觉，课堂学习大多是死记硬背，学习过程如此枯燥以致常常使学生厌恶学习。贝尔菲尔德的学校以及其他的手工训练学校也包含惯常的科目和课程，但同时使学生的手和脑得到了训练。

所以，在19世纪后半期，一批开明的、富于想象的教育革新运动的领导者掀起了教育改革的热潮。他们相信，儿童的学习需要自由，即自由地行动、调查、探寻、试验；但自由并不是随心所欲，相反，自由是带有纪律的自由，而纪律也是依据儿童的兴趣、能力和自我指导制定的。当教师依据新的自由的含义开展教学活动，教学也就变得愉快了。在学校里，儿童应拥有属于他们自己的快乐，学校生活不再让他们抱怨与痛苦，这才是学校最大的价值。

然而，对于很多成人来说，儿童本应喜欢学校的说法是不可思议的，他们误解了自由学习的真正含义。此后，这些误解给新的教学方法带来了坏的名声。但是，在一定的程度上，新的教学方法渐渐地在很多学校的教室里得到了运用，改变着教育实践和教育哲学。在现代，大部分先驱者所提倡的思想已融入小学教育，尤其是在低年级的教学中。

杜威学校

杜威学校完全是实验性的，是杜威为检验自己的教育思想而开办的。正如杜威先生自己在教育俱乐部上所作的演说中表明的：

> 学校的基本构想是一个实验室。它有两个主要目的：（1）展示、检验、证实和评价教育思想上的观点和原则；（2）以特定的标准对实践和原则进行总结。[①]

杜威先生的学校与帕克上校的学校是不同的，尽管它们都是实验性的。帕克上校所管理的是一所实习学校，是为了训练未来的教师。可以确定的是，那些对教学方法进行实验的教职员工都是改革者。帕克上校知道什么可以帮助儿童学习，却不知道为什么；但是，杜威先生依据他敏锐的哲学洞察力知道那是为什么。帕克上校曾说过，他与杜威先生拥有同样的观点，但是，杜威先生能用哲学术语解释这些观点。帕克上校还说过，杜威对他讲的内容胜过他对自己讲的内容。帕克上校不能用理性的话语去分析为什么要这样做，他只是本能地知道应该做什么。

他们都在有效的教学方面作出了贡献。帕克上校的贡献集中在《学习课程》这本著作中；此外，他还培训和指导了一批教师，并通过他们转而影响和指导其他的教师。他不是一位多产的作家；由于在彼得斯堡战役中嗓子受了伤，他讲话也有困难。他的成功源于对儿童的极大兴趣与同情心、他的人格魅力以及他对工作的热情。虽然杜威缺少这种吸引力，但杜威先生拥有敏锐的分析能力。

杜威先生在《学校与社会》一书中曾这样写道："我有时会想，学校在教学原则与思想已经确定的情况下开始教学，这些原则与思想立即被运用于实

[①] 芝加哥大学纪事，1896，（32）：417.——原注

践……在学校中，教师预先提出问题，如果问题得以解答，那教师就会应用这种方法。"

也许原则不是预先确定的，思想也没有立即被运用于实践，但教师所遵循的原则与思想是早已存在的，这在学校实践中有明显的体现。虽然不是所有的原则都是预先确定的，但其中可确定的部分原则如下：

第一，在儿童的家庭活动与他初次接触的学校之间没有脱节。儿童被带入学校后，通过活动将学校与家庭联系起来，家庭成为避难、保护、舒适生活和提供食物的中心；通过手工训练、烹饪和缝纫等，获得社会经验。此后，儿童才进行阅读、书写、计算和拼写的学习，他的成长源于对获得信息和与他人交流的需要。儿童将开始学习做午餐、缝纫以及锯、钉、敲等活动。他从经验中学——自由地四处观察，与他人进行交往，以及从教师和他的同学那里获得帮助。杜威先生指出，当教授一个儿童使用锯子时，没有必要用手工制作的方式引起他的注意，因为他本就有注意力，他的感官早已在警觉，因为他为了制作而必须使用它们。这就是儿童教育从活动开始的心理学原因。

家庭活动应该为数学计算提供一个基础，因为在烹饪、做木工和缝纫时需要不断地计算。因此，计算应被当作一种生活手段教给儿童，而且教师应通过一些活动使计算的学习变得有序且有效。阅读、书写和拼写作为满足儿童活动与交流的重要方式，也应在不经意间教给儿童。

第二，儿童的学习应为了现在的生活，而不是为未来的生活做准备。儿童应该学习如何成为团队中的一员去帮助同伴，同样也应学会怎样共赢得到他人和教师的帮助。学校就是一个社区，儿童在这个社区里承担一个有责任的角色。学校不仅仅是一个学习书本内容的场所。儿童对于成功的感觉应来自他是一个合作共赢的团体的一员，而不是一个竞争环境下的孤独的胜利者。杜威先生在《学校与社会》一书中提到，那时学校的缺陷之一是：在社会精神的诸种条件缺乏的情况下，试图为儿童的社会生活做准备。

第三，学校将是通过问题激发儿童好奇心的地方。在那里，儿童应该接受各种挑战，即尽可能地运用自己的方法、发明力和创造力去解决问题，而不是死记硬背地学习，尤其不是一字不错地背下答案。在找到解决问题的方法之前，儿童很可能会花费大量时间去探寻真相，他也可能会犯错误，但这就是获得真知的途径——这样获得的知识才能是完全属于儿童的。也许背诵乘法口诀的方式会使掌握知识的速度更快，而通过判断数字间的关系去获得知识尽管会花费较多的时间，但其结果是使儿童更扎实地掌握知识。

第四，应该驱使儿童根据问题为自己设定任务。没有成人的干涉或儿童需要的奖励，没有对错误的判断和标准，儿童的学习将是有趣的、富有挑战性的，而且能够根据儿童能力的不同进行调整。

第五，教师心里清楚全部教学的中心是儿童而不是教材，教师关注的对象是儿童的发展，包括精神、身体和社会性的发展。教师应该考虑每个儿童的学习能力，注意他们的长处和短处，会针对每天不同的情况而制订不同的计划。所以，教师的任务就是为儿童选择有价值的经验，选择能激发儿童兴趣的问题，鼓励儿童去探究，并引导儿童观察周围的世界。

以前，学校课程中充满着事实性的材料，课程数量之多让学生和教师都难以承受。正如杜威先生所看到的那样，教师的职责是从广泛的事实中进行适当的选择，并随时准备作出改变，或抛弃任何已被证明不具有挑战性的经验。教师与学生一起工作、提问、调查和制订计划，当儿童遇到令人挫败的障碍时，教师就作为一个指导者、领导者和帮助者为儿童提供服务。

再者，教育的连续性需要保持，以便学生能够从一项具体的活动推及相关的活动来获得进步。用这种方式进行的学习并不是随意的学习，每个学生以前的经验会为将来的生活奠定基础。

在杜威先生的教育计划中，还有很多其他的原则都明显地不同于传统学校所实施的教育原则。

那些忠诚的教师需要学习杜威学校的教学程序，还需要立场坚定地反对一些旧的教学法继承者的批评。教师要进行解释，让学生根据自己对文学和历史的兴趣来学习，他们便都能学会阅读、书写和拼写；还要进行解释，因为儿童在烹饪、缝纫、编织和做木工的过程中需要计算，他们便会主动地学习计算。他们必须坚信杜威教育哲学思想中的观点，并致力于将其应用于实践。教师的这些实践和解释常常会遭到怀疑。例如，允许学生在教室里自由走动，与其他同学探讨调查情况，从别人那里得到帮助就如他给予别人帮助一样，这是难以想象的吗？没有竞争，没有奖励，而将竞争和奖励还给教师，那么教师给儿童什么呢？不去记忆？不去机械地学习？没有纪律，除非有问题出现？杜威的支持者甚至以帕克上校的库克县师范学校的工作为范例，鼓励教师勇敢地面对针对杜威学校的批评、误解和经常性的嘲讽。

有一点是值得称赞的，一些早期的教师在可能的情况下，希望以设计、调查和必要的方式来保护他们为之而努力的学校自由，新的读、写、算的方法，为数不多的安静与被动的学习，以及学校制定的纪律。杜威先生的思想和原则，以及他们对儿童的奉献和让学生愉快地学习方面的成功，就是他们行动的指南。

家长协会

不仅是教师要保护他们所热爱的事业，家长也是有理由把孩子送到杜威先生这所不寻常的学校的；而且家长们常常要求学校证明那种非传统的教学活动正在进行。

在学校开办的第一年，杜威先生邀请家长们共同商讨学校发展的问题，家长之间相互交流学校的情况，然后提出建议。尽管讨论相对明确且十分简单，即儿童是否喜欢学校、喜欢学习、在学习过程中感到了快乐，但是，家长想知道的内容可以在心理学上得到相应的问答。事实表明，家长是杜威学校忠诚的支持者。学校建立的头半年末，出现了严重的资金不足的情况，一位家长捐赠了2500美元，使得学校可以继续开办下去。

第二年初，家长协会（Parents' Association）成立。它有着双重的目的：

一是为学校提供财政支持，二是对教学方法和内容方面存在的一些偏离情况提出建议。随着学校招生人数的不断扩大，不断有新的家长要求加入家长协会。

这样的家长协会直到今天仍是独一无二的。它由家长自己组织成立，是一个著名的教育团体。此外，它完全是家长组织的，而不是家长与教师的联合体。实际上，家长协会中的教师只是荣誉性的，而不是固定的成员，每三年成立一个家长班，向所有的成员开放。在家长班上，杜威先生会详细阐述他的教育哲学思想，与家长们讨论并回答一些有关学校活动的问题。《学校与社会》一书就包含了家长协会成立时杜威先生所作的演讲。

随着时间的推移，家长协会的基本目标已经发生了变化，它并不是学校整体的一部分，但它从未失去作为学校的重要助手的原则。它逐渐拓宽了成员的范围，增加新的成员，以保持其实力与独特的性质。

邻居

杜威学校的邻居应该说是那种接受、培育和支持一所如此不一般的学校的邻居。由于比邻芝加哥大学，海德帕克–肯伍德地区的居民因具有良好的修养和受过良好的教育，而在临近地区以良好的声望而闻名。这里居民的职业多为医生、银行家、律师、实业家和大学教职人员，他们的房子有的很豪华，有的很现代。正是这所大学，也许是它的校长哈珀，吸引了当地的许多知名人士来此居住。他们常常聚集，分享探寻的精神，给予彼此开拓新领域的激励与鼓励。

在19世纪和20世纪之交，许多现在看来理所当然的社会变化在这里较早地得到讨论和推动。例如，移民的法律、监狱制度的改革、关闭剥削工人的工厂、纯净食品法案、降低12小时工作制、妇女选举权等等。1893年，哥伦比亚博览会在中途岛沿岸的杰克逊公园举行，不仅展现了电能和光能的新发展，而且表明了许多新的、发人深省的想法。也许外界听到更多的是博览会上的摩天轮和埃及香妃的舞蹈，而不是关于信仰及提出新的社会观点的国际会议，不过博览会后来偏离了时代思考的主题。周边地区弥漫着这种气氛，这正是杜威学校发展和繁荣所期盼的。

二、实验学校的兴盛（1896—1900）

实验学校在1896年1月开办之初，只有12名学生；到了10月，就有32名学生入学，年龄从6岁到12岁；2位全职教师（其中一位教科学，即自然学习；另一位教授历史与文学），1位手工训练的指导教师，1位音乐兼职教师，还有3名研究生作为助手。甚至在第一年结束前，学校的发展就超过了它原有的规模。在1896年圣诞节期间，学校迁至第57大街和罗莎莉广场（现哈珀大街）的西南角的南方公园俱乐部，搬迁的费用是由一些热心的家长提供的。更大的新场地意味着可以容纳更多的学生，为此学校不得不在众多申请入学者中选出12名儿童入学。此时学校需要更多的教师，但同时也需要更多的经费用于支付临时教师的工资。

事实上，资金缺乏一直是这所学校所面临的问题。学费很低，开始学费设定为每季度12美元；其中年龄大的儿童，后来逐渐增加到每季度25美元。所以，需要寻找资助。在最初的几年，学校每年收到的捐赠总额是3000美元至5000美元。1899年，个人的捐款从10美元到2400美元不等。

到1897年10月，学生入学人数达到60人，教师16人，学校又一次面临更换更大的场所的需求。一年后，学校迁至艾利斯大街5412号，仓库与房子之间有一条隐蔽的小路，仓库可作为体育馆和手工训练教室。

从一开始，杜威先生就希望学校招收四五岁的儿童，但由于没有足够的资金，直到1898年，夏威夷的卡索（Castle）家族特别捐资了1500美元，这样杜威学校就增加了幼儿园部，学生的范围也随之扩大。到了1898年秋天，在95名入学儿童中，有20名6岁以下儿童，教师人数也增到12位全职教师，7位兼职教师。兼职教师为大学在校生，他们可以被免除大学学费作为在杜威学校服务的回报。在1903年迁至埃蒙特·布莱恩大楼之前，学校一直在艾利斯大街5412号。

教师与课程

当杜威先生向哈珀校长报告1897至1898年的学校工作时，杜威学校账目的总支出为12870美元，其中大部分（9160美元）用于教师薪水支出。杜威先生解释到，为了聘请到好的教师，就必须提供高的薪水。他还补充说，有许多教师在别的地方也可以拿到很高的薪水，选择与杜威一起工作是出于对杜威学校的兴趣。

在学校建立初期，杜威先生计划让不同年龄的儿童在一起学习，较大的儿童帮助较小的儿童，就像在家里一样；但是，这种想法很快就被放弃了。他还设想，每个活动小组由一位教师教所有的科目；但是，杜威很快就意识到这样做太具挑战性和刺激性，这使他认为各门课程还是由专业的教师来教。到1898年时，学校在分部的基础上，在文学、历史、科学、木工、体育、编织、烹饪和音乐方面都有专门教师。

教师的工作就是向儿童提出问题，然后帮助他们确定在解决问题的过程中需要做什么。教师也必须加入其中，在儿童遇到迷惑不解的问题而手足无措时，或当儿童雄心勃勃的计划由于自身能力的限制而受挫时，通过提问或讨论的方式提供帮助，提供儿童找不到的材料。

所有的小组都要学习历史，杜威先生认为，这是让儿童"洞察社会生活"的一种途径。科学在很大程度上是对自然的学习——观察他们周围的世界。历史与科学课程的内容由教师选择、组织和评价，并决定内容的保留或删除。

学校的活动、持续的实验及儿童学习的实验室情况，使杜威的支持者与批评者同样感兴趣。《芝加哥大学纪事》（University Record）是一份小型的传单式的报纸，在大学内每周五发行一次，几乎持续报道了从1896年11月初到1897年7月的整个学年关于杜威学校一些小组教学的情况。报道中包含了大量的细节，以使家长、其他教师和大学教职员工都能清晰地知道杜威学校所做的事情。下面是从这份报道中任意选取的一些学校活动。

第一组由年龄较小的儿童组成，他们烹饪谷类食品、玉米粉、玉米粥，制作酸梅酱、苹果酱、酸梅果冻，焖梨子、杏子和西梅。他们称糖时使用盎司，计算杯子中的其他成分，以分数和其他数字运算配合使用，并学习如何读仪表。

第二组的活动是在烹饪时对切片与滚刀进行比较，从全部谷粒中分离小麦，计算每个谷粒的淀粉含量，进而得出烹饪所需水的分量和时间。

第三组由6岁和7岁儿童组成，他们加热蔗糖制作糖浆，从棉籽中分离皮棉，为棉布染色。

第四组由7岁和8岁儿童组成，他们将融化的铅管倒入砂模中，来制作不同刻度的砝码，估算每一重量所需融化的铅的重量。他们的活动还有制作温度计。

第五组由8至10岁儿童组成，他们通过显微镜观察生羊毛，对羊毛纤维与棉纤维进行比较，用手梳理羊毛，然后在手工训练课上制作一套用来做杯子的骨架。

第六组由9岁儿童组成，他们通过熔化锌、铅、锡，然后加入铋、钠和锑制成锡蜡（锡基合金）。

第七组由10岁儿童组成，他们播下种子，试验不同的温度和湿度对种子发芽的影响。

第八组由11岁儿童组成，他们制作加强棉纤维的机器。

第九组由12岁儿童组成，他们为较小年龄的儿童制作三叶草的几何形状的模型，因为低年龄组的儿童用这个模型来印染布料。

第十组由13岁儿童组成，他们观察太阳的高度，利用观察结果测定芝加哥的纬度。

学生没有被分为年级，但教学是逐级进行的；学生按共同的兴趣、智力和反应速度进行分组。在年龄较小的儿童中，8至10岁儿童为一组；在年龄较大的儿童中，12至15岁儿童为一组。也有可能由教师根据类似的合作情况进行分组，因为在进行智力与成绩测试之前，教师必须自己设定标准。这里没有考试，也没有分数。

1897年2月，学校每日的工作量在连续出版的《芝加哥大学纪事》上也被刊载出来。每天，第四组花30分钟在车间内排列长凳，在画板上画画；30分钟用于静读；30分钟用于缝纫；再用1小时准备和烹饪午餐，午餐包括豌豆汤、热米饭和可可等。下午，朗读英国学者丘尔契（Church）的《伊利亚特的故事》（*Iliad*）的第十章，然后以讨论儿童们感兴趣的问题结束。

在接下来的周五，同一个组花30分钟做午间工作；30分钟用于根据黑板上的地图制作希腊的高山、河流的模型；45分钟在体育馆锻炼。下午，返回学校，写希腊人对他们所崇拜的人物的看法，然后朗读并讨论他们的作文。

外语

学生很早就开始学外语。将法语与其他科目联系起来学习，这种方式开始于1897年。英语语法的学习是在其他活动中偶然进行的，法语语法也是一样的。但是，对话练习是最重要的。儿童学习用法语谈论烹饪、缝纫、编织和作业，他们学习法语的音韵，唱法语歌，将法语故事和民间传说改成剧本，用法语交谈。在当时，这种方式与原来的语言教学方法是完全不同的。

1899年，杜威学校增加了德语和拉丁语课程，同样使用对话的方式进行教学。法语与德语的歌曲和戏剧出现在了学生撰写的圣诞节目的书面记录上。法国与德国的历史和文学知识也被融进丰富而有趣的课程中。

健康项目

杜威学校在健康方面的工作，在当时也是独一无二的。在学校早期的历史中，学校教职员工中有一位医学博士，这是一个非同寻常的事情。健康方面的工作与运动项目联系在一起，教职工对每一个儿童的体格进行检查，尤其仔细检查他们的眼、鼻、喉、耳、心肺等器官，发现任何小毛病都会通知家长，以便儿童的问题可以得到及时的处理。学校强调学生保持正确的姿态，检查还包括脊椎弯曲度，从而根据一年两次的体检情况，可以对椅子和课桌的尺寸做出正确的判断。

体育课包括户外的游戏（天气允许的情况下）和室内的游戏和练习。部分运动器械，如棍棒和哑铃被有效地运用在唱歌和舞蹈中。学生们不仅在上课时间进行表演，课后也会进行表演。

当然，健康与体育活动方面的内容，每年都会进行调整，但这一直是杜威学校日程安排中的一个重要部分。

校外旅行考察

杜威学校课程安排上的另一个不同寻常的方面是经常组织学生到校外旅行参观。1896年至1897年，每周一的早晨会安排一个半小时去哥伦比亚博物馆参观。博物馆是为1893年哥伦比亚博览会而建的，坐落在现在的科学和工业博物馆的位置，拥有很多展品。学校常常组织年龄较小的儿童到杰克逊公园的伍迪德岛上的一小块空地去，观察自然界的季节变化；年龄较大的儿童则去芝加哥大学实验室观察仪器，例如，干涉仪和分光镜。他们也有时间进行比较长时间的考察，例如，去史东尼岛上的采石场观察冰川地貌，去奥劳拉的棉纺厂观察纺纱，去维尼亚观察泥崖，去米勒站观察沙丘和沙漠，去第63大街的城市周边观察典型的草原地带，等等。

一些家长批评校外旅行考察不仅会使儿童身体疲劳，而且浪费时间，但考察仍是学校课程的一个组成部分。学生既然能通过实际体验和观察更好地学习知识，为什么还要从课本上学呢？

来访者

常常有大量的来访者来参观被称为"游戏学校"的杜威学校。正如帕克学校的校长库克（Flora J. Cooke）所写的，他们带着当时他们可以接受的学校观念而来参观。1910年12月6日家长协会成立之前，他在一份报纸上读到一段文字：

> 几年前，在纽约一所很好的学校里，我看到孩子们拿出书本，打开书，然后开始学习计数"1，2，3"。他们举起石板向上倒水，清洗刚才的字迹，然后再进行计算。还有，他们行进到某个地方后，站成一排，找好自己的位置，朗读、拼写或重复乘法表，然后回到原来的位置。所有人都像高效能的机器一样平稳地运行。值得一提的是管理者，她可以在规定时间内，进入任何一个年级的教室，查看学生是否确实在学习同样的课程，使用同样的方法，这样的描述绝非夸张。

头脑中带着上述画面的来访者有点惊讶地发现，杜威学校的学生在教室内可以自由地走动，与其他同学谈话，向教师提出问题（而不是被动地接受问题），并根据自己的兴趣自由地学习。有的来访者把杜威学校视为一个松散的和混乱的场所，是"一种失控自由下的混乱"。有的来访者说，杜威学校的教师通过发现儿童想要做的事情，然后让他们去做，那不过是简单地尝试使儿童高兴而已。但是，另一些来访者看到了新的教学方法的价值。

从学校成立起，来访者就很多，致使一些来访者无法参观学校与聆听讲解。到1897年11月时，杜威先生为没有足够的向导而感到遗憾。于是他表明，来访者可以随意参观每一个教室，每个教室都为来访者准备了多余的椅子，实际上受到杜威先生的邀请而来的来访者，在学校就像在自己家里一样。1899年，每周一、周二、周三是来访日；1900年，每周一、周三、周五是来访日。甚至到今天，学校每年也要接待近2000名来访者。

新的名称

1900年，杜威学校在成立四周年的时候，开始称为"实验学校"（The Laboratory School），回到了杜威先生最初的设想，此前它一直被叫作"大学初等学校"（The University Elementary School）。这要归功于埃拉·弗拉格·扬，她于1900年在教育系担任副教授，与杜威先生共同负责教育系的教学管理工作，正是她建议改为"实验学校"这个名称。

交流与互相联系

就杜威学校的实验性质而言，建立一个特殊的交流制度是非常必要的。第一年，教师们就试图探索新的教学方法并在不同小组进行试验，此时，每周的教师例会也开始举行。会上，教师代表报告前一周的工作情况，以便教师们知道各小组应该做什么以及有哪些成功的做法。教师们互相交流对于问题、教材和技巧方面的想法，进行互相学习。教师们也会在规定的时间到其他小组进行观摩，以便了解整个学校的计划和措施。除非正式的教师会议外，还有正式的研讨班和教育俱乐部会议。

学生们对各个小组的活动也非常了解，而非只了解自己小组的活动。在校外旅行考察和短途旅行中，每周由不同的小组集合在一起，报告他们的工作情况。在看故事书和写作的同时，他们也会表演自编的故事和演唱自己创作的歌曲。他们几乎没有经过长时间的排练就可以进行正式的表演。他们的表演是自由和自然的，是儿童的自我表现。另外，学校校报每周发行一次，校报的编辑由一个高年级组的学生管理，但低年级组的学生提供报告、故事、诗歌和歌曲等。

家长协会是另一种交流的形式。家长不仅聆听杜威先生的演讲，而且也会向他提出问题。每月一次的家长会常进行一些非正式的讨论，杜威学校常常是家长们讨论社会事件时的主题。每周出版的《芝加哥大学纪事》会相应地增加上述活动的内容。在家长、管理者和学生之间实行一种更有效的交流制度是难以想象的。而一旦实行，结果就是他们之中的每个人都能从个人的角度关注和参与所有校内的活动。

到1900年时，学校开办的第四年，杜威学校已广为人知。《芝加哥大学纪事》中报道了一则由密歇根大学欣斯戴尔所写的美国教育评议会会议的评论："在这个世界上，与国内其他的初等学校相比，有更多双眼睛关注芝加哥大学初等学校。"众所周知，情况的确如此，杜威学校为了生存，需要资金，而依赖于忠诚的家长和朋友们的资助。

三、实验学校的发展、变化和挑战（1900—1904）

帕克上校来到芝加哥大学

在担任库克县师范学校校长的18年中，帕克上校不断受到来自政敌的困扰，这些政敌借助保守的教师与官员来干预和妨碍他的工作。1896年1月，库克县师范学校被芝加哥市接管，由库克县委员会负责，更名为"芝加哥市师范学校"，但库克县委员会的大部分人反对帕克上校的观点。

在以后的两年中，由于这些人的强烈反对，帕克上校不能按照他的想法来培训教师。在这个关键时刻，埃蒙斯·布莱恩（Emmons Blaine）夫人的儿子在实习学校读书，而她对帕克上校的工作非常感兴趣。布莱恩夫人是收割机的发明者塞勒斯·麦考密克的女儿，非常富有。埃蒙斯·布莱恩夫人意识到，对于帕克上校来说继续在芝加哥市师范学校工作是在浪费时间，她想要使委员会认识到帕克上校教育计划的价值。于是，她为帕克上校提供了100万美元的资金，资助帕克的学校成为一所独立的学校，使帕克上校可以自由地实现他自己的想法。1899年6月，帕克上校接受了捐赠，并与原学校的大部分教职员工离开了芝加哥市师范学校。作为私立学校的需要重建新教学楼，因此，教职员工获得了一年多带薪假期，可以进修学习或到国外旅行。

1900年，新学校的设计已经准备就绪。这所学校以"芝加哥学院"（Chicago Institute）而闻名。这时，哈珀校长提出另一个建议，让帕克上校把他的学校带到芝加哥大学以组建教育学院。

接到哈珀校长的邀请后，帕克上校以他一贯的处事风格，把这个问题交由全体教职员工讨论。有些人对这个建议感到担心，担心他们的实验工作再次受到阻碍，很可能被大学本身所破坏。哈珀校长获悉此事后，于1901年2月写信给帕克上校，使帕克上校相信合并后他不仅可以继续自由地工作，而且可以得到大学内其他院系的帮助。

这在帕克的学校内引起了更激烈的讨论，主要集中于一个问题：布莱恩夫人的大笔捐赠最好用在哪里。最后，尽管教职员工的薪水被削减了，但他们都选择与帕克上校一起去芝加哥大学。

帕克上校与哈珀校长及布莱恩夫人之间有很多的一致性，布莱恩夫人的捐赠随帕克上校一起到了教育学院，她讲明帕克上校要担任初等学校的校长，杜威先生负责中学部；教育学院包括教育系、一所初等学校和一所幼儿园。布莱恩夫人的意见被采纳，并于1901年3月初达成共识。

家长的抗议

然而，在学校与家长的协商过程中，杜威学校的家长并没有参加。1901年3月19日，在春季会议上发布了一份公告：芝加哥学院将并入芝加哥大学，帕克上校将成为初等学校的校长。这份公告就像投入人群中的一枚炸弹，在家长们中引起了极大的骚动，他们担心一直缺少资金的杜威学校会被资金充足的帕克学校所吞并，其结果不仅会使后者失去独特性，而且也会阻碍实验方法的进步。他们也反对实习学校，不希望自己的孩子成为"实习的对象"。他们充分信任杜威先生，反对将家长的管理权委托给中学管理部门。

当晚，家长协会随即举行会议，以便所有的成员都能参加。会议决定向芝加哥大学董事会要求允许杜威学校继续开办；同时，家长们确保每年向大学提供5000美元的捐款。董事会同意了他们的要求，但杜威学校要向大学提交预算和预购物品清单。于是，杜威学校得以继续开办。这样，芝加哥大学内就有了2所初等学校：一所是帕克上校负责的训练教师的实习学校，另一所是杜威先生负责的教育系的实验学校。

为芝加哥学院或教育学院安排的新教学大楼坐落在第58大街与艾利斯大道（现为书店）的拐角处，总花费为2.5万美元。

1901年7月，帕克上校与他的教职员工在科兹明斯基公立学校开办夏季学习班。夏季学习班的一个学生在信中写道：

> 我在科兹明斯基公立学校与帕克上校共同上了一节课。我经常说，他的课完全改变了我作为教师的职业生涯。他请我们以对话的方式进行教学，尤其要了解儿童。他伸出那双宽厚的手，做出姿势，谈起泪水轻轻流下的往事。

同年10月，帕克上校和他的教职员工迁至尚未完工的新校址。当时共有104名学生，28位教职员工。一位教师生动地回忆起在教音乐的过程中以锤声、锯声、刨声来伴奏的往事。

更早的时候，计划在芝加哥市的北郊设立芝加哥学院时，韦伯斯特大道的分校就按照原计划开始招收已在校注册的学生，布莱恩夫人也为建立分校提供了资助。库克（Flora J. Cooke）被选为分校校长，他曾在库克县师范学校和芝加哥市师范学校做过教师。教职员工中大部分在帕克的学校受过训练，这就是弗朗西斯·帕克学校的开端。所以，在很短的时间内，帕克上校就成为北边的学校的校长，北边的学校以他的姓名命名；南边的学校则是在芝加哥大学的校园内。

斯卡蒙广场

芝加哥学院或教育学院的教学楼只是暂时的。到1901年时，学校制订了明确的计划，准备更换成更大的新教学楼，这就是今天坐落于金巴克大街与肯沃德大街之间的埃蒙特·布莱恩大楼。

新教学楼的建筑用地是由约翰·扬·斯卡蒙（John Young Scammon）的妻子提供资助的。斯卡蒙先生曾是芝加哥大学的董事、芝加哥艺术学院的创始人之一、芝加哥历史学会最有影响力的成员之一，是一个具有公共精神的芝加哥公民，还是一位自由的教育界朋友。他提供了在海德公园旁的费恩伍德的一大块地产，还有在门罗（肯沃德）大街和麦迪逊（多彻斯特）大街之间的第58大街所建造的一所住宅。斯卡蒙夫人提出，将海德公园旁的费恩伍德第2街区5至16号地产以一半的价格卖给大学，但条件是这块地必须单独地、专门地为芝加哥大学所用，以纪念她已故的丈夫，故而这里叫作"斯卡蒙广场"。刻有斯卡蒙先生名字的纪念碑就矗立在广场西南角的埃蒙特·布莱恩大楼内。如今，这个广场通常被称为布莱恩广场，但斯卡蒙的名字永久地留在了斯卡蒙花园。

布莱恩大楼

1901年6月，在一个适当的典礼之后，新的教学大楼开始动工。为了纪念布莱恩夫人已故的丈夫，它被命名为"埃蒙斯·布莱恩大楼"。6月13日，哈珀校长曾邀请布莱恩夫人到他的家里，"以便与洛克菲勒夫妇（Mr. And Mrs. Rockefeller）和索尔兹伯里（Salisbury）教授一起在11点50分前乘车到肯特剧院，在那里将有巴特勒教授的报告"；"在这些活动之后，车子将驶到斯卡蒙广场，举行新工程的开工仪式"。

1901年6月28日的《芝加哥大学纪事》中这样报道：

> ……一列队伍行至斯卡蒙广场，广场上安静了下来，简单的仪式开始举行。哈珀校长做了一个简短的介绍性发言；然后，帕克上校为新的教学大楼奠基并做演讲，他最后以福禄培尔的一句话结束："让我们与儿童一起生活吧。"

帕克上校为新的教学大楼奠基是很有意义的，因为他没能看到大楼竣工就去世了。1901年秋天，他带病去暖和的南方过冬。1902年3月，帕克上校去世。

帕克上校去世后两个月，杜威先生仍然担任教育学院院长。帕克学校的教师杰克曼（Wilbur Samuel Jackman）被任命为该校的校长；杜威夫人被任命为初等学校的校长。这两所学校分别独立运行，直到1903年10月埃蒙特·布莱恩大楼竣工。

20世纪初，芝加哥的弗朗西斯·帕克俱乐部由芝加哥的学校教师组成，他们都是这位伟大教育家的朋友或仰慕者。这个组织请了一位雕刻家雕刻了帕克上校的半身塑像。1916年12月9日，帕克上校的塑像陈列在芝加哥大学布莱恩大楼的壁炉之上。杰克曼先生展示了这个礼物，并向捐赠者致辞：

> 雕刻家将帕克上校的塑像轻轻地移到入口处，他好像注视着、鼓励着和欢迎着美国各地的有志青年，希望他们为了追求真理和树立理想而努力。

布莱恩大楼的建筑风格与当时大部分早于它建成的学校建筑有很大的不同。大楼南面的一些大扇窗户使得教室非常明亮，而北面的许多窗户能使光线射到走廊上。正如建筑师罗格斯（James Gamble Rogers）在《芝加哥大学纪事》（1903年11月）上所写的：

> ……世界上可能没有哪所学校的建筑有这样尺寸的窗子——换句话说，在白天的任何时间，每间教室都充满着阳光。

同样出自这篇报道：

在这个建筑的设计中，一个特别值得注意的特点是实体的地面结构，使用了25英寸×88英寸的大型号的水泥板。在教育学院（布莱恩大楼）里有12块这样的水泥板……这些都经过了实验方法的检测。

检测的方法是将房间里堆满砖头……结果是地面没有受到任何影响。继而又将两根铁梁置于屋子中央，然后将所有的砖集中起来，结果是不仅房间没有受损，而且地面也没有任何可见的偏离。

这个建筑也反映了帕克上校的哲学思想。房间为各种活动所设计，房间有大小两种规格（小房间是大房间的一半），符合专门的主题活动的需要。有用于铸造和类似窑的房间，有用于家政和类似商店的房间，还有用于印染和编织的房间。大楼内还设有一个图书馆和一个展览馆。在那个时代，大楼里所有的房间都是不常见的。多年来，这些教室都很好地适应了学校变化和扩大的需要。

派系与冲突

在最初的3个月里，杜威学校、帕克上校的初等学校以及幼儿园、教育学院、手工训练学校都设在埃蒙特·布莱恩大楼（1904年1月，这座大楼最后改名为贝尔菲尔德大楼）。1903年，两所初等学校被合并，两个单位合成一个单位，其融合的过程是缓慢而艰难的；尤其是两校的教职员工之间出现了小集团和对抗的现象。杜威学校的教师只忠于杜威先生；同样，帕克学校的教师也只忠于帕克上校。后者拥有布莱恩夫人这个盟友，只要一有麻烦的事情，她就会写信给哈珀校长要求他解决。杜威先生和帕克学校教师之间的关系也非常紧张。布莱恩夫人不给哈珀校长写信的时候，杰克曼先生也会给哈珀校长写信，有时抱怨杜威先生不关心帕克学校的教师委员会和会议，有时抱怨教职员工会议没有定期召开，有时抱怨杜威先生的态度过于冰冷，有时抱怨杜威先生缺席了重要的会议。杰克曼先生明显地感到帕克学校的教师遭到了冷落，因此，他写信给哈珀校长说："冰河时代应该被迅速终结。"进而，许多教职员工不能接受杜威先生的夫人担任初等学校的校长，尤其是帕克学校的教师。

1904年初，杜威先生被告知，这一年年末学校将终止杜威夫人的工作。此后不久，杜威先生提出辞职，尽管他要求哈珀校长向董事会澄清，辞职的原因并不是哈珀校长拒绝重新任命他的夫人。正如杜威女儿在后来出版的那本书[①]中所写的，杜威先生辞职的真正原因是：哈珀校长对杜威学校漠不关心且充满敌意。虽然辞职信1905年1月1日才生效，但在1904年春季学期结束时，杜威先生与芝加哥大学的联系实际上已终止。

先驱者的离去

帕克上校的去世，杜威先生的辞职，表面上看来，实验学校和实习学校都不存在了，但这仅仅是表面现象。毫无疑问，学校改变了，但这两位教育家的影响并未消除。他们在芝加哥大学实验学校史上留下了永恒的印记，他们基本的教育哲学思想大部分都保留了下来。

学校的主题词曾是儿童和教师的自由——不是无纪律的自由，而是有目的的自由。儿童需要自由地调查、自由地走动、自由地交换意见、自由地提问，这些教育理念从未消失。确切地说，在美国没有哪个儿童不受其影响，因为约翰·杜威和弗朗西斯·帕克的教育哲学思想使得美国的学校教育变得更有意义和更加有趣。

大学附属中学

芝加哥大学附属中学（University of Chicago High School）由这所学校组成：芝加哥手工训练学校、南边中学（South Side Academy）及大学实验学

---

① 即杜威的女儿简·M. 杜威于1939年撰著出版的《约翰·杜威传》。

校。芝加哥手工训练学校在约翰·克里勒（John Grerar）的资助下建立，他捐赠了5万美元——一幢破旧的大楼和一份很有价值的资产（这份资产后被以20万美元卖掉）。1897年，这所学校并入芝加哥大学，尽管学校仍位于密歇根第12大街，但哈珀校长成为该校行政上的最高领导。

作为大学附属中学的一个组成部分，另一所较大的学校就是南边中学，1892年由西森（E. O. Sisson）建立。西森以前是芝加哥大学摩根·帕克学院的一位教师。1897年，欧文（William Bishop Owen）接替西森成为校长。1899年，该校迁至莱克星顿大道5467号的新址，新校区足以容纳200名学生。

1901年，最早开始进入杜威学校的学生，已到了进入中学的年龄。这些学生组成了第三所中学，最后与芝加哥手工训练学校及南边中学合并为大学附属中学。1901年7月，杜威先生开始担任大学附属中学的校长。欧文先生继续任南边中学的校长，贝尔菲尔德先生继续任芝加哥手工训练学校的校长。

后两所学校开始没有中心的办公地点，直到1904年1月，才搬到一起。1902年6月，因为新大楼（称为手工训练大楼，今天已更名为贝尔菲尔德大楼）而使校区场地遭到毁坏。一年后，手工训练学校的学生用木槌和铲子为大楼奠基。

"大学附属中学"这个新名称是经过慎重考虑而确定下来的。在采用这个名称的声明中，包含了一个条件："芝加哥手工训练学校继续开设技术性课程，这一点应予以承认……据此，芝加哥手工训练学校可拥有自己的校长、学习课程和发布通告……"

1903年夏天，手工训练学校的机器及其他设备从密歇根第12大街移至芝加哥大学，直到新大楼竣工。从1903年10月至1904年1月，学术性课程与车间工作在新竣工的布莱恩大楼内进行；但到1904年1月，车间工作转入新建成的手工训练大楼内进行。

在大学附属中学中，欧文先生和贝尔菲尔德先生这两位校长的同时存在，是三校合一的主要困难。两所大规模学校的学生主体都有很强的对抗性，于是出现了一种预言，即不可能处理好这种派系关系。因为每所学校都有自己的传统、忠诚的学生和校友以及支持者。然而，1904年春天，这种联合突然通过一份非学术性声明而完全实现了：大学附属中学拥有了芝加哥所有预备学校中最优秀的足球队。

中学合并后的第一年，入学人数为552人。其中，123人来自手工训练学校，125人来自南方中学，41人来自实验学校，其余来自美国中部和西部地区。这所学校良好的教育声誉得到更广泛的传扬，它的手工训练学校与圣路易斯和巴尔的摩的手工训练学校在美国共同位列第一。

尽管事实是中学和初等学校处于同一街区，而且相距非常近，但它们执行两个完全分离的制度。初等学校从一开始就是一所实验学校，是专业的教育学者的实验室；中学集中于对学生的教学。同时，大学附属中学不是一所工艺学校，其目的不是制作，尽管手工训练学校是它的一部分。根据贝尔菲尔德的想法，这所学校旨在让学生习得准确的知识，学会诚实地工作、清晰地思考，以及发展学生的判断力和意志力。

然而，没有多久，中学的实验性质开始显现。有两个问题有待研究：一个是如何用代数学和几何学方面的学习经验来改善数学课程；另一个是如何协调学校中的社团组织，以便使学生的社团生活真正具有教育性。兄弟会和姐妹会被解散，而俱乐部、社团与学术团体在校内建立了起来。

一个教育学实验①

［美］约翰·杜威

芝加哥大学教育学系②已开办了一所规模不大的初等学校。这所初等学校与教育学系的理论学习有着密切的关联。它位于第57街389号，与大学部校园相邻。学校有着两方面的工作，当然它们是一件事情的两个方面，即一方面教育儿童，另一方面培养在大学里学习教育学的学生。这所学校不是一般意义上的教育实习场所。其主要目的，与其说是教育学系的教师培训，不如说是使具有丰富经验的教师进一步熟悉自己的专业理论，了解更多最近的教育状况。教育学系的研究生主要是以前的学校督学、师范学校教师。建立这所初等学校的目的是，关注教育理论学习和实践需要的紧密联系，使它成为一个检验和开发教育方法的实验场所；并在具体的实验研究之后，积极而稳妥地向其他学校推广这种教育方法。毫无疑问，所推广的这种教育方法不仅具有坚实的心理学基础，而且已在重要的实验检测中得到了具体运用。在这一方面，许多普通学校非常需要明智的指导。

这所初等学校的实际工作遵循着以下的三条路线：

第一条路线是，给每个儿童的学习评分，但不给儿童自身严格评分。刚从幼

---

① 译自：John Dewey. *A Pedagogical Experiment.* Kindergarten Magazine, VIII, June：1896：739-741.

② 该系的名称应为"芝加哥大学哲学、心理学和教育学系"（Department of Philosophy, Psychology and Pedagogy，University of Chicago）。

儿园毕业的儿童和那些已有两年学校经验的儿童一起学习与工作，可使每一个儿童都能在与不同年龄、成就和兴趣的儿童的接触中获得益处。儿童期及儿童期后的大部分个人行为，似乎都可以归于严格的评分制度所进行的强迫性区分。在合理的自由交往中，儿童不仅得到了道德教育，而且得到了智力培养。这自然地激发较为落后的儿童的学习动机，让他们主动去阅读，让他们主动讲述所观察到的或学习到的东西。这样的学习与在同伴对手面前进行机械的"背诵"是不同的，前者是自然的，后者是人为的。

第二条路线是，学校在这样的信念下运行，即不把初等学校的各门"科目"作为儿童的学习活动，而作为儿童生活中的影响因素，以便使他们最好地掌握这些科目的知识。儿童在学校里做事，诸如烹饪、缝纫以及运用木料和工具进行简单的建筑活动，并参与阅读、书写和计算的活动。缝纫和手工训练就是自然的学习方式。虽然从根本上讲这些并不是教育的新特征，但大学初等学校的新颖之处也许是：被引入教育中的这些活动不被看作是学习，而是被作为儿童的日常活动和作业；而且，比较正式的学习被尽可能地分散到作业活动之中，并在这些作业活动中自然地逐步开展。儿童通过烹饪、缝纫和做木工中所需进行的度量与称重活动，为他们的数学学习提供大量机会；通过活动把儿童的注意力引向其他的生活方式，迫使他们了解工具是如何被发明创造的，为他们的历史学习打下基础；通过活动引导儿童外出寻找各种资源，为他们的地理学习提供机会。与此同时，儿童学习化学、物理学、生理学中的一些原理，并通过运用这些原理来真正地掌握它们。儿童还通过接触自己生活和成长环境中的动物、植物和矿石，以进行生物学知识的学习。实际上我们发现，无论儿童参与活动还是改进活动，当儿童的问题来自他们所进行的活动时，这些问题的解决就不会遇到什么阻碍而使他们能够更容易地学习，同时激发他们的处于萌芽状态的能量而使他们实现最有效的学习。此外，我们还尽可能多地引入艺术元素。根据现行的教育学原理，以上这些内容可以概括为：儿童自身的生活为建立统觉联系和理解提供了最好的基础。在儿童的生活中，饮食和居住环境等他们所熟悉的活动反复出现，这些活动是家庭生活中的主要活动。

第三条路线与第二条路线实际上是有关联的，只需进行简要的说明。第三条路线的问题在于：给予儿童的教育材料应该具有内在价值，使其在形式和技巧方面严格服从内在价值，以取代在阅读、书写和计算"三R"基础上琐碎地灌输任何东西。原先，教育的主要目的就是学习正规内容。现在，幸运的是，自然方式的学习并不是第一次被提出，而且并不是完全无人知晓。也许，初等学校中科学活动的典型特征就是，尽力把科学素材组合成一个相互关联的整体，而不是呈现为孤立的事实或者间断地从一个事实到另一个事实。无论呈现孤立的事实，还是过早地强迫儿童获得相关联的意识，都是没有必要的。相互关联的事实指的是：它们能够引起儿童的兴趣，关注儿童的发展，所有伟大的科学结论都遵循着相互关联的原则。从某些方面来看，既然前面的研究涉及教育方法，那么这样的研究就应该在大学里进行。这样的研究肯定是合作研究，因为没有人能够在所有方面都是专家，也没有人能够掌握所有丰富而准确的事实和资源。芝加哥大学提供了这样一个庞大的研究生群体，不仅从中可以挑选一些有兴趣探索其学科中更重要的和更可靠的事实的学生，而且能够供初等学校不断地使用。采用这样的做法，既是为了引导教学内容和方法的发展，也是为了推进实际的教学工作。

我们学校希望明年能够拓展这个教育实验工作，使其范围覆盖到6岁至12岁儿童。如果芝加哥大学和初等教育界的朋友们能够切实地表明，他们相信自己的智慧，可以使双方联合起来进行一个合作性的教育实验工作，那么，建设一幢专门的新大楼将不会成为问题。这个学期的学费已经下调，12周的费用是12美元，其目的是使我们学校可以体现普通学校的特征。学校工作期间，欢迎所有对本学校感兴趣的人打来参观校园的电话。咨询和参观的时间是从早上9：15到12：15。

大学初等学校的三年①

［美］约翰·杜威

三年前（1896年），大学初等学校（University Elementary School）②在一月份的第一周开始运行。今天下午，我将试着对这个实验开始时所想到的那些想法和问题作一个简短的回顾，并对这项工作从那时起的发展情况进行一个简要的概述。我们学校在第57街的一幢小房子里开始，那时有15个儿童。第二年，我们搬到了金巴克大街5178号，有了25个儿童；然后，我们在一月份又搬到了罗莎利克大院，那是一个面积更大的场所，能够接纳40个儿童。第二年，儿童人数增加到60人，学校还是在罗莎利克大院。今年，我们一度最多有95个儿童注册，学校位于埃利斯大街5412号，我们希望在这里一直待到有我们自己的教学大楼和操场。

在学校的第一年里，入学儿童的年龄在6岁至9岁之间。现在，他们的年龄在4岁到13岁之间——年龄最大的那一群儿童已经满13岁了。今年，我们第一次有了6岁以下的儿童。这归功于夏威夷火奴鲁鲁（檀香山）的朋友的慷慨解囊，从而使我们有可能建立一所有纪念性质的幼儿园，它的发展也沿着相同的思路。

---

① 译自：John Dewey. *Three Years of the University Elementary School. // The School and Society*, postscript, New York, 1915: 163–178. 1899年2月，约翰·杜威在大学初等学校家长协会（Parents' Association of the University Elementary School）的一次会议上所作的简要报告（稍有修改）。——原注

② "大学初等学校"是芝加哥大学实验学校的最初名称。

我们学校的第一年仅仅有两个学期，其费用分别是1300美元和1400美元。今年的费用大约将是12000美元，其中5500美元来自学费，5000美元是对学校感兴趣的朋友捐助的，我们还需要为学校的运行筹集1500美元。这是费用增加的一个迹象。每个学生所花费的平均费用与入学时差不多，即每个学生每年120美元。相对来说，今年的学校开支有了一些增长，主要是搬迁到新教学大楼的费用，因为那里的维修和变化是必要的。教师人数的增加也拓展了学校的工作，增加了学校的开支。明年（1900年），我们希望招收约120个儿童，其费用显然将会比今年增加2500美元。其中，2000美元将由学生的学费来支付。一个小学生的入学费用每年120美元，正好是大学对每个大学生所收取的费用，是普通学校平均学费的两倍。但是，预计大学的学费将不会满足其需要。在这里不增加学费的一个原因是，从教育的角度来说，更好地强调初等教育和高等教育都需要捐赠。无论在教育的后期阶段，还是在组织和维护教育基金会的工作上，我们都有花钱的充分理由。

大学初等学校的工作从一开始就有两个方面：一方面，显然是对被托付给学校的儿童进行教育；另一方面，是与大学的关系，因为学校是在大学管理下的教育机构，并构成了大学教育学系工作的一部分。

当初等学校开始运行的时候，我心里有一些想法——也许称之为一些问题更好，某些观点似乎是值得一试的。如果允许我用一种个人化的话语来表达，那我想说的是，人们有时认为这所学校一开始就有一些现成的思想和原则，并要立即付诸实践。人们普遍设想，我是这些即将付诸实施的现成思想和原则的作者。我要借这个机会说明一下：学校的教育行为，即学校的管理、教材的选择、教学工作过程的研究以及对儿童的实际指导，已经几乎完全交给了学校教师；而且，教育的原则和方法是逐步发展的，而不是像固定的设备那样。教师们是从一些问题开始的，而不是从固定规则开始的。如果有任何可以得到的答案，那是学校教师所提供的。总之，我们可以从这样的四个问题开始进行阐述：

第一，为了让学校与家庭和邻里生活之间保持紧密的联系——而不是使学校成为儿童单纯学习某些课程的场所，我们能做什么以及如何做？我们能做什么来清除这些障碍呢？不幸的是，这些障碍使儿童的学校生活和日常生活分离开来。也许与有时候的解释不一样，这并不意味着，儿童应该在学校里简单地从事他在家庭里已经历过的事情，并学习这些事情；而是说，儿童在学校里也应该尽可能有像他在家庭里一样的理智态度和观点。这使他对上学和为自己做值得做的事情有同样的兴趣，能够找到与在家庭和邻里生活中使他十分忙碌的游戏和作业一样的兴趣。这也意味着，学校应该利用儿童在家庭里所做的事情和成长的动机，使他不必获得另一套只是属于学校的行为原则——它与家庭的行为原则是分离的。这是一个有关儿童的经验、动机和目的如何协调统一的问题，而不是有关儿童的愉悦甚至是兴趣的问题。

第二，在讲述历史、科学和艺术时，我们能做什么呢？历史、科学和艺术对儿童的生活有积极的价值和真正的意义，即使对最年幼的儿童来说，那也应该是值得获得的技能或知识。那么，对小学生来说，这些技能或知识就像高中或大学学习一样重要吗？尽管我们对最初几年的传统课程进行了很多修改，但所收集到一些数据表明，在儿童开始上学的前三年，75%或80%的时间都花在学习的形式上，即掌握阅读、书写和计算的符号上，而不是学习的实质上。这里面并没有多少真正的营养。它的目的很重要——是必要的——但它并不代表儿童的智力和道德经验的增长，而这种增长是基于真正的历史和自然的真理或对现实和美的洞察力的。于是，我们所发现的一件事情就是，可以给予儿童更多的是他周围世界的知识、世界的各种力量、历史和社会发展的知识，以及用各种艺术形式表现他自己的能力。从严格意义上的教育来看，这一直是学校的主要问题。正是在这一方面，我们希望为教育作出自己的重要贡献；也就是说，我们希望编写和出版更多可能具有普遍性的有益的教材。

第三，在这些正式的和符号的分支——书写和阅读能力的掌握，以及熟练地使用数字符号的能力上，以日常经验和职业作为它们的背景，与其他有更多内在内容的学习形成明确的关联。那么，教育如何用这样的方式使儿童通过与因自身缘故而吸引他的科目的联系来感受其必要性呢？如果能够做到这一点，那儿童就会有获得技能的重要动机。这并不是说，让儿童在学校里学会烘焙和缝纫，而在家庭里学会阅读、书写和计算。这些正式科目的目的，并不是提出大量最初受到儿童关注的对象，而是儿童应该通过他所做的事情而感受到自己需要获得技能的使用符号和最直接的能力。在任何的学校里，如果儿童发觉到使用与应用数字和语言的动机，那他就会朝着获得能力的方向迈出最重要的一步；而且，他只有在对符号进行特殊的——而不是一般的和遥远的——使用时，才能意识到这一动机。

第四，个人的关注。这是通过分小组——一个班级中有8至10个小组来保证的，同时通过很多教师系统观察儿童的智力需求、成就、身体健康和成长情况来实现的。为了确保这一点，我们现在每周有135个小时的教学时间，也就是说，9位教师每天3个小时或者每小组配有一位教师关注儿童个人的力量发展和需要。然而，儿童的道德、身体和智力都与整个学校的目标和方法密切相关。

我认为，这四点很清楚地说明了我们已经着手去发现的东西。这所学校通常被称为"实验学校"（Experimental School），在某种意义上，这是一个恰当的名称。但我不太喜欢使用这个名称，因为担心父母们会认为我们是在用他们的孩子做实验。如果是这样的话，那他们自然就会反对。但是，它确实是一所实验学校——至少我希望如此——有关教育和教育问题的实验学校。我们试图通过尝试和实践——而不仅仅是通过讨论和理论——来发现这些教育问题是否可以解决，以及如何得到解决。

接下来我要谈的，是在初等学校里所运用的一些方法。这些方法是为了验证这四个问题，并给出它们的答案。首先谈一谈不同种类的手工作业在学校中的位置。在学校里，通常从事的有三种主要工作：使用木料和工具的工场工作；烹饪工作；使用纺织面料的工作——缝纫和编织。当然，还有其他与科学相关的手工训练，因为科学在很大程度上是具有经验性质的。你们可能没有注意到的一个事实是，大部分最好的和最先进的科学工作都包括大量的手工技能，比如手和眼睛的训练。如果没有这种操作仪器和材料的训练，那么，一个人就不可能成为一个一流的科学工作者。在与历史上的工作，特别是与年幼儿童相关的学习中，手工作业的方式就是制作器具、武器和工具等。当然，艺术工作——绘画、涂颜色和造型是另一个方面。也许，从逻辑上讲，体育运动不在此列，但作为一种通过身体媒介发展道德和理智控制的手段，它确实是被包含在内的。儿童们每天有半小时进行各种形式的锻炼。按照这一思路，我们发现，大量的手工作业是使儿童在学校内外保持同样态度的最容易的和最自然的方法。儿童的最大收获，就是通过他们的身体活动，学会系统的智力作业。这就是在学校内实践的目的，指导这些活动并使它们系统化和组织化，这样它们就不会像在学校外那样杂乱和任意。使这些形式的实践活动不断地和明确地结合在一起，从一种技能元素到另一种技能元素，从一个智力难题到另一个智力难题，一直是我们遇到的最困难的问题之一，也是使我们取得最大收获的问题之一。各种各样的工作，如木工、烹饪、缝纫和编织，被选为学生所需掌握的不同种类的技能，并要求儿童对它们具有不同类型的智力态度，因为它们描绘了外部世界一些最重要的日常活动：有关避难所的生活、日常的食物和衣服、家庭、个人运动和商品交换的问题等。儿童不仅在感官、触觉、视觉以及眼睛和手协调的能力上进行了训练，而且还得到了身体的锻炼。因为对儿童来说，他们需要比普通学校的正式计划所要求的更多的体力活动。这里也继续有对记忆、判断的要求，使目的和手段相适应，进行在次序习惯上的训练、在作业上的训练以及在关心器具和餐具整洁上的训练，以便系统地做事情，而不是采用一种偶然方式做事情。然后，这些实际的职业活动再一次为以后的学习提供了一种背景，特别是在早期儿童群体中。儿童们获得了一种很好的理念，有关化学与烹饪的结合，有关数字作业与几何原理的结合，以及有关地理与缝纫和编织原理的结合。还有，通过历史了解各种发明的起源和发展，以及它们对社会生活和政治组织的影响。

从整体来看，也许更值得注意的是我们所谈的第二点，即有益的教材问题，这比其他任何事情都要受到更多的关注。在历史方面，现在的课程已安排得很恰当了。那些更年幼的儿童从家庭和家政开始学习。第六年的目标是，让儿童们学习家庭外的工作，更大的社会产业——农业、采矿业、木材等——可以使他们看到生活所依赖的更复杂和更多样的社会产业。顺便说一下，儿童们调查了各种材料的使用情况——木材、金属及其应用过程——从而开始科学的学习。接下来的一年，是工业和发明的历史发展——从人类的野蛮时代开始，经过向前发展的各个典型阶段，直到铁器时代的到来，人类开始进入文明阶段。学习了解原始时代生活的目的，并不是让儿童们对较低的和较野蛮的阶段感兴趣，而是向他们展示社会进步和发展的步骤，特别是沿着发明的历程，人类通过发明而进入了文明社会。毕竟，儿童们的生活形式和原始时代的生活形式在一定程度上比较接近。原始时代的生活形式比现在的要简单得多。把重点放在人类进步和前进的道路上，是希望避免反对的声音——认为不应该过于关注野蛮生活的粗野和新奇的刺激。

接下来的两三年，也就是四年级和五年级，或许还有六年级，将专门学习美国历史。正确地说，历史学习就是这样开始的，因为对原始时代生活的学习很难称之为历史学习。

然后是希腊历史和罗马历史，按照时间顺序，有计划地讲述每一年所发生的事情，并参照之前的事情和事件。

科学更难被安排和系统化，因为几乎没有什么先例可以遵循——也几乎没有一种有组织的方式可以采用。我们现在正在实施一项计划[①]，我将不对它进行详细的说明。头二三年，培养儿童们的观察力，使他们对动物和植物的习性产生兴趣，对有用途的东西产生兴趣。然后，工作的中心变为地理——把对

---

① 今年的计划已发表在芝加哥大学出版社出版的《初等学校纪事》（Elementary School Record）杂志上。——原注

地球的学习作为中心工作。几乎所有工作都是从这个过程中产生的，然后又会回到这个过程中来。科学工作的另一个立足点是，让自然力量通过机器来为人类服务。去年，在基于电报和电话的电学方面，儿童做了大量工作（今年还会继续进行），学习了很多容易掌握的东西。

在力学方面，儿童们研究了锁和时钟，考察了机械各部分的适应性。所有这些工作都为其之后进行更正规的物理学学习打下了极好的基础。烹饪给了我们很多机会去了解水和热量的相关知识以及它们的作用。学校所进行的科学工作与其他学校的不同之处，主要在于强调了实验部分——物理和化学，而不仅仅局限于自然——动物和植物的学习。这并不是说后者的价值低，而是我们发现有可能从前者就能引入对物理的学习。

如果我不花很多时间来谈谈音乐和艺术（即绘画、水彩画、泥塑等）工作，那并不是因为它们是没有价值的和不重要的——当然，它们像学校的其他工作一样重要，不仅在儿童的道德和审美发展上看是如此，而且从严格的理智角度来看也是如此。据我所知，在我们这所学校里，没有哪一项工作能够比音乐和艺术工作更好地发展儿童的注意力、观察力和坚持的习惯，以及观察部分与整体联系的习惯。

现在，我来谈谈管理方面的问题。起初，我们尽可能地把不同年龄、不同学识的儿童们混合在一起，认为这样有利于学生形成相互谦让的心理，而且有利于让年长儿童承担照顾年幼儿童的某些责任。随着学校的发展，我们发现有必要放弃这种方法，并根据儿童们的能力来进行分组。然而，这些分组并不是基于他们的阅读和书写能力，而是基于其心理的态度和相似的兴趣。我们仍然试图以各种方式实现儿童们混合的想法，即我们不会建立严格的"分级"的学校阶梯体系。朝着这个方向迈出的一步，就是让儿童们四处走动，并与不同的教师接触。虽然要做到这一点必然要面对随之而来的困难和缺陷，但我认为，在学校里最有用的做法之一，就是让儿童与不同个性的人建立亲密的关系。一般地，儿童也会通过一些方面——比如唱歌、为不同小组的成员阅读整个学校工作的报告等活动而聚集在一起，年龄更大的儿童每周也有半小时时间参加一些年龄更小的儿童的小组活动。如果可能的话，那就像在做手工工作中一样，参与年龄更小的儿童的工作。我们试图以各种方式保持整个学校的家庭精神，而不是以孤立的班级和年级的形式存在。

随着工作的需要，教师的组织机构以及分支机构也逐渐向部门化发展。因此，我们现在已认识到这个问题，并把学校的主要工作分为：科学、历史、家庭或家庭艺术、狭义的手工训练（即木材和金属）、音乐、艺术和体育。随着工作进入第二个阶段，语言和数学也必然会处于一个更加分化和特殊的地位。人们经常说，相关的或完全协调的工作有时候并不能保证建立在这样的基础上。但我很高兴地说，根据我们学校的经验可见，没有什么内在的困难。通过共同的奉献而有助于儿童的最好发展，以及通过共同忠诚于学校的主要目标和方法，我们的教师已经证明，在教育中和在商业中一样，最好的组织正是通过对劳动、兴趣和训练的自然分工的适当尊重来实现的。这使儿童在与各方面专家接触的训练和知识上具有优势，同时每一位教师都以不同的方式服务于共同的思想，从而使之不断丰富和增强。

在道德方面，即所谓的纪律和秩序方面，大学初等学校的工作可能已遭到太多的误解和歪曲。我只想说，我们学校的理想一直是并将继续是家庭生活的最佳形式，而不是一种严格的分级形式。在后者中，很多儿童处在一位教师的照管下，对学生开放的活动模式非常有限，使得旨在"维持秩序"的某些固定的、外在的形式成为必要。在我们学校的条件已发生变化的情况下，照搬这种做法是非常愚蠢的，因为学校的小班化允许并要求儿童和教师之间有着最亲密的人际交往，而且学校的工作形式也是千差万别的，以适应不同儿童的需要。如果我们允许我们的儿童有更多的自由，那并不是为了使儿童松懈或减少真正的纪律。在我们学校的特定条件下，儿童可以少承担一些既定责任，所以，他们身体和精神的全面发展更加和谐与完善。我相信，那些长期把孩子托付给我们学校的父母会同意这样的说法，尽管孩子们喜欢上学，但正是工作而不是娱乐活动一直是学校的精神和教学。这种自由是在如此明智的和同情的监督条件下获得的，它是为了提升和增强品格的一种手段。

因此，我们敢说，经过三年时间，我们当初的一些问题已经得到了肯定的答案。我们的儿童从15人增加到近100人，实际费用也增长了一倍，这表明父母们已经接受我们这样的一种教育形式，即使个人成长发展成为唯一的目标。一个有组织的教育团队的存在表明，受过充分教育的教师准备使初等教育具有同样的训练、知识和技能的资源，长期以来这是高等教育所要求的东西。大学初等学校的日常工作表明，儿童们在学校内的生活就像在学校外的生活一样，然而他们每天都在增长自己的智慧、养成善良和服从精神——这样的学习，即使是年幼的儿童，也能把握滋养精神的真理本质，还能掌握观察和培养知识的形式。这样的成长发展可能是真正的和全面的，也是令人愉悦的。

杜威实验学校浅析①

［美］劳伦斯·A.克雷明

1894年，约翰·杜威刚刚把家搬到芝加哥大学，就参观了库克县师范学校的实习学校。显然，他对在那里所见到的一切表现出浓厚的兴趣。1895年，他的儿子弗雷德在实习学校库克（Flora J. Cooke）小姐的一年级班上读书；翌年，他的女儿伊夫琳也进了这所实习学校。人们完全可以相信，正是出于对儿童的研究，1896年初杜威夫妇创办了自己的学校②。这所新学校之所以称为"实验学校"，是因为要强调它的实验性质，尤其是要强调它是用来检验杜威博士的一些理论以及它们的社会含义的。实验学校刚开办时，只有16名学生、2位教师。到1902年，它已发展到了140名学生、23位教师和10名助手。杜威博士是实验学校的董事，杜威夫人担任校长，埃拉·弗拉格·扬担任教

---

① 译自：Lawrence A. Cremin. *The Transformation of the School, Progressivism in American Education. 1876—1957*. New York: Vintage Books，1964：135–142. 标题由编者所加。
② 这些资料取自库克和梅尔文（A. G. Melvin）之间的一次谈话。见：梅尔文. 教育史［M］. 纽约，1946：323.——原注

导主任。①到1904年杜威离开芝加哥大学去哥伦比亚大学时，这所实验学校在美国教育界已成为最引人注目的教育实验园地。确实，有一些人坚决认为，后来没有任何学校能在影响、质量和贡献上比得过它。

鉴于帕克从实践领域开始，然后转到理论上去，杜威就从一些主要观点开始（他称之为假设），又设计出了检验它们的方法和课程。用杜威的话来说，实验学校的目的是："在发展个人能力和满足个人需要的同时，在管理、教材选择、学习方法、教学方法和纪律等方面，去发现一所学校怎样才能成为一个合作的社区。"②后来，杜威在《学校与社会》中详细阐述了这个最初的假设：生活本身，尤其是那些为人的社会需要服务的职业和社交活动，将为教育提供基本经验；学习的内容可以大部分是社会活动的副产品；学习好坏的主要检验标准，是个人思维习惯的好坏和应对新社会环境的能力的高低。一方面，学校教育要专注于合作的尝试；另一方面，科学方法能对社会进程产生有益的影响。③

---

①简·杜威在1939年撰著的简要的《约翰·杜威传》中提及：她的父亲把埃拉·F. 扬夫人看作"他所接触过的在学校管理工作上最有见识的人"。正是扬，建议杜威把自己创办的学校取名为"实验学校"；正是扬，帮助杜威把自己的思想付诸实践。这在埃拉·F. 扬对实验学校理论的解释《学校中的隔离》（芝加哥，1900）中有所提及。这是一篇她在芝加哥大学写的博士学位论文。杜威夫人在创办实验学校中的作用，见马克斯·伊斯特曼《约翰·杜威：我的良师益友》第二部分（《新领导》1959年4月6日）。杜威夫人在一篇未发表的文章中写道："大学的理事们感到心理实验的必要性，但对教育实验却抱着怀疑的态度。碰巧，1895年10月，大学拨出了1000美元作心理实验用。由于没有房间或其他设备，无法利用这笔款项，它很可能要归还。那时，由于说通了大学校长，最后他同意把这笔款项作为教育实验的资金。这样，校方支持了实验学校的教育工作。"——原注

②［美］K. C. 梅休，A. C. 爱德华兹. 杜威学校［M］. 纽约：阿普尔顿世纪出版公司，1936：15-16.——原注

③芝加哥大学纪事，1986（1）：417-422；芝加哥大学学院. 学院纪事、记录和计划. 1896-10-23.——原注

梅休和爱德华兹两姐妹实际上在实验学校创办初期就开始任教。她们合写了一份详细的、引人入胜的实验学校工作记录（1896—1903）。同帕克的实习学校情况一样，实验学校对幼儿（4至5岁）的工作一般被视为家庭活动的扩展。其宗旨是"连续性"，尽力避免造成儿童经验的中断。因为儿童经验的中断，可能"妨碍、推迟或阻挠儿童智力生活（他在活动中的想法）自发的表达"。这样，儿童通常的一天活动就可能包括谈话、建设性工作、讲故事、唱歌和游戏。这些活动都代表一种尝试，即从所熟悉的东西开始，然后逐步扩大它的含义。梅休和爱德华兹的报告中记录了一组4至5岁儿童的活动。情况如下：

……儿童对各种食物、服装和衣着用品以及宽大而结构复杂的住宅，提出了许多问题。这些问题的很多回答，好似一些小路，通往一条大道，又回到农场。他们到农场参观，看到果园、人们采摘水果以及堆着一束束玉米的田地。这次参观是很多活动的开始，当然这些活动随着教师、儿童和环境的不同而不同。这个班的部分儿童做食品商店的游戏，出售水果和糖给人做果子酱。有的扮售货员，有的扮送货员，有的扮母亲，有的制造送货车。扮售货员的使用量杯计量糖和酸果，并用纸包好，便于"顾客"携带回家。在教师指导下，游戏被引导到讨论要建一间大仓库。这是一个宽敞的地方，可以贮藏很多水果。食品商店的水果只够卖几天，因此仓库要经常为食品商店供应水果。他们用一只大箱子做成批发商店。因为仓库有几层楼，需要电梯。一个儿童自愿动手，用当时几乎每一个家庭都有的一种狭长的包装内衣的盒子做电梯。①

① ［美］K. C. 梅休，A. C. 爱德华兹. 杜威学校［M］.纽约：阿普尔顿世纪出版公司，1936：64-65.——原注

对于教师来说，这样的活动孕育着学习的可能性。不管儿童怎样天真，他们总是先了解他们的家庭与范围更大的社区的生产、商业活动之间的联系，然后领会到一个工业社会实质上是互相依存的。此外，阅读、书写和正确表达的根源在于谈话；物理学、生物学、化学和地理学知识的来源在于农场参观；不仅手工训练，而且测量、计算和更普通的算术练习的开端也在于"批发商店"的建造。对于具有教育机智的教师来说，所有的活动和职业既有一种工具性的价值，也有一种内在的价值；它们既为社会发展和儿童智力成长提供了机会，也更直接地使儿童得到了满足。

但是，有一点要提出来，即杜威曾强调，他晚年没有同自以为是他的门徒的某些人保持联系。一个不知道利用机会激励学生或培养学生社会观点的教师，就无法清楚地察觉他们即将面临的要求。就其性质而言，这意味着这种人可能离开学校；就其智力而言，这意味着透彻了解有条理的知识是在学科中表现出来的。要意识到儿童早期学习数学的可能性，教师就必须懂数学；要意识到儿童学习基础科学知识的可能性，教师就必须懂物理学、化学、生物学和地质学以及其他领域的知识。总之，这对教师的要求是双重的：既要掌握有关学科的完备知识，又要利用儿童童年时期的那些共同经验，引导儿童理解并描述这种知识。正如杜威自己指出的那样，这种要求确实是重要的，但又是容易被忽视的。因为响应改革的号召而抛弃传统的课程是简单的，以一连串不但不能促进儿童生长、也不能结束在方法和质量上错误教育的混乱活动来代替传统课程，也是简单的。

这些指导幼儿工作的原则从属于实验学校的整个工作。[①]6岁儿童——或

①已发表的有关实验学校的记录，比当时任何类似的教育实验更多、更详细。详见1900年发表在《初等学校纪事》上的9篇专题文章以及1901—1909年《初等学校教师和课程》连载的那些文章。《初等学校教师》1903年6月号的文章全部论及了实验学校。梅休和爱德华兹做了一件值得赞扬的工作，即她们根据这堆资料，写成了一份可读性强的纪事。她们用的所有手稿材料，包括油印的教案，打字机打出的报告，从前教师和学生的信件、照片，学生工作的例子以及杜威博士的评注，经梅休和克伯屈教授同意，现保存于哥伦比亚大学师范学院图书馆。——原注

称作"6岁组"——继续进行"为家庭服务的职业活动"。他们在教室里建造了一个示范农场后,竟然又在校园里种了些冬小麦,经历了从播下种子到做成面包(当然是他们自己烘烤面包)的过程。"7岁组"专注于"通过发明和发现取得进步",同一位教师一起研究史前期基本职业的历史发展。"8岁组"抓住"通过探索和发现取得进步"的主题,从腓尼基人的商业贸易活动转移到世界探险和世界商业这样范围更大的主题。"9岁组"的重点是美国史,集中在社会服务社和芝加哥的早期发展上。"10岁组"把"殖民地史和独立革命"作为主题。"11岁组"的重点是"殖民地开拓者的欧洲背景"。

与这些主题活动一样,语言、数学、美术和工艺美术、科学、音乐、历史及地理方面的具体工作也在精心计划和妥善安排下取得了进步,而且都考虑到社会目的。历史成了一幅人类为什么和怎么得到成功或失败的生动画卷;外语同欧洲文化适当地结合在一起,就容易学;文学被用来记录人类在特定的社会环境下生活的希望和抱负。实际上,学生刚跨入青春期,教师就注意到他们已逐渐"从直接了解事实或纯观察者的心理观点移到了成人的逻辑观点","注视着一个目标,并以进一步使用为目的,将观察到的东西分门别类"[①],因此,他们决定以这样或那样的学术训练代替一些花费不少时间甚至延续一整年的合作活动,鼓励12至13岁儿童致力于专门的课程计划。

13岁的儿童已经积累了广泛的知识,培养了很多技能和发展了感知力——手工的、社会的和智力的。他们已经学会了合作工作和独立工作,并能清楚和简要地进行自我表现。他们已经无数次地检验过新发现的知识,在所有的主要知识领域有了一个好的开端。总之,他们已为中等教育(杜威及其同事将其定义为,一个以逻辑体系组织和独特的学术兴趣占统治地位为标志的学校教育阶段)做好了准备。

---

① [美]K. C. 梅休,A. C. 爱德华兹. 杜威学校 [M]. 纽约:阿普尔顿世纪出版公司,1936:222.——原注

从实验结果看，杜威的教育理论实际上有过一些戏剧性变化。当然，杜威能以比以往任何时候更大的信心明确地陈述他最初的假设。例如，1901年，他在一篇为新办的《手工训练杂志》（Manual Training Magazine）写的文章里，总体概述了他对初等学校课程的研究结果。按照他的观点，学科内容有三种基本类型：一是现行的事务或职业，如木工、缝纫或烹饪；二是涉及社会生活背景的学科，如历史和地理；三是掌握智力交流和探究的形式、方法的学科，如阅读、语法和算术。杜威得出结论说："从这三种学科的内容，我们可以看到一种趋向，即离开了个人和社会的直接兴趣，采取了间接的和遥远的形式。第一种学科内容不仅为儿童提供同一种类的、他们在日常生活中所直接从事的活动，而且为儿童提供某些他们在每天的生活环境中早已完全熟悉的社会职业方式。第二种学科内容仍是社会性的，但为儿童提供的是共同生活的背景，而不是共同生活的直接现实。第三种学科内容的社会性，与其说是体现在它本身或任何更直接的联想和交往中，还不如说是体现在它最终的动机和效果（主张文明社会的学术连续性）中。"①在这三种基本类型的课程中，杜威看到了一种课程的主线。这种课程的儿童观是科学的，对社会的影响是进步的。翌年，杜威在《儿童和课程》（*The Child and the Curriculum*）中，概述了这个观点，以后又把它写进了《民主主义与教育》中。

人们如果不细读有关这所实验学校的记录资料——公开发表的报告，教师日记、剪贴簿，一些突出学生的工作例子和一些保存下来的照片，就不会

---

① ［美］约翰·杜威. 手工训练在初等学校课程中的地位［J］. 手工训练杂志，1901（1）：193-194. ——原注

意识到这里是一流教师办的一流学校。[①]在从原始人到现代芝加哥人的一些主题活动的有序进展中，确实存在着那种复演说（杜威曾在美国赫尔巴特学会抨击过它）的明显痕迹。[②]毫无疑问，实验学校在刚成立后的那段时期里过分强调了自由活动，杜威自己也注意到这所学校偏重"个人主义"。事实上，为了获得资料，"应该给人以很多的活动自由，而不应该强加太多的限制，这是必要的"[③]。有充分的证据表明，实验学校的大部分儿童不仅学到了东西，而且学得很好。也许，更重要的是，杜威试图用一个计划、目的和组织都更好的新教学大纲取代他严厉批评过的那种旧课程。他确信自己的革新并不是最后的事情，也意识到继续努力和进一步改进是教育科学的重要任务。不过，他肯定是要失望的。25年后，他不得不承认进步教育失败了，并认为这是一场彻底批判传统教育，但又很快放弃了的更艰难的任务，即建设更好的教育体系替代已被废除的教育体系的运动。

---

①实验学校除优秀的专职教师外，还有一批来自大学的知名教授担任顾问。因此，梅休和爱德华兹指出："那时，张伯伦（T. C. Chamberlain）精心研究了他那有关太阳系起源的微星学说，并把它告诉儿童。科尔特（J. M. Coulter）设计和指导了有关植物种系的实验。其他与学校合作的人，有动物学方面的惠特曼（C. O. Whitman）、生理学方面的洛伯（J. Loeb）、社会学方面的托马斯（W. I. Thomas）和文森特（G. Vincent）、人类学方面的斯塔尔（F. Starr）、地理学方面的索尔兹伯里（R. D. Salrsbury）、物理学方面的米切尔森（A. Michelson）、化学方面的史密斯（A. Smith）以及生态学方面的考利斯（H.C. Cowles）。学校感激大学其他系的很多人，尤其是麦克林托克（W. D. MacClintock）夫妇，黑尔（G. E. Hale）、阿特伍德（W. Atwood）以及杜威先生系里的成员，特别是米德（G. H. Mead）、塔夫茨（J. H. Tufts）和安吉尔（J. R. Angell）的持续不断的合作。"［美］K. C. 梅休，A. C. 爱德华兹. 杜威学校［M］. 纽约：阿普尔顿世纪出版公司，1936：10. ——原注

②［美］约翰·杜威. 原始心理的解释［J］. 心理学评论，1902，（9）：917-230；［美］约翰·杜威. 文化分期理论的解释［J］. 公立学校杂志，1895—1896（15）：233-236. ——原注

③［美］K. C. 梅休，A.C. 爱德华兹. 杜威学校［M］. 纽约：阿普尔顿世纪出版公司，1936：467-468. ——原注

杜威和他的实验学校①

［美］威廉·博伊德　埃德蒙·金

约翰·杜威与G. 斯坦利·霍尔在教育思想上有许多共同之处。他们的教育思想起点都是把进化论应用于儿童的教育。从广义上讲，他们的哲学都是实用主义的，坚持主张智力从属于实际目的。不过，他们也有许多不同之处。曾为黑格尔和英国理想主义者门徒的杜威，是更冷静和更敏锐的思想家。可以说，他作为自然科学家不足而作为哲学家有余。尽管杜威关于教育实践的思想也与霍尔一样是相当革新的，但他的思想更接近生活实际。杜威和霍尔的教育思想的不同点在于：霍尔的教育哲学的产生，先于他的那些关于理想学校的计划；而杜威则反之，其教育哲学是与其在芝加哥大学的教学工作有联系的，是在其为建立一所理想学校所进行的各项实验中产生的。

杜威在1896年创建芝加哥大学实验学校的目的，是为未来的学校开拓一条新的道路。在杜威看来，当时的普通学校已落后于由工业革命带来的社会结构的巨大变化。当大部分人民还居住在乡村时，这种普通学校很能适应他们子女的需要；但随着城镇的发展，面对大批儿童丧失受教育的机会时，它们却无能为力。正如杜威所看到的那样，当时最基本的事实是旧的家庭生活方式的瓦解和结构单一的乡村社区的消失。

杜威指出，现代儿童生活在机器大生产的时代。他们对产品是如何生产

---

① 译自：William Boyd and Edmund King. *The History of Western Education*. London: A and C Black, 1972：398-407.

出来的仅仅只有一个模糊的概念。他们只见过衣服形式的布，而从来没有见过布料；只见过饭桌上出现的食物，而对别的食物一无所知。他们所居住的房间用煤气或电灯照明，只要擦一根火柴或按一下开关就灯火通明。就日常经验来说，一个世纪前的农村儿童就比较幸运。他们在左邻右舍见过从剪羊毛到织布的整个过程；也见过以往获取光亮须从屠宰动物、取油到纺捻灯芯、制作蜡烛等整个辛苦的过程。而不像现在那样，只要按按开关，电灯光就把房间照得如同白昼。因此，无论在智育方面，还是在德育方面，那时儿童的日常生活比今天儿童的日常生活所具有的教育价值大得多。那时的儿童在分担家务中自然而然地形成了自己的思想和性格。现在的儿童明显欠缺的学习动机，那时却能在日常生活中得以充分体现。

各国的传统学校都没有重视这一教育环境的变化。过去的时代，即当教育还是少数人的奢侈品的时代的各种影响，仍在这些传统学校里继续存在。从书本来到书本去的陈旧科目仍然是教学的主要内容，建造教室是为了讲课和听课。在传统的学校制度中，课堂里固定不变的座位是具有典型性的。传统学校预先都作这样的假定，即学生是被动的，他们只忙于吸收教师为他们准备的那些东西。他们很少有机会从做中学，因为对儿童来说，坐在课桌前除了听讲，做别的任何事情是很困难的。确实，如果儿童们打算做点别的事情，那显然会感到很不方便，因为他们在活动时会表现出他们的个性。

传统学校的一切安排都是把儿童作为群体而不是作为个人来对待的。这种学校教育的直接后果会使学生丧失智力上的主动性，而道德方面的损害将更为严重。道德教育，或更确切一点说是社会教育，只能通过参与某个社会共同目标的拟定和满足共同需要才能获得，而在学校中把学生组成一个个社会团体。通过这种形式的学习所能获得的道德教育是微乎其微的。杜威指出：在教室里，社会组织的动机和结合的条件都是缺乏的。在道德方面，现存学校的灾难性弱点在于：它试图在一个显然缺少社会精神的环境中培养社会的未来成员。

新的时代要求学校有能力把学生训练成完全能在今天的社会中生活的人，杜威实验学校的目标就是要实现这一理想。为此，杜威认为，有四个主要问题需要解决。

1. 如何把学校与家庭及其周围的生活更紧密地联系起来？

2. 如何采用对儿童本身生活确实有价值且真正有意义的历史、自然科学和艺术方面的教材？

3. 如何把阅读、书写、算术这些正规科目的教学与学生的日常经验以及今后的职业结合起来？并如何使之与别的知识性学科联系起来，使教学富有趣味？

4. 如何充分关注个别人的能力和需要？[①]

杜威把他的理想学校的范例建立在理想的家庭之中。杜威指出，在家庭中，如果父母很聪明，能认识到什么对孩子来说是最合适的，并能提供孩子所需要的东西，那么，我们将发现孩子能在社交和家庭组织中学习。通过参加日常交谈以及各种家务劳动，孩子将获得大量的知识，养成勤勉、守秩序、尊重别人的权利和意见的习惯，以及使自己的各项活动服从于家庭的总体利益这个十分重要的习性。至此，杜威认为，如果我们把这一切组织起来并加以概括，那么我们就有了理想的学校。

实际上，学校应该是一个扩大的家庭。在学校中，儿童在家庭中偶然受到的或多或少的训练将得以继续；不过学校训练的形式将更完善，设备更先进，指导更科学。学校不应该与儿童的校外生活割裂开来而成为生活的一个断面。如果学校具备了它应该具有的一切特性，那么儿童在学校里也会有与他在家里同样的态度和观点，即使他"对上学和在学校中做那些本身值得做的事情都会有同样的兴趣——就像他在家庭和社区生活中，使他忙个不停的游戏和家务那样，使他感到有趣"。这就是说，像家庭一样，学校必须是一

---

① ［美］约翰·杜威. 学校与社会［M］. 芝加哥：芝加哥大学出版社，1899：116.——原注

个真正的社区，从事共同的事业；而这些事业要使学生感兴趣，并使他意识到自己是为事业作出了贡献的一员，即整个事业的成功有赖于自己的一份努力。实际上如何做到这一点呢？这就要求学校模仿家庭，十分重视与日常生活有明显联系的手工活动。

在杜威的实验学校中。这一主张是按三条主要路线进行的：

1. 在木工"车间"工作。

2. 学习烹调。

3. 学习纺织（缝纫和编织）。

——所有的男孩和女孩都要从事这三方面的工作。有个例子可以说明这所学校的精神和方法，当儿童10岁或11岁时——即是他们自己发现人类怎样发明布的时候，便把亚麻、棉花、羊毛等原料交给他们，然后要他们带着生产不同纺织品的观点去研究这些原料。在对羊毛纤维和棉花纤维的研究中，孩子们发现，羊毛的使用远远早于棉花；要把棉花纤维与棉籽分离开来是很困难的；而且棉花纤维的长度只有羊毛纤维的十分之一；此外，羊毛纤维比棉花纤维粗，并且相互粘连在一起，因而更容易纺织。

当这一切在教师的提问和建议下得到解决后，学生便接着去思考如何解决织布的问题。他们"再发明"了最早的梳毛机构架——在两块板上钉上尖钉用来梳理羊毛；他们"再发明"了最简单的纺毛工具——一块穿了洞的石头，当它转动时便可抽出羊毛纤维。就这样，不断地实验，不断地有所发现，一直到孩子们懂得现代使用的织布机如何工作为止。与此同时，学生学到了很多的艺术、科学和历史等方面的知识。艺术包含在一切美好的、建设性的工作之中。杜威说："把建设性的工作做得适当、圆满、轻巧、灵活，赋予它社会动机，能说出一些道理来，那么你就有了艺术品。"

"在研究各种纤维、原料生长的条件和地理特征、纺织品加工和分配等的过程中，都需要自然科学知识，如生产机械的制造就涉及物理学知识。"再者，在历史知识方面，各种各样的发明已经对人类发生了影响。"你们可以把整个人类历史浓缩成从亚麻棉花和羊毛到服装的演变过程。"——这几例的研究方法在一定程度上也适用于研究其他各种职业所用的材料及其生产过程。通过对材料和生产过程的研究，儿童的心理会在其所取得的成就中感到满足，并与此同时从各个方面得到自由发展。这种形式的教育不仅使学生产生了学习的动机，而且还为他们以后的研究提供了背景。"儿童在烹调中获得了大量的化学知识，在木工劳动中获得了大量的计算和几何原理知识，在纺织理论探讨中获得了大量的地理知识，在了解各种发明的发端和发展及其对社会生活和政治组织的作用的过程中学到了历史知识。"

我们不能根据以上所述就推断出：学校的中心工作应放在探讨各种职业上，其他学科从属于实践活动，不需要认真对待。相反，学校工作是按一项明确计划进行的，这项计划根据学生心理发展阶段，循序渐进地引进了人类所关注的一切重要知识。杜威根据心理学原理，把初等学校的生活分为三个阶段：4至8岁，游戏阶段；8至12岁，自发注意阶段；12岁以后，反思性注意阶段。

1. 游戏阶段（the play period）的特点是社会和个人交往具有直接性。儿童开始渐渐地从狭窄的家庭生活的限制中挣脱出来，开始熟悉家庭以外的社会。但是，他还不能明确地区分手段与目的，因而他也不为任何问题而烦恼。他的最初学习的中心课题是家庭生活和家务。然后，他参与到家庭所依存的更广阔的社会活动中去，特别是参加农活。这一阶段的最后一年，通过实验模拟史前各个时期的生活方式，使学生开始了解一些重大的发明和职业的发展情况，并在这一年开始学习阅读和写字，系统学习地理知识。

2. 自发注意阶段（the period of spontaneous attention）是学习技巧的阶段。在这一阶段，由于更长久和更客观的知觉可能性的增长，儿童已经能够而且也愿意去获得各种形式的技能。对于儿童来说，手段和目的不再是混淆的。在处理普通事务中，他具备了分析事物细节和按照规律行动的能力。这种能力是解决实际问题时必不可少的。所有这一切都说明，学校教学的科目和方法需要作出重大改变。"在教育方面，就教材而言，重要的问题是要把模糊的整体经验区分成一个个具有各自特点的典型的方面，选出那些对于清楚说明人类在实现其最高目标过程中如何掌握某种媒介，以及对如何进行思维和行动具有重要意义的材料。"因此，专门的学习在一定程度上必须彼此独立进行。

"方法的问题是一个模拟问题，即要使儿童认识到自身发展（也是人类的发展）的必要性，也就是说，使他感到有在实践上和智力上掌握这类工作和探究方法的需要，因为这将使他能够认识到自己成长的结果。"在这一阶段，正规的美洲历史科目取代了上一阶段那种对各种职业及其演变过程只作一般性阐述的教学，开设历史科目的目的是为儿童提供"用以巩固社会成果的社会发展进程方面的知识"，教学的方法是为了向儿童揭示人类如何在各种不同的典型的气候和地理条件下达到他们的目的。使手段与目的相适应的一般性原则，同样也支配着地理和实验科学的教学。这一原则直接适用于各科教学。

3. 当儿童掌握了适合各个不同经验阶段的思维、探究和活动方法，能够为获得技术和发展智力而学习各种不同性质的专业和艺术时，反思性注意阶段（the period of reflective attention）便开始了。在这一阶段，儿童具有一种较远大的目标观念：他能够自己提出问题，并寻求解决问题的途径。由于杜威从未设计出适合这一阶段的科目，因此，我们也就没有必要去详细阐述他的试验性的学习计划。

至此，我们已经对杜威的教育观点展开了一些讨论，不过只涉及那些以实践形式表现出来的观点。但是，作为他的教育观点基础的各种心理学上的预先假定（杜威在实验过程中以及后来作了详细阐述），却有着更大的意义。杜威曾审慎地指出：这些预先假定不是他本人所特有的。在本质上，它们是当时的心理学，其基础是把进化的观点应用于心理。杜威所做的是把这种心理学与教育实践联系在一起。

在讨论教育时，杜威的出发点是：心理不是一种固定的实体，而是一个生长的过程。按照旧的观点，心理自始至终是一成不变的，因为无论儿童还是成人，心理所具有的各种"官能"是相同的。如果要进行区分的话，那不过是有些固有的"官能"，如记忆，早一点发挥功用；而其他一些"官能"，如判断、推理，迟一点发挥功用而已。唯一被认为重要的是量的差别。儿童被当作小大人，儿童的脑就是小大人的脑，除了认识范围有异，儿童和成人在一切方面是相同的。在杜威看来，这种观点不再站得住脚。他认为，如果我们接受有关脑的进化论观念，我们必须认为脑在本质上是变化的，处于一个生长的连续体中，在不同的时期则呈现出不同的能力和兴趣状态。

在论述教材的编排和使用时，杜威转向了发生心理学的另一方面。他指出，心理本质上是社会性的，它是社会的产物，它的发展取决于社会环境。"早期的心理学把心理看成一个与外部世界直接接触的个体的东西，而目前倾向于认为它具有社会生活的机能，需要来自各种社会媒介物的不断刺激，并从社会养料中吸取养分。"①的确，大自然提供了光、声、热等物理刺激，但这些刺激已经被人类根据社会需要和社会目的加以改造，对它们的解释取决于儿童所处的社会对它们的作用和反作用的方式。通过社会体验，儿童懂得了各种最显而易见的物理刺激的意义，并"在短短的几年里概略地认识了人类花了漫长的几个世纪才取得的进步"。

在教育中有与这种心理的发生观点极为相似的东西。以前，人们假设心理是在与世界的接触中获得知识的，因而认为达到教学要求的途径就是使儿童与被称为地理、算术、文法等各种各样的大量的外部事实发生直接的联系。由于过去不知道这些学科是社会状况的产物并且是对各种社会需要的回答，因此，它们被当作纯粹的知识传授给儿童，而未能与儿童自身的各种需要联系起来。然而，一旦把杜威的心理学转化为教育术语，这种对教育过程的误解也就消失了。历史、自然科学和艺术等各科教材不再被看成与学生的经验无关的东西，而被看成仅仅是儿童发展过程中的最后的各个阶段（最初的各个阶段也是每一个儿童所具有

① ［美］约翰·杜威.学校与社会［M］.芝加哥：芝加哥大学出版社，1899：108.——原注

的)。"我们不知道儿童的倾向或行为的意义,我们只能把它们看作正在萌芽的种子或未结果实的初放蓓蕾。整个肉眼可见的世界不足以解答儿童对光及其形态的本义的疑问。当儿童要求解释一些引起他注意的偶然变化时,整个物理科学也不能使我们愉快地去满足儿童所提出的这些简单的要求。"[1]

这种用个人经验重新阐述自然科学和艺术的作用的意义,在于改变整个教育者的工作性质。传统形式的教材不适于指导儿童的正在发育的心理。对于儿童来说,它极容易成为一种无意义的空头符号,一种莫名其妙的象形文字。但是,只有抛弃这样一种观念——即儿童必须学习的内容是一些固定的、现成的儿童经验以外的东西,才能把学习看成是儿童智力的必要的满足。然后,教学就成为一种"连续的重建工作,从儿童现有的经验进入有组织的真理——即我们所说的学习——阶段"。而在另一方面,学习也就成了行为和性格的组成部分,与他现时的需要和目的发生有机的联系。一旦以这种方式确立了儿童与课程的正确关系,那么他就再也不会缺乏学习动机,我们也没有必要强求他用记忆来做应该通过理智来完成的工作。

让我们替杜威下定论仍然为时尚早。由于我们离对杜威顶礼膜拜——这曾长期遮挡着美国一切教育怀疑论者的视野——的时代仍然太近,因此,我们还不可能对"进步教育运动"作出公正的评价。这场运动值得肯定的成就是如此巨大和令人赞叹,因而其结果往往是使教育工作者过于注重教育"过程"而忽视教育的内容和原则。特别是1957年苏联第一颗人造卫星上天以来,美国掀起了一场对进步教育运动,尤其是对美国的"进步教育理论"的全面而深刻的检讨运动。作为进步教育理论基础的心理学的和"学习的"许多设想也受到了怀疑。

进步教育理论往往低估了儿童自身的意愿和创造性。在许多"进步学校"中,儿童的机敏性实际上被各种社会规则所钝化,因为这些规则不是从儿

---

① [美]约翰·杜威.学校与儿童.// [英]约瑟夫·约翰·芬德兰.杜威教育文选[C].伦敦:布莱基与桑图书公司,1907:31.——原注

童本身而是从师范学院的俗套出发或者是在美国这种特殊的富庶环境中由于父母的骄纵促成的。如今儿童所参与的社会活动的范围超越了以往的那些界限，我们对儿童自身的迫切需要和能力，对真正富有刺激性的环境挑战的需要，以及对国际性标准（儿童受教育的环境是否适宜必须以这种标准来衡量），给予了更多的注意。童年和稚气与由于成人对孩子保护过于严密或教条主义而造成的幼稚不是同一回事，而进步教育运动在实践上则犯了后者的错误。目前，人们正在对儿童的思想感情与活动的各种新的表达方式进行研究。首先，人们认为，现代儿童比过去儿童见多识广。

我们还须记住，尽管杜威扮演了救世主的角色，但他并非进步教育观点的第一个和唯一的倡导者。当代美国教育史学家克雷明教授已指出：赖斯（J. M. Rice）1892年以来在《论坛》杂志上发表的文章，打响了这场全国性的改造一切学校的进步教育运动的第一枪。[①]不过，在赖斯的文章发表以前，各种公立的福禄培尔式幼儿园已于1878年在圣路易斯创立；从"手工艺教育"开始的手工劳动课程对各种"活动"方法都产生了影响；从18世纪30年代以来，布朗森·奥尔科特（Bronson Alcott）曾提倡并实行过"做中学"的方法；斯坦利·霍尔的儿童测量和观察法是"儿童中心课程"的基础；弗兰西斯·W. 帕克自1875年以来在中小学和师范学校提倡的各种新方法对杜威本人也有影响。而且，正是帕克的革新促进了用于"问题解答"的设计法（用杜威的话说）的产生。杜威的文章有时颇为晦涩难解，有时甚至自相矛盾，但1918年以来他的学说却引人入胜——这里很大一部分功劳必须归于哥伦比亚大学的克伯屈，是他阐明了杜威的许多名言，使这些名言与学校和迅速变化着的社会秩序实际联系在一起。

---

① ［美］克雷明. 学校的变革［M］. 纽约：文坦杰图书出版公司，1961：389-390，393. ——原注

杜威为什么办实验学校①

陈鹤琴

凡关心现代新教育运动的人们，总还记得杜威（John Dewey）所创办的实验学校（Laboratory School）。这个在教育史上具有重大意义的实验学校，是1896年到1904年间芝加哥大学（The University of Chicago）一个重要的部分。当时，杜威是把学校系统视作从幼稚园到大学的组织整体，所以从表面上看来，实验学校的任务似乎就在探求这样的学校系统与组织。

假如有人这样问："杜威为什么办实验学校？"那么，我们就可以回答说："杜威所以办实验学校，是为了要探求一个新的学校系统与组织。"但是这样的回答是否完满呢？我们认为不够，因为它一定还不能满足问者的要求，同时杜威要办实验学校事实上决不是用这样简单的语句可以说清楚的。

首先，我们必须要问的是杜威为什么要把自己的学校冠以"实验室"（Laboratory）这个名字？根据一般的见解，所谓"实验室"，自然是指自然科学范畴内所应用的研究场所，如生物实验室、物理实验室、化学实验室。现在杜威却在哲学、教育的范畴之内也运用了实验室，这不能不使人惊异。其实不然，就杜威的实验室——实验学校的目标，来跟其他实验室相比较，我们便不难看出其间的共通点。杜威实验室的目的：

---

① 这篇文章是根据梅休和爱德华兹所著的《杜威学校》（*The Dewey School*）第一篇、第四篇而写的。本文刊登于《活教育》1947年第四卷第三、第四期。选自：北京市教育科学研究所.陈鹤琴全集（第5卷）［C］.南京：江苏教育出版社，1991：148-153.——原注

（一）对某种理论（theory）、陈述（statement）和原则（principles）予以说明（to exhibit）、试验（test）、证实（verify）及批判（criticize）。

（二）在特定的路线之内，作某些事实和具体原则的量的补充，使路线本身更加完备丰满。

杜威建立自己的实验室——实验学校，是当他在哲学上与心理学上已获得了特殊的理解之后，他迫切希望有这样一个场所，使他的理论和原则得以经受实际应用上的考验。这一希望，并非属于杜威个人的，其实，这个希望却正是杜威的哲学与心理学理论极自然的涌现。因为他认为必须在实际的过程中来研究人类知识，理解品格的发展，这样的研究，才是发掘真知识的道路。

诚如人们所熟悉的，杜威的教育原理是"教育即生长"（Education is growth）[①]。所谓生长，乃是生命的本质。教育即在生长之中，教育除了其本身之外，没有任何终极的标的，它进行于各个人整个生命的过程之中，随时随地帮助与指导个人，使他们能正确地改造和适应其自然的与社会的环境。这便是教育的过程，也就是真正教育的结果。

当我们提到生长的时候，很容易会联想起"未成熟"来，因为常人每以为未成熟便需要生长。于是，生长变成了消极的名词，在它的后面，似乎还有一个"成熟"来作为生长的终极。实际上，成熟与未成熟都是相对的名词。儿童的成熟与否，不能用成人的标准来衡量，我们应当就儿童的成熟阶段来衡量儿童。就儿童的立场来说，未成熟便是一种生长之力，积极的力，以往人们每以为教育在引发儿童的能力。现在，杜威提出，儿童自身的力亦即教育之力，儿童生活之所在，也就是儿童能动的生长之所在。教育即生长，在当时确是崭新的学说，同时又没有一个学校是追随着这种理论来进行教育的改革，因此，杜威创立自己的实验室，以研究儿童在生长过程中与环境之间的关系，并探求促进儿童生长的有利条件与方法。

[①] 杜威在说"教育即生长"时用的英文是"Education as growth"。

杜威的实验学校是为了要实验与丰富他的生长学说而创办的。同时，杜威更认为生长必须在工作（occupation）和集体创造（collective creation）的过程中，才能继续实现。

人类智慧的发展，每每与动作的机会与需要紧密的联结着。一个学校的中心活动应该表现于工作之中，习俗所说的"读书"（studies）并非新学校的真实意义，只有继续的工作，集体的创造，和不断的培养才能促使人类的智慧与知识向更高的阶段发展。在整个社会的范围之内，个人的经验是具有充分自由的。换句话说，就是个人的经验是能互相渗透、互相影响的。教育能否给儿童准备其未来的社会生活，就要看学校是否已成为一个具体的小社会。所以，杜威所希望建立的学校，便是一个集体生活的形式。

以往学校中所注重的读、写、算（reading，writing，arithmetic），可以说都是需要的产物与活动的结果。任何最基础的工作，都交织着自然的特质与活力，集体生活的过程，自包含着社会的发明，组织与人类义务的建立。所以，要使人类知识继续不断的丰富与扩大，唯一可恃的方法，就是在活动中直接跟事物相接触。人类的知识、理解和行为所以能得以发展，即由于人类具有好奇的、好动的、好群的以及多变的自然需要和自然倾向，教育即生长说，便是从这个概念发展出来的。

杜威创办了实验学校，是企图从这里面来发现与应用真正的教育原则，即发现与应用那足以控制人类生长的原则。同时，使人类的技术、理解和社会生活水平得以有效的提高。所以，杜威的实验学校，是学校工作的钥匙。正如"实验"这一名词所表明的，它是一个活动的场所，是一个供给工作，供给不断进行的工作场所。新教育的实践，需要新的工作者，需要能摆脱旧思想奴役、熟悉过去科学艺术的成就而拥有人类集体工作技能的工作者。实验学校，一方面固然是进步的教育工作者实验的场所，另一方面也是铸造进步的教育工作者的熔炉。

教育任务的完成，不仅有赖于进步的教育工作者——教师的努力，杜威更以为教育生长乃是教师、家长和儿童联合工作的结果。教师、家长和儿童之间的共同学习，并非一点一滴的被动的接受，而是相互作用的主动的学习。一个学校不应当关起门来单独地活动，它应当跟那些把自己的孩子交托给学校的家长们密切地联系起来，同时转变他们，使他们跟实验与工作发生感情，以达改造学校的目的。杜威实验学校的整部历史表现于教师、家长与学生间的密切的合作。如今实验学校虽已不再存在，而这种合作的精神，却仍继续地留存着。因此，对于杜威的创办实验学校，其理想的崇高，不能不使人们产生敬意。

从以上的叙述中，我们已不难看出杜威所以创办实验学校的真实原因。实际上，杜威办实验学校的目的，不仅在丰富与应用杜威的生长教育之理论而已；在另一方面，它还要研究与试行一种新的课程，通过这种新的课程，使教育生长学说，由理论进于实际的应用。

由于实验学校的性质，既是大学研究的一部分，又是教养儿童的场所。所以，它所要求的条件是：一方面具有充分的研究自由，另一方面则必须使儿童的生活有正常的发展。在这样的情形之下，所谓课程的本质，决非刻板固定，相反，它必须和儿童经验生长的需要与兴趣相呼应，相适合。

儿童社会性的发展，是儿童适应群体关系的主要因素，教材的选择，必须要顾到社会性的条件，给儿童团体行为以充分自由的活动，同时，要指导儿童如何在社会的目的之下来表现自己的兴趣，这种指导并非站在成人的标准上来说话，而是从日常社会行为中发展出儿童自己的标准来，使任何一个个人，不管他年龄的大小，都能在跟别人共同工作或活动的过程中来完成某一事件，并且还要学会如何顺应其周围的环境，如何适应其自己的社会关系。在这一新理论的支配之下，要建立教与学的方法，确是一种艰难的工作！

"儿童应当借经验而学习"（He must learn by experience），这是一句旧的格言，也正是杜威课程论的基础。但这种学习的方法，在近代学校中遭到严重的阻挠。在现代许多学校中，他们只命令儿童去记些对他们毫无用处的知识，或者命令他们去学习一些在他们长远的将来才偶然有些用处的技能。他们完全忽视了真知的获得，乃为实践的结果，经验的赐予。经验是知识的源泉，必须让儿童在实际活动中来发现其创造与发明之路。

杜威创办实验学校，是准备着以他们的努力来改造传统教育的积弊的。其实，杜威实验学校的成就，不仅是在教育的实际方面，给后来的教育工作者以睿智的指示，并且，在哲学上、心理学上以及社会学上，都开辟了一条新的道路，并留给后人一座丰富的知识宝库。

杜威实验学校的创办，诚非我们所想象到的那般平和顺利，其间的艰难困苦，正说明一个革新者的勇敢与沉着，光明与胜利乃是不断斗争的结果。新教育工作者应在崭新的旗帜之前，提高警惕。

三、杜威与美国教育

杜威在中学当老师①

［美］乔治·戴克威曾

杜威来到石油城的时候，正值美国宾夕法尼亚州石油工业迅猛发展的岁月。石油工业的兴起开始于19世纪50年代，1865年左右达到了顶峰时期。当时，在宾夕法尼亚州开办的石油公司就已有600多家。石油城的所在地韦南戈县是当时石油产量最高的地区之一，放眼望去，油井架与钻孔机在那里随处可见。石油城内以及相邻的周边地区，"一座又一座的油井架从屋后拔地而起，或蜂拥于泥泞的沼泽之中，或集结在斜坡之上，或攀附于悬崖峻石之缘"②。

油城地处油溪与阿勒格尼河的汇合口，因此，两条河流地下所有的石油都会流经此地。那个村庄因而成为当地石油运输的天然中枢，绵延一英里之长的码头和油港则分布在油溪入河口以及阿勒格尼河沿岸。各式各样、大大小小的船只（平底船、驳船、木筏）先是靠马匹拖曳逆流而上，然后在油溪岸边将石油舱装或桶装，再由两三名水手掌舵沿河漂流而下，停泊在码头附近。随后，蒸汽拖船会从这里再将承载舱装原油的船只拖到匹兹堡，把石油送去提炼。而承载桶装原油的船只则需等待马匹和车辆将油桶运送到油港的仓库和货场方可。这里的石油运输十分繁忙，价值数百万美元的石油一直成桶成桶地堆

---

① 译自：George Dykhuizen. *The Life and Mind of John Dewey*. Carbondale: Southern Illinois University Press, 1973：19–26. 高惠蓉，译. 标题系编者所加。

② ［美］巴布科克（Charles A. Babcook）. 宾夕法尼亚州韦南戈县：开拓者与人民（第1卷）［C］. 芝加哥：比尔斯出版公司，1919：138.——原注

置在油港里，成舱成舱地装载在沿岸的船只上。

运送石油的工人通常居住在河口的棚屋或岸边的驳船里。石油城一带的"棚户区"，让周边的餐馆、沙龙、舞厅的生意不断。据说，那些做苦力的劳工，特别是赶马车的人精通亵渎神灵的巫术，在马车的车轮陷在沼泽地过膝的泥沼中或城市街道的泥坑里时，他们就会施展其法术。

1860年时，只有12户人家聚居在一起、人口不过50人的石油城，到1880年的时候，人口已增加到7315人。当然，石油城所有的制造业和商业都是为了迎合石油工业的需要而发展起来的。油桶工厂、油井物资商店、精炼公司以及木材场相继出现，因此，从钻孔机的钻尖到汽油一应俱全。

组建于1869年的石油城交易所，极大地促进了当时石油产业中厂家、经销商、投资人以及投机者之间的交易往来。19世纪70年代，交易所的业务蒸蒸日上。杜威抵达石油城一年半之前，即1878年4月，为了提供更充足的交易场所，一座新的石油交易大厦拔地而起，建成营业。"每天巨大的交易总额达到1000万到1500万桶石油不等，仅次于纽约和旧金山的证券交易所。在原油价格波动时期，大厅里四处挤满了'孤注一掷'的男男女女，目不转睛地关注着'牛市'与'熊市'的跌宕起伏。大发横财之后接着又血本无归，多少人千金散尽不复来。这只不过是一次汹涌的热潮、一场疯狂的闹剧，数年的急功近利统统被压缩在一个周内丧失殆尽。"①

当年，人们对石油及石油投资的热情如此高涨，和杜威同住在一个寄宿公寓里的两位经纪人，自然少不了大力推荐杜威借钱去投资"美孚石油"——一家当年已是石油界巨头的石油公司。但是，一心想做学问的杜威显然无意问津投资，依然过着"借阅了不少书籍，经常会用完一盏灯里的油"②的生活。

---

① ［美］巴布科克. 宾夕法尼亚州韦南戈县：开拓者与人民（第1卷）［C］. 芝加哥：比尔斯出版公司，1919：145.——原注
② ［美］马克斯·伊斯特曼. 约翰·杜威［J］. 大西洋月刊，1941，（168）：673.——原注

伴随着19世纪六七十年代城市的不断发展，石油城地区的小学又增加了一二所。但直到1875年，这里才成立第一所中学，以满足孩子们渴求继续接受教育的愿望。头三年里，这所中学一直租借房子进行教学；直到1878年，在中央大道和第四街的拐角处才建起了一座砖石结构的三层楼房。就是在这座房子里，杜威度过了他在石油城两年（1879—1881）的教学岁月。

同这个时期的很多中学一样，石油城中学（Oil City High School）没有任何档案记录，因此，杜威在这里的教学经历无从得知。杜威在这所中学任教的唯一证据是他参加的两次毕业典礼：一次是1880年6月7日；另一次是1881年6月10日。两次毕业典礼都记录了杜威是当时学校的副校长以及三位教师中的一位。另外两位教师都是女性，即肯特（E. A. Kent）小姐和杜威的表姐阿菲娅·威尔逊（Affia Wilson）小姐。1880年的毕业典礼上有6名毕业生，1881年则有13名毕业生。这个数字表明，当时石油城中学的在校学生人数并不多，大约在75名到100名之间。

杜威在石油城中学任教期间，主要教拉丁语、代数和自然科学。由于在大学期间学习过这些科目，因此对杜威而言，教中学的课程是一件驾轻就熟的事情。但是，由于杜威从未接受过师资培训，又缺乏实际教学经验，因此，他有时在教师和学生的眼里显得不够老练。

从整体上来说，石油城中学里的学生都非常规矩、懂事。那些本来可能会欺杜威年轻而趁机捣乱的孩子们完全被他的亲切、真诚和谦逊所打动，因而几乎未给杜威添过麻烦。与杜威离开很久以后石油城教育界所流传的说法相反，杜威曾经教过的学生都认为杜威先生深受大家的爱戴，学生在他的面前犹如在其他两位老师面前一样，无拘无束，轻松自然。

然而，无论在日常生活方面，还是在工作方面，阿菲娅·威尔逊小姐随时都想要为她这位年轻的表弟提供帮助和建议，在对杜威指手画脚时根本不管学生们是否在场。这种做法使学生们忍俊不禁，却使杜威困窘万分。因此，当学生与杜威打趣他这位过于小心谨慎的亲戚时，杜威在言辞之间丝毫没有掩饰内心的不悦。

备课并不需要花费太大的精力，因而杜威有足够的时间去做其他的事情。油溪沿岸的码头和油港上的车水马龙自然引起了杜威的注意，他时常同大家一起在桥上观看大河上顺流而下的运输船只。热衷于户外活动的他曾多次约请二三位好友遍访周围的山岭和油井。建于1872年的石油城歌剧院在1878年（恰好在杜威到来的一年前）又重新翻建改造过，杜威因此有机会欣赏到了许多最著名的歌剧明星们的精彩表演。

杜威曾对马克斯·伊斯特曼讲述过他在这个时期的一种体验。据伊斯特曼后来所写的，杜威向他描述到当年一种神秘的感受不期而至，如同解答了一直困扰他的一个问题：祈祷真的是发自心声的吗？这种感受究其本质是一种自身与宇宙万物合为一体的感觉，一种坚信对个人价值及地位的忧虑纯属庸人自扰的信念。伊斯特曼接着写道："这并不是一种极为夸张而神秘的感受，而是一种只可意会而不可言传的欢乐心境，所有的担忧都烟消云散。"他借用杜威的话说："自此我再也不存任何疑虑，也不再怀揣任何信念。对我而言，信仰意味着无虑……我认为，我已在石油城的那个夜晚得到了这种信仰。"①

就杜威而言，不管这种感受如何真切，他的宗教信仰并没有因此而发生明显的改变。在接下来的12年里，他依然是基督教徒，参加礼拜活动时的祈祷似乎也是言为心声。但后来，当他抛弃基督教教义，转投强调一元论的绝对唯心主义，继而改信强调人与自然连续性的人本自然主义的时候，那主要是出于理智和哲学的缘故，而不是因为情感或神秘因素的考虑。

当时，杜威对哲学继续保持着自佛蒙特大学四年级时就形成的浓厚兴趣，投入了大量的业余时间，博览群书，潜心钻研。尽管社会问题也是杜威在大学时所关注的焦点，而且石油城为他提供了观察粗放和无控制的工业主义产

---

① ［美］马克斯·伊斯特曼. 约翰·杜威［J］. 大西洋月刊，1941（168）：673.——原注

生的社会问题的极好机会，但杜威却把精力放在了对形而上学问题的研究上。

杜威的注意力完全被机械唯物论所吸引住了。机械唯物论在当时是哲学以及文学刊物上备受争论的焦点，引起了众多意在维护传统道德和宗教价值体系的人士的关注。在审视自己所持的唯物论假设观点的同时，杜威认为，唯物论的形而上学假设不会导致唯物一元论，而是物质与意识的二元论以及意识的直觉主义理论——在此理论框架内，传统道德和宗教价值体系可以安稳地被保存下来。

在《唯物论的形而上学假设》一文中，杜威阐述了这个观点。1881年5月17日，在6月份学校放假前的几个周，他把这篇文章寄给了《思辨哲学杂志》的编辑哈里斯。同文章一起寄去的那封书信十分关键，因为哈里斯对此信的回复直接对杜威后来转而把哲学作为自己的职业方向产生了重大的影响。在信中，杜威这样写道：

> 随信附上短文《唯物论的形而上学假设》，恳望能被贵刊录用。若无望录用，烦请告知我，邮资随信附上。
>
> 诚恐先生不胜其烦，但我仍斗胆恳告，即使这篇文章不能被录用，也希望能得到您的意见；并请先生谈谈我是否能把更多的时间放在哲学研究上，在此表示十分感谢。又及，我是一位年轻人，不知道如何利用我的阅读时间，敬请给我一点指教。希望我没有占据您太多的时间和精力。[①]

6月份学校放假，杜威离开石油城回到了伯灵顿，在那里他翘首等着哈里斯的回信。

此后，杜威再没有回到石油城任教。因为他已经接受了佛蒙特州夏洛特村一所学校的邀请，将于同年的冬季学期去上课。这是一所规模较小的私立中

----

① 杜威给哈里斯的信，1881年5月17日。——原注

学，位于伯灵顿以南16英里的一个村庄。在去那里任教前的几个月里，他请托里教授在古典哲学和德国哲学方面对他进行辅导。

回到伯灵顿家里后，杜威丝毫不曾松懈，从炎炎盛夏直到瑟瑟深秋，他不断勤奋地钻研哲学。与此同时，他开始关注《伦理学》杂志上有关斯宾诺莎泛神论的热烈争论，而这场争论的导火索大约就是当时许多纪念斯宾诺莎逝世200周年的文章。杜威在对它们进行潜心研究后得出结论：作为知识理论的斯宾诺莎泛神论早已分崩离析。斯宾诺莎本人先是对实体（substance）作出了自己的界定，接着又以几何学的方式证明了神即万物存在之实体，但同时又无法为常人眼中的宇宙万物自圆其说。既然斯宾诺莎认为世界万物的本质是神性的，与常人所见迥然不同，那么，为何万物本质与常人所见迥然不同呢？斯宾诺莎的理论就对此无从解释。于是，杜威努力钻研的结果就是第二篇文章，即《斯宾诺莎的泛神论》的问世。他把这篇文章寄给了哈里斯，尽管此前寄出的第一篇文章的命运尚不得知。在信上，他这样写道：

> 随信所附的文章，论及斯宾诺莎的泛神论作为知识理论体系的一些不妥之处，在我看来，有一两件事情是人们在评判斯宾诺莎时经常忽视的。我把这篇文章寄给您，期盼能为贵刊录用。[1]

在信件寄出的那一天，杜威终于收到了他苦苦等待的哈里斯就其有关唯物论的那篇文章的回信。但遗憾的是，这封信早已失传，因此，我们无从得知哈里斯在信中究竟写了些什么，使得杜威自此把哲学研究作为自己的职业。但是，从杜威给哈里斯的回信中不难看出，哈里斯的这封回信让杜威倍受激励。

---

[1]杜威给哈里斯的信，1881年10月21日。——原注

欣悉您17日来信，感谢先生的赞赏。若能录用那篇文章，我不胜欣喜。因为我未曾订阅贵刊，所以如刊用的话，恳请先生赠期刊一二份。昨日，在收到先生回信之前，我又给先生寄了一篇文章《斯宾诺莎的泛神论》，仍然期盼先生看后能录用刊登。我资历尚浅，学习哲学的时间也短，我所关心的是您对文章的看法，而不是稿费之事。[①]

忙于其他事务的哈里斯没有时间给杜威回信。最后，在翘首企盼8个月后，杜威终于又写信给哈里斯，询问他是否已决定刊用关于斯宾诺莎的那篇文章，同时主动提出愿意帮助哈里斯在《思辨哲学杂志》做一些工作。

距先生上次来信已有数月。我想冒昧地问一下，先生是否已经阅过我的那篇论及斯宾诺莎的文章，以及这一篇文章有没有可能被刊用？先生作为康科德暑期学校的校长，肯定事务繁杂，而我有不少空暇时间，愿意协助先生做校对工作。如先生需要的话，可随时与我联系，我将非常乐意去做。不知先生是否需翻译类文章。我最近阅读了卢森科拉兹（Rosencraz）先生对柯奇曼（Kirchmann）所编纂的黑格尔百科全书的介绍文章——详述了黑格尔与康德及其他自己的主要理论的关系。如果先生需要的话，我将愿意寄呈译稿。[②]

我们无从知晓，对于杜威的主动请求，哈里斯当时到底是如何回信的。但是，杜威的这两篇文章后来都被刊登在《思辨哲学杂志》上。1882年4月的期刊所刊登的是那篇关于唯物论的文章，另一篇关于斯宾诺莎的文章则刊登在同年7月的期刊上。后来，杜威谈及这些有点刻板的文章时说："当时，寄去的那些题目仅仅是由我自己决定的，在与它相关的教材缺乏的情况下，我只能给

---

① 杜威给哈里斯的信，1881年10月22日。——原注
② 杜威给哈里斯的信，1882年7月1日。——原注

它以刻板的阐述。"①

当佛蒙特州夏洛特村的莱克维尤高级中学（Lake View Seminary in Charlotte）冬季学期开学的时候，杜威开始了他在中学当老师的又一个阶段。这一次，杜威主持的是一所刚刚进行过重组的学校，因此任务多少有些艰巨。美国卫理圣公会从1840年到1880年11月21日一直都在接济和维持夏洛特村的这所学校，因为它的校舍曾被一场大火付之一炬。1881年，学生家长和其他一些有意为村里孩子提供中等教育的人士自发筹资在学校的旧址上建起了一座新的校舍，同时对学校进行了重组，将其命名为"莱克维尤高级中学"。为学校不断提供帮助和监督学校运行的莱克维尤高级中学董事会邀请杜威在1881年至1882年的冬季学期主管学校事务。

夏洛特村的许多村庄同佛蒙特州农村地区的都很相似，虽然它位于两条大道的交叉口，但却拥有尚普兰湖的迷人风光。村里有莱克维尤高级中学、一座卫理圣公会教堂、两家百货商店、一家鞋店、一个铁匠铺以及大约20户居民。杜威平时就住在村上的一户人家里，每个周末则搭乘往返于伯灵顿和蒙特利尔之间的火车回家。

莱克维尤高级中学有30到35名学生，年龄从12到20岁不等，大多是农民家庭的孩子。在这些学生中，不少人的学习基础不好，成绩较差，因此，无论学生还是教师都为此大伤脑筋，其结果是人们对杜威在教学方面的普遍看法都是"有待改进"。学校里，大多数学生都是中规中矩的，但年纪稍大的男孩们比较顽劣，相互之间搞恶作剧、开教师的玩笑等，不一而足。杜威为了掌控这种局面而付出的心血并没有换来太大的成效。他留给大家的印象始终是太过羞涩、太有绅士风度，而不是一位厉害的训导教师。他当年的学生安娜·拜因顿

① ［美］约翰·杜威. 从绝对主义到实验主义. // ［美］亚当斯（George P. Adams），蒙塔古（William P. Montague）. 现代美国哲学（第2卷）［C］. 纽约：麦克米伦出版公司，1930：16.
——原注

（Anna L. Byington）小姐回忆道："我特别记得杜威先生在教学时的两件事情，一是男孩们是那样的调皮捣蛋，一是杜威先生每天上课前那样热情洋溢的长篇祈祷辞。"①

因为在莱克维尤高级中学的聘任期只是那年的冬季学期，于是，杜威可以在其他空闲的几个月里按自己的计划钻研古典哲学著作并与托里教授一起讨论。杜威与托里教授的讨论通常都是他们在附近树林散步的时候展开的。这样，他们师生之间逐渐加深了了解，老师可以自由充分地表达自己的观点，学生从老师身上则发现了作为一个人和一位思想家的魅力，这些都是在教室讲课和听课的情况下难以实现的。在回忆和托里教授一起度过的那段时光时，杜威写道："在那一年里，也就是在我的两年中学教学工作之后，在我们散步时的交谈中，托里更加随意地谈出了他在教室里没有讲到的见解，并且表现出了一种潜质。这种潜质使托里有可能在更自由的美国哲学发展中跻身于领导人中间；但是，这样的时刻并没有到来。"②同样，作为学生的杜威也更自由地谈论和提问，使得老师感受到了这位学生的智慧与能力——这是他原先在课堂上所没有察觉到的。

① 1938年7月17日的采访。——原注

② ［美］约翰·杜威. 从绝对主义到实验主义. // ［美］亚当斯（George P. Adams），蒙塔古（William P. Montague）. 现代美国哲学（第2卷）［C］. 纽约：麦克米伦出版公司，1930：15.——原注

杜威在约翰斯·霍普金斯大学攻读研究生①

［美］乔治·戴克威曾

在中学当老师期间，杜威曾与他在佛蒙特大学学习时的老师托里教授多次谈到过自己的前程问题。他们俩有着一致的看法，那就是杜威不能再继续在中学教书了。托里建议杜威，把哲学作为他的终身职业。这实在是一个大胆的提议，因为当时的大学很少会聘用在基督教神学方面没有深刻造诣的哲学教授。可是，这个建议也有它的可取之处，因为杜威本人对哲学怀有浓厚的兴趣，而且在哲学领域的初步尝试和努力已经得到了哈里斯的赏识。在经过一番思考之后，杜威决定听从托里教授的意见，并很快就制订了在约翰斯·霍普金斯大学攻读研究生的计划。

杜威十分感激托里教授在伯灵顿期间的帮助。多年后，他曾这样写道："我的成长应该归功于他（托里）对我的双份恩惠：一是他使我的思想明确地转向了把哲学研究作为终生的职业；二是在那一年里他用了大量时间对我进行指导，我开始专心于哲学史方面经典著作的阅读，并学习富有哲理性的德国哲学著作。"②

让杜威苦恼不已的是学费问题。在中学当老师期间的薪水没能使他攒下

---

① 选译自：George Dykhuizen. *The Life and Mind of John Dewey*. Carbondale: Southern Illinois University Press，1973：26-43. 高惠蓉，译. 标题系编译者所加。

② ［美］约翰·杜威. 从绝对主义到实验主义. // ［美］亚当斯（George P. Adams），蒙塔古（William P. Montague）. 现代美国哲学（第2卷）［C］. 纽约：麦克米伦出版公司，1930：14-15.

——原注

多少积蓄，父亲也早已多年不再经商，无力相助。在得知约翰斯·霍普金斯大学向20位研究生提供500美元的奖学金之后，杜威提出了申请，并请求托里教授帮他写一封推荐信。于是，托里写信给约翰斯·霍普金斯大学的哲学教授乔治·莫里斯。在信中，托里简要地概括了他对杜威的申请资格的评价：

> 请允许本人在此把约翰·杜威先生推荐为申请约翰斯·霍普金斯大学哲学系研究生奖学金的申请者。杜威先生1879年以优异的成绩毕业于佛蒙特大学，在大学期间就在哲学领域显示出优异的才能，自毕业后也一直在对哲学进行专门的研究。杜威先生在形而上学方面具有浓厚的兴趣，并拥有成功从事哲学研究的先决条件——突出的智慧。我相信，假若他能得到机会培养这方面的潜力，凭借他高尚的人格和对哲学的热爱，他肯定会获得最好的成果。[1]

1882年夏天，当申请研究生奖学金失败的消息传来时，杜威立即又申请了一个金额较低的奖学金。他在写给约翰斯·霍普金斯大学校长吉尔曼的信中表达了自己的迫切心声：

> 我渴望能够在哲学和心理学方面继续深造，尽管申请研究生奖学金没有成功一事让我倍感沮丧，但我仍希望能有幸获得一项奖学金，以便我能在明年继续学业。当然，若不是经济的原因以及没有奖学金的资助就无法完成学业的话，我本人不会提出上述申请的。我相信，若有幸得到奖学金的话，我一定会很好地使用资助，并取得优异的学习成绩。

---

[1]托里给莫里斯的信，1882年2月11日。——原注

　　我已看过明年的教学通告，发现预定书目中的大部分书籍我已
经读过，即便是其中没有读过的书籍，我也已翻阅过与其相类似的书
籍。如果您能告知本人是否有望获得奖学金，无论结果如何，我都将
十分感激。①

　　然而，杜威又一次失望了，他没能申请到奖学金。但是，当时已经下定
决心到约翰斯·霍普金斯大学求学的杜威，决定接受一位姑妈提供的500美元
借款。杜威接着递交了入学申请书，很快就收到了研究生部的录取通知。

　　同年9月，时年23岁的杜威在约翰斯·霍普金斯大学开始了他的研究生学
习。杜威之所以选择在约翰斯·霍普金斯大学进一步深造，是因为它的赫赫盛
名——它是一所在研究生教育方面可以与欧洲任何一所院校相媲美的美国高等
学府。约翰斯·霍普金斯大学成立于1876年，即在杜威入学时的五六年前，是
美国大学研究生教育的开拓者，它采用研讨班和实验室的方法进行教学，鼓励
教师和研究生从事研究工作，资助学术性著作和刊物出版。

　　在成立初期，约翰斯·霍普金斯大学招生的名额极少，所招的学生都是
严格挑选出来的。"翻阅约翰斯·霍普金斯入学最初的学生名单，就是在浏
览此后三四十年内成为美国各大学著名人士的名单。"②杜威刚入校时，约翰
斯·霍普金斯大学的研究生人数为125人，第二年人数就迅速增加为159人。研
究生教学都是小班授课，特别是哲学专业，招生人数从2人到11人不等。这就
加强了师生间的交往，为师生之间的思想交流创造了良好的氛围。

　　杜威学习期间，约翰斯·霍普金斯大学校园离巴尔的摩商业区只有几步
之遥；但如今，它已处在城市的包围之中。当年校园内的七八幢教学楼或位于

①杜威给吉尔曼的信，1882年8月11日。——原注
②［美］瑞安（W. Carson Ryan）.早期研究生教育［M］.纽约：卡内基教学促进基金会，
1939：32.——原注

或面对霍华德大街、尤托大街、莫纽门特大街，以及小罗斯大街为界的街区，但小罗斯大街现今早已不存在了。校园附近的皮博迪学院（Peabody Institute）藏有6万卷学术参考资料，这对于约翰斯·霍普金斯大学当年相对有限的藏书是一个很好的补充。由于大学内没有学生宿舍，因此，学生大多分散地住在校园附近的私人住宅和住宿公寓里。杜威读书时所住的那幢公寓早已被拆除了，如今取而代之的是停车场和商业建筑。

鼓励教师和研究生从事创造性研究极大地刺激了当时大学的学术活动，使得约翰斯·霍普金斯大学的学术研究氛围是别处无法与之相比的。比杜威高几届的学长乔赛亚·罗伊斯（Josiah Royce）曾这样写道："约翰斯·霍普金斯大学每天的开始是充满福音的……校园四处都在传颂学长们所做的有价值的工作，每一个人都希望为自我找到通往成功的动力。"①杜威在抵达密歇根大学后不久，曾在一个团体作演讲时说过："让巴尔的摩的学生受益最大的是学术活动的氛围和师生参与学术研究的志向。在那里，没有人会怠于思考、精神颓废。学生不会被当作被动听课的水桶，或是研磨每日规定、死记硬背教材内容的磨盘，而是自发去探索真理的人，教师的教学方法则是适当的鼓励和建议。"②

杜威发现，约翰斯·霍普金斯大学的学术氛围非常活跃。在校期间，他把精力全部都投入到了课业和学术研究中，除完成博士学位论文外，还发表了3篇文章。

约翰斯·霍普金斯大学拥有近350万美元的捐赠基金，这在当时是一笔很大的数目，因此，每年都会向它的几个院系提供丰厚的拨款，但唯独哲学系是个例外。同当时大多数人一样，吉尔曼校长对科学很有热情，却不太愿意把更多的钱花在哲学上，因而在拨款时更倾向于从事科研实验的院系。此外，他认

---

① ［美］罗伊斯.目前美国大学生活的理想［J］.斯克力布纳杂志，1891，（10）.——原注
② ［美］约翰·杜威.约翰斯·霍普金斯大学［J］.密歇根亚克尔，1885，（3）：292.——原注

为，哲学专业的研究生很难在美国的高等院校谋到教学职位，因为它们所聘用的教师一直都是那些在基督教神学专业受过教育的人。出于一种善意，吉尔曼校长最初也曾劝说杜威放弃哲学专业的学习。

缺少学校行政部门的支持直接反映为哲学系开设的高级课程较少，其课程局限于哲学史、逻辑和心理学，仅仅在数量上能够满足哲学系主要工作的要求。伦理学、经济学、政治学和社会哲学等领域几乎鲜有涉及。杜威写道："没有人比我更了解，系里开设的课程使我们受益匪浅；但我猜想，没有人比系里的教师更清楚，他们是多么无力开设弥补大学应当涉及的学科课程。"[1]

一方面是为了弥补政治、经济和社会哲学方面相关课程的不足，一方面是由于自身对社会问题的兴趣，杜威选修了历史学和政治学作为辅修专业。在两年的研究生学习期间，他选修的辅修专业课程有：制度史（两学期）、英国史资料、比较宪法史、美国制度与美国经济（两学期）以及国际法。在这些课程中，有的课程与杜威在佛蒙特大学学习期间的课程有所重复，但杜威希望约翰斯·霍普金斯大学的高级课程会有更深层的分析，并且能从哲学的角度去予以阐释。可是，事与愿违。为此，杜威深感失望，他觉得这是约翰斯·霍普金斯大学差强人意的地方。他在给哈里斯的信中这样写道："我在辅修专业学习时，学的课程是历史系开设的国家理论和国际法等，而且与历史系的师生交往甚密。历史系是我们学校最大的院系，拥有最为优秀的学生，然而，学校并没有向这些优秀的学生提供哲学方面的熏陶，历史哲学和社会道德哲学方面的课程都没有涉及，在我看来，只要这种情况不改变的话，学生就很难从他们所上

---

[1]杜威给哈里斯的信，1884年1月17日。——原注

的课程中获益。"①皮尔士（Charles S. Peirce）开设的逻辑学课程与杜威的期望值相距甚远，对此他有点失望。杜威原本以为能在约翰斯·霍普金斯大学学习到"哲学逻辑"，一种截然不同的象征着真理的知识体系，即哲学的起源、发展以及相互之间的内在关联和比较价值。但是，皮尔士开设的逻辑学课程在很大程度上是数学哲学以及科学方法论。在学业安定下来后不久，杜威就写信给托里教授说："我没有选修逻辑学方面的课程，这门课程十分数学化。对于皮尔士先生而言，逻辑学只是以数学方式对物理科学进行阐释。与其说这是一门哲学课程，倒不如说这是一门科学课程。实际上，我想皮尔士先生并不认为其中除了物理科学的概述之外，并没有任何哲学成分。"②

第二年，杜威还是选修了这门课程，当然不是出于兴趣，而是出于学分上的考虑。在这门课程将近结束时，杜威向哈里斯抱怨说："对于皮尔士先生开设的逻辑学课程，相对而言，数学系的学生要比哲学系的学生对此更加感兴趣。"③直到20年后，在经过了更进一步的学习和研究之后，杜威才意识到皮尔士所讲授的逻辑学对于他形成良好的知识基础具有重要的意义。

约翰斯·霍普金斯大学所开设的心理学课程一直处于该领域的前沿。教师斯坦利·霍尔是一个博学多才的学者，早年曾对神学颇有造诣，但之后由于对神学与日俱增的怀疑而转攻哲学和文学。1874年，德国心理学家冯特（Wundt）发表的《生理心理学原理》引起了霍尔的极大兴趣，于是他动身前往德国，拜师在冯特门下潜心学习。霍尔认为，"新的心理学"具有很好的发展前景，遂决定将其作为自己的主攻方向。1882年，霍尔接受了约翰斯·霍普金斯大学的聘请，主持心理学讲座，开设了生理心理学和实验心理学两门课程，以及一门纯理论的心理学课程，称为"心理学与伦理学原理"；同时，他

---

① 杜威给哈里斯的信，1884年1月17日。——原注
② 杜威给托里的信，1882年10月5日。——原注
③ 杜威给哈里斯的信，1884年1月17日。——原注

还应邀为立志于从事教学工作的学生开设了一门研讨课——"科学教学法"。杜威选修了以上所有的课程，并在霍尔创建的心理学实验室中独立完成了一些实验。根据杜威的描述，这些实验主要是围绕"注意"而开展的。"在条件允许的情况下，判断一个是否把注意完全集中于某一事物时，对'旁人'的意识会造成什么影响，以及注意在造成不自觉的肌肉活动方面的影响——类似模仿'心智'阅读。"[①]

在那段时期，杜威最大的满足来自聆听密歇根大学莫里斯教授的课程。自1878年起，莫里斯教授每年都会有一段时间在约翰斯·霍普金斯大学客座讲授哲学。莫里斯在哲学界的名声最早源于他所翻译的宇伯威格在1872—1873年所写的《哲学史》及其以后的著作。早年，莫里斯曾在德国留学，以特伦德伦伯格为师。回国后，他发展演绎出一种新黑格尔主义。据杜威的回忆，当时的新黑格尔主义，即"把一种集逻辑和唯心的形而上学论与一种唯物论的认识论结合了起来"[②]的学说。读研究生的第一年，杜威选修的莫里斯教授的课程有：认知科学研讨课、英国哲学史、黑格尔历史哲学。第二年选修的课程则有：斯宾诺莎伦理学研讨课、德国哲学史（尤其是从康德到黑格尔时期的哲学运动）。

在开始研究生学习后不久，杜威给托里写信描述了他的前两门课程：

> 在他（莫里斯）的指导下，我的课业是每周4课时的英国哲学史——从培根到斯宾塞；还有就是每周两次的所谓的哲学研讨课。相比较而言，后者令我在许多方面受益匪浅。这是一门对认知科学加以文本研究的课程。具体的研究方法是这样的：阅读柏拉图的《泰阿泰

---

① 杜威给哈里斯的信，1883年2月4日。——原注
② ［美］约翰·杜威.从绝对主义到实验主义.// 现代美国哲学（第2卷）［C］.纽约：麦克米伦出版公司，1930：19.——原注

德篇》（译本），然后根据书中的主题——赫拉克利特、德谟克利特以及普罗泰戈拉等人的著作，完成相关题目。每个学生一个题目，要求查阅相关资料、请教权威专家等，然后在课堂上作陈述。接下来，我们还要以同样的方式学习亚里士多德的《论灵魂》。要求我们通过尽可能多的原著研究，在课程结束时对希腊哲学（至少在知识典故、出处以及含义等方面）有更深层了解……

　　他对英国哲学方面的讲解不是介绍性的，而是评论性的，往往会指出感觉论与不可知论之间的矛盾和不妥之处。[①]

杜威也曾写信给哈里斯，与其探讨斯宾诺莎以及德国哲学方面的课程：

　　现在，我正在听莫里斯教授开设的两门课程。其中一门课程是从莱布尼茨（Leibniz）开始讲起的德国哲学讲座。由于莫里斯教授在校只有半年时间，因此，今年的课程大部分内容受时间限制仅限于康德（Kant）。目前，莫里斯教授正在讲谢林（Schelling）。我想，在此结束之前他会对黑格尔（Hegel）作一番简要介绍。另外一门课程是针对斯宾诺莎的《伦理学》，主要是以研讨的方式进行教学的，莫里斯博士和每一个学生轮流对一些论题进行阐释——运用斯宾诺莎的体系和一般的哲学讨论方式。由此，这门课程不仅使我们对斯宾诺莎有了进一步的了解，而且使我们明确了泛神论和"本体论"体系的逻辑，当然同时也就使我们掌握了数学方法与哲学方法之间的不同。因此，这两门课程不仅使我十分感兴趣，而且受益良多。[②]

[①]杜威给托里的信，1882年10月5日。——原注
[②]杜威给哈里斯的信，1884年1月17日。——原注

莫里斯教授的教学风格给学生们留下了深刻的印象。他在教学时全身心地投入，坦率地表达自己的思想，讲课真诚且令人折服，让学生们难以忘怀。1915年，杜威曾这样写道："莫里斯教授的课堂在我的记忆中历久而弥新，他在讲课时总是燃烧着智慧的热情之火，近乎狂热。当讲到某个他所重视的主题时，他的态度就如同在例证他对亚里士多德学派哲学的虔诚——灵魂是躯体的形式，是灵魂的图极①。"②

…………

一方面是因为受莫里斯对新黑格尔主义虔诚信仰的感染，一方面是因为杜威此时深受某些问题的困扰，而似乎只能在新黑格尔主义中找到这些问题的答案，所以，杜威很快成为新黑格主义的信徒。在进入约翰斯·霍普金斯大学之前，杜威已熟悉康德与苏格兰现实主义的直觉主义哲学。早在佛蒙特大学本科学习时，杜威就接受了直觉主义，但与此同时他又深感直觉主义的缺陷，即其在有限与无限、神与人、实在与精神、躯体与灵魂、个体与群体之间构建起来的二元论。这些二元论让杜威大为头疼。他迫切地期待着一种可以克服所有这些缺陷的哲学，这种期待又由于他在信仰基督教的过程中碰到的难题而愈发强烈。杜威自幼受自由的公理会的福音熏陶，自然而然地接受了它的教义；随后，他却发现了越来越多的比某些教条更加理性的观点，而若要向教条低头妥协则不得不割舍掉后者。

对于杜威而言，由莫里斯教授所阐释的新黑格尔主义，仿若雪中送炭。新黑格尔主义对实在的界定是：实在就是一个有机体，其内部各个组成部分之间相互关联。这就彻底扫除了直觉主义在事物之间造成的各种障碍。新黑格尔主义认为，实在是一个有机体的存在或精神，既与其他无数的有限存在或精神

---

① 图极（entelechy），亚里士多德的哲学用语。
② ［美］约翰·杜威.乔治·西尔维斯特·莫里斯.//［美］温利.乔治·西尔维斯特·莫里斯的生平与著作［M］.纽约：麦克米伦出版公司，1917：313.——原注

不同，又通过这些有限的存在或精神并实现自己更高层次的存在，填补无限与有限、神与人之间的鸿沟。

在新黑格尔主义中，杜威寻找到长期以来一直在探索的东西，他为此感受到一种巨大的满足。对当时的杜威来说，哲学一直是一种"理性的训练"，如今更是成为一种"极大的释放"，将他分散的观点和感知从其不同的空间中解放出来，并整合成为一种思想体系，这使得杜威的身心感到十分兴奋。

因而，杜威开始潜心研究新黑格尔主义，埋头钻研新黑格尔主义者的著作，尤其是格林、约翰·凯尔德（John Caird）、爱德华·凯尔德（Edward Caird）、威廉姆·华莱士（William Wallace）等人的著作。在杜威看来，这场以这些人为代表的运动是在当时哲学界极为关键和极具建设性的。自然而然地，杜威在这段时期的著作大多是阐释新黑格尔主义的，尤其是论证它与其他哲学相比而显示出来的优势。

杜威在约翰斯·霍普金斯大学的第一篇论文是受到莫里斯所讲授的英国哲学课程的启发，是一篇探讨感知相对论及其他的哲学含意的文章。这篇文章对研究杜威的哲学发展具有重要意义，因为它反映出杜威是如何迅速掌握莫里斯的思维方式的。它的题目被杜威定为《认知与感觉的相对性》，并于1882年12月12日投稿给了约翰斯·霍普金斯大学形而上学俱乐部（The Metaphysical Club at the Johns Hopkins）[1]，这也是他同莫里斯开始合作前的三个月。1882年12月29日，杜威将此稿寄给了哈里斯，并附信写道：

　　兹送上一篇文章，其论及感觉的相对性，意欲将它应用于感觉论的一个阶段，这与本人在论述唯物主义时所采用的论述方式相同。如

---

[1] 形而上学俱乐部是当时约翰斯·霍普金斯大学的一些俱乐部中的一个。其成员既有教师，也有学生。皮尔士、莫里斯、霍尔都曾是这个俱乐部的主席。它创建于1879年，1884年停办。每月举行一次会议。在约翰斯·霍普金斯大学攻读研究生期间，杜威也是该俱乐部的成员。——原注

这篇文章能刊载于《思辨哲学杂志》，我将不胜荣幸。然而，我并无催逼先生之意。

第二个月，这篇文章在《思辨哲学杂志》上刊登了。沿着莫里斯在《英国思想与思想家》（*British Thought and Thinkers*）一书中的思想脉络，杜威认为，感知是相对的，以及所有的认知来自感知这两种假设在逻辑上不可能同时成立。这是因为如果说感知是相对的，那就暗示着我们绝对认知客观实在的存在，并借此认识到我们的感觉是相对的。但是，如果同时认为所有的认知都来自相对的感知，那就暗示我们不可能绝对认知任何事物，因而也就无从辨识我们的感知认识是相对的。就杜威自身而言，他认同第一个假设，因为受神经系统支配的感知的确是相对的，这是不可否认的；但与此同时，杜威并不认为第二个假设是错误的。其原因是他发现了并非源自感知的认知，即思考意识所具备的认知，不仅能够感知，同时还客观存在，而且对两者进行比较可断定前者是相对的。由此，杜威得出结论，感知理论的相对性并不像人们通常想当然的那样支持感觉论、唯物论或不可知论，而是支持一种承认思想的构成力作为绝对存在并决定客观万物的理论。

杜威随后发表的两篇论文反映出他对哲学方法日益浓厚的兴趣，以及对黑格尔主义矫正了以往哲学中出现的错误的深信不疑。"哲学方法"是任何哲学的核心，因为当杜威在使用这个术语时，他指的是得出真理的一种方法和标准。在这两篇论文中，第一篇《黑格尔与范畴理论》，在形而上学俱乐部1883年4月10日的会议召开前就递交了。由于该稿现已失传，因而只能猜测其大概内容了。但是，我们可以很有把握地推断，这是一篇对黑格尔的辩证法给以高度赞赏的文章，文中认为真理是一种绝对而和谐的概念体系，通过矛盾双方在优化综合过程中的统一得以实现。第二篇论文也是在同一时期完成的，准备递交给1883—1884学年研究生奖学金管理委员会；最后，这篇论文发表在了《思辨哲学杂志》1884年4月号上，题目为《康德和哲学方法》。

　　杜威的第四篇文章写于1883年秋天，即他在约翰斯·霍普金斯大学学习的第二年。这篇文章源于那年夏天他与托里教授一起散步时的一次讨论。他们俩讨论到，心理的意识活动和无意识活动之间似乎存在密切的联系。后来，杜威进一步思考了这个更为重要的问题。他发现，我们所有的精神活动，包括我们的那些道德本性，似乎受到心理活动的影响，这些心理活动并不因此成为意识的，而是通过使一种无意识的心理活动等同于"一种已失去自我的特殊存在，而进入了心理，成为由心理所阐述的机能之一"。杜威认为，他解决了这个问题。但是，假定存在"一种始终如一的自我意识"，那么这种自我意识就"不同于自身进入'兴奋'或连续的意识"。因此，杜威发现，那些事实并没有通过这个研究而得到揭示，他"得出的结论基本上也就是'直觉主义'的那些东西"。杜威在这篇题为《意识心理学》的文章中阐述了他的思想。这篇文章是他为参加11月13日形而上学俱乐部举行的会议而写的。它从未发表过，但杜威在会议后第四天给托里教授的信中叙述过其内容。

　　在约翰斯·霍普金斯大学学习的第二年快结束时，杜威想更好地完成他的研究工作，以取得博士学位。他仍然遇到了那个经常重复出现的学费问题，这也许是他渴望得到讲授哲学课程的职位的主要原因。为了达到获得学位的要求，杜威需要写一篇博士学位论文，他决定尽快去做。他曾在给哈里斯的信中写道："我尽力在今年获得博士学位，我自己的工作大部分是在学位论文上。"①

　　杜威的博士学位论文从未出版过，人们也从未看过。他的这篇论文的题目是《康德的心理学》。关于这篇论文，杜威在给哈里斯的信中对它的解释是特别有趣的。

　　　他［康德］的精神哲学（他至今有的），或者他的认知理论的从

---

① 杜威给哈里斯的信，1884年1月7日。——原注

属方面，除对他的感觉、想象等理论进行一般阐述外，我希望能够指出他把理性或精神的概念作为人的经验的整个领域的中心和有机统一体。也就是说，他坚持这一看法，即他是现代哲学方法的真正创立者。但是，在某些范围，他陷入了自己的弱点和矛盾之中。这个哲学方法问题，现在恰恰是我最感兴趣的问题。[①]

这些评论表明，杜威的这篇博士学位论文在许多地方重复了他早期的论文——《康德和哲学方法》，在同样的领域得出了很多相同的结论。1888年，也就是4年之后，杜威在一封信里证实了这一点。在那封信里，他这样写道："发表在《思辨哲学杂志》上的这篇文章（《康德和哲学方法》），在一些方面与博士学位论文的思路有点相似。它的发表是为了获得奖学金，但是博士学位论文……从未发表过，其题目是'康德的心理学'。"[②]

在杜威的研究生学习的最后几个月里，他对新的心理学充满兴趣，由此可以看到他对哲学方法的关注。当他首先开始这一方面的学习时，他给托里教授写信说："我没有看到心理学和哲学之间任何的密切联系，但我设想，心理学将为石磨提供谷物，如果没有其他东西的话。"[③]但是，当杜威深入学习这一方面的内容时，他越来越因为新的心理学以及它在哲学方面的价值而兴奋起来。他在1884年5月11日提交给形而上学俱乐部会议的一篇题为《新的心理学》的文章中表述了这些思想。同年秋天，这篇文章发表在《安多弗评论》（Andover Review）上。

在这篇文章中，杜威用心理学、生物学以及其他学科的影响来阐述新的心理学。研究心理活动的哲学条件就要对心理学实验方法进行介绍，用许多有

---

① 杜威给哈里斯的信，1884年1月17日。——原注
② 杜威给鲍尔（T. R. Ball）的信，1888年5月28日。——原注
③ 杜威给托里的信，1883年2月4日。——原注

效的方法来补充反思方法。从生物学出发，具有了有机体和环境的思想。当有机体的概念被采用和应用于心理生活时，心理活动被视为"一个有机体根据所有的生命规律的机能发展"。当环境的概念被心理学所关注时，它产生了这样一种看法，即心理并不是在真空中而是在一种有组织的社会生活中发展的，社会生活有助于心理的形成和稳定。①因此，新的心理学利用了社会学、历史学、变态心理学以及其他有关知识和灵感的学科。

杜威通过主张"心理生活的同一和联合"继续阐述他的思想。他认为，新的心理学坚持驳斥了旧的心理学，将心理生活看成是由凌乱微小的感觉或观念混杂而成的，或将其简化为独立自主的官能的观点。此外，杜威认为，新的心理学所包含的逻辑与旧的心理学所包含的逻辑是完全不同的。或许杜威此时想起了皮尔士，他说，新的心理学抛弃了旧的心理学在所有的逻辑和数学类推与规则上的法律虚构，而与经验相融合，即"相信母亲不会背叛自己的孩子"。旧的心理学运用的一种逻辑是，"丰富多彩的经验在不同的国家、个人，甚至生命的不同时刻从来都是不同的……它们被整齐而仔细地进行分析，不同的部分被贴上各自的标签，分门别类地收好，再整体被打上'既成事实'的印记"。新的心理学拒绝接受这种刻板的图解式的逻辑，取而代之的是"事实、过程、生命的逻辑"。②

从这一分析中不难发现，杜威看到了新的心理学与新黑格尔主义在基本概念——有机论、物力论以及否认把形式论作为一种逻辑形式——上的基本同一性；同时，他也认识到需要用某种具体而系统的方法把这两个理论结合起来的问题。

约翰斯·霍普金斯大学的两年研究生岁月使杜威的心智得到了很大的发展。正是约翰斯·霍普金斯大学，使杜威接触并认同了新黑格尔主义和新的心

---

① ［美］约翰·杜威.新的心理学［J］.安多弗评论，1884，（2）：285.——原注
② ［美］约翰·杜威.新的心理学［J］.安多弗评论，1884，（2）：278，188.——原注

理学，它们把杜威引领到将这两者合二为一的问题面前——这个问题让他耗尽了此后数年的精力和心血，并使他受到了哲学界的关注。但是，这些年的学习和研究的作用还不止这些，正如杜威后来所说的：对黑格尔的研究，"在我的思想中留下了一种不可磨灭的痕迹"。究竟是什么痕迹呢？杜威曾撰文解释道：

> 在个人的精神生活的形成中，每个人都依赖于黑格尔所说的一种"客观精神"，即文化制度思想。这种思想也带有孔德（Comte）、孔多塞（Condorcet）和培根（Bacon）的影响。在社会制度中曾出现的一种绝对精神，即形而上学思想已退了出去，而通过文化环境对个人的观念、信仰和学术态度的形成起作用的思想，则在经验主义的基础上继续存在着。在形成我关于现成智力在心理学和哲学两方面具有共同设想的信念中，它是一种因素。这种现成智力作为一个没有经验主义支持的客体，是与物质世界相对的。在形成我关于最合理的心理学是一种社会心理学的信念中，它也是一种因素。这种心理学不同于对行为的生物学描述。就更加专门的哲学问题而言，在我早期的辩证法信念被怀疑论所取代之后，黑格尔学派所强调的连续性和交互作用的思想，在经验主义的基础上对我继续产生影响。一直到我在芝加哥的最初几年里，在对黑格尔《逻辑学》进行专题讨论的课中，我试图用"重新调整"和"重新改造"的术语来解释黑格尔的思想范畴。最后，当我完全从黑格尔学派的束缚下解放出来时，我逐渐认识到，这实际上意味着能够更好地理解和阐述黑格尔的这些原理。①

莫里斯很早就发现了杜威的卓越才能。这个年轻学生在研讨课上的优异

---

① ［美］简·杜威.约翰·杜威传. // ［美］保罗·希尔普.约翰·杜威的哲学（第1卷）［C］.埃文斯顿：西北大学出版社，1939：17-18.——原注

表现，在形而上学俱乐部上的精彩言辞，以及他所撰写的文章，都使得莫里斯对杜威在研究方面的潜力寄予厚望。后来，当学校想要物色一位在1882—1883学年第二学期为本科生讲授哲学史课程的教师时，莫里斯立即推荐了杜威。虽然当时的这个班级只有7个学生，每两周才上一次课，但杜威还是非常高兴地接受了。不管怎样，他终于有机会去讲授自己感兴趣的课程了。但是，杜威非常谦虚地否认了这是对他的优异表现的肯定。他在给托里教授的信中写道："所有院系的研究生都会或多或少地协助本科生的教学工作，我不过是一个可以利用自己在哲学史方面的专长进行教学的人，这没有什么可以炫耀的。"[1]

杜威曾在信中谈到他漫长的教育生涯中第一次所教的哲学史课：

> 当然，这是个本科生班级，用的教材是宇伯威格的《哲学史》，内容自然删去了一大部分。这门课程的目的是让学生们了解到尽可能多的哲学派别——事实上，这是无法完全做到的，但至少使学生们了解到一些哲学问题，这些问题的答案也给他们了。此外，就是使他们从课本中接触一下不同学者的理论。如果日后他们有机会继续这方面的研究，那将会使他们有一个良好的基础。我的教学工作就是根据课本知识向他们提问，并在必要的地方加以解释。整门现代哲学只有约30处需要背诵，因而不可能讲得太深。到现在为止，我已经进行了3次背诵测验。明天，我们将会开始学习霍布斯的理论。讲课不仅令人心旷神怡，而且有益于巩固基础知识。对我而言，这还是一次很好的复习。[2]

为了解决在约翰斯·霍普金斯大学第二年的学费问题，1883年春，杜威

---

① 杜威给托里的信，1883年2月4日。——原注
② 杜威给托里的信，1883年2月4日。——原注

向校方申请了师资奖学金。他的申请得到了莫里斯教授及哲学系其他教师的真诚支持。然而，吉尔曼校长当时仍然存有疑虑，认为有必要在颁发师资奖学金之前对杜威有更多的了解。最后，1883年3月30日，吉尔曼校长写信给佛蒙特大学巴克汉姆校长，请求巴克汉姆和托里向他提供一些有关杜威的个人信息。吉尔曼校长在信中表达了他对杜威这位年轻人的印象：

> 贵校毕业生约翰·杜威自去年冬季开始在我校学习。在此期间，给我校哲学系的教师留下了相当不错的印象——目前他是我校一个职位的候选人之一。我个人认为，杜威平常沉默寡言、不善言谈——这或许是由于职务关系妨碍了我们之间的相互了解和熟悉。因此，我想向您及贵校的托里教授了解一下有关杜威先生的性格、才智、人品以及宗教信仰方面的情况。如果明年我校聘任杜威担任一个教学职务，他将会给本科生讲课。我想知道，虽然杜威具有良好的心智能力条件，但不知他是否具备我们需要的教学能力。对于你们的回复，我会保密的。①

不久，吉尔曼校长接到了自小看着杜威长大的这两位长者的回信。他们的信揭示了杜威的人品。巴克汉姆校长在他的回信中这样写道：

> 约翰·杜威的逻辑严谨，一丝不苟，见识独到。他为人从善如流——据我所知，在宗教信仰上虔诚恭敬，绝无任何巫邪古怪的想法。正如您所看到的那样，他比较沉默寡言——这在很大程度上是他自信心不够强的缘故。这也是让熟知他为人的人们唯一产生疑虑的地方——他是否具备一位教师所应有的果敢和执着。我个人认为，如果

---

① 吉尔曼给巴克汉姆的信，1883年3月20日。——原注

相信他并对他委以重任，那肯定会增强他的自信心，并使他逐渐克服这一缺点。[①]

两天后，托里教授也为他的忘年之交、曾经的学生约翰·杜威，给吉尔曼校长写来了回信：

> 您写给巴克汉姆校长询问有关杜威先生情况的信件已转到我的手上。就杜威先生的才智而言，可以说，我从未遇到过像他这样在哲学上有着如此清晰的见地和敏锐的洞察力，以及富有真知灼见的学生。杜威毕业后，我曾与他多次就哲学问题交流看法，在交谈中，我感到杜威在哲学领域的发展潜力很大。哲学是他所选择的职业生涯。杜威从年少时就养成了深入反思的习惯，因而常常显得寡言少语。然而，天生矜持严肃的他在熟人面前则一反拘谨刻板之态，而表现得大方自然。
>
> 杜威先生在道德品格方面无可指摘。他很小的时候就加入了我所在的教会。在宗教信仰上，他恭敬虔诚，从不感情用事，完全值得信赖。
>
> 至于他的教学能力，我确实无法加以判断。我个人认为，在讲授一门对他来说如鱼得水的课程方面，他完全有能力成为一位成功的教师。学生们绝对不会抱怨他们的老师讲课时条理不够清晰。我认为，随着工作经验的增加和工作技能的熟练，杜威会在教学艺术上迅速获得实际技能。请允许我在此向贵校深表谢意，感谢贵校能让杜威先生在大学的哲学课程上担任临时教师；同时表达我由衷的祝福，相信杜威一定不会辜负您对他的信任和期望。[②]

---

① 巴克汉姆给吉尔曼的信，1883年4月3日。——原注
② 托里给吉尔曼的信，1883年4月5日。——原注

在如此大力的支持之下，杜威终于获得了师资奖学金，其名字被列入1883—1884学年约翰斯·霍普金斯大学通告的教师名单。师资奖学金的获得，意味着杜威无须再为学费问题担忧，可以将自己的精力更多地集中在学业和研究上。当然，他有时要去给本科生上课。

在约翰斯·霍普金斯大学里，学生的社团生活与美国大多数的院校不同。这里没有任何约定俗成的学生活动，例如，周末舞会、体育赛事、大学生联谊会举办的聚会、返校节或者捉弄大一新生的社团加入仪式等。学生们只能在附近的市区内寻找自己的娱乐方式。当年，一家杂货店楼上的一个简陋的房间就是约翰斯·霍普金斯大学的一个社团中心。在课余的时候，师生们会以德国大学生的方式在那里欢聚。提起约翰斯·霍普金斯大学的生活，杜威曾经这样评价道："关于巴尔的摩学生生活的篇章，就如同讲述蛇在爱尔兰的著名典故①，这里根本就没有什么学生生活可言。充满美国院校特色的传统和习俗在这里闻所未闻。如果打听学生生活的中心在哪里，人们会指给你一家小小的俱乐部。在这里，师生们会常常聚在一起，喝几杯德国啤酒，哼一哼德国歌曲。这就是中心，也就是开始和结束的地方。"②

杜威最喜爱的娱乐方式就是游历巴尔的摩，体验当年美国第六大城市的喧嚣和繁华，经常和他在一起的是一两个好朋友以及他的哥哥戴维斯。戴维斯是在杜威到约翰斯·霍普金斯大学读书一年后来到这里攻读经济学的。经历了刻板和压抑的青少年生活，杜威终于有机会可以自由地在大城市里去看看戏，偶尔光顾一次小酒馆，就算错过了周日礼拜也无须担心受到责罚。同其他许多同学一样，杜威经常在巴尔的摩的剧院里担当群众演员。在杜威九十一岁生日时的一次采访中，《约翰斯·霍普金斯时事通讯》(The Johns Hopkins News Letter)的

---

① 传说中，神父圣帕特里克将所有的蛇都赶出了爱尔兰。
② ［美］约翰·杜威.约翰斯·霍普金斯大学［J］.密歇根亚克尔，1885，(3)：292.——原注

一名记者发现："时隔66年之后，这位哲学家和教育家记忆中印象更为清楚的是巴尔的摩，而不是霍普金斯。福特大剧院唤起了他当年在舞台上上下下扮作持矛士兵或是邮递员，事后又急急忙忙赶回学校完成有关康德心理学的博士学位论文时的回忆。"①

研究生阶段的最后任务之一就是参加博士学位的综合考试。杜威在综合考试中表现优异，这在莫里斯从安阿伯写给吉尔曼校长的信中得到了印证。莫里斯在信中写道："我很高兴地得知杜威的口试成绩优异，我们正在考虑正式聘任杜威担任我校的教师。"②

对于熟悉莫里斯教授和杜威的人来说，莫里斯推荐杜威到密歇根大学哲学系任职，并不在意料之外。因为莫里斯很早就对杜威在研究和教学方面的潜力大加赞赏，私下曾经表露过希望密歇根大学能够聘任杜威的愿望。然而，直到杜威离开约翰斯·霍普金斯大学返回家乡伯灵顿时，他始终没有得到任何进一步的消息。

在回到家里数周后，杜威还是没有接到聘任通知，他开始怀疑起自己当初放弃在中学教书的做法是否明智。恰恰在这个时候，7月，杜威接到了密歇根大学校长安吉尔（James B. Angell）的来信，密歇根大学准备聘请他担任哲学系的教师，年薪900美元。安吉尔校长的来信措辞十分诚恳，因为在他担任佛蒙特大学校长一职后，他与杜威的父母相交甚密，他甚至还记得杜威幼年时的一些情况。在接受聘任后写给安吉尔校长的信中，杜威这样写道：

> 贵校密歇根大学的聘任通知我已收到，本人十分愿意接受这份聘请。我希望，在今后的工作中不会辜负您对我的信任。

---

① 九十一岁高龄的杜威回忆在约翰斯·霍普金斯大学的岁月. 约翰斯·霍普金斯时事通讯，1950：10-31.——原注
② 莫里斯给吉尔曼的信，1884年5月21日。——原注

　　非常感谢您为聘任我所做的一切；同时我要从个人的角度感谢您的那些亲切和蔼的话；我还要感谢您的美好祝福。时隔那么多年，您仍能记得我，这是我的荣幸。

　　我的父母和我向您及夫人致以最美好的祝愿。①

　　随着杜威告别了学生时代，一所著名的大学正虚位以待，杜威踏上了漫漫的事业征程——一份将使他享誉世界的事业。

————————

　　①杜威给安吉尔的信，1884年7月19日。——原注

哥伦比亚大学和杜威①

胡　适

文科各系的教授阵容

今天我想谈谈40年前的哥伦比亚大学——从1915到1917年的哥大。我在1915年9月注册进入哥大哲学系研究部。其后一共读了2年。在第一年中我便考过了哲学和哲学史的初级口试和笔试。初试及格，我就可以写论文；我也就［可以］拿到我的［哲学博士］的学位了。1917年的夏季，我就考过我论文最后口试。所以2年的时间——再加上我原先在康乃尔研究院就读的2年——我在哥大就完成我哲学博士学位的一切必需课程和作业了。

这几年正是哥大在学术界，尤其是哲学方面，声望最高的时候。杜威那时也是他一生中最多产的时期。专治希腊哲学的研究院院长乌德瑞（Frederick J. E. Woodbridge）②教授那时也在哥大研究院授哲学史。哲学系的芒达基（W. P. Montague）③教授是当时［西方］六个"现实主义者"（realists）之一。授伦理学（ethics）的教授厄德诺（Felix Adler）④则是美国"伦理文化学

---

①选自：唐德刚译注.胡适口述自传［M］.上海：华东师范大学出版社，1993：85-94.译注者注释有所删节。

②现译伍德布里奇。

③现译蒙塔古。

④现译阿德勒。

会"（The Society for Ethical Culture）①的发起人。这个学会事实上是个没有神学的宗教。所以当时哥大的哲学系实是美国各大学里最好哲学系之一。

当时哥大其他各系如历史系、社会系、教育系等等，也同样享有盛名。我只能说人文学科这一面，其实当时哥大在科技方面也是赫赫有名的。在历史系里面我只认识几个人，如授政治理论史的开山宗师顿宁（William A. Dunning）教授和倡导新史学、后来又创办"社会研究新书院"（The New School for Social Research）的罗宾逊教授，以及第一位以自己经济观点来诠释美国宪法史的毕尔②教授。此外还有很多大牌教授，可惜我不能在历史系花太多的时间。我最大的遗憾之一便是没有在历史系里选过一门全课。当时最驰誉遐迩的一门课，便是罗宾逊教授的"西欧知识阶级史"这门课。事实上这是一门研讨孕育各时代西欧文明的思想史和文化运动史，这门课在学术圈内享有其应有的声誉。罗氏印有讲授大纲和参考书目，我读了这些大纲之后，觉得它极有用。但是我最大的遗憾便是没有选修这门启蒙的课程。

哥大当年的校园建筑只限于今日我们所说的老校舍。例如那时的图书馆便集中于洛氏大楼，今日我们叫它做洛氏纪念图书馆（Low Memorial Library）。中文图书馆那时便设在洛氏大楼的顶层。和今日相比，那时的图书馆和中文图书馆实在都是很小的。那部辉煌的巨著《古今图书集成》便陈列在该馆首要位置，看来真令人耳目一新。

那时约翰·介大楼（John Jay Hall）还没有兴建，也没有女生宿舍［詹森大楼（Johnson Hall）］。男生宿舍则限于两座老建筑——哈特莱大楼（Hartley

---

① "伦理文化学会"亦译为"道德文化学会"。笔者便是在这个"学会"内，用非宗教仪式结婚的。——译注者注

② 毕尔，现译比尔德，是美国以经济史观治美国史中最负盛名的早期哥大名教授。他的名著《美国宪法之经济诠释》（An Economic Interpretation of the Constitution of the United States）于1913年初版问世时，美国政学两界为之大哗。因为他揭穿了北美合众国华盛顿以下诸开国元勋道学面具之后的生意嘴脸，被指为亵渎圣贤，随后被迫自哥大辞职，一时"人心大快"！——译注者注

Hall）和李文斯敦大楼（Livingston Hall）。立于这两座老楼的对面便是新建的宿舍佛纳大楼（Furnald Hall），这是当时认为最摩登的新楼了。那时哥大［外国学生活动中心的］"国际俱乐部"（International Club）便坐落在今日的约翰·介大楼的基地之上，它也是"世界学生总会"下面的一个支会。今日大家都不太记得了，但是它却是当时外国学生活动的中心。

在这三座大楼之内，我们今日查一查当年居住的中国留学生，应该也是一件蛮有趣的事——许多当年的学生后来在中国政界和文教界都是知名的人物。与我同时的一共只有3个中国学生住于佛纳大楼，因为这座大楼是新建的，租金较昂。除我之外，便是那位有名的宋子文和张耘。张耘后来以张奚若一名知名国内。

住在其他两座老宿舍里的中国学生则有中山先生的公子孙科，以及我后来的上司和同事蒋梦麟。蒋氏是学教育的。在入学哥大之前曾在旧金山一家革命报纸［《少年中国晨报》］当了将近10年的编辑，以薪金辅助学费。他后来成为中国重要的教育家；由代理到实授北京大学校长，也是我当北大校长的前任。其外还有很多别人[①]。

让我再叙述一下当时学生所极感兴趣的教授阵容。我还记得在哥大最初几个星期的学习生活中教授讲课的情形。例如社会系名教授之一的吉丁斯（Franklin Giddings，1855—1931），如今事隔40余年我还记得他上第一堂课时的开场白。他说："积三十年教书之经验，余深知教书的不二法门便是教条主义！"他接着便解释说："一个钟头的课，实际上至多只有45至50分钟。假若我模棱两可的向你们说，这个似乎如此，那个未必如彼，那你们究竟学到些什么呢？你们当然既不愿听，也不愿信了。所以我只有说，'毫无疑问的，毫无疑问

---

① 美国的哥伦比亚大学是专门替落后地区制造官僚学阀的大学。50年代末期哥大校长寇克（Granson Kirk）访问中东，所过之处，哥大校友设宴欢迎。筵席上座，在不知者看来，往往以为是各该国内阁官员商讨国事的聚餐会。所以胡适的学生时代住在哥大三大宿舍的外国留学生，回国后"抖"了起来的，不独以华人为然也。——译注者注

的，我就这样告诉你……'就是这样的，一定是这样的。所以为什么我说教条主义是教书的不二法门的道理。"这几句话，40年后在我的记忆中，仍然余音绕梁。但是我听他的第一堂课以后，我就未再上他的班了；虽然我仍然欣赏他的著作。

还有教我政治理论史的顿宁教授。在今日他已被看成旧学派的代表，但是在那时他却是这一行的拓荒者。在其所著专门研讨上古和中古时期《政治理论史》的第一版序言里，他就说在他以前，英语民族国家、德意志以及其他欧陆各国还没有过类似的著作。顿宁并不长于讲授，但如今事隔40余年我仍然记得那位和蔼而衰迈的老教授。在那一年的冬季，他每次上课时，先要在教室四周张望一下，然后把所有的窗户都关闭好，又在他衣袋里取出个小帽子戴在头上，这才开始讲课。

在康乃尔时代我的主修是哲学，副修是英国文学和经济。第二副修事实上是经济理论，主任导师是亚尔文·詹森（Alvin S. Johnson）①，他后来自康大辞职去就任新办的《新共和》（The New Republic）杂志的编辑，后来他又和哥大经济系名教授西里曼（Edwin Robert Anderson Seligman，1861—1939）共同担任《社会科学百科全书》的编辑。詹森是专攻经济理论的名教授，是该行的一位泰斗。我真想不通，我在上了他两年经济理论的课之后，竟一无所获。

所以我得到个结论：要不是经济理论这门课有问题，那就是我自己的头脑有问题。可是在我们那个由詹森指导的研究班里，后来竟然出了个名经济学者弗兰克·纳特（Frank H. Knight）。纳氏最初主修也是哲学，后来专攻经济。他所写的博士论文《冒险、波动和利润》②，后来竟使他成为一个知名的经济理论家。所以经济理论这门学问实在没什么毛病；这显然是我自己心理上

①现译阿尔文·约翰逊。

②Frank H. Knight. *Risk, Uncertainty and Profit*. New York: Houghton Miffin Co.，1921：381.
——译注者注

有点失调，使我对两年研究院内的经济课程一无所获。

转学哥大之后就不再以经济理论为副修而代之以政治理论。另一副修在当时夏德（Frederich Hirth，1845—1927）教授的提议与邀请之下，以"汉学"（Sinology）为副修。

夏德是一位很有趣的人物。据我们所知他是哥大的第一位"丁龙讲座教授"（Dean Lung Professor），那是美洲大陆第一个以特别基金设立的汉学讲座。丁龙［这位早期旅美的华工］原是美国卡本迪将军（Horace W.Carpentier，1825—1918）的一位佣人，他［的为人和工作］深得卡氏的敬重，所以卡氏乃独立捐资给哥大设立一席专治汉学的"丁龙讲座"。

夏德教授的《中国上古史》和《中国与东罗马交通史》①等著作，当时深受学术界的重视。但是他那时在哥大却苦闷不堪，因为他简直没有学生——主修、副修都没有，所以我倒乐于接受他的邀请以汉学为我的两门副修之一。夏德先生待我甚好。他不但领导我参观哥大那个他所协助建立的小型中文图书馆，他还把他那丰富的中文典籍的收藏全部让我使用。我和这位老先生厮混得很熟，他有时也请我到他的公寓里去会见他的朋友们和其他的学生。我还记得他的助手刘田海。田海是前中国驻美公使刘锡鸿②的儿子。这位刘君甚为成熟。他虽然算不得是个汉学家，但是他的中文根基甚好，做夏德的助手，胜任有余。

我在夏氏的公寓之内还遇见一位温和美丽的女子尤金·梅耶（Eugene Meyer）的夫人阿葛勒丝·梅耶（Agnes Meyer）。梅耶先生是《华盛顿邮报》的发行人；也是老罗斯福总统任内的金融界巨子。阿葛勒丝本人也有她自己的成就——她也是美国新闻界的领袖之一。

---

① Frederich Hirth. *The Ancient History of China to the End of the Chou Dynasty*. Columbia University Press, 1923：388；Leipsic & Munich. *China and the Roman Orient*. Shanghai & HongKong，Kelly&Walsh，1885.——译注者注

② 编审者按：根据外交部档案资料处所编《中国驻外各公使大使馆历任馆长衔名年表》，刘锡鸿于清光绪三年三月十七日被任命为使德钦差大臣（原为驻英副使）。驻美表内，并无其名；人名索引内亦仅出现一次，似未任驻美公使职。

夏德教授非常喜欢我，同我常常谈他自己有趣的故事。有时这些故事也是拿他自己开玩笑的。时至今日我仍然记得他说的一则故事，便是他自己替中国驻纽约总领事当翻译的笑话。这位中国总领事那时离职回国，纽约市商会为他设宴饯行，夏氏应约为那位总领事临别致辞的翻译。夏德〔既然身为哥大中文系的教授〕这项职务他是不能推辞的。但是当这位总领事起立致辞之时，夏氏却为之大起恐慌，因为这总领事说的是福州话，夏氏一句也听不懂。事到临头，他当然不能向商会当局来临时解释说中国方言太多，福州方言他是一句不懂的。他情急智生，乃做出洗耳恭听的样子，默不作声，并大记其笔记。当总领事演说完毕之时，夏氏乃起立〔用英语〕为总领事重新演说一番。一开头夏氏便说，我（总领事）这次离纽返国，心理上充满了一喜一悲的矛盾。喜的是即将重返祖国与亲人久别重聚；悲的是与纽约诸新交旧识从此握别……如此这般，夏氏说得情文并茂。当夏教授"翻译"完毕之时，全场热情洋溢，掌声如雷！

以上便是夏教授告诉我的故事之一，我仍然至今未忘。

在我所有的教授之中我特别希望一提的是约翰·杜威教授和厄德诺教授。在我转学哥大之前我已经认识了厄德诺教授。前面已经说过，厄氏是一种新宗教"伦理文化运动"的发起人。这一新宗教的基本观念是相信人类的品格和人类本身的行为是神圣的。但是他是无神的；也没有什么神学来作其理论根据。当我还在绮色佳的时候，我有几个犹太同学发起并组织了一个伦理俱乐部。他们之中我还记得的有罗拔·卜洛特（Robert Plaut）和哈鲁·里格曼（Harold Rieglman）。卜君现已仙逝；里君则仍然在纽约当律师，曾加入共和党一度竞选作纽约市长候选人。里君和我一样也是从康乃尔转学哥大的，他入法科，我进哲学。就在康乃尔这个伦理俱乐部，我第一次听到厄德诺教授的讲演。我对他以道德为基础的无神宗教十分折服，因为事实上这也是中国留学生所承继的中国文明的老传统。

后来我又选读了厄教授的一门课，因而和他本人乃至他的家人都熟识了。在我的留学日记里，我记了很多条厄德诺语录。让我抄几条在下面[1]：

> 道德的责任并不是外来的命令；只是必须要怎样做才可以引出别人——例如所爱的人——的最好部分。
>
> 只有对别人发生兴趣才可使自己常是活泼泼地，常是堂堂正正地。
>
> 要生活在深刻地影响别人！
>
> 要这样影响别人：要使他们不再菲薄自己。

从这些语录里我们很容易看出康德（Immanuel Kant，1724—1804）和康德哲学的至高无上的（categorical imperative）道德规律对他的影响。[2]所以厄德诺是［当代思想家中］对我生平有极大影响的人之一。

杜威和实验主义

杜威教授当然更是对我有终身影响的学者之一。在我进哥伦比亚之前，我已读过约翰·杜威、查理·皮尔士（Charles Pierce）[3]和威廉·詹姆斯（William James）[4]等［实验主义大师］的著作。我转学哥大的原因之一便是因为康乃尔哲学系基本上被"新唯心主义"（new idealism）学派所占据了的缘故。所谓"新唯心主义"又叫做"客观唯心论"（objective idealism），是19世纪末期英国思想家葛里茵（Thomas Hill Green）[5]等由黑格尔派哲学中流变出

---

① 译文欠佳，然为胡公自译。笔者喜其信达，故未敢擅改。详见《留学日记》第819页。——译注者注

② 康德认为"道德是绝对至高无上的客观存在"，是不受人类社会变动影响的。这便是康德哲学内的"绝对命令论"或"至高无上论"。——译注者注

③ 现译查尔斯·皮尔斯。

④ 现译威廉·詹姆士。

⑤ 现译格林。

来的。康乃尔的塞基派①的哲学动不动就批评"实验主义"。他们在讨论班上总要找出一位重要的对象来批评。杜威便是被他们经常提出的批判对象。皮尔士和詹姆斯在他们看来简直是自郐以下，不值一驳。不过他们虽然和杜威唱反调，但他们对杜威却十分敬重。在聆听这些批杜的讨论和为着参加康大批杜的讨论而潜心阅读些杜派之书以后，我对杜威和杜派哲学渐渐地发生了兴趣，因而我尽可能多读实验主义的书籍。在1915年的暑假，我对实验主义作了一番有系统的阅读和研究之后，我决定转学哥大去向杜威学习哲学。

在这些实验主义的宗师和领袖们之中，詹姆斯死于1910年，也就是我初到美国的那一年，皮尔士死于1914年，是年我自康乃尔结业。所以1914年以后，杜威是实验主义大师中的硕果仅存者，他的著作也是我所倾慕的。在哥大我选了他两门课："伦理学之宗派"和"社会政治哲学"。我非常欢喜"伦理学之宗派"那一课。那门课也启发我去决定我的博士论文的题目："中国古代哲学方法之进化史。"②

杜威不善辞令。许多学生都认为他的课讲得枯燥无味。他讲课极慢，一个字一个字慢慢地说下去，甚至一个动词、一个形容词、一个介词也要慢慢想出，再讲下去。在这里你可看出他讲课时选择用字的严肃态度。但是听讲几个星期之后，我们也就可以领略他那慢慢地所讲的课程了。他虽然不是个好演说家或讲师，但我对他用字的慎重选择以及对听众发表意见的方式则印象极深。

杜威那些年和他的家人一直住在纽约河边大道（Riverside Drive）和西116街的南角。每个月杜威夫人照例都要约集一批朋友以及他的学生们举行一个家庭茶会。在这些家庭招待会里，我们这批学生都有极大的兴趣与光荣能见到纽约文化圈内一些阴阳怪气的角色——那些长发男人和短发女人们。杜氏的学生

————————
①康乃尔的塞基派，并不是一个真正的学派。只是该校一批搞"新唯心论"的教授，群居于塞基大楼，臭味相投，此唱彼和罢了。——译注者注
②中文题为胡氏自译。见《留学日记》第1133页。——译注者注

们被邀参加他这个"星期三下午家庭招待会",都认为是最难得的机会。[①]

杜威对我其后一生的文化生命既然有决定性的影响,我也就难以作详细的叙述。他对我之所以具有那样的吸引力,可能也是因为他是那些实验主义大师之中,对宗教的看法是最理性化的了。杜威对威廉·詹姆斯的批评甚为严厉。老实说我也不欢喜读詹氏的名著《信仰的意志》(*The Will to Believe*)[②]。我本人就是缺少这种"信仰的意志"的众生之一,所以我对杜威的多谈科学少谈宗教的更接近"工具主义"(Instrumentalism)的思想方式比较有兴趣[③]。

这里我只能举出几个杜威思想如何影响我自己的思想的实例来说说。

在我选修他的"伦理学之宗派"的那一课之前,我已经读过他的著作。

---

①杜威在这个公寓内一直住到1952年,他93岁时老死为止。杜氏自1921年自华返美以后,对中国大感兴趣,所以在他以后的家庭招待会里,中国名人和学生总也是客人中的主要分子。1927年杜威丧偶,但是他的招待会仍继续举行。一次一位中国学生,不善饮酒,却偏好两杯;不意一时酩酊大醉,竟在杜威卧榻之上鼾睡起来。等到酒醒之后,他所看到的,不是"杨柳岸、晓风残月",却是杜老头的胡须飘飘,他居然与杜大师同榻睡了一夜。一时传为趣谈。二次大战后,杜氏以八七高龄,居然续弦,讨了位42岁的年轻夫人。杜先生当然不能再生孩子了;他二人乃领养了2个意大利孤儿,杜氏年逾九十之后,仍然神志清明,著述不停,至死方休,也真是名副其实的一位怪杰。笔者震于杜威大名,于1948年进入哥大之后,亦常与同学二三人赶着去"看杜威",不用说那都是受了《胡适文存》的影响。——译注者注

根据美国杜威研究知名学者乔治·戴克威曾1973年撰著出版的《约翰·杜威的生平与精神》(英文本第313页)的阐述,1946年12月11日杜威和罗伯特·L.格兰特女士结婚后住在纽约市第五大道1158号公寓(直到他1952年去世),而不是译注者所述的"纽约河边大道和西116街的南角的那个公寓。

②William James. *The Will to Believe, and Other Essays in Popular Philosophy and Human Immortality.* New York: Dover Publications, 1956:332. ——译注者注

③"实验主义"在杜威崛起之前通用pragmatism一字,意为"实用主义"。学者认为只有有"实用"价值的观念,才是"有价值的观念"。这一概念如不加澄清,则易流于"机会主义"(opportunism)。所以杜威不喜此字,乃另造instrumentalism(工具主义)及experimentalism(实验主义)。杜氏主张观念必须在实验中锻炼;只有经过实验证明,在实践上能解决实际问题的观念,才是"有价值的观念";也就是"知识必须自实践出发"。它不是"只论目的,不择手段。"相反的它是为达成解决实际问题于实验中选择正当而有效的手段。这就是杜氏的"实验主义"。——译注者注

其中一篇叫做《逻辑思考的诸阶段》。这一篇后来被收集在芝加哥大学于1916年所出版的杜著《实验逻辑论文集》①里面。

在这篇论文里，杜氏认为人类和个人思想的过程都要通过四个阶段：

第一阶段：固定信念阶段。在这个紧要的阶段里，人们的观念和信仰都是固定的、静止的。外界不能动摇它丝毫。②

接着这第一阶段而来的便是一个破坏和否定主观思想的阶段。这一转变以古希腊个人主义和主观主义的"诡辩家"（sophists）为代表。他们观察万物，一切以人为中心。这［第二］个阶段杜威名之曰"讨论阶段"（period of discussion）。其要点是基于好辩与公开讨论的习俗，而导致合乎逻辑的思想。这一点使我大感兴趣。因为中文里表示有逻辑的思维叫做"辨"［"辨"与"辩"通］，原来也正是这个意思。

第三阶段可以叫做从"苏格拉底的法则"向亚里士多德的逻辑之间发展的阶段。杜威对苏格拉底［求知］运动的诠释，颇多溢美之词。但是对亚里士多德"三段论式"的逻辑，则颇有微词。

第四阶段，也就是最后阶段，当然便是现代的归纳实证和实验逻辑的科学了。

---

① John Dewey. *Essays in Experimental Logic*. Chicago: University of Chicago Press，1916：183-219. ——译注者注

② 如同古埃及、巴比伦和我国殷商社会里对神的观念，也就是孙中山先生所说的"神权时代"的观念罢。——译注者注

杜威唤醒了黑暗中的美国学校①

［美］劳伦斯·A.克雷明

　　杜威像桑代克一样，在自己学术发展的关键时刻读了威廉·詹姆士的《心理学原理》。杜威就学时深受康德和黑格尔思想的影响。1884年，他在约翰斯·霍普金斯大学获得博士学位后去密歇根大学工作。几乎一到美国西部，杜威就开始丢掉自己所背的形而上学的精神包袱。仔细阅读他在19世纪80年代后期的著作，尤其是他同詹姆斯·A.麦克莱伦合著的《应用心理学》（*Applied Psychology*），就会发现这些著作清楚地展示出了他努力把新科学具体体现在他的伦理学和哲学思想中。《心理学原理》是杜威学术上的"奥德赛"（Odyssey），使杜威的思想有了许多"新方向和新性质"。特别是他从这部著作中接受了一种客观心理学理论的观念，这种理论牢牢地扎根于进化论的生物学。关于这一点，杜威后来写道："这种思想通过它的方法而越来越进入我的全部思想之中，并成为改变旧的信念的一种酵素。"②1894年，哈珀聘请杜威担任芝加哥大学哲学、心理学和教育学系的系主任后，他那已经发芽的

---

　　①译自：Lawrence A. Cremin. *The Transformation of the School, Progressivism in American Education, 1876—1957*. New York: Vintage Books, 1964：115-126. 标题系编译者所加。
　　②［美］约翰·杜威. 从绝对主义到经验主义. //［美］亚当斯（George P. Adams），蒙塔古（William P. Montague）. 当代美国哲学（第2卷）［C］. 纽约：麦克米伦出版公司，1930：24；［美］简·杜威（Jean M. Dewey）. 约翰·杜威传. // 希尔普（P. A. Schilpp）. 约翰·杜威的哲学［C］. 纽约，1939：3-45；［美］芬内尔（L.S. Fener）. 约翰·杜威和美国思想界人民运动的背后［J］. 思想史杂志，1959，（20）：545-568；［美］怀特（M.G. White）. 杜威工具主义起源［M］. 纽约，1943；［美］萨维奇（W. Savage）. 密歇根大学发展的约翰·杜威经验主义哲学的进化［D］. 密歇根大学博士学位论文，1950.——原注

思想就迅速地结出了硕果。

在许多年后举行的杜威七十生日庆贺会上，杜威讲了一段话，谦逊地描述了他在美国生活和思想史上的地位。他说："有一个人，这个人对他身边情况的变化多少有点敏感。他对什么东西在消失和死亡，什么东西在出生和生长，有着某种正确的评价。因此，凭借这种反应，他预言未来将发生的一些事情。在他70岁的时候，人们为他举行生日庆贺会，并称赞他促成了一些他预见可能会发生的事情。"①杜威的这段话的确过分谦逊，但在一定程度上仍是真理。

人们都认为，杜威在进步教育运动初期起了作用。在他的周围，要求各种各样教育改革的呼声响成一片。实业家和工会坚决主张学校要承担传统的学徒训练职责；社会工作服务站从业者和城市改革者拼命主张卫生学、家政学、手工艺和儿童保育方面的教学；每一个爱国者都在要求制订美国化的教学计划；农业新闻工作者迫切要求一种新的农村生活训练，以便给年轻农民一种充满快乐和希望的前景，同时防止他们搬到城市去。应该看到，贯穿在这些建议中的共同意思是：家庭、街区或车间不再起到传统的教育作用，必须想办法结束这样的状况，不管人们是否喜欢，学校必须继续扮演它们的角色。

留给杜威的是一种传统观念：学校像一个遗产继承人的机构。1899年，为了回答人们对他夫妇3年前创办的那所实验学校的批评，杜威向家长和学校资助者连续作了3次讲演。这些讲演后来汇集成题为《学校与社会》的小册子出版。这是一本畅销书，在出版后的10年里重印了7次。杜威在观察教育学舞台，试图使观众了解它的意义的同时，坚定地把教育"酵素"的责任加在工业主义身上。他用柏拉图式的词句提出：社会起到学校教育的作用。旧的农业社会背后，有着历史悠久的农户和农村邻里的教育。农村中，每一个年轻人都分担了有意义的工作；生产的全过程展现在任何具有敏锐观察力的儿童眼前。杜威强调说："我们不能忽视这种类型的生活中所含有的训

① ［美］约翰·杜威.人及其哲学［C］.坎布里奇，1930：174.——原注

练和品格形成的因素……我们不能忽视直接接触自然、实际事物、素材、手工操作的实际过程，以及适合社会需要和有效的知识对教育目的的重要性。"①

但是，杜威继续说，在工业主义的影响下，社会生活已发生了彻底和根本的变化："如果我们认为教育对于生活必须具有意义的话，那么它就必须经过同样彻底的变革。"这种变革的性质将是什么？那就是，学校将承担对传统的农村生活起教育作用的一切方面。杜威得出结论说："把这一切因素组织起来：理解它们的全部含义，把它们所包含的观念和理想彻底地、不妥协地体现在我们的学校制度中。这样做，就意味着使每所学校都成为一种雏形社会，以反映大社会生活各种类型的作业活动，并充满艺术、历史、科学的精神。当学校能在这样一个小社会里引导和训练儿童成为社会的成员，用服务的精神熏陶他，并授予他们有效的自我指导工具时，我们就将有一个有价值的、友善的、和谐的大社会最深切和最好的保证。"②

当然，杜威的这段话，不仅仅是简单地要求学校扩充课程，也不仅仅是反映怀特③已正确指出的"反对形式主义"，实际上提供了进步教育的"进步"是什么的答案。让我们回想一下，杜威所说的"雏形社会"，实际上是大社会的缩影。因此，他看到的传统教育与现实生活隔离的弊病就消除了。但杜威所说的"雏形社会"，更重要的是改善大社会，使它更有价值、更友善、更和谐。学校再一次被设想为社会变革的手段，因为"有价值的、友善的、和谐的"一旦被详细说明，教育理论就成为政治理论（再一次用柏拉图式的词句），教育家就会被卷入社会改革的斗争之中。

杜威在讲演中还提出了其他一些尖锐的观点。他斥责"旧学校"方法呆

---

① ［美］约翰·杜威. 学校与社会［M］. 芝加哥，1899：23-24.——原注
② ［美］约翰·杜威. 学校与社会［M］. 芝加哥，1899：43-44.——原注
③ 怀特（M. G. White），美国哈佛大学哲学教授。

板、课程划一，教育重心也长期是"在教师、教科书以及你所希望的地方，唯独不在儿童自己直接的本能和活动上"①。杜威提出，新教育的本质是把这个重心重新移到儿童身上。于是，儿童的谈话、提问、解释和表现出来的自然冲动被看成自然资源和教育过程"不要投资的资本"。学校工作必须从儿童的这些自然冲动开始并抓住它们，控制它们的表达方式，以"不仅促进儿童生长，而且使他们有同样的结果，进而使他们获得从前的教育思想中也提到的职业知识和训练"②。

《学校与社会》中充满有关教育的新常识，其中包括实验学校一些优秀的教学实例，以及那些有时代感的教师通过观察得到的有说服力的备课资料（也有同时代人关于本能和复演说的惯常说教）。但是，在杜威的分析中，什么是新的呢？归根结底，答案就是他的社会改良主义。学校从隔离状态回到了为更美好的生活而斗争的中心。杜威认识到一个新的社会正在形成，并设想了一种新教育。这种教育可能会产生用人际关系来衡量社会的成功和失败。尽管杜威在系统阐述他的理想时已改变了文明的含义，但教育作为文明标志的传统观念再一次被唤起。

《学校与社会》与杜威的那本巨著《民主主义与教育》相隔了17年。在那些年里，杜威作为哲学家、教育家和社会批评家，其地位已经牢固地确立起来了。1904年，他同哈珀校长一连争吵了几次后，就辞职离开芝加哥大学，转到了哥伦比亚大学，并在那里开始了一段特别多产的时期。那一时期，他相继出版了许多著作，如1908年同塔夫茨合著的《伦理学》、1909年的《教育中的道德原理》、1910年的《我们如何思维》、1913年的《教育中的兴趣和努力》、1915年同女儿伊夫琳合著的《明日之学校》。他虽然不是有意培养门徒，但自然而然地吸引了他们。由于1914年《新共和》杂志的创办，通过充满活力

---

① ［美］约翰·杜威. 学校与社会［M］. 芝加哥，1899：51. ——原注

② ［美］约翰·杜威. 学校与社会［M］. 芝加哥，1899：70. ——原注

的门徒、有才华的青年作家鲍恩①，杜威开始为广大具有进步主义思想的公众
所知。②到1916年，杜威已被公认为进步主义的一位最主要的发言人。不管他
写什么文章，都保证有众多的感兴趣的读者。意料之中的是，《民主主义与教
育》一出版，立刻就在一些地区引起了轰动。人们认为，这本书是自卢梭的
《爱弥儿》问世以来教育学界最有显著贡献的作品。③

在《民主主义与教育》这本书中，杜威开始探究民主、科学、进化、工
业主义的教育含义。在书的结尾部分，他对进步教育运动做了最明白、最全
面的阐述。这本书的思想很丰富，重点不在于系统的说明。④杜威既有启发性
地、批判地评论了在他之前的一些教育家，如柏拉图（Plato）、亚里士多德、
洛克、卢梭、康德、费希特⑤、黑格尔、赫尔巴特⑥、福禄培尔（不像他的门
徒，杜威研究过哲学史），又明显地意识到同时代人在心理学、社会学和教育
学上的发展。当然，这本书中的许多观点，他在更早的著作中已预示过，并带

---

① 鲍恩（Randolph Bourne, 1886—1918），美国政治家。

② ［美］菲勒（L. Filler）.伦道夫·鲍恩［M］.华盛顿，1943：第4、6章.勒讷（M. Lerner）
指出，杜威的公众声誉在一定程度上是由于鲍恩是其热情的门徒。见：伦道夫·鲍恩和两代人
［J］.一年两次，1940—1941，（5-6）：65.——原注

③ 拜尔（T. P. Beyer）的评论［J］.日晷，1916，（61）：103. 李普曼（W. Lippmann）把这本
书说成是"最杰出和最有权威的学者献给美国文明社会未来的成熟智慧"。新共和，1916，（7）：
231.——原注

④ 杜威概括了这本书的主要观点："人类的冲动、本能与自然力在生物学上的连续性；心理
的发展有赖于参与有共同目的的联合活动；自然环境通过在社会环境的运用中产生影响；利用关
于渐进发展中的社会的愿望和思维中个别差异的必要性；方法与教材必要的统一；目的与手段的
内在联系；承认心理是认识和检验行为意义的思维。"民主主义与教育［M］.纽约，1916：377.
——原注

⑤ 费希特（J. G. Fichte, 1762—1814），德国哲学家。

⑥ 赫尔巴特（J. F. Herbart, 1776—1841），德国哲学家、心理学家、教育家。

有一种人们早已熟悉的感觉。①像任何名著一样，这部著作既是那个时代的反映，又是对那个时代的批判。它把进步教育许多不同的方面和谐地结合到一种范围广泛的理论之中，并使它们统一起来，为它们指出方向。正是它的出版，为教育革新运动带来了新的活力。

杜威对民主主义的定义是从美国经验的材料上得来的。他认为，因为在组成社会的各种团体中，关于分享共同利益的观点越来越不同，在这些团体中，相互影响和相互协调就更加自由，所以，需要盛行民主主义。一个民主社会就是这样产生变化的，就是这样尽可能明智地、科学地组织起来的。用杜威的话来说，这是"有意识进步的"②。什么理论更能适合一个不断变动的社会、一个正在引人注目地改变习惯和信念的移民团体社会、一个知识分子感到在衰退但又迫切需要重建的社会？民主主义成为对"更完美的联合"坚持不懈的追求，成为一种连续不断的共同生活的社会过程。正如杜威1899年所设想的，一个"更有价值的、友善的、和谐的"新社会是民主主义的具体体现。

杜威在他的民主主义概念中，设想了一种对教育的强制要求。在后来变得出名的一段话中，他阐述了《民主主义与教育》一书的主题：

> 民主政治热心教育，是众所周知的事实。根据表面的解释，一

①《与意志训练有关的兴趣》（1896）中概述过动机理论，《教育的伦理学原理基础》（1897）中概述过道德观念。《我的教育信条》（1897）和《学校与社会》（1899）提出过教育学和社会哲学，《儿童与课程》（1902）中论述过儿童经验和系统知识的关系，而《作为社会中心的学校》（1902）和《教育中的民主》（1903）中阐述了社区理论。有意义的是，杜威的教育学有这么多的观点，是他在芝加哥大学期间系统提出和阐述的。在这十年里，他每天都接触实验学校的问题。教育学.贝克（M. C. Baker）.约翰·杜威的教育理论基础［M］.纽约，1956；社会处境.金格（R. Ginger）.奥尔特格尔德的美国［M］.纽约，1956；麦考尔（R. L. McCaul）.杜威的芝加哥［J］.学校评论，1956，（67）：258-280.——原注

②［美］约翰·杜威.民主主义与教育［M］.纽约：麦克米伦出版公司，1916：375.——原注

个民主的政府，除非选举人和受统治的人都受过教育，否则是不能成功的。民主的社会既然否定外部权威的原则，就必须用自愿的倾向和兴趣来替代，而自愿的倾向和兴趣只有通过教育才能形成。但是，还有一种更深刻的解释：民主主义不只是一种政府形式，首先是一种联合生活的方式，是一种共同交流经验的方式。人们参与一种有共同利益的事情，每个人必须参照别人的行动，考虑别人的行动，使自己的行动有意义、有方向。这样的人在空间上扩大范围，就等于打破了阶级、种族和国家之间的屏障。过去这些屏障使人们看不到自己活动的全部意义。这些数量更大、种类更多的接触点表明，每个人必须对更加多样的刺激作出反应，鼓励个人变换行动。这些接触点使个人的能力得以自由发展。只要行动的刺激是片面的，这些能力就依然受到压抑。因为这种刺激必须在一个团体里，这个团体由于排他性而排除了很多社会兴趣……一个变动的社会有许多渠道把任何地方发生的变化传播出去。这样的社会必须教育它的成员发展个人的首创精神和适应能力。否则，他们将被突然遇到的种种变化所迷惑，看不出这些变化的意义或关联。①

　　杜威用社会的术语明确表达了教育的目的，确信教育最终将在个人改变了的行为、知觉和顿悟中显示它的成功。杜威给教育下了定义："教育就是经验的改造和改组。这种改造或改组，既能增加经验的意义，又能提高指导后来经验进程的能力。"②这段话支配了他的生长概念。生长是杜威学说中用得很多的中心词。教育就是生长，在它自身以外，没有别的目的。根据杜威的说

---

　　① ［美］约翰·杜威.民主主义与教育［M］.纽约：麦克米伦出版公司，1916：101-102. ——原注
　　② ［美］约翰·杜威.民主主义与教育［M］.纽约：麦克米伦出版公司，1916：89-90.——原注

法，教育目的不仅是教学生做公民、做工人、做父亲、做母亲，而且最终是使他们过最完满的生活——也就是既会连续增加经验的意义，又会连续提高指导后来经验的能力。

生长的概念最终把杜威的个人理论与扩大的进步主义联系了起来。杜威希望教育不断扩大社会情境的范围，在这种情境中，个人能觉察到问题并作出选择，然后按照选择去行动。他希望学校使个人形成能够控制环境而不仅仅是去适应它们的习惯，[①]因此，希望每一代人在后代身上培育的行为品质上胜过前辈。他提出，进步的社会应"力图形成青年的经验，使他们不重演流行的习惯，而是养成更好的习惯，使将来的成人社会比现在进步……我们无疑还远没有实现教育作为改进社会的建设性媒介的潜在功效；也还远没有实现使教育不仅阐明儿童和青年的发展，而且阐明未来社会发展的理想，这些儿童和青年将是这个未来社会的成员"[②]。

杜威就这样阐述了民主主义与教育之间的一般关系，接着又谈到教育的特性，强调充满在教和学每一个方面的一种新的统一精神。杜威公开批判二元论——这使人回忆起他早期的黑格尔主义——抨击劳动和闲暇、人和自然、思维和行动、个性和联合、方法和教材、心理和行为的历史性分离。调和这些二元论，就是在建立一种哲学——"把智力看作是通过行动对经验材料进行有目的的改组"[③]。只有这样的哲学，才能为"有意识进步的"社会利益服务。

在杜威抨击的所有二元论中，对他的进步主义观点来说，没有任何东西

---

①在谈论个人和环境协调的过程中，杜威谈到一些容易适应环境的习惯和容易控制环境的习惯。教育和这两种习惯都有关，但主要与后者有关。他指出，野蛮人适应环境，文明人改造环境。民主主义与教育[M].纽约，1916：55-57.——原注

②[美]约翰·杜威.民主主义与教育[M].纽约：麦克米伦出版公司，1916：92.——原注

③[美]约翰·杜威.民主主义与教育[M].纽约：麦克米伦出版公司，1916：377.——原注

比文化和职业的传统分离更重要。杜威像他的同时代人维布伦①一样，深入考虑文化和阶级的历史联系。几个世纪以来，文化就意味着拥有某几种知识，表明有知识的人是上流社会阶层的成员。从希腊时代起，文化就同与贫穷相对的富裕、与劳动相对的闲暇、与实践相对的理论联系在一起。因此，在学校课程中，文化意味着强调某些文学和历史的学科，特别是掌握古典学科知识和外语。对于杜威来说，这种文化概念必然强调的是阶级之间的差别而不是他们的共同之处，是排斥而不是联合。此外，当文化对一些社会团体，如政治家、职员和知识分子团体来说完全是功利主义性质的时候，它对于另一些社会团体来说则是不公正的。因此，在排斥和不公正这两个方面，历史的文化观显然是势利的。②

杜威认为，民主主义需要文化的重建以及与它相一致的课程，需要把科学和工业学科设想为使很多人更了解周围生活的工具。这意味着把职业科目介绍到工业社会的生活中去，这些职业科目不仅能培养实用的技能，而且能作为更加理智的冒险事业的出发点。他强调说："教育者的问题在于使学生从事这样一些活动：获得手工的技能和技艺的效率，在工作中发现即时的满足，为后来的应用做好准备。所有这些事情都应从属于教育，即从属于智育的结果和社会化倾向的形成。"③生长意味着从现在的经验着手，并增加这些经验的意义。如果工业主义是当代的中心问题，那么，为什么不把它作为其他所有问题的关键而从它着手呢？

杜威得出结论说：从本质上看，没有什么学科本身具有自由或者文化的力量，任何科目在某种程度上（在尽可能广的范围内理解它）都是指一种文

---

①维布伦（Thorstein Veblen, 1857—1929），美国经济学家。

②杜威的文化理论，见：教育中的文化和工业 [J].教育双月刊，1906，（1）：1-9；文化和文化价值，见：孟禄（P. Monroe）.教育百科全书（第2卷）[M].纽约，1911—1913：238—240；19世纪文化的讨论，见：威廉斯（R. Williams）.文化与社会 [M].伦敦，1958.——原注

③［美］约翰·杜威.民主主义与教育 [M].纽约：麦克米伦出版公司，1916：231.——原注

化。他写道，关于文化的定义，也许没有比"文化是不断扩大一个人对事物意义的理解的范围，以及增加这种理解的正确性的能力"①这一定义更确切的了。就这一点而言，如果根据心理发展的目标进行适当的教学，那么，文化就能包括比平时仅包含科学和手工艺更为广泛的学科领域。

那么，杜威将怎样回答斯宾塞②提出的"什么知识最有价值"的问题呢？杜威提出，判断知识价值的标准应该是社会性的。他认为，规划课程时，必须把要素放在第一位，而把精炼放在第二位。"凡是社会方面最基本的事物，换言之，凡是与最广大的社会群体共同参与的经验有关的事物，就是要素。至于代表特别群体和专门职务需要的事物，应该是第二位的。"③对一个阶级来说是狭隘的功利主义教育，对另一阶级来说却是广泛的通才教育，在这种地方，民主主义是不能兴旺起来的。在共同生活的问题上，人们要求一种普及教育；在"旨在提高社会意识和兴趣"的问题上，人们要求一种广泛的人文教育。

杜威是否真正解决了课程的重点问题呢？当然，课程的重点问题是一个未解决的问题，因为杜威的标准是如此模糊，以致对评判课程计划没有多少帮助。美国教育史全是一些特殊团体的例子，是这些团体"在更广泛的公共利益上"推行自己所喜欢的教育改革方案。伍德沃德④很快就从"手工训练对华盛顿大学学技术的学生是有用的"看法改变为"它对每一个人都是有用的"。贝利⑤使得人们对自然学科的看法也有了同样的飞跃，这毕竟是许多年来以人民的名义做一切的民主政治的一条规则。那么，作为一种评判标准的社会价值所固有的困难也更大了。一位评论家曾敏锐地注意到这些困难，并告诫人们

① ［美］约翰·杜威.民主主义与教育［M］.纽约：麦克米伦出版公司，1916：145.——原注
② 斯宾塞（Herbert Spencer, 1820—1903），英国哲学家、教育家。
③ ［美］约翰·杜威.民主主义与教育［M］.纽约：麦克米伦出版公司，1916：225.——原注
④ 伍德沃德（Calrin M. Woodward, 1837—1914），美国教育家。
⑤ 贝利（Liberty Hybe Bailey, 1858—1954），美国植物学家，康奈尔大学农学院院长。

说："在杜威理想的社会制度中，任何个人都没有希望过隐居生活（反映他的自我意识）。人们认为，隐居是一种有罪的奢侈。每个人都应该记住：自己毕竟只是'修正和改变以前接受的信念的代理人'。总之，人们不得不确信，尽管杜威先生出色地捍卫了个人主义，但他的道德理想实际上是'善于交际的人'。"①

杜威承认这些源于进步主义本身的困难。从本质上看，人们肯定会将他的系统阐述看成贺拉斯·曼思想的继续。在普及学校教育方面，杜威看到了在更广泛的民主过程中具有决定性意义的第一步。但是，如果没有随之变革学校教育本身的性质，那么人就会丧失社会的含意。这个变革的关键将是建立一种新的文化观。这种文化观超越了仅仅包括语言和文学的传统偏见，扩大到了包括一切有关的人类事务。②杜威像贺拉斯·曼一样，承认教育是一个有关个人生长和发展的问题；他也像贺拉斯·曼一样，把重点永远放在社会、团体和公众的经验方面。杜威最终认为，只有在扮演适当角色的学校教育得到普及的时候，民主主义才会实现。因此，在教育变革中，他看到了一个"有意识进步的"社会最重要的工作。

---

①民族，1916，（102）：480-481.——原注

②［美］约翰·杜威.民主主义与教育［M］.纽约：麦克米伦出版公司，1916：300-301.
——原注

杜威和美国教育①

［美］马辛尼·格林

1894年，约翰·杜威成为芝加哥大学哲学、心理学和教育学系的系主任。1916年，他出版了《民主主义与教育》一书，这是他的教育信念的最明确的阐述。其间的几十年，是表现了杜威作为教育家、心理学家和教育哲学家而成长的一个时期。在这些年里，他出版了许多著作，并在教室内外对成千上万的人作讲演，还活跃在很多组织中。

一种通常的错觉是与芝加哥大学实验学校的建立一起产生的。这所学校被过多看成是一种"进步学校"的原型。当杜威担任芝加哥大学的由哲学、心理学和教育学三部分组成的这个系的系主任时，实验学校就建立起来了。它是与系里的教师在教育理论和心理学方面已经进行的工作直接有关的。它与许多哲学的和心理学的概念是有关系的。它的目的是通过实际应用来检验一种专门的认知和行为哲学。1936年，杜威写道："这所学校原意是一所实验学校，不是一所实习学校，（在目的上）也不是现在所谓的进步学校"，它的目的是"加深和扩大社会接触和交往，以及共同生活的范围"，它的试验"在于发现导致良好的社会结果的倾向、能力和需要"。②

---

① 译自：Maxine Greene. *Dewey and American Education, 1894—1920.* // William W. Brickman and Stanley Lehrer. *John Dewey: Master Educator*. New York: Atherton, 1961：75–92.

② ［美］约翰·杜威. 芝加哥实验的理论. // ［美］K. C. 梅休. A. C. 爱德华兹. 杜威学校 [M]. 纽约：阿普尔顿世纪出版公司，1936：464.——原注

这所学校引起了广泛的注意。访问者都赶来参观，而且常常被他们看成似乎是与传统教育的一个彻底决裂而感到震惊。杜威说，他们带来了"一所修道院学校的想象"，并发现了他们认为是狂热的个人主义的活动。他们没有把社会要素视作从属于教师和教科书的一种新的形式。芝加哥的报纸不止一次地报道了这样的访问者的敌意和激烈地反对正在进行的事情的行为。

然而，实验学校的工作有助于增加参加杜威在教室里讲演的出席人数。而且对杜威来说，因为学校的特殊情况和需要一定的经费支持，参加许多公共集会，在共同支持的运动中与教育家和其他有兴趣的人结合起来，那是必要的。实际上，《学校与社会》（1899）的第一版就是杜威筹款演说的一个合集。它的影响的迹象可以在第二年的《辩证法》杂志上的一篇书评中找到。那篇书评的作者指出："芝加哥大学初等学校的第一份报告传到了外界。除了有些地方的个别人外，他们并没有认真地对待它。"他们又继续说，教育家们并不认为它将长期继续下去或教任何新的课程，但使教育家们惊讶的是，"这所学校依然存在，而且到现在已是第四年了。在今天，在亚当斯的赫尔会所有更多的眼睛注视着它，毫无疑问，这超过了对国内其他任何的初等学校的注视"。亨利·斯蒂尔·康迈格[1]把《学校与社会》称为杜威著作中最有影响的一本著作，并指出，当它出版时，杜威"早已作为美国最有创见的和最渊博的思想家之一而出现"[2]。

在芝加哥时，杜威与伊利诺伊儿童研究会（Illinois Society for Child Study）和美国赫尔巴特学会（National Herbart Society）的其他教育家一起参加了许多会议。在提供使他的思想能传到许多学校的渠道方面，这些讨论会正如杜威参加的公共集会一样重要。除了提供讲坛外，它们还增加了出版的可能性以及保证了一种善于接受新思想的读者。《与意志训练有关的兴趣》第一次出现在《赫尔巴特学会年鉴（1895）》的增刊上。《教育中的伦理原则》发

---

① 亨利·斯蒂尔·康迈格（Henry Steele Commager，1902—1998），美国历史学家和教育家。

② ［美］康迈格.在美国的充满生气的思想［M］.纽约：哈珀出版公司，1951：587.——原注

表在第三本《赫尔巴特学会年鉴（1897）》上。现在，《与意志训练有关的兴趣》已被认为是一种引起人们注意的最早的、明确的教育论述。它作为一种理论上的贡献的重要性，在《教育评论》（1896年第12卷）和《公立学校杂志》（1895—1896年第15卷）上得到公认。

可能同样有意义的，是杜威在芝加哥的友好的和职业的交往。他的好朋友之一埃拉·弗拉格·扬曾是他在芝加哥大学的早些年里的一段时间的一位同事，后来是芝加哥学校的学区督学。正如简·杜威所写的，当杜威离开那里时，埃拉·弗拉格·扬辞去了自己的职务，她不仅与杜威友好交往，而且对杜威的思想有影响。记得在1911年，她被选为美国教育协会的主席，并在一些年里她利用很多机会以"新教育"的名义进行演讲。可以看到，在对杜威的响应中也有她的一部分功劳。与简·亚当斯和赫尔会所的交往起了另一种作用，尽管它是很有限的一种作用。对一些人来说，这个社区是一个中心。在他们中间，有芝加哥舞台上的艺术家和作家，因此，杜威在那里的交往是多方面的。但是，必须指出，那时艺术界对他的工作没有明显的反应。

除此之外，詹姆斯·R. 安吉尔又成为杜威在芝加哥大学的一位同事。他曾与杜威一起在密歇根大学（与威廉·詹姆士和罗伊斯一起在哈佛大学）学习过。安吉尔是一位心理学家，后来成为机能心理学①的最有影响的提倡者之一，成为詹姆士和杜威结合起来的思想的一个传播者。

《我们如何思维》发表在杂志《初等学校教师》（1903年12月号）上，其中至少部分内容被考虑为可能是在实验学校中已经进行的工作的结果。众所周知，从1898年至1910年，赫尔巴特学派在美国教育中占据统

---

①机能心理学，欧美现代心理学流派之一。它出现在19世纪末20世纪初，由詹姆士和杜威创立，被安吉尔继承和发展。它主张心理学研究意识的机能和功能，反对心理学仅仅分析意识的内容。

治地位，以及在随后的一些年里，严格地按照"五步法"①内容和品格的形成开始有所改变。克伯屈认为，在《我们如何思维》出版之后，赫尔巴特主义开始"逐渐消失"，但是要与之建立一种非正式的联系，那是困难的，特别是当我们回忆到例如巴格莱②《教育过程》（1905年）这样的著作时，它表现为对赫尔巴特主义的一种修改，但几乎不可归因于杜威的著作。

通过对美国教育协会的演说和记录汇编的观察，我们发现，在紧接着杜威的芝加哥实验以后的一些年里，假如从整体来看的话，杜威的工作给公立学校教师的印象是少的。

在以后的若干年里，可以发现，在美国教育协会的讨论中，没有什么有意义的事与芝加哥的实验有关。1911年初，埃拉·弗拉格·扬开始把实验的报告带到了这些会议上，但是，最初的反应是不大的。

在《明日之学校》（1915年）中，杜威和他的女儿描述了一种把新的理论付诸实际的公立学校制度。但是，杜威没有把声望作为他们著作的先驱。被提及的公立学校，是在葛雷③、印第安纳波利斯④和芝加哥的那些学校。杜威说，它们表现了"用例子说明正在进行的教育改革方向"的基本相似点。

当然，在那些研究过的学校中的随意选择的例子并没有表明，在大多数美国学校中正存在着的主要变化。1902年，在《初等学校教师》杂志中描述的悼念弗兰西斯·W.帕克的仪式上，杜威悲伤地叙述到帕克为使教育成为社区生活中的一种力量而做的努力。他评论说："他是一位先驱者，而对一些人来

---

① "五步法"，即"五段教学法"。一种关于课堂教学阶段（Ⅰ.预备；Ⅱ.提示；Ⅲ.联想；Ⅳ.总括；Ⅴ.应用）的理论。由赫尔巴特学派的齐勒尔和赖因在赫尔巴特的教学过程理论基础上加以扩充而提出。

② 巴格莱（W. C. Bagley，1874—1946），美国教育家。要素主义教育（强调人类文化遗产里所谓不变的共同要素）的提倡者。1917—1940年，在哥伦比亚大学师范学院任教。

③ 印第安纳州西北部一城市。

④ 印第安纳州的州府。

说，他好像是一个追随时尚的人。"

一般地，人们仍认为，当杜威离开他在教育重建方面的工作而转向思考他的哲学主张时，他作为教育家的影响仍通过"所赞赏"的那些学校而继续存在。特别是在1912年以后，这些学校已经在美国的各个地区发展起来。但是，如果我们回忆起实验学校的试验性质，以及它的心理学的、哲学的和社会的关系，我们可以很好地理解拉格①的坚决主张，那些"进步学校"也可以追溯到杜威的影响。

但是，1938年杜威发表了著名的声明，割断他自己与"进步教育运动"的关系，这也并不奇怪。

在1910年以后，杜威的著作仍旧逐渐开始在各种教师训练机构中使用，公众的报刊评论对他给予了一些注意，并把他看作是"教师的教师"。

大多数学生同意哥伦比亚大学师范学院的威廉·H. 克伯屈和俄亥俄州立大学的博伊德·H. 博德②那富有创造性的提倡，采用一种能激起普遍的实际反响的方式来传播杜威的教学、学习和思维理论。克伯屈的《设计教学法》（1918）③就涉及与杜威相关的问题的设计模式。但在那时，杜威学派的（探究）方法，在某种程度上根据克伯屈自己的发展、进一步的心理调查和变化的社会要求被给予了新的形式，那也是显而易见的。

尽管许多人精通和忠于包括杜威哲学在内的经验主义者的哲学，但要把在1919年组织起来的进步教育协会（Progressive Education Association,1919—1955）看作是对杜威工作的一种具体反映，那是困难的。但是，它的最初的声明表示出对"在教育的所有形式中的进步"的信奉，虽然它的社会关系的含义基本上

---

① 拉格（Harold Ordway Rugg，1886—1960），美国教育学家。1920年起任哥伦比亚大学师范学院教授。

② 博伊德·H. 博德（Boyd Henry Bode，1873—1953），美国教育家。

③ 设计教学法，实用主义教育的一种教学制度。为美国教育家克伯屈所创。主张设计单元活动，其一般程序为：目的（动机），计划，实行，评价。

是关于个人的"自然发展"。

在那个时期，对美国教育家来说，他们自己充分自由地发现，在经验的哲学、科学的方法、学习的指导、民主的性质和学校的社会作用等方面，杜威所说的实际上是清楚的。

约翰·杜威究竟发生了什么①

［美］乔·R.伯内特

20世纪前半期，杜威的名字在美国学校里是脍炙人口的；而今，却似乎销声匿迹了。的确，在第二次世界大战后很动荡的20年间，杜威和他的追随者对于美国教育，就和共产主义者对于美国文化一样，被看作可怕的人物。——这种联想似乎是不可理解的，如果你不清楚这两种现象都是出于当时巨大的保守主义潮流的话。

那种潮流现在已减弱了一些，而在最近二三十年内，由它所激起的教育改良和革新也已经成为过去了。因为保守主义者在某些场合是站在杜威思想的对立面的，所以，今天美国教育在实践上所遇到的不利情况，是不能归咎于杜威和他的追随者的。

这篇论文所讨论的范围，远超出"杜威的际遇"这个题目。我想用"论文"这一词语的字源学上的含义，采取探讨和假定的方式，把事实情况做一种个人的总结。因为我深信，在美国教育界，对杜威这一角色的解释者大多不是带着偏见，就是曲解了他。

杜威实用主义的进步论和浪漫主义的进步论

对于"杜威的际遇"这个问题，最普遍的回答是：杜威从来没有充分地

---

① 译自：Joe R. Burnett. *Whatever Happened to John Dewey*. Teachers College Record, Columbia University, Summer 1979.

或广泛地被人理解过。正因为如此，一般可以进一步提出一个或两个问题，即他的追随者曲解了他的思想，或是他自己表达得不够使人理解。

关于杜威不容易理解的问题，我没有意见。不过，事实上有许多人认为杜威是容易理解的。

至于杜威思想被他的追随者所曲解的问题，我想，关键在于一个人对于他的思想所能正确接受的程度。

假如一个人把杜威看作进步教育的"父亲""祖父"或是"前辈政治家"，而进步教育家则是他的理论的解释者和应用者，那么这个人就极大地曲解了杜威的思想。

可是，这是一种为人们所接受了的学说，因为进步教育在近几十年内，已经和从第一次世界大战末到第二次世界大战末这段时期联系起来，特别是和"进步教育协会"联系起来。他们把这段时期杜威的高大形象和进步教育联系起来，确实有一定的意义。但是我认为，把这种历史观点用在思想史上是一种偏差，而且如果找出了"为什么这是一种偏差"的原因，就可能暗示在美国教育思想的某一个组成部分上有非常有害的东西。

我提出另一种观点，实际上这种观点在几十年前一些在哲学上很有造诣的人在撰写教育史的时候，就已熟知了。他们认为，在形成进步教育的一系列观念还没有很深的理论基础和广泛流行之前，杜威对教育思想还没有作出很多贡献。有些人指出，杜威的影响直到1919年之后才能被明显感知，这是1916年《民主主义与教育》一书的出版和进步教育协会成立的结果。但是，请看看下面有关教育上的进步主义的说法：

　　"进步教育"这一名词，由于进步教育协会的成立，才取得现在确定的含义……然而，这个运动本身的开始时间却早得多，同时是更广阔、更深奥的。

从历史上来说明，似乎是比较公正的。这个运动始于卢梭和他的《爱弥儿》（1762）一书的问世。但沿着本文所讨论的道路，对学校进行一个有意义的改革，却始于裴斯泰洛齐，他是深受卢梭和当时一般人道主义者影响的。他的影响遍及全球，通过许多渠道传到美国，例如，算术和地理的改革、年级制学校的建立（来自普鲁士，特别是通过贺拉斯·曼的著作）、谢尔登的直观教学。影响比较迟的是赫尔巴特和福禄培尔，他俩是和裴斯泰洛齐一起研究的。

不少进步主义者替自己的教育信念寻找哲学上的支持，不过从浪漫的自然主义方面找来的多，而从实用主义方面找来的少。对他们来说，进步教育的主要原则是源于卢梭及其拥护者，并非杜威及其追随者。对于实用主义者杜威来说，兴趣和自由这两个主要原则基于认识论；体现这些原则的活动课程基本上是一种检验真理的方法。另一方面，卢梭的浪漫主义追随者把进步教育的原则主要地建立在人性论的基础之上，因为儿童的自我活动是自发的，兴趣和自由只是自我表现的主要手段而已。

浪漫主义的自然主义者对于本性非常重视，他们以卢梭著名的假定为根据，认为儿童的本性是善良的，而不是堕落的。这是当时与卢梭同时代人的习惯说法。他们认为，人类的本性依照一定的规律而发展，是绝对不变的，好像天体循轨道而运行一样，那么，教育者的责任就是找出这些规律，一旦找到了这些规律，进一步的责任就是引导这些规律的运用，而不是去阻碍它们。整个儿童研究运动由此而产生，而儿童本性就变成了准则。

由此看来，早期的进步教育就是哲学上两棵不同的树，并不是一棵树有两个根——后者是政治上的看法。布鲁巴克①分别称它们为实用主义的树和浪漫的自然主义的树。据多数的记载，后者早在1840年，就由贺拉斯·曼和亨利·巴纳德开始引入美国教育界。当杜威进入教育理论界进行他第一次知名的

———————————
① 布鲁巴克（John S. Brubacher, 1898—1988），美国教育哲学家、教育史家。

初步探索时——在他的芝加哥年代（1894—1904）之前——浪漫的自然主义是占支配地位的。

在这个基础上，可以看出，杜威之所以加入浪漫的自然主义阵营，是为了政治和教育的目的（例如，清除传统教育的缺陷方面）。如果这点正确的话，那我们就可意料到他对同盟者的批判，调子低于对共同敌人（传统教育）的批判。事实上，我们可以看到，他先批判"新"教育的浪漫主义方面，后来才批判"进步主义"的教育（"进步教育"这一名称是在新教育出现之后才产生的）。不过，无论迟早，他把传统教育看成是比浪漫主义更大的敌人。

然而，要注意的是，杜威只是投身于一股早已确定了的教育思想潮流，而并不是开创这一潮流。他之所以被浪漫主义者所接受，是因为浪漫主义者被形势所迫，想从他的思想里挑选一些去证实他们的理论和实践；但是，如果把他们看成杜威哲学的追随者，那就错了。如上所述，杜威似乎也允许这样的说法。

杜威实用主义思想的真正追随者会在某些方面表现出来。无疑，至少在我看来，如克伯屈、蔡尔兹、劳普（Ranp）、康茨（George S. Counts）、拉格、布拉梅尔德（Brameld）、肯尼恩·贝恩、史密斯（B. Othanel Smith）、史坦利和贝尔斯（Ernest Bayles）等，这些博学的追随者都是把实用主义的准则作为自己哲学理论的基础。各人在做法上都有独到之处。其中，有些人也偶然有一点曲解，但还没有完全脱离浪漫主义。

杜威和上述追随者在实用主义的进步主义方面，可能组成一个庞大的集团，但实际上有些追随者直到20世纪二三十年代，才在很大程度上得到公认，有些人甚至更迟些。早在20世纪开始之前，在反对传统教育的教育思想中，浪漫主义的进步主义在许多初等学校的教师中深入人心。在1880到1915年间，这些人中间有很多人要为美国中等教育大发展提供服务和指导思想，浪漫主义的进步主义在他们中间更为盛行。

我想，关于进步教育的观点——从哲学上看可分为两条线，但从工作上看，常常是政治性的反对传统教育的一条线——能够产生一些有益的影响。在我看来，它的确说明一些学者怎样对某些事情改变了说法。例如，格雷厄姆（Patrieia Graham）对进步教育家就这样写道："我们设想自己是依照杜威的指示行动的，但他们往往把杜威的折中的、不明确的和杂乱的名言，应用在他们最感兴趣的许多问题上。"我们猜想，这一说法与其说是讲1900年后的杜威——上述的那些实用主义追随者并不找那些不明确的、折中的或没系统的杂乱的名言——不如说是讲浪漫主义的进步主义者，他们从杜威的思想里找一些志趣相投的东西，而不是找他的哲学的基本原理。

上面我提到"美国教育思想的某一个组成部分的非常有害的东西"。对这种"有害"的发掘，上述观点却不无贡献。在一开始，浪漫的进步主义以各种学派的哲学理论作为基础。但是，一是这些哲学理论相互之间并不协调，二是这些不协调的哲学理论由于不能适应于美国的工业和世俗社会，在20世纪四五十年代其中的大部分退出了舞台。显然，所留下来的大部分是外行的、只是沉溺于浪漫主义的人，他们几乎抓住任何概念，只要能提高儿童本性的、先天的和富于情感的特点就好，甚至连和他们有系统联系的但又严格地限制他们的观念也在所不惜。这样，你可以发现，这些进步主义者毫无疑虑地运用许多法则，这些法则是从多方面的智慧源泉里汲取的，例如，某些精神分析派思想家，某些认知心理学家，某些人本主义心理学家，甚至于某些存在主义者。

杜威思想（或者其他有系统的教育家思想）在这个混杂堆里被无选择地搞乱了。但如果比较一下另外一种危害，那这种混乱也是微不足道的。因为如果这种思想不能提示或导致始终如一的研究，而助长追随时尚或不尊重理智的习气，那可能有一天只是灵敏地借浪漫主义去接受新的概念，将使自己染上独裁主义的色彩。

杜威和美国教育实践

杜威的哲学究竟能直接并持续地影响美国教育实践到什么程度呢？实际

上无法准确知道，但可以猜想到是很少的。因为浪漫主义似乎已经是（而且还是）差不多浸透了哲学上所有的进步主义。再次引用格雷厄姆的话来说，"进步教育家是美国学校在1920年到1950年间所发生的教育上巨大变化的主要负责人"。由此我们有理由怀疑：杜威的直接影响是否会和他的哲学一样被强烈地感觉到。

还有一个值得怀疑的理由，就是事实告诉我们，杜威的教育学说大概不可能在学校里被广泛地被使用——到现在还是如此，教师没有经过他的教育学说的培训，学校里没有它的资源，家长和政客们也不会支持它。例如，杜威指望教师要像专家一样熟悉他们的教材，即使教师不需要成为一个生产专门知识的研究专家。教师必须从儿童的社会环境、家庭职业和生活背景去认识每个儿童。只有当他们掌握这些情况时，才能担负起做教师的特殊职责。把教材心理学化，使学生能依据各人问题解决的水平和方式真正地掌握它。可是在20世纪初期的师范学校里，所教的并不是这一套；而且那时的学生在学校里和教室里都是挤得紧紧的，也很难实施这种教育。

那么，人们似乎要问，杜威在芝加哥大学里所办的实验学校和想象中的广大模仿者又是怎样的呢？

约翰·杜威和伊夫琳·杜威合著的《明日之学校》里所赞美的学校又是怎样的呢？关于第一问题，杜威的辩护是：因为是实验学校，是一种试验，不必加以推广，也很少学校有充分条件去有效地模仿它。

至于《明日之学校》里提及的学校，在不同的意义上和程度上，杜威都用"试验性"这一术语。但其中，没有一所学校是有彻底的实验意义的。有些学校实际上仅够格为学生充分准备参加社会活动和多种职业，每一所学校都在某一方面带有实验的色彩，但没有一所学校是完全实验的，或是实验占优势的——在班级活动和参加社会活动方面，确实都不是这样。

然而，我现在要超出这一点说几句。不管杜威的教育学说是多么好，若不是教育家们具有丰富的才能训练以及理想的教育设施，它根本不能得到广泛推行。杜威是知道这一点的。例如，他1938年（七十九岁）就表明下面的观点：

> 新教育的一般原则本身，并不解决任何有关进步学校的实施和管理问题，宁可说它是提出新问题。这些问题必须在一种新的经验哲学的基础上才能得到解决。问题还没有认识到，哪里谈得到问题的解决。

这样看来，杜威自己也没有表示他所期望的效果已经达到，或者是很容易达到的。

第一次世界大战后杜威论学校教育

1919年以后，杜威遭遇到一些新的情况，值得特别阐释一下，它和上面所述的某些观点是相联系的。

杜威和他的阐释者几乎把对教育的无限信仰，作为在一个科学、技术和工业化时代的民主政治所必需的条件。第一次世界大战后，这种信仰必须予以密切注意。因为在现在的美国教育上，特别是学校里，这种信仰差不多已经不见了。可是，在以前美国教育和正规学校教育里这是被看好的。这是杜威对一般教育的信仰的最好理由之一。

现在，大多数教育家已经忘记了杜威的遭遇，如果他们曾经看到过的话。甚至今天，有的人只抓住杜威的乐观论调，忽略了他悲观危急的处境。为了证实这一论点，他的一些论述值得引录。下面除了第一段引文，全是引自20世纪30年代的，当时进步教育在学校里是有很大影响的。这就是说，他的批判不仅仅是针对传统教育的。

> 我们的学校送出的人去应付当代生活的迫切需要，而这种生活是穿戴着古旧的盔甲的；他们以笨拙的活动夸奖自己，作为精心的、经

过考验的佐证。

学校的另一种方法显然是：养成了一种囫囵吞枣的心理习惯，热衷于被人愚弄；对于历史、政治和经济的批评，固执地抱着似乎非常慎重的回避态度……学校甚至于比传教士更顽固地无视社会的弊病，也和传教士一样，用对个人不道德行为进行情感上的不断谴责，来避免对于社会上的各种困难的讨论。

或者

在某种程度上，只是诉之于暴力的使用，其实际结果是它们自己遭到损害，以致后来用经验的智慧方法来达到本来的目的。

说到这一点，我不愿被误解，认为激进主义者有任何垄断特权使用暴力。情况恰恰相反，反动派是掌握权力的，不仅是在军队和警察方面，而且是在出版界和学校里。他们提倡不用暴力，真正的理由是他们事实上已经掌握了权力；所以，他们的政策是想用理想化的词语来掩盖权力的存在——他们现在所用的个人主动性和自由等词语，就是一个明显的例子。

或者

在学校里获得一点点的知识或见闻，但它们之间并不互相连贯；我恐怕它与政府是如何行使政权的、政党是如何形成和如何活动的、机构是怎样的、什么东西赋予机构和政治领袖以权力等问题都没有联系。事实上，在有些城市存在这样的情况可能是危险的，例如，学校里的学生，不仅对于政府的机构得到形式上或结构上的认识，而且通过特殊偏爱以及和实业界有势的人交往，了解到他们自己社会是如何治理的。

或者

中等学校和高等学校里的人数，在30年时间里已增加6倍多，这样的激增在任何国家的历史上都是没有先例的。这些成员没有为旧制度所服务的那个阶级的社会背景、传统和需要。为了适应他们的需要，一些新的学科和课程带进来了，但它们是零零碎碎的，没有一致的目的；同时，旧的学科保留着，没有一点修改，和新的学科并列。这样，只有那些具有强烈的天生爱好的学生，对于他们的才能或他们所生活的世界，才能提出任何明确的概念。这种学校，与其说是一种体制，不如说是放任自流。

还有

不幸的是，我们跟近来的德意志和意大利的种族偏见熟悉了。我们是否能完全摆脱种族偏见，而以完全的民主自豪呢？我想，只要看看对于黑人的待遇、反犹太人主义、逐渐增长的（至少我怕它在增长）严格反对外国移民入境等情况，就足以回答这个问题了。这就涉及教育上的一个问题。我们的学校，不仅要培养能消极地容忍不同种族和不同肤色的人民，而且要积极地、敢作敢为地、有建设性地去培养民主社会所必不可少的、相互之间的了解和爱好愿望。我们的学校在这些方面做了些什么呢？我知道，我们的公立学校在消除阶级划分和创造一种认为同是大家庭里的一个成员的博爱感情方面，有很好的声誉而且应该获得很好的声誉。但我不相信,在消除各种族间的猜忌、偏见和势利上,我们已做到能够做和必须做的一切,且我们的学校在这方面也已尽了它的责任。

最后

有一点不能否认,学校多半是教些识字工具,把现成的知识传给学生。然而,用以获得这些知识的方法,并不把探究真理和考察意见的技能加以发展。相反地,他们憎恨这样做。他们摧残了天生的好奇心,用许多无关的材料加重学生的观察和实验能力的负担,以致不能像很多不识字的人一样有效地运用这些能力。就民主国家的普通学校问题而言,在给每一个人受教育的机会时,只做到了第一步。就民主政治来说,如果学校不能根据科学态度培养人,解决应该教什么和如何教的问题,那么,所谓学校教育工作只不过是很危险的、偶然的事业而已。

杜威对于教师是否有改进美国学校教育的能力和动力,已逐渐失去了信心。对于这个事实,一般也被忽略过去。他不怎么批评教师。但是,与他后来的论述比较,人们应该看到,他在《我的教育信条》里的阐述,以及带有鼓动色彩的"战斗号令"和"为什么我是一个教师工会会员"等对于教师的乐观的陈述。

杜威对于第一次世界大战后美国教育的严厉批判,是他日益严厉抨击美国阶级社会及政治、商业和工业上自私的既得利益集团的社会政治统治的一部分。可以想象,大部分教师是太驯服的,所以在这方面不敢跟随他,尤其是在康茨的《学校敢于建立一种新的社会秩序吗?》这篇文章所激起的整个大风暴中。教师们在各地教育委员会和类似工商业者那样的行政人员的严格控制之下,很少有教育领导者在任何时候表现出明显的政治热情——自1920年到现在更没有这种热情。

杜威的整个社会哲学已经明显转变，不可能再赞同社团类型的社会组织，而大部分教师却在津津乐道地教诲学生。早年受黑格尔思想影响的杜威，很像一个主张在中央集权下实施统治的人，但在1900年之后就完全不同了。实际上，社会经济的阶级分析是杜威常用的方法之一，尽管他还用其他方法加以补充。

也许杜威的追随者中很少有人能看出他的转变。如果他们认识到这一点，那可能很少人愿意跟随他。许多人仍以为他还是主张建立像19世纪末的社区邻里关系和家庭扩大化的雏形社会那样的学校，但是，杜威早已看出这种社区的局限性。他已注意到科学、技术和工业化的一定效力，正在打破这种局限。1916年，他就这样说：

> 只是许多人生活在互相接触的环境里，不能就成为一个社会。每个人多少都受到或近或远距离的人的影响。一本书或一封信可能使得相隔几千里的人的关系比邻里间的关系更密切。

近来，有一种观点认为，杜威或明或暗地促进美国社会的社团性质。这种论点的关键，在于词义的含糊。杜威赞同以更集中的机构来体现公共福利，借以减少和摆脱同工商业社团形态的国家相一致的自私的既得利益集团的控制。他认为，这种共同负责的社团组织可以把人们从官僚主义下解放出来，不再被其奴役。他说："一个国家优劣的标准，在于它把个人从消极的斗争和无目的冲突中解放出来的程度如何，以及对每个人在工作中的积极支持和保障程度如何。"这样看来，国家就是一种给人们提供机会的政治组织，它一点也不能干涉作为社团基础的那种亲密结合。

> 大同社会把它设想为自由和充分地相互交往的社会，是可以相信的。但是，它绝对不能具备地方社团的特性。它将做最后的工作：协

调各地方社团间的相互关系，并充实各地方社团的经验。如果地方社团的生活被外部控制的机构侵犯或其局部被破坏，就会成为不团结和不安定的直接来源。这个时代的特点就是这样。

上面曾经说过，家长和政客们不愿支持杜威的理论应用于教育实践，其理由就在这里：他直接向国家统治权挑战，尤其是在沙文主义猖狂的时期。

杜威和今日的教育

我得出的一般结论是：杜威的教育哲学在过去很少被人应用，也很少被人理解。它同浪漫的进步主义仍旧混淆不清，早期理论上的概念堆积是教育上放任自流的重要原因和结果。

哈钦格（Fred M. Hachinger）最近要求政治统一、保卫美国的公共教育。克雷明[①]指出，如果另一个教育改革时代出现在美国，进步主义就可能复苏，那时杜威的哲学及其教育哲学正好可以作为候选者。但是，要想产生效力，就必须在理论上和实践上同浪漫的进步主义划分界限；同时，杜威自己的理论也要比今天更系统地为人们所理解，并且要阐释得更明确。

对于教育改革，并没有出现明显的迹象。但关于杜威的哲学和教育哲学思想的论述，却不断涌现。博伊兹顿（Jo Ann Boydston）和波洛斯在《有关论述杜威的文章一览》中写道：在自1892年第一篇评论杜威的文章以来的86年中，关于杜威及其著作的研究文章有2200篇以上，平均每年约25篇；但自1973年1月到1977年1月这段时期，共出现了300篇，每年平均超过60篇。不过，光是数量的增加，并不能就说是对杜威的重视；实际上，研究文章的质量和广泛性也不断地提高。

另一个有趣的现象是：杜威被译成外文的著作范围在扩大。几十年以

---

① 克雷明（Lawrence A. Cremin, 1925—1990），当代美国教育史学家。

前，大部分是翻译他的教育著作——主要是1920年以前出版的著作；最近，他在哲学和政治哲学上的成熟著作也被翻译了。

如果我没有弄错的话，记得博伊斯顿和波洛斯说过，近来对杜威学术成果的研究，最有意义的现象是不仅质量在提高，而且数量也在增加。这大概是准确的，研究者为了表现自己的学术成就，就到他著作尚未流行的时期里去寻找研究项目。但另一方面也是确实的，就是处理他那浩繁的著作的可能性，已经开始变得无须劳驾大力神赫拉克勒斯了。这要归功于在卡本代尔的南伊利诺伊大学。自1960年开始，那里设立了杜威研究中心，它是一个对国际上研究杜威的学生和学者提供资料和进行协调的中心。这个中心的活动和成就，需要专门文章进行叙述，现在只要说明以下这些就够了。它实际上收藏了已经出版的杜威全部著作，藏有杜威大部分的信件和大事记；现已出版杜威早年著作的权威性版本11卷，经过现代语言学会的审定（在美国哲学家的著作中，这是唯一接受这种严格审定的版本）；有些附加卷在整理中，预计将成为一套丛书，依照著作的年代先后排列，约有40卷[①]；并且已经出版一本"指南"，其中包含杜威所注意的重要课题范围内的重点文章和书目摘要；出版"一卷一览表"，列出任何地方已经出版和未出版的关于杜威的著作。对杜威研究的资助和评奖，做得并不多，但意义很大。此外，对全世界的学者进行大量通讯工作，给以研究上的帮助。

还有一件事是有利于研究工作的，并表明是对杜威的重视，那就是出版商现在印刷杜威的著作，比起二三十年以前要增加许多。一些杜威著作的选集近年来也出现了，还出版了美国著名的哲学家对杜威哲学的分析研究。特别值得注意的是，戴克威曾所著的《约翰·杜威的生平与精神》一书，它是一本广受欢迎的杜威传记，现在已有普及本，流传很广。

杜威的著作十分浩繁。第二次世界大战后，哲学界很多人研究分析哲

---

① 《杜威全集》37卷和补遗卷中译本，已由华东师范大学出版社出版。

学、欧洲哲学和科学哲学，但美国哲学、特别是实用主义现在重新引起了人们的兴趣。然而，学院派哲学家们常常把实用主义者看成是一个大裁缝铺，各人负责一件衣服的一部分。他们指的主要是皮尔斯、詹姆士、米德和杜威。诚然，哲学知识的无缝衣服，从杜威那边是不容易得到的。如果把他和浪漫的进步主义者或者和其他实用主义的进步主义者混淆起来，一件教育哲学的无缝衣服倒是容易得到的。近来，布罗德斯基（Garry Brodsky）写了一篇关于学院派哲学家和杜威的文章，有一点使人们感兴趣。他用"为什么"这一问题问自己："假如杜威是如谢弗勒①所说的一个'实用主义的巨人'，那么，为什么大家没有给他更大的关心呢？为什么他不能在美国哲学上产生更大的影响呢？"

在关于杜威的研究中，已经有一个特别值得注意的趋势，那就是把他和教育史上的"修正主义"联系在一起。在有关杜威的范围内，争论集中在下面的问题上：按修正主义者说，在1916年之后的几十年里，杜威的思想和行动是公开地或隐蔽地支持保守主义的或褊狭的社会政治政策的；而另一些人的说法，与之相反。我想，这种争论将出现什么局面，或者争论是否将继续下去，现在还言之过早。然而，这种争论实际上是会产生有益的效果的，因为可以使得教育哲学家们和其他人对于杜威的社会政治著作和活动比以前更加重视。

结　论

关于杜威的教育学说在学术上什么是错误的和什么是需要的，在这里我把自己的看法作一简单的总结。

我觉得，对于杜威教育哲学的各种论述，从一个哲学家的观点看，似乎都带着门外汉的历史谬见。我的意思是：所论述的许多概念，都是出现在杜威

---

① 谢弗勒（Israel Scheffler），美国分析教育哲学家。

早年的教育学说卷帙里的。等到教育学说的卷帙减少之后，即1916年的《民主主义与教育》之后，至于带有技术专门性的《趋向一种教育科学》（1929）和有点累赘的《经验与教育》（1938）是例外——似乎杜威就再没说什么了。

但是，在我看来，比较正确的道路是：先把杜威已成熟的哲学用哲学概念上的观点系统地组织起来，然后加进以前那些与之协调一致的东西。

当然，还有很多东西好说。现在，让我最后谈三种情况。

第一，外行的历史方法，从把杜威看成黑格尔派的有机体论的一部分开始，几乎总是用未经证明的假定来辩论他后来的地位。用这种方法开始的人将从各种道路去探寻他和黑格尔的关系，但不知道是怎样在杜威哲学里迷失了。如果从杜威的成熟的著作里看，没有明显的黑格尔的有机体论；所找到的只是早年盛开过的花，但后来凋谢了。

第二，把实验主义当作一种教育哲学。早年，杜威和他的实用主义追随者很狭隘和排外地强调科学。直到20世纪20年代后期或是20世纪30年代初期，他才重视美学经验，认为它对科学研究本身而言是基本的东西。成熟的杜威有一套美学理论和一种综合的"自然主义的人道主义"理论（他这样称呼他自己的哲学，表明反对更狭隘的"实用主义"和"工具主义"）。从这里，我们可以从概念上来判断他的科学探究理论。因此，对于教学法上的"完整思维的活动"或"问题解决的方法"等，教育学者也应该采用他的这种探究概念去处理。

第三，杜威的宗教体验理论，在阐述他的教育思想时仍有很多的体现。事实是因为他在宗教体验问题上的重要著作《共同信仰》（*A Common Faith*，1934）是如此简短，而且在各种宗教的问题上如此尖刻（和宗教信徒们截然不同），使得我们不易认识到，在杜威的成熟的哲学著作里，宗教体验是多么重要。无论如何，杜威这方面的思想在今天对我们是有启发性的，因为现在的宗教教育正在膨胀到很大的程度以代替公共教育。无疑地，一部分是为了反民主，但另一部分是因为公共教育从来没有找到一种合理而充分的办法去处理作为普通经验现象的宗教体验。这种对宗教体验的重视，和美学对审美体验的重视一样，必须把它加到对杜威早期形成的教育哲学概念的理解中去，假如这种哲学是如他自己所预期那样全面而有活力的话。

杜威的教育思想和社会思想回顾①

[美] 弗雷德里克·李尔奇

约翰·杜威去世才7年，但对这个人和他的工作的印象已经变得模糊了。这主要是由于他的名字已被列入当前关于美国教育的目的和内容的通俗论战中。在这个论战中，他已经成为25年前残存的进步主义者同保守主义者以及现代教育上的要素主义者之间的战斗的一个象征。在这个论战过程里，杜威的思想受到某种讽刺，而他的观点和他对某些问题的看法却往往被忽视或遗忘。因此，我们应该趁此机会再一次集中回忆一下杜威这位教育家以及他的工作的目的和意义。在做完这个工作之后，我们可以提出几个问题。这些问题有的是由于他的著作中的某些含糊所引起，有的是因为我们从一个不同于杜威写作时代的社会和学术环境来阅读他的著作而引起的。这样来使用我们批判的权力，就不必感到有什么罪过。杜威自己曾下过这样的定义："哲学是一种道德的和政治的诊断。"如果根据我们对一个已经改变的历史环境的理解，我们对教育问题的看法不同于杜威的看法，提出对问题的解答也不再是他的解答，他自己可能最不会恼怒。他经常说，哲学家的主要任务是解决问题，在面临着我们时代的各种问题的时候，我们正在依据他的精神进行工作。

19世纪末，当杜威第一次出现在教育舞台上的时候，美国的学校还没有它自己的哲学。在美国教育史上虽已创办了许多本国的学校，如富兰克林的

---

① 选自：现代外国哲学社会科学文摘，1961，（7）：7-10.

学校①、贺拉斯·曼办的非教派学校、由公家划拨土地的农工学院和文科学院等。但美国的教育思想仍从属于欧洲。在19世纪的最后十年里，德国的学说占统治地位，而当时在教育上最负盛誉的赫尔巴特，正像哲学上的黑格尔一样，依然保持着强烈的影响。当杜威在约翰斯·霍普金斯大学做研究生时，他自己是黑格尔的信徒。但以后逐渐转变，到19世纪90年代时，他摒弃了唯心主义而发展他自己的实用主义、自然主义的思想方式。在他学术成熟的过程中，杜威开始对教育问题发生兴趣。1896年，他和他的妻子在芝加哥大学创办了一所实验学校。就在第二年，他出版了《我的教育信条》一书。1899年，发表了他的第一部关于教育问题的论著：《学校和社会》。该书曾译成13种文字。这本小册子的中心思想是：主张把学习，包括方法和内容，同现代工业上的职业和现代工业所需要的劳工合作形式联系起来，这样可以使学习充满活力。杜威说，教育孩子参加建设性的工作，可以引起他们的兴趣，使他们看到他们活动中的社会和科学的价值。这本书的更大意义还在于，它传播了"学校是一个工业和民主社会的组成部分"这个新思想。杜威以此能使教育工作者看到他们的新的任务，并使他们理解到他们工作的重要的社会意义。

杜威撰写了不少关于教育方面的论著。1916年，他出版了《民主主义与教育》一书。这本书最全面地叙述了他的哲学，并使教育成为他的哲学的一个组成部分。这本书比其他任何一本著作更能使杜威在许多教育部门和教育学院里成为一个权威，有时还被看作是一个正确的权威。20世纪二三十年代，杜威对美国的教育思想和实践影响最大，不过即便在当时也不是绝对的。理论上的敌手是有的，但那些攻击杜威的学者在当时还不能起大的影响。尽管杜威的文章风格不流畅，且缺乏一般人所讲的个人吸引力，但他得到了比他任何一个对手都更大的响应。据我看来，他成功的理由是他能够把教育上的许多问题和对当代文化进行诊断的工作打成一片。

---

① 指本杰明·富兰克林（Benjamin Franklin，1706—1790）于1751年创设的费城学校。

　　杜威认为，西方文化，特别是美国的社会，处于严重分解的状态，表现在分歧和分裂；这种分歧和分裂产生了不必要的冲突，终于有碍人的才能的充分发展。他自认他自己曾经受到这种情况的损害。在杜威的几本自传式的陈述中，有一本提到新英格兰的传统思想，反对把责任和娱乐结合起来，并把灵魂和肉体分裂，人和自然分裂，以及自然和上帝分裂。类似的二元论已在教育里出现，并造成同样有害的影响。学校脱离了社会，职业训练被看作是不文雅的，各学科间的课程彼此缺乏联系，教育的目的和方法分裂了，结果使学习变成一种枯燥和机械的事情，不能促进思考能力的成长。杜威拒绝承认上述的任何分界线，或许是他对教育与文化诊断中最激进的部分。他指出二元论思想对社会的损害和个人的浪费，而主张一切个人的特殊要求与兴趣都要服从于社会利益和批判理智的判断。

　　如果我们不把过去一度对教育事业发生关系的某些旧传统和旧思想作对比，就不能理解杜威教育思想的新颖。我特别记得古典人文主义和基督教伦理思想。当然，这些古典人文主义和基督教伦理思想今天还有信徒。但是，在杜威看来，这些思想是过去的包袱和偏见，结果是使现代社会生活分裂而不是统一起来。这些思想阻止人们正确提出自己的问题，并阻碍杜威所讲的"人类经验的改造"。基督教的伦理不能再作为一个统一的文化势力是有理由的，这些信赖圣经和教义的教会有理由害怕科学和批判理智的进步。我们应记得，有名的斯柯普斯讼案（Scopes Trial）①直到1925年才发生，因为美国的宗教激进主义不能接受进化论。而且，基督教的伦理把道德问题仅局限于个人的得救和灵魂的完善。但对杜威说来，这些字眼的"内在的"（inner）和"精神上的"（spiritual），只意味着和其他事物缺乏关联和交流。古典人文主义也为类似的无聊的东西所苦。它太文学气了，所以不欢迎科学；太文雅而高贵了，所以不

---

　　①约翰·斯柯普斯为美国田纳西州代顿的中学生物学教师，因讲授达尔文进化论触犯田纳西州法律而受到控诉。

能为美国的粗野平等主义接受。古典人文主义也致力于个人的完善，而把由于大量移民、工业制度和社会整体的需要而提出的美国教育上的许多重要问题置诸不谈。

杜威逐渐相信需要有一种新的教育理论来解决这些问题。他建议把学校看作是社会改造者，而教学工作应负责协助指导这项改造。杜威从不提倡教育是被动地去适应社会，他在这个问题上有时受到人们指责。相反，他希望使学校成为典范的社会，帮助消除大社会的无价值的东西。但杜威没有很清楚地指出有价值与无价值的衡量标准，这就是为什么会在许多新近的教育著作中充满了那些不着边际的字眼，如"好得多"（ever better）、"富得多"（ever richer）和"美得多"（ever finer）的一部分理由。但是，如果这些教育学者能深入了解杜威关于社会哲学方面的著作，他们就会发现他的道德标准是主张合作和分享，反对竞争和贪婪的行为。

如果学校是社会改良者而不单是致力于学习的一种组织的话，那么，它必须终止它和社会实际生活的脱离，要善于感受科学与技术上不断增长的需要，并把这些需要转变为不断扩大的各行各业所必要的条件。然而，杜威并不希望把科学的精神和方法的运用扩大到所有的人类事务上去。这种"理智方法"的教育会有两个主要优点：一是它可以增进个人的思考能力，清楚理解他们的目的，并指导他们的选择方法；二是它可以促进社会的进步，因为群众可以根据社会的公益来对各种专业权威和学术兴趣作出判决。杜威把教育同科学的方法相联系而不同任何偏见、宗教或形而上学相结合，是希望美国的学校能在社会中取得一致的看法，否则社会就会因信念不同和利益冲突产生分裂。因此，他希望把学校变成为社会建造者。

我这样仔细地推究杜威思想的社会观点，一定会使那些认为杜威是进步教育运动领导者的人迷惑起来。事实上，进步教育在20世纪20年代发展的时期，杜威并没有和它发生直接关系。而且，与其说杜威是进步教育运动的领袖，倒不如说他是这个运动的批评者。"儿童中心学校"这个术语在杜威的词汇中是没有的，其他像什么"创造的自我表现的教育计划"和"学生的积极性"等提法，一再使他表示惊愕。杜威认为，进步教育只满足于反抗，甚至剧烈地反抗旧教育的顽固性，而不致力于解决教育上的核心问题。对一个对每样事情都具有自制力和在行动上有目的性的思想家来说，仅仅反抗虽是可理解的，仍应该承认是智力的失败。

杜威并不忽视个人才能的发展，但他对这个问题的处理同进步主义者是有区别的。这反映在下列两个重要方面：第一，杜威常常注意到社会的联系和社会的需要，这在前面我已略述过了；第二，他从不把个性看作是孩子固有的东西，而正像我讲过的，杜威早期的思想是把个性的发展看作是社会组织的唯一目的。关于社会秩序和个人发展这两种概念之间的矛盾，杜威并没有给以解决。但是，我认为社会发展的方向比个人发展的方向更来得重要。

最后，这使我作出几个其他重要的解释。第一，作为一位应时而生的哲学家，杜威拣出几个希望大家重视的问题和情况，这些问题与情况在30年甚至50年以前可能极为重要，而现在则不然。杜威曾致力于把一个具有相抵触的信仰和传统的五光十色的社团组成的集体建成一个统一社会。他试图变更教育以适应工业时代的现实，并给一个多元社会提供一种思想方法，这种思想方法不管人们的基本信念如何，都能运用。杜威的这些努力，大部分获得了很大的成就，目前在我们面前又开辟了新的教育阵地。美国的广大群众在历史上第一次提出了文化的要求，这在过去只是少数人的特权。经济生产力的发展增加了群众的收入和创造了空闲的条件，从而促进了他们对提高文化生活的要求。今天，有50%的中学毕业生要求获得高等教育。

但是，这个变化不应该只从数量上来衡量。它也使文化质量有所提高，并使人对一切过去只是美化高贵妇女和绅士文化生活有了新的看法。据我看来，这个情况可能比杜威和一切改良主义者对文化遗产、艺术、古典文学和宗教作出更自由的适应。在杜威这种类型的自由主义者和改良主义者看来，其中有许多过去曾经认为是优秀的事物，都被以前的阶级集团所损害或受到有权势组织的贬值。例如，欧洲古老的人文主义提倡的、并被认为是贵族特享的"个人的完善"，现在已为广大的美国青年肯定为他们不可剥夺的权利。这些青年在高等教育中接触到功利主义价值的同时，试图发现、了解和领会他们自己。在这种探求中，他们将比杜威更重视人文学科。由于杜威的哲学是一种坚强的哲学，他始终关心着有待于解决的社会问题。因此，他允许人文主义指导的教与学取得的。他说，精神生活不是自发的。它需要积累和分别吸取别人的经验，并通过连续学习而获得进步。所以，杜威从来没有讲过要放弃有组织的教材，或者取消教师的主导作用，这种主导作用在于对学生和教材具备知识。

搞清楚了杜威对进步教育的态度以后，我现在感到有必要谈谈他的教育思想中的某些模糊的观点。这就是关于杜威教育思想中的个人主义和社会主义因素的相对重要性问题。这两个因素在他的学术生涯的不同时期有不同重点。例如，他在1916年出版的《民主主义与教育》一书中说，教育工作者最重要的是关怀个性的全面发展，一切政治和工业组织应该以它们对这种发展的贡献来对它们自身加以衡量。换句话说，整个社会生活的最终目的和评价主要在于它是否能够培养它的个别成员成为完人。但在20世纪20年代末，可能由于受到苏联社会主义的影响和面临国内破坏性的经验个人主义和危机的缘故，他转为倾向社会主义。1928年访问苏联时，杜威为广大人民、知识分子和教育工作者中掀起的炽烈的共同信念和"一种普遍而感人的宗教现实"所感动。杜威觉得1917年的革命解放了巨大的精神活力，这种活力同样也表现在苏联的学校里。"过去我只在理论上这样相信，总是认为一般学校的沉闷和毫无生气的现象是由于学校脱离生活，看到了苏联相反的情况后，使我更坚定了我的看法。"

20世纪20年代和30年代的政治和社会情况似乎使杜威思想中隐藏着的宗教和社会的因素变得表面化。他时常渴望有这样一种社会，能把冷酷和粗野溶化在集体精神中；在这个渴望中，民主政治将变为准宗教集体的形式。过时信念所不能再满足的那些愿望，在这里将成为集体生活的前景。这是许多美国知识分子的特征，当他们拒绝接受犬儒主义或绝对是社会和宗教的分裂所形成的唯一结论时，就会产生这种情况。无论它的价值怎样，这种关于社会的神秘思想跟杜威早期的简单的自由主义思想是截然不同的。就学科在课程中占有的地位而论，也要看它能否有助于解决当前的社会问题。如果不能这样，而仅仅满足静观的、精神的或思辨的要求的话，那么，人文主义将有逃避社会责任的嫌疑。

我要提出的第二个问题是教育和社会改造之间的关系问题。当社会动荡和转变的关头，教育工作者容易同社会运动和社会纲领结合起来，因为这些运动和纲领有希望给教育工作以新的刺激，并把它的意义扩大到教室以外去。这个希望是可以真正地实现的。无疑，杜威自己吸引了广大的追随者，这是由于他给学校规定了一项重大的社会任务。但是，这样做也有不足的一面。公立学校和社会运动之间的联盟，可以达到使教育达到在政治上和意识形态上受到党派精神侵蚀的程度。杜威自己是警惕到这个危险的，但他的有些著名门徒却没有。

这使我提出了最后一个争论点，我认为这个争论点是头等重要的。教育工作者并不真正需要同某些社会运动和纲领结合在一起。作为一个自由的和理性的社会的成员，他的工作不在于组织或劝诱青年参加某些社会活动。即使在大班上课时，他也应该专注于个人智力的培养，教导和启发人们的思想。教学应以个人为直接的和主要的对象，社会只是间接的；当教师和学生相互接触的时候，教育工作具有内在的重要意义，而不需要外来的干预。另外，学和教的工作必须经常地进行下去，不管能否找到鼓舞人心的社会信念和理想。换言之，教育的重要意义是在于受教育的过程中，理智的好奇心、思维的判断和知识的增长等价值能获得真正的经验，就是说，在于教师和学生都对这些价值感到喜欢。

杜威是否愿意接受这个意见，我不能完全确定。杜威的实用主义理论或许会断定判断思维的价值在于它使我们能够改造那些衰老无用的社会组织。但是，杜威还有另外的一面。这可以从他的"教育即生长"这个定义中表示出来。他说，生长以外无目的，生长本身就是目的。这是自然主义者杜威说的话，他以学习和研究为乐，因为他认为学习和研究本身就是一种酬报，不需要用结果来辩明。作为人文主义自然主义者的杜威的思想可能比作为社会实用主义者的杜威的思想来得经久些。

一个创始的心的影响①

［美］托马斯·培里

　　杜威的70年哲学活动，从19世纪80年代的初期起，可以分为三个时期：10年的门徒身份；10年的摆脱影响和崭露头角；其后五十年杜威成了杜威——在这五十年中，他自己创立的若干原始的观念，产生了丰盛的果实。

　　20世纪的开始标志着美国哲学的转折。当时是如此感到，现在回顾起来还是如此。19世纪的最后20年，已从德国输入的康德的"唯心论"在学术界中逐渐取得优势。一方面间接地通过像柯律芝那样的文学媒介物及经过属于格林凯尔德兄弟②学派的英国哲学家的介绍；一方面直接通过对费希特、黑格尔、叔本华和德国浪漫主义者们的研究。这一运动的美国代表人物——哈佛大学的罗伊斯、亚姆赫斯特学院的加门、密歇根大学的莫里斯和温莱、加利福尼亚大学的豪依林、波士顿大学的邦尼、康乃尔大学③的格莱顿——都是当时的大师。他们为僧侣及青年的保护人提供一种世俗的哲学，那种哲学维护道德和宗教的传统——不知不觉地代替了苏格兰的"常识"哲学和宗教界中正统的有神论。

　　这种哲学的基本论题，是它坚持"理性"或"精神"的自主或自足性，这种自主或自足性被认为是一种直接揭露那种经验借以"组织"并获得"客观性"的范围和理想的能力。这种观点，不但和英国学派的感觉主义的经验论相

---

①选自：中国科学院哲学研究所.现代美国哲学［C］.北京：商务印书馆，1963：362-370.
②指约翰·凯尔德和爱德华·凯尔德兄弟。
③现译康奈尔大学。

对立，而且也和康德本人相对立，因为康德是使理性和它必须与之一致的感觉材料分离开来的。理性摆脱了对感觉经验的依赖，能一跃而对宇宙作出结论，这些结论是无论怎样广泛的单纯观察都永远达不到的。哲学家，作为理性的代言人，能够预先认识自然和历史必须服从的必然性。他可以用宇宙权威的口气，说出他的心思；而且，由于他所宣告的直觉或可证明的真理支配着外在世界的偶然事件和因果关系，他可以要求使道德和宗教信念的基础稳固起来，使之足以抵御唯物论的攻击。

在1900年前后，当这一哲学在美国极盛的时候，有两位哲学家大胆地向它挑战，他们都在过去十年中积蓄了攻击力量。尽管约翰·杜威生于威廉·詹姆斯①之后17年，并认为詹姆斯是他的"精神上的先辈"，但詹姆斯是杜威的同辈长者，而不是他的先辈。

詹姆斯的教育是断断续续的和不规则的，他的工作时常为疾病所中断，而且他经过了许多年还未确定他的职业。他曾试作画家，研究医学，教授生理学，并由此过渡到教授心理学。在1890年出版了他的划时代著作《心理学原理》之后，他继续研究了几年。然后，他临时用讲演和论文的方式发表了他的哲学主张。要对这个年表作正确的理解，必须认识詹姆斯思想发展的内在的连续性。他的气质经常是哲学的，而且他的哲学已预伏在他的心理学中，正如他的心理学已预伏在他的生理学中一样。可是，事实上，詹姆斯的主要哲学著作，都写于19世纪的最后十年和20世纪的最初十年——也就是他的生命的最后二十年。

杜威的哲学的生长时期比詹姆斯短些，而且，略去其间的间隔不谈，它是曲折较多，连续性较少的。詹姆斯的最初著作刊行于19世纪70年代，清楚地发表了他的哲学主张，而杜威却经历了转变和再生。詹姆斯继承了法国的唯意志论，与罗伊斯的浪漫主义有着共同基础。但他所真正著述的是洛克、贝克莱

---

① 现译詹姆士。

和休谟的哲学；他任意地批评他们，同时又自认是他们的正统。另一方面，杜威的哲学渊源于康德和黑格尔；但为了完成自己的哲学体系，他被迫抛弃了他们。对于詹姆斯，唯心论是可怕的敌人，他经常反对它并逐渐获得了战胜它的信心和力量；对于杜威，唯心论是他引以为耻的青年时代的错误。

詹姆斯和杜威的关系不是敌对的关系，更不是嫉妒的关系。他们感到他们间的思想和态度的共同之处比差异之处深刻得多。各人都曾大度地承认对方对自己的帮助。他们的天资和气质存在巨大的差别，同时在他们的继承人中可能经常有詹姆斯派和杜威派的分别，正如在继承苏格拉的传统的人中经常有柏拉图派和亚里士多德派的区别一样。这种类比的确不完全是牵强附会的。像柏拉图一样，詹姆斯是比较戏剧的、诗歌的、神秘的、直觉的、有发明力的、多产的、博学的、机敏的、讽刺的。像亚里士多德一样，杜威却是较坚执的、有系统的、冷静的、讲究方法的、缜密的、完整的、细心的、严格的。

詹姆斯和杜威间的哲学上的差别，不能认为是学说的差别，而只是重点的不同。这些差别中的最重要之点，可以追溯到他们所不能不继承（不管他们自己是否愿意）的哲学流派的特色。没有哲学家能完全改变他的思想。对于詹姆斯，这种不可摆脱的残余影响，是英国的经验论；对于杜威，是康德的唯心论。詹姆斯的实用主义不及他的"经验主义"重要；也就是说，他坚持事物就是它们"被认知那样"（known as），认知则指对具体的个别事项的感性的察识（sensible aqualntance）。因此，在詹姆斯看来，认知是实践的一种形式，而且是在实践中被引起的，它终结于存在的显示或揭露。詹姆斯的特殊天赋在于他对直接的意识经验的细致差别的敏感以及——和休谟相反，对于它的转变的和衔接的连续性的认识。

另一方面，杜威忠于他的唯心论的传统，坚决主张认知的主动的特性。认知的"作用"不是像詹姆斯所主张的直觉的前奏，而是知识的目的，正如是知识的开端一样。它开始于实际行动的挫折，继以理论的活动，而终于实际行动的恢复。推理思考不是感知的直接性（perceptual immediacy）的不完全的代替物，它本身就是知识的真正生命，感知的直接性只是知识的开端。知识就是思想的运动——这是杜威的唯心论；思想的工作是实践的一个方面和一种工具——这是杜威的工具主义；思想出自而且被包含于时空世界——这是杜威借以反对他的早期的唯心论的理性主义及先验主义的"自然主义"。他的哲学可以称为"不纯粹理性批判"（拟康德），或观念的实验辩证法（仿黑格尔）。

詹姆斯的明显的形而上学和杜威的隐含的形而上学，反映出同样的差别。对于詹姆斯，宇宙的形象是在经过提炼和概括的感知经验中显现的；对于杜威，是在尝试与错误的过程——即从问题到解决的过程中显现的。詹姆斯的形而上学反映出他的经验主义；杜威的形而上学反映出他的实用主义（operationalism）。但如果工具主义（instrumentalism）一词被理解为：思想是附属的和次要的，而且把它用于杜威的全部哲学，这是容易引起误解的。在杜威看来，像在黑格尔的"客观的心"学说中一样，思想作为一种过程是实在的。它是在自然全部进化过程中作为自然的特征的适应、冲突和再适应的一个特殊方面，可以用生物界的智慧行动作例子。

詹姆斯的经验主义和杜威的实用主义之间的这种根本分别，指出了杜威的批评者最根本的异议之所在。探究的作用是存在的世界的一种描述和揭露呢，还是它的一种例证呢？存在的世界就是它被认知的那样呢，还是被自然化、普遍化了的认知本身？第一种可能性导致实在论，第二种可能性导致新的唯心论：一种无疑是摆脱了旧唯心论的先验主义、绝对主义、超验主义和永恒真理论等的唯心论，但依然是唯心论，如果唯心论意指：认知的心所特有的程序和联结提供了哲学洞察力的锁钥。

自从1910年詹姆斯逝世后，杜威享誉美国近40年，他在美国哲学家中的出类拔萃是无可争论的；甚至那些认为他往往是谬误的代言人，对他很难估价的哲学家，也不得不承认这一点。他的出类拔萃，不能说是由于他的文体的华美，或由于人格的突出，或由于惊人的功勋。因此，它一定是由于他适合时宜和他的观念的丰饶。

杜威的哲学适合时宜，像詹姆斯一样，在于他反映了19世纪的科学对20世纪哲学的新刺激。这并不意味着哲学甚或宗教的取消，也并不意味着唯物论；但它的确意味着对科学精神的同情和把科学成果作为头等真理予以接受，俾为哲学所促进而不是废弃或轻视。在科学的领域内，它所包括的幅度是从牛顿的物理学到牛顿以后的物理学，从物理学到生物学和社会学（人的科学）。作为这种刺激的表现，反对新哲学当时至少在美国和英国已经流行甚广、正在占着统治地位、并且倾向于堕落为权威的正统的一个学派。杜威和詹姆斯攻击它的堡垒，为各种新颖的哲学思潮开辟了道路。因此，不仅实用主义者，而且实在论者、实证论者、自然主义者和重新建立的唯心论者，都感到杜威对他们有帮助，至少也把他看作他们的思想解放的象征。他们感到他是和他们一起反抗旧传统的。

杜威赞同现代工艺学之着重于所有它在广大的工业的和社会上的所有分支及其有效的应用。他的着重实验是和现代科学探究所赞许的技术相协调的。他对各种各样的绝对的强烈的厌恶，是与现代科学探究的"或然主义"或临时的性质相一致的。对于杜威来说，像对于现代科学一样，没有任何智力的成就是最后的。每一新的进展都扩大了无知的范围，并产生新的问题。在杜威和现代物理学看来，自然本身并不是由一个永恒的秩序组成，也不是由经常重复出现的同样的实体组成，而是由单一的、流动的"事件"组成的。

但杜威对于现代科学的态度，不仅仅是消极的接受。在他对科学的崇拜中，也怀着对自然科学的不信任，这种不信任是20世纪的态度的特色。自然科学并不是本质地、自然地、自动地有利的。它的应用提供一个毁灭的兵器厂，也提供一个进步的兵器厂。因此，许多人相信：在人们控制自然环境和控制自己之间，还有一段距离。如果自然科学要成为有利的东西，那它的社会的起源和含义本身必须被包括在科学研究的范围内。对于科学的这一种社会学的或人道主义的批判，杜威是先导。

在这一点上，必须提出警告。如果社会科学要充当自然科学的可靠的向导，那它不能仅仅是"描述的"——用这个词的狭隘意义。例如，宣传的心理学的发展，并不保证人类免于戈培尔①的毁灭势力，却只为他提供武器。这些武器愈是"科学的"，它们的害处也就愈大。要使科学成为有利的东西，只要求它不仅是自然科学，而且是社会科学，还是不够的；必须在某方面提出一个标准，并据以判定某些结果是好的，另一些是不好的。

无疑地，杜威是提出了这样一个标准，尽管我们会希望它更明确些。要找寻这个标准，必须再看看智慧本身的职能。智慧是人们解决冲突的才能，而探究就是它的方法。成功地解决了冲突，就是和谐和满足；如果运用智慧的结果是冲突的继续，这是智慧的失败。换句话说，使杜威站在和平、自由、正义和人道方面的标准，已隐含在他关于智慧所要对付的特殊挑衅的概念中——即关于要求智慧解决的问题的性质的概念中。因为真理是智慧的一种功能，又因为智慧被要求去解决冲突的问题，又因为冲突的除去是善，因此真理就是善。如果要引申出有关的结论，那这些前提没有一个能被省略。

杜威看重合作的智慧，使他能赞同新的自由主义——不是个人主义的自由主义，而是集体主义的自由主义。他可以同情计划经济，它是有组织的、有远见的智慧应用于满足需要；他也可能同情政府为了平等和安全而作的渐增的干预，因为政府代表着人的结合和分享——和他们的原子论者的、竞争的利己主义相反。

一方面，杜威的强调社会，使他和完全放任的旧自由主义（不论是经济的或政治的）分离；另一方面，他的着重于智慧的"自足性"，使他和极权主义异道，而使他和民主主义一致。社会通过个人行使智慧，个人是社会的智慧工具，也是它的最高产物。智慧的具备，就是赋予人类个体以尊严的特权；这种能力的实现，就是社会得益于个人。在这种理想的意义上说，人类生活是智

---

① 戈培尔（Paul Josef Goebbels，1897—1945），法西斯德国的纳粹首领。惯会造谣说谎，故以其名为"造谣专家"的代用语。

慧的自我实现，通过组织获得并体现于突出的个人。

这些就是借以了解杜威的特殊的民主主义概念的名词。它的对立物是权威主义和传统主义，即人们要依照从上面、从过去、从周围环境强加于他们的意见生活着。人们的自由，主要在于能够自作主张。只有人们能从自己的经验中学习并自己作出结论，他们才是平等的。作为民主主义特征的人类交往，就是人们的心是被觉醒而不是被麻痹，是使它敏锐而不是使它呆滞。就是这一中心观念，使杜威在那些认为民主主义的精髓不在于物质利益的分配、而在于思想言论和交往的实施保护的人中名列前茅。

同样的观念构成了杜威的教育哲学的核心。惯常有人以游戏诗文讽刺进步教育：把它比作儿童（要求解除他选定他想做什么的痛苦命运的儿童）的假想事故。这个故事的寓意和对它的通常理解正好相反。凡是可以被称为所谓进步教育的东西，在杜威看来，并不意味着朝最小抵抗力的方向进行。照着别人的话去实行或信仰，是容易的。自己选择却需要智力的运用；服从、接受、响应、模仿却不需要。

对于学生是困难的事情，对于教师也是困难的。教育的艺术在于提供刺激物，以引起抉择的努力。施行这种艺术，需要对人的同情和了解；发布命令和制定法规，却不需要。有时会认为杜威之所以杰出，只是因为他的著作数量多。杜威的写作和出版一直未间断过。他的著作数目是巨大的，对于任何编书目的人（无疑也是对他本人）都是可怕的。他的确对一切可能的哲学题目，也就是说，实际上曾在人类心目中出现过的一切问题，都写作和出版了书籍。根据过去的纪录，在量和质之间确具有正相关，但数量多而质量低——在各方面都平庸——也是十分可能的。

杜威的著述丰富，不是由于他想在各方面都发表意见的职业义务感，而是因为他在各方面都有些话要说。他的迫切要求与人交往和讨论，就是他自己的主张的奉行。一切探究，不管是在实验室中或在教室中或在会议中或在书刊中进行的，都是合作的和实验的。

他写了心理学、伦理学、价值学说、认识论、本体论、逻辑学、方法论、教育、美学、政治学和宗教等方面的书籍。对于所有这些题目，他都有些东西——对于专家们有兴趣、有价值的东西——要发表。对于所有这些题目，他都曾新颖地、辛勤地思考过；像他自己所明白承认的，有时他的思考的确是晦涩的，却从不草率或模拟。他的心是第一等的，因为它是创始的。他在美国思想史中的地位已被确认，而美国之将在人类思想史中占着中心的（而不是边缘的）地位，也应大大地归功于他。

杜威和今日的进步教育①

［美］M. I. 伯杰

约翰·杜威今天仍处于美国教育的一个矛盾的中心，这是一种讽刺。这个致力于调和显然对立的教育观点的人，却成为一个矛盾的新时代的原因。为什么杜威至今仍然是教育界的一个争论的突出人物，有几个原因。第一，他的著作里有一些含糊不清的地方，使得许多人误解了他。第二，许多真诚地相信他们是遵循杜威教育思想的人，产生了同杜威自己的信念相反的或严重偏离的新概念。第三，许多攻击杜威的人从来没有费点心思去了解或理解他的意思。

什么是杜威的教育观点呢？最普通的错误是以为杜威是"进步教育之父"，因此，凡是这个运动中出现的一切东西，都要由杜威负责。实际上，进步教育在很大的程度上是与杜威的思想无关的。了解到杜威曾经着力从事批评进步教育家的基本假设，许多人将会大为惊讶。这位美国哲学家的最重要的贡献之一，便是他试图调和进步主义者和传统主义者之间的矛盾，以表明这两种哲学在教育体系中都是有生命力的和适当的。杜威有2本著作很清楚地表明他试图调和这些分歧：《儿童与课程》（1902）和《经验与教育》（1938）。

在教育中哪样东西更重要呢？是儿童还是课程呢？进步主义者说，儿童同他的一切需要和兴趣应当比一切别的东西都要受到重视；人格和品格、自由和创

---

① 译自：M. I. Berger. *John Dewey and Progressive Education Today.* // William W. Brickman and Stanley Lehrer. *John Dewey: Master Educator.* New York: Atherton，1961：126–131.

造、自发性以及变化，是"进步教育"的基本要求。相反的，传统主义者则着重课程、过去的遗产、人类积累的经验、知识和见闻、指导和训练、旧的和已往的东西——这些都是从传统主义派生出来的东西。杜威在《儿童与课程》一书中说，这两个学派的思想，在它们的适当的范围内都是正确的：

> 抛弃把教材当作某些固定的和现成的东西、当作在儿童的经验之外的东西的见解；不再把儿童的经验当作是一成不变的东西，而把它当作某些变化的、在形成中的、有生命力的东西。我们认识到，儿童和课程仅仅是构成一个单一的过程的两极，正如两点构成一条直线一样。儿童的观点以及各种科目的素材和事实构成了教学。（第11页）

因此，对于杜威来说，儿童和课程两者在教育过程中都是重要的。问题不是在于选择这个或选择那个，而是设想一种方法，使得儿童用自己的一切经验去理解和吸收我们文化的财富。他继续说：

> 根本的错误……是以为我们没有选择。要么放任儿童按照他自己的无指导的自发性去发展，要么从外面把命令强加给他。行动是反应；这是适应，是调整。不可能有这样的东西，如单纯的自我活动——因为一切活动都是在一个生活环境里、在一个情景里，并参照它周围的情况而发生的。但是，也不可能有这样的东西，如从外面把真理强加上去，或者从里面顿悟到真理。一切依靠着心灵自身在对来自外部呈现出的事物的反映中所经历的活动。现在，构成科目的系统知识的财富的价值，使得教育者可以决定儿童的环境，从而间接地去指导他。它的主要价值、主要表现是为教师的，不是为儿童的。它的教师说：这些东西是儿童在真、美和行为各方面可能有的才能和成就。现在要注意，每天的情况是如此的，他们自己的活动不可避免地朝着这个方向进行，朝着这样的高

峰进行。让儿童的本性实现自己的使命，这是在这个世界自身现在所拥有的科学、艺术和工业中对你显示过的。（第30—31页）

杜威试图从"非此即彼"这个教育问题的公式中摆脱出来。如上所述，传统教育和进步教育，在它的适当的范围内是可以有用的。同样无疑地，两种哲学，当它们不合理地去强调的时候都是错误的。传统教育当它注重课程而忽视学习者的时候，就造成一个错误。当进步教育把全力倾注在儿童身上而无视外在的权威的时候，当它无视教材的重要性的时候，也同样是错误的。杜威在《经验与教育》一书中说：

    ……当否定了外在的权威之后，问题在于发现内在经验的可以控制的因素。当否定了外在的权威之后，并不是说一切权威都应该被否定，而毋宁说是要求寻求更多、更有效的权威的源泉。因为旧教育把成人的知识、方法和行为的规范强加于未成年人，这并不是说（除抱有"非此即彼"的极端哲学的偏见外），成年人的知识和技能对于未成年人的经验没有指导的价值。相反地，以个人的经验为基础的教育，意味着成年人和未成年人之间较之传统学校要有更多样的、更亲密的接触，因而要受别人更多的而不是更少的指导……（第8页）

尤其重要的是，杜威说，对于任何哲学因为它的名称而牵强附会，这是错误的。进步教育和传统教育两者无疑都不是完善的。唯一值得考虑的理由是要有助于教育的改进。

    我时常用……"进步"教育和"新"教育这些词语。可是，在结束之前我要声明，我深信教育的基本问题既不是"新"对"旧"的问题，也不是"进步"对"传统"的问题，而是什么配得上称为"教育"的问题。我希望并相信，我之所以支持任何目的或任何方法，并不是仅仅因为这些目的和方法可以加上"进步"的字样而已。根本的问题是关于教育的性质问题。"教育"一词不需要冠上形容词。我们所需要的教育是纯粹的和简单的教育，当我们为了使教育可以成为一种现实而不是一个名词或一个口号，而从事于发现教育的意义和什么条件必须具备的时候，我们就会取得更确实的和更迅速的进步……（第115—116页）

看来，父母们和教育家们研究杜威和他的哲学有三种不同的方式。第一种方式，有些人在接触到杜威之前就停止了，还没有经过检验就认定这个人是"坏"的，不应当读他的东西，不理他就算了。第二种方式，另一些人则超越了杜威而从来不停下来检验一下他的思想，他们发现了那些他们自己相信是真正"进步"教育的东西，尽管他们的思想实际上同杜威毫无关联。第三种方式，还有不多的人曾经研究了杜威的著作，根据现在的情况来检验他的思想，判断它们的价值，重新建立一部分是接受和另一部分是改变杜威思想的新的教学计划。

关于教育实际的合理改革的任何希望，似乎只能寄托于第三种方式。许多杜威主张的东西并没有被认识到。我们的学校多半还是新瓶装旧酒，仅仅是杜威思想中极少部分进入了学校，这也不全是学校的过错。杜威的教育纲领是很难认识的。这位哲学家的设想所包含的内容，远远不只是装置活动的设备，或者让人们坐成一个圆圈。按照他的设计，一种纯粹的气氛——民主的气氛出现了。当我们想着我们学校的任务是尽可能以最好的方法授予儿童更多的、确实的知识的时候，我们就看不见我们学校的目标。我们必须牢记，我们是试图以一种生活方式去教育人们；而且，在某种意义上，我们是教育人们去思考这种生活方式。仅仅是知识，永远不能使人自由。也不是一个社会能够创造出一种理智英才，便宣称已经是民主的了。杜威的整个哲学的灵魂是：充分认识一切个人的尊严和价值，允许每一个人的最完满的发展，并借助于一种民主的气氛来建立形成民主的美德的一种教育制度。

最后，杜威的学说是需要修改和改变的。如果杜威复活的话，他无疑将是批评他自己学说的第一个人。他的形而上学的基础，即认为我们是生活在一个周围情况和思想变化着的动态世界里的思想，会强迫他这样做。杜威没有阐明不同层次的学习的区别是什么。儿童应该像儿童那样学习，但是青年人有着不同的兴趣和问题。同样地，对于成年人就不能够像用儿童一样的方式去教他们。一种方法不能解决"教育"的各种问题。每一种层次的学习要求按照它自己的教学方法来进行。同样重要的是，每一所学校必须了解它的学生的特点，并为那所学校和在那个时间里，创造一种适当的教学计划。

杜威是现代教育思想上的一个重要人物。他提出了用新的方法来解决旧的问题。他是比任何其他的教育家更多地使民主和教育趋于有机的统一。杜威是一位伟大的思想家，人们应该去阅读他的著作，去理解和修改他的思想。

杜威教育哲学之我见①

［美］杰罗姆·S.布鲁纳

　　1897年，38岁的约翰·杜威发表了一篇颇具鼓动性和预见性的著作，题为《我的教育信条》。这篇文献预示了他以后的大部分教育著作中的观点。

　　杜威提出了5个信条。第一个信条给教育过程下了定义："一切教育都是通过个人参与人类的社会意识而进行的。这个过程几乎是在出生时就在无意识中开始了。它不断发展个人的能力，熏染他的意识，形成他的习惯，锻炼他的思想，并激发他的感情和情绪。"第二个信条包含着杜威的关于学校的概念："教育既然是一种社会过程，学校便是社会生活的一种形式。在这种社会生活的形式里，凡是最有效地培养儿童分享人类所继承下来的财富，以及为了社会的目的而运用自己的能力的一切手段，被集中起来。因此，教育是生活的过程，而不是将来生活的预备。"在第三个信条中，杜威谈到了教材："儿童的社会生活是他的一切训练或生长的集中或相互联系的基础。社会生活给予他一切努力和一切成就的不自觉的统一性和背景……真正的中心，不是科学，不是文学，不是历史，不是地理，而是儿童本身的社会活动。"杜威的第四条信条体现了他对教育方法的观点："提供教材和处理教材的法则也就是包含在儿童自己本性之中的法则。"对杜威来说，这个法则就是行动的法则："在儿童本性的发展上，自动的方面先于被动的方面。我相信，意识在本质上是运动

---

　　①译自：Jerome S. Bruner. *After John Dewey, What?* // James C. Stone & Frederick W. Schneider. *Readings in the Foundations of Education*. New York: MaCmillan, 1971：95-105. 伟俊、钟会，译.

的或冲动的，有意识的状态往往在行动中表现自己。"最后，是杜威的第五个信条："教育是社会进步及社会改革的基本方法。"

今天，人们怀着复杂的心情阅读这篇文献。它的乐观主义具有美国传统：拒绝对于生活的悲观主义态度。它以实用主义的精神来解释真理，把真理看作是对行动结果进行探究的产物。它不仅对个人的生长能力，而且对社会按照其最好的意愿来塑造个人的能力，表达了一种坚定的信念。这篇文献的最后几行词句是："每个教师应当认识到他的职业的尊严，他是社会的公仆，专门从事于维持正常的社会秩序，并谋求正确的社会生长。这样，教师总是真正上帝的代言者，真正天国的引路人。"

然而，正是那些最有生气的部分——乐观主义、实用主义以及对个人与社会协调发展的认同——使人们感到不安。因为在从1897年到今天的三分之二个世纪中，我们不仅对自然界的看法，而且对人类社会及其组织结构等的看法也产生了一个深刻的变化。也许更重要的是，我们对于人的本质、人的潜力和潜能、人的情感和人的生长方式等方面的理解，已经经历了一场革命。

杜威虽然受到了他的哲学立场的前提的限制，但是他的思想却反映了这些变化。但是，在杜威最初的那些前提和我们这个时代之间，产生了一系列富于革命性的学说，发生了一系列具有重大意义的事件，它们大大改变了探究的特性。两次世界大战，暗无天日的希特勒时期和灭绝种族的大屠杀，在物理学和心理学中的相对论的革命，能源时代及其新技术，怀疑主义哲学颇具讽刺意味的盛行，所有这些迫使我们对教育哲学借以建立起来的那些基本前提进行重新评价。

那么，让我们根据今天人们对世界和人性的本质的认识，来重新检验一下这些前提。但是，进行类似这样的工作是很容易引起误解的，所以，我们最好在一开始的时候就加以澄清。一个人写作总离不开其时代背景。杜威就是针对19世纪90年代学校教学的僵硬和无效，尤其是对儿童本性的忽视的这一点来著书立说的。杜威对直接经验和社会活动的重要意义的强调是对空洞无物的形式主义教育的一种不言而喻的批判,这种教育几乎没有将教学与儿童经验的天地相联系。为激励人们起来改变这种状况,杜威作出了极大的贡献。但是,好事过了头即成坏事。今天,我们正是处在这样一种"过了头"的背景中,来重新考虑教育问题。对杜威教育思想的曲解,常常使其理论变成了一种他本人对之深表遗憾的、纯感情主义的教育实践。他在其"信条"中写道:"除了呆板和迟钝、形式主义和机械公式,我们的教育受到的威胁没有比感情主义更甚的了。"对"班级设计"和"生活适应"课程的疯狂崇拜,对那喋喋不休、使人生厌的"准备"的概念的盲目信仰,因而,一味害怕将儿童置于成人和大自然的强有力的控制之下会使得儿童轻松自在的直接经验的天地受到侵害——这些关于儿童的观念大多是与教育过程方面的实验完全脱节的,然而又都是在杜威的名义之下得到公认的。在杜威所处的时代,他的思想是既崇高而又脆弱的。那我们的时代呢?我们将如何来表达我们的信念呢?

教育试图发展心理的力量和感受性。教育的任务是双重的。一方面,教育过程将一部分累积起来的、构成一个民族的文化的知识、行为方式和价值观传授给个人,在这一过程中,它形成了个人的冲动、意识和生活方式。但是,另一方面,教育也必须试图发展人的智力,这样个人才会有能力超出其所处的社会文化方式,才能够有所创新——不管这种创新是多么微不足道,才能够创造出一种他自己的内部文化。因为无论对哪一种文化的艺术、科学、文学、历史学和地理学来说,每个人都必须是他自己的艺术家、自己的科学家、自己的历史学家和自己的航海家。没有一个人能通晓整个文化。实际上,这几乎是被我们称之为文化的这种社会性的记忆形式的决定性特征。每个人只经历其中的一部分。要想全面形成他自己对世界的看法,他必须利用通过教育得到的那部分属于他个人的文化遗产。

在我们这个时代,技术的种种需求使得个人按照自己的最好心愿去创造世界的理想形象的自由受到了极大的压力。我们的时代也目睹了那些使个人从属于社会既定目的的意识形态的兴起。这些主张"从属"的意识形态,对人的个性毫不同情，它尊重的只是个人对社会进步作出的工具性贡献。然而在同时，尽管有这些意识形态，人对于他自己和他的周围世界（包括自然界和社会）的理解却仍然深化到了如此程度，以致我们完全有理由把我们这个时代称之为智慧上的黄金时代。未来的时代要求我们不仅应当将更深刻的理解力运用于社会的改善方面，而且也应当运用于个人的改善方面。

正如杜威在许多年前说过的那样，一切教育都是通过个人参与人类的社会意识而进行的。这确实不错，但具有两重性。因为所有的教育，不管它是好是坏，都是如此进行的。仅举一个例子来说，我们现在已经知道，一个人所说的特定的语言对其思想、经验的形式与结构所起的制约和塑造的作用究竟有多大。确实，有理由相信，思维过程本身是社会交往的内在化，是被早期外部谈话所决定的一种内部语言。正是这一点，才使得教育成为可能。但是，教育在形成和表达人们的经验的同时，也能成为对人们的思维活动加以限制的主要手段。对抗这些限制的有效办法是选择的观念（the sense of alternative）。这样说来，教育不仅应当传递文化，而且也应当提供各种不同的世界观，并且增强人们在这方面进行探究的愿望。

半个世纪以来，心理科学取得了突飞猛进的发展。现在我们已知道，心理健康仅仅只是心理发展的一个最起码的条件。心理方面疾病的悲剧性在于：它使病人为躲避他那无法处理得了的种种日常现实问题而疲于奔命，以致他不再可能有学习的信心和热情。但心理健康只是最起码的条件。心理能力是随着其运用而发展的，假如"适应"（adjustment）被作为一种理想目标的话，那这种理想目标可真是太低微了。为了发展既有个性又和社会相关联的优异品质（excellence）而运用自己的各种能力的聪明才干，这才是比较理想的目标。在弗洛伊德学说盛行了半个世纪以后，我们知道，解放本能和天性、给予它们以自由并不是目的本身，而只是通向聪明才干的道路上的一个中途站。对我们来说，在这下半个世纪中，弗洛伊德学说中最有预见性的，不是他为反对僵硬的道德说教的束缚所作的斗争，而是他的准则："哪里有伊特（id），就让哪里有自我。"

正如杜威在结束其第一个信条时所说的那样，教育必须从"心理上探索儿童的能力、兴趣和习惯"开始，但是，一个出发点并不是整个旅程。为了儿童去牺牲成人或为了成人去牺牲儿童，其错误是相同的。以为生活教学总是能适应儿童的兴趣爱好，那只是一种感情主义的想法；这正像强迫孩子鹦鹉学舌般地去重复成人社会的教条一样，只是空洞的形式主义。兴趣是可以被唤起和被激发出来的。在这个范围内，我们这样说大概是不会错的：供给引起需要，对可望获得的东西的欲望引起反应。人们总是试图使儿童具备认识世界和他自己的更深刻、更有力和更敏锐的方式方法。

学校是进入心理生活的入口。确实，它本身就是生活，而不仅仅是生活的一种准备。但是，这是一种特殊形式的生活，精心设计它的目的是使人们在可塑性强的那些年月中，能从中得到最大的好处。正是这种可塑性，赋予人类的发展以特征，并将我们人类与其他所有的物种区别开来。学校不应当仅仅是向学生提供得以继续与更广大的社会环境和日常生活经验相联系的机会。学校是一个特殊的社会，在这里学生通过其智力的运用来从事发现活动，在这里学生跃入一个崭新的、未尝想象过的经验领域，这里的经验和先前得到的经验没有连续性。例如，学生初次理解了什么叫诗歌，或体会到在能量守恒定律的观念中包含的美妙、威力和纯朴——没有什么被消耗，只不过是转换的形式而已，而且广义地说对其进行测量也是可能的。假如有一种连续性可能被找出来的话，那么，就是将儿童的思想万能的我向意识（autistic sense of the omnipotence of thought）转变为在思维活动中的现实的信心，而这种信心是有所作为的人的一个特征。

在强调学校一方面与社会、另一方面与家庭的连续性的时候，约翰·杜威忽视了教育的一个特殊功能——为学生展现各种新的前景。假如学校仅仅是儿童从亲密的家庭环境进入社会生活的一个过渡场所，那么，这种生活太容易安排了。这里考察一下原始社会的教育制度是很有意思的。那时几乎在所有的地方，男孩的生活中都有一个急剧的转折点，这个以"成人礼"（rite de passage）为标志的转折点通常是在青春发育期，它有效地将儿童的行为方式与青年的行为方式鲜明地区分开来。

当然，要是以那些先文化社会（preliterate societies）的做法为榜样来从事我们的教育实践，那是十分荒唐可笑的。我只是提请大家注意一个相似的地方：教育并不将儿童与成人混淆起来，它承认向成人的过渡包括各个新的经验领域的引进，对各种新的奥秘的发现和探究，各种新的能力的获得。这是教育的精髓，也是其自身的报酬。

在东欧传统的犹太人居住的小市镇里，睿智的学者曾是特别重要的人物——犹太教法典里的"克霍克汗姆"（Talmad Khokhem）。他的风度，他的含蓄的谈话方式，他那宁静自若的神态，使他被视为漂亮英俊的形象，而不是能胜任工作的典型。传说的中国社会也有其完美人物的形象，这种人在生活中将知识、情感和行为以一种美妙的方式结合起来。17—18世纪欧洲的绅士的理想形象大概具有同样的作用。怀特海可能就是以这种精神极力主张：若教育欲赢得公众声誉，它必须向学生揭示伟大的思想和情操。我想强调，教育的酵母是优异的观念（the idea of excellence）；而且，优异的观念又包含着种种不同的形式，其数量之多有如世上有那么多不同的个性一样，每个个性发展着他自己的优异的形象。学校的主要职能之一，就是应该培育各种优异的形象。

仅有一种超然的、理想主义的优异观念是不够的。一种关于优异的学说欲取得成效，必须使它能够在接触到其影响的每个人的生活中得到体现和解释。犹太人的学者、中国的学官（scholar administrator）、18世纪的绅士之所以使我们感兴趣，是因为他们所体现的生活形式与作风，是每个人都可以以自己的方式去力求达到，也可以以自己的方式去从中得到借鉴的。因此，我认为，学校中也必须容纳那些以自己的方式去寻求和体现优异的男子和女子。这并不意味着，学校的教职人员非得由那些极有天赋的男女来充任；然而，教师却必须在他（她）的自己的治学观点中体现出对优异的追求。的确，有了电视及其他各种类似的技术手段，我们也可以在其最高意义上向学生和教师提供对优异的具体实在的描述。在未来的岁月中，我们将会发现，伟大的学者、科学家或艺术家在对初学者谈话时，能够做到和在对研究生谈话时一样轻松自如、诚实坦率。

教育中的教材问题只有与人们对知识的本质的看法联系起来后，才有可能得以解决。知识是我们建立的一种模式，用来给予经验中的规律性以意义和结构。任何一个知识领域中的有系统的思想观念，在使经验变得经济和连贯方面都是创造发明。我们创造的概念，诸如物理学中的力、化学中的键、心理学中的动机、文学中的文体，都仅仅是一些手段，其目的是理解。文化的历史就是伟大的、有系统的思想观念的发展史，那些思想观念不可避免地会从关于人类和自然界的较深刻的价值意义和看法见解中产生出来。伟大的、有系统的思想观念的力量，不仅在于它们使得我们能够理解，而且有时能够预见或改变我们生活于其中的这个世界。事实上，这些思想观念还为我们提供了获取经验的手段。我们是在牛顿理论占统治地位的文化环境中成长起来的，牛顿以为时间的流逝是均衡的，因而我们总感到时间是在刻板而又稳定地做匀速直线运动。实际上，经过了四分之一个世纪的对感知觉的研究后，我们已知道，经验并非那么直接和纯净，它的获得总要通过我们的各种感官的准备状态的过滤（filter）。课程由我们所期望的东西所构成，而这些东西又源于我们对世上存在着什么以及它们之间的先后顺序等问题的认知模式或思想观点。

从这里，引出了两个信念。第一个信念是：知识结构——其连贯性和使得从一个观点必然能推断出另一观点的根源——应在教育中得到应有的强调。因为结构——非凡的概念化的创新发明，给予相互间没有联系的观察结果以秩序，赋予我们可能学习的东西以意义，使经验的新领域的开创成为可能。

第二信念是：知识的连接应该到知识自身中去寻找——假如这些知识是

值得被掌握的。像杜威那样，期望用教材与儿童的社会活动的关系来论证教材的正确性，只是对知识的性质和如何去掌握它的曲解。数学中的交换律的意义并不是从这样的社会观察中得到的：2间各住着14人的房屋与14间各住着2人的房屋不是一回事。相反，它存在于能产生一种关于数目的思维方法的观念之力量中。这种观念轻巧自如、美妙非凡而且极有生成能力，我们可以说，它起码像形式文法中的将来条件时态一样强有力。没有交换率，就不可能有代数学。假如集合论——现在常常作为新的数学课程中的引论部分——非得要与直接经验和社会生活相联系才能说是正确的，那么它就不值得教了。然而，集合论为理解次序（order）和数字奠定了基础，这些若靠利息率和按每捆多少钱的价格买卖若干捆干草之类的社会性计算，那是永远也解决不了的。数学和任何其他学科一样，必须从经验开始，但是向抽象化的发展要求它必须从明显的表面经验中摆脱出来。

最重要的，这里考虑到了是否经济的问题。一个人不可能完全地掌握任何一门学科——要是"掌握"意味着涉猎了所有的事实、事件和细节的话，即使一辈子都用上去也不行。为了强调其结构而呈现的教材，必然会具有富于生成能力的性质（generative kind），它使得具体项目能得到重新组织，或最起码的是，为那些可能碰到的具体项目准备好一个合适的所在。

那么，什么才是普通意义上的教材呢？对于"应该教些什么"这一问题的答案看来可以从对于"什么是重要的"这一问题的回答中得到。假如我们一旦能够回答"什么是值得了解知晓的"这一问题，那么，要区分什么是值得教和学的内容与什么是不值得教和学的内容就不困难了。当然，自然界的知识、人类状况的知识、社会的性质和动力的知识、在体验今天和追求明天时可能会用得上的关于昨天的知识——我们似乎有理由设想，所有这些知识对于一个受过教育的人来说都是必需的。还有一种知识必须加入进去——关于我们的艺术遗产的成果的知识，它们记载着我们的艺术奇迹和爱好的历史。

这样，一个关于符号体系的问题马上产生了，而我们是借以这些符号来理解和谈论知识的。

存在着自然意义上的语言和数学意义上的语言。从这个特殊意义上来说，我无法想象一个世纪后，一个受过教育的人会不是在某种程度上能使用两种语言的人——他一定会精确而又熟练地掌握一种自然语言和数学。因为要想开拓新的经验领域和获得新的能力，这些是必不可少的工具。因此，它们必须在任何课程体系中占据一个中心的地位。

最后，和杜威当年写作的那个时代一样，我们无法预知目前正在受教育的儿童将来会生活在怎样的一个世界中。这样，多方面的心理能力和竞争的潜能就是我们能够给予儿童的唯一的工具了。时代和环境要经历种种变化，但儿童对这种工具的需求却是不变的。在理想的学校中我们向儿童提供的一系列学习内容，不必固定地采取某一种形式，但必须如此：不管教的是什么内容，都得让学生连续不断地学习研究下去，直至使学生从深化了的理解中体会到心智的力量。正是这一点，而不是任何其他形式的随着时间的流逝而对知识的掌握，才是至关重要的。

教育的过程和教育的目的是一回事，它们是相同的。教育的目的是受过训练的理解力，而这也就是教育的过程。

首先，让我们确认，理解的对立面并非无知或简单的"不知道"。理解某件事，首先意味着是放弃了另外一种设想这件事的方式。在一种设想方式和另外一种较好的设想方式之间，通常存在着某种混乱状态。这种混乱状态会带来突然的焦虑——这是我们的生物遗传本能之一。随着焦虑的出现，又会产生各种防卫措施——逃跑、害怕或是惊呆，而这些是有害于轻松和热情地进行思维活动的。无论儿童还是成人，其心智能力事实上都是有极限的，这体现在他们处理信息的有限的能力上——我们称之为的广度（span），能够同时容纳6到7个互不相关的项目。超过这个限度就会产生超载、混乱和遗忘。如乔治·米勒（George Miller）[①]所指出的，求得经济的原则是向我们的7个心理输入口（mental input slots）供给精髓而不是杂质。可以根据学习材料被学习者组织成为结构的程度判断他是在与精髓还是与杂质打交道。基于这个理由和前面已经谈到过的那些理由，我们必须在把某个专题的广泛的学习材料提供给学生之前，首先使学生具有事物是如何和在何处配合、衔接的大致概念。通常，这种大致概念的发展来自最初的一些经验，和儿童生活紧密相连的概念在这时是具体实在地体现出来的。既然如此，学习的循环就从特殊的和直接的内容开始，逐渐向抽象发展，直至达到一个属临时性质的目的，那时，学生可以运用抽象概念，并以一种为抽象概念所允许的更深刻的方式去掌握新的特殊和具体的内容。

教学的方法应该尽可能地以引导儿童自己去发现为目的。对儿童们进行讲述，然后就这些讲述的内容进行考核，如此做法不可避免地会造就出那些只会呆坐板凳死读书的学习者（bench-bound learners）。他们的学习动机往往与手头的任务没有内在关系，而仅仅是为了讨好教师，升入大学或虚假地维持自我尊严。鼓励学生去发现有两方面的效果。首先，儿童会将所学的内容变为他自己的东西，会将他的发现置于他为自己而创造的内部文化世界之中去。其次，同样重要的，发现以及它带来的自信心是对学习的高尚的奖励；而且，还鼓励人们去加强属于教育核心的这个过程——经过训练的探究。

必须鼓励儿童去从他所学到的东西中获得充分的好处。这并不是说必须要求儿童将所学到的东西直接运用到他的日常生活中去，当然，如果他有恰当的机会去运用的话，那更好。应该说，这是尊重知识连贯性的一种方法。两个事例以及一种使之相关联的关系，既可以而且也应该吸引学生去概括、去推断，去做一次基于直觉的、尝试性的跃进，甚至去建立一种假设性的理论。从单纯的吸取到在思考中对所学的东西进行运用这一飞跃，是思维活动中不可缺

①乔治·米勒（1920—2012），美国认知心理学家。

少的一个步骤。确实，像大致的猜测，直觉的运用，对那些必然是不充分的论证材料的最大限度的利用——这些活动都是儿童需要从事并得到指导的。它们是消除儿童的被动消极状态的有效办法。

最重要的是，教育过程必须摒弃智力上的不诚实行为和那些只做泛泛解释却不有助于听者理解的欺骗方式。我在别处表达过这样的信念：任何学科都能以某种诚实的方式教给任何年龄的任何人。对一个小学五年级的班级讲授社会常识时，把克里斯托弗·哥伦布（Christopher Columbus）描绘成一个典型的美国少年，放学以后与他兄弟巴特（Bart）待在一起，苦思冥想大洋彼岸有些什么东西，即使这样的描绘正好与儿童的直接社会生活经验相吻合，其做法也是不诚实的表现。谎言终究是谎言——即使它听上去像是熟悉的真理。同样，给一个小学六年级的班级上自然科学课时，和一年前向学生们提供关于哥伦布的偏狭的形象时一样，以一种包着糖衣的虚假形式，为他们描绘一幅关于原子的既经过篡改歪曲然而又具体实在的图画，那也是不诚实的表现。不诚实只会阻碍自我产生的理智的探究，同时会阻碍真正的理解力的发展。

我相信，教育是改变社会的基本方法。甚至各种革命也不比它们所体现的思想和为了实行革命而发明出来的种种办法为好。

在我们这个时代，变化之快是人类历史上的任何时代所不能比拟的，而且变化的消息几乎能在一瞬间就传遍四方。假如我们的信念——学校必须是生活本身，而不仅仅是生活的准备——是真诚的，那么，学校必须反映出我们所经历的各种变化。

这个信念的首要的含意是：必须找到一些方法，使得在知识新领域（frontiers of knowledge）发展起来并不断深化的各种真知灼见能够在我们的学校中得到反馈。在自然科学和数学中，这一点是十分明显的。为保证新的、更有力且往往是更简单的理解方式能够回到中小学的教室里来，人们正做着持续的努力。但是，使得自然科学以外的学科领域也保持经常不断的更新变化，具有同等重要的是，知识的前哨并不总是高等院校和研究实验室，它们可以是政治和社会生活、艺术和文学领域或迅速变化着的商业和工业社会。任何地方都有变化，而我们就在变化中学习。

我以为，我们需要一个新型的机构，这是课程中的一个新概念。我们目前还没有，然而正在开始意识到其需要的这种机构，或许最好还是称其为"课程研究所"（institute for curriculum studies）——不仅仅是一个，而是很多。让这种机构成为学者、科学家、实业家、艺术家与优秀的教师们的聚会之地，在这里，他们对课程进行不断地修改和更新。这样的工作能突破任何一个单独的大学系科的限制——不管是教育系科、艺术系科或自然科学系科，还是医药系科或工程系科。我们一向很少意识到我们这个时代日益加快的生活变化和其对于教育过程的意义。我们还没有与教师们一起来分享从新的发现、新的见识和新的艺术成就中得到的益处。我们在工作中，不仅一向有着自我封闭的教室观念（the notion of the self-contained classroom），而且还有自我封闭的学校思想——甚至于自我封闭的教育体系。

让我再来考虑一下我说的关于优异形象（imager of excellence）的那些话，以及经常不断的课程更新在帮助这些优异形象的产生中所起的作用。显贵的诺贝尔奖获得者或驻联合国大使，才华横溢的大提琴家或敏感的剧作家，利用历史做文章的史学家或寻求当今模式的社会学家——这些人和学生一样，也在追求对新问题的理解和掌握。他们是学术精英（excellence）的代表。要使我们的学校受到社会进步和向更优异的方向发展的良好影响，必须不断地将这些人的智慧和努力引回学校，使得无论教师还是学生，都能因此扩大视野、活跃思想。处在知识前哨的成人与处在他自己前哨的年轻学生之间，没有性质上的差别，两者都是在寻求理解。

如何把我所谈的问题来总结一下呢？或许最好还是采取与约翰·杜威的"信条"相应的方式：教学不仅仅传递文化，它还形成心理的力量和感受性，这样，每个人都可以学习如何为自己去探究并建立一种他自己的内部文化。学校是进入精神生活的入口，而这意味着对最大限度地使用智力的信心和对每个人所了解到的东西之含意的检验。教育中的教材即关于世界及其连贯性的知识，这种知识有结构且有历史联系，使得我们能在经验中找到秩序和预见性，并在惊奇之中体尝到乐趣。教育的方法即包含在任何理解之中的方法——一种受过训练的认真的努力，力求独立地去求知并且将一个人已理解的东西变成对世界的有条理的说明和表述，这种说明尊重特殊性，但也承认抽象性在理智上是绝不可缺少的。在这个迅速变化的时代里，学校仍旧是社会进步的主要工具。既然如此，它通过使我们时代的各种新见识在其课程中得到反馈的方式，寻求不断地更新和修改其教学的方法。最后，所有这些信念都依赖我们去培养和体现从这个千变万化的社会中产生出来的各种类型的优异（forms of excellence），任何低于这些理想的目标肯定都是与我们所面临的各种挑战不相称的。

四、杜威与世界教育

世界教育家杜威①

［美］威廉·W.布里克曼

半个多世纪以来，五大洲的教育家们都认识到，杜威的教育思想和实验对世界各国教育事业的贡献。早在1882年杜威二十三岁时，他的名字已第一次在一份外国杂志——法国的《哲学杂志》上出现。这是一年前在《思辨哲学杂志》上刊登的他第一次发表的文章的摘要。在1899年之前，他的教育思想已在欧洲的出版物上被讨论。这是由著名的法国学者加布里埃尔·孔佩雷（Gabriel Compayré）在《大百科全书》中所写的一篇论文。很清楚，孔佩雷和其他的欧洲教育家阅读了杜威的英文本教育著作。

据我所知，杜威在教育方面的著作的第一个外国文本是在1900年发行的《学校与社会》。它在美国出版一年以后就在伦敦发行了。杜威教育著作的第一个译本很可能是1900年出版的瑞典文译本《与意志训练有关的兴趣》。

在第一次世界大战以前，杜威的其他著作已经被译成各种不同的语言，他的名字已经被欧洲教育界人士所熟知。对教育有着影响的一战后的改革精神，对于杜威教育理论在世界其他地方的传播也起着重要的作用。

杜威的教育思想在欧洲、亚洲和其他地区赢得了追随者。这是一件十分惊人的事情，因为一般地说，人们不相信美国人在文化、智力和教育方面有什么值得参考的东西。当新教育之风吹过欧洲的时候，杜威的教育观点一下子为

---

① 译自：William W. Brickman. *John Dewey: Educator of Nations.* // William W. Brickman and Stanley Lehrer. *John Dewey: Master Educator.* New York: Atherton, 1961：132-143.

人们所熟悉。裴斯泰洛齐、赫尔巴特和福禄培尔曾有过他们的全盛时期，然而新的明星出现了。在19世纪末20世纪初，新的社会经济和政治运动要求不同的教育内容、原则和实际。提倡从古典的教材中摆脱出来和采取活动过程，以及强调科学的和社会的教材，重新阐述了19世纪的许多教育思想。英国、德国、法国和其他国家的新学校运动，使得教育家们熟悉了为杜威的思想铺平道路的近代教育观点。可能由于杜威很少提到或者引用裴斯泰洛齐和其他已去世的伟大教育家的言论，因此，许多欧洲教育家可能感到，在这位美国教育家的著作里有什么新的东西。随着时间的推移，为了支持一些外国教育家的教育观点，杜威的著作越来越多地被提到了。

曼彻斯特大学的芬德兰（J. J. Findlay）教授可能是第一个指出英国教育界要注意杜威的人。他在1907年和1910年编辑的两卷本《杜威文集》曾广泛地流行。这部文集的第2卷，即《教育论文集》，芬德兰认为其是"杜威的信条"。在杜威的著作中，在英国出版的是《学校与社会》第二版（1915）和《明日之学校》。K. C. 梅休和A. C. 爱德华兹合著的那本《杜威学校》也在英国出版发行。由于不存在语言的问题，因此，英国的教育家们就能经常读到在美国印刷的原版书。

在英国作家所写的几本重要的教育著作中，都包括了有关杜威的章节。例如，麦克卡林斯特（W. J. McCallister）写的《教育中的自由生长》（1931）。最有趣的是，在拉斯克（Rober R. Rusk）的名著《伟大教育家的学说》的第二版（1954）里，增加了有关杜威的一个大章节。拉斯克博士宣称，杜威"在20世纪前半个世纪的整个时期里统治了教育舞台"，正如裴斯泰洛齐统治了较早的一个世纪一样。

最近，由柯蒂斯（S. T. Curtis）和布尔特伍德（M. E. A. Boultwood）合著的《教育思想简史》（1956），为约翰·杜威的生平活动和影响提供了它篇幅最长的一章。他们对于杜威是有眼力的，但是，他们也引用了一些主要批评家的话和他们自己的观点。

杜威在英国的遭遇是很难估计的。沛西·能①爵士经常引用的一段评论说，杜威"对于解放现代教师的职业智慧贡献很多"。正如柯蒂斯和布尔特伍德所说的，虽然杜威在英国被看成是"第一次世界大战时期的教育思想的一位领袖"，但是，他并不是在一切主要的领域里都得到承认的。例如，在约翰·亚当斯（John Adams）所写的《教育学说的发展》（1912）一书里，对于赫曼·H. 霍恩（Herma H. Horne）、巴格莱、桑代克和其他美国教育家的思想都进行了讨论，可是，对于杜威却连提也没有提。

在英国的教育著作中，也可以发现杜威的名字和思想被略去的情况。那些从宗教和古典世界中寻求启示的人很少提到他。近来，似乎出现了一种倾向，认为与其把杜威看成教育界的圣人，不如把他看成一位重要的思想家。他的思想既不能完全接受，也不能完全拒绝。这一代表是伦敦大学国王学院的贾杰斯（A. V. Judges）教授。他于1957年编了《教育与哲学精神》一书，其中有一章专门评价实用主义。贾杰斯教授把自己说成是杜威的一个学生，杜威的信念引起了他的注意。

法国在1909年以前，杜威的一些著作就出版了。在1909年和以后的3年里，"新学校运动"的领导者乔治斯·伯蒂尔（Georges Bertier）在《教育》一书中刊印了《学校与社会》的一部分译文。1925年，比利时的著名教育家奥维德·德可乐利②为法国的一个出版公司翻译了《我们如何思维》；6年之后，这个公司又出版发行了《明日之学校》。法国对杜威写的或关于杜威的著作给予了稍高的地位，在1947年时出版了《经验与教育》，到1957年时又出版了《自由与文化》。前者也包括了译者卡罗（A. Carroi）所写的关于杜威教育思想的一个说明。

在法国已出版的关于杜威的论文中，最好的可能是由现在在巴黎大学布

① 沛西·能（Percy Nunn, 1870—1944），英国教育学家。
② 奥维德·德可乐利（Ovide Decroly, 1871—1932），比利时教育家。

鲁克林学院任教的鲁本·华伦罗德（Reuben Wallenrod）所写的《约翰·杜威：教育家》（1932）。

近几年来，法国人对于杜威教育思想似乎继续保持着一种兴趣。这可以从这样的一些著作中看出，例如，布洛克（M. A. Bloch）的《新教育哲学》（1948）、法国巴丁学前教育委员会出版的《杜威教育著作》（1955），以及由吉恩·查蒂（Jean Chateau）主编的《伟大的教育家》（1956）一书里布鲁巴克[①]写的"结论"一章。但是，大体说来，几十年来，杜威在法国所受到的尊敬，似乎是他的哲学方面多于他的教育方面。

引起瑞士教师们对杜威的注意的，首先是艾多瓦特·克莱帕雷德[②]，其次是阿道夫·费列尔[③]。前者是一位著名的儿童心理学家，早在1905年就开始在他自己的著作中讨论到杜威，但是他1913年给皮多斯（L. S. Pidoux）研究杜威的4篇论文的译本所写的"引言"，为瑞士人对这位美国教育家的正确评价打下了基础。唯一能找到的另一个杜威著作的瑞士译本是德文的《我们如何思维》（1951）。通晓多种语言的教育家可能是用在德国、法国或者在英国出版的译本来研究杜威的。

1949年，我曾说过，"少数的杜威教育著作在意大利看来好像是有效果的"。在意大利的译本、期刊的参考书目、偶尔的专题著作和在教育著作里的论述中，杜威的2本教育著作是他在法西斯统治时期和第二次世界大战后不久的意大利的教育声誉的概括。在意大利，很可能是卡莱顿·华虚朋[④]作为政府在教育方面的一位官员的访问，促使意大利人对杜威感兴趣。在已翻译的杜威教育著作中，有《民主主义与教育》（1949，1954）、《学校与社会》（1949，

①布鲁巴克（John Seiler Brubacher，1898—1988），美国教育家。

②克莱帕雷德（Edouard Claparède，1873—1940），瑞士心理学家。

③费列尔（Adolph Ferrière，1879—1960），瑞士教育家，法国教育家德摩林的学生和追随者，1912年在瑞士成立的"国际新学校局"的组织者和主席。

④华虚朋（Carleton Washburne，1889—1968），美国教育家，曾创立"文纳特卡制"。

1954）和《今日之教育》（1950）。进一步指出杜威对于意大利教育学的重要性的，是在1954年至1957年之间出现的3本关于杜威教育思想的专题论著。其中之一是吉诺·科拉罗（Gino Corallo）的《约翰·杜威：教育家》（1950），这是一本600多页的书，包括了杜威的部分著作和关于杜威的著作的一个详细书目的提要。

在西班牙，西班牙教育协会的秘书多明戈·巴恩斯（Domingo Barnés）在1915年翻译了《学校与社会》第二版。几年以后，卢苏里加（Lorenzo Luzuriaga）开始写有关杜威教育理论的文章，并翻译了他的许多教育著作。在20世纪20年代，在西班牙至少出现了9种译本；到30年代初，又出版了一种。八卷本的《教育学》可能是在西班牙内战前五年在马德里出版的。由于内战的到来，卢苏里加教授逃到了阿根廷。在那里，他继续翻译杜威的著作。除这些教育家之外，似乎只有少数的教育家致力于杜威的研究，特别是在佛朗哥①时期。在过去的二十年中，很少的西班牙作家承认杜威在教育方面的领导地位。

对德国教育家来说，杜威的教育思想是由一个美国人博格斯（Lucinda D. Boggs）带到他们面前的。他曾于1901年在德国写了一篇博士学位论文，是关于杜威的兴趣理论在教育学中的应用。然后，出现了一些翻译本，但主要是在百科全书、书籍和教育期刊中的论述和参考书目。主要的翻译者埃里克·许拉（Erich Hylla）教授1930年第一个把《学校与社会》译成德文，1949年又出版了第二版。

对杜威在德国的声誉提高起着很大作用的教育家是凯兴斯泰纳②。他自己也已驰名于世界。非常有趣的是，这位德国教育家是在1907年从一本英文版的《学校与社会》中，而不是从埃尔莎·格立特（Elsa Gurlitt）1905年

① 佛朗哥（Francisco Franco，1892—1975），西班牙独裁者。
② 凯兴斯泰纳（Georg Kerschensteiner，1854—1932），德国教育家。

的德文译本中了解杜威教育思想的。一直到大约四分之一世纪以后他去世为止，凯兴斯泰纳通过他自己的许多有影响的著作，做了很多传播杜威教育思想的工作。

坚决认为凯兴斯泰纳受到杜威的深刻影响的一位知名人物，是比利时的神父弗雷茨·德·霍夫（Fraz De Hovre）。他那有创见的佛兰芒语著作在法国和英国的译本是比较有名的。虽然霍夫在《哲学与教育》一书中批判了杜威，说他是对于社会和宗教信仰的文化基础保持沉默的"一位多少有点偏见的社会教育家"，可是霍夫还是把杜威当作"我们时代的主要的哲学家和教育家之一"。除了指出杜威对德国的影响之外，霍夫还认为，这位美国教育家对英国也是有影响的。

荷兰的教育同行表示对杜威的著作有一些兴趣，这可以从各种教育著作的参考书目和论述看出来。但是，似乎只有一种《学校与社会》的荷兰文译本（1919）。在纪念荷兰教育家简·莱德哈特（Jan Lighthart）时，人们曾注意到杜威，并提到了在这两位教育家的思想之间的相同之处，但是没有任何明显的证据表明这位美国人对莱德哈特的影响到了什么程度。

瑞典人意识到杜威是一位教育家，大约是从1900年开始的。当时，《与意志训练有关的兴趣》一书的瑞典文译本已经出版。瑞典人对杜威的兴趣，可以通过其他一些译本和批判性的专题论文以及各种教育出版物表现出来。1948年，《民主主义与教育》的瑞典文译本出版。

因为这个或那个理由，其他的斯堪的纳维亚国家对杜威的注意显然很少。一个例外是，1953年，一位挪威教育家西格德·诺斯特布（Sigurd Norstebo）在一本学术著作中对杜威的教育理论进行了评价。

杜威在俄国的声誉要追溯到伟大的俄国教育家斯坦尼斯拉夫·T. 沙茨基。他在1905年就熟悉了杜威的思想。早在1907年，杜威教育著作的俄文译本就出现了，绝大多数是20世纪20年代时出版的。当时，杜威在苏联的名声达到了顶点。1928年，杜威曾访问苏联，受到了热情的接待。但是，在1931

年苏维埃教育政策改变后，就抛弃了杜威的学说。在第二次世界大战后的一些年里，这位美国教育家被打上了"反动分子""帝国主义者"和"战争贩子"的标记。

一些斯拉夫国家对杜威的教育工作和著作也是十分感兴趣的。其译本和专题论文在波兰、捷克斯洛伐克、保加利亚和南斯拉夫都有出版。

杜威的著作在奥地利、罗马尼亚、匈牙利、希腊和土耳其等国也被翻译出版。他的思想在葡萄牙、丹麦和芬兰的教育著作中都有所阐述和评论。1924年，杜威应土耳其政府的邀请，还访问了土耳其的学校，并写过一份概括了他印象的报告。这份报告曾用土耳其文出版过，于1952年又重版。这可能是在土耳其对杜威的教育思想还继续保持着兴趣的一个迹象。

在过去的十年里，在印度、中国、朝鲜和埃及都出版了杜威著作的译本。以色列耶路撒冷的希伯来大学以"约翰·杜威"命名了它的教育学院。对日本来说，它在第二次世界大战以后开始学习杜威，正像在第一次世界大战以后中国曾经做过的那样。从1950年起，至少有10种杜威的哲学和教育著作的日文译本在日本出版。最近，在日本成立了约翰·杜威学会，很多哲学家是它的会员。杜威的名字也已深入到南北非洲，部分原因是受到那些来自各个地区的教育家的影响，他们曾在美国和欧洲研究过杜威。

尽管杜威的著作已为整个中美洲和南美洲所熟知，但是，只有3个国家对他的思想表现出一种积极的兴趣。在墨西哥，这种兴趣主要是在哲学方面；在巴西，它是在哲学和教育两个方面；而在阿根廷，它主要是在教育方面。一位关于现代教育的多产作家、布宜诺斯艾利斯大学的卢苏里加教授，在过去的二十年里至少翻译了6本杜威著作。

根据查尔斯·E. 菲利普斯（Charles E. Phillips）写的《加拿大近代教育》，加拿大人对于杜威的教育著作的注意要回溯到1899年。在两次世界大战之间，杜威的许多思想被付诸实践，许多加拿大教育家指出了杜威对他们国家的教育的影响。甚至有一位严厉的批评家希尔达·尼特毕（Hilda Neatby），能与任何的美国对手的斥责较量，但也承认杜威的学说"对加拿大的教育有着不可估量的影响"。

杜威的声誉也深入到新西兰、澳大利亚以及东南亚各个地区。杜威的一些著作还用亚美尼亚语①和依地语②出版。只有少数的教育家能像杜威一样已经并且正在享受到那么广泛的声誉，这样说是并不过分的。在一些国家里，除去杜威或者在他们自己的历史中能找到与杜威观点相似的那种思想外，很多教育家似乎不知道别的美国教育思想家。这是令人遗憾的，但也表明了杜威声望的程度。

杜威的教育著作已经为全世界所周知。在一些地区，他的观点已经引起了教育哲学和实践的变化。在有些地区，存在着反对杜威的情况，而且它可能要继续一些时间。约翰·杜威的影响可能会衰弱下去，也可能得到加强。总而言之，如果杜威那普遍的声誉的记录能被抹掉的话——除非有人能同他平等地进行比较，这一切是难以预料的。

_____

① 亚美尼亚语，苏联一个加盟共和国所使用的地方语言。
② 依地语，一种为犹太人使用的国际语。

杜威对世界教育的影响①

［美］A. 亨利·帕苏

在《杜威著作精选》的"导言"中，西多斯基（Sidorsky）说：

> 20世纪上半期，杜威是对美国哲学思想的最有影响的人物。其影响的范围和程度是广泛而深刻的……
> 杜威思想对美国的哲学思想和社会思想影响之大，可被看作是20世纪美国文化的主要表现。

毋庸置疑，杜威对哲学思想和教育改革的影响并不限于美国。1946年，国际教育局的编辑吉纳瓦（Genena）、德劳顿斯（Robert Drottens）称誉杜威是对当代世界教育具有最大影响的人。香港新亚学院院长吴俊升（Ou Tsuin Chen）1961年曾这样评述："杜威是20世纪最重要的一位教育哲学家，对于他的不只是对美国而且是对全世界的广泛影响，几乎没有教育家能与之相提并论。"

1949年10月20日，正值杜威九十寿辰，借此机会，布里克曼（William W. Brickman）讨论了作为教育家的杜威在世界上的地位，提出了杜威对世界教育思想和教育实际的影响的一些例证。他感到虽然"证明其影响的存在"是困难

---

① 译自：A Harry Passow. *Dewey's Influence on the World Education*. Teachers College Record, Columbia University, Spring, 1982.

的，但他相信：

> 根据于各种译著、专业杂志、专业的和其他出版物的各种思想讨
> 论，以及大量资料中有关的理论与实际，杜威在与世界上同时代的人物
> 的关系中，比较易于评价的是他作为教育家的声望。

在教育思想和教育实际方面，世界各国都受到杜威的影响。其大致通过
三条途径：（1）杜威的出国访问，最突出的是他对日本、中国、土耳其和苏联
的访问；（2）杜威的著作被翻译成至少有35种语言文字；（3）跟随杜威和他的
哥伦比亚大学师范学院的同事们学习的有来自世界各地的几千名学生，并且在
美国其他大学和学院也教授杜威的哲学，这批留学生归国后，成了他们国家的
政府和大学的领导人物。

杜威的出国访问

1905年，杜威来到哥伦比亚大学的哲学系和心理学系。为了挣些额外收
入，杜威每周在哥伦比亚大学师范学院兼课2小时。正是到了哥伦比亚大学
后，杜威"成了哲学上实用主义运动的公认的领袖，同时，实用主义开始支配
了美国哲学"。

杜威于他的休假年离开哥伦比亚大学，即赴加利福尼亚大学任教，为期是
1918学年的一个秋季学期。1919年1月，杜威及夫人乘船前往远东度假，因为日
本邀请他去讲学。足足两个半月时间，杜威在东京帝国大学作了8次系列讲演，
这些讲演贯穿了一个总的主题，即关于"道德思想和社会思想的改造和由民主
的生活方式所产生的利益"。这些讲演稿后来以《哲学的改造》为书名，1921年
于美国出版。按盖格（Geiger）的说法，杜威曾希望"通过他的讲演去宣传他的
拥护世界和平的思想"。

从1919年杜威访问日本以来，他对日本教育思想的影响一直维持着，并

达到了它的顶峰。第二次世界大战后，日本教育几乎全盘"美国化"。小林繁夫（Kobayashi）曾详细地考查了日本教育思想中的杜威哲学。[①]

杜威在日本的讲演，标志着他对战争与和平问题态度的剧烈改变，即在他曾支持第二世界大战后，接受了和平主义的主张。正如盖格所说：

> 杜威不再认为使用武力是正义的，民主主义的工具可恰当地用以完成国际和平合作，民主主义不但可以被当作社会的、经济的和政治的力量，而且可以被当作帮助人类去重新组织他们思想的理想。后来，杜威围绕这个题目发展了他的思想。

杜威在东京讲学期间，他以前的中国学生的一个小规模代表团正在东京，并邀请杜威下一学年到中国进行访问。"青年知识分子为建立中国历史上第一个共和政府所作的努力，强烈地吸引着他。"杜威明显地对中国和中国所面临的各种问题产生了直接的兴趣。杜威接受了邀请，他一接到哥伦比亚大学批准他告假一年的复函，就到达上海并准备到3个城市讲学。结果，杜威在中国逗留了2年，这是他在国外逗留时间最长的一个国家。

在基南（Keenan）的《杜威实验在中国》一书"前言"中，施瓦茨（Schwartz）写道：

> 杜威与现代中国的交往，是20世纪中国知识界历史中最为迷人的插曲之一。由杜威的中国信徒们，把他的思想应用到解决中国政治、社会和文化方面纷繁、复杂的问题中去，为我们提供了这一时期中国知识界所面临的严重困境的一幅奇特的画面。

---

① 日本教育学者小林繁夫1964年撰著了《约翰·杜威与日本教育思想》（*John Dewey in Japanese Educational Thought*）一书。

杜威在中国两年的每一篇讲演都被译成中文，并被汇辑成《杜威五大讲演》，其在杜威离华前已印刷十次。杜威一到中国后，发表了3天的公开演讲，与会的有1000多名中国有影响的教育家。几乎在杜威到达中国的同时，五四运动爆发了。北洋政府的腐败集中表现在它秘密接受了《凡尔赛和约》上签订的瓜分中国领土的条款。正如基南所指出的："杜威和他的夫人在中国的整个期间，中国的情况是：大量的示威、罢课或罢工以及各界联合斗争席卷全国，知识界也参与了抗议运动。"

邀请杜威到中国讲学的留学生，有许多人在1919年之前的十年中曾留学美国，其中有的人曾就学于哥伦比亚大学师范学院。赛泽（Sizer）指出，留学生们各自按他们所留学的国别为派系自行组织起来，"留美学生是为中国设想一个资本主义的民主政体；留日学生是设想一个更为军国主义的政府；留法学生较多地接受社会主义，这些团体及抱有不同理想的个人之间相互交流的途径开始减少"。

留美学生日益相信教育作为进步和改革的工具的意义。对此，赛泽则断言：

> 从美国回来的留学生一般都被赋予一种救世主的情感。他们觉得，正如在美国民主的社会模式中所体验到的和在美国教育实际中所认识到的那样，把教育的改革和民主的实现这两者结合为一体，对中国来说是至关重要、必不可少的。毫无疑问，1919年邀请杜威访华，不仅是为了让杜威演讲他的哲学和提高他个人的权威，而且也是为了增强留学生充当领导者的信心和雄心。

　　有几百种杂志刊载杜威的讲演，这种现象是新的民族运动的一部分。实用主义（在当时的中国通常译为"实验主义"），"成为一股与新的政治觉悟相应的政治和哲学争论中的有意义的思潮"。

　　杜威涉及实验方法和实验哲学的讲演里，一个有意义的部分集中在教育改革方面。他强调"知识领域里的破除传统权威的革命"；他强调儿童中心课程，即"摆脱强调教材的教室，转向强调儿童的生长"；他强调作为改造社会的基础的学校社会化的作用——"儿童的社会化不但应当给予他们对传统的批判态度，而且还应当发展他们对目前社会和政治状况批评判断"。因此，杜威认为时事问题应当纳入课程。

　　但结果是，如杜威1922年所写的："在中国教育的革新和政治化的道路上，到处碰壁。"他看到了没有政治的改革就没有教育，只要腐败的政府反对学校改革和把教育经费移作他用，也就谈不上学校的发展。他看到这方面的"令人悲叹的重要资料"。基南觉察到："改革或希望教育能起社会和政治的变化，但在不民主的政治条件下，执意通过文化改革以达到社会变革的目的，已陷于不可自拔的境地。"

　　赛泽曾指出，除了运动中所包含的主要的语言改革（有时称为"文字改革"）有一些成效外，所采纳的"杜威的方法"还包括"幼稚园运动、女子教育、成人教育、教育的'专业化'、美国式的测验和管理实践，以及地方分权运动的推广"。然而，在赛泽看来，杜威的学生们并没有创造性地、有效地翻译和发展杜威的哲学，或许因为杜威的光临和人们把他奉作导师"妨碍了灵活地、创新地对待他的哲学，而这种哲学是可能为中国文化所吸收的"。

　　1924年，土耳其教育部邀请杜威去考察他们的学校制度。杜威在土耳其度过了2个月时间，但正值学校放假期间。他在土耳其时，提交了初步的备忘录；在他回国后，提出了进一步的分析报告。杜威给土耳其教育部的报告强调把教育手段与教育目的联系起来的必要，同时强调学校应当发展成为

"社团生活的中心，特别是在农村地区"。杜威提议，土耳其教育部派人到别的国家参观其教育制度，确定在教育上应注意的一系列问题。他建议翻译书籍，特别推荐"那些有关'进步学校'的实际方法和设备的书籍，这些书籍应当被'广为介绍'和'由教师仔细地研究'"。按照杜威所设想的美国的民主主义概念，他指出尽管土耳其应有一个统一的教育制度，但它应当为多样化提供依据而不要划一化。杜威还建议，如果土耳其打算成为一个民主社会的话，一些学校应当组织学生政府的形式，应当摒斥"默写、专横统治和机械服从的方法"。

杜威访问土耳其时，学校正处假期，他只能依据土耳其教育的结构以及一般趋势给予他的印象和信息。他给土耳其政府的报告，正如布里克曼所揭示的："杜威力图以美国教育的实际去推动土耳其教育的改进，这是十分明显的。"20年后，马克斯韦尔·希斯洛普斯（Maxwell Hyslops）的研究指出："今天土耳其教育组织的特征和目标证明了杜威的建议被土耳其人所接受的程度。"在《新共和》杂志中，刊载了杜威对土耳其的印象。

两年后，即1926年，墨西哥政府邀请杜威去讲演和参谋。当时，由于杜威以前的墨西哥学生用西班牙文翻译了杜威的一些著作和文章，他的观点早已为墨西哥教育界所熟知。布里克曼指出："对杜威教育思想的兴趣无疑是由于第一次世界大战后墨西哥政府、社会和生活等各方面的改革。"

1928年夏，杜威随同一个由25位美国教育家组成的代表团访问了苏联，这次访问时间不到2周。在回国途中，杜威写了一系列关于苏联印象的文章，这些文章都发表在《新共和》杂志上。他对苏联是十分同情的，美国有几家报纸居然称他为"布尔什维克"。在1928年访苏时，杜威的名声已很好地树立了起来。实际上，他的事业的闻名以及他的著作被翻译是早在1907年的事情，其标志是《学校与社会》一书的出版。在20世纪的第一个十年内，杜威的思想似已影响了俄国重要的教育家，例如，沙茨基和泽林柯（Alexauder Zelenko）。沙茨基说："1904年，来自美国的新教育原则已传入莫斯科。这些原则的基本观点是通过教育进行社会改革。"关于1928年的访问，沙茨基回顾说：

> 仔细考虑有关儿童兴趣和能力发展的方法时，我最大地得益于杜威的详细分析。他一贯主张的实际应用中应小心地验证理论的"实用主义哲学"，深深地铭刻在我心中。

由于1917年的革命，苏联开始寻求完全重建教育体制的思想。罗森（Rosen）指出，紧跟革命而来的几年里，西方教育学观点受到迫切的追求和欢迎。

> 部分地不仅因为要打破从前沙皇学校的权威主义的方法，而且还因为这些观点适合于新的共产主义国家的特殊目的。这种目的，不在于使教室自由化，而在于破除由旧政府遗留下来的教师的权威，直至他们被可依赖的、理想中"正统的"共产主义教师所替代。

杜威的思想，诸如道尔顿制和设计教学法，因为似乎能符合新的共产主义政体的政治目的而被接受了。罗森指出，在这一所谓的"实验时期"里，"强迫听课的现象和传统的普通课程减少了，测验、考试的次数和学生的年级压缩了，普通教育的质量非常之低，学生所提出的'疑问'是由教师供述的"。

据埃德蒙·金（Edmund King）的观点，苏联采取的做法反映了杜威和当代美国的教育方法是极受苏联教育者欢迎的：

> 非正规的考试、课程和标准，这大概是由地方以"生活调节"为理由所认可的。学生每年可以按他们自己的标准升级，要求继续升学也是如此，不必达到预定的标准。

安娜·路易斯·斯特朗（Anna Luis Strong）访问苏联后，1924年在她的《进步教育》一书中写道：

> 早期苏联的教育改革按照杜威的教育观点所做的比之按照美国其他流派所做的要多。杜威的每一本新书都不被放过，并迫不及待地译成俄文作参考，然后再加上他们自己的补充。

在考察早期苏维埃革命时，布里克曼发现，到了1924年，像沙茨基这样的一批教育家已成了党员并忠于共产主义，但沙茨基"继续利用杜威和其他进步教育的实际做法，去实现与杜威思想针锋相对的教条主义目的"。布里克曼写道，一些重要的教育家，如第一任教育人民委员卢那察尔斯基和第二国立莫斯科大学校长平克维奇"钦佩杜威及他的观点……并写赞美的文章"。《苏联大百科全书》1931年版把杜威描绘成"一位杰出的美国哲学家、心理学家、社会学家和教育学家"，并以很长的篇幅研究他的思想。

1929年，苏联国民经济五年计划开始就指出："学校制度基本上不能保证国家迅速的工业发展所必需的普通教育基础和读、写、算技能，教育制度的过火和明显缺陷，引起了调整的行动，即现在是结束'实验时期'的时候了。"于是，发生了一些变化，那就是进步教育的做法被清除，杜威的显赫地位开始下降。布里克曼指出，1931年8月1日苏联中央委员会通过了题为《关于小学和中学的决定》，颁令学校必须做大量认真的工作，"因为设计教学法和其他'进步'的程序在给予学生基础知识和基本技能方面，以及为他们升入中等技术学校和高等学校而做好适当准备方面都已告失败"。到1932年秋，新的教育改革开始了："取消了不分级制和设计教学法，恢复了教师行使处罚的传统职责，再度强调基础学科，非基础学科退居于次要位置，又开始举行年终笔试。"布里克曼称为的"对进步教育的致命打击"发生在

1936年7月4日，苏共中央委员会在处理别的事情中决定，废止所有的智力测验和心理测量。

随之而来的是，撤职了与进步教育和"实验时期"的活动有关的许多处于领导地位的教育家，包括教育人民委员。正如布里克曼所说："杜威的名字对苏联教育学不再起重要的作用，杜威已无人问津，即使提到他，只不过是出于尊重而不赞同。"但当杜威担任了对被驱逐到墨西哥的托洛茨基所受指控进行调查的委员会的名誉主席时，情况就发生了迅速和剧烈的变化。1937年4月，杜威与委员会的其他5位成员到墨西哥去听取陈述；5月，杜威提出了初步报告。杜威任该委员会主席并宣告托洛茨基无罪，引起了一场对杜威的个人攻击。苏联教育家把杜威刻画成"一个反动派、华尔街的工具、劳动人民的敌人和战争贩子等"。1952年，杜威去世的那年，苏联学者谢伏金（Shevkin）在他所著的《为当代美国反动派效劳的杜威教育学》一书中，表达了"或许是对杜威最详尽、最尖刻的斥责"。布里克曼说："谢伏金断言，杜威歪曲了关于教育在社会生活中的作用的科学概念"，杜威"不仅是美国人民的万恶敌人，而且是世界上所有爱好自由的人民的仇敌。他关于世界、社会和青年一代的观点的整个体系是为美帝国主义进行辩护的"。1957年1月发行的《苏维埃教育学》40周年的纪念刊，就根本不再提及任何抨击杜威的事情，杜威的同事康茨遭到痛斥，"而杜威简直像是不存在了"。

杜威著作的翻译

就苏联和中国的情况来说，杜威思想对其教育计划和教育实践的影响还是可以讲得清楚的。然而，在其他的国家里，这种影响就不那么明显了。布里克曼曾这样写道：

> 热情的人们声称20世纪教育上所有重大的改革都是由于杜威引起

的；与此同时，诋毁者们都极度地贬低杜威的作用……在本文将要提到的36个国家中的大多数，由于对杜威著作的翻译和关于他的思想的讨论，杜威作为教育家的声望是很显赫的，可是受到他的影响并因为他的哲学和实践而导致了变革的国家，只是其中的极少数。

然而，毫无疑问，没有教育家、哲学家或学者能像杜威那样，有那么多著作被翻译出来，并被译成那么多种文字。翻译通常表明这本书很有意义，也就是译者相信其观点和内容会吸引广大的读者，同时读者也会反过来影响翻译工作。

杜威著作的翻译虽然仍在继续进行，但最值得注意的是汇编了从1900年到1967年翻译杜威著作的文献目录，编者是南伊利诺伊大学杜威研究中心的安德逊（Robert L. Anderson）和博伊兹顿。在译作年表上，1900年出版有2本：日文的《伦理批判大纲》和西班牙文的《学校与社会》。1966年，年表上列有6本译作：旁遮普文的《伦理学》、中文的《现代世界中的智慧》、法文的《逻辑：探究的理论》、阿拉伯文的《道德教育原则》、意大利文的《确定性的寻求》以及日文的《教育科学的资源》。

译著计有150种，可分为三大类：（1）书、文章、小册子、专著和文集——67种；（2）首先以其他语种出版，后来译成英文的著作——4种；（3）以其他语种出版，未被译成英文的著作——79种。翻译的语种达35种。表1列出一些杜威很重要的著作，并将它们译成的语种一起列入。

表1　杜威著作及其译本一览表

著作题目和出版年份	译本数	语　种
作为经验的艺术（1934）	4	阿拉伯、意、日、西
儿童与课程（1902）	23	保加利亚（4）、汉、法、德、希伯来、匈牙利（2）、意、朝鲜、波兰（2）、葡（2）、罗马尼亚（2）、俄、西（3）、瑞典
民主主义与教育（1916）	25	阿拉伯、保加利亚、汉、捷克、德（2）、古吉拉特、希伯来、波斯、意（2）、日（6）、朝鲜（2）、马拉地、波兰、葡、塞尔维亚-克罗地亚、西、土耳其
伦理学（1908）	5	日（4）、乌尔都
伦理学：道德生活的理论（1906）	6	印地、日、葡、旁遮普、西、乌尔都
经验与教育（1938）	14	阿拉伯（2）、保加利亚（2）、汉（3）、法、德、希腊、希伯来、意（九次印刷并出第二版）、日、西
自由与文化（1939）	18	阿拉伯、汉（2）、法、德、希腊、印地、意、日、加拿大、朝鲜、马来亚、葡、西（2）、泰米尔、土耳其（2）
我们如何思维（1910）	13	保加利亚、汉、法、德、意、日、波兰、葡（2）、俄、西（2）、土耳其
人性和行为（1922、1930）	16	阿拉伯、德、印地、意、日（4）、朝鲜（2）、土耳其（2）、西（3）、瑞典
我的教育信条（1897）	21	阿拉伯、汉（2）、法（2）、德、希伯来、意（3）、日（2）、波兰、西（8）
确定性的寻求（1929）	6	阿拉伯、希腊、意、日（2）、西

续表

著作题目和出版年份	译本数	语　　种
哲学的改造（1920、1948）	24	阿拉伯、汉（2）、捷克、德、波斯、意大利（4）、日（5）、朝鲜（3）、马来亚、葡（2）、西（2）、泰米尔
学校与社会（1899、1900）	40	阿拉伯（2）、葡（2）、捷克、荷兰、法（3）、芬兰、德、希伯来、匈牙利、意（2，其中一种达21次印刷）、日（8）、朝鲜、拉脱维亚、波兰（2）、俄（4）、塞尔维亚-克罗地亚、西（2）、瑞典（4）、土耳其（2）
明日之学校（1915）	18	阿拉伯、保加利亚（3）、汉、捷克、法、日（2）、罗马尼亚、俄（3）、西（3）、瑞典、土耳其

　　杜威的重要著作都被译成了意大利文，许多译本经过好几次印刷。《我的教育信条》由奥利瓦（Cuigi Oliva）译成意大利文，于1913年以单行本出版。第二次世界大战结束以来，杜威的最主要著作和他的许多文章已在意大利翻译出版，有许多重印了好多次。《学校与社会》在意大利第一次出版是1949年，到1967年已经21次印刷。

　　关于杜威对意大利教育改革的影响，虽无英文的研究材料，但从翻译杜威的著作和一版再版、一印再印的事实，可以看出意大利对杜威的哲学观和教育改革的意见也是有相当大的兴趣的。1980年10月，厄比诺（Urbino）大学举行了一次纪念杜威的研讨会，其中有7篇是意大利学者准备的，3篇是美国学者准备的，1篇是联邦德国学者准备的，与会者提请继续关注杜威及其思想的研究。

　　1948年以色列建立前，杜威对英国托管的巴勒斯坦似乎也有影响。本特维奇（Bentwich）对以色列的劳工住宅区，如集体农庄或公社和合作社，进行了如下描述：

这些学校的课程是"进步的"，它以设计教学法为基础，把手工劳动和活动方法放在显要的地位。那里有大量的儿童自治政府，学校与青年运动紧密地联系起来。基理论是"自由"教育是未来自由社会的基础。

以色列教育家杜希金（Alexander M. Dushkin）曾随杜威学习，并获得哥伦比亚大学师范学院的博士学位。耶路撒冷的希伯来大学教育学院被称为"杜威教育学院"，或许这是世界上唯一用杜威命名的教育学院。

关于杜威对日本教育思想的影响，小林繁夫集中地做了深入研究。据报道，在日本，"至少有254篇文章和58本著作的题目上有杜威的名字，第二次世界大战后已出版了21种翻译的杜威著作"。小林繁夫在1964年的文章中写道：两年前一位日本报界人士说"没有人能否认近18年来杜威对日本教育思想的巨大影响，他的影响超过任何其他教育思想家"。1945—1957年的日本《教育百科全书》在"教育思想研究"栏下有176个条目，几乎一半（81）条目涉及杜威。苏联教育家马卡连柯居第二位，但只有18个条目涉及他。1946年，永野（Nagano）的《杜威哲学概要》出版，到1948年已是第16次印刷。小林繁夫提供了第二次世界大战后日本流行杜威学说的证据，统计了这方面书刊的销售，各种教育协会会议上研究杜威学说的论文，甚至有关纪念日等。

在小林繁夫看来，1919年杜威到日本两个半月的讲学，并没有产生重大的影响；而他在此后的年代里发表的著作所传播的观点，确实影响了日本的思想。尤其是第二次世界大战后，杜威学说流行程度是令人惊讶的。小林繁夫指出：

对一个在教育上长期只知道实用主义传统的亚洲国家来说，对杜威思想的热衷表现得尤为突出。关于学习进程中给儿童更大的自由，关于科学发展与哲学的关系，关于工业革命导致的急剧变化，在这些方面杜威是主要的发言人。而且，他也是美国的自由与民主哲学的倡导人。在他的实用主义或实验主义哲学中，他把民主主义与教育理论结合了起来。

小林繁夫强调，许多日本教育家都感到第二次世界大战后美国占领日本时期的"新教育"是日本1912年到1926年间"新教育运动"的继续，这场运动是因为军国主义和战争的出现而衰落的。虽然小林繁夫为杜威对日本教育思想的影响提出了有力的证明，但他表示："没有周密的调查，要确定杜威对日本学校实际的作用是困难的。即使是那些把占领时期所实行的教育改革看作是'基于杜威的原则'的日本教育家，对于杜威思想已渗透到教室活动中去的程度，各人看法还是不同的。"再说，"杜威的探讨"重在态度而不是一系列教学程序，因此，直接观察和客观判断都是困难的。

两次世界大战之间的岁月之所以成为日本研究杜威的重要年代，大概有好几个原因。曾到美国学习过并对杜威研究有贡献的学者吸引着学生们，在第一次世界大战结束时，他们对民主主义的兴趣越来越浓厚。小林繁夫指出，杜威以民主主义哲学家的声望促进了人们对他的教育思想的兴趣："在第一次世界大战以后的时期，日本的进步教育运动处于高潮时期，杜威思想一度几乎使德国的教育学思想黯然失色。"那时，日本的教育改革是世界性教育改革运动的一部分。作为世界性教育改革运动的"新教育"或"进步教育运动"，大约20世纪20年代为鼎盛时期，日本在那时已仿照美国和欧洲进步学校的模式建立了一些学校，道尔顿制和设计教学法为日本教育工作者所喜欢。小林繁夫这样描绘那段历史："几乎每个人都把时行的社会观具体化为他的教育理论，甚至于那些最顽固的教育家，虽然不讨论孔德的社会学或杜威的观点，但也不反对倡导'民主主义'。"1927年，克伯屈访问日本并介绍了设计教学法，而设计教学法是已注入了杜威思想的。克伯屈的讲演通过各种渠道（包括收音机）拥有了广大的听众，他于1929年秋回国。克伯屈曾有一定数量的日本弟子。据他1927年估计，包括他的美国弟子在内约有200人。

到30年代，日本的"新教育"改革运动濒于崩溃。到第二次世界大战爆发时，处于"受敌视和受迫害的环节中"，进步学校"时常受到占统治地位的教育体制的威胁"，以至于被迫修改自己的基本原则以图幸存。例如，学校不得不使自己适应于进步教育家们认为是"真正教育的一个主要障碍"的日本考试制度，然而，极端国家主义分子加剧对此的压迫和控制，进步学校总是面临艰难险阻。小林繁夫指出：

> 它们面临几乎无法完成的任务：既要反对入学考试制度对课程的影响，又要帮助学生升入高一级的学校。更甚的是，它们受到中央政府的严厉控制，无论公立学校还是私立学校，在决定它们教什么和如何教的问题上，政府有时趋于把教师的自由圈于狭小的范围之内。

第二次世界大战后，在日美军迫使政府工作人员关心日本教育改革的计划，这个计划显示了"要让日本的教师、教育学者了解杜威的思想，了解二三十年代美国进步教育运动中所流行的各种理论和方法"。它显然把进步教育运动同"杜威教育"看作是一回事。战前杜威哲学的活跃分子东山再起，结果是引起了"杜威勃兴"。在美国占领日本时期，至少有119种有关杜威的书籍和论文发表，翻译的杜威著作达11种（包括新版的《民主主义与教育》和《学校与社会》）。1950年，日本首次翻译出版了杜威1938年的《经验与教育》，在这本书中杜威批评了进步教育过火的问题。

据小林繁夫说，许多日本教育家"注意到占领时期的教育政策不仅以进步教育为基础，而且也源于杜威"。杜威在日本和在世界各国一样，被作为进步教育哲学家看待。小林繁夫指出：

在社会研究的新课题中，引进了"经验"和"问题"的探究，美国人自己也认为这是与杜威的哲学紧密联系的，吸引了许多人去研究杜威。

20世纪50年代，在美国掀起了要素主义对实用主义的论战。然而，即使联邦教育恢复了要素主义的课程，杜威仍明显地支配着哲学研究。小林繁夫提到，有一位观察家说："对杜威的表面的、时尚的兴趣已成为过去，因为杜威不再是新颖的了；然而仍保持着的是对他的哲学的更深入和更认真研究的兴趣。在许多教育哲学的研究中，不是继续研究杜威，就是研究他的思想所产生的反应。"在评价杜威对日本教育思想的影响时，小林繁夫概括道：

> 在了解日本现状时，今天尚有许多富有意义的杜威哲学的痕迹。人们正开始正确评价他对传统教育和社会哲学的批判。自从灾难深重的战争结束以来，日本知识界已表现出对民主主义更强的信念，这种信念对他们追求杜威的真谛是一种积极的因素。杜威是专心致志于为民主主义问题提供坚实的哲学基础的人。

杜威的影响——一些结论性意见

紧接着第二次世界大战以后的岁月里，一些正在经历迅速的社会或文化变化的国家，在设计它们的学校和教育制度方面，追寻并找到的作为学校改革的指导应是杜威的教育思想和建议。杜威在中国访问的2年，是中国走向现代生活的关键时期。另外，杜威"还考察了土耳其、墨西哥和苏联的教育机构，并且分析了他们在改造他们的传统教育制度中所作的努力"。

西多斯基曾经说过：

尽管极权主义的崛起和两次世界大战给杜威对自由的乐观主义带来极大的失望，但从战争结束到1952年去世这段时期的著作里，杜威具有继续坚持宣扬人类智慧的内在可能性。如果把智慧科学地用于解决社会的和政治的问题，它将能使整个世界实现自由，实现更为民主的社会。

1949年，布里克曼在评价作为教育家的杜威的世界地位时指出：

> 无论右的还是左的……除了对杜威教育学体系的哲学基础加以责难，都承认这位伟大教育家的思想是很有价值的。对他的成就的兴趣一直遍及世界，甚至在杜威自己的国家也是如此。

西多斯基认为，实用主义"一般被认为是美国本土产生的第一次哲学思想运动"，并且非常明显，"实用主义给杜威提供了一条哲学基本原理，即坚持采取科学的研究作为唯一的方法论使用于解决所有的问题的情境中"。杜威的实用主义和实验主义哲学思想似乎引起了全世界知识界人士和教育家们的注意。杜威倡导用科学的方法去批判社会、政治、经济和道德的问题。

正如西多斯基所看到的，对美国教育的批判是杜威社会活动的主要领域，也是他为重建诸如机会均等、结社和言论自由、教育的民主主义等准则而做的努力的出发点。他相信，对教育的改造能带来美国社会的繁荣。

在费瑟斯通（Featherstone）看来，杜威是一个指明主要问题的人，虽然他不一定总能解答这些问题。费瑟斯通说：

> 我们也是以杜威那样的姿态奋斗着，因为整个文化所面临的教育和理论的课题，从很多方面讲，是在进步的时代（progressive eva）里所规划的……进步教育的课程也是我们的课题：教育作为工作或工作的准备与教育的作用和内在价值之间的矛盾，一元论与多元论的矛盾，机会均

等与天才教育的矛盾，等等，这些至今仍是重要的课题……要问杜威是怎样认识民主、艺术、教育、浪漫主义的，就等于问我们自己应该怎样理解它们。要考虑杜威对美国的未来可能发生的事会有何反应，也就是考虑我们自己的反应是什么。这一切就是杜威会成为中心人物的原因。

布里克曼于30年前所作的总结，今天看来还是恰如其分的。对全世界的教育家和知识界人士来说，"杜威被公认为当代努力争取更好的教育的主要代表。人们可以根本不接受杜威的意见，甚至可以在重要的观点上与他根本对立，但他们都会异口同声地说，杜威的意见是值得注意的和有意义的。这就是杜威在与国外同行们的关系中的地位，这就是他作为一位教育家在世界上的声望——在世界上几乎没有教育家享有如此高的威望"。

（这篇文章是为出席1980年10月10—13日
于意大利厄比诺大学举行的纪念杜威研讨会而准备的）

苏维埃俄罗斯教育的印象[①]

[美] 约翰·杜威

一、列宁格勒给予的启示

圣彼得堡[②]改名为列宁格勒，毫无疑问这是一个象征，但意味着什么，思想上还犹豫不定。有时，这似乎标志着一种无比的成就，一种灵魂的完全转生。在另一种场合，人们能想象这是一种尖锐的嘲讽。因为人们可以想象，现政权的敌人对于这个破烂不堪的城市以列宁的名字命名正感到恶意的满足。它的颓废的、几乎是腐朽的那种状况，在他们看来，对于布尔什维克[③]所宣称的已经进入一个新的和更为美好的世界，是一个适当的注解。但是，人们也有认为比彼得的名字更多的东西铭刻在这个城市上，而这是由彼得的坚强意志所唤起的。这个城市里的每一样东西都说明了他永无休止的创造力。也许，沙皇彼得，毕竟常常被称作第一个布尔什维克，而列宁是他的真正继承人。

---

① 译自：William W. Brickman. *John Dewey's lmpressions of Soviet Russia and the Revolutionary World Mexico-China-Turkey*. New York: Bureau of Publications Teachers College, Columbia University, 1964：44-112.

② 圣彼得堡的名称于1917年改为彼得格勒，1924年又改为列宁格勒。

③ "布尔什维克"（Bolshevik）一词源于俄文bolshinstvo（多数），词根bolshe（较大）。这个词形成于1903年。当俄国社会民主党在英国伦敦开会时，分裂为列宁的拥护者（布尔什维克）和反对者（孟什维克），俄文Меизнецык由Меизныизтцо（"少数"）而来。1919年，布尔什维克改名为共产党。——原注

　　无论如何，尽管这个邋遢的城市，它的灰泥的墙油漆剥落，像一件破烂的锦袍，但人们得到的印象却是有生气、有活力。人们走来走去，好像某些强大的压力已经移掉，好像他们刚刚觉醒，意识到被释放的精力。我听说，当安纳托尔·法朗士①访问俄国时，他拒绝收集统计、积累数据、调查"情况"，而在街上散步，从群众的姿态和面部表情来得出他的想法。我从来没有到过这个城市，对刚刚看到的情况没有比较的标准。可是，人们曾见过其他国家的普通人民，我觉得不能相信那传送一个新生活的信息是一种幻想。我愿意相信我曾经读过的，说在俄国有大批男人和妇女生活在禁闭和受压迫的悲惨境遇中，正像有大批人在国外流放一样。但是，这另一批在路上行走的人，聚集在公园、俱乐部、剧院和时常出入的博物馆是一个现实，就像他们不屈服的和不辩解的态度也是一个现实一样。人们不得不认为，或许第一个现实属于过去，一个革命的偶发事件；而第二个现实属于现实和未来，革命的实质在于解放生命中的勇气、精力和信心。

　　在列宁格勒的最初日子里，新的印象使我眼花缭乱。适应是困难的，我生活得有点迷乱。但是，渐渐出现的一个明确的印象一直留在我心里，并且被随后的经验所证实。总的说来，我曾经听到太多关于共产主义、关于第三国际②，却很少听到关于这次革命；听到太多关于布尔什维克，革命最后成功正是由于他们的首创精神。现在，我认为，任何学历史的人都应当注意到，革命所解放的力量在任何精确的意义上并不是那些推动一连串事件发生的人们的努力，更不是他们的见解与希望的结果。对于了解俄国正在发生什么，没有应用这个明显的历史真理而感到生气，我应该对我误解别人受到责备——我埋怨那些信徒和颂扬者，以及那些评论家和敌人，我觉得他们关于布尔什维克主义和

---

　　①安纳托尔·法朗士（Anatole France, 1844-1924），法国作家、文学评论家、社会活动家。
　　②第三国际，也称共产主义国际或红色国际（共产国际），1919年在莫斯科成立，1943年5月公告解散。它是世界共产主义的中心和推动反对资本主义政府的世界革命的机构。——原注

共产主义的谈话和写作经常给了我错误的印象，使我对一个革命的基本事实陷于无知——人们可以得到暗示，而不必描述，称之为心理的和道德的而不仅仅是政治的和经济的革命，是人民对生活的需要与可能的态度的一个革命。在这个反应里，我或许偏向于过低估计理论和期望的重要性，它们的作用是激起解放受压迫的力量。试图怎样以共产主义的公式和布尔什维克理想的实际重要性来陈述在这个国家里的现实生活，我仍感到不知所措。但是，我倾向于认为，共产主义更加重视心灵的革命、人民的解放以及革命力量的聚集。

这种结论似乎是荒谬的。这对于那些认为马克思主义的正统理论构成俄国革命的全部含义的人以及吸收了布尔什维克俄国的传统观念的人，肯定是要同样引起反感的。虽然我并不想贬低布尔什维克马克思主义对俄国和全世界的极其重大的意义，但我的信念是坚定的，那就是，这些情况比起那些只能称作革命的事业来说是次要的。现在存在的情况不是共产主义，而是向这方面过渡；在历史的辩证法里，布尔什维克主义的作用是消灭它自身；无产阶级专政只是阶级斗争的一个方面，是对存在于别的国家的资产阶级专政这个命题的反命题；在一个新的综合命题下，它是注定要消亡的。这些都是共产党员他们自己告诉我的。现在的情况是一个过渡，事实如此明显，使得人们接受它并没有什么困难。到达马克思主义历史哲学所描述的真正目标必须有个过渡时期，这是一个信条，面对已经激起的新生力量，会觉察到绝对论者的形而上学和过时的直线式的、片面的"进化"理论的陈腐气味。

但是，还有一个比这个更生动的印象。自然，可以想象某种形式的共产主义可能是现在"过渡"的产物。它现在存在着的证据是微弱的。但是，强加于人的感觉是，如果它最后终于出现，并不是因为精心制作现在定型的马克思哲学公式的缘故，而是因为有某种适应人民的东西，一个革命唤醒了他们，那它将按照他们自己的愿望而采取的一种形式出现。假如失败的话，那是因为革命所唤醒的精力是太自发了，不能使他们适应在切合需要的条件的基础上构成的公式——除非假定历史变化只有一条单一的和必需的"规律"。

　　无论如何，如果人们从列宁格勒的表面印象去判断情况只是一个起步，即使作为第一步也很难说是完善的，而是因为现在流行的经济从一切外表现象来看，明显是一种货币经济。我们常常思索，倘使我们到达列宁格勒时，对过去的事情一无所知，对它的经济情况没有事先的期望，我们会有什么观感。当然，头脑里不可能完全清除先前的偏见来回答这个疑问。但是，我有一个强烈的感觉，当我意识到它和世界上其他地方有一个真正的心理的和道德的差别的时候，其经济情况看来和任何尚未从国际和国内战争封锁和灾荒的贫困中恢复过来的欧洲国家并没有什么特别的不同。

　　首先，就是一个贫困的印象，虽然还不是过于悲惨。多少有那么一种感觉，或许可以说，所有人都一样贫穷，好像只有共产主义才分享共同命运。但不需要很多时间，就可看出一些区别。人们从服装和姿态上便能识别至少有四个阶级或许应当叫作等级，和人们在世界上任何一个大城市中所见到的一样。不过差别并不如此明显，特别在奢侈生活和排场方面，各个阶级的相似多于人们能在纽约和伦敦所看到的情况。但是，在那里区别仍然存在着。虽然看到在一些商店特别是食品商店门前，人们排着相当长的队伍，但没有明显的苦恼迹象。人们营养良好，剧院、饭馆、公园和娱乐场所都挤满了人——虽然价格并不便宜。商店的橱窗摆满了任何地方都看得到的同样货品，虽然通常是廉价市场的次品。这里和别处一样，在橱窗前面，儿童玩具以及廉价的珠宝之类，吸引着大群的人。在那里，有着货币——正如我曾经讲过的，从性质上，即使不是从数量上说，有着一种纯粹的货币经济——显然货币在照常流通。

　　我把自己限制在初期的印象里，至少限制在那些随后发生的事件所加深和证实的印象里，也限制在那些来自直接的和表面的以及被怀疑、解释和讨论所影响的印象里。后来，通过更为明确的询问所获得的专门知识，使早期的某些印象稍微得到了修正。这样，人们弄清了为什么人们花钱这样随便、用在娱乐上和用在必需品上一样的主要理由，是因为整个的政治措施反对个人的积蓄，因此，就把金钱看作直接的和现在的享乐手段，而不是看作将来行动的工具。同样地，当人们看到事物的外表下面，人们的最初印象认为这里的经济制度和任何其他贫困国家相似，就被这样的见解所修正：虽然这个制度明显是资本主义的，可是它是政府的资本主义，而不是私人的资本主义。可是，这些随后的修正把印象转化为观念，却没有取消早期印象本身。对我来说，实际的结果是先入之见肯定有了转向。一个伟大的人类革命的意识已经出现在面前，这个革命意识已经带来了，或者毋宁说它常常就包含着在生命中激起的活力、勇气和信心。关于革命主要是经济和工业的这个想法在同样程度上已经退到次要的地位——并不是认为没有意义或已经过时，但它现在并不表现为人类的、心理的、革命的原因，而只是作为革命的偶然事件表现出来。或许只是由于很不敏感，我在国内时没有得出这个结论。回顾过去，用历史的眼光来判断，或许这正是人们应该盼望的。但因为高喊经济的重要性，像我曾讲过的，来自布尔什维克政权的拥护者和敌人双方可能迷惑了很多人，就像它确实迷惑过我一样，我几乎很难更好地把印象记录下来。使我感到不安的是完全没有预料到，在俄国的一场革命正在以空前的规模解放人类的力量，这不仅对这个国家，而且对全世界都具有无可估量的意义。①

二、一个处于不断变动状态中的国家

在前面的论述中，我试图谈一些我在列宁格勒所看到的俄国生活在我心中所引起的总的感觉。为了分别记录特殊接触所引起的观念或情绪，放弃企图传达一个单独总括的印象，应当说更容易些（或者说更有启发）。但是，这后者的任务的完成之所以困难，是由于事实上没有较长时期的停留、广泛的接触

---

① 从这些句子最初出现以来的评论中，我感到对这个革命经济方面的次要性讲得太彻底了。我不想否认这个经济革命的政治方面，在提高劳工特别是工厂工人的利益，从社会的底层到达顶层，是心理和道德转变的不可缺少的因素。——作者注

和语言的知识，因而很难获得准确的报道[①]。你与之交谈有多少，你就获得多少不同的观点，有些甚至想当然认为是事实。要不然，人们发现有些问题会以感到为难的方式而避开。因为某种理由，这后一个说法，在列宁格勒比在莫斯科的经验更为真实。某些事在前一城市只是一声耳语，而在后一个城市则是大声宣扬。回避的气氛改变为受欢迎的讨论。我不明白为什么会这样，或许过去冷酷无情的幕布仍然挂在一个城市里，而对未来的期望的力量却集中在另外一个城市里。

　　例如，虽然人们主要关心的不在经济情况方面，但人们自然地对那方面的事情有一定的好奇心，要提出一些问题。这里的许多商店售货给顾客，从全部外表看来，为了金钱和经济利益，像在世界其他地方同样的商店一样。它们是怎样进货和经营的呢？多少个商店是属于政府的，多少个商店是合作经营的，合作事业与国家的关系又是怎样的？有多少私人企业？诚实的公共责任心是怎样获得的？在这方面，限制投机商诱惑的方法又是什么？这些问题看起来是自然的和单纯的。但不容易找到它们的答案，即使有了答案，彼此也不能很好地相符。有的部分的解说是过于简单的，我不向那些消息灵通人士求教，任何旅行家都知道在世界任何地方积聚错误消息是多么的容易[②]。但是，在这个事实的背后有个原因，在我看来，其一般意义是每个想努力评价俄国事务的人应当知道并认真对待的。它的性质可以用一个回答来说明，这是最初常常给我的关于合作商店性质的回答，即它们实际上只不过是政府商店的别名罢了。后来，通过接近更权威的消息来源，我了解到和它的真相正好相反，自战前充满希望的开端以来，合作社运动的规模不仅增长了8倍，而且它的经营管理方式

---

①在语言、居住和消息之外，人们也要在泛读和精读的基础上了解历史、文学和教育制度。——原注

②预先做好准备和对国外观察、谈话进行仔细的分析，就能把错误消息减到最低限度。——原注

主要是自治的、典型的罗奇代尔（Rochdale）式①。从某种观点来看，或许比我在访问中所接受的更重要。对今日俄国合作事业的发展与展望的一份报告，将比我所要讲的任何事情都更有意义。但是，我不是经济学家，我提到这个事情的目的并不是为了提供经济情况。从我对这个事情的经验中（各种相同经验表现成为典型的），我认识到关于苏维埃俄罗斯情况的每一个叙述给予一个准确的日期是必需的。有一切理由可以相信，我得到的关于俄国合作事业情况的错误消息，不仅是忠实的报道，而且是根据几年前所获得的情况的回忆。因为有段时期，俄国的整个工业机构由于世界大战、封锁和内战而变得如此混乱，政府实际上接过了合作社的管理——即使在这个时期，知道后者在法律形式上依靠正式投票非常小心地捍卫它们的自治，好像这些是他们自己的独立决定，措施和办法是由政府强加给他们的，也是重要的——这种情况已不再存在了。相反地，自由和民主管理的合作运动有了一个新的活力——当然，仍由国家控制价格。但在那个时期形成的观念和信仰流行并坚持着。我要不是相信这个例子是典型的，我就不会这样长篇谈论它了。它之所以典型，因为大部分关于苏维埃俄罗斯过去的知识，事实上只是回忆某个时候某些事件的情况。

关于俄国情况的每一个陈述，假如人们要有任何价值的准则，记下准确日期的必要性表明一个事实——或是一个力量——我认为，比大多数广泛传播的"事实"——即使它们是真正的事实——更重要得多。因为它们表明俄国正在不断变动和迅速变化，甚至动荡状态到了什么程度。②假如我没有知道其他的，我会怀疑所有关于俄国的概括观点，即使它们符合1922年或1925年的事态，与1928年很少关联，到1933年时或许只有研究文物的意义了。在那个国家居住的外国人常常征询我的意见，俄国在一切内部问题和政策上过一天算

①这只涉及合作社的内部管理，最后的物价管理当然在政府手中。——作者注

②1927年12月，斯大林把托洛茨基流放到苏维埃中亚细亚哈萨克斯坦的阿拉木图。当杜威访问俄罗斯时，农业集体化过程正在进行中。同年10月开始的第一个五年计划的最后准备工作已经完成，第六次共产国际会议也在进行。这些是杜威可能考虑到的一些变动迹象。——原注

一天，只是在外交上才有一致性和完整性。在那些同情者的口里，对俄国正在发生什么，有一个称赞的公式：不断变动正是那些管理事务的人对实际情况的需要有一种现实主义适应态度的标志。在那些不同情者的口里，就说成是统治者没有能力，没有自己的主见，甚至在重要事情上也是如此。但是，变动的事实，无论好意或恶意的解释，它仍然是突出的，无可反驳。鉴于有关俄国事务僵化的流行见解（我承认在我访问之前也有这种看法），我确信这个变化和不断变动的事实都需要尽可能给予强调。

当我的关于俄国事务僵化的先入之见被证明是一种最为违反事实的见解时，它不一定被广泛接受。但还有其他许多先入之见——我高兴地说，我并没有这些先入之见——在访问以后看来是更为荒唐的。其中一个是在访问前后常常提出的问题：你们一行人怎么敢去俄国？——似乎那里的生活是那样粗野、混乱和不安全的。人们犹豫着对一个有理解力的公众讲这个想法，但我发觉这种见解如此广泛流行。我确信，在俄国有守秩序的和安全的生活，将会遇到远远超过半数的欧洲和美国公众的怀疑。尽管有秘密警察、审问案件、逮捕和流放资本主义分子（nepmen）[1]和富农（kulak）[2]、流放政敌，但是群众生活正常地、安全地和适当地进行着。假如我不怕引起反感的话，我可以提到在东欧别的国家旅行要更为烦扰得多。在欧洲，没有一个国家表面的日常生活更为安

---

①nepmen（耐普曼）是利用新经济政策牟取暴利的私人中产阶级的商人和工业家。1921年，列宁宣布允许私人经营。1927年，这个制度被斯大林废除。

②kulak（俄文为拳头的意思）是一个吝啬的、富裕的、利己主义的农民，他有自己的机器和雇工。1928—1929年，斯大林清除了这些富农。——原注

定、更为安全。即使是"流浪儿童"[①]，他们曾构成了这么多故事的主题，现在已经从大城市的街头消失了。

　　回想起来，善意的朋友们常常给予的显得有点幽默的另一个警告，就是不要受被带去看展览的地方的愚弄。在那样一个环境里，对于一个遥远的和陌生的国家的情况施展想象力是困难的；但现在看来，似乎不需要有很大的想象力就可以认识到俄国人为了他们自身的利益，有足够的事情要做，用不着为设立展览场所去感动几百或上千个旅游者而烦扰。供我们"参观"的地方和机构——列宁格勒对外文化关系协会（Leningrad Society for Cultural Relations）[②]准备了一个最有兴趣的游览程序——确实是在一定意义上很有展出价值的展览场所。我希望它们是其中最好的，以代表新政权正试图做些什么；每个地方都有足够多的平凡的成就，用不着旅行几千英里来看它。但是，它们是为了自身而存在的，或者因为历史的条件，就像古老的宫殿和珍宝；或者因为现在的迫切需要，某些为工人假期而开设在涅瓦河中一个岛上的疗养地，有一种马马虎虎的样子；古老宫殿似的住宅，现在用作工人俱乐部，似乎没有特别活跃的作用。大加宣传的"墙报"，当翻译了它的内容时，似乎很像在别处较少炫耀的

---

　　① 这些"流浪儿童"是一群无家可归的儿童，是在第一次世界大战和革命时期，尤其是1918—1921年的内战时期和1921—1922年的饥荒时期离开他们父母的孤儿。这些儿童经常被青少年组成犯罪帮。"流浪儿童"总数估计有200万到700万人。一位苏维埃教育家、乌克兰的马卡连柯（Anton S. Makarenko）在改造少年罪犯，给他们灌输社会公德和教育他们为一个集体社会着想而闻名。"流浪儿童"构成"苏维埃俄罗斯20年代中期的一个社会问题，直至政府对12岁以上儿童采用罪犯法"。见：Frederic Lilge. *Anton Semyonovitch Makarenko: An Analysis of His Educational Ideas in the Context of Soviet Society*. Berkeley：University of California Press，1958：14.——原注

　　② 列宁格勒对外文化关系协会是对外文化关系总会的一个分会，成立于1925年10月，是苏维埃生活、社会和文化的官方对外宣传机构。这个组织用几种文字发行许多出版物和定期刊物。根据1928年9月对外文化关系总会《新闻公报周刊》的一篇社论，对外文化关系总会的口号是"全世界知识界的力量为真正的世界文化的胜利联合起来"。引自：Ruch E. McMury, Muna Lee. *The Cultural Approach: Another Way in International Relations*. Chaple Hill: University of North Carolina Press, 1947：112. 1958年，对外文化关系总会改名为苏联对外友好和文化关系协会。——原注

所谓布告牌。但这段插话仅仅是同其他机构的活跃和在儿童之家的那些墙报的自发的欢乐气氛相比较而言的①。

谈到官方规定日程中所列的"参观项目",其中一项使我永久不能忘怀的,那是访问设在彼得霍夫过去一个大公爵的避暑公馆里的儿童教养所——在距列宁格勒不远的涅瓦河上游,这是沙俄白军(white armies)到过的离列宁格勒最近的地方。房屋有一部分在战争中被破坏了,还没有完全修复过来,因此,这工作就是要教师和儿童们来做的。有些宿舍里还没有热水供应,墙壁还需要粉刷。这里的儿童三分之二是从街上收容来的过去的"流浪儿童"、孤儿、难童等。儿童教养所的设置不足为奇,更谈不到难能可贵。我提到这个措施,并不是为了要证明布尔什维克政府如何特别关怀年轻一代。我的意思是拿它来说明俄罗斯民族的民族性,它给我留下了深刻的印象,不是我用言词所能记述的。我从来没有在世界上任何地方看到过如此大量聪明、快乐而又灵巧工作的儿童。他们没有排起队来等候视察。我们走过几处场所,见到他们分别忙于各种夏季作业,例如,浇灌园地,整理蜂箱,修理房舍,在一座暖房里种植花卉(这暖房是一批当初见到什么就毁坏什么的特别顽劣的男孩建造的,现在由他们负责管理),制造各种简单的工具和家业用具,等等。给我留下深刻印象的,不是他们所做的那些事情,而是他们的精神状态——我无法将它表达出来。我缺乏表达所必需的文字技巧,可是,那种印象本身将永远留存下去。假定这些孩子来自境况最优裕的家庭,那场面也还是使人惊讶的,我过去从来没有见到过。考虑到他们那种简直不可想象的早年历史和生活背景,我就不禁对这些孩子的所有培养起来的才能表示深切的赞叹,并对这些孩子能完成的事情具有不可动摇的信心。我明白,在我这个结论的宽度和引出这结论的狭隘经验之间,存在着明显的不相称。但经验并不是孤立的。虽然以后所得到的印象不

____

①在学校中,墙报的一个作用是在维持纪律方面作为一个助手。它是由少先队组织的,是选择一些儿童编辑的,一个学生思想不好就可能在一幅漫画里被讽刺或在其他方面被嘲弄。——原注

曾有那一次那么丰满，可是每到一个少年儿童教育机构，我都是那样的感觉。同时，不管怎样，我觉得有必要维持这个结论：它那看来有些夸张的性质，至少可以证实我对于俄罗斯民族内在的能量，对于十月革命所产生的解放作用，对于我生平有幸遇见的某些最聪明、最忠诚男女在教育上利用革命后各种新条件的智慧和表示同情的技巧，产生了如此深刻的印象。

由于我只处理第一手的印象，而不处理系统调查得来的情况，我将选择两个别的印象来作结论，每个印象碰巧都在撇开官方向导出现的。在我的同伴、美国教育家们①到达列宁格勒之前有几天空闲的时间，消磨在埃尔米塔日（Hermitage，或译作行宫）②。这个博物馆作为一个欧洲油画的宝库是不需要多说的。有许多参观者，成群的农民、工人，成年男女，最多的是青年，30～50人一队来参观，每队都有一个热心和机灵的领导。我们每天遇到这些队伍，20或30个不同的队伍。同样的事情在世界上任何别的地方都见不到。而且，这个经验并不是孤立的。在每个我们参观过的艺术、科学、历史的博物馆里，都同样出现这种情况。第一天，我就产生了一个奇怪的问题，是否有革命的一方面，最重要的一方面，是我过去不明白的，随着时间的过去，它变得几乎使我着了迷。在俄国

---

①杜威提及的到苏联旅行访问的25位教育家，是由美苏文化关系协会（American Society for Cultural Relations with Russia）组织的。据秘书布雷厄姆（Lucy Braham）小姐说，这个访苏旅行团"完全是非官方的、自费的"。1928年6月23日，乘坐"罗特尼戈姆号船"抵达瑞典哥德堡的团员有：杜威在哥伦比亚大学的一位同事、《学校与社会》杂志编辑卡特博士；前明尼苏达大学校长科夫曼（Lotus D. Coffman）博士；卡利顿学院院长考林（Daniel J. Cowling）博士；国际教育学学院院长达根（Stephen P. Duggan）博士；布鲁克林工艺学院院长科尔比（Parke R. Kolbe）博士；十分熟悉俄罗斯语言、文学和文化的作家、教师库尼茨（Joshua Kunitz）博士；费城德雷克塞尔学院院长马西森（Kenneth G. Matheson）博士；阿默斯特学院名誉院长奥尔兹（George D. Olds）博士；宾夕法尼亚大学教育教授、十分熟悉俄语言和俄罗斯教育史的教育史和比较教育学者伍迪（Thomas Woody）博士。其他团员代表着初等、中等和高等教育界的教师和行政人员，杜威博士比其他团员先期抵达列宁格勒。参见：*American Educators in Russia*, School and Society，vol. 27. June 1928：779.——原注

②埃尔米塔日，最初是作为凯瑟琳二世（Catherine Ⅱ）的一个官殿而建造的博物馆。19世纪，它改建成一个博物馆，珍藏了精美的收藏品，特别是法国和西班牙的油画。——原注

或许最有重大意义的事情，归根结底，不是改造经济的努力，而是利用经济变革作为发展大众文化，特别是一种世界上还从来不知道的美学文化的手段。

我能够毫不费力地想象这样一个陈述，会引起那些只听到布尔什维克破坏活动的人们的怀疑。但是，我应当忠实地记录在我自己的情况下所产生的普通外国人的骚动或混乱的印象。这个新的教育斗争可能还不成功，它必须面临巨大的障碍，它被过多的宣传倾向所感染。但据我个人的看法，这些宣传倾向将随着苏维埃俄罗斯为创造自己自由和安全的命运，会因内容空洞而逐渐死亡。其主要的努力是宏伟的、崇高的，它表明对人类的本性的一个信仰，认为那是民主的，超出过去所向往的种种民主。

我要记录的另一个印象是来自对民众文化馆（House of Popular Culture）①的非官方访问。这是在工厂区的一幢不错的新建筑，四周是娱乐广场，有一个很大的剧院，4间较小的会议厅，50间房间为俱乐部、开会、文娱和游戏、工会本部之用，花费200万卢布，白天或者毋宁说是夜晚——每天平均有5000人经常到这里来。或许这是由政府建筑和管理的吧？不是，这是工会自己努力的结果。工人们抽出工资的2%，供应他们集体生活的这些设备。这个文化馆的工作和管理人员都由他们自己选举的职员承担。和我们自己的工人相对地不活动以及在我们自己国家类似的慈善性质的相同事业比较起来，会留下一个勤勉的印象。这是真的，这个文化馆——在列宁格勒也有类似的一个——与共产主义的理论和实践没有内在的和必要的联系②。同样的组织在任何一个大的现代工业中心都可能存在；但事实却是，同样的组织在别的更高度

---

①民众文化馆，通常包括图书馆在内。——原注

②很可能杜威博士不熟悉文化馆的作用是作为对成人进行共产主义教育的一个工具。据一位经常到苏联访问的人的说法，列宁格勒的威堡斯基区文化馆有"各种学习小组，包括党员以及政治和社会工作者的小组。"参见：Beatrice King. *Changing Man: The Education System of the USSR*. New York: Viking, 1937: 233. 莫斯科文化宫有一所工人夜校，在那里工厂工人能"在智力和艺术上发展自己的才能，从而帮助实现斯大林关于建立一支工人知识分子队伍的指示"。参见：Beatrice King. *Changing Man: The Education of the USSR*. New York: Viking, 1937: 234. ——原注

发展的工业中心并不存在。在列宁格勒有，而在芝加哥或纽约[①]却没有。并且是存在于那样一个假定是在教条主义的理论基础上受政府控制的社会里，作为有组织、自愿、主动和合作努力的活力的一个证据。这意味着什么呢？假如我知道答案，那或许表明我对在苏维埃俄罗斯真正在进行的事情开始有了了解。

三、一个正在发展中的新世界

在列宁格勒，常常会听到两个评论：一个是那个城市与其说是真正俄国的，倒不如说是欧洲的一个前哨；另一个是莫斯科是真正俄国和半东方的。我不应当冒险用我的简单经历来反对这些陈述，但说明一下在哪些方面有不同看法，可能有某些用处。如果说列宁格勒没有东方意味，但它也很难使我看到它是欧洲的；而今日的莫斯科至少显得过于西方化。对于第一个城市，它的建筑师实际上是从意大利来的，或许就是企图仿造一个欧洲城市。但实际上，地方精神却进入了他们的头脑，并控制了他们的手，他们建造了他们事前没有预见到的东西。而且，奇妙的位置、光彩的天空、无边无际的地平线、激荡和暴风雨的气候，没有使我想起从前知道的任何一点欧洲的情况。至于莫斯科，虽然它的自然结构有某些半东方的东西，东方人挤满了这个城市的某些地方，但是，它的精神面貌和形态与动作缓慢和古老的东方是相距很远的。在精神和意向方面，莫斯科是新的、激动活跃和机敏灵活的。在我看来，比我们自己国家里的任何城市，甚至边境城镇更为新颖。

就列宁格勒和莫斯科两个城市来说，前者仿佛是古老的。当然，历史并不是那样写着，如果我们作为一个历史学家或者考古学家来写文章，那就该是另外一种讲法。可是，如果我们同时看一看莫斯科，那我们眼睛所接触到的和神经所感受到的，乃是一个不断运动着而没有一点休止，甚至可以说紧张的地方，使人觉得具有一种专心致志于未来世界的创造力。与此相反，列宁格勒则

---

① 也许芝加哥的联合中心（The Amalgamated Center）应当除外。——作者注

说明过去时代，甚至为往昔表示哀伤。我们大家都知道有那么一个传说，说访问美国的欧洲人常常是这样讲或者这样写的：这个国度上居住着一个年轻得出奇的民族，朝气蓬勃，精力充沛，又有年轻人的天真幼稚和缺乏经验。我从莫斯科所得到的印象正是这样，而且觉得在这一点上还远远超过我自己的国家。说实话，那里的生活充满着希望，充满着自信，几乎过分活跃，往往表现得很稚气，在某些事情上稚气得使人难以相信；有勇气大胆进取，因为这勇气是从年轻人的无知中产生的，不会由于旧时记忆太多发生惧怕而有所退缩。这个城市解脱了困惑于过去时代的包袱，仿佛怀着满腔热情要创造一个新的世界。可是，有一点却比拟不起来。除了奋发图强的锐气之外，对于已经着手的任务又觉得困难重重（我说的仅是我们所接触到的一些教育界领导人）。不能说他们沮丧，不过在表现出满怀希望的热情之外，他们还显得仿佛是受到了互相冲突的几股潮流的激荡，不敢断定是否能够到达已经在望的港口，或者遭到淹没。自发性和幽默感同原来就有的严肃性相结合，这可能是也可能不是俄罗斯民族的一个特点；但这个结合在俄罗斯男女身上的确是留下痕迹的，他们肩负重任，通过教育的手段在俄罗斯人民中创造一种新的精神面貌。①

因此，我们在莫斯科的逗留，就是这样明显地不同于对列宁格勒的访问。在列宁格勒，我们多半是在最便利的条件下进行参观，让我们从自己观察到的和接触到的事物中形成自己的看法。但是，莫斯科不仅仅是个政治中心，它是将各种活力输入那横跨欧亚两洲的整个俄国的心脏。因此，到了莫斯科，在访问各种教育机构的过程中，我们感到自己就像是这里的一分子，亲切地接触一种创造性的活动，参与到一个正在发展中的世界。我们在列宁格勒曾看见许多过去时代的纪念物和当代的若干产品，现在则仿佛突然被引入到实际过程中间来了。新的经验当然加深了我已记录下来的在列宁格勒的许多印象，同时对它也有所修改。加

①苏维埃教育的基本目的一直是——现在仍然是——造就新苏维埃人（New Soviet Man）。——原注

深的是我对十月革命解放出来的精神和活力的感觉；修改的是我对新政权正在努力使这种解放出来的精力用到有计划的建设工作上去的感觉。

我在这样写的时候，心里十分明白，对于布尔什维克俄国的这种有希望创造的想法，在那些七八年前已对苏俄有了固定看法且不容改变的人们看来，一定是非常荒唐的。我对于我所见到的一切，当然没有什么思想准备，那印象是突如其来的。最经常问我的问题（和在苏俄有无自由的问题连在一起），就是那里是否有什么在进行的建设性工作。这个问题的流行，说明关于布尔什维克主义的负面报道对民众的想象仍有很大影响。因此，对于见识到事态的不同面貌的人来说，也许要增加一份将那经历所产生的效果记述下来的责任。所以，在谈到建设工作有更积极意义的情况之前，可能还得说一说（实际上已有许多参观者说过了），在这两个大城市里，使我留下深刻印象的是这场革命的保存性，而不是破坏性。在英国，从亨利八世到我们这个时代，凡可从布尔什维克党的暴力行动联想起的破坏行为，比在莫斯科和列宁格勒两地所见到的要多得多。我刚从英国旅行过来，对那地方所遭受的损毁和文化艺术上的破坏记忆犹新，因此，我常想，最好能将英、俄两国在革命运动中遭到破坏的艺术品和建筑物列出互相比较的清单，这对于盎格鲁—撒克逊人那种极其顽固的思想会有特别好处的（在美国和在英国一样，都有这种思想）。致力于保存文化的一个确实标志，就是在苏俄看到的博物馆的大量增加和扩大。因为博物馆的建设和对历史文化及艺术珍宝的精心爱护，在破坏精神凌驾一切的地方是搞不起来的。现今仅在莫斯科一地，已有将近100所博物馆；就全国来看，在省一级的城市，博物馆的数量在现政权下增加5倍以上；而且在增加数量的同时，他们还相应地作了种种努力，使这些珍宝便于人们观赏和利用。

再说，同广泛流传的那种神话恰恰相反，这个保存文物的工作还包括东正教的许多教堂及其所有艺术物品。传说中关于布尔什维克反对教会和提倡无神论的话，都是十分确实的。但是，凡具有艺术价值的教堂和各种陈设物品不仅完好无损，而且十分细致地甚至以科学的热情加以保护①。有许多教堂已经改为博物馆②了，这是确实的；不过显然还有不少教堂存在着，可以满足自称为信教者的需要。列宁格勒和莫斯科的许多博物馆对神像的大量收藏，足以使艺术爱好者觉得跋涉到这两个城市没有白费精力。在克里姆林宫开始一项极为重要的修复工作时，专门请许多老艺人、考古学家、历史学家、化学家前来帮助。确实是进行了"修复"，那种方法是在旧政权统治下使用过的，人们都很熟悉。例如，一些壁画上可爱的原始人图案，就请从事高级住宅油漆工作的"手艺人"涂上艳丽的油彩。这工作现在不做了。一些浮俗的装饰物，原本是配合迷信思想的东西，花钱太多而趣味又极可厌，现在都去除掉了。对布尔什维克政权说来，在这项工作完成之后，尽管还有许多似乎更需要花钱、花时间的事情要做，但已使世界上一项伟大的历史纪念物恢复了本来的美感。

倘不是群众中普遍认为布尔什维克俄罗斯一味疯狂破坏，那么这类事情大概只要一笔带过就算了。可是，按照当时的情况来说，这类事情却是具有典型意义的。它们不仅象征着建设性的活动，而且也象征着方向。依我看来，这种建设性工作是极其重要的，那就是要建设一个充满审美性质的群众文化。因此，卢那察尔斯基③被任命为教育人民委员就不是偶然的事情了，他对于精心保护俄罗斯的历史文物和艺术珍宝是最有功绩的。在今天的整个世界上，许多进步学校有个共同的特点，那就是恢复对艺术作品的关心，包括文学、音乐、雕塑；但却没有一个国家像俄国目前那样，美学的目标和性质在一切有关教育

---

①显然，杜威博士对布尔什维克亵渎基督教教堂和犹太教教堂毫无所知。——原编者注

②有一个例子，那就是在列宁格勒的内夫斯基·普罗斯皮克特的卡赞圣母大教堂被改为宗教和无神论的历史博物馆。——原注

③卢那察尔斯基（Anatolii Vasilievich Lunacharskii，1875—1933），一个老布尔什维克，以诗人、剧作家和评论家而著名。1917—1929年，他是苏联第一任教育人民委员。在革命时期，他因保护美术杰作免受损坏而声誉卓著。——原注

的事物上占据着如此重要的地位，墨西哥可能是例外①。这一点，不仅渗透在俄国各类学校中，而且遍及那种由缺乏更好的名称而不得不称之为"成人教育"的学校之中——这名称若从美国现有教育事业了解其含义，那就远远不足以表明在"破坏性的"布尔什维克主义国度里，那种有组织的、极其广泛的传播和推广。当前我们听到的一切有关俄国的先入之见，都带有一种特异的讽刺语调，而这种先入之见在我们每个人的思想上则是不知不觉地都会有一点。不过，若将普遍热衷于唯物主义经济制度那种流行观念同致力于生活艺术的创造和普遍参加艺术品的加工制作过程的许多具体事实拿来对照一下，也许会产生最强烈的讽刺意味。

也许我应当反复提醒读者，我是从教育工作者的角度来写的。我以极大信心谈论俄国，只是根据从那个国度教育界领导人身上以及他们所做的工作中反映出来的生动活泼的意志和活力。读者自然地会问一个问题，这也是我自己常常想起的一个问题：就整个苏维埃俄罗斯的精神和目标来说，我从这个特殊事例所得到的印象究竟有多大的正确性呢？我直率地承认，我是从这个特殊的观点出发，在那精神和目标表现得最富建设性因而也是最完美和最动人的态势中加以认识的。不过，一方面我承认，这些特殊事例所构成的图画，比我们从研究政治生活或经济生活可能获得或实际获得的景象更为纯净、更为清楚；另一方面也必须说明，我确信，从根本上说，这又是一幅更真实的图画。当然，我不可能引述足以使读者与我同样具有这个信念的客观例证。但我可以说明所持理由的本质，我就是根据这些理由在我的思想中逐渐形成这个信念的，即认为我们接触教育工作比接触某些政治情况和工业情况，能够更密切、更正确地了解新的俄罗斯生活的内在意义②。

---

① 杜威1919年访问日本，美学在日本教育中的作用没有给他一个持久的印象。——原注
② 杜威没有反对教育与这个国家的政治目的联系起来。1928年并不亚于1918年和1958年，共产主义者试图用教育去促进他们的政治、社会、经济和文化的发展。——原注

　　有些论点可归入否定的一类：与我个人从教育方面感觉的和看到的比较起来，我读过的用全部政治和经济观点写的书没有带给我一种真实感。有些书所包含的很多情况是我从来没有遇到过的；有些书是由通晓俄语并且与俄国有广泛的接触的人写的。这样，对某些重要事情的了解，使我宁可相信我自己的印象也不相信他们的报告，不是因为我认为他们——再说一遍，其中有些人——故意伪造，也不是因为他们实际上讲了什么，倒不如说因为他们没有讲什么，他们遗漏了什么，而那些事情肯定是存在在那里的。结果，这些作品像是给我有某种空虚的感觉，一种由于对最重要事情缺乏感应的空虚。他们提供静止的断面，与运动隔离开来，但只有运动才具有意义。

　　这些议论无疑太模糊、太不明朗。参考一本特别的书可能会明确一些。我选择卡尔格伦的《布尔什维克俄罗斯》（ *Bolshvist Russia* ）①。对于作者的俄文能力或者他搜集资料的勤勉是没有疑问的，对他的目的的坦率我也提不出疑问，他的大部分材料都是从布尔什维克的原始资料中引用过来，这个事实保证了这些材料的真实性。那么，为什么不接受他的几乎全部不利的结论呢？部分是因为这本书没有充分地注明材料的日期，它没有讲明所报告的坏事发生在什么特定的时间，有什么特定的条件；但更大部分是因为我完全没有从这本书里得到这些事情性质层面上的认识，而这种性质是与这些事情有关联的。结果，承认一切可抱怨的坏事仍然存在于某些时候、某些地方，总的作用却是死的、空虚的，缺乏重要的意义。举一个例子来说，布尔什维主义者的材料本身被用来作为大量确凿的事实。谈到这种材料的真实作用时，把它本身作为一堆完全孤立的事实，而这些事实是自明的，那是一回事；把它作为一个特定的倾向的证据，那又是另外一回事。因为当人们寻求一些积极的和不同寻常的努力去搜

---

　　①安东·卡尔格伦（Anton Kalgren）的《布尔什维克俄罗斯》一书是由安娜·巴威尔（Anna Barwell）从瑞典文翻译的（New York: MaCmillan, 1928）。卡尔格伦是丹麦哥本哈根大学的斯拉夫语教授，曾访问过苏联，并写了一份批评尖锐的报告。——原注

集和出版这些有关材料的时候，人们发现自己所看到的是通过一种深思熟虑和系统的努力去进行探讨和自我检查，那是在其他国家从来也不曾有过的。接着，人们发现这个运动关联到对一个社会科学的现实性的信仰，作为为社会病态作出诊断和为建设性的改革提出规划的一个基础。人们可以相信所说的"科学"，但是不相信并不改变这个事实：人们从孤立的但可靠的事实的报告中得到的只是一个呆板的和歪曲的观念，直至了解到这是与自我批评的思想运动有关系的，它是其中的一个组成部分。

可以认为这个思想运动具有极重要的意义，同时也可以将这个运动看作教育运动。其正面理由是：事实上，根据情况的需要，苏维埃领导人的中心问题是培养一种新的心理状态，用最常听见的三四个词中的一个来说，就是新的"意识形态"。坚持"经济决定论"的教条，这一点是无可怀疑的。当前流行的一切思想和信仰，其内容和性质都决定于经济制度和经济的发展过程，这是一个信条。但是，若说现行的马克思主义的经济唯物主义不承认思想和信仰——即不承认当前流行的"意识形态"的功效，不管其内容是什么，那也是不确实的。恰恰相反，马克思主义政治经济学认为，意识形态原本是经济因素所产生的结果，到后来却又变成第二位的因素"交互地"发生作用。所以，从共产主义的观点来说，问题不仅在于要用集体主义经济制度代替资本主义经济制度，而且在于要用集体主义的心理代替"资产阶级"①时代遗留下来的个人主义心理——这种心理在多数农民和多数知识分子身上仍然是根深蒂固的，如同在资产阶级身上一样。因此，我们看到，这个运动乃是处在一种循环状态之中，不过它被官方描述为"辩证法"的一个例证。"最后的"群众意识形态将决定于共产主义制度；但在另一方面，引导这个制度取得成功，则有赖于创造一个新的精神面貌、新的心理能力。后面这个问题，从本质上来说，显然就是一个教育问题。这说明各种教育措施对于现今俄国人民生活具有非常重要的作

---

① 俄文的"资产阶级"，更经常被拼写为"буржуй"。——原注

用。在衡量教育事业的重要性时，我们又可将此作为一个具有极大透视力的放大镜，用以了解许多重大事件在建设性方面所体现的精神。

教育机构居于中心地位。在当前的"过渡"状态中，还可以随手举出一个例证，那就是到处都存在着宣传活动。不用说，目前这个时代，无论什么地方都有宣传活动在那里起着政府权力的作用。不过，世界上没有一个地方像现在的苏俄那样经常不断地、始终如一地、有条不紊地把宣传活动作为控制的工具。说实话，俄国的宣传活动已显出这样做的重要性和社会威严，使得"宣传"这个词若翻成其他文字就很难表达出它的正确意义。我们是直觉地把宣传与完成某些特定目的联系在一起的，这种特定目的总是属于私人性质的，关系着某个阶级或集体，相应地对他人就不能公开。可是，在俄国，宣传工作却代表着强烈的群众信仰。人们可能认为那些领导人在信仰目标上完全错误，但他们的真诚态度却是不容置疑的。对他们来说，宣传工作所要达到的目的，不是什么私人或者一个阶级的利益，而是全人类的普遍利益。因此，宣传就是教育，教育就是宣传。两者不仅是混合的，而且是同一的[1]。

由此可见，当我谈到教育机构的时候，我所指的范围较之学校制度的范围要广泛得多。关于俄国现行学校制度，我希望以后再写。在这里，我只把它作为例证的一部分，用以说明当前——或者"过渡时期"的俄国的主要建设工作，从其内在意义上来讲，都是教育性质的。在这个特殊方面，学校工作的意义可以用我们时常听到的几句话加以表达："旧的一代就其整体来说不可能有所作为了。他们的'意识形态'被旧的制度凝固了，我们只能等待他们去世。我们的真正希望在于年轻一代。"可是，学校在创造新的"意识形态"中所担负的任务，不能被孤立地加以理解，它是"交互地"发生作用的一部分。在当前时期，政治上和经济上的变化和措施，其本身实质上都是具有教育作用的。这些变化和措施不仅设想为给将来的共产主义制度准备外部条件，而且还设想

---

[1] 把教育和宣传等同起来是一个重要观点，它并不是其他访问者常常体会的。——原注

为创造一种有利于集体主义心理的气氛和环境。广大人民群众学习共产主义的含义，主要还不是依靠马克思主义理论的灌输——尽管在学校中这样的方法用得很多——而是依靠对人民群众进行实际工作，使他们在生活上获得解放，给予他们稳定感和安全感，让他们有机会享受娱乐、休闲以及各种各样新的艺术欣赏活动和文化教育活动。我们看到，最有效的宣传活动，即作为最有效的教育工作，乃是以实际行动提高群众生活水平，使之更充实和更丰富，同时将这种种好处尽可能紧密地同"集体主义"的心理结合起来。

综合我在列宁格勒和莫斯科两地所获得的印象的差别，也许最好是这样的说法：在莫斯科，将当前作为"过渡时期"来看具有一种新的意义。直率地说，当我离开列宁格勒时，我感到十月革命是一个伟大的成功，而共产主义并不是成功的。我在莫斯科的经验，并没有改变后面这一点印象，使我能够相信真正的共产主义在这里实际上比我所意想的稍多一些。可是，那些经验却使我相信，这里正在投入巨大的建设力量，用以创造一种新的集体主义心理。我应当称之为"新的品德"，因为苏维埃领导人不喜欢使用一切道德术语。那些经验还使我相信，这个努力正在切实地取得极大的成功——成功到什么地步，当然我是无法估量的。

如上所述，"过渡"在很大程度上似乎是实在的。可是，向哪里过渡，对我来说仍是一个没有完全解决的问题。对于正统的马克思主义者来说，那个目标当然是明确的，就是实现他那特有的历史哲学所要求的共产主义制度。不过，就我个人来说，我深深感到创造一种属于合作性质社会类型的新心理和新品德的努力获得的成绩越大，则这种努力所要达到的目标将是怎样一个性质就越不容易辨识明确。因为我完全倾向于这个信念：这种新的心理状态，就其确实是新的和革命性的程度来看，必将按照它自身的要求和目的创造它自己的未来社会。这个未来社会无疑将与私人资本和个人利益的西方世界大不相同。不过，我以为，这个未来的社会可能同样不会像正统的马克思主义公式所要求的那样的社会一样①。

我希望自己所用的语气能够清楚表明我是在谈印象，而不是用可以提供一切客观证据的方法在谈问题②。我能够毫不犹豫地意识到，我可能对自己个人印象的价值和效力估计得过高了，高过别人可能对我的期望。可是，即使我那许多印象不仅不恰当（这一点肯定是难免的），而且还十分错误，我仍感到有必要将我在参观莫斯科时所得到的一个最难以忘怀的印象记述下来：正在俄国发生的事情，不能用政治上或经济上的词语去把握它的终极意义，这个终极意义是要从一个民族在心理状态和道德表现上的极其重要的变化中、从一场教育改造中才能见到的③。这个印象同热心拥护和竭力反对布尔什维克政权这两种人所具有的信念，恐怕都相距很远。但我心里铭记着这个印象，必须如实地将它写出来。

四、俄国的学校正在做什么

在上面的论述中，我谈了几点理由，说明我为什么相信在俄国的"过渡"状态中，最重要的地方在于当前正发生着的心理和道德上的变化；我为什么还相信，尽管这个变化到最后大概将成为引起经济和政治变化的一种手段，但就目前来说却是处于相反的关系。这个想法等于说，一切制度的意义都属于广义的教育——这就是它们对于气质和态度所产生的影响。它们的作用是使人们养成乐意合作的行动和集体行动的习惯，正如现在资本主义国家

---

① 这对以后的发展是一个最有趣的预言。——原注

② 在杜威的第二篇文章中，他叙述了自己"学会极大地怀疑所有关于俄罗斯的概括性观点"。尽管他在后面的两句话里保留了他个人的印象，但他毫不犹豫地表达了"对俄罗斯的概括性观点"。——原注

③ 杜威博士在这里显然陷入了非此即彼的思维方式。他撇开了他坚信的"宣传即教育，教育即宣传"的观点，而得出了这个结论。例如，扫除文盲是1928年开始的第一个五年计划的基本目标。根据金夫人（Mrs King）的看法，五年计划"不仅是工业的、经济的，而且是文化的、经济的需要影响了文化目的"。教育变革与政治、经济和社会变革是携手并进的。——原注

346 // 杜威评传

里人们按照"个人主义"行动那样。对于狭义的教育机构,即各类学校的重要性和目的,也是从这个考虑来制定的。学校乃是一个直接地、集中地致力于获得效果的场所,其他机构则是用分散和迂回的方式来进行的。按照流行的用语来说,学校就是"革命的意识形态方面的武器"。因此,学校的活动以非常特殊的方式,从管理组织以及精神和目的两个方面楔入其他一切社会机构和社会事业。

在苏维埃教育家的心目中,对于由家庭、工厂和政治机构培养气质和态度同由学校进行这项工作两者之间联系的看法,大概可以用一位新的教育领导人就他自己如何进行工作所说的话来加以说明。这位新的教育领导人参加教育改革①可以追溯到世纪初②,当时他和另一个俄国人(此人曾参加过纽约市大学的社会改革团体工作)共同在莫斯科工人住宅区领导一个社会改革团体。自然,他们进行的工作不带政治色彩,只举办一些儿童俱乐部、娱乐、体育等无关政治的活动。实际上,这就是在我们美国常见的纯属慈善性质组织的那些活动。即使如此,他们也还是遇到旧政权的不断反对和干扰。举例来说,讲述这个故事的教育家是最先把足球介绍到俄国的一个人,结果竟因此事在监狱里被关了几个月。因为当权者相信踢足球只能有一个目的,就是训练青年人使他们能够更准确地投掷炸弹!附带说一句,广泛开展竞技活动和球类比赛是

---

①在这些人中,第一位显然是沙茨基。他与曾居住在芝加哥的赫尔会所(Hull House)的建筑师泽林柯一起,于1905年在莫斯科郊区的谢尔库沃建立了第一莫斯科住宅区(the First Moscow Settlement)。1907年,这个住宅区刚刚建立的实验学校就被沙皇下令关闭,沙茨基和泽林柯因"试图在幼儿们的心灵中传播社会主义"而被捕。见:Lucy L. W. Wilson. *The New Schools of New Russia*. New York: Vanguard,1928:14. 沙茨基是一个杜威的仰慕者,在20世纪30年代清洗之前是主要的苏维埃教育家之一。随后几年,他的一些著作被重新出版,在这个意义上看来,他似乎已被恢复名誉。托马斯·伍迪在他的《新精神:新人?》(*New Mind: New Men?* New York: MaCmillan,1932)一书中,曾经详细叙述了他曾采访过的沙茨基的思想、工作和影响。——原注

②指20世纪初。

当前俄国社会生活中很突出的一点。例如，有一个星期天下午，我们观看了农业人民委员会养马部门主办的跑马比赛，还有一场足球比赛，每场比赛都有观众1.5万～2万人。1911年，为了扩大活动的范围，他得到一些具有自由思想的俄国富人的资助，在离莫斯科大约80或100英里的地方，开办了一个教育实验站①。我听别人说，这个教育实验室是综合托尔斯泰②译述的卢梭的自由学说和美国传去的那种重视生产工作教育价值的思想作为依据而开办的。

这个故事到此为止在指出现今苏维埃教育制度中某些因素方面，是有着一定的历史含义的。但是，它的主要价值还要看进一步的发展，特别是要看既定权威的不断反对，以至在教育改革和工人状况改善方面的最温和的和非政治的努力对于教育改革家们心理上的影响。我所讲的教育家开始是一个自由主义的改革家，不是一个激进派，而是一个立宪的民主派。他满怀着信念和希望进行工作，认为学校通过提供一种新型的教育，可以平静地和逐渐地在其他机构里引起所需要的变化。他的《天路历程》③描写了从一个改良主义的学究式的教师成为自觉的共产主义者④，对整个苏维埃教育运动的社会方面提供了一个例证。首先，有个明显的和不可回避的事实，那就是沙皇政权用各种可能的方法所阻止的那些改革和进步的努力，布尔什维克政权却积极地加以促进。这个

---

①1911年，一个儿童夏令营在莫洛佐夫（Morozov）家族的一个成员在卡卢斯基·古贝尼耶地区的一个避暑山庄开设，沙茨基指导这个夏令营，并将那里发展成为欢乐生活的居住区，还附有一所实验中学。——原注

②托尔斯泰（Leo N. Tolstoi，1828—1910）伯爵1859年为农民儿童开办了一所按照进步教育路线的自由的初等学校。1862年，这所学校被沙皇下令关闭。——原注

③《天路历程》，17世纪英国作家班扬（John Bunyan）的宗教寓言小说，表现一个善良的人一生所走过的圣洁道路。

④1926年，沙茨基成为一名共产党员，苏维埃教育史学家把他加入共产党称为"无疑是当时苏维埃教育最重要的成就之一"。参见：Sergius Hessen and Nikolaus Hans. *Funfzehn Jahredes Sowjetschulwesens*. Langensalza: Beltz，1933：190. 当20世纪30年代早期苏维埃教育转向右倾时，沙茨基的思想遭到摒弃，与他的同事、教育家和共产党员布隆斯基（Pavel P. Blonskii）、平克维奇（Albert P. Pinkevich）以及卢那察尔斯基一样。——原注

事实肯定影响了很多自由的知识分子与布尔什维克政府的合作。其中一个人（不是党员）告诉我，他认为那些知识分子无论在哪里都拒绝与新政府合作，是犯了一个悲剧性错误；他们放弃了他们自己的力量，使俄国在它最需要的时候失去帮助。就他本身说，他发觉现政府正在为旧政权时他内心想干的事业扫清道路，那时一切进步常常因被反对而变得毫无希望。而且，虽然他不是一个共产党员，但他发觉他的建议甚至他的批评，只要当局一认识到他是真诚的和试图合作的，就会受到欢迎。我可以补充说，尽管我的经验是有限的，但我看到自由的知识分子既谈论他们不满的政策，也谈论他们赞赏的政策。比起第一个来，世界上再没有更不幸和更没价值的阶级了。比起第二个来，再没有更充满生气和更快乐的阶级了——尽管经济情况、居住地方、工资等受到严密的限制。

这第一个考虑，在旧政权下与在苏维埃政府下社会所向往的前途和命运之间几乎不能想象的差别，至少在我对布尔什维克俄罗斯先前的估计里是没有给予适当重视的。我猜想，当有许多人意识到沙皇政府的压制和专横的性质，在把现在的俄国制度与一个想象的民主制度对比起来时，就不自觉地形成他们对现在的俄国制度的评价。他们忘记了对于俄国千百万群众来说，他们只是同他们已经有过实际经验的制度来对比。现在的俄国制度同那种人民已习惯了多少世纪的制度类似，即个人统治制度；像旧制度一样，它有很多压制的特性。但从群众经验中可能看到的唯一途径来看，这个政府为他们敞开了大门，而这在过去是关闭的和拴住的；同样有兴趣的是，这个政府给予他们接近快乐的源泉，而他们熟悉的另一个政府只是把他们放在灾难之中。正是这个事实，而不是特务和警察的监视（无论后者可能怎样过分），说明现政府的稳定，尽管在国内共产党员的数量是比较少的。认为只要从外部进行全面的封锁和隔离，现政府必然就会由于国内原因而崩溃，基于这种观念的对待苏俄的政策纯粹属于幻想。在巴黎的侨民出版了五六种俄文日报，其中三种日报专门鼓吹复辟君主政体①，我不知道还有什么别的比这个事实更能说明那些孤立的团体可能生活在怎样的幻想状态之中。

我把话讲到题外去了，由于在布尔什维克政府的鼓励和关怀下②，进步的教育思想和实践活动有了惊人的发展，这就自然地使人谈到那些事情——而且我是讲亲眼看到的而不是仅凭耳闻的事情。不过，对这位教育家的转变产生影响的第二个因素（他的历史我认为是典型性的和象征性的），使我们离开改革思想和进步思想的范围而进入真正共产主义的领域。我相信，每个共产主义教育家必将强调这个因素，而不是强调我刚才所谈的那个因素。在这位教育改革者从教育学向共产主义前进的经历中，经济情况妨碍教育目标较之政治上和政府机构的明显反对，其影响要大得多。事实上，他是仅仅将后者视作前者不可避免的副产品而提出的。依他所说，教育有大小两种：小的一种是学校所提供的；大的一种，即具有最后影响力的教育，是各种实际生活条件，特别是家庭和周围环境条件所提供的。根据他自己所述的经验，这位教育家发现，他在学校内所做的工作，即使是在他的实验学校那种相对来说十分有利的条件下进行的工作，也被环境造成气质和心理习惯的教育——或反教育——取消掉了。因此，他深信，如果要使进步性学校的目标不是经常被破坏和被分散，那就必须使社会教育事业与它共同工作，两者必须配合一致、相互补充。随着这个信念的发展，他就在不知不觉之间成为一个共产主义者。后来，他想通过学校机构来完成社会改造的工作，对这个工作进行破坏的主要力量正是私有财产、利润

① 此外，侨民也出版了教育著作，以及米留科夫（Pavel N. Milyukov）的不朽著作《关于俄罗斯文化史的评论》（*Ocherki Poistorii Russkoi Kulturi*，1931），部分内容已译成英文《俄罗斯文化纲要》（*Outlines of Russia Culture*. Philadelphia: University of Pennsylvania Press，1942）三卷本。——原注

② 杜威没有能预见到苏联共产党中央委员会1931—1935年从"殷切关怀"的态度转变为颁布一系列法令，停止了"进步教育的思想和实践"。参见：William W.Brickman. *The Historical Settingafter-the Revolution*. // George Z. F. Bereday, W. W. Brickman and Gerald H Read. *The Changing Soviet School*. Boston：Houghton Mifflin, 1960：71-73.——原注

和聚敛制度所培养的那些利己主义和个人私有的理念与方法。

这个故事因其具有典型的标志性而很有教育意义。如果加以引申，那也可以谈到苏维埃学校实际活动的规定内容。因为从这位教育家的影响来说（这影响是很深远的），人们把教材、教法以及学校行政和训育工作的精神都看作为协调社会实际情况——要考虑到各地情况的不同——和学校各项活动的方法。我的参观时间不够长，即使篇幅允许，也不能将这个协调工作的组织和方法写出一篇恰当的报告来。不过，至少我可以将它的总的精神谈一谈。在整个过渡时期，学校不能指望那么大范围的教育用任何单一的、专注的方式创造出那种必不可少的集体思想和合作思想来。农民自古相传的风俗习惯、小块土地、三套式的耕作方法以及家庭和教会的影响，这一切自然而然地在他们身上形成一种个人主义的意识形态。城市工人尽管有较多的集体主义倾向，但他们的社会环境也还是从许多方面发生反集体的作用。因此，学校的重要任务就是要对抗并改变那些至今仍很强烈的家庭和周围环境的势力，虽然从名义上说已经处在集体主义制度之下了。

为了达到这个目的，教师们首先必须详细而精确地了解学生在家庭中受到哪些实际情况的影响[①]，由此就可能根据学生的环境条件解释他在学校里的习惯和行为——而这个工作，还不仅仅是笼统地了解一下就行了，而要像一位高明的医生那样，根据病因正确地诊断他所审察的病情。因此，这位教育家把他的哲学称为"社会行为主义"[②]。他所看见的任何事物，不管是耕作方法、农具、住宅建筑的风格、家庭工业、教堂房屋等，都使他寻求受到这些事物影响的人在其行为上可能产生什么效果。与此同时，这位教师每当在学生身上见到什么不良行为的时候，总要努力学会如何追寻其确切的社会原因。这样一个

---

① 这种知识作为控制家长的一种形式也是有用的。——原注

② 巴甫洛夫（Ivan Petrovich Pavlov，1849—1936）的行为主义心理学至今仍是苏维埃教育的基础。——原注

想法，虽然从理论上说来很有道理，可是实行起来，如不用一些技巧的话，那自然还是会落空的。我知道有一项教学方法上最有趣的创新，那就是他们研究出一个方法，能使教师发现校外生活影响学生的实际情况。我希望，比我有更多时间可利用的人能在最近将这个方法详细介绍过来。在这里我只能说，这个方法包括若干工作项目，其中有关于历史和地理的讨论、笔试的题目、学生的作文，还有对全年家庭开支的详细研究。这个方法同任何共产主义或个人主义经济学说都没有什么关系，其所得出的结果已经显出了重大的教育价值，还可能为社会学研究提供一个有效的新方法。

这样得来的关于家庭情况及其对行为的影响的知识（我还可以顺便说一句，依我看来，这个社会行为主义，更合理地说，比任何纯粹的生理学行为主义更有希望），乃是使学校能顺利地对付其所发现的不良情况和加强有力措施而采取各种方法的先行步骤。在这里，当然，是在这一点上，学校对社会的建设性工作刚刚开始起作用。关于这一点，以后我在谈到把"对社会有用"的工作那个观念作为判定"设计"价值高低的标准时，还要详细地谈一点——因为苏维埃教育正在全力推行"设计教学法"（project method）①。不过，使人感到兴趣的是，除了这个方法的实际施行之外，还在于它体现了当前俄国关于教学法的教育理论上集中争论的一个问题。因为现在仍有一个学派主张教育上的原理和原则可以从心理学和生物学引出——尽管引述马克思理论的分量正在掩盖其影响——又认为离开对于家庭和当地环境的具体了解，正确的教育方法也必然会产生预期的效果。

我没有论述苏维埃学校实际上在做什么以及它们是怎样做的，却在某些一般性问题上费了太多的笔墨。那是因为，就俄国的整个形势来说，重要的是

①沙茨基和其他苏维埃教育家使用"综合法"（complex method），这个方法实际上是设计教学法的一个变种。它与克伯屈教授的思想、杜威博士和其他欧美国家教育家的最重要的教育原理是有关联的。1931年，设计教学法被苏联共产党中央委员会的一个法令所废除。——原注

这些关于社会愿望和人们相互接触的一般性问题。苏维埃学校区别于其他国家制度和区别于外国进步学校的地方（很多地方和外国进步学校相同），正在于依据一个单一而又有综合性的社会目标有意识地控制每一项教育活动[1]。正是这个依据，说明了我在开头所讲的社会联系。这一点还可以用正统的马克思派社会主义者所设想的学校活动和家庭关系来加以说明。彻底的集体主义者认为，传统的家庭是排他性的，实际上是和外界相隔离的，因此，是同真正的集体生活不能相容的。这个观点我们常有所闻，不需要再复述了。不过，除了常说的布尔什维克党对于结婚和离婚的限制之外，家庭制度从间接方面受到的侵蚀多于从正面受到的攻击，它的那些历史性的（包括经济上和宗教上的）支持力量都减弱了。例如，由于世界大战，住宅的限制在俄国正在和其他国家一样变得更严重了[2]，人们就有意地利用这一点，用以造成比家庭关系更为广泛的社会联系，同时切断与家庭的许多牵连。"团体"（gruppe）[3]是我们最常听到的字眼，而一切种类的集体组织的建立，都是不利于家庭单位在社会中的重要性的。因此，凡是冷静地对待这个问题，对于历史性的家庭制度没有很多感情瓜葛的人，都能看到在这里正在进行一种非常有趣的社会学试验，试验结果可以有助于断定那维系传统的家庭关系的力量有多少属于内在的原因、有多少属于外部的原因；同时，还有助于断定那习惯形式的家庭，作为真正起到社会化作用的组织能有多少力量，作为培养非社会利益的场所又能起多大作用。

这里，我们特别要注意的是学校在造成各种力量和因素中的作用，而这些力量和因素的自然结果是削弱家庭生活的重要性和独特性。对于任何观察者来说，都可以看得很清楚，在每一个西方国家，公立学校的重要性增加了，随之而起的至少是旧式家庭关系的松弛。在俄国所发生的情况，似乎有计划地加

---

[1] 这是控制教育的方法。——原注

[2] 在大城市里，虽然建设了新的住宅，但仍然存在住房严重短缺的情况。——原注

[3] "gruppe"是德文，意指团体（group）。俄文的группа是由它而来的。——原注

速这一过程。例如，学校制度的最早一个阶段，以3至5岁的儿童为教育对象；在许多城市里，要求将儿童每天由它照管6个、8个以至10个小时，而其最后理想（虽然当前事实远不是那样）是要将这种办法普及全国并强迫实行。这种办法一经照办，那它对家庭生活的影响乃是不言而喻的——虽然目前即使在莫斯科也只有十分之一这样年龄的儿童进了这种学校。在教育儿童方面，侵犯家庭生活的事情也不是就此而止。现在正计划在乡间举办夏令营，类似我们为贫民区儿童举办的露天养育院，从这些称为"幼儿园"的全日制学校里过来的许多儿童可以在这里度过夏天的大部分时间。有些夏令营已经开办起来了。我们参观过的那些夏令营，就其伙食、卫生、医疗措施以及日常营养来说，比任何地方的同类机构都有过之而无不及。如果说这一类精心计划的机构是用来分解家庭生活的，那也未免有些过分①。不用说，还有更突出的原因。这类机构是整个教育活动体系的一部分，苏维埃政府从这样的一系列活动中表现出它对劳动阶级的特别关心，借以赢得他们在政治上的支持；同时按照共产主义的教学计划的标准，提供一种以劳动为内容的实物教学。从这个方面，正如像从其他许多社会事业一样，人们获得这个印象，即苏维埃政府当局正以一种周密的、有计划的和全面的方式，试图预先阻止工业化的后果，这些后果在其他国家里已经不知不觉地、无意识地逐渐出现在社会上了。因为在任何西方国家，每个大工业中心都可以见到机械工业化的结果，实际上都将传统的家庭加以分解。从

①1956年2月，赫鲁晓夫（Nikita S. Khrushchev）在苏共二十次代表大会上指出需要寄宿学校。事实上，这些寄宿学校同年9月建立。有些非苏维埃教育家看到寄宿学校扩大后，就认为重新开始了一个减少或取消家庭教育影响的运动。在苏联，苏维埃中亚细亚的乌兹别克斯坦教育部副部长1958年声称："寄宿学校主要是为了那些儿童。他们的家长认为学校能比他们自己更好地教育儿童。"引自：Ina Schesinger. *Secondary Education: A General Description. The Changing Soviet School*，1960：208. 也根据俄罗斯教育科学研究院教育理论和历史研究所寄宿学校研究室主任格默曼（V. Gmurman）1958年的一个陈述："寄宿学校的存在不是摧毁而在帮助苏维埃家庭。学校帮助家庭用共产主义道德品质培养他的儿童。很多家庭还没有处在一个高的文化水平上。"Ina Schesinger. *Secondary Education: A General Description. The Changing Soviet School*，1960：210. ——原注

这个观点出发，俄国政府正在使用托儿所等方式[①]，大规模地发展私人慈善机构，就像在我国大城市中所办的那样。可是，即使作了这样的比较，有一点还是确实的，那就是我们在这里见到一个为执行既定社会政策而有意识地、有系统地利用学校的惊人例证。这个政策包含着许多宣传成分，其中有好多是我个人觉得反感的。但是，不能放弃使青少年教育作为工具来实现某些社会目标的广泛努力，而一切对于深思熟虑的社会控制所做的努力都可归到宣传那一类。

关于苏维埃教育这一方面情况的介绍，引述列宁的一段话——已成为布尔什维克教育文献中一段经典的话作结束语，也许是适当的。因为依我看来，如果必要的话，为支持我关于学校在培养作为成功地建设共产主义制度的一个条件的共产主义意识形态的工作中居于中心位置那种仿佛有点极端的论述，不妨引用一下官方的权威性言论。列宁说："学校脱离生活、脱离政治，是谎言，是伪善。资产阶级社会盛行这个谎言，宣传学校在政治上是不偏不倚的，又是为全人类服务的，从而掩盖它利用学校作为政治工具的事实。我们必须将它所隐瞒的东西，就是学校的政治作用，公开宣扬出来。我们过去的斗争，目的在于推翻资产阶级；新的一代的目标则远为复杂，那是要建设共产主义社会。"[②]

五、新时代的新学校

学校要使学生联系社会生活，因而又要使教学内容和方法联系社会生

---

①托儿所是照顾从3个月到3岁幼儿的保育室和保育学校。这些学前学校可以在工厂和集体农庄里找到，因而使母亲们可以出去工作，以提高国家工厂的产品。——原注

②列宁经常用这一措辞来表达他关于教育的基本思想。因此，1918年8月28日，他在全俄教育工作第一次代表大会上的演说中说："我们说，我们的学校事业同样是为推翻资产阶级而斗争。我们公开声明，学校可以脱离生活，可以脱离政治，这是撒谎骗人。"参见：V. I. Lenin. *Collected Works*: Volume XXIII, 1918—1919. New York: International Publishers, 1945：215. 1919年1月18日，他在全俄国际主义教师第二次代表大会上的演说中说："资产阶级的虚伪表现之一，就是相信学校可以'脱离政治'。"参见：V. I. Lenin. *Collected Works*: Volume XXIII, 1918—1919. NewYork: International Publishers. 1945：498. ——原注

活，而不是同社会生活相脱离，这个思想在教育理论上是我们所熟悉的。[1]从某种形式来说，一切彻底的教育改革的企图都以这个思想为基础。因此，苏维埃教育的特点，并不在于使学校活动与校外的社会活动紧密联系，而在于历史上第一次由政府根据这个原则把教育体系组织起来这个事实。不是像我们美国那样仅有一些私人开办的少数零散的学校作为示例，而是由整个政权的势力和权威在后面支持着。为了使我自己对于那些教育界领导人如何和为何能在极少先例可循的情况下，在如此短的时间内，就开创出这类教育的一个实际工作范例的问题获得答案，我不得不承认这个结论：关键在于他们能够将中心位置给予社会生活的经济和工业方面，而经济和工业在当代社会生活中实际上是居于中心位置的。同世界上其他地方的教育改革家比较起来，十月革命就在这个事实上给予俄国教育改革家很大的便利。我不知道西方国家任何一个诚实的教育改革家有什么理由能够否认，在将他认为合适的与社会生活联系的活动引入学校的过程中，最大的障碍就是个人竞争和谋求私人利益在我们经济生活上所起的作用。这个事实几乎使学校活动在许多重要方面有必要离开与社会生活的接触和联系，而不是使学校活动组织起来以创造这些接触和联系。当前苏维埃教育形势足以使人产生这样的想法，那就是，只有在一个以合作原则为基础的社会中，教育改革家的理想才能适当地付诸实施。[2]

在学校工作和校外社会生活的紧密联系中，经济关系居于中心位置，这在教育人民委员卢那察尔斯基签署的正式文件中表述得很清楚。他写道："当前社会教育的两个主要问题是：（1）一般是根据社会主义建设，特别是根据劳动效率发展公有制经济；（2）根据共产主义精神发展人口。"教育目标提出如下："（1）普通文化与劳动效率及参与公共生活的能力相结合；（2）按照

---

[1] 它至少与塞内加（Seneca）所说的"不谈生活，谈学问"一样古老。塞内加（约公元前4年—公元65年），古罗马雄辩家、悲剧作家、哲学家和政治家。

[2] 这是一个过于简单化的结论。——原注

各种不同行业和不同条件培养工人，以满足国民经济的实际需要；（3）满足不同地区和各类工人的需要。"①

像一切正式的声明那样，这些主张必须按照其付诸实行的具体措施来加以理解。从这样的说明可以看到，在上述三项目标中，将"普通文化与劳动效率及参与公共生活的能力相结合"放在培养工人以满足各项专业需要之前，要不然就显不出它的意义。因为在这个制度中，突出的一点也许在于它不是我们常说的那种狭义的职业教育，即专业化工人的技术训练。恰恰相反，任何地方都将技术训练置于次要地位，从属于普通文化的需要，而普通文化本身就含有社会性工业的意义，也就是说，由此出发发现并发展各项能力，使得一个人能够以合作方式从事对社会有用的工作。"对社会有用"的含义是广泛的，指的是一切能使人类生活更充实、更丰富的东西。要理解学校工作从工业方面和一般社会活动互相联系的精神，最方便的一个办法也许就是把我们美国制造商协会对同一问题的说法拿过来，然后颠倒一下。专业技术的准备要到下一阶段在"技术学校"②里才进行，而这种学校是要上了7年"统一劳动学校"③之后方能进入的。这些技术学校称为"综合技术"④学校，不过这个名称如果照普通英语的用法来加以理解，是会理解错误的。因为在我们这里，这个名称指的是学生个人可以选修许多技术科目中的任何一门的那种学校；而在俄国的制度

---

① 杜威引文的来源可能是英文版的卢那察尔斯基的报告。编者曾在德文版找出了这段引文。在德文版中，公共教育有三个基本目标，杜威引证了两个作为"社会教育现有的主要问题"。杜威所说的三个"教育目的"是作为教育目的所依据的六项原则来叙述的。英文版看来更多是一种译述，而不是翻译。——原注

② 技术学校是中等学校，其目的是为学生在工艺、教学、护理等部门进行半专业性工作做准备。——原注

③ "统一学校"（Unified School）或"统一劳动学校"（Unified Labor School）是苏维埃学校最初的名称。学生能够在一个单一的教育机构中读完所有的年级。——原注

④ 综合技术训练可以追溯到1848年马克思和恩格斯的《共产党宣言》。根据马克思的观点，教育是心理的、生理的和综合技术训练的结合。——原注

中，学生在这种学校里不是接受"单一技术"训练，而是接受对于许多专门工业技术来说属于基础性质的知识技能。也就是说，即使在确定属于职业性质的学校里，对于某一特殊职业的专门训练，也要放在最后几年里才进行，即在打好一个普通技术和科学及社会知识基础之后。

就我所能断定的范围来说，对于工业教育采用这个广义的概念，同那适合于按合作精神办事的社会的普通文化相一致，这有两个原因。原因之一是在十月革命后开创局面的最初几年里其他国家、特别是美国进步教育理论的情况。这种进步教育理论有一条主要原则，就是认为参加生产劳动，从学生方面来说是自我教育的主要刺激因素和向导，因为这种生产劳动是符合天性的或是心理上的学习过程的；同时，由于社会生活中各项职业活动所起的作用，参加生产劳动又为学校联系社会生活提供了最直接的道路。原因之二是俄国一部分自由派教育家在十月革命前已根据进步教育理论开办了一些私立实验学校。这个理论在教育哲学上是最进步的，也符合于俄国当时的需要。

因此，在十月革命后的学校事业中，"劳动学校"的思想占据了绝对中心的位置。这个理论的一个主要特点是：在认定生产劳动具有良好教育作用的同时，必须从广泛的社会意义上去理解它，并且把它作为创造新的社会秩序的一种手段，而不仅仅作为适应现行经济制度的一个办法。

不过，这个因素仅在苏维埃教育发展的早期（即到1922年或1923年为止）发挥了作用。在这一时期，整个说来，美国的教育思想和托尔斯泰的思想是占据优势的。此后，从马克思学说的观点上发起了一反击，但这个反击并没有否定生产劳动在学校中居于中心地位的概念。它只是根据无产阶级革命所造成的工人的新地位来解释劳动观念，从而使这个思想具有一个明确的社会主义形态。这个变化是逐渐形成的，即使现在也还没有完成过渡或融合。不过，这个变化的精神却在一位教育领导人的话里表达得很清楚："一所学校要成为真正的劳动学校，它必须能使学生了解并具有工人的意识形态——不管在乡村或在城市。"这里所说的工人，当然是指已受十月革命的影响而自觉意识到其地位与作用的工人。对于早期"资产阶级改革思想",通过对工人运动的意识形态方面的重视而予以改造,因而继续并增强了早期那种注重学校与工业联系的一般思想。

这份报告必须限于若干一般原则的叙述。如果篇幅允许我叙述那使学校与按合作原则组织的社会联系起来的多方面线索,那么,就可以使这个骨架有血有肉。但我无法那样写,只能对积极参加社会生活所起的解放学生态度的作用给予赞扬。我所遇见的学生都具有一种活力和一种对生活的信心——这是不能同单纯的自信相混淆的信心——由此使我获得平生最令人鼓舞的一个经验。他们的精神恰当地反映在一个14岁男孩送我的一幅图画背面的题词上。他的学校就是把刚才所说的把这种思想贯彻得最完全、最高明的若干学校之一。他的题词说:赠送这幅图画是为了使我记住这所"打开我的眼界的学校"。过去我从理论根据上对学校同社会生活相脱离而使普通学校陷入沉闷消极至何等程度的想法,以我在俄国学校所见到的反面情况,证明它是正确的。

在文化教育和工业教育之间建立联系,有三四个突出的问题需要加以注意。其中一个就是政府文件上提到的关于学校应将当地的条件与需要加以结合的问题。苏维埃教育并没有把教育的统一与划一不变的教育混淆起来;相反,集中化的做法仅限于有关最后目标和最高精神的事情,而在细节上则是允许多样化的,或者是鼓励多样化的。每一个省都有它自己的实验学校,研究当地的各项资源、材料以及问题,使学校工作与之相适应,用以补充中央或联邦实验站的工作。政府规定采用方法的首要原则是:不论什么主题,学生的工作一律须从观察他们自己的自然环境和社会环境开始。我所见到一个最好的供教学用的自然和社会资料博物馆是在列宁格勒城外的乡村,那里所陈列的东西是以学生们在教师指导下多次旅行采集的当地动物、植物、矿物等,以及当地古代风俗和历史的全部标本为基础组织起来的。

这个从最接近的环境开始联系社会生活的原则,可以以俄国少数民族(大约有50个不同的民族)以最大规模进行的教育工作为例来说明。作为构成政治联盟因素的文化自治思想，在学校中已成为事实。十月革命之前，许多少数民族或少数民族中的大多数是没有学校的，很多甚至连文字也没有。经过大约十年时间，俄国集中大批人类学家和语言学家的努力——俄国在语言学上一直是力量雄厚的——所有各种民族语言都有了书面文字，用当地语言编写的课本也出版了，各种教材适合于当地环境和生产习惯，同时至少开始有了学校制度。撇开教育上的直接效果不谈，我还有这么一个看法，那就是从这些民族多数都持有非共产主义信仰这一点来看，苏维埃政权所特有的那种对于文化独立性的严密注意乃是它取得稳定的一个主要原因。再进一步，我们可以说，苏维埃政权的另一个特点，即摆脱种族和肤色的偏见，则是布尔什维克在亚洲许多民族中进行宣传鼓动的一项最重要的资本。对于西方国家来说，要对抗那种宣传的影响，最有效的办法莫过于在和亚洲民族往来时放弃其优越感，由此驳斥布尔什维克主义的论点，即认为资本主义和帝国主义的剥削与种族偏见互相结合而不可分，各族人民要求摆脱它们，只有在俄国的支持下采用共产主义。

劳动在教育体制中的中心地位在选择和组织教材或课程内容上表现得很清楚，这个原则在政府文件上被称为"综合制"（complex system）。详细办法见一份教育期刊，但大体上，这个制度从消极方面来说，就是停止将教学内容分割成为若干孤立的"科目"，如同旧学校所规定的教学大纲那样，而从整个人类生活——包括同人类社会生活有关的各个方面的自然界发现学习材料。用政府文件中的话来说："整个教学大纲以学习人类的工作及其机构为基础，以学习这个工作在当地如何进行为出发点。"不过，对于后一点的考察，"需要求助于人类经验——就是书本，以便把地方的现象同本国的以及国际的工业生活联系起来"。

值得注意的是，为了把这个关于教材的正确概念变成现实，教师们必须自己先当学生，因为他们必须从一个新的观点来考虑传统教材。为使工作顺利，他们不得不既研究当地的环境，又熟悉中央政府的详细的经济计划。例如，在教育体制上对自然科学和我们称为自然研究的工作是赋予极大关注的。

但是，根据指导原则，对于这一类材料决不可以作为孤立的内容单独进行学习，而是应当按照这一类材料实际上进入人类生活的方式，即人类为了社会目的在工业上利用自然资源和能源的办法加以考虑。由于这个方式把自然科学知识应用于人类活动的方面，因而它增添了活力。除外，这个提供材料的方法又迫使教师们了解政府的计划[①]——就是政府为以后若干年发展国家经济而拟定的详细设计。一位从资本主义国家来的教育家，见到这里的教师因参与祖国社会发展的计划工作的作用而增加了尊严，不免深深地羡慕。他免不了要问他自己：这样参与国家发展计划的工作是否只有在企业公营的国家才有可能，而在企业私营的国家则是办不到的。他对这个问题也许找不到确定的答案，但是，这个问题不断地在他的头脑里出现，对他必定是很有启发作用的。

在美国有关苏维埃教育的文献中，"综合制"常常和美国所实行的"设计教学法"混为一谈。这两种教学法避免从孤立的科目的某些固定课文开始教学，而尽力使学生通过自身活动去接触社会生活或自然界的某些较为完整的部分，就这一点来说，那是有理由将两者看作一回事的。可是，全面地看来，这是错误的。其理由有两点：第一，综合制在组织上包含有一个统一的知识体制。正如上面已说的，它集中注意于学习人类所做的工作。一方面从这工作与自然界的各种物质和能量的关系上去学习；另一方面从这工作与社会政治的历史和制度的关系上去学习。第二，从这一智育背景出发，其结果是，尽管苏维埃教育家们承认这里——如同在其他许多事情上一样——最初是从美国的教育理论中得到好处的，可是他们也批评美国的学校中使用的许多"设计"是偶发的和琐碎的，因为这些"设计"与任何普遍的社会目标没有关系，完成之后也不会有什么确定的社会效果。

在他们看来，一个教育"设计"乃是实现关于社会教材的某种"综合"

---

①即设立于1921年的苏联国家计划委员会（The State Planning Committee），负责制定国家经济和社会发展的计划。——原注

或统一的整体原则的手段。衡量其价值的标准，是它对某些"社会有用的工作"具有多大作用。具体的设计随城市或农村各种不同情况以及当地环境的特殊需要和不足之处而变化。一般说来，这些作用包括：改进健康卫生条件（在这一方面，当时正在积极开展一个运动，其中很多地方是以美国的方法作范本的）；协助扫除文盲运动，给不识字者读书读报；帮助儿童开展俱乐部活动、组织旅行等；帮助未受教育的成年人了解当地苏维埃的各种政策，使他们能运用智力参与苏维埃的工作；参加共产主义宣传活动；还有，在工业生产方面，参加各式各样有利于改善经济条件的活动。例如，在我访问过的一所农村学校里，学生们进行着在传统学校中单独进行的植物学和昆虫学等科目的学习。他们在各种实验条件下，栽培花卉、粮食作物、水果等，观察各种害虫和益虫同它们的关系，再将观察结果告诉他们的父母和其他农民，分发改良品种，等等。任何一件事情，其目标都是要使工作最后归结到以某种实际行动参与较大范围的社会生活，即使仅仅叫幼儿拿几朵花给病人或给他们的父母也是这样。有一所城市学校进行这个工作的时间最长。举例来说，我在那里见到许多有趣的图表，由此表明一个工人住宅区的许多家庭前后十年间由学校男女学生在各项卫生条件和生活条件上所造成的改变。

说到这里，再就苏维埃学校的管理和训育制度略谈几句，大概是顺理成章的。有一段时间，自由思想和学生管理的风气几乎趋于泛滥。但是现在，"学生自治"[①]的思想（这是政府计划的基本思想）显然是以积极的形式见之于行动的，因此，从整体说来，早期那种过分的现象如今已属于过去。刚才所说这个问题的关键在于这样的事实，即赖以促成自觉遵守纪律的学生组织尽可能不是为了"管理"学校而建立的，而是要从学校本身或周围环境所需要的某种工作方法的运用中成长起来。在这里，虽然发生在美国学校里的那种自治思

---

① 学生自治（Auto-organization），是由皮斯特拉克（Moisei M. Pistrak，1888—1940）这样的教育家在早期苏维埃教育中所采用的一个实验。——原注

想当初曾是诱导因素，但最初在美国的做法也是受到批评的，认为它过分模仿成年人的政治组织（而不是从学生自己的社会关系中产生出来），因而是矫揉造作和徒具形式的。我想到其他许多国家流行的看法，它认为布尔什维克俄国完全没有自由和完全不讲民主方法；但如果让任何有这种思想的人看见俄国学校的学生组织得比我们更为民主，同时注意到他们通过学校管理制度在接受一种训练，使他们能够积极参与当地社区和企业的自我指导工作，搞得比我们号称民主国家更有组织、更有条理，那么，至少可以这样说，那会使他感到十分尴尬。

为求合乎公道，我在结束时应当指出，这个我写得很不周全的教育制度，目前是质的存在重于量的存在。按照统计数字来说，这个教育制度的实现还受到很大的限制——如果我们看到战争、饥饿、贫困、按照相异的思想和理想培养出来的教师等外在困难，以及从新的社会基础上创立并发展一种教育制度的内在困难，那我们在这一点上就不会觉得惊讶了。事实上，如果考虑到这种种困难，那么，我们倒会因已有的进步而感到惊讶。因为这个教育制度尽管实践范围有限，但不能作为纸上的东西来看待。这是一项正在进行中的事业、一个自动的组织。一个美国访问者[①]看到有那么多的地方在创始时都是受了美国一些进步学校的启发，因出于爱国心理而感到自豪，可是同时也感到自卑，并激励我们进行新的努力，因为这种思想在俄国的教育制度中比在我们自己的国家更有机地结合起来。即使他不同意共产主义教育家们所作的那种断言，即认为自由教育家的进步理想只有在一个按照社会主义方向进行经济革命的国度里才能实行，他也不得不在思想感情上进行一些必要而有益的反省。无论如何，假如他所得到的经验同我完全一样，他会因为现时使美国教师与俄国教育制度隔离的许多虚假报告所设置的种种障碍而深感遗憾，而这个教育制度却是最完全地体现了我们那号称进步的民主思想的。因此，只要我们愿意，我们可

---

①这个"美国访问者"可能就是杜威博士本人。——原注

以从这里学到比其他任何国家多得多的东西。过去，我不理解有些外国访问者、特别是法国人，说苏维埃俄罗斯过分热衷于把传统的欧洲文化"美国化"的批评，如今我懂得这个批评的道理了。

六、伟大的实验及其未来

致力于探索俄国的未来，总结个人对于俄国的印象，这是必要的。即使是鼓励我一直写到现在的那个信念，即在俄国变化的最有意义方面，与其说是政治的，毋宁说是心理的和道德的，也涉及对没有揭示出来的未来的一种展望。虽然那个信念的形成无疑是由于单方面同教育界人士的接触，尽管没有同政治家和经济学家接触，但它仍有着很好的权威性。列宁本人就表示过这样的见解，随着十月革命的成功，俄国的情况经历着一个伟大的变革。他说："在革命发生之前，认为教育和自愿的合作化能有任何显著的成就，这是乌托邦。工人必须首先掌握政权，但当他们手里掌握了政权时，他们就认为我们对社会主义的整个看法根本改变了。这个根本的改变表现在：以前我们是把重心放在政治斗争、革命、夺取政权等方面，而现在的重心改变了，转到和平组织文化工作上面去了。假如不是因为必须为我们在国际范围内的阵地进行斗争，我们可以说，我们是应当把重心转移到文化建设方面。如果把国际关系撇开不谈，只就经济关系来说，那么我们现在工作重心的确是转向文化建设了。"他接着说，社会主义事业在当前从经济上讲，和提高合作化有同样意义，并且要加上那句重要的话："没有一场文化革命，要完全合作化是不可能的。"[1]

对同样的结果，更进一步的证据体现在我们有些人和列宁夫人克鲁普斯卡娅[2]的一次会谈中。她是政府教育人民委员部一个部门的领导人，自然是一

---

① 见列宁著《论合作制》。

② 克鲁普斯卡娅（Nadezhda Konstantinovna Krupskaya，1869—1939），1898年与列宁结婚，是一位有影响的苏维埃教育家。见：凯洛夫（Kairov）和冈察洛夫（Goncharov）编著的《教育学词典》第1卷，第580—584页。——原注

个具有巨大威望的人，考虑到她自己的地位，她的谈话对于学校的组织和行政问题保持异常的沉默。她所谈的是与人的生活有关的一类事情，这些事情是在她与儿童和妇女的接触中发生的，说明了她们希望得到教育，得到新的光明和生活——这引起了她的兴趣，这同她的那种几乎是家庭妇女型的鲜明的母性是完全一致的。但在会谈结束时，克鲁普斯卡娅总结了现政权的任务：它的目的是使每个人都得到个人的文化教养。曾经发生的经济的和政治的革命不是目的，它是一个有待于实现的文化发展的手段和基础。这是一个必要的手段，因为没有经济上的自由和平等，一切个人的全面发展的种种可能性就不能实现。但是，经济的变化是为了能使每个人充分地分享对人类生活有价值的一切东西。

即使在经济形势上，现在问题的中心是在智力和教育方面。从狭义上讲，确实是，没有在各方面即工业的和行政管理的熟练技术人员的准备，现在工业的结构和计划就不可能完成。威尔斯①关于世界问题所说的话，对俄国来说特别正确，在教育和灾难——即工业崩溃②之间有一个竞赛。从根本意义上讲，也确实是，没有群众的愿望和信念的改变，计划也是不能完成的。真的，在我看来，最简单的和最有帮助的方法是去观察俄国现在正在进行什么，把它看作在转变激励人类行为的动机上的一个巨大的心理实验。

自然，有两种观点。从这两种观点看，它不是一个真正的实验。因为它的结果是事前注定的，为私人获利的个人资本主义事业狂信者和马克思主义信条的狂信者双方都在事前准备好了答案。根据第一种观点，这个企图是注定要失败的。按胡佛先生③的话来说，它命定要产生一个"经济的真空"；根

---

① 威尔斯（Herbert George Wells，1866—1946），英国著名的幻想小说家、社会家、历史学家、空想社会主义者。1920年，曾到苏联进行访问，会见了列宁。1934年，再度访问苏联。

② "人类历史越来越成为在教育和灾难之间的一个竞赛"，参见：H. G. Wells. *The Outline of History*，New York：Doubleday，1949：1198. ——原注

③ 赫伯特·C. 胡佛（Herbert C. Hoover, 1874—1964），美国第三十一届（1929—1932）总统。

据后一种观点，行动从个人主义到集体主义的转化，是社会"科学"明确知道的规律所起作用的绝对的且不可避免的结果，犹如地心吸力的规律之于物理科学一样。不是两者中任何一种类型的绝对主义者，我觉得，把这看作其结果尚未十分肯定的实验更有启发性。但是，无论如何，它恰恰是我们的地球上正在进行的一个最有趣的实验——尽管我要十分坦白地说，但因为自私的原因，我宁愿看到它在俄国而不是在我自己的国家进行这个实验。

两种信念在它们教条的形式上都为一个目的服务。第一种信念——"个人主义的"哲学——使人能容忍现在制度中罪恶的东西。如果这是像人类本性一样的固定，并且如果人类本性是建筑在现有经济制度的形式上，那就只有尽我们所能予以忍受，别无其他办法。第二种信念——马克思主义哲学给人们信心和勇气，向这个制度挑战。但是，不顾双方的这些教条信仰，我应当说在俄国的实验有着两个目的。第一个和更直接的目的是看看人们是不是能够有这种安全保证，反对贫穷、疾病、衰老，以及为了健康、娱乐、适度的物质安全和舒适，使他们不必为了纯粹的个人所得和积蓄而挣扎，简言之，不致被迫为了个人利益而进行激烈的竞争。就它今后的目标，这是一个实验，以发现自由、平等和博爱这个熟悉的民主理想——至少在字义上是熟悉的——是否将不会在这样一个社会里得到最完全的实现。这个社会制度是建立在自愿合作化、联合的工人控制和管理工业、取消私有财产作为一个固定制度——自然，这与取消私人财物是稍有不同的——的基础之上的。第一个目的明显是经济的目的。但是，更进一步的意义是，当为所有的人提供经济保障，工人控制了工业和政治时，那就有了使所有人都自由地和充分地参加有文化教养的生活的机会。一个国家只为一种私有文化努力，而很多人因为经济压力被排除在外，它就不能成为一个有文化教养的国家，这是经常听到教育家和工人双方都讲的一个想法。

正是在这一点上，我自己的先入之见——或者，假如你愿意，也可称为偏见，经历了最完全的颠倒。我有这样的见解，社会主义者的共产主义主要是一个纯粹的经济规划。这个见解是西方国家的社会主义者把几乎全部的注意力给予经济问题，以及马克思主义的共产党员大声地自我宣称的"经济的唯物论"所培养起来的。因此，对我实际所发现的情况几乎毫无准备，也就是说，至少在我接触的圈子里（无论如何，既包括一些工人，也包括一些教育家），"文化教养"的发展以及人人都有可能分享其成果的实现是最显著的特征。最令人惊讶的结果是，只有在"资本主义"国家里，社会主义者主要考虑改善工人的物质条件，好像从事一种公共的、有别于私人的慈善事业，以提高工资、改善居住条件、减少劳动时间等。自然，现在俄国的政权也从事这种事业，但它非常明确地考虑扩展和扩大实际生活的内容。确实，我不能感觉别的，而只能感到（虽然我不能提供有说服力的客观证据）外国访问者强调"普遍的贫穷"并把它作为预言现政权即将垮台的根据是错误的。首先，贫穷对群众来说只不过是历史的遗产，他们不再特别意识到这个特殊问题的苦恼；其次，大多数人，特别是青年一代，他们是那样献身于人道和道德的理想，想使自由文化教养得以普及，他们不介意这个问题，而且并不感到这是一种牺牲。

或许，我应当对这种态度有所准备。这个运动在俄国本来是宗教的，那是我曾经常听到的，并且我想我是了解和相信的。但当面对种种实际情况时，我不得不承认我完全没有了解它。对于这个缺点，就我所能找到的有两个原因——当然，我只是承认自己的局限性。一个原因是以前从来没有证明一种广泛传播和动人的宗教事实，我无法知道它实际上将会是什么样的。另一个原因是我联系苏维埃共产主义的观念，作为一个宗教，过多联系到理智方面的神学，即马克思主义教条的主要内容，联系到它自称的经济唯物论，而过少联系到使人感动的人类的愿望和献身精神。但事实上，我似乎第一次感觉到我有点明白原始基督教的动人的精神和力量是什么样的。我甚至不愿去想那时候在人性上看来是不可避免的，这个新的信仰将在白日的光亮里褪色，变成俗套和流于形式。我完全有准备听到说我对这方面的情况过分夸张了；我有准备相信由于完全出乎预料的印象，我夸张了它的相对的重要性。但是，在进行这些考虑之后，我仍然确信，如果人们不考虑到这种宗教的热情，那就不能了解现在的运动。宣称信仰"唯物主义"的男男女女，事实上应当是热情的"理想主义者"，这无疑是自相矛盾的，但这表明一种活生生的信仰比试图用信条来表达它自己更为重要。理智的公式看来要受到责备，因为它们总有某些在感情上说是不相关的东西，它们是那样大地受到历史上偶然事件的影响。无论如何，我对俄国的知识分子和教育工作者确实有着一定的羡慕，并不是因为他们的物质和经济地位，而是因为一个统一的宗教社会信仰带来了生活上的单纯化和整体化。"知识分子"在别的国家里有个任务，如果他们是忠诚的，那主要是批判性的；那些在俄国与新秩序打成一片的知识分子有个任务，那是总体的和建设性的，他们是正在有组织地进行运动的一些有组织的成员。

在马克思主义学说和从不正常的经济状况中摆脱出来时人类发展可能性的现代宗教信仰之间，那种不一致的感觉是存在的。同样的不一致看来会伴随着此后进行的一切重要的运动。它们有它们的理智公式；但对后者的利用曾经为感情提供一个保护的外壳。任何对于俄国前途的预言，必须考虑在僵硬的教条的一方和实验的精神的另一方之间的矛盾和冲突，不可能说哪一方将获胜。但是，我只能设想俄国人民在他们的发展中，最后将通过一系列对种种实际情况的适应，在人类相互联合的形式上建立一些新的东西。认为这些在革命领导人的意识里将是共产主义的，我是怀疑的；认为它们将标志着具有高度自愿的合作以及对于资金的积累和运用的高度的社会控制，看来是可能的，就像基督教和民主的历史都曾显示的那样。然而，信条有一个广阔的道路，能使自己坚持和适应事实上的变化。因此，除非连续性有什么异常的中断，很可能，不管事实上结果是什么，仍将称为共产主义，仍将被认为是它的创始者的信条的实现①。

教育再一次为在苏维埃俄罗斯未来发展的实验中所起的作用提供明显的

---

①杜威充分了解共产主义学说的灵活性，并且准确地预言苏维埃政策的之字形道路。——原注

例证材料。在距莫斯科不到100英里的地区，有一个相当典型的俄国北方农村。在那里，有一个在沙茨基指导下的教育区。这个教育区是分布在一些村庄的14所学校的中心，它们在一起构成一个广泛的（也是集中的）教育实验站，为俄国农村教育制度提供各种材料和方法。据我所知，世界上任何其他地方没有任何东西能和它相比。当夏令营正在举办的时候，我们如愿以偿访问了这个教育实验站，而且也注意到在它的影响下的村庄的效果。在皮斯特拉克①的指导下，在莫斯科有一个类似的单位是研究市区工人问题的。由于正在假期，它是关闭的，因此，我缺少第一手的资料。但是，它是积极地和成功地进行着的。此外，正如已经注意到的，每个省都有它自己的教育实验站，研究特殊的地方问题。这些事业是政府主管的，不仅是得到批准的，而且有着权威的声望。那里也存在一个最高的科学委员会，其中有一个教育处。这个科学委员会的职责一般是拟订俄国社会和经济的发展计划。这个计划具有灵活性，向前展望若干年，并包括根据不断地进行的调查研究所确定的许多细节。这个事业，或许是世界上第一个尝试用科学调节社会的成长的事业。教育处作为科学委员会的一个部门，其职责是检查和审核正在开展的教育实验的结果，以提供一种方式可以直接应用到国内的学校制度里去。沙茨基和皮斯特拉克两人都是这个科学委员会的成员，这保证教育实验站所得到的结论会受到充分的注意。

这件事情在这里讨论而不在理应归属的苏维埃教育里讨论，是为了通过一个具体的例子，表明不管马克思主义的信条是如何严格和教条的，其实践实际上是受灵活的、有生命力的和创造性的实验因素所影响的。在这一点上或许应该引用皮斯特拉克的话，因为他是一个严格的党员，这些话就显得更为重要。他说："我们不能把同样的规则应用于每一所学校，那样的程序将和我们学校的本质相违背。这对发挥教师在教育方面的创造才能是不可缺少的。否

①皮斯特拉克是一位教育家，他在莫斯科的莱普辛斯基学校和社区进行指导工作。与沙茨基不同，他是一个早期的共产主义信仰者。——原注

则，就不可能创建新学校。认为教师是工匠而不是创造者的观念，在我们看来是不正确的。每一个人多少是个创造者，当一个人在孤立时对一个问题可能找不到创造性的解答，但在集体中我们都是创造者。"①没有人会声称这种创造的理想现在已实现了，但也没有人在接触教育活动以后会不感到这种精神标志着俄国学校的领导人已达到了在别的国家无法比拟的一个程度。在我的第一篇文章里，在同教育方面没有任何紧密接触之前，我已接触到俄国情景的表面，写下了所得到的生气勃勃和解放的感觉。后来同教育方面的接触证实了这个表面印象，同时也留下一种感觉，即这个解放运动因为得到了加强和指导而有了一定的推动。

我不相信，任何个人对现在俄国运动成果的确切形式有任何重要性的专门猜测，因为在这个形式中有太多的未知数。假使我大胆表示一个预测的倾向，那仅仅是作为唤起对两个已经在进行的运动的注意。在我看来，最重要的因素是自愿合作化的集体成长。在正统的学说里，这在到达马克思的共产主义预定的目标的道路上形成一个过渡阶段。只是为什么手段不应当也是目标，为什么那个据说是过渡的阶段却标明着目标，对我来说是不明白的。关于农民在俄国生活中所占据的地位，考虑到他们的利益和愿望的必要性，不管这种考虑是不乐意的，也不顾官方对城市工厂工人的偏爱，而不断地对他们作出让步，这不是一个严格的共产主义的结果，而是加强合作化的可能性的信念。和这个因素连在一起的，虽然是一种比较不重要的直接的实际力量，可是我应当提到教育制度的实验情况。当然，在学校里存在着大量的灌输和宣传。但倘使现存的趋势发展下去，看来可以完全有把握地断言，最后当合作化的思想得到发展时，这种灌输将服从于独立判断的主动性和力量的觉醒。一种在理智上是自由的教育将不会妨碍人们奴性地把教条作为准绳来接受，这似乎是不可能的。人们一直听到关于辩证的运动，但这个运动最后走向了它自己的反面。我想，学

---

① 这段引文可能由杜威博士进行过分析和评价。——原注

校在俄国共产主义的发展中就是一个"辩证的"[1]因素。

这些评论并没有贬低俄国革命运动的意义，在我的心里，毋宁说增加了它的意义，增加了世界其他地方研究它的需要。而且，没有实际的接触是不可能进行研究的。认为世界的六分之一能够永久地被孤立和"被隔离"，那是很荒谬的；而这个荒谬看法所起的作用的结果，更可能是悲剧的甚至是幽默的。但更为荒谬的是，认为一种活跃的思想已经以一种宗教的力量和特点抓住了一代人，能够被推向一边而加以忽视。这种企图倘使加以坚持，那将增强它的破坏性，而无法获得可能积累的有关它的建设性的认识的利益。就美国而言，政治上对俄国的承认并不会推进基于双方国家和世界利益的关系，但这至少是必要的、先行的一步。我去俄国时对这个问题是没有信心的，除了认为对俄国的承认符合我们好的政治传统[2]。在我离开时有了一种感觉，认为保持那种障碍以阻止交往、认识和了解，就是近于违反人道的一种罪恶。

对于布尔什维克主义的情况，人们不能感同身受的是它注重阶级斗争和用暴力进行世界革命的必要性。这些苏维埃俄罗斯的特性趋向于退入幕后，因为当局受到压力而需要在俄国本身从事巨大而艰难的建设事业。但是，产生这些特性的精神被这样的信念所助长，认为世界上的其他国家都是苏维埃俄罗斯的敌人，因而它必须持久地保持防御，而最好的防御是积极的进攻。我并不认为，和世界上其他国家的自由交往会立即消除在资本主义国家煽动内战的观念。但我相信，这种交往将逐渐夺取火焰的燃料，而火焰就将熄灭下去。

我不能不在结束前提及一点，那是和这个总结的余下部分没有密切关联的。如我所说，在和平时期，第三国际对俄国比对其他国家的危害更多。但是，如果发生欧洲战争，我相信它将在每个欧洲国家作为一个现实波及生活。

---

① 至于现在，杜威的预言并没有实现。——原注

② 1933年，美国政府承认苏联。——原注

在我离开俄国时，对那些依然玩弄权术而引起战争的政客们犯罪的愚昧，有了一种比我以前有过的更强烈的感觉。有一个预言，我是愿意对它承担责任的。倘使有另外一次欧洲战争，在目前情况下，在每一个大陆国家，内战将加上国外战争的恐怖，那欧洲的每个首都都将成为一个杀戮场，超过革命时期里最可怕的恐怖。

美国教育家杜威在我们苏联做客^①

［苏］斯坦尼斯拉夫·T.沙茨基

7月初^②，我同以约翰·杜威为首的美国教育家们一起度过了整整5天时间。

这次会晤早就吸引了我。且不说杜威教授现在不仅在美国，而且在欧洲都是一位最有声望的现代教育思想家，单就在教育事业上的两种社会生活极不相同的代表们的会晤来说，其本身就是非常吸引人的。

为了避免在会见时的一切官方调子，创造一条比较坦率交换意见的途径，我和同志们决定邀请少数美国教育家（10人）与我们一起在莫斯科度过一个夜晚，随便交谈，交流客人们对已在苏联看到的事情的一些印象，并约定以后几次的会见。

在与美国人一起喝茶的时候，我发现他们是一些拘谨的、朴实的和容易相处的人，他们以极大的好奇心研究着一个对他们来说是新的环境。

除了茶点之外，我们还请他们欣赏音乐。莫斯科的一位著名钢琴家为他们弹奏了几首乐曲，我则应邀唱了几首俄罗斯民歌和抒情歌曲。两位接近老年的美国女教师要求我唱《国际歌》。她们说："因为它被禁止公开演唱，所以在美国听不到这首歌曲。"但是，她们听说这是一首如此有力的曲子，想必就

---

① 译自：Станислав Т. Шацкий. *Шацкий педагогические сочинения*（3）. Москва 1964: 206-214. 曹妙贞，译.

② 指1928年7月初。

是因为它能造成那种强烈印象才被禁止的。我答应了她们的请求，就与钢琴伴奏者约好，决定用我所能唱上去的最高音唱《国际歌》。我开始演唱《国际歌》，美国人认为这是一首极有力量的歌曲，我和伴奏者为此很受鼓舞。在听完三段歌词之后，美国人就站起来向我们俩走来，并说他们还从来没有听到过比这更有力、更能激励人的演唱。因此，一位老年女教师补充说："我们政府有充分的理由在我们国家里禁止演唱这首歌。"我们大笑起来，并就这个问题开起了玩笑。

我们与美国人的下一次会见，是在实验站的教育陈列馆里进行的。在那里，我作了一个关于苏维埃学校基本任务的报告，由泽林柯出色地译成英文。报告之后，美国人提出的那些问题很有趣。有一位老年女教师问："您真的对你们的孩子说打仗不好吗？"原来这位教师是个和平主义者。当我回答说，我们那些发达的邻国正在加紧武装，迫使我们更多地考虑防御。她不满地反驳说："每个想证明自己的武装是正确的国家都这样说。"我解释说："是的。但是，在我们之间有很大的差别。在我们这里，现在没有而且将来也不会有任何阶级，我们努力使全世界被压迫的民族从发达的民族加在他们头上的压迫下解放出来，我们不想征服任何人。"对此，她回答说，任何国家都不像你们那样多地考虑到战争。

另一位教授感兴趣的问题是：在组织学校的社会工作时，我们采用什么测验方式来使它经受科学的测定。对于这个问题，我回答说，在学校教学的技巧问题上，测验方式的运用可能是成功的，而至于像社会教育那样复杂的问题，我认为测验的方式在这方面未必会是合适的。

还有一位客人问：我们开始用什么东西画画，是用木炭、铅笔、毛笔，还是用颜料？

总之，就我们在苏维埃俄罗斯认为是基本的那些主要问题来说，我们与他们不可能有任何的相互理解；但唯一可以期望的是，他们能有礼貌地倾听我们对这些问题的见解。

这次座谈之后，杜威教授向我走来，拉住我的胳膊把我领到一边说："我一直在想，我的同事们提出了一些不十分恰当的问题。你别以为我赞同他们的想法。为此，我想对你说，在第一次世界大战以后，我经常不断地访问那些发生了革命的国家。我曾应孙逸仙①之邀在中国待过2年，我曾到过墨西哥和土耳其，现在我又来到了你们国家。我渴望了解你们这里正在做的一些事情。"

隔些时候，我被告知，美国人想要访问农村并了解农村工作的愿望。大约过了一个星期，我们把这件事情安排妥当。美国人乘普通郊区列车前往。美国人上车时受到优先待遇。车厢里挤满了普通的旅客，从基辅到沃龙涅什线路的乘客主要是农民和工人，所以，这些外国人引起了很多人的注意。他们向我们询问：谁来了？来做什么？以及，能不能同外国人谈谈？那天是星期六，很多工人和职员正要回到他们农村的家中度周末。

杜威的邻座、一个工人最初提出的一个问题是这样的："您好！我们与你们之间的生活有很大的差别，是吗？当然，我们的生活是不能与你们相比的，但是，毕竟我们以前生活得更苦。而现在，我们也许很快就将达到你们的生活水平。"这个工人又继续对我说："请你问问他们，是否打算同我们打仗？"杜威教授请我转达他对这个问题的看法。杜威说，去年，美国对苏维埃俄罗斯的态度很不友好；而现在，开始对苏维埃俄罗斯极感兴趣，态度已明显地好转了。工人说："嗯，这很好。然而，要做些有益的事，那确实是非常困难的。"

我坐到了杜威教授身旁，就美国教育和苏维埃俄罗斯教育的本质问题，开始同他进行了冗长而有趣的讨论。在这次交谈中，可以了解到美国学者的一些很有趣的见解。杜威坚持认为，虽然美利坚合众国是一个十分强大的资本主义制度的国家，而且他也承认由这个制度产生出来的社会弊端，并赞同对它进行最激烈的批评；但是，要改变一种不好的社会制度，只能通过逐步进化的方

① 孙逸仙，即孙中山（1866—1925），中国近代伟大的民主革命家。

法，而不能通过任何革命的方法。他说："你们的革命在我们美国当然永远也不会发生。"我问："那么，社会制度的改变究竟怎样才能发生呢？"对于这个问题，杜威回答说，美国是个非常民主的国家。只要从大城市跑到住有普通公民的小城市看一看，就立刻可以明确地看到，民主主义已经渗透到普通的美国公民的生活里，而他在任何别的国家里还没有见过与之相同的民主主义。他又继续说，至于他们的资本家，他们可以越来越多地证明，在他们中间，就像对社会服务那样开始形成占有大量财产的观点。这些对正确地组织大规模资本主义生产具有社会作用的观点，在美国社会中正在越来越广泛地得到传播。杜威教授又说，很清楚的是他们同我们一样因阶级斗争而感到困扰。毫无疑问，这种斗争在美国是存在的，并具有尖锐的形式，而他们正在为使这些阶级摩擦越来越减弱而努力。例如，他们那里正在认真地研究一日6小时工作制的问题。我说："是的。当然，也许对你们来说是成功的，但是，为了保证你们的一日6小时工作制，中国人大概不得不工作12小时以上。"杜威又说："你是那样想的吗？我个人深信，我们愿中国人一切都好，我们不想对中国和其他国家进行任何的侵占。"当我提到英国及其殖民地政策时，杜威有点激动地说："我们美国人认为英国的制度已经过时了，我们正在给它以非常尖锐的批判。"

众所周知，杜威教授是深入地研究有关实用主义教育学，即行为教育学问题的活动家之一。从这一观点出发，我请他给我解释一下，他怎样评价美国的生活环境。既然它们是以资本主义生产关系为基础的，那么，从将来人们的民主主义教育观点来看，他是怎样评价它们的。因为这些建立在商品流通的剩余价值和买卖基础上的关系，不能不引起对发财和保卫自己财富的竞争的兴趣。杜威回答说："是的，这是我们所具有的一切。但是，我们对这些情况加以认真的分析并寻找出路。例如，现在我们那里正在非常有力地宣传稳定物价，任何一个去商店购买所需物品的顾客，在价格稳定的情况下，都不会怀疑卖主想从他那里赚得更多。每个商人和每个顾客应该得到社会分配给他的利润额。我们为这而努力，并且在这方面正看到社会矛盾的明显缓和。"我又问他："但是，你们是否认为，你们的资本家把那种稳定化看成是对他们个人事情的干涉？"杜威回答说："是的，目前是这样。但是，渐渐地，我们的资本家将应该承认更加合理和更加公平的社会制度的一切好处。"我又说："那么，你们以为，他们会承认和认识自己的一切罪恶，并放弃自己的一切资本吗？"对此，杜威笑了笑说："不管怎样，这不会那么快。"

在农村，美国人参观了儿童夏令营地，并访问了几个村庄。我问他们从学生那里得到了什么印象。我很惊讶，他们最感兴趣的竟是孩子们表现出的态度——师生之间的同志式的交往态度。原来，在他们美国，孩子们与成年人的距离要远得多。这个见解在一定程度上使我很吃惊，因为我有必要阅读有关美国学校、美国教育的情况这件事，迫使我思考某些其他方面问题。

孩子们的天真、热情以及非常的好客，也使美国人很吃惊。

我们为美国人组织了一次有关学校和儿童夏令营情况的报告。这次报告是由2个学生做的。然后，孩子们，也就是营员们领着分成几个小组的美国人参观了他们自己的房间和营地设施。使美国人感到惊讶的是，孩子们向他们提出了很多对外国表现出极有兴趣的问题。在这之后，孩子们为美国人举行了音乐会，并以舞蹈作为结束。美国人总是请求为他们表演一些俄罗斯的舞蹈节目，特别是哈萨克舞蹈，这些节目给他们留下了深刻的印象。在与孩子们一起度过的晚会结束时，杜威要求我转达说，他认为在这里度过的几天是他在苏联的整个旅程中最有意思的。

美国人对我们的农村情况表现出特别大的兴趣。我知道，他们在某些方面很怀疑，也就是说，他们在想我们可能给他们看我们认为是需要的东西，而不是实际存在的东西。于是，我提出了一个让他们熟悉俄罗斯农村的办法。我和美国人一起站在村庄的道路上，请他们自己指明他们想参观的村舍。然后，在同户主商谈之后，我不留在那座木屋里，而让他们同自己的翻译一起自由行动。就这样，美国人访问了3个村庄。他们对访问农民的兴趣是很大的。那天是星期天，清晨，人们还不那么多，但美国人很快被村妇、农夫和少年儿童们围住了。谈话进行得非常坦率,在一座木屋里,甚至进行了一次独特的集会。我们的农民向美国人证明说,不承认俄罗斯是不好的,俄罗斯人很困难地生活着,干着自己的事业,而这对美国人是有利的。

我注意到,我们的农民怀着愉快的心情让美国人参观自己的家庭,并谈论着自己的家庭事务。我感到,让美国人到我们的农村里来是十分安全的,因为农民们只要知道客人是谁、为什么而来,就马上会谈到尽管我们现在生活很苦,但我们将会生活得更好。

杜威使自己的交谈者大吃一惊。他说,他在法国的农民家里所看到的肮脏使人感到惊讶。根据他的看法,俄罗斯人生活得要干净得多。这个看法引起了农民们怀疑的一笑。

有趣的是,在一座小木屋里,一位83岁的美国女教师对装饰品的古怪布置产生了兴趣。在木板墙的一边,挂着以列宁为首的苏联领袖的画像;而沿着墙角的另一边,又挂着很多被熏得发黑的圣像。主人解释说,一边是他的,而另一边是他妻子的。对于这一点,他妻子急忙说:"呵,圣像在我们这里一直就是这样挂着的,现在无须再向它们祈祷了。"美国人问:"如果你对在圣像前的祷告不很感兴趣的话,那么你能把它们卖给我吗?"针对这句话,妻子回答说:"很乐意,我可以把它们送给你。"美国女教师为此感到特别高兴,但是,在与同事们商量之后,她决定花3个卢布买下圣像。付钱后,她把圣像包在报纸里。女主人一边把钱放进口袋里,一边认真地说:"如果你对这还感兴趣的话,那就请说,全村会给你送来整整一车的圣像。"看得出,这个情景给美国人留下了极其深刻的印象。有的美国人问我:"那么,你们农村里有没有富农?""有啊,我可以指给你看看他们的住所。"我们向富农的房子走去,在其他许多房子中间,那座房子显得相当突出。它涂上了天蓝色的油漆,在一些小房间里面,摆满了各种规格的家具和镜子,在架子上摆着各种小装饰物。一个不大的柜子引起了特别的注意,柜子中间摆着7个蜡制的犹太教堂作为装饰,而在它们的两边则是马克思和列宁的半身石膏像。美国人把这全套家具都记入小本子上。

总之，客人后来承认，到现在为止，他们对俄罗斯生活没有任何的概念。他们原以为，他们将在这里皱着眉头遇到一些肮脏的、不友好的、消瘦不堪的人们，但是，他们却见到了很多直爽的、殷勤的和甚至是快乐的人们，非常愿意让客人看他们自己的住所，并高兴地与客人进行多种形式的谈话。

当在农村里的参观活动快要结束时，我们安排了一次美国人与我们教师的座谈会。教师们对这次座谈事先做了准备，并列出了一大串问题。第一个问题（围绕这个问题发生了很激烈的争论）是这样的："在苏维埃俄罗斯，我们想培养社会主义的建设者和为之而奋斗的战士，而在美国，你们想培养怎样的人呢？"对于这个问题，美国代表团的25人的观点并不相同。

显然，在他们之间，内部的一致是很少的，因此，我们教师提出的问题使他们造成了很大的混乱。在这样的情况下，他们要作出共同的回答是相当困难的。

一位很受人尊敬的教授说，阶级和阶级斗争只有在你们苏联才有，而在我们美国是没有的。这时，我们的一个青年忍不住笑了起来。就对待客人们来说，这是很不妥当的。在这之后，杜威纠正自己同事的话说："不是我们那里没有阶级和阶级斗争，它们当然是存在的，但我希望它们没有。"应该这样来理解这个回答。

总之，这次座谈会的气氛相当紧张，要得到和作出结论以及找到某种认真的交流思想的方法是非常困难的。

最后，到莫斯科以后，我在美国人的旅馆里又同他们见面了。我问他们现在对我们的工作得出了怎样的印象。对于这个问题，杜威说，他个人很有兴趣地在这里度过了一段时间，他承认这次旅行确实是他过去一切旅行中最有意思的。当然，在美国将很难讲述他在这里所看到的一切，难就难在美国人几乎不可能理解苏联生活的条件，但是，他认为向美国人讲述自己的印象是他自己的义务。

在交谈中，一位美国女士提出了一个见解，依我看来，这是一个非常值得注意的见解。她说："你们在这里总是追求并努力得到很多重要的东西，而这种情况我们美国却很少，因为我们一切都有，我们什么也不需要。"我作结论地说："这意味着，我们是未来的国家。我应该这样来理解你的话吗？""当然可以。你们的教育工作比我们具有更多的有利基础。我们不会组织，我们给学校提供了良好的设备，但是，在工作中看不到在你们这里所能看到的那种热忱。"

分别时，我与杜威教授交换了照片。我在自己的小照片上写着：我希望杜威回到美国以后，用自己敏锐的智慧来评价我们的工作情况，并在美国迅速传播正确对待我们事业的观点。他也给我写下了以下的话："我怀着对你们国家极大的好感离开你们。只有在你们这里，这样深刻的教育工作才是有可能的。"

美国人答应写一系列关于在苏维埃俄罗斯旅行的感受的文章。显然，他们为它收集了相当多的材料，我看见很多客人都备有记录本，并把其中很多页记得满满的。我们将等待着他们撰写的文章。

约翰·杜威对土耳其教育的影响①

［土耳其］萨布里·巴尤克迪文奇

　　就约翰·杜威对土耳其教育的影响而言，教育家之间的看法不一。一些人承认他的贡献，但却拿不出确凿的书面证据来证明自己的观点；另一些人认为杜威的影响甚小或根本没有影响。一些土耳其教育家并不提及或并没有注意到杜威。我本人同意大多数人的看法，即约翰·杜威对土耳其教育产生了重要影响；但同时，我也认为，就杜威作为实用主义思想的代表人物所产生的消极影响而言，这些看法遗漏了一些要点。以下便是我试图对此所作的详细阐述。

　　1924年，杜威应土耳其政府的邀请来到土耳其帮助开展教育改革，他在土耳其逗留了3个月考察教育问题，并将其调查结果和若干建议写进为土耳其教育部准备了两份报告之中。这些都是不争的事实。第一份报告就其性质而言，与其说是一份报告，毋宁说是一份备忘录，其中表明国家预算中应当拨出的专项资金之数量以及如何使用这些款项。第二份报告，即1924年的报告②，长达30页，显得更加全面。我将主要根据第二份报告分析杜威对土耳其的影响，然后集中关注杜威作为一位著名的实用主义哲学家，其思想对土耳其教育所产生的总体影响。我相信，要想把这些思想梳理清楚，弄清其历史背景是大有裨益的。

---

　　①译自：Sabri Büyükdüvenci. *John Dewey's Impact on Turkish Education.*// Jim Garrison. *The New Scholarship on Dewey.* Boston: Kluwer Academic Publishers, 1995：225-232. 原青林，译.
　　②指《关于土耳其教育的报告和建议》。

社会—文化与教育背景

土耳其的知识界在其漫长的历史中曾出现过许多大起大落的现象。在共和国时期以前，我们目睹了土耳其所经历的在文化和世界观方面基本属于奥斯曼王朝的时期。奥斯曼帝国如同土耳其历史上从10世纪至15世纪出现的其他王朝一样，是一个神权政治国家。神圣的《古兰经》是统治者和信仰者的根本大法，苏丹王是所有穆斯林的正式首领。由于宗教生活与世俗生活没有分离，伊斯兰教便成为生活中各个方面的精神支柱。"思想"受制于"赛利亚特"（Serlat）（即穆斯林宗教法律：基于《古兰经》的伊斯兰法制）。由于"思想"不能摆脱教义的约束，要想找到一条活跃之路是不可能的。在这样一种体制之下，个人被劝阻不要把"他自己"当成一个整体（我在这里使用"他"，因为"她"躲在帘子后面）。国家不鼓励个人亲自探索世界、寻求真理，宗教和宗教领袖就是真理。"意志"在某种意义上受制于宗教教规，这便是客观思想无法获得自己的独立生活领域的重要原因。这便是奥斯曼社会从未经历"文艺复兴"和"启蒙时代"的缘故，即使发动了多次革新运动。

西化问题作为一个军事防御问题于1774年开始引起奥斯曼王朝决策人的重视，但在以后的适当时期又发展成一个文化转型问题，并最终明确地提出了国体问题。对伊斯兰教企图管理整个生活所作出的第一个反应出现于号称"坦齐马特"（Tanzimat）的奥斯曼帝国时代，并于1839年由苏丹王圣旨予以公布。曾经受西方制度影响的坦齐马特行政官员看到在一个迅速变化的世界按照宗教原则行使国家事务是不可能的。政府公布的文件向国民承诺，将更加公平地对待他们，臣民的生命和财产将得到保障。此外，所有的臣民，包括穆斯林和非穆斯林在内，将在法律面前享受平等的待遇。坦齐马特的这一政令并没有给国家状况带来明显好转。另一个这样的政令于1856年公布，基本上重申了上述原则。

尽管作出了上述承诺，但行政官员或是出于无知或是有意阻挠，并没有完全执行坦齐马特的规定。坦齐马特的改革应当被视为挽救帝国命运的最后努力。苏丹王的个人专制统治在这一时期几乎没有受到削弱。导致《1876年宪法》出台的一系列事件，主要由一小撮号称"年轻奥斯曼"的土耳其文化—政治精英的行动所促成。《1876年宪法》是奥斯曼王朝历史上第一个宪法。这表明奥斯曼统治者再也不能对席卷欧洲的政治自由的春风置之不理。总之，从1839年（坦齐马特的改革）至1923年（共和国宣告成立）这一时期应当被定性为政治幼稚阶段。共和国宣告成立以后，在土耳其境内建立起新的社会秩序。换句话说，"奥斯曼特性"的制度被弃置一边，"共和国特性"的制度得以建立起来：这是从奥斯曼文化独特的神权政治性质和中世纪性质向西方理想的转变。封建的权力形式被废除，这意味着权力的来源归属于民族本身。

当时，教育和国家状况是悲惨的和混乱的：五分之一的人口在战区丧生，国家的人力几乎耗尽；百分之九十的人口处于文盲状态。在这样的情境下，土耳其启动了一系列的改革。在实现国家现代化的过程中，阿塔蒂尔克（Atatürk）对教育给予了特别的重视。学校在某种意义上被视为现代共和国的堡垒。

自1923年10月29日共和国宣告成立至1924年3月3日，两种不同类型的教育理念在土耳其并存。一类包括以宗教教育为基础的传统学校，支持这种教育理念的有宗教部和社会基金会或一些地方福利基金会；另一类是受教育部控制的世俗性现代学校。随着1924年3月《统一教育法》的通过，土耳其教育的双轨制得以消除并被真正的西方世俗制度所取代，这种制度进而又成为土耳其共和国的根基。换言之，伊斯兰教育制度被一种全国性的自由、普及和世俗学校制度所代替。

对土耳其社会—文化和教育背景的简要概述，表明了杜威来到土耳其时所面临的处境。杜威是否对土耳其的历史、社会和教育有深刻的了解（除了他在伊斯坦布尔和布尔萨逗留期间的考察活动），难以断定。他的资料主要是通过与内阁官员和教育家的讨论与会见而收集的。他的报告也主要是这些研究的一个成果。

杜威报告的内容

杜威在其报告中提出了若干条关于改进土耳其教育的具体建议。这些建议可以分成三类：教育计划、学校制度和教师培训。

根据他的观点，首要的问题是明确学校的目的，它们应当成为社会生活的中心，尤其在农村地区。教育部应当发挥其领导职能，以便使公立学校成为现代的、进步的、高效的和适应国家需要的学校。

> ……教育部过多和过于高度集权的活动将会遏止地方的热情和创造性，阻止地方机构承担应有的责任，形成一种过于划一的教育制度，不能灵活地适应城市、农村、沿海等不同地区以及不同类型的农村机构、不同环境和诸如牧、粮、棉、果等不同产业的多样化需要。同样危险的是，任何的集权制度都将在行动上表现出官僚、武断和暴虐的性质……

杜威强调目的与活动、计划与资源以及与国家的社会、政治形势之间的相互关系。

杜威在其报告中主要涉及土耳其的教师培训和教师地位问题。在他看来，教育的改进取决于教师培养的改进。教师职业如何吸引合适的德才兼备的人并使他们具备学科知识和现代进步教育理念，这是一个至关重要的问题。所以，

> 必须成立不同类型的师范学校来培养农村学校的教师，特别针对构成土耳其生活主流的土地耕种者的需要……学校培训的结果将必定应用于实际生活……一定数量的师范学校应当扩大规模，以便开设针对商业和工业学校教师以及体育、运动、卫生、绘画、音乐、幼儿园、设计、

缝纫等教师培训的专门课程。至少应有一所学校专门开设培养学校管理
人员和督导人员的课程……

杜威还提议将教育类外文书籍和期刊翻译成土耳其文，并建立流动图书
馆为学习者提供各种读物。他还提出："教育部成员的薪水应当足以吸引最优
秀的教育人才。"

至于其他建议，他提出以下四条：

（1）将教师派往国外参观和考察不同国家的教育制度。

（2）至少有一所师范学校具备"实验学校"的设施。其目标在于开发
新的和进步的教学方法和材料，并且特别重视儿童研究以及心理学、心理
测试和测量方法等。

（3）国家教育部应当注重团结，但反对划一而赞同多样性。

（4）外国学校能够提供宝贵的服务。它们有条件采用各种各样的方
法，并在不同的实践中进行实验。教育部应当尽量与地方和外国私立学校
合作，鼓励它们开展各种方法和课程的实验。

实践中的杜威报告

杜威的报告尤其影响了教育部长穆斯塔法·内卡蒂（Mustafa Necati），
他将杜威的大部分建议付诸实施。在穆斯塔法·内卡蒂时期，《土耳其教育组
织法》得以通过，因此遵照杜威的建议，两种不同类型的教师培训学校得以成
立。从农村生活出发，建立了农村教师培训学校。德尼兹利小学教师培训学校
更名为"农村教师培训学校"，凯泽里岑西德里村创办了一所目的相同的新学
校（1927—1928）。此外，在这一时期，教师的薪资标准与晋升规则得到了重
新规范，可以说，他们处在职业生涯的"黄金时代"。他们被看作社会中最受
尊敬的成员和领导者，担负着培养后代和启迪整个民族的重任。编号为439、
788、789、1108、832、842、900、915、1237、1919、999、1846、1416、

1452、1702、2287、2530、2621、2777、3007、3457、3458、3467和3238的一系列法令在议会中通过，要求土耳其共和国的教师得到满意的薪水并得到额外劳动的报酬。这些法令同时规定，教师还应得到一定数量的寄宿补贴，相当于其薪水的十分之一。

为了培训小学督学和中学教师，为了开展教育研究，一个名为"加齐教师培训研究所"的新机构在安卡拉成立。最有才华的学生开始被送往国外留学，尤其是欧洲和美国。

这一切皆是杜威报告中所建议的，它们在某种意义上表明了穆斯塔法·内卡蒂是怎样借鉴杜威的建议的。此外，可以证明杜威报告之影响的另一个事实是，穆斯塔法·内卡蒂在其讲话中经常引证杜威报告。

杜威报告中关于教师培训的大多数建议都已付诸实施。农村教师培训学校的样板也被视为创办"乡村成人业余学校"的样板，它在土耳其教育史上曾一度发挥过重要作用。

由于社会和政治条件的原因，杜威报告中的一些忠告未曾得到应用，例如，避免集权制和给予外国学校更大的自主权等。1924年以来，外国学校受到监督和控制，宗教宣传受到禁止。根据杜威的观点，"只要这些机构能够主要致力于教育土耳其青年一代，它们就能在土耳其的现代化过程中发挥极其有益的作用"。实际上，在这些学校中，源于法国的"加拉塔萨雷"（Galatasaray）的重要性是无法否认的。这所学校曾在土耳其人区别西方思想和自由思想的过程中产生了重要影响。然而，希腊和亚美尼亚学校只招收本国侨民的孩子，并且成为保障与培养希腊和亚美尼亚民族主义的主要工具。这便成为禁止和严格控制外国学校的一个主要原因。

另一个证明杜威影响土耳其教育的事实是，他的著作被译成土耳其文：《学校与社会》（1924）、《民主主义与教育》（1928）、《教育中的道德原理》（1934）、《明日之学校》（1938）、《自由与文化》（1962）、《经验与教育》（1966）。

总之，约翰·杜威对土耳其教育的具体贡献已足够清楚了。不过，杜威当然不是唯一应邀赴土耳其帮助其发展教育制度的人。1926年，德国教育家库内（Kuhne）博士起草了一份强调土耳其课程改革的报告。1927年，比利时教育家奥默·比斯（Omer Buyce）考察了土耳其的技术教育。1932年，瑞士的阿尔伯特·马尔切（Albetrt Malche）教授考察了土耳其的大学。1934年，美国的帕克（Parker）考察了土耳其的初等教育。1933—1934年，美国的凯默勒小组（Kemerrer Group）起草了一份关于土耳其普通教育制度的报告。

至于约翰·杜威对土耳其教育的全部影响，我认为还有待于通过进一步研究来解释，尤其是关于问题的另一面。换言之，约翰·杜威作为一位教育哲学家仍在通过其教育理念，尤其是其实用主义思想，从理论上继续影响着土耳其的教育。就此而言，我认为教育完全是一个互动过程。这种互动的成分如此庞杂，不考虑这些成分——这正是社会的不成文法（例如，期望性生活方式、理想的人类、信仰与思维模式等）——一切针对新的教育改革的主动行动都将以失败而告终。这一事实至少对土耳其教育来说被证明是正确的，也就是说，实用主义（或者是对它的误解）作为一种以特定方式处理教育问题的范式，似乎应当对依然存在于土耳其教育的概念层面上的歧义承担责任。

对教育的教育性危害

土耳其共和国成立之初，人们对实用主义哲学的热情很高。教育部领导，尤其是1926年成为教育与培训处负责人的穆罕默德·埃明·埃里西吉尔（Mehment Emin Erisirgil）为了将实用主义思想付诸实施，曾经作出了不懈努力。埃里西吉尔先生与阿夫尼·巴斯曼（Anvi Basman）一道起草了初等教育计划，并在该计划的引言部分主张将实用主义方法应用到土耳其教育中去。他在《哈亚特》和《米哈拉布》期刊上阐述了自己关于实用主义的见解。阿夫尼·巴斯曼则将杜威的部分著作如《学校与社会》《儿童与课程》和《民主主义与教育》译成土耳其文。同时，他还根据实用主义方法撰写了中学科学课本。

知识的真实性只有经过实验才能明确其是否对教育应用产生了重要影响。在某种意义上，希图在一种"外来"哲学的帮助下推动教育发展的做法影响和支配着"无哲学状态"的过程。这种无哲学状态成为教育中的一种官方思想。换言之，这个国家的教育问题是通过某种范式加以处理的，而这种范式并没有经过充分的论证。用一种范式来统领教育的做法，同样对多元主义的发展和民主生活的改善产生了消极影响。

实证主义和实用主义不是被当作一种传统而是根据其结果而加以采用的，这便导致上级部门将一些现成的方法付诸实施，这些方法自然导致学校教与学的定型和刻板。此外，由于"无哲学状态"而造成的任何"主义"的统领地位使之转变为一种教条的结构。由于普遍存在的"无哲学状态"，因此要画出关于这些概念的地图是不可能的。概念层面的模糊又导致教育思想上的模糊。

其实，可以追溯到奥斯曼王朝时期的真正问题主要是"转变思想"的问题，转变价值基础与实现的变革相一致。换句话说，如果不能实现思想的转变，我认为就很难实现任何彻底的社会变革和教育制度变革。自世俗的共和国成立以来，人们很难解决他们的身份和信任危机。宗教曾被下层阶级用作社会身份的系缚物。依我看来，土耳其所缺乏的是一种民主的世俗价值基础，正是在这个基础上，教育制度可能发挥作用，使民主精神走向繁荣。这里似乎形成了恶性循环。因此，主要障碍就在于传统文化中，尤其在于家庭结构中。一般地说，土耳其的家庭在其自身的结构中反映了权力主义的价值观。当今家庭中所提供的教育是个人的精神态度和行为中最具决定性的因素。在我看来，唯一能够克服旧的教条思想的力量就是人文主义文化。尤其在土耳其这样的国家，一种受实证主义和实用主义方法影响而主要关注自然科学和数学的教育制度是无法成功地铲除旧思想的根源的。土耳其的政策和教育制度中的一个最大错误就在于，相信仅仅通过技术进步和更新社会机构就能够使一种民主的世俗生活得到全面发展。既然新的制度已经被采用，使之发展的价值基础也应当被采用。那种认为彻底变革的价值基础可以从外国进口的想法是错误的。它只能通过我们所缺乏的一种哲学文化或哲学传统来加以发展。

从某种意义上来说，"无哲学状态"是由教育制度中广泛采用的实用主义做法和方法促成的。作为这种范式的结果，教育的基本目的一度被看作是培养专家和合格人才，而不是培养整体的人。这便是鼓励在校生训练计算能力和仅仅设计实用性项目的缘故，而阻止他们去做的是质疑他们的道德与文化信仰的真实性和强调个人在决定自己命运中的作用。长期以来，单独训练人的"双手"比陶冶人的"心灵"重要得多。看起来，土耳其教育中存在的基本问题是形成一种"心理结构"的问题，一种与新的民主领域和新的制度相吻合的精神能力。这就需要看到最宽泛意义上的教育，而避免从"主义"的狭窄窗口看教育。无疑地，在土耳其的国情下，坚持实用主义是不应该的，约翰·杜威应为这一过失承担责任。

结　语

任何一个国家的文化特点大体上决定着其教育制度。然而，任何一个国家都不能坚称其教育制度完全是本土的。一切制度都是作为本国和别国各种成分的综合体而出现的。借鉴别国的经验和知识宝库是十分自然的，尤其就教育而言，这一事实是必不可少的。关键问题是这个"借鉴过程"应当在多大程度上得到利用。当借鉴思想的过程以"模仿"或"照搬"的方式出现时，意外的结果和失败将是不可避免的。

在土耳其的外国学校①

［美］约翰·杜威

毋庸置疑，美国人对土耳其的直接兴趣，主要集中在美国宗教团体在那个国家里所建立的许多重要的教育机构上。一个关心这些学校命运的美国人可能会想到，土耳其政府的做法过于武断，好像美国学校把土耳其的问题与外国学校联系在一起。与此相反，土耳其人根据他们在其他外国学校得来的经验来考虑美国学校，这些其他外国学校在数量上已远远超过美国学校。因此，双方之间产生的误解越来越多。在这篇文章中，我想谈一些有关更大的教育问题的事情，其中肯定会谈到美国学校的问题。

首先，到目前为止，在土耳其，大多数外国学校是亚美尼亚学校和希腊学校，这些学校当然是宗教学校或教区学校。尤其在希腊学校里，学校教师过去一直是和牧师在一起的，是"希腊思想"——也就是一个新的希腊国家的传播者，它包括小亚细亚的大部分地区和马其顿的全部地区，并以君士但丁堡为首都。与亚美尼亚教会在一起的亚美尼亚学校是获得和培养亚美尼亚民族主义的主要工具。因此，土耳其在所有外国学校的问题上都持有怀疑的态度，带着怀疑它们的偏见，那是不足为奇的。有一种推测认为，任何外国学校都有敌视土耳其民族主义的策划。虽然他们愿意否认美国学校有政治策划的意图，但很难让他们自己摆脱这样一种想法，即它们具有某种隐秘的目的——在土耳其人

---

① 译自：John Dewey, *Foreign Schools in Turkey*. // *Collected Works of John Dewey, The Middle Works*, Vol.15, Carbondale: Southern Illinois University Press，1983：144–149.

的经验中，这些外国学校一直是在反对土耳其的教会赞助下开办的，这一事实增强了他们的这种感觉。在第一次听到这种想法时，我很惊讶地发现，在很多方面，依然存在的希腊学校和亚美尼亚学校面临着一个比其他外国学校更为简单的问题。但是，解释起来很容易。因为它们只有来自他们自己民族的学生，它们是"社区"学校，土耳其习惯于这样的观念，即外国社区保留自己的语言、宗教和习俗。这里没有改变宗教信仰的危险，因为这些外国学校没有穆斯林学生；它们的教师通过土耳其教育部的考试并获得他们的任教资格证书；它们学习的课程和方法是受到监督与控制的。此外，土耳其境内的希腊和亚美尼亚民族主义精神现在已经支离破碎，以至于没有人担心它会立即得到复兴。

其次，重要的是源于法国的学校，其在数量上也超过了美国学校。第一次世界大战前，土耳其帝国有一百多万学生在法国管理的学校里就读。每年，有二百多万人在法国医院、诊所和慈善机构得到救济或援助。即使在私人和宗教的控制之下，这些机构也得到了法国政府基金的慷慨资助。一般来说，欧洲人和土耳其人都认为，教育和宗教事业具有经济与政治目的是理所当然的，并且坦率地认为，不相信美国人所说的他们的学校没有这样的目的。在阿卜杜勒·哈米德[1]的长期统治时期，土耳其唯一的一所公立中学，在很长的一段时间里都有一个法国主任，并用法语来教授所有课程。而且，尽管这是一所土耳其政府开办的学校，但法国的影响还是有所增加的，得到了法国政府的大量资助。即使在现在，尽管法国的理事或副理事已经被新的土耳其民族主义力量所废除，而且只有自然科学用法语来教授，但法国政府仍然支付法语教师的薪水。应该说，加尔塔-塞瑞尔[2]的这所学校一直对在土耳其人中传播西方的自由思想产生了独特的影响，并在新土耳其的形成中发挥了重要的作用。然而，它

---

[1] 阿卜杜勒·哈米德（Abdul Hamid, 1842—1918），即"哈米德二世"，土耳其苏丹（1876—1909）。

[2] 加尔塔-塞瑞尔（Galta-Serail），土耳其伊斯坦布尔附近一座城市。

的完整记录在土耳其人心中强化了这样一种信念，即在土耳其的任何外国人所支持的教育事业都有其政治动机和政府导向。

但是，决定法国教育政治倾向和宗教活动的主要力量声称，自16世纪中期以来，法国一直是所有非穆斯林宗教利益的保护者，这个主张曾经被土耳其官方所承认，在降为受罗马天主教利益的保护之后得到了教皇的确认。概括地讲，这种主张一直是法国在近东的外交基石，因为它已经得到法国内阁的公开支持，在国内事务中相应地强化了土耳其人这样的一种信念，即没有外国支持的文化事业是单纯的教育性质或慈善性质。最近，由于法国和意大利之间的直接竞争加剧，因此其形势变得更为复杂。正如一位法国作家天真地表达的那样，在法国支持下的土耳其，天主教的利益受到了制约，教皇制度的宗教性质令人悲伤，但在意大利看来却是令人欣喜的。有人宣称，法国的学校，甚至那些由神职人员管理的法国学校，更热衷于宣传法国"文化"，而不是宣传天主教。根据传言，罗马教会很愿意摆脱法国的野心和宗教目的之间的尴尬结合，很高兴能够与土耳其政府达成一个协议，天主教学校将把自己局限在教授那些已经皈依天主教的人。另一方面，土耳其人对在安纳托利亚①沿海地区所开设的具有意大利特色的学校持有怀疑态度。当这些学校被关闭时，意大利当局被告知，因为他们声称这些学校是出于纯粹的人道主义目的，所以他们可以在内地开办学校，但不可以在先前被宣称为意大利势力范围的任何地方开办学校。

这种并不充分的概述至少清楚地表明，在处理美国教育机构活动的问题上，土耳其人有一些负面的先入之见，这在他们对其他外国学校的经验中有一定的道理，但美国学校所提供的要比其他外国学校少。然而，尽管美国人被宣告没有激进的政治野心，但无法保证他们的学校没有宗教性质。虽然从改宗和皈依的角度来看，穆斯林是一个如此无望的例子，以致教会学校多年来一直没

---

① 安纳托利亚（Anatolia），土耳其亚洲部分一地区。

有朝着这个方向努力，但这一事实却成为另一种摩擦的根源。在土耳其的美国学校记录中有一个突出的事实，那就是，它们主要致力于亚美尼亚人、希腊人和保加利亚人的教育；换句话说，它们致力于土耳其人民中那些总是隐约其词的并经常是公开的少数民族的教育。这对人们来说是不可能的，因为土耳其民族主义的发展最终赢得了军事上的胜利，对这一事实的记忆不会使土耳其政府怀疑美国学校对于该民族的价值，同时不会致使土耳其人对美国教师偏袒所有反土耳其国家集团的任何一个迹象过于敏感。

考虑到这些外国学校在传教士主持下运作并带有宗教目的，鉴于穆斯林信徒的改宗，这种状态几乎是很难避免的，所以，对过去所发生的事情的赞扬或谴责都是不值得评价的。但是，在我看来，有一个问题对土耳其的未来是至关重要的，必须认真地面对。这可能被看作是一种两难的选择。如果宗教目的继续主导着美国学校，甚至带有任何鲜明色彩的标记（青年会和女青年会同样是如此），那么，美国的教育机构将继续主要与非土耳其人打交道，并因此仍然成为土耳其政体中一个陌生的可疑因素。与此同时，如果这些教育机构能够在土耳其的现代化中发挥很有价值的作用，那条件就是它们主要致力于土耳其青年男女的教育——这肯定意味着一个条件，即基督教的宗教目的完全处于从属地位，并且学校要在精神和外在形式上服从世俗社会和科学方法。当然，我对形势的理解可能是错误的，但我最终相信，这种困境是一个平坦的困境。任何不满足这一目标的努力或跨越这一目标的努力，都将导致美国利益和土耳其利益之间的持续摩擦，并将损害美国的观念和理想能够在改革土耳其的试验的关键时刻提供的服务。从近东和穆斯林世界的后果来看，这一试验的成功或失败对于世界未来的和平具有重要的意义，这一点无须多谈。

在土耳其的一所美国学校毕业的一个土耳其人（当然是穆斯林）对我说，如果在土耳其的两代人中，这所特殊的高等学府培养了400人，他们被训练成为土耳其学校和民政部门的领导人，那么土耳其的面貌很快就会被改变。他说，如果这所学校通过其毕业生为土耳其所作出的贡献与邻国保加利亚所做出的贡献一样多，那么土耳其的整个社会和经济前景将会与现实情况截然不同。他继续说，美国学校对人口中少数民族的贡献要比对土耳其人的贡献大得多，这一事实在许多方面对少数民族和土耳其人都造成了伤害。人民中的所有人要么是无知的要么是共同进步的，这对实现和平、相互理解以及和谐共处来说是一个必不可少的条件。但是，美国学校对在土耳其的希腊人和亚美尼亚人发展了民主的理想，给他们提供了现代的观念，激发了他们的积极主动性，并为他们配备了现代生活的工具，而土耳其人实际上却被留在了中世纪的心态之中。

其结果是双重的。希腊人和亚美尼亚人自然地受到了刺激，为了他们的政治独立而奋斗，进而招来了土耳其人的敌意。当土耳其人看到自己在工业和商业上的落后是因为希腊人和亚美尼亚人接受了现代教育，心中就会产生妒忌和仇恨，并很容易被煽动为战争和屠杀的火焰。我不会忘记这个土耳其人向我所作的真诚保证，即如果所有人仍然保持同样的无知和落后状况，那么不同的民族仍将会友好相处。

这个土耳其人是在没有怨恨的情况下阐述这一观点的。我从未见过任何一个有教养的土耳其人如此客观地讨论自己的错误，这一事实可能与他们的宿命论哲学有关。它是在讨论这些外国学校将来会怎么样和会做些什么的时候提出来的，这一点是最重要的。如果因为在土耳其的一些美国学校是在传教士赞助下开办的，那么它们一定会延续基督教和非基督教之间的古老区分，并且因为它们拥护基督教而成为反对土耳其的学校。我不能看出这些外国学校将会帮助土耳其取得巨大的成就，而且有理由相信它们会成为外交摩擦的焦点。就目前情况来看，美国和土耳其之间的政治和经济关系也会出现摩擦。但是，这些外国学校以启蒙和开明的方式对非土耳其人所做的事情，就充分地表明它们能够为土耳其做什么事情。如果它们不管其宗教信仰如何，而使其主要任务是发现和教育土耳其青年男女，那么，这些土耳其青年男女就能够成为有智慧的土耳其未来社会的领导人。

墨西哥的教育复兴^①

［美］约翰·杜威

对教育感兴趣的墨西哥人都迫切希望引起卡勒斯（Plutarco Elias Calles）^②总统对教育实际情况的关注。卡勒斯总统是作为一位农村学校教师而开始他的职业生涯的。在他早期的政治宣言中，他把他的计划概括为两个政策：一是经济自由，二是公共教育发展。大多数外国居民肯定都了解这个计划的第一个要素，即通常称之为布尔什维主义，但并没有太多的人会不辞辛劳地去了解它的第二个要素。

在开始时，我们可以关注教育实际情况的正式数据。在墨西哥，学校分为三类：联邦的；州的；市的。市立学校日趋减少而由州来接管，但联邦学校比州立学校发展得更为迅速。不仅如此，联邦学校还受到保护且入学容易。但统计数字表明，州立学校经常是没有组织的，很难得到保护，入学也较难。初等教育学制6年，前四年是法定的也是义务的。事实上，有五分之二的入学儿童在公立学校里学习。我们没有关于私立学校的数据，但是，在天主教的教育机构关闭之前，据估计有一半儿童在这些私立学校里学习。

在联邦行政区，政府投入了4倍于迪亚兹（Diaz）政府全盛时期的财力。

---

①译自：John Dewey. *Mexico's Educational Renaissance.* // Wiillaim W. Brickman. *John Deweys Impressions of Soviet Russia and the Revolutionary World Mexico-China-Turkey.* New York: Bureau of Publications Teachers College, Columbia University, 1964：119-129. 周雁，译.
②卡勒斯1924年就任墨西哥总统。

由于革命时期的毁坏，在一些大的城镇仍然没有学校，州立和市立学校的数量相当于1910年时的情况。当时[①]，墨西哥城及其郊区建起了5所露天学校（open-air school），800～1000名儿童依靠工厂提供的1万～2万美元的费用而得到照顾。在帕伊赫（Puig）博士的指导下，这种类型的学校管理是首创的，学校充满艺术氛围、有益健康，很好地适合当时的环境以及它的低费用，将使为所有适龄儿童提供食宿成为可能，并能够短时间内在联邦行政区实现。

直到最近，除为进入大学做准备的一些学校外，在墨西哥没有什么中等教育。[②]近期开办的4所中学已经人满为患。另有1所联邦师范学校，它的校舍和设施配备与世界上任何地方一样，包括实习学校的学生在内共有5000名男女学生。政府计划在每个州建立1所地方师范学校。在墨西哥，正在繁荣发展的国立大学[③]有1万名学生。它的校长普鲁尼达（Pruneda）博士非常注重学生和教师的交流，在即将到来的秋季访美之行，他将会安排与我们美国的学生和教师的交流，我希望这次交流能够圆满实现。也因为如此，在蒙塔诺（Montano）博士的领导下，大学始终为北美国家开办一所真正独一无二的暑期学校（在一个西班牙裔美国人的国家学习能够去掉我们普通"美国人"的傲慢）。去年夏天，参加暑期学校交流的就有300多人，主要是来自美国的教师。

然而，最有意义的也是最重要的教育发展是农村学校（rural school），当然是指那些为土著印第安人开办的学校。这是现政权最为关注的事情。它使一次革命富有意义，而不仅仅是复兴。它不仅是墨西哥的一次革命，而且在一些方面是世界任何地方已进行的最重要的社会实验之一。因为它标志着为把占

---

①指1926年。——原注

②从1926年起，中等教育被划分为3年一个周期，2年或3年后再接受高等教育。见：［墨西哥］拉菲尔·拉米雷兹（Rafael Ramirez）.墨西哥.//［美］坎德尔（I. L. Kandel）.哥伦比亚大学师范学院国际学院教育年鉴［C］.纽约：哥伦比亚大学师范学院出版社，1942：268-269。

③国立墨西哥自治大学（The National Autonomous University of Mexico）最初成立于1551年。

人口总数80％的印第安人融入社会群体的一次专门的和系统的尝试。在革命之前，这个庞大的群体不仅被忽视，而且被轻视。那些攻击革命的自以为是的人无视这样一个事实，即它被忽视和被轻视是一种蔑视人民群众的政策的必然结果，也就是无视影响生活每一阶段的教育的必然结果。例如，迪亚兹政府没有为印第安人建立过一所农村学校。尽管在教师保障上存在困难，但现在已有2600所这样的农村学校，其中1000所是去年开办的，明年有望增加2000所。据估计，如果能保证在10年里有这样的增长，将会有足够的学校提供给墨西哥所有的适龄儿童，文盲在新的一代人中将不复存在。

这个教育改革[①]不仅代表着把不同民族融入社会生活以及把墨西哥知识文化作为一个整体的一种努力，而且它还必然意味着国家政策的统一。在墨西哥，没有什么事情比前几年把印第安人从政治、经济、教育等的奴役和歧视下解放出来更值得理解了。尽管在这些方面，现在还存在教堂——国家的危机基础。由于没有农村学校，因此，对与人民生活联系产生影响的唯一的共同力量就是教堂。客观地说，牧师的影响并不是为了社会和政治的统一。事实上，那些乡村牧师用他们对教徒心灵的巨大影响力来反对农村学校的建立，这至少是导致初等学校锐减的原因之一。

要在墨西哥创建一个精神和政治统一体，其困难是巨大的，以至在有些人看来是不可企及的。通过怀念早年在美国殖民地的日子，一个相对居民少且文明程度高和被印第安人围绕（尽管他们很少与印第安人接触）的日子，最容易勾画一个国家的统一政权。事实上，墨西哥的印第安人过的是定居的农业生活，比我们美国的印第安人有更高的文明和更强的抵御力量，但也增加了处境的困难。除外，印第安人也不都是同族的，他们大概分为三个不同的部落，自我中心意识强烈，非常看重他们的自治，珍惜由于地理环境所形成的独立生

①注意这与桑切斯（George I. Sanchez）的著作《墨西哥的教育改革》（*Mexico: A Revolution by Education*, 1936）的书名相似。

活。我们认为，墨西哥革命政府正面临着一系列前政府所回避的问题。很明显，他们的民主思想的特色还很肤浅。在墨西哥，包括来自美国的普通外国居民都认为融合印第安人的问题是无法解决的，唯一的出路是"强大的"寡头统治。也许有人会想，革命政府的勇敢尝试将会赢得认同，如果只是因为它的勇敢，甚至有人会想这个理由也是不充分的，但是，普通的盎格鲁-撒克逊人的好赌天性（乐于面对挑战）会表现出他们特有的民主信仰。

比统计数据有更多意义的精神和目标激励了这些农村学校。最近，墨西哥第一任教育次长萨恩斯①先生（他曾在纽约的林肯学校任教过）在芝加哥大学发表演讲时说："在我所见过的社会学校中，没有哪一所能比得上墨西哥的农村学校。"我愿意进一步指出，世界上没有哪一种教育运动能比墨西哥的教育发展表现出更多的学校活动和社会活动紧密联系的精神。长久以来，我有一个特殊的想法：一些"落后"的国家在教育上有很大的发展机会。相对那些由于多年顽固的传统习惯而建立学校的国家来说，这些国家一旦开始走上建设学校之路，便会更少受到传统和制度的阻碍。但是，我不得不承认，我还没有发现足够的证据来支持这个观点，即新国家的新教育能用先进国家的最进步的教育理论和实践重新开始。但是，墨西哥印第安人的农村学校以及师范学校的精神和目标却重新激起了我的信念。

农村学校的许多实际工作是粗陋的，因为它不是停留在口头上，而是即使条件不成熟也去做。但是，它是有活力的发展过程中的粗陋，并不是因自以为是的习俗而带来的粗陋。我不知道长期的革命是否能够根除这种影响，但是，随着这么多又这么快的社会转变带来的影响，显然到处都有一种明显的实验精神、一种"尝试做任何事情"的愿望，并且大多数事情都不止一次地进行试验。如果现在有一个好的开端，最大的需要就是政策的持续，以及真诚地希

---

① 萨恩斯（Moises Saenz，1888—1941），1921年，他在哥伦比亚大学师范学院获得硕士学位。1922—1933年曾在公共教育秘书处服务。

望政策管理的改变将不会导致教育计划的突然中止。

既不是校舍和课程学习，也不是教师的准备，造成了过度实验的错误。去年开办的上千所农村学校中几乎每一所学校都没有花费国家和当地民众的资金进行装备，主要是因为那些希望自己孩子有机会上学的家长拒绝这样做。就我在特拉斯卡拉州所见到的情况便可证明，这些农村学校的校舍主要是旧的建筑，有时是教堂，有时是住宅，它们都曾被毁坏，经过重修后作为校舍使用的。在离墨西哥城不远的一个印第安人村庄，6个年级的学生挤在6个不同的土坯房中，这些房子是由学生的家长提供的。每所学校都附有一个花园，花园充满了印第安人的特色。尽管蔬菜在这里可能被忽视，但花园肯定是五彩缤纷的，并受到很好的照管。

简陋的校舍和友善的氛围是为了一种简单的课程：阅读、书写和必要的西班牙会话，一些"演算"、乡土地理、强调革命和独立英雄的国家历史，还有职业教育（主要是农业教育），如家政、编织、陶器制作等，作为当地的特色（它是现政府"社会主义"总政策的一部分，鼓励家庭和合作经营的"小企业"的发展，作为对大部分外国资本的企业入侵的补偿）。很多地方十分注重音乐和造型艺术设计，印第安人在这两方面表现出了他们的天分。一般来说，如果我们所看见的只是表面现象，那么与城市工业学校（industrial school）相比，小的农村学校虽然工作是粗糙的，但它们的设计却好得多，因为城市百货公司的建筑造成了一种劣质的入侵。如果农村学校能够继续保护本土艺术、审美传统和模式，保护它们不受机器制造工业的影响，那么他们将在这方面为文明提供独一无二的、令人满意的服务。很幸运，墨西哥教育部前任部长瓦斯孔塞洛斯[1]和杰出的人类学家盖密欧（Gamio）博士都强烈坚持保护本土的艺术和工艺品。有一位毕业于国立大学、有造诣的墨西哥女音乐家，坚持周游世界

---

[1] 瓦斯孔塞洛斯（Jose Vasconcelos，1882—1959），墨西哥教育部长（1920—1925），墨西哥国立大学校长（1920—1924）。作为一位拉美文化的倡导者，他促进了教育和文学的发展。

收集民间歌曲、歌词和音乐，其中墨西哥的最多，同时代的其他国家几乎不能与之相比。

就教育而言，农村学校的主导理念是：有教师比没有教师好，只要是本地能读会写、乐于献身教育事业的男女都可以当教师。大多数人在开始执教前都接受了专业教育训练，教师训练的最有趣的特点之一是"文化讲习"（cultural missions）①。文化讲习团去一些乡村小镇，召集附近地区的农村教师，用3周时间对他们进行强化训练。这个训练工作不仅仅是理论教育，经常有体育训练（现在墨西哥几乎每所学校都有操场和篮球场）。社会工作者（通常是女性）教他们卫生、急救、预防接种、照料孩子的初级知识等。还有教合唱的教师、手工训练的专家，要求他们尽可能利用当地的材料进行教学，使他们能够最终成为学校组织和教学方法的专家。然而，后者的任务主要是使学校的知识教学与农业和手工业协调起来。

在上一学年，文化讲习团在6个州工作；第二年，预算增加50万比索以进一步扩大其工作范围。同时，联邦政府当局尽可能快地为所有的学校建立小型图书馆，其目的是使每个小型图书馆成为社区在知识、娱乐和经济上的新生活的中心。在每一幢大楼里都设有夜校，白天工作的男男女女都来到这里，他们的行动说明了对学习的渴望。他们步行几英里路来到受教育的地方，每个人都带着一支蜡烛，借助烛光进行学习。实际上，印第安人教师每天都要工作，为了一天4比索的工资他们每天晚上还要工作。

这里流行的教育标语是"活动学校"（escuela deacción）。最常见的抱怨

----

① 文化讲习计划关注农村教师的挑选和训练以及农村教育的内容，这个"巡回师范学校"运动的发起人是墨西哥教育部的麦德林（Robert Medellin）。1923年10月，他组织了第一个文化讲习团，由他的得力助手拉菲·拉米雷兹和其他五位教师组成。1926年，即杜威访问墨西哥那一年，墨西哥教育部成立了文化讲习局（Bureau of Cultural Missions）。当年有6个文化讲习团服务于2572所农村学校，在这些学校的2916位教师中有2327位教师接受了训练。见：［美］休格斯（Lloyd H. Hughes）.墨西哥文化讲习计划［M］.巴黎：联合国教科文组织，1950：10-14.

是，以前的学校毕业生有奇异的记忆力，却没有主动性和一点点独立的责任感。这个事实多次提醒我，注意墨西哥人的心理极限。我首先思考所有情况的一般心理规律：只要学生用传统的方法进行传统的学习，学习材料就会与他们的经验分离，那么他们就只能依靠记忆。现在，"活动"虽然不能总是适合教学组织或知识内容，但它是一个指导原则。"设计教学法"是除官方学校外的所有学校作为课程的基本方法，因此变化肯定是有的。实践还没有达到理想的程度，这种方法并不是在所有地方都实施得很好。但是，我相信，墨西哥今天最耀眼之处就是它的教育行动。那就是：有活力，生气勃勃，有奉献精神，把当代最好的理论付诸实践的渴望，最重要的是动手做的愿望。

在美国，在一种同情和理解的义务下，我们对印第安人一直实行一种不同的政策。把印第安人融入现代生活的政策在实施时是特别困难的，它的见效要求如此多的时间、社会的和睦和稳定，在它的道路上设置障碍的任何行动绝对是犯罪的。在墨西哥，人们可以同情合法权利没有受到保障的外国人，然而，从长远的职业角度和人类发展的角度来看，给予合法权利创造一个相对全面的人那就是第二位的事情了。任何形式的外来干涉都意味着不稳定因素的迅速增长，而且这种不稳定反过来会延长内部的分裂，这是墨西哥不希望看到的灾祸。这种外来干涉意味着蓄意培养所有引起社会混乱的种子。

杜威的日本之行①

［美］乔治·戴克威曾

　　1918—1919学年是杜威在哥伦比亚大学的教师休假年，于是，他利用了大半个冬天时间在加利福尼亚州立大学客座授课。在授课接近尾声时，杜威与夫人准备去日本度假。在给友人的信中，他写道："夫人和我觉得，随着时间的流逝，照现在的情形，我们度假最远所能到达的地方只能是日本了。如果现在不去，以后就更不会再指望了。因此，最后我们决定办理护照，并预定了1月22日的船票。"②

　　当杜威准备访问日本的消息传到日本时，邀请杜威到东京帝国大学作讲座的筹备工作立即展开了。筹备工作的主要负责人小野荣二郎博士早年在密歇根大学获得政治学博士学位，并在那里结识了杜威。小野回国后曾在一所日本大学任教，1896年弃教从商，投身银行界，事业一帆风顺。杜威访日时，小野博士已任日本劝业银行副总裁。

　　小野博士希望为杜威的此次日本之行设立一项讲座基金，于是他找到了涉泽荣一男爵——当年叱咤日本财经界和慈善界的风云人物之一。涉泽男爵曾分别于1902、1910、1915年先后到美国留学，学习美国商业和金融的运营模式，并将所学带回日本，为日本经济做出了卓越的贡献。当杜威抵达日本时，

---

　　①译自：George Dykhuizen. *The Life and Mind of John Dewey*. Carbondale: Southern Illinois University Press, 1973：186-194. 高惠蓉，译. 标题系编译者所加。
　　②杜威给莱文森（Salmon O. Levinson）的信，1918年12月9日。——原注

涉泽男爵已经是83岁高龄了，虽然早已退出商界，但他仍热衷于慈善事业。他非常愿意为杜威的日本之行提供资助。这样，在东京帝国大学校方的支持之下，小野博士向远在旧金山的杜威拍发了电报，盛情邀请他前往东京帝国大学开设讲座。杜威接受了这份邀请，一方面当然是由于经费上得到了妥善安排，另一方面则是他所言的："有利于加深我们对日本的了解和联系，而不是置身事外。"①

杜威夫妇按照预定的日期，即1919年1月22日，乘坐日本"春秋丸"客轮，从旧金山动身前往日本。在两个半周的航程中，杜威有足够的时间同船上的旅客，尤其是与一群刚刚访问过美国中小学的日本中小学校长们相互交谈。2月9日上午11点，中途因为暴风雪的缘故耽搁了若干个小时的"春秋丸"客轮终于抵达了日本横滨港。守候已久的摄影师、记者及代表们纷纷涌上客船，热情迎接来自远方的贵宾。小野博士、东京帝国大学负责人姊崎宏教授以及东京帝国大学伦理学教授友枝孝彦等人都登上了客船迎接杜威夫妇。

杜威夫妇立刻被记者们包围了。记者们纷纷为他们拍照，并请求他们发表感言；杜威和他夫人依次分别与姊崎教授、友枝博士以及归国的访美日本中小学校长们合影。杜威在发表感言时说，他与夫人非常荣幸访问日本，他以前的不少学生现在就在日本。他们夫妇计划在日本待5个月。他还提到了在船上与访美日本中小学校长们十分有意义的交谈。他呼吁日本国内能够更加关注日本中小学的发展。此外，他还表示非常想同日本领导人就有关重大的国内及国际事务交换意见。同时，他会为美国《新共和》和《日晷》两家报刊撰稿，报道自己在日本的所见所闻。当被问到在东京帝国大学系列讲座的主题时，杜威回答说，主题尚未决定，要等与大学的教授们商议后才能决定。记者采访结束后，杜威夫妇驱车前往宾馆。

杜威夫妇在东京下榻的是帝国饭店，为时大约一周。之后，应日本好友

---

① 杜威给莱文森的信，1918年12月21日。——原注

新渡户稻造博士及夫人的盛情邀请住进了新渡户家的一套房子里。新渡户夫人本身就是美国人，自小在美国接受的是基督教贵格派的传统教育。她的先生新渡户稻造比杜威小4岁，曾在德国和美国两国留学深造。他们夫妇俩在纽约时就与杜威夫妇相交甚密。新渡户博士是一位知名的作家和教育家，时任日本基督学院院长一职。

杜威夫妇搬至新住处后的愉悦之情，在杜威夫人写给子女们的信中尽显无遗。"到日本已经有一周了。现在我们的住处位于山顶一个美丽的花园内，绿树成荫，姹紫嫣红。李子树很快就要开花了。到3月份时，满园已长成大树的山茶也会吐露芬芳。远处依稀可见的是神奇的富士山、绵延的山岭以及东京远郊的平原。山脚下一条运河蜿蜒其间，两岸是曾经远近闻名的樱花树林，却在最近的一次暴风雨中被几近摧毁。"谈及房间，杜威夫人写道："我们的住所是一所独用的公寓。房间四周都是巨大的玻璃窗。一间宽敞明亮的卧房，一间小小的更衣室，还有一间书房。现在我就坐在书房里，阳光正从四周的窗子倾洒进来……室内周围到处都是近期出版的关于日本方面的书籍，这真的让我们爱不释手。"[1]

在与东京帝国大学的教授们商谈之后，杜威决定开设的系列讲座的主题为《现代哲学的地位：有关哲学改造的一些问题》。讲座将面向公众，计划共进行8次，时间从2月25日（周二）至3月21日（周五），下午15:30开始。最终计划顺利实现，具体安排如下：

2月25日（星期二）：关于哲学含义的一些有争论的概念

2月28日（星期五）：思辨的认知与行动的认知

3月4日（星期二）：哲学改造的社会原因

① ［美］约翰·杜威，艾丽丝·奇普曼·杜威. 寄自日本和中国的家书［C］. 纽约：达顿出版公司，1920：20-21. ——原注

3月7日（星期五）：现代科学与哲学改造

3月11日（星期二）：关于经验与理性的概念变迁

3月14日（星期五）：影响逻辑学的改造

3月18日（星期二）：伦理学与教育学的改造

3月21日（星期五）：影响社会哲学的改造

杜威还特意为大家准备了每次讲座的简要参考书清单，为那些想要进一步研究讲座课题的听众提供便利。

杜威讲座是在帝国大学法学院的一间大讲堂里进行的。由于杜威的盛名和事前的宣传，第一次讲座吸引了约1000名听众——其中，多数人是东京市内及附近地区师范院校的教授和学生，还包括不少外国留学生。当天的报纸报道了讲座，以及在人们当中引起的热烈反响，系列讲座的良好开端预示一切都会进展顺利。

系列讲座的第一部分还在继续着。3月5日，杜威在给家人的信中写道："我已经完成了3次讲座。这实在是一个虚怀若谷的民族。听众仍然很多，大约有500人。"[1]但是，随着讲座的进行，听众渐渐越来越少，到最后只有30～40人出席讲座了。

杜威曾谈到此次讲座的根本目的是："揭示推动不可避免的知识改造的诸多力量，设想知识改造过程中必须遵循的路线。"[2]以此为目的，首先，杜威指出，传统哲学主要的是依靠理性和证据，并对道德、社会及宗教中的一些不变的价值观念加以论证；这类哲学支持的是绝对或先验的实在，保证传统价值观念的永存不朽。而现代科学技术、工业化的出现及政治和社会民主化的发展

---

① ［美］约翰·杜威，艾丽丝·奇普曼·杜威.寄自日本和中国的家书［C］.纽约：达顿出版公司，1920：52.——原注

② ［美］约翰·杜威.哲学的改造［M］.纽约：亨利·豪尔特出版公司，1920：3.——原注

趋势使人们开始尝试从新的角度考虑问题。人们感兴趣的不再是那些普遍的、永恒不变的事物，而是那些具体的、特定的、不断发展变化着的事物；人们不再像以往那样将传统与权威奉若神明，而是更加相信科学氛围熏陶下的智慧力量；人们崇拜进步观念、寄希望于未来，而不是历史上所谓的"黄金岁月"；人们深信掌握自然知识就可以掌管自然，相信这才是通往发展进步的唯一途径。

杜威接着谈到，哲学需要加以改造，需要面对现代生活中新的发展趋势。首先，在仔细研究了经验与理性在传统哲学中的对立之说以后，他得出结论：对立的说法是错误的，因为理性与经验在智能表现方面是相互合作、相互联系的。其次，杜威还认真研究了现实与理想两者之间的对立，同样认为这两者并不对立，也并不属于不同的领域。理想不过是现实的演化和发展，在创造力的引导下，升华到更高的或者理想的境界。在说明逻辑学改造的必要性时，杜威阐释了实验调查的逻辑。而在详细阐述道德与社会思考方面改造的必要性时，他尤其强调了对特定的、具体的道德与社会问题的关注，并指出应当通过集思广益找出切实可行的解决问题的方案，而不是诉诸抽象的道德和社会概念及其理性的体系。

尽管杜威极少使用"实用主义"或者"工具主义"这样的术语，尽量避免"倾向于某个问题解决方案的学派性宣讲"，但讲座还是折射出杜威在哲学上的独到之处。随后，当这些讲演在1920年以《哲学的改造》为题汇集成书在美国出版时，评论者盛赞该书集杜威哲学观点之大成。

然而，杜威的讲座对当时日本大多数的哲学学者，尤其是老一辈的哲学家，并没有产生重大的影响。这些思想家所钟爱的是理性的、绝对的、系统的哲学，而不是杜威所谓的经验的、具体的、实践的学说及实用主义。

但是，在日本，支持杜威观点的专家学者也大有人在。这些人中，有的是在留美期间聆听他的授课时，有的是在研读他的著作时，为他的哲学观点所深深折服的。早期的早稻田大学就是研究杜威学说的中心。"早稻田小组"的成员中有田中王堂、帆足理一郎及田制佐重。紧随杜威的观点，田中王堂强烈主张哲学应当抛弃"阳春白雪"般的学究做法，而是应该深入到大众的日常生活中去。帆足理一郎1929年翻译出版的《教育的改造》一书，亦显示出杜威对其的深刻影响。田制佐重1918年翻译的《民主主义与教育》、1920年翻译的《明日之学校》以及1923年翻译的《学校与社会》，都反映出他本人对杜威教育哲学的浓厚兴趣。①

当时许多日本哲学专业的学生抓住杜威访日的大好机会，与他进行了多方面的交谈。永野芳夫就是其中的一位。当年曾经在东京大学就读的永野芳夫，是日本最多产、影响力度最大的一位杜威学者，他还是1957年约翰·杜威学会（The John Dewey Society）的创始人之一。冈部矢太郎的叔父是杜威在芝加哥大学时的旧交，矢太郎也曾经与杜威促膝长谈。在谈话中，杜威指出日本的教育心理学研究相对空白的问题。杜威的这番话语给冈部矢太郎留下了深刻的印象，从此之后，他开始专门研究教育心理学，并逐渐成为日本教育心理学领域的权威。冈部矢太郎曾回忆说，那次谈话是他人生中的一个重要的转折点。

如此，在日本逐渐形成了一批对杜威的哲学，尤其是他的教育哲学虔诚的支持者和追随者。第二次世界大战结束后，麦克阿瑟②将军指挥的美军接管了日本。随后，在推动日本教育体系建设更加现代化和民主化方面，杜威学说的拥护者们做出了重要的贡献。

除学术领域之外，杜威对日本深感兴趣的则是日常生活中日本对政治和社会自由主义的认同和接纳。杜威写道："自由主义在四处传播，每个人都在大谈特谈民主主义。"据杜威的了解，德国战败在很大程度上归因于此。长期

①［日］小林繁夫.约翰·杜威与日本教育思想［M］.安阿伯：密歇根大学出版社，1964：29-40.——原注

②道格拉斯·麦克阿瑟（Douglas MacArthur），美国陆军将领。曾任远东美军司令等职。

以来，德国是统治阶级眼中的典范和榜样，而它的战败使军国主义党派众叛亲离。随着德国国力的日渐衰竭，"之前自由主义者只能偷偷地在课堂上低语或者只敢在报纸上用模棱两可的语言议论的话题，终于可以大声地在公共场合畅谈了"。①

杜威观察到，自由主义的中心在大学校园。即便是在长期以来被视为保守主义和极端保守主义堡垒的东京帝国大学里，自由主义思想家也层出不穷。一份报告表明，该校政治学学院的大部分师生都是积极的自由主义者。而另一份报告则显示，大学院系中的许多人都是一个称为"黎明"社团的积极分子，并以公开讲演的形式宣传民主主义观念。与此同时，日本国内越来越多的学生深受"激进观念"的影响。在东京帝国大学，一群学生创办了一份自由主义期刊《民主》。事实上，杜威了解到，每个月都会有类似于《改造》《新社会》这种名称的杂志创刊出版。

然而，日本的政治自由主义者不敢对目标有任何奢望。杜威发现，"很难想象在日本这个国家，自由主义政党会有一个坚定一致的政纲"②。政治机会主义是当时自由主义党派唯一奏效的政策。商业与军事利益集团有效地巩固了政府的统治，可以说，国家就是由这两大利益集团组成的。而维护这些势力的工具则是学校里教师教给大家的神话，即天皇是"上天之子"、是最高的统治者，人民必须绝对顺从。然而，天皇事实上手中并无实权，因而"这一深入人心的宗教教义实质上巩固了真正掌权者的统治"③。由此，除非自由主义者敢于冒宗教和社会动乱的危险，他们只能对政府听之任之，最多在政府内部为大多数人的利益努力奋争。据杜威观察，扩大选举权范围是当时最主要的议题。

———————

①［美］约翰·杜威. 自由主义在日本［J］. 人物与事件，1929：149-150。// Joseph Ratner. *Popular Essays ln Social and Philosophy*, vol. 1. New York: Henry Holt and Company, 1929：149-150. ——原注

②［美］约翰·杜威. 重新审视日本：两年之后［J］. 人物与事件，1929：182. ——原注

③［美］约翰·杜威. 自由主义在日本［J］. 人物与事件，1929：166. ——原注

"民众政治意识与宗教和神权观念的结合"是自由主义者在国际上的一个巨大障碍。日本当局就是用这个说法来自圆其说所谓的日本在亚洲尤其是在中国有一项神圣使命的言论，而那些反对日本在亚洲的侵略和军事政策的人就是在与神为敌，与这个国家为敌。因此，自由主义党派总体上虽然对日本的军国主义和帝国主义持批判态度，但他们却不敢冒天下之大不韪，对之完全无能为力。

自由主义者与极端保守主义者在外交政策方面的一个共通之处，就是抵制西方国家的种族歧视。长期以来，他们对美国一些歧视东方人的法案一直十分愤慨。日本自由主义者和极端保守主义者一致强烈要求废除这些法案，并请求在《国联盟约》中增加有关禁止歧视东方人方面的条款。杜威对此表示支持。他认为，凡尔赛会议时没有加入该条款的做法，严重挫伤了日本自由主义者的感情，而极端保守主义者则可以趁机辩解，威尔逊所谓的为理想主义和自由主义而战的目的不过是信口雌黄，是物质主义至上的美国用来掩盖其垂涎中国、西伯利亚以及世界其他地区的商业贸易及其领土的野心；而国联也不过是一个"盎格鲁—美利坚资本主义体系，用来控制世界却无须担心军队开支和麻烦的工具"[1]。

战争导致的大规模工业扩张刺激了日本的经济自由主义。杜威发现，工业化加大了经济阶层间的差异。他写道："马克思主义使无产阶级与富豪资本家之间的矛盾愈演愈烈。而在学术界，人们争论的话题则是在经济发展过程中日本是否一定要走同西方资本主义一样的、以资方与工方的利益对立为特点的发展道路。"[2]

一派观点认为，从"与人为善"的原则出发，这种对立状态既无法避免，又不一定必然存在。这一派代表了旧式儒家思想中寡头政治的观念，主张

---

① [美] 约翰·杜威. 日本与美国 [J]. 日晷, 1919, (64): 501.——原注
② [美] 约翰·杜威. 自由主义在日本 [J]. 人物与事件, 1929: 158.——原注

君臣之间保护和效忠的原则仍然能够适用于现代社会雇主与雇员之间的关系。这种工业大生产中的家长式的管理措施，不仅要善待雇员，而且要提供种种福利待遇，例如，医疗、失业保险、便利的住房及娱乐设施等。另一派观点则认为，这是注定腐朽的传统陋俗，完全寄希望于雇主的体察下属。这些知识分子强烈坚持"权利"原则，主张人们享有同等的权利，必须组织起来为自己应有的权利去奋斗争取。

尽管日本的自由主义已经取得了巨大的进步——巨大得令人难以置信，但杜威认为其直接结果仍然是个悬念："一个在教育、军队、行政机构中根深蒂固的政党肯甘心束手就擒、自动下野，这似乎不太可能。"①与此同时，其他国家任何一个背弃民主的举动，例如，拒绝废除种族歧视法案、继续放任帝国主义国家剥削落后民族的做法，都会阻碍日本自由主义运动的进行。同世界其他地区一样，杜威分析指出："除非全世界都背弃了民主，日本才会一如既往地向民主主义迈进。"②

在日本期间，杜威还有意对日本的中小学教育加以认真研究。然而在研究之后，杜威认为，日本的自由主义事业不容乐观。他观察到教学过程中许多"从做中学"的做法，同时也注意到了学校对敬拜天皇的狂热重视。杜威了解到，孩子们并没有把天皇就是上天之子的说法当作神话，而认为事实就是如此。连大一点的孩子——即便理智上不这样想，至少在感情上和现实中也都这样认为，直到这个神话在孩子们的潜意识中生根发芽而成为其思想的一部分。至于教师，杜威发现，"任何教师都会誓死维护这些书本上的爱国主义传说"。人们告诉杜威，公共学校的教师可能是全日本最为狂热的爱国者。"不止一位教师在火灾中为了抢救天皇的画像，不是自己葬身火海，就是让学生去

---

① ［美］约翰·杜威.日本与美国［J］.日暮，1919，（64）：502.——原注
② ［美］约翰·杜威.自由主义在日本［J］.人物与事件，1929：169.——原注

抢救而葬身火海。"①

杜威通常是人们关注的焦点，杜威夫人也从未走出过人们的视线。报刊在报道杜威的同时，总是会提及杜威夫人及其对美国小学教育的卓越贡献。女性知识分子特别希望了解杜威夫人在有关女性公共事务问题上的观点和看法，于是3月在东京特意安排了一次答问会。

其中，有人问到了长期困扰日本知识女性的一个问题——女性选举权问题。杜威夫人早年曾经活跃于纽约的女性选举权运动之中。对此，她认为，女性同男性一样拥有同等的能力和才智，值得同样的信赖和尊重，因此最起码的是应当享有同男性同等的选举权。此外，还有人问到了女童教育问题。杜威夫人的问答是，女童同男童一样的天真聪颖，那些拒绝给予女童同等教育机会的组织与机构，实际上就是剥夺了其自身本来可以享有的占二分之一人口的女性在经济、社会以及人民文化生活中的贡献。当被问及对日本允许卖淫行为的看法时，杜威夫人认为，与其徒劳地谴责那些邪恶龌龊的现状，不如切实有效地教育好年轻的女子，为她们日后从事正当和有益的工作做好准备。

尽管要准备讲座且工作日程繁忙，但杜威与夫人还是尽量抽出时间丰富他们在日本为时3个月的生活。在寄给在美国的家人的书信中，他们向家人描述了日本的剧院、博物馆、寺庙、神龛，以及访问的学校。他们还提到了在日本度过的几个节日、艺伎表演、朋友带他们前去参加的花园聚会，以及在日本友人家中及饭店里所品尝到的独具日本风味的饮食。杜威夫人还在信中讲述了他们购物的店铺和百货商店。

杜威夫妇很喜欢混迹于街上来往的人群之中。杜威特别注意到了身穿亮丽和服的女孩子，发现她们极少恃强凌弱、喧嚣打闹。杜威写道："不管你对日本有什么别的看法，他们可能是这个世界上最彬彬有礼的民族，或许是太彬

---

① ［美］约翰·杜威，艾丽丝·奇普曼·杜威.寄自日本和中国的家书［C］.纽约：达顿出版公司，1920：148—149.——原注

彬有礼了。"①

　　东京帝国大学的讲座结束后，杜威夫妇离开东京，前往京都及大阪两地。在那里，杜威分别与两地的教师和大学师生进行了广泛的交流。每次讲演后，市政部门及大学的官员都会设宴款待杜威夫妇。

　　不久，当日本天皇宣布有意授予杜威"旭日东升勋章"时，日本政府正式肯定了杜威此次的日本之行。根据天皇的声明，授予勋章是为了表彰杜威在学术上的贡献，也是为了促进美日两国的友好关系。但是，杜威委婉谢绝了这枚勋章，因为对他而言，其中包含了他最不喜欢的非民主的含义。②

――――――――――――――

　　① ［美］约翰·杜威，艾丽丝·奇普曼·杜威.寄自日本和中国的家书［C］.纽约：达顿出版公司，1920：50.――原注
　　② ［美］马克斯·伊斯特曼.约翰·杜威［J］.大西洋月刊，1941，（168）683.――原注

日本的"杜威勃兴"[①]

［日］小林繁夫

　　1962年，一位日本教育周刊的作家指出："杜威对过去18年的日本教育思想的重大影响是不可否认的。这种影响超过其他任何思想家的影响。"[②]有一段时期，日本民众对杜威哲学的兴趣极其强烈，日本人自己将这种热情称为"杜威在日本的勃兴"。

　　近年来，有关杜威的出版物层出不穷，或者可以算是不断"勃兴"。自第二次世界大战后，至少有254篇文章以及58本著作的标题中出现了杜威的名字，另有21本杜威的著作被翻译出版。在日文版的《教育参考书目》的"教育思想家研究"标题下的176个条目中，有将近一半的条目是以"杜威"为关键词的。"杜威"部分列出了81个条目，与之相比，位列条目数第二的苏联教育家"安东·S.马卡连柯"部分下仅有18个条目。[③]

　　有关杜威的书籍销量很好。研究杜威的权威学者永野芳夫（Nagano Yoshio）指出，二战后他收入的一大部分来自他的多部有关杜威著作的版税。虽然很难得到精确的出版数据，但是，书籍的大量印刷足以估算出它们的热门度。例如，永野芳夫的《杜威教育学导论》1946年第一次出版，之后的2年中

---

　　①摘译自：Victor Nobuo Kobayashi. *John Dewey in Japanese Educational Thought*. Ann Arbor: University of Michigan Press, 1964：1-9. 高惠蓉，译.

　　②［日］田村神治.杜威教育思想的当代意义［J］.亚洲学术期刊，1962-09-26.——原注

　　③［日］日本教育研究学会.教育参考书目（1945.8—1957.3）［J］.东京，1958：23-29.——原注

加印了16次。

日本教育协会会议上频繁发表的有关杜威的论文，也说明了杜威在当代日本教育思想中的主导地位。在连续数年的日本教育研究学会年会上至少会研读一篇有关杜威的文章。1951年时达到了高潮，这一年有8篇论文发表。在该学会1961年年会时有4篇，而1962年年会时也有3篇。杜威也是学生写论文时热衷的话题。日本的多数大学要求学生毕业时写论文，从第二次世界大战末开始，至少有268篇毕业论文和13篇硕士论文是有关杜威的。杜威成为教育类论文的热门研究对象，为此1959年还出版了《研究杜威教育思想指南》一书。

杜威已成为数个特别教育活动的主题。在一个热衷节日的国度，举办"杜威节"也不足为奇。1953年，四国岛的爱媛（Ehime）大学便发起了一个"杜威节"。1955年6月1日，北海道大学及北海道文科大学举办了"杜威之夜"的活动。杜威主题也进入了该年的广播节目，NHK教育电台播出了一个名为"杜威哲学与日本教育"的节目。因为对杜威的热情以及学者们对正规组织成立的倾向，1957年日本成立了约翰·杜威学会，到1962时已有130位教育家和哲学家成为其会员。[①]

1926年，杜威在第六次国际哲学大会上讲话时提出，哲学是时代的派生和心声，是文化的产物。"哲学……保持着与文化史的紧密联系，沿袭了文明社会中的变化。传统的流派抚育了它，追溯它们的源头至关键时刻可以使当前的思想出现新的方向。工业上的新发明、世界的新发现以及科学的新发明丰富了哲学。"[②]

杜威同时提出，哲学不仅仅是文化的反映，其自身对文化的未来发展也产生影响。他认识到，哲学从整体上对历史起着保守的作用，因为它经常为现

---

① ［日］西谷见藤.杜威学会的历史与现状［J］.亚洲学术期刊，1962-09-02.——原注

② ［美］约翰·杜威.哲学在文明中的作用［C］.// 埃德加·布赖特曼（Edgar Brightman）.第六次哲学国际会议记录.纽约，1927：537.——原注

存的制度、做法以及传统辩护；然而就算是在说明和澄清其保守倾向时，哲学也选择了存在的因素，并赋予它们本不具有的意义。

对哲学的这种阐释是对当今研究的一个基本假设。这个假设是由日本人自己提出的。他们深深地意识到，他们自己的传统和西方传统的差异。日本人一直在努力解开不同的思想流派在存在中的不同意义，这样可以为由于旧社会突然遭遇外国社会的制度、技术以及价值观而带来的混乱的局面创造一个秩序。对哲学的这种阐释，从对当今的研究延伸至了教育哲学研究以及教育自身过程的研究。"教育"这一术语的使用被局限在专门的机构即学校中，使它滋养了该术语的某种不成熟倾向。包括课程、教学方式、管理及教师聘用系统在内的教育系统在不同的社会中变化不一。课堂中推崇的种种方法，以及有意识或无意识地培养年轻人形成的价值取向及态度，都在某种程度上表明了一个社会的理想、目标和渴望。教育哲学力图使教育机构更合理，尝试澄清那些需要或不需要通过教育提升的意向，提升它们的原因，以及提升它们的方式。

日本有着以快速的发展步入工业及技术现代化国家行列的奇妙历史。它是一个发动过灾难性战争的战败国，却能从战争的失败中实现快速的经济复苏，在这样的社会中，杜威思想在其教育思想界的地位如何？

日本作为一个亚洲国家，其教育的独裁传统一直闻名于世，对杜威思想的巨大兴趣更显突出。杜威不仅是主张在学习中赋予儿童极大的自由、支持工业革命带来的科学进步以及与日俱增的变革相匹配的哲学的领军人物，而且也是美国自由与民主哲学的主要代表人物。他在其实用主义哲学或实验主义中将民主与教育理论联系起来。他目前对日本教育思想的影响是否就意味着他的民主教育思想正在为日本国民接受？是否意味着杜威哲学以某种方式反映了日本民众坚定地建立二战后创造的民主制度的渴望？或者是否能将"杜威勃兴"看作是另一次狂热？此类的狂热不仅在教育史上，而且在日本与西方的交往史上也时常发生。对于日本教育学家们，杜威意味着什么？

以上这些问题都是有关日本人对杜威的研究要涉及的……正如研究所

表明的，对杜威的兴趣不仅和第二次世界大战的失败以及战后的美军占领有关，而且还和珍珠港事件前几年的发展相关。

日本在杜威思想有影响的学术和教育领域比较薄弱，该领域似乎十分松散和无关紧要。然而，第二次世界大战后的事件证明事实刚好相反。至今，那些不起眼的战前杜威研究学者及教育学家，他们中的一些人在海外受过教育，战后却涌现出来成为教育哲学重建的主导人物，日本的战败使这一重建变得尤为必需。几位作家将日本战败的形象比作激进思想与自由思想之流的洪水之门的开启，这个比喻应用到教育哲学的变革中是十分恰当的。但是，洪水之门开启之后放出的是一个适度的思想流。

第二次世界大战前，对杜威思想的重要性的认识的主要原因来自心理学领域。当今的日本教育家们认为，他们的杜威教育思想研究的历史证明了民主教育思想并非日本的新事物，它并不是美国占领军们自认为是在他们的谆谆劝导下将民主革命带给这个无助的战败国的先进的东西。虽然日本教育学家们默认自己因为在反对法西斯主义在日本升温中缺乏积极参与而负有罪责，但他们也愤恨著名的比较教育学家、占领军教育改革顾问之一坎德尔等人的观点。1946年，美国教育使团来到日本提出的重组教育的建议和日本的传统没有任何直接的非直接的关系。[①]

许多其他教育学家将美国占领日本时期的"新教育"视为杜威教育项目，但对他们来说，"新教育"在大正时期（1912—1926）就已经开始了，它只是被军国主义和战争打断的"新教育运动"的延续。

与美国人不同，日本人更倾向于将他们的生活定位的重点放在历史和传统上。那些明显延续过去的事情、活动以及努力就格外有意义。对历史理性的需求，即对先人的感恩而并非强调效用的实证主义标准，可能正是一个旧社会

---

① ［美］坎德尔. 教育新时代（*The New Era in Education*）［M］. 坎布里奇：哈佛大学出版社，1955：11. ——原注

在外来价值观和理想同化影响下仍能经历快速变化的特征；任何能成功地融入及被引入其文化的东西必须和过去接轨。如果事实真的如此，那么日本的杜威学者们表达了这一需求。因为他们中的许多人认为，二战前的事情证明了对杜威的兴趣既不是狂热也不仅仅是对美国教育的盲信。日本人用含蓄的或者明确的方式接受来自西方传统的观念和制度并成为他们自己历史的一部分，这种做法表明杜威的思想也将成为"日本传统"的一部分。

因为时间关系，目前研究必须限制在一定的范围内。课堂实践在学校之间、教师之间的差异很大，没有对日本课堂实践的长期研究将很难判定杜威对学校实践的影响。在那些倾向于认为由美国占领军推进的日本教育改革是以杜威原则为基础的日本人中，有关杜威思想渗透到课堂活动的程度也有意见上的分歧。此外，"杜威方式"很难被直接观察和客观地判断，因为其更像是一种态度，而并非一套教学程序。

杜威教育在当今英美两国①

［英］大卫·布里奇斯　理查德·普林②

约翰·杜威很可能是20世纪最知名、最广为承认、也最受诟病（其实有失公正）的教育哲学家了。他因"儿童中心教育"③而备受关注。他的很多哲学和教育著作论及教育之宗旨和他对儿童兴趣的关注、经验对教育的重要性、探索是知识和理解的主要源泉，以及集体对个体成长的重要性。杜威的著述确实促发了不少二战前进步主义教育运动实践（新教育联谊会④及其创办的《新时代》杂志便是一例，杜威是该杂志的撰稿人之一）。该运动所倡导的理念于20世纪60年代被《普洛登报告》（*The Plowden Report*）⑤奉为圭臬，该报告调查的是英国小学教育及其影响。到了1970年，英国的教师和校长们被邀请到美国，为美国教师传授科学经验，有趣的是，这些经验却源自美国哲学家的教育著作。

当然，正如理查德·普林在这个清晰而有趣的研究中指出，不少人自称

---

① 选编自：［英］理查德·普林：约翰·杜威［M］.序（David Bridges）及前言（Richard Pring），吴健，张韵菲，译.哈尔滨：黑龙江教育出版社，2016。标题由选编者所加，文字略有一些增删。

② 理查德·普林（Richard Pring），英国牛津大学格林坦普顿学院教育系荣誉退休教授。

③ "儿童中心教育"这一观念，是由杜威在约翰斯·霍普金斯大学攻读博士学位时的老师斯坦利·霍尔最早提出的。

④ 新教育联谊会（New Education Fellowship），1921年成立。

⑤ 《普洛登报告》，亦称《儿童和他们的小学》（*Children and Their Primary Schools*），1967年由普洛登委员会发表。该委员会主席是普洛登（L. Plowden）女士。

喜欢杜威的思想，但却少有人真正读过这位哲学家精心写就、言辞谨慎、时而生涩的哲学著作。杜威的门徒们不久就矫枉过正，而杜威本人也不得不对其加以纠正，甚至要与其撇清关系。英美两国的右翼政治家后来开始妖魔化杜威（杜威的《民主主义与教育》被列为20世纪最危险的著作之一，仅次于希特勒的《我的奋斗》和马克思的《资本论》）。这实际上源自两重无知：一重是对杜威的真正言论的无知，一重则是对英美两国学校情况的变迁，或者是并未真正发生变化的无知。本书对杜威哲学和教育哲学观点做了深刻的解读，读者因而更能明白追随者们为何如此敬仰杜威的著述，以及对于我们教育体系败笔的唾弃，杜威是否担有责任，或担有多大责任。

但吊诡的是，在20世纪后二三十年代，杜威的学说虽被驱逐出狭义的教育圈子，却以其他形式抛头露面。"儿童中心学习说"或许遭到了学校体系的摒弃，但"学生中心学习"以及"学习者中心学习"等观点在成人和继续教育中得以保留，沿用至今。"设计教学法"或许在小学教育中失去了地位，但"基于设计或问题的学习"，一般围绕真实生活中的问题，却成为职业教育的准则。杜威的实用主义哲学或许已经过时，但科尔布①的经验学习周期理论几乎在每个"培训人员"的培训手册中都要被提及。说到底，科尔布的理论就是简化和系统化了的实用主义。"行动研究"在全世界广受教育工作者们热情拥护，很多教育主管部门也乐于支持，其实是建立在知识及其发展的实用观之上的。在学习理论、课程话语以及正在快速发展的定性研究领域，杜威的实用主义以及与他共事多年的同事乔治·H.米德的社会心理学理论，联袂奉上的概念框架最受推崇。时至今日，在美英两国，政府资助机构对于教育研究的态度也是实用主义的，即研究应该告诉他们"什么管用"。不过，杜威若仍在世，那很可能会愤怒地指责这是对他实用主义的滥用。

如今《民主主义与教育》出版近一个世纪，杜威学说仍然具有广泛的指

---

① 科尔布（David Kolb，1939— ），美国课程教学论家，创立经验学习周期理论。

导意义。这一点，我想是毋庸置疑的。但杜威哲学和教育论著所受到的待遇，无论公正与否，都表明，如果我们想从杜威的真知灼见中获益，那么必须要努力去理解其理念的哲学根基。……

当年在伦敦大学学院哲学系当本科生时，我常在图书馆里与约翰·杜威的一排著作相对而坐。我对这个人物有些好奇。一个人怎么写了这么多书[①]，世人却读之甚少？我学了三年哲学，却从未在课堂里听人提起他的名字，也从未听说有人借阅或读过这些数量众多却布满灰尘的文献。他唯一出名的地方似乎只是因为他的著作被归为一个诡异的类别（当然有失公允）。

这在某种程度上有些吊诡。罗素在1946年初版的《西方哲学史》中称杜威"被公认为美国当代哲学界在世的代表人物"。罗伯特·威斯特布鲁克（Robert Westbrook）在《约翰·杜威与美国民主》中称杜威"会成为美国现代史上最重要的哲学家，无论全世界的人如何褒贬他"。杜威——尤其是（在罗素看来）他对"真理"概念的论述——虽然遭到了误解，但仍有着巨大的影响力，在美国也不例外。

"美国当代哲学界在世的代表人物"这一殊荣，部分归功于杜威的"实用主义哲学理论"，解决了很多使人困惑的哲学命题。杜威的"实用主义"对米德的社会心理学产生了重要影响。米德与杜威先在密歇根大学共事，后又是芝加哥大学同事。米德的理论阐明了个人身份是如何通过社会互动（符号互动）形成的，该理论迄今还在影响人种学范式下的教育研究。杜威影响了米德，也受到了米德的影响。尽管实用主义哲学影响深远，但罗素给予"实用主义之父"皮尔斯（Charles S. Peirce）的待遇更是奇怪，书中提到他时只有寥寥两行（在讲杜威那一章），在同一章中还简

---

① 就约翰·杜威的著作，美国南伊利诺伊大学卡本代尔分校杜威研究中心编辑出版了《杜威全集》（38卷），从1969年出版早期著作第1卷到2012年出版最后的补遗卷，历时44年。2017年，华东师范大学出版社出齐了中文版《杜威全集》中文译本。

短提及了詹姆士（William James）。

或许正因为此，杜威在英国才未获得他在美国受到的重视。我读过皮尔斯的著作，因为他被列入了课程大纲。但实用主义却从未进入哲学中心传统。据罗素看来，这或是因为，人们无法接受"基本的逻辑概念和知识理论乃'探索'，而非'真理'"这一说法。

再往后来，由于阿兰·瑞安[1]的《约翰·杜威和美国自由主义高潮》（1995）一书的出版，英国学界对杜威产生了一些兴趣。这本书将杜威的哲学、政治学和教育学理念置于其生平及美国的政治社会生活中来理解。这确实是合理的，正如瑞安所言，杜威的论述对这一语境的体现、阐释和互动，目标瞄向"智慧行动"。

杜威的哲学论述虽未受重视，但他的教育论述却极具影响，尤其在美国"进步教育运动"中影响巨大。杜威在哥伦比亚大学的同事克伯屈于1918年出版了《设计教学法》（*The Project Method*）一书，此书将杜威的教育理念具体化为课程大纲，用实用的、跨学科的设计来激励学习者，让其接触完成设计所需的不同门类的知识。

但是具有讽刺意味的是，衡量理念到底好不好的一个标准，是看其会带来什么样的结果。美国于20世纪70年代日益面临日本及其他国家的经济挑战，陷入了经济困境，这是美国教育系统，尤其是"进步教育家"们不得不面临的问题，其中领军人物便是杜威（据批评者们而言）。正如内尔·诺丁斯[2]在《教育哲学》（2005）中所说："那些希望学生更多参与计划和活动的人赞誉他为美国教育的拯救者，但也有人说他'比希特勒还恶劣'，谴责他用知识论和道德相对主义影响了学校教育，还企图用社会化代替真正的教育。"

---

①阿兰·瑞安（Alan Ryan, 1940— ），英国牛津大学政治学教授。
②内尔·诺丁斯（Neil Noddings, 1929— ），美国教育哲学家，斯坦福大学荣誉退休教授。美国教育哲学协会和杜威研究学会前主席。

拉里·库班[①]在《黑板与底线：为什么学校不能办成企业》（2004）中，提及学校正在倒退回一种运用高风险评价机制的商业模式，这正是杜威所倡导的教育理念的对立面。

但把"进步教育"的所谓恶劣后果归咎于杜威是不妥的。杜威本人对"进步教育"的做法也持彻头彻尾的批判态度，但给杜威头上安上这桩罪名也反映了教育思想很容易变成口号的状况。正如谢弗勒在《教育的语言》（1960）中所说："约翰·杜威对教育所产生的影响是一则富有教益的案例。他的论述系统，谨慎而得当，很快便被转化成美国中新进步主义倾向的响亮口号。杜威自己也批判对他的理念的诸种不当运用。"

二战后，英国教育发展的批评者们也把"以儿童为中心"这一奇谈怪论归咎于杜威的影响。所谓进步主义学说的论述还常常提及杜威。布莱恩·西蒙[②]称杜威学说是"1930年'小学'革命的影响之一，也成为1967年《普洛登报告》背后的'正统意识形态'"。1989年我到牛津大学，晚餐时坐在基思·约瑟夫爵士（Lord Keith Joseph）身边，他曾在玛格丽特·撒切尔首相内阁任教育大臣。他责备我应该为英国学校的诸多问题负责，因为是我把约翰·杜威介绍给了教师们。之后，即便是哲学家、记者和政客们都开始系统地攻击作为教育家的杜威。比如，奥黑尔（O' Hear）教授就说："我们教育质量的下滑，大概要怪罪约翰·杜威学说倡导的平等主义。"

第一，至少在英国，很少有人仔细研读杜威的教育学说，正如很少有人研读他的哲学著作，即使英美两国的教育哲学家们常常提及杜威。彼得斯[③]在他1981年写的《教育家论文集》中做了论述，笔锋虽有同情，但批判得也算彻底。1970年，伦敦大学教育学院教育研究所的一个研究小组花了数周时间研读

---

① 拉里·库班（Larry Cuban），美国斯坦福大学教育学院教授。
② 布莱恩·西蒙（Brian Simon, 1915—　），当代英国教育家和教育史学家。
③ 彼得斯（Richard Peters, 1919—2011），英国分析教育哲学家，分析教育哲学伦敦派的代表。

了杜威的《民主主义与教育》。美国教育研究协会也有一个活跃的教育研究小组，专门致力于杜威批判研究。但这些学术研究凤毛麟角，很难把教师群体变得激进起来。所以，很难看出杜威学说如何改变了人心，或影响了实际的教育发展，除非是因为他的哲学在培训教师的教育学院广为传播。

第二，达林（Darling）在《儿童中心教育及其批判者》（1994）一书中，详细描述了学界对杜威观念的批判。批判有两点：其一，"哲学革命"［吉尔伯特·赖尔（Gilbert Ryle）于1956年出版的著作的标题］开始主导教育哲学，而此时在英国教育研究正欲成为显学。其二，谢夫勒等哲学家正在革新北美的教育观念，谢夫勒的著作《教育的语言》影响广泛。哲学家们不再认为哲学的目标是回答诸如教育目标是什么、教师该如何教学等实质性问题，而是就教育到底是什么（及其目标）、教学是何概念等提供一些二阶逻辑分析。教育哲学革新北美倡导者之一阿尔尚博（R. D. Archambault）说"需要清理马厩"，"教育哲学家们没有认识到或利用好近些年的哲学研究成果"。（1965）

哲学阐释问题，但并不解决方案。伦敦大学教育学院的革新者们在理查德·彼得斯的带领下，尤其关注儿童中心观的说法。其中包括杜威以及各种儿童中心教育论中所谓目标乃"成长"和"自我实现"之类的说法。正是这一说法，引得迪尔登（Dearden）（见《小学教育的哲学》，1968）和彼得斯（见《教育与对教师的教育》，1977）等分析哲学家们大举批判。杜威作为哲学家想要改变实践，但在革新后的教育哲学思潮来看，这是不可接受的。当然，除非实践的改变源自清晰的理论思考。这一正统思潮与杜威以及他所倡导的教育理念格格不入。……

第三，巧合的是，在哲学家们一边批判杜威的同时，英国保守派政府及美国联邦政府对学校的标准要求与效用也日趋失望。而当时儿童中心教育观正在遭受批判，自然便被视为祸根。因此，北美和英国都在批判所谓的进步教育，呼吁更加正式的教学方法，并对知识学习进行更加系统的评价。而杜威则常常被视为罪魁祸首。

不过，那些认真研读杜威众多著作的人，会发现其观点不易理解，而考虑到如今的教育体系对于那些学习意愿差的学生无能为力，我们又会发现杜威的观点很有道理。另外，他的哲学观点渗透了他的教育理念，如果不能理解他的实用主义哲学，便很难接受他的教育理念。比如，不少人可能会同意罗素的批判，认为杜威用"探索"替换"真理"，作为知识理论体系中的基本概念。杜威的哲学观念和教育思想彼此交错，如果不能接受杜威的哲学立场，那就很难接受他的教育观念，不管其看起来多么有道理。

…………

想要理解杜威的教育思想，必须首先理解其教育思想所基于的关键概念。我挑选了七个关键概念。通过这些关键概念，或许能理解他的丰富论述。不过，可能会有不少人并不认同我所列的关键概念，也因此不认同我对杜威教育思想的解读。

- 教育目标（儿童的兴趣、约束和成长）；
- 经验（对经验进行反思）；
- 探索（以及理解和真理指什么）；
- 儿童中心论；
- 课程的知识和题材；
- 社群（以及个人在其中的位置）；
- 学校教育（及其与社会的关系）。

我在1987年写过一篇文章。文中，我说杜威很可能是"技术与职业教育计划的守护神"。英国就业部人力服务委员会于1983年制定该计划，强调实践和经验的学习，质疑学术与职业学习的分野，质疑"虚假的"二元主义，并坚持学习内容要和社会更紧密联系。该计划在全国范围内受到欢迎，即便如此，1988年英国实施统一的国家课程时，该计划也夭折了。但计划的作者和创造者从未读过杜威的著作，我想杜威也会在这项计划的实践行动中看到自己理念的影子。而那些在实施统一的国家课程时拒绝该计划的人，也会拒绝杜威的理念。

　　……杜威的论著帮我"重构"了我对教育实践的理解。我希望我的阐释也会改造他的文本，因为理解永远处于动态之中。杜威说，理解永远没有终点。

五、杜威与中国教育

就杜威来华讲学之事致胡适①

陶行知

敦请杜威来华讲学

——致胡适

适之吾兄请看：

三个礼拜前听说杜威先生到了日本，要在东京帝国大学②充当交换教员，当头一棒，叫我觉得又惊又喜。为何惊呢？因为我两三年后所要做的事体，倒日本先做去了。既而又想到杜威先生既到东方，必定能帮助东方的人建设新教育，而他的学说也必定从此传得广些。且日本和中国相隔很近，或者暑假的时候可以请先生到中国来玩玩，否则就到日本去看看他也是好的。想到这里，又觉得大喜了。所以即刻就把这事和郭先生③谈了一下，当时就决定由他经过日本的时候当面去请。现在又有你欢迎的信去，我看杜威先生十分有六七分能够来了。我不久也要写一封信去。总而言之，这件事我们南北统一起来打个公司合办，你看如何？上海一方面等写信和省教育会商量之

---

①选自：陶行知全集（第8卷）[C].成都：四川教育出版社，1991：214—218. 标题系编译者所加。

②东京帝国大学，日本国立大学。1877年成立于东京。——原注

③郭先生，即郭秉文。中国近现代农业教育家，1910—1915年留学美国。——原注

后再看下文。

《新中国杂志》①发现很是件好事，看来信的笔气似乎是由老兄主持的，若是果然如此，那我就勉力去作一篇《杜威的教育学说》以副厚意。不过4月1号以前就要交卷，却没有十分把握，万一第一期赶不上，第二期一定寄来。

前几天报上有个谣言，说你什么要出北京大学，我们正在预备写信欢迎你到南方来，哪晓得报上又有更正的新闻了，可惜可惜。

陶知行写

三月十二日

杜威将来华讲学
——致胡适

适之吾兄：

现在有一件可喜的事，一件可悲的事报告：

今日接到郭秉文先生的信，他说到日本已经见过杜威先生，杜威先生并不是帝国大学交换教授，不过游历的时候带着演讲就是了。郭先生请他到中国来，他就一口答应，说4月中就可到中国，打算游历上海、南京，扬子江流域，一直到北京。杜威先生曾发表他的意思说，除今年之外，还愿留中国一年。既然有此很好的机会，这一年光阴自然不能轻轻放过。怎么办法，要等郭先生和哥伦比亚大学商量后才可定当。杜威先生到华接洽事宜应由北京大学、江苏省教育会、南京高师②三个机关各举代表一人担任。敝校昨日已推定兄弟

①《新中国杂志》创刊于1919年5月，至1920年8月停刊。——原注

②南京高师，即南京高等师范学校。后并入东南大学。——原注

担任此事，请老兄和蔡子民[1]先生商量推举一人，以便接洽。附上敝校所拟办法数条，请与蔡子民、蒋梦麟[2]、沈信卿[3]三先生（蒋、沈二君现在北京）磋商，并请赐教。杜威先生来期已迫，请从速进行为要。杜威先生通信地址一纸，请留存尊处。

可悲的事就是许君怡生［苏］已于22日下午逝世，病是influenza（流行性感冒）转为pneumonia（肺炎）。自去年此病发现以来，朋友中因此逝世的，中外共计已有7人了，真是可惜得很。上上星期六日河海工程学校[4]，开四周年纪念会的时候，还见过一面，当时面容并无病状，弟于22日下午从上海回来始而闻他病重，不到一刻，电话就报他的死信，真是当头一棒，叫人吃惊，丧事已由孟邹[5]先生来宁主持，老兄得此不幸的消息，也免不了伤感一番。

陶知行谨启

三月卅一日

附：杜威来华接待事

——致胡适

适之：

麟今晨自杭归，你的信都收到。知行亦自宁来沪。今先将徒威（即杜威——编者）的办法回答你，他事另函详。徒威留一年，甚好。南京、上海

---

①蔡子民，即蔡元培。中国近现代教育家，1917—1922年任北京大学校长。——原注

②蒋梦麟，中国近现代教育家。在哥伦比亚大学获哲学博士学位。1919年后受聘于北京大学，先后任哲学系主任、总务长、代理校长等职。——原注

③沈信卿，即沈恩孚。——原注

④河海工程学校，现为河海大学，校址南京。——原注

⑤孟邹，即汪孟邹。——原注

方面准合筹四千元。来信所谈计划，我们极赞成，照办就是了。

知行

同启

梦麟

六月廿四日

介绍杜威先生的教育学说[①]

陶行知

美国哥伦比亚大学教员杜威先生，是当今的大哲学家，也是当今的大教育家。今年是先生的休息之期，他想要在这一年当中，到东亚来游历一番。现在已经到了东京，在帝国大学讲演。大约4月间就要到中国来，预备游历上海、南京、北京以及别的地方。杜威先生素来所主张的，是要拿平民主义做教育目的，试验主义做教学方法。这次来到东亚，必定与我们教育的基本改革上有密切关系。既然有这大的关系，就不能不略为晓得杜威先生的历史。

先生于西历1859年，生于美国弗尔卯梯州[②]之柏林顿[③]城。1879年毕业于弗尔卯梯州立大学。1884年在约翰司霍布金大学[④]得哲学博士学位。此后历充米支干大学[⑤]和米尼梭泰大学[⑥]哲学教员。至1894年即应支加哥大学[⑦]之请，担任哲学教授。1902年改任该校教育科主任。1904年以后一直到现在，都在哥伦比亚大学服务。这是杜威先生的一段小史。

---

① 本篇在1919年3月31日《时报·教育周刊·世界教育新思潮》第6号发表后，又改题为《杜威先生的史略和著作》，作为《杜威先生在华讲演集》一书的序言，文中列出杜威著作增至21种。选自：陶行知全集（第1卷）[C].成都：四川教育出版社，1991：300-302.

② 现译佛蒙特州。

③ 现译伯灵顿。

④ 现译约翰斯·霍普金斯大学，美国铁路大王约翰斯·霍普金斯1876年创建。——原注

⑤ 现译密歇根大学。——原注

⑥ 现译明尼苏达大学。——原注

⑦ 现译芝加哥大学。——原注

但是读这一段小史，只略为明白他一生经过的大概。他一切的学说主张，都不能从这里看出来。所以要知其人，必先读其书。就我所晓得的，杜威先生所出的著作，共有16种。我们且按着出版年份，把他们先来介绍给大家同志看看。

《心理学》	1886年出版
《人生哲学的评论》	1894年出版
《人生哲学的研究》	同年出版
《数目的心理学》	同年出版
《我之教育信条》	同年出版
《学校与社会》	1897年出版
《学校与儿童》	1900年出版
《儿童与课程》	1902年出版
《论理学的研究》①	1903年出版
《思维术》	1909年出版
《教育丛论》	1910年出版
《达尔文在哲学上的势力》	同年出版
《德国的哲学与政治》	1915年出版
《将来的学校》②	同年出版
《平民主义的教育》③	1916年出版
《试验的论理学》	同年出版

除了上列书籍之外，还有许多著作散见于各种杂志当中。例如《哲学评

---

① 论理学，逻辑学的旧称。
② 即《明日之学校》。
③ 即《民主主义与教育》。

论报》、《心理评论报》、《哲学心理和科学方法杂志》和《新民国》上，都时常有杜威先生的名论。

上列各种书报，凡是研究杜威先生的教育学说的，都应该备来参考。不过教育界中普通的人，只要选几种最关紧要的读读，就可以明白他学说的大概了。他的著作当中，和教育最有关系的，一是《平民主义的教育》，二是《将来的学校》，三是《思维术》，四是《试验的论理学》。这四部书，是教育界人人都应当购备的。我们教育界同志，对于杜威先生的教育学说，有想研究的么？如有，就须先读这四本书。等他到了中国之后，我再来介绍大家亲听他的言论。

杜威的中国之行①

［美］乔治·戴克威曾

　　同原先的设想不同，杜威远东之行的时间被延长了。在日本期间，杜威收到了国立北京大学的邀请函，盛情邀请他于1919—1920学年到北大开设讲座，具体时间为1919年6月至1920年3月。这份邀请函是由杜威以前的几位中国学生共同努力促成的。杜威的学生们相信，杜威的访问会对当时处于萌芽状态的中国自由主义起到极大的推动作用。他们获得了中国5个进步教育团体的经济资助，从而为杜威的中国之行筹得了足够的经费。

　　1919年4月28日，杜威夫妇乘坐"熊野丸"客轮离开日本前往中国，4月30日抵达中国上海。整个5月份，他们都在上海、杭州、南京和北京等地观光。在朋友们提供的导游和翻译的帮助下，杜威夫妇参观了手工作坊、工厂、学校和寺庙等。在北京，他们还去了紫禁城，参观了那里的宫殿、神龛、博物馆和议事厅。当他们在拥挤的街道上和过往的人们擦肩而过时，杜威夫妇发现这里的人们随和、善良、隐忍，讲话声音太响，态度却又极其谦恭。在杜威看来，中国人的生活方式正是来源于这种拥挤繁杂的日常生活而并非超脱于此。"相互关爱、共享生命是中国人对这种拥挤生活条件的回应。万事皆顺其自然，从不节外生枝。"②杜威夫妇在目睹了中国一些地区极为贫困的状况后，

---

　　①译自：George Dykhuizen. *The Life and Mind of John Dewey*. Carbondale: Southern Illinois University Press, 1972: 194-205. 高惠蓉，译. 标题系编译者所加。

　　②［美］约翰·杜威. 什么使中国后退［J］. 亚洲，1920，（20）：373. ——原注

深受震动。杜威说，这是他来之前所未曾想到过的。杜威夫妇俩忧虑地发现，如此多的小孩子在这么小的年纪就不得不外出工作，挑起一家人生活的重担。

"小小年龄，就如此成熟……街道上的孩子们凝神观望着，聪慧过人，富有同情心，非常快乐，却又超乎年龄的老成和认真。"杜威写道，他愿意捐献"几百万元来修建操场、购买玩具和配备带领孩子们游戏的工作人员"。[①]

5月12日，杜威在上海与孙中山先生的会谈是他在中国这段日子里的亮点之一。一年前，即1918年5月，孙博士辞去了大总统职位，不再名列广东七大将军之一。由于旧式军阀控制了广东地区，自此孙中山无职可任，卸甲归乡。最后，他来到上海定居。在杜威访华期间，孙中山正在谋划改造中国人民的生活。他对思想与行为间的相互关系尤为感兴趣。杜威与孙中山在会见时讨论了这个问题，特别是与中国人民有关的方面。杜威后来提到过与前总统孙中山一起度过的那个愉快的夜晚，以及孙中山在革命及哲学方面的浓厚兴趣。

杜威在国立北京大学的讲座包括："社会与政治哲学"（16次）、"教育哲学"（16次）、"伦理学"（15次）、"思考的类型"（18次）以及"三位现代哲学家——威廉·詹姆士、亨利·柏格森、罗素""教育的现代趋势"和"美国的民主发展"（3次）。这些讲座都是以英语进行的，由中方人员翻译并记录，以备日报及学术期刊登载之用。每次讲座，杜威都会事先把每次讲座的摘要打印成文，将其交给译员以便翻译。

58次讲座翻译成中文后被整理成册，由胡适担任编辑，书名为《杜威五大讲演》。其他的讲座以全文或摘要的形式，发表在中国的哲学和教育期刊上。由于杜威并未保存这些讲座的英文原稿，因此，讲座内容一直不为中国以外的学术界所知，直到近期英文翻译的版本《约翰·杜威：在中国的讲演，1919—1920》（*John Dewey: Lectures in China, 1919—1920*）的面世。

[①] [美]约翰·杜威，艾丽丝·奇普曼·杜威.寄自日本和中国的家书［C］.纽约：达顿出版公司，1920：184.——原注

杜威来华访问时，正值中国哲学界欣欣向荣之际。之所以如此，是因为西方哲学观念和思想体系的大量涌入，特别是英美国家的新唯实主义，其中尤以伯特兰·罗素为甚，还有新康德主义和新黑格尔主义的唯心论、马克思主义以及实用主义。当这些西方哲学相互交汇，并与东方根深蒂固的价值观念如新儒家思想和新佛教思想相碰撞时，其结果正如一位近代中国哲学史学家所说的是"一次哲学的巨大沸腾"①。在国立北京大学，杜威的到来无疑成为这次学术繁荣的催化剂。人们热烈地期盼着杜威的讲座，他的观点引起了人们热烈的讨论。

在北京期间，杜威还定期到清华学院开设讲座。这所学院当年是由美国庚子赔款基金创建的，包括高中及大学的头两年阶段。其毕业生通常会被送到美国高等院校，完成他们的大学本科教育。杜威每周一次到这所学校讲课。清华学院位于北京城外约十英里的地方。在清华学院的经历让杜威相信，由于刚刚完成大二学习的大多数中国学生还尚未成熟，并不适宜派送到美国生活和学习，因此，"清华学院应当成为一所四年制的院校，然后精心挑选，派送更为成熟优秀的学生到美国完成研究生教育"②。

在国立北京大学的讲座接近尾声时，杜威一家（包括1919年7月到中国与父母汇合的女儿露西）准备离开北京前往南京。在那里，杜威计划到国立南京高等师范学校举办讲座，包括"教育哲学"（10次）、"哲学史"（10次）以及3次"实验逻辑学"方面的讲座。在回顾南京的工作时，杜威这样写道："我在这里讲授的是教育哲学，相当受欢迎。此外，还有希腊哲学与逻辑学史，共8个小时，但中间还包括口译的时间，因此，这更像是一堂浓缩精选并加以例证的讲课。"③

---

① ［美］布赖尔（O. Brière）. 中国哲学五十年，1898—1950［M］. 伦敦：乔治·艾伦和昂温出版公司，1956：26.——原注

② 杜威给约翰·J. 科斯的信，1920年1月13日。——原注

③ 杜威给约翰·J. 科斯的信，1920年4月22日。——原注

　　杜威的远东之行又持续了一年，他被盛情邀请担任1920—1921学年国立北京大学的客座教授。正如杜威向哥伦比亚大学哲学系主任约翰·J. 科斯说的那样："胡适和其他一些人士非常想把中国的大学建设得更加现代化，而要做到这点则意味着不仅需要培养师资，同样还需要有成型的教材。胡适特别想让我开设一门关于西方哲学史的课程，作为今后这门课程的标准。"①科斯主任在回信中表达了哥伦比亚大学师生对杜威的思念之情："我们很遗憾还要再等一年，但同时又为您感到高兴，可以对东方古国有更深一层的了解。"②

　　根据计划，杜威将大部分精力放在国立北京大学的讲座上，与此同时，他还兼顾在北京高等师范学校和南京高等师范学校开设讲座。但此次讲座较以前更加精深，不设口译，只面向研究生和高年级学生。

　　杜威在北京的第二年，令他最高兴的莫过于获得了国立北京大学的荣誉博士学位。当年，有许多学生以及中美双方的教育家见证了这次学位授予仪式。北京大学代理校长蔡元培博士在学位授予词中把杜威比作"第二位孔子"，人们为此长时间的鼓掌以示祝贺。

　　在北京的第二年，还让杜威有机会与著名的英国哲学家罗素建立了更加深厚的友谊。1920年的夏天与秋天，罗素与他的秘书多拉·威妮弗雷德·布莱克（Dora Winifred Black，弗雷德里克·布莱克爵士之女）在俄国远东地区和中国旅行。随后，1921年的冬天与春天，他们又来到国立北京大学进行了一系列的讲座。杜威夫妇与罗素和布莱克小姐之前曾于1920年秋在湖南长沙见过面。当年，湖南省长在得悉如此知名的贵宾来到长沙之后，曾经专门设宴款待这几位远道而来的客人。罗素曾经提到过与杜威夫妇的这次不期而遇："我与杜威教授及夫人的第一次见面是在湖南督军为我们准备的长沙的一次宴会上。

---

①杜威给约翰·J. 科斯的信，1920年4月22日。——原注
②约翰·J. 科斯给杜威的信，1920年6月10日。——原注

宴会后，杜威夫人曾在致词中向督军建议湖南省采用男女同校教育制度。督军的回答颇具外交辞令，说他会对此加以慎重考虑，但他又觉得湖南在此方面的时机尚未成熟。"①

罗素到达北京后，经常与杜威小聚，而且有时聚会还会有北大哲学系的一些学者参加，大家在一起探讨哲学问题。他们各有自己的独特见解，于是讨论场面经常是唇枪舌剑、各持己见，国立北京大学的哲学之风由此更为强劲。

同年3月，罗素身染肺炎，一度病入膏肓，奄奄一息。英国报社甚至做了最坏的推测，宣布罗素已于3月28日辞世；《曼彻斯特卫报》为此还刊发了长篇悼文。在罗素病危时，杜威一直陪在他的身边。据《日本广告报》的报道，杜威还曾记录了罗素的遗嘱。另一报道则称："1921年，杜威在北京探望病危之际的罗素时，后者向其概述了结束国家纷争的计划，热心地与其探讨中国当时的形势，并提到了与陈独秀的谈话……面对病榻上时日不多的罗素身上所散发出的无限热忱、幽默、智慧，杜威深受感动，几乎不能自持。"②

由于当年多拉·布莱克尚未与罗素结婚，英美两国的社交界没有像对待罗素那样接纳认可她。对此，杜威夫人深感不平。她认为，如果罗素可以为社交界所接纳，那么多拉·布莱克也应该受到同样的待遇。后来，她还力排众议，盛情邀请布莱克小姐和罗素到她的家中作客。

在中国的2年时间里，由于杜威在大专院校讲座授课的日程得到了精心的策划和安排，因此，杜威不仅可以与学术界人士有广泛的交流，而且还有机会与非学术界的人们交谈。事实上，这也是资助团体的本意所在，通过与尽可能多的团体的交流，让杜威的观点在中国获得更多的支持。在北京居住期间，杜

---

① ［英］伯特兰·罗素. 中国的问题［M］. 纽约：世纪出版公司，1922：236—237. ——原注
② ［美］舍尼曼（Ralph Schoenman）. 世纪哲学家伯特兰·罗素论文集［C］. 波士顿：利特尔·布朗出版公司，1967：8—9. ——原注

威还分别到过满洲里、山西、山东和陕西。1920年5月南京讲座结束后，杜威还巡游了长江沿岸各省，走访了浙江、江苏、江西、湖南以及湖北等省份。1921年春，杜威还去了中国的南方两省——福建和广东。总共加起来，杜威曾经到过中国当时22个省中的13个省，并且在这些省份的省府做过讲演。

杜威夫人和露西（Lucy Dewey Brandauer）通常都会与之随行，而且总是会与杜威一起被安排在讲台就座，如此听众们就可以看清他们每个人。露西曾经回忆说："那些在地方城市的讲演通常都是在当地最大的礼堂里进行的。所有的学生，上至大学学子，下至幼儿园稚童……那些小孩子在讲演及翻译的整个期间都极其可爱和遵守秩序，偶尔会有一个尚在蹒跚学步的幼童悄悄地离开座位，走到走廊中间，认真端详我们几分钟后，又静静地走回座位。"[①]

杜威在中国各省所做讲演的题目范围很广。举例来说，在福建，对福州中小学教师的4次讲演题目分别是"自动的研究""习惯与思想""天然环境、社会环境与人生之关系"以及"教育与实业"；对大专院校教师的讲演题目是"自动与政治民主"；对地方师范学校学生的讲演题目是"教育者为社会领袖"；在地方教育协会的会议上，他的讲演题目是"美国教育组织及其影响于社会"；对私立政法学校的师生的讲演题目是"民主政治的基本要素"；对南泰少年协会的讲演题目是"国民教育与国家之关系"；对福建商友协会的讲演题目是"民治的意义"。

杜威夫人经常也会应一些妇女团体的邀请前去做讲演。在福建，她曾经与省立第一师范学校的师生一起畅谈"中国妇女教育的必要性"；在私立政法学校演讲"美国妇女选举权的奋斗史"；同华南女校的学生谈论"美国的妇女教育"，以及"中美两国争取女童教育权运动的比较"；在女子师范学校与女子职业学校师生的聚会上，她的讲演题目是"学以致用"；在女青年会上，她的讲演题目是"我们女性如何报效社会"。

---

① 露西·杜威·布兰道尔给乔治·戴克威曾的信，1967年6月28日。——原注

　　杜威夫妇所至之处，总是会有专设的委员会盛情接待；同时，政府要员及市政机构、专业团体、教育组织的代表总是会专门设宴欢迎。离别之际，欢送宴会上的发言人总是会对杜威夫妇的讲演表达他们由衷的荣幸与谢意，并赠送纪念品——花瓶、漆盒、丝绸披肩及围巾。

　　如此真挚而慷慨的接待令杜威及家人久久难以忘怀。时隔46年后，露西说道："中国人真是一个了不起的民族。他们的周到与慷慨是无与伦比的。在中国的那两年是我一生最美妙的时刻之一，我的父母也同样如此。"[1]

　　尽管杜威讲演的私人氛围是非常亲切友好的，但是，中国政治与社会如此混乱的大背景让杜威大出所料。国际上，中国当时正在徒劳地试图摆脱外国势力扼杀中国政治与经济、侵占瓜分中国国土的图谋。懦弱腐败的政府为了换取一系列的贷款，使日本得到了更多的权利和对中国的控制，将中国实际上变成了日本的一个附庸国。这一方案激起了人们对于政府压抑已久的愤怒和憎恨，尤其是青年知识分子觉得应当采取行动了。于是，1919年5月4日，就在杜威开始讲座的前一个月，国立北京大学的学生组织了抗议亲日政府的示威游行，要求肃清政府中的亲日官员，中断与日本的合作。他们强烈要求抵制日货，与此同时，商人和店主们举行了一次大罢工，直到政府答应了他们的要求。示威遍及中国各地的大专院校和中学，获得了各地爱国团体的一致支持。当上海、天津、南京的商人开始罢工而北京及其他大城市准备加入时，政府做出了让步，许诺进行改革。

　　与这场历史上有名的五四运动相伴随着的是巨大的文学和文化发展，通称新文化运动。人们在这次运动中批判了许多中国传统的陋俗，认为正是这些陋俗束缚住了中国，以至其无法从陈腐的过去中挣脱出来，成为现代国家中的一员。他们强调中国必须学习西方文化，必须实现现代化，必须适应20世纪的机遇和挑战。他们强烈要求创立一种普通大众看得懂的白话文。他们希望学校

---

　　[1] 露西·杜威·布兰道尔给乔治·戴克威曾的信，1967年3月6日。——原注

的课本和参考书都要以白话文印刷，而非过去一贯使用的文言文。新文化运动的领导者们创办了白话文期刊，其内容则是关于全中国范围内的主要时事。

因此，当杜威抵达中国时，这些范围广泛旨在复兴中国的运动正在如火如荼地进行着。这立即引起了杜威的关注，他认真地观察和解读着身边所发生的一切。他曾这样写道："这正是一个学术现象，值得去研究、琢磨、调查和思考。当今世界没有哪个地方发生的事情——包括正沉浸在改造阵痛中的欧洲，能和中国目前的状况相提并论。"[1]于是，杜威在讲座、授课和外出演讲之余，还抽出时间来撰写文章，主要为《新共和》和《亚洲》杂志供稿，报道中国的形势。

在杜威到达中国4天后的学生抗议示威[2]是他记载的第一个事件。在"中国学生的抗议示威"中，杜威详细描述了学生们的行动以及政府的反应。对杜威而言，这一抗议示威标志着中国从被动接受到积极主动的转变，显示出了独立于政府之外而又能最终压倒政府的组织团体的存在的可能性。对于大多数还是孩子却能够做出如此之盛举的青年人，杜威印象尤为深刻。他在给家人的信中写道："很难想象，我们国家14岁以上的孩子能够带头发起一场大规模的净化并改革国家政治的运动，并能让商人和专业人士因感到羞愧而加入他们的行列中来。这真是一个了不起的国家。"[3]

其他文章，如《中国人的民族情绪》《中国政治的新酵母》《中国的政治动乱》《工业的中国》《中国是一个民族吗》，从不同角度探索了中国的政治和经济问题，阐述了中国当务之急——稳定的中央集权政府、全国统一的货币体系、统一全面的交通运输系统，以及克服地方强烈民族主义的全民族意识。

---

① ［美］约翰·杜威.旧中国与新中国［J］.亚洲，1921，21（5）：445.——原注

② 即五四运动。

③ ［美］约翰·杜威，艾丽丝·奇普曼·杜威.寄自日本和中国的家书［C］.纽约：达顿出版公司，1920：247.——原注

此外，还有其他一些关于社会和文化改革运动的文章，其中包括：《转变中国的意识》《谁阻碍了中国的前进》《中国的新文化》。杜威强调，在改革过程中，中国应当避免国民生活的二元主义。他认为，中国对西方科学技术的接纳与吸收必然会引起价值观念、风俗习惯以及社会制度方面的改变，但是，这些改变应当符合中国的历史特别是现在和未来的实际情况。杜威曾写道："所需要的是一种新文化，是从西方最为系统全面的思想体系中自由吸取的——但一定是适合中国国情的、建设欣欣向荣的中国文化所运用的方法和媒介。"①

杜威还时常评论外国势力的对华政策。在《在东海的两边》《从内部看山东》《远东的僵局》《中国的噩梦》《美国在中国的机会》《在华财团》《重访山东》等文章中，杜威探讨了在华外国势力所造成的社会问题。他特别谈到了日本自诩的"为维护中国领土完整、抵抗欧洲侵略的保护者"。杜威发现，日本人的侵略行径事实上引起了中国人民的极大愤慨，特别是1915年5月7日的"二十一条"提出之后，这一天被中国人视作"国耻日"，同时对任何与日本有关的东西都充满仇恨。杜威在给家人的信中写道："事实上，我怀疑历史上是否曾出现过如此全民的憎恨和仇视；日本人令人发指和无所不用其极的做法，令中国人民对他们的仇恨与日俱增。"②

杜威在《中国的国际斗争》一文中指出，当时中国国内的基本矛盾就是政治意识形态的斗争。"这一斗争是一场价值观念和理想范围内的斗争，将影响中国国际政治的发展方向，是成为一个真正的民主国度，还是继续维持独裁政治的传统——至于究竟是冠之以共和还是王国的称号，倒在其次。"③

杜威认为，中国人民实际上无论在感情上还是在理智上都倾向于民主而

①［美］约翰·杜威.中国的新文化［J］.亚洲，1921，21（7）.——原注
②［美］约翰·杜威，艾丽丝·奇普曼·杜威.寄自日本和中国的家书［C］.纽约：达顿出版公司，1920：263—264.——原注
③［美］约翰·杜威.中国的国际斗争［J］.新共和，1919，20（8）.——原注

不是独裁。他们希望建立一个以西方国家特别是以美国为典范的民主国家。他写道："尽管这种民主还只是中国一小部分知识分子的口号，然而这一小部分知识分子明白，只有民主才符合中国的历史精神。在这一点上，沉默的大众感同身受。"此外，杜威还写道："谁都无法了解在看不到民主希望的中国，人们会把此时的美国想象得如此理想化。"①

杜威当时并未觉察到共产主义对中国的影响。许多中国的师生都是马克思主义信仰的支持者，在大学里开始学习马克思主义，但得到俄国强有力支持的共产主义运动还没有出现，这主要是因为俄国自身仍处于革命奋斗阶段，无暇顾及或参与他国的革命运动。在杜威看来，新文化运动具有明显的民主主义特点，没有受到俄国的任何直接影响。他预言性地宣称："可以想象，军阀对农民的横征暴敛如果长期持续下去，必然会引起布尔什维克主义者的反抗。"②

杜威在中国的时间长达两年，其对中国的影响是多样的。杜威对中国哲学界的影响并没有持续很长的时间。关于纯哲学理论主题的讲座，并没有在中国建立起一个强大的实用主义思想学派。杜威的学生胡适在哥伦比亚大学学习期间接受了工具主义，回国后将其传播到了中国国内，赢得了一批年轻学子的追随。但是，胡适早期从哲学理论到文化改革运动的兴趣转移，并成为新文化运动的领导人之一，使实用主义阵营自此失去了一名强有力的拥护者。杜威的在华讲座主要以实用主义为中心，许多中国的哲学学者及专家聆听过他的讲演或者看过报纸及学术期刊刊载的讲演内容，实用主义由此在中国焕发了新生。然而，在杜威离开中国的一二年后，中国对实用主义的热情也逐渐冷却。最后，实用主义在中国沦为最没有影响力度的哲学学派之一。③中国的哲学家们，同日本哲学家一样，整体上都偏爱于西欧或东方传统中较为抽象、理性、

---

① ［美］约翰·杜威.中国的国际斗争［J］.新共和，1919，20（8）.——原注
② ［美］约翰·杜威.中国的新文化［J］.亚洲，1921，21（7）.——原注
③ ［美］达布斯（Homer Dubs）.近代中国哲学［J］.哲学杂志，1938（35）：350.——原注

综合的理论体系，而不是什么经验的、具体的、相对的、实用的实用主义哲学。

　　相对而言，杜威对中国教育思想和实践的影响更加明显、更加持久。毫无疑问，杜威的中国之行及其教育方面的讲座，大大推动了之前人们就开始的对杜威观点的传播与普及，杜威的教育观点渐渐应用于中国的学校教育之中。在杜威访华结束后，他的教育思想成为中国最重要的教育思想之一……

　　至于中国对杜威的影响，历史是有记录在册的。杜威在文章中写道，在中国的经历，"这是我所做过的最感兴趣的和在智力上最有益的事情"[①]。他解释道："这是一次绝对超值的体验，与其说学习到了什么新鲜事物，不如说获得了崭新的看待事物的视角和见识。西方的任何事物在这里都会变得完全不同，如同年轻人的重生，世界未来的希望指日可待。"[②]在一篇有关父亲的文章中，简·杜威对这次经历做了总结："不管杜威对中国的影响如何，杜威在中国的访问对他自己也具有深刻的和持久的影响。杜威不仅对同他密切交往的那些学者，而且对中国人民，表达了深切的同情和由衷的敬佩。中国仍然是杜威所深切关心的国家，仅次于他自己的国家。中国是世界上最古老的文明国家，正在为使她自己适应新的形势而斗争。杜威从美国到中国，环境的变化如此之大，以致对他的学术上的热情起了复兴的作用。这就为社会教育作为一种社会进步工具的重要性提供了一个生动的证据。"[③]

---

　　①杜威给约翰·J.科斯的信，1920年11月7日。——原注
　　②杜威给约翰·J.科斯的信，1920年1月13日。——原注
　　③［美］简·杜威.约翰·杜威传.// ［美］保罗·希尔普（P. A. Schilpp）.约翰·杜威哲学［C］.埃文斯顿：西北大学出版社，1939：42.——原注

在上海三教育团体公宴会上的致辞①

[美]约翰·杜威

主席所云中美相同之点极多，但未知其偶然相同欤。抑因他种原因而相同与欤？今姑不论，惟尚可增加一点于其间，即中美人民均有自助团结之精神是已。其原因及方法均不同，而结果相同。

信仰人民的思想，当重于信仰政府的意思。经人民商榷而同意，则习实行，习无需更待政府之命令也。自助与普及教育关系极大。盖普及教育，尚须人民自动。中国幅员太大，风俗各异，经济不同，所以不能望中央机关施行其教育方针；且依中国历史上察之，亦不甚相宜。今有三大团体②之集合，即可证其有结合的精神，此亦人民自动的榜样也。

二星期间，往来江浙，见其教育精神及状况，各处均有不同，进步极速者有之，依然故我者有之。推原其故，盖因各处对于教育，有有兴味与无兴味之别耳。深愿各处均有是种团体，而得社会之辅助，于教育前途，颇有裨益，而习于中国教育界上升一新纪元矣！

尚有意思，愿贡献于诸君之前，惟不能确定其果能实现与否。余以为在职业教育未定大方针以前，必先详细调查国内之实业。如菲律宾自归美管理后，工商大有进步，教育即有影响。如能以调查之产品，发展工商业，应各方之需求，为教育方针，可以不患教育之不普及也。此种调查，可得二种结果：

---

① 选自：申报，1920年5月30日．郭秉文译述。
② 指新教育共进社、中华职业教育社、江苏教育会。——编注

（一）使全国注意于此种事业，而对于职业教育表示同情，以使社会可以辅助其成；（二）可得正确之资料，以统筹全局，然后有系统的计划，否则前途多危也。

中国将来之发展，端赖热心教育者提倡。敬祝三团体同人进步！

在北京五团体公饯会上的致辞①

[美]约翰·杜威

编者按： 北京大学、男女两高师、尚志学会、新学会五团体，于1921年6月30日午间在中央公园来今雨轩公饯杜威博士夫妇及女公子之行。

今天承蒙五团体邀请，十分感谢。这五团体，北京大学、尚志学会、新学会，是最初请我讲演的；而北京大学、男女两高师，又是我最近教授的地方，所以都有密切的关系。

我近来在中国人方面受了二种印象，一种是学生和青年的方面，一种是教员和成人知识阶级的方面，都有很可爱的纪念。青年方面呢，都渴望新思想，对于学理只是虚心地、公开地去研究，毫无守旧的态度，全世界无论哪一国要找这一群青年恐是很难的。就是年长的人，也很容纳新的思想，与青年有一样的态度。这是新时代的精神、科学的精神，并不只是西方的精神。这两种人既有此精神，如果进一步想就是还要希望有活动的能力、实行的精神。倘没有这个两层，那么有了前面的精神也是无用的。理想方面，常常有不能解决的问题，例如有好政府然后又好教育，有好教育后有好政府。我们还是先造好政治再让它发现好教育呢？还是先造好教育再让它产生好政治呢？这是循环的问

---

①选自：晨报，1921年7月1日。胡适译。

题，正如先有鸡呢先有鸡子呢的问题一样，永远解决不了的。要想解决，只有下手去实行。这两年，是我生活中最有兴味的时期，学得也比什么时候都多。中国是一个教育的国家，外面来的人能在知识上引起好奇心，感情上引起好理想，并且也能引起同情心，故到中国来旅行者很是有益。

我向来主张东西文化的汇合，中国就是东西文化的交点，我相信将来一定有使两方文化汇合的机会。我们此次从南方回来，将到北京，三个人都有同样的感觉，仿佛是到家了。我希望将来再能到北京来，并且将到北京城的时候，也必有与此次同样的感觉，觉得是到家了。

杜威先生与中国[①]

胡 适

杜威先生今天离开北京，起程归国了。杜威先生于民国八年5月1日——"五四"的前三天——到上海[②]，在中国共住了两年零两个月。中国的地方他到过并且讲演过的，有奉天、直隶、山西、山东、江苏、江西、湖北、湖南、浙江、福建、广东11省。他在北京的5种长期讲演录已经过第10版了，其余各种小讲演录——如山西的、南京的、北京学术讲演会的——几乎数也数不清楚了！我们可以说，自从中国与西洋文化接触以来，没有一个外国学者在中国思想界的影响有杜威先生这样大。

我们还可以说，在最近的将来几十年中，也未必有别个西洋学者在中国的影响可以比杜威先生还大的。这句预言初听了似乎太武断了。但是我们可以举两个理由：

第一，杜威先生最注重的是教育的革新，他在中国的讲演也要算教育的讲演为最多。当这个教育破产的时代，他的学说自然没有实行的机会。但他的种子确已散布不少了。将来各地的"试验学校"渐渐地发生，杜威的教育学说有了试验的机会，那才是杜威哲学开花结子的时候呢！现在的杜威，还只是一个盛名；10年20年后的杜威，变成了无数杜威式的试验学校，直接或间接影响全中国的教育，那种影响不应该比现在更大千百倍吗？

---

①选自：晨报，1921年7月11日.

②这个时间有误。据史实记载，杜威先生及夫人于1919年4月30日下午抵达上海。

第二，杜威先生不曾给我们一些关于特别问题的特别主张——如共产主义，无政府主义，自由恋爱之类——他只给了我们一个哲学方法，使我们用这个方法去解决我们自己的特别问题。他的哲学方法，总名叫做"实验主义"；分开来可作两步说：

一、历史的方法——"祖孙的方法"。他从来不把一个制度或学说看做一个孤立的东西，总把它看做一个中段：一头是它所发生的原因，一头是它自己发生的效果；上头有它的祖父，下面有它的子孙。捉住了这两头，它再也逃不出去了！这个方法的应用，一方面是很忠厚宽恕的，因为它处处指出一个制度或学说所以发生的原因，指出它的历史的背景，故能了解它在历史上占的地位与价值，故不致有过分的苛责。一方面，这个方法又是最严厉的，最带有革命性质的，因为它处处拿一个学说或制度所发生的结果来评判它本身的价值，故最公平，又最厉害。这种方法是一切带有评判（critical）精神的运动的一个重要武器。

二、实验的方法。实验的方法至少注重三件事：（一）从具体的事实与境地下手；（二）一切学说理想，一切知识，都只是待证的假设，并非天经地义；（三）一切学说与理想都须用实验来试验过，实验是真理的唯一试金石。第一件——注意具体的境地——使我们免去许多无谓的假问题，省去许多无意义的争论。第二件——一切学理都看做假设——可以解放许多"古人的奴隶"。第三件——实验——可以稍稍限制那上天下地的妄想冥思。实验主义只承认那一点一滴做到的进步——步步有智慧的指导，步步有自动的实验——才是真进化。

特别主张的应用是有限的，方法的应用是无穷的。杜威先生虽去了，他的方法将来一定会得更多的信徒。国内敬爱杜威先生的人若都能注意于推行他所提倡的这两种方法，使历史的观念与实验的态度渐渐地变成思想界的风尚与习惯，那时候，这种哲学的影响之大，恐怕我们最大胆的想象力也还推测不完呢。

因为这两种理由，我敢预定：杜威先生虽去，他的影响仍旧永久存在，将来还要开更灿烂的花，结更丰盛的果。

杜威先生真爱中国，真爱中国人。他这两年之中，对我们中国人，他是我们的良师好友；对于国外，他还替我们做了两年的译人与辩护士。他在《新共和国》（The New Republic）和《亚细亚》（Asia）①两个杂志上发表的几十篇文章，都是用最忠实的态度对于世界为我们作解释的。因为他的人格高尚，故世界上的人对于他的评判几乎没有异议（除了朴兰德Bland一流的妄人）。杜威这两年来对中国尽的这种义务，真应该受我们很诚恳的感谢。

我们对杜威先生一家的归国，都感觉很深挚的别意。我们祝他们海上平安！

---

① 即《新共和》和《亚洲》杂志。

杜威在中国[①]

胡　适

约翰·杜威生于1859年10月20日，在1952年逝世，享年93岁。今年10月，在自由世界的许多地方，将庆祝他诞生一百周年的活动。

40年前，也就是1919年初，杜威教授和他的夫人艾丽丝离开美国到远东来旅游。这次旅行本来只是为了游览。但是，在他们动身离旧金山之前，杜威接到邀请他到东京帝国大学和日本其他高等学府讲学的电报。

当他在日本的时候，他接到中国5个教育团体请他到北京、南京、上海和其他城市讲学的邀请。他接受了这次邀请。杜威夫妇就在1919年5月1日，也就是刚好在学生运动5月4日在北京爆发的前三天到达上海。这就是大家常常把它叫做"五四运动"的学生运动。

引起杜威夫妇那么大的兴趣以至于他们改变了原订要在夏季几个月以后就回美的计划，并且决定在中国逗留整整一年的，就是这次学生运动以及它的成功和失败的地方。杜威当时向哥伦比亚大学请假一年，得到了学校当局的同意。假期后来延长了一年。这样，他就在中国整整待了两年零两个月，也就是从1919年5月到1921年7月。[②]

---

①选自：哲学译丛，1964，（3）：65-68. 原文发表在《东西方的哲学和文化》（美国夏威夷大学出版社，1962年英文版）中，是胡适1959年夏天在夏威夷召开的第三届东西方哲学家会议上所作的演讲。

②杜威夫妇一行于1921年8月2日从山东青岛离开中国，途经日本神户回美国。

　　当伊夫琳·杜威小姐[①]在她为杜威博士夫妇书信集[②]作的序言中写"人们在中国为了建立一个统一而独立的民主国家而进行的斗争的吸引力，使他们改变了他们原来想在1919年夏天回美国的计划"这些话时，她说的就是他们对这次学生运动所感到的浓厚兴趣。因此，在这里把"五四"运动和它的遍及全国的影响来作为这篇关于约翰·杜威逗留中国情形的讲话的背景，加以扼要的叙述，从顺序方面来看是合适的。

　　当时第一次世界大战才结束了几个月，而在巴黎举行的和会正在草拟和约的最后条款。中国人民曾经希望：在威尔逊[③]的理想主义的"十四条原则"当时还在全世界各地引起反响的情况下，中国所受的痛苦可能消除一些。但是，到了1919年5月初，下述两项消息开始传到中国：威尔逊总统在给予中国要收回山东前德国占领地和租借地的要求以道义支持方面失败了；和会决定让日本去同中国解决山东问题。中国代表团当时没有办法，中国政府无能为力。人民失望而且沮丧，但是没有办法。

　　到了星期日，也就是5月4日，北京的学生举行了各大中学校大会，对巴黎和会的决定表示抗议，并且要求当时的政府训令中国派去巴黎的代表团拒绝接受那项决定……

　　在发表了演说并且作出决议以后，大会决定举行示威游行。这次游行以下述事件而告终：大家把那个因采取亲日政策以致声名狼藉的外交总长的紧闭着的住宅的大门冲开。参加游行的学生走到屋子里去，把凑巧在那里吃午饭的一个客人——应召回国商量问题的驻日公使——痛打一顿。在混乱中，有人放火烧房子——可能为了吓退那些示威的人。有一批学生在回校途中被捕了。

　　这就是40年前在5月4日发生的事情。

---

　　① 伊夫琳·杜威（Evelyn Dewey，1889—1965），杜威的第二个女儿，曾与其父亲杜威合著《明日之学校》一书（1915）。

　　② 即《寄自日本和中国的家书》。

　　③ 指当时美国总统威尔逊。

当有关北京学生运动的消息第一次发表，并且立刻引起全国各地学生和一般公众同情的反应时，杜威夫妇还在上海。

当杜威夫妇到达北京的时候，他们就看到这次学生运动在6月初达到高潮的情景。许许多多的学生在街头发表演说，向人民讲各种道理，说中国抵制日货就可以重新获得它丧失了的权利。6月5日，杜威夫妇写信给家里的女儿说："现在是星期四的早晨。昨天晚上，我们听说有一千名学生前天被捕了。他们住满了（被用作临时'监狱'的国立北京大学的）法学院，并且已经开始住到理学院去。"

在同一天，他们报告了那项最令人感到惊奇的消息："到了黄昏时分，来了一次电话，说大学楼房四周囚禁学生的那些（士兵们的）帐篷已经拆除，士兵们正在离去，于是，里面的学生开了一次会，并且通过一项决议，质问政府是否保障他们的言论自由，因为假如他们的言论自由没有获得保障，他们就不想离开那座房子。由于他们计划继续发表演说，这次虽然离开了，将来还是会再次被捕的。这样，他们就用整个晚上留在'监狱'里的办法，使政府陷于困境。"

杜威夫妇后来解释说，政府这次不光彩的屈服，是由于这个事实：上海的商人前一天曾经用罢市来表示抗议当局逮捕那一千名学生。杜威夫妇发表意见说："这是一个奇怪的国家。所谓共和政体，是一个笑话……但是，从某些方面说来，他们却比我们有更多的民主。撇开妇女不说，他们有完全的社会平等。而且，一方面，立法机关完全莫名其妙，但是另一方面，当舆论像目前这样真正表达出来的时候，它却有显著的影响。"

到了6月16日，杜威夫妇写信回家说：那三个亲日的高级官员（包括外交总长）已经辞去政府的职务，学生已经取消罢课。

7月9日，他们写信回家说："这里人们很担心。有消息传说（中国的）代表团没有签署（那项和约）。"两天以后，他们写道："你不可能想象的出，没有签署（和约）这件事，在这里对中国来说意味着什么。整个政府曾经一直赞成签署。总统在签署前十天还说（签署）是必要的。这是舆论取得的胜利，而一切都是这些小小的男女学生推动起来的。"

我引述这些信的目的是，说明杜威博士和夫人在他们逗留在北京的头两三个月内获得的最初印象。总之，这个"奇怪的国家"当时对他们有一种奇怪的吸引力。他们决定待下去，初时要呆一年，最后呆两年零两个月。他们访问了22省中的11省——北方四省，华中五省，从上海到长沙，又访问了南方两省。

关于准备迎接杜威讲学的工作，也许要说一说。在他到达中国前一个月，发起邀请杜威的团体要我讲了4次关于实用主义运动的情形，首先谈皮尔士[①]和詹姆斯[②]，但是特别着重讲杜威。由蒋梦麟博士编辑，在上海出版了有关杜威的教育哲学的一批文章。他曾经在哥伦比亚师范学院念书，是杜威的学生之一。

杜威的许多学生被邀请来把杜威的讲演内容翻译成中国话。例如，他在北京和山东、山西两省作的讲演，都是由我口译和笔译的。我们还特别挑选了一些作记录的能手来把他的几次大讲演记录下来，以便在报纸和杂志上全文发表所有的讲演。大家叫做杜威在北京所作的"五大讲演"（一共有58讲），都被记录下来并且全文发表，后来还出了书，在杜威于1921年离华以前大概重印了10次，并且在30年间继续重版。

从这五大讲演的题目，我们可以大体上了解到杜威讲演涉及的范围和内容：

一、关于现代教育趋势的讲演3次；

二、关于社会哲学和政治哲学的讲演16次；

三、关于教育哲学的讲演16次；

---

① 现译皮尔斯。
② 现译詹姆士。

四、关于伦理学的讲演15次；

五、关于思想流派的讲演8次

他在北京作的讲演包括其他两大讲演：

一、关于美国民治发展的讲演3次；

二、关于现代三个哲学家的讲演3次。（詹姆斯、柏格森、罗
素——这些讲演是他应特别请求而作的，为的是在罗素于1920年到达
中国讲学以前介绍罗素）

杜威在南京作的讲演包括这些大讲演：

一、关于教育哲学的讲演10次；

二、关于哲学史的讲演10次；

三、关于实验科学的讲演3次。

杜威当时总是用他自己的打字机事先把每一篇讲演的提纲打出来，把副
张交给他的口译者，让他在演讲和翻译以前研究这些提纲并且想出合适的中国
词句。杜威在北京每次讲演以后都把提纲交给那些经过挑选的记录人员，以便
他们能够在付印以前核对他们的报道内容。经过了40年，我最近重读了大部分
他在那些讲演的中文译稿，我还能感到这位大思想家和导师的生气勃勃的风姿
和真诚。他在课堂上或者在听讲的广大听众面前总是字斟句酌。

杜威在许多城市公开讲学一年以后，他的中国朋友们劝他在中国多逗留
一年，主要是在国立北京大学担任客座教授，不靠口译者的帮助来讲学并且同
高年级学生讨论问题，还用一部分时间到北京和南京的高等师范学校去讲课。
他过去的一些学生曾经在北京、南京、苏州、上海等教育中心创办了少数"实

验学校"。杜威对这些学校很感兴趣。有一些学校，例如南京高等师范学校的那一所，被命名为杜威学校。

杜威在1921年离开中国。1922年10月，全国教育联合会在济南开会，讨论彻底修改全国学制和课程问题。1922年的新学制第四条写道："儿童是教育的中心。在组织学制时，应特别注意儿童的个性和资质。因此，中等和高等教育应采取选修科目的制度，而且，在所有初等学校中，分级和升级都应采取灵活原则。"[①]在1923年的新学校课程和1929年修订的课程中，都强调这个思想：儿童是学校的中心。杜威教育哲学的影响，在这些修改内容中是容易看出来的。

---

① 译自英文。

杜威对中国的影响①

［美］托马斯·培里

向西方学习

杜威来到中国之前，中国人已经从日本、英国、法国、俄国和美国学到了许多东西。这种知识方面的扩大并不是多余的，而是中国历史上这一时期生存所确实需要的。科学和技术方面的进展已经带给我们深刻的印象。可是，还需要另外一些东西。从这些国家来的关于学术和社会制度的一些基本原理是彼此冲突的，需要从这些学说中作出抉择，使这些学说能把中国从纷扰不安的浪潮中挽救出来，并建立一种新的价值。儒家的争论已经解决了，至少目前是如此。然而，在这种传统的人道主义被抛在一边的时候，应该有某些东西来代替。大家都认为，这个新的生活方式至少大部分将来自西方。

中国的知识分子认为，西方力量所依靠的不是什么精神的或人道主义的传统，而是它对物质世界的理解和控制以及民主制度。中国最好的期望就是在民族发展的这些方面仿效西方。西方的各种精神传统在过去一个世纪中并没有很成功地传授给中国知识分子，以致他们很少领会到这种赋予西方内在生活方式以精神教育的深远奥妙之处；而且这种教育在很大程度上仍然决定着西方发展的道路。只有少数人，如梁启超，在晚年时才领悟到西方文化的伟大是那么

---

① 译自：Thomas Berry. *Dewey's Influence in China*. // John Blewett. *John Dewey: His Thought and Influence*. New York: Fordham University Press，1960：204-225.

多的建立在它的基督教的精神结构和它的古典的文化遗产上。康有为很少看透西方文化的这些渊源,可是他的确清楚地看出科学和民主都不能提供中国新的生活秩序所需要它支持的政治制度。由于科学知识和民主制度的发展,西方曾经第一次具备了人类生活的各种新条件。但是,对中国来说,还要有时间学习这些知识并找到它在世界中应有的地位,新的时代仍在前进中。中国的进步学者已经远远地走在西方的落后集团的前面。

可是就在这时候,一种新的发展模式在俄国产生了。未来世界社会的另一种模式正浮现出来。这两种模式,即西方的自由民主和马克思共产主义,在两个国家(即美国和俄国)找到了它们最生动的表现,这两种模式都同欧洲对立,两者都对未来孕育着巨大的可能性。[俄国革命]这个令人鼓舞的福音在中国也找到了易于接受的精神力量。

这时候最重要的是,中国要同外国列强建立文化和政治上的关系。这个问题是:中国应当同哪些民族和哪些政治文化的传统站在一起? 1919年,思想界的趋势肯定是朝着美国的自由民主和它的实用主义哲学方向发展。这些东西似乎被选定为它自己过去传统的替代物。早在20世纪前几十年里方向发展,美国和中国有着十分紧密的联系,特别是在义和团运动后。当时,美国从义和团的赔款中拨出一部分,为中国的和在美国的中国学生建立一个特别教育基金。美国的地位跨越了太平洋,其经济力量对中国的帮助——这一切都有助于确立两国人民之间发展起来的特殊的亲密关系。当美国哲学家中最负盛名的杜威教授来到中国时,中美两国学术交流的最高潮差不多就要来到了。中国人对于杜威提出的各种思想,在感情上和理智上都屏息地倾听着,并进行认真的考虑。

杜威在北京大学受到很好的接待。他在那里发表了他的5篇最重要的讲演:《社会哲学和政治哲学》《教育哲学》《思想之派别》《现代的三个哲学家(詹姆士、柏格森、罗素)》《伦理讲演纪略》。在以后的两年中,杜威旅行了全中国,在许多大学发表演说,其内容基本上同北京所讲的那些问题相同。杜威是那么的成功,所以当他两年后离开中国时,胡适谈到他时说:自从东西方建立关系以来，没有一个人曾经"那样深刻地影响中国人的思想"。杜威的讲演出版了许多次。他的其他著作的中译本也出版了：《哲学的改造》《思维与教学》《教育科学之源泉》《明日之学校》《民主主义与教育》。

对政治发展的影响

杜威对一个民主中国的重大愿望，时常在他对中国人的讲演和他的有关中国的著作中表现出来。他看到美国当时被中国理想化了，因为中国人把美国看成是"中国自己实行民主所希望的一个蓝图"。杜威个人所表达的兴趣甚至是更清楚地建立在对一些民主理想有根本吸引力的基础上。杜威得出结论说："虽然这种民主政治显然只为少数受过教育的人所支持。可是这些少数人懂得，广大的群众也感到，单是这种民主政治就符合中华民族的历史精神。"[1]

要了解杜威逗留中国时所面临的困难，就必须了解当时中国政治生活的背景。权力的争夺仍然在继续。民主政体不可能即时实现。此外，自由理想在国家政治生活中已成为一种生气勃勃的力量，特别是在教授和学生中，显示了他们在政治事务中的热情胜于实力的能力。正是从这些知识分子中，杜威热衷于他的信念，即中国对民主政治制度有一种自然的愿望。尽管这些自由主义者一直不明白实际政策对建立一种民主秩序是必不可少的。

中国自由主义者所面临着的选择是：究竟是支持政府，并在现存的政治体系中促进自由和社会的发展；还是促进对政府的怨恨，希望通过某种途径产生一个真正民主组织的转变。杜威在逗留中国的时候，同那些赞成和反对政府的人都有着亲密的关系。但是，他不能用一种直接的方法来影响实际的政治。杜威的工作就是在进步的知识分子中间鼓励民主和自由思想；同时提出一个教育纲领，为未来的一代更有效地参与政治生活做好准备。

---

[1] ［美］约翰·杜威.中国的国际斗争［J］.新共和，1919（20）.——原注

哲　学

　　杜威对中国哲学体系的影响，可以说成是实证主义的进一步发展。实证主义在1898年严复[①]发表了他翻译的赫胥黎《天演论》一书以后，开始支配中国学术界的生活。赫胥黎的这本书当时在青年学生中非常流行。我们从1915年创刊的《新青年》里，特别是在杜威到中国的前几年里，能够追溯到实证主义的后期发展。《新青年》在杜威1919年到来以前，曾刊载了这样一些人，例如，亚当·斯密、尼采、穆勒、托尔斯泰、赫胥黎、达尔文、斯宾塞、卢梭、孟德斯鸠和克鲁鲍特金等人的研究著述。同时，王国维[②]使中国人广泛地熟悉了近代欧洲思潮，特别是19世纪的德国哲学。但是，源于英国的实证主义仍然占据主导的地位。

　　这些著述，特别是斯宾塞、赫胥黎和达尔文的著述，为杜威的实用主义提供了最好的准备。这种实用主义具有在它公开自认的经验上研究实在的方法，而不具有康德的微妙，也不像黑格尔的那种结构上的综合，也并不像在柏格森和詹姆士的哲学里所看到的精神上的洞察以及在胡塞尔哲学里所看到的那些主观偏见。早在杜威在北京讲学时，中国的知识分子已充分致力于孔德学说的研究，即认为一个人的发展是从最早阶段的宗教、神话的理解开始，经过形而上学阶段到纯粹知识的科学阶段。杜威一贯引证这些发展阶段来阐明自己的思想，虽然他引证过去各种经典哲学的主要目的在于打破它们对今天学术传统的束缚。杜威以纯粹的实用主义态度在对有关人们超物质存在的知识的各种哲学进行抨击以后，直率地告诉我们，他较多注意抨击的实际效果而很少注意其逻辑性："实际上，声明用系统方法处理绝对的存在来解释哲学的起源，是出于不怀好意的预谋。在我看来，用发展论的方法来破坏这种哲学理论化的形

[①] 严复（1854—1921），近现代中国思想家、教育家。

[②] 王国维（1877—1927），近现代中国学者、教育家。较早介绍西方哲学、美学、教育学和心理学思想。

式，比从事于逻辑辩驳的任何企图所能做到的更为有效。"①杜威根据他所理解的人生的直接问题，建议把智慧看作是适应和控制所面临着的新社会环境的工具。这样一种具有心智意义的"改造"将有效地消除一切以前有关超验真理的幻想。

与这种对西方文化的过去遗产的否定相应的是，关心个人和社会生活的眼前问题。这对中国知识分子是有吸引力的，他们也想拒绝他们自己过去的特别是最近几个世纪里限制他们国家发展的伦理的、艺术的和社会的顺从主义。但是，即便有这种相互的同情和实证主义的共同背景，杜威在他的哲学上仅仅吸引住一个著名的代表人物——胡适。其他次要人物曾经接受杜威的观点，而且甚至可以说，在过去40年中，许多中国思想家曾受到他的影响。但是，他们受到西方实证主义的影响，而不是形式上的隶属于实用主义。具有相反的吸引力量的还有儒家学说，以及最近来自欧洲的康德派的批判主义、黑格尔的唯心主义和柏格森的生命论。然而，我们应当特别注意一种未能表现出它的全部力量的相反的影响，即以蔡元培为代表的美学的人道主义，他在许多问题上是和杜威一致的。可是，蔡元培在学术生活方面具有不一般的深度和广度，远远超过了杜威的实用主义的影响。杜威的实用主义不曾为这种类型的人道主义提供丰富的内容。但是，这种类型的人道主义在中国往往和实证主义联系在一起。它在精神方向上提供了某种细微的改变，并阻止了它对杜威倡导的实用主义或工具主义的向往。

胡适当学生的时候就感到西方唯物主义哲学的吸引力。他把科学和技术更多地看作是精神的而不是物质的东西。他对杜威的实用主义表现出一种宗教的热情，正如孟子对孔子的人道主义一样。通过胡适，关于人类心灵的新概念被移植到中国，这个新概念是作为实用主义适应实在的一个工具。可是，即使在胡适身上，也可以看出实用主义作为一种形式哲学是无结果的。因为在哲学

---

① [美] 约翰·杜威.哲学的改造 [M].纽约：霍尔特出版公司，1920：24.——原注

思辨方面，他先前作的诺言从来没有实践过。

追溯杜威对其他一些中国学者的影响是没有多大价值的。在哲学领域里，其他的一些传统比杜威和胡适的传统要强得多。实用主义作为一个特殊的哲学学派只盛行了几年。一个细心的学者作出了这种判断："自从20年代中期以来，实用主义作为一个体系已经为其他一些西方哲学流派所遮盖。包括胡适在内的实用主义者，已经把注意力转移到教育改革、社会改革和政治革命方面。哲学的舞台让位于新实在主义、理性主义和唯心主义的新儒家学说，并最后让位于马克思主义。"①对于实用主义在中国发展的这个总结，我们可以补充达布斯1938年所写的一段话："胡适影响中国的黄金时代大约是在1923—1924年。此后，他的影响大大衰退了，他无力吸引门徒。在今天，我要提一下，实用主义是许多哲学派别中最小的一个派别。"②

教　育

杜威在中国的最大影响正像他在美国一样，是在教育方面。他按照自己的主张，比任何人更多地使教育成为一个专门的、先进的研究领域。他在政治上和哲学思想上的影响是一个更大趋向的一个部分，而在教育上的影响是独创的、决定性的和持久的。不仅在中国，而且在世界范围内，如果任何一个人在20世纪内对全世界的教育计划像杜威有那么广泛的影响，那是难以置信的。尽管这种影响在欧洲由于没有让人们看得清楚而延搁下来，但在亚洲这种影响要来得早得多。它的最大的影响是在中国。

杜威在中国接近的主要是大学教授和学生。杜威作为一位教育家在工作上处于一种有利的环境，这种环境在某些方面比在美国还有利得多。因为中国的学生具有一种为美国的学生所缺乏的政治感和社会感。纯理智的思辨对于他

① ［美］钱温兹（Wingtsit Chan）.胡适与中国哲学［J］.东西方哲学，1956（春）.——原注
② ［美］达布斯.近代中国哲学［J］.哲学杂志，1938（35）.——原注

们来说，正像对杜威一样，不仅是不可能的，而且是不值得向往的。"生活教育"对于渴望对自己的社会幸福作出贡献的中国学生来说，具有一种重要的意义。

实际上，当杜威来到中国时，人们正注视着戏剧性的学生运动。他们以激烈的抗议反对政府的行为，迫使政府做出一些重要的政治决定。杜威像学生们一样为他们的行为所感动。在杜威看来，这标志着中国从消极等待的状况中觉醒过来。"那种认为中国自身是无能为力的而必须靠外力才能得救的想法，受到了猛烈的打击。"这个启示说明了中国"能够有所作为，并且将来一定有所作为。悲观主义的诅咒被粉碎了。一个行动已经完成了。一件事业已经实现了"。[1]

杜威承认，在中国存在着能改变政治混乱的其他一些力量，"但是学校里、学生运动中已经发展起来的政治上的自觉，是使未来政治成为另一种形态的力量"[2]。虽然上面所说的是有关学校对国家所起的一般影响的一个简单叙述，但对杜威来说，它具有一种我们一般未曾领会的深远意义。总之，就杜威关于人的一些思想而言，他本能地注意到青年人的思想，以及他们的思想如何在从小学到大学的教育中心形成起来。学校作为社会改革的工具有着特殊的重要性。当杜威看到大学生们那样热衷于自由主义理想的时候，他感到了中国的民主主义发展的某种必然性。这些人以后要统治全社会的，他们将解决当代中国的一些基本政治问题。他发现，中国人自己比其他许多人更了解教育的社会作用。"人们还没有在其他地方听到过像今天年轻中国代表人物的口中那样说的，即教育是改造中国的唯一方法。"[3]

在杜威来到之前，从日本学来的德国教育思想和计划在近代中国教育

① ［美］约翰·杜威. 中国的学生运动 ［J］. 新共和，1919（20）.——原注
② ［美］约翰·杜威. 中国政治的新酵母 ［J］. 亚洲，1920（20）.——原注
③ ［美］约翰·杜威. 美国与中国教育 ［J］. 新共和，1922（30）.——原注

体制中占据优势的地位。值得注意的一些进步都是在这种范围内作出的。可是,现在由于杜威来了,美国的教育目的、方法和教材就占据了优势。美国的整个教育制度输入到中国,有关教育理论和实践的各种实验学校和教育纲领建立了起来。1919年,全国教育联合会便按照美国进步教育的观点对教育宗旨作了修改。

在1925年以及在1928年,由于中国人民中发扬一种民族精神的需要,导致了对教育目的一种不同的陈述,即较多注重于社会,而较少注重于个人。整个教育纲领被注进了一种极端的民族主义的结构。可是,杜威的影响仍然保持着。在这个结构中,杜威教育思想的主要特点——生活教育、儿童中心教学、学校即社会——占有适当的和永久的地位。这些观点在一定程度上具有普遍的正确性,并且在美国一样被运用着。无论如何,对杜威活动的重新评价这个问题已经发生,同时关于自然和人的命运的更重要的观点已经给教育的更广泛的范围和终极的方向做好了准备。

杜威的成就

杜威在中国两年的尝试中所作出的最大的努力是把中国引入一个新时代:政治上的西方自由主义、哲学上的激进经验主义和教育上的进步主义。现在我们回顾一下他的努力,我们可以很清楚地看到,杜威所代表的主张从一开始便由于一些理由而严重地受到阻碍。第一,而且是最重要的,是他的观点在哲学上的弱点。杜威的观点没有能为过去若干世纪中形成的儒家个人美德和社会结构赋予一种内在生命力的传统人道主义,提供令人满意的替代物。他的教育纲领包含一些极好的想法,极有利于对青年的培养,可是这只有在一个更适当的哲学的和宗教的结构中才有可能,而这正是他的哲学所不能提供的。第二,他的主张由于当时中国政府的软弱而陷于困难。自由主义以秩序为先决条件,它不能创造秩序。第三,他的主张由于当时对西方的敌视而遭到麻烦。这是由于对强加于那么多亚洲人民的殖民制度的仇恨而引起的。如果美国在某种程度上被免除这种敌视的话，这也只是部分地被免除罢了，日益增长的排外主义也把美国人包括在内。

尽管有这些困难，但杜威在他逗留中国时期的成就是很大的。在这个时期中，他自己同中国知识分子之间建立起来的思想交往的程度确实是令人惊讶的。如果我们不想一下前一世纪中多少来自西方的教会教师在与中国知识分子建立任何联系时所遇到的重大困难（虽然许多现代化的学校教育是在他们的控制下），我们是不会理解这个卓越成就的。中国人的内心保留着和外界隔绝的一个领域，这从来不曾为这些宗教领袖所体会。

杜威和中国人的接触是属于基督教一类的，而且他本身具有特殊的通达人情的吸引力。他是20世纪的一个世俗化的利玛窦①在中国学者聚集的北京大学的新宫廷里出现，那时的北京大学信奉西方思想正如前几个世纪中信奉儒家思想一样热烈。

杜威第二个显著的成就是认识到中国人具有按照自己的方式处理自己思想和解决自己问题的能力。他们需要西方的帮助。不过，同杜威认为一种学问必须使自己同现实相适应的信仰一致，他经常鼓舞他们以创造的精神把自己的国家引导到现代世界中的适当地位去。杜威确信人的心智力量能决定自己的方向，并反对把思想强迫灌输或强加于人，所有这些体现在他坚持中国人应当管理他们自己的事情。

杜威的第三个成就是加强中美联系的纽带。无疑地，他的深刻影响大部分来自中国领导人对美国的友情，而且通过他的学说和榜样把这些友情培养成为更大的生命力。在杜威访华之后，美国其他一些教授，特别是教育家，被邀请到中国帮助建立若干教师训练中心，并按照现代的标准开展一种研究计划，来指导和促进中国人民普及教育的新努力。

---

①利马窦（Matteo Ricci, 1552—1610），意大利人。天主教耶稣会传教士。

六、杜威生日庆典

杜威六十岁生日晚餐会演说词①

蔡元培

今日是北京教育界四团体公祝杜威博士六十岁生日的晚餐会。我以代表北京大学的资格，得与此会，深为庆幸。我所最先感想的，就是博士与孔子同一生日，这种时间的偶合，在科学上没有什么关系；但正值博士留滞我国的时候，我们发现这相同的一点，我们心理上不能不有特别感想。

博士不是在我们大学说：现今大学的责任，就该在东西文明作媒人么？又不是说：博士也很愿分负此媒人的责任么？博士的生日，刚是第六十次；孔子的生日，已经过二千四百七十次，就是四十一又十个六十次，新旧的距离很远了。博士的哲学，用19世纪的科学作根据，用孔德的实证哲学、达尔文的进化论、詹美士②的实用主义递演而成的，我们敢认为西洋新文明的代表。孔子的哲学，虽不能包括中国文明的全部，却可以代表一大部分；我们现在暂认为中国旧文明的代表。孔子说尊王，博士说平民主义；孔子说女子难养，博士说男女平权；孔子说述而不作，博士说创造。这都是根本不同的，因为孔子所处的地位、时期，与博士所处的地位、时期，截然不同；我们不能怪他。

但我们既然认旧的亦是文明，要在他里面寻出与现代科学精神不相冲突的，非不可能。即以教育而论，孔子是中国第一个平民教育家。他的三千个弟子，有狂的，有狷的，有愚的，有鲁的，有辟的，有喭的，有富的如子贡，

---

①选自：沈善洪.蔡元培选集［C］.杭州：浙江教育出版社，1993：1069-1071.
②现译詹姆士。

有贫的如原宪；所以东郭、子思说他太杂。这是他破除阶级的教育的主义。他的教育，用礼、乐、射、御、书、数的六艺作普通学；用德行、政治、言语、文学的四科作专门学。照《论语》所记的，问仁的有若干，他的答语不一样；问政的有若干，他的答语也不是一样。这叫做"因材施教"。可见他的教育，是重在发展个性，适应社会，决不是拘泥形式，专讲画一的。孔子说："学而不思则罔，思而不学则殆。"这就是经验与思想并重的意义。他说："多闻阙疑，慎言其余，多见阙殆，慎行其余。"这就是试验的意义。

我觉得孔子的理想与杜威博士的学说，很有相同的点。这就是东西文明要媒合的证据了。但媒合的方法，必先要领得西洋科学的精神，然后用他来整理中国的旧学说，才能发生一种新义。如墨子的名学，不是曾经研究西洋名学的胡适君，不能看得十分透彻，就是证据。孔子的人生哲学与教育学，不是曾研究西洋人生哲学与教育学的，也决不能十分透彻，可以适用于今日的中国。所以我们觉得返忆旧文明的兴会，不及欢迎新文明的浓至。因而对于杜威博士的生日，觉得比较那尚友古人，尤为亲切。自今以后，孔子生日的纪念，再加了几次或几十次，孔子已经没有自身活动的表示；一般治孔学的人，是否于社会上有点贡献是一个问题。博士的生日，加了几次以至几十次，博士不绝的创造，对于社会上必更有多大的贡献。这是我们用博士已往的历史可以推想而知的。兼且我们作孔子生日的纪念，与孔子没有直接的关系；我们作博士生日的庆祝，还可以直接请博士的赐教。所以对于博士的生日，我们觉得尤为亲切一点。我敬〔谨〕代表北京大学全体举一觞，祝杜威博士万岁！

1919年10月20日

据《北京大学日刊》第446号（1919年10月22日）

在纽约庆贺杜威七十岁生日会上的答谢辞①

［美］约翰·杜威

主席斯旺（Swan）女士、简·亚当斯女士和朋友们：

在过去的几天中，我自然被所有对我的赞美而深深地、深深地所打动。其中有些赞美似乎是言过其实的，但我不能说，我自己没有因为这些有点夸大的赞美而感到满足。事实上，我已欣然地接受了这些言语上的赞美之词。与此同时，我知道，有些人对其中一些赞美之词是有点怀疑的或者更多怀疑的，我很想使他们放心，因为我也有与他们一样的怀疑。

我收到了一位朋友的来信，她在信中这样说：如果我能够不受生日蛋糕上的糖霜的影响，那我对经验和自然之间的关系就可能会有新的理解。我觉得，这些话更多地适用于这些生日会上的精神糖霜，而不是这层美丽的物质糖霜。

当我昨天晚上在听讨论时，我想起了一个故事，但不太确定这个故事是发生在几千年前还是发生在另一个星球上，故事的主人公对他周围的事物变化多少是有点敏感的。他对事物的消失和衰亡，以及对事物的出现和成长，都抱

---

① 译自：John Dewey. *In Response*. // Jo Ann Boydston（ed.）. *The Latter Works of John Dewey.1925—1953*, Carbondale, Southern Illinois University Press, Vol. 5. , 1984: 418–423. 该文系杜威在1929年10月18—19日纽约庆贺杜威七十岁生日会上的答谢辞。// 首次发表于《约翰·杜威其人及他的哲学：纽约庆贺杜威七十岁生日演讲集》（*John Dewey: the Man and His Philosophy: Addresses Delivered in New York in Celebration of His Seventieth Birthday*），坎布里奇：哈佛大学出版社，1930：173–181.——原注

有一种鉴别力。基于这种反应，他预言了未来将会发生的一些事情。在他七十岁的时候，人们为他举行了一个生日庆贺会，并对他说了不少赞美之词，因为他预言可能会发生的事情确实发生了。他由于人们所说的这些话语而多少有点自欺欺人，但他并没有经常欺骗自己。然而，他拥有了一段非常美好的时光，他也希望每一个人都拥有一段非常美好的时光。

有一件事情我是一点也不怀疑的，那就是，我对友谊、对善良和对爱情的表达。我希望自己能够亲自感谢那些给予我祝福的人，不管他们是用口头的方式还是用其他的方式。我无法逐个感谢每一个人，但我需要特别感谢从其他地方赶来参加今天庆贺我的生日会的那些人——其中有，我以前的学生、也许是最早的学生詹姆斯·安吉尔（James R. Angell）校长，尽管你们没有看出来，但他在今天出席庆贺生日会的我以前的学生中或许是年龄最大的；我以前的学生穆尔（Carroll Moore）董事，他现在是加利福尼亚大学洛杉矶分校的董事；我的时间最长的同事和朋友、芝加哥大学教授乔治·H. 米德，他并不是我的学生；还有从芝加哥赶来的简·亚当斯，以及哈佛大学教授佩里（Ralph Perry）。尽管我提到上面这些人，但这并不是因为我不欣赏在自己旁边就座的各位嘉宾的祝福。

我还要感谢纽约庆贺杜威七十岁生日会执行委员会主席斯旺女士以及执行委员会的其他成员。我也要感谢执行委员会主席克伯屈教授，他是组织这些庆贺会议的发起者之一，他现在正在东方①。我敢肯定，他们会赞成我特别对执行秘书亨利·林维尔（Henry Linville）表示感谢。亨利，我不敢确定，在这个场合我对你的感激之情完全是发自肺腑的；但与此同时，我很高兴能够有这个荣幸，对你在其他许多正义事业中的勇敢、坚强不屈和自我谦逊的活动公开表达我的钦佩之情。

我要感谢各位演讲人，他们如此广泛地谈到我们所共同关注的运动和思

---

①指中国。

想，与之相比，任何人都显得是不重要的。然而，对我来说，没有机会重复或回顾各位演讲人所说的内容，但在这个时候，对于思想、运动和事业本身也不可能有任何的补充。但我确信，你们将会理解到，对我来说这是很自然的，因为我的注意力已被十分强烈地吸引到我已经七十岁这个事实上——我并不假设，我现在能够隐瞒这个事实——我应该在自己心里对我们同时代人近年来的生活状况做一些调查。如果我这样做了，那么，我的目的并不是为了享有老年人的特权并在这一时刻追忆往事，尽管我希望有时间向老师和大学表达我的感激之情，因为从我进入詹姆斯·安吉尔所提及的佛蒙特大学那一刻起，我就深深地受到影响。然而，我必须放弃这种想法。我深深地意识到，我需要感谢许许多多的人，其中不少人我今天恐怕都不能叫出他们的名字。有一种意识使我相信，在生命中如此重要的就是能够自由地、畅通地交流思想和经验，并让思想和经验在各地之间得到相互传播，而不受任何法律上、政治上或法律之外的限制、审查或恐吓。

由于某种原因，可能是最近与一位朋友的交谈，使我回想起这些年来的事情，想知道它们到底有什么意义，它们趋于什么方向，这也让我开始思考人生幸福的条件。我很清楚，一个人不能从任何一个合理的人生幸福的个案中得出一般结论，因为机遇，因为我们必须坦率地称之为"运气"的东西，因为人生中的偶然巧合，它们在享受人生幸福的过程中起着如此大的、无法避免的作用。

人生幸福的条件之一，就是有机会从事一种与自己性情相适合的职业。我能够从事思考的职业纯属运气或机遇。在我很有规律饮食的同时，我想说，我更愿意从事有思想和进行思考的工作，甚至是更多地参与其中，而不是饮食。幸运的是，我已经得到了这种机会。

人生幸福的另一个条件，即感情最深切的源泉，我认为，它来自一个人的家庭关系。虽然我也经历过家庭的重大悲痛，但我可以真诚地说，人生恩赐我的最珍贵的财富就是我的人生伴侣，我的子女，以及我的孙子女。

然而，人生幸福还有其他的条件，它们并不是如此个人的条件，而是更多地取决于我们所能控制的条件。如果可以的话，那我想非常简要地谈谈其中的一些条件。

在我看来，对人类所能获得的人生幸福来说，最大的敌人可能是恐惧感。"恐惧"是一个不幸的词，就像所有必须承载人类重要思想和情感的词一样。它暗指我们在紧急情况下有意识地感觉到的一些东西，这些东西并不是十分重要的，除非在非常极端的情况下。我心里所想的恐惧是一种无意识的感觉，但它贯穿并渗透到我们所意识到的一切事情。与其说它是一种普通意义上的恐惧感，不如说它是一种回避的态度，一种排斥经验的美妙和苦恼的排他性态度，一种只有我们才能真正从中学习和成长的事情。甚至有可能摆脱对特定事物的恐惧，但同时仍然保留着一种对恐惧本身的潜在恐惧。

任何直接的攻击都不能消除这种恐惧感。它只能被另一种更积极的态度和情绪的力量所驱除，这种更积极的态度和情绪就是去迎接和欢迎所有改变经验的事情，甚至那些本身就是令人烦恼的事情。我可以称之为"开放的心态"，但这也许意味着太多的空虚的心态，一种"进来吧，你是受欢迎的，但家里没有人"的心态。事实上，在我们人类共同关心的所有问题上，开放的心态是一种积极的、有兴趣的态度，只要一个人的局限性有时在允许的范围之内。

从简·亚当斯身上，我学到了很多东西。我注意到，她是一贯谦逊的人，把她和她在赫尔会所的同事在芝加哥所做的一些事情归功于我。我从她那里明白了一件事情的巨大价值，那就是拥有一种开放的心态，抛弃一切顽固的偏见、不好的习俗以及孤立的隔离，因为它们使人无法充分地分享更为陌生的，甚至难以想象的人类生活和经验。

我想，在座的人中一定有不少年轻人准备从事一种类似于我自己从事的职业，也就是说，从事一种主要是思考方面的工作，而不是任何其他方面的工作——换句话说，也就是在教室里、讲坛上或其他任何地方的教育者。我想对他们说，我个人认为，在被我们称之为"专业知识分子"的阶层中，花费最小的和最容易获得的人生幸福的源泉，就在于对有关人生的一切事务的求知欲和同情心的不断增长。你们只需要对这些事务表现出一些专业兴趣，去发现一个使人生不断得到满足的源泉。与此同时，如果一切事情与个人分离、与他的心灵和他的思想分离、与其他事情分离，那结果是使他的心灵和他的经验僵化，并使他身上的人生幸福的源泉枯竭。

在我看来，在我们美国人的生活中，最大的罪恶甚至比恐惧还要大——它是造成无数焦虑、忧虑和烦恼的根源，也是最使我们不能实现人生的各种可能性的原因——那就是我们的形式主义。我从未想过，美国人对美元的喜爱程度，竟然会超过法国人对法郎的喜爱程度或德国人对马克的喜爱程度——事实上，我差点把法郎和马克说成"苏"（sou）①和"芬尼"（pfennig）②——但是，由于外在机会在我们美国人的生活中是如此之多，以至于我们不去关注人生幸福的源泉，而往往把人生幸福作为一种直接的追求；这种对人生幸福的直接追求总是以在拥有的一些外在东西中寻找幸福而结束，比如，是否拥有一段美好的时光，是否拥有金钱，是否拥有大量物质东西，或者是否拥有从其他人那里获取的思想。我认为，我们之所以在这些外在东西中寻找幸福，那是因为我们并不真正拥有我们自己的心灵，我们是焦躁的，我们是匆忙的，我们是烦恼的，因为我们试图在不能得到幸福的地方去寻找幸福。实际上，我们中的一些人是那样地急于改革，正如其他人急于加速身体运动的速度一样。在不知不觉的情况下，我们怀疑缓慢的成长发展过程，因而也就不关注生命之源，这使我们远离了一种持久的人生幸福源泉。

我们现在美国人的理想似乎是，"让它推迟一下——但在你做的时候让它迅速起来"。但我不认为，这种状态将会永远持续下去。仅仅是疲劳和纯粹的

---

①苏，旧时法国的低面值辅币，1苏合5生丁。

②芬尼，德国2002年之前的辅币，100芬尼等于1马克。

失望，就会使这种状态在某个时候结束。但与此同时，我们需要发展个性以及有关个性内在源泉的信念，只有当我们回归个性——毕竟是我们每个人的个性，才能在现代生活和行动的众多纷扰中为我们带来平静、安宁和美妙。

世界究竟是一种奇妙的景象，还是一种凄凉的景象，这完全取决于我们自己是否能够为它带来奇迹，或者我们自己是否能够为它带来在尽可能短的时间内尽可能多地拥有它的愿望。我们带给自己所生活的那个世界的东西，最后将回归到我们自身生命的深处。然而，我知道，我有陷入过于说教情绪之中的危险——而且，正如我们今天上午一位演讲者所提醒我们的那样，这毕竟是一场庆贺活动。

所以，在最后结束我的答谢辞时，我必须再次向你们表示感谢。我既没有天使的巧舌，也不能做更多的事情—— 但是，我确实从心底里感谢你们。

在纽约庆贺杜威八十岁生日晚宴上的致辞①

［美］约翰·杜威

在现在的情况下，我并不希望隐瞒这个事实，即我已经80岁了。提及这个事实，可以向你们表明一个更为重要的事实，那就是：对我们国家命运来说最重要的事件都是在过去的八十年里发生的，这是以它的现有形式覆盖了我国一半以上国民生活的一段时期。由于明显的原因，因此，我并不打算对这些事件中的更为重要的事件进行一个概括。我之所以在这里提及它们是想指出，因为这些事件与我们这个国家在其成立时所承诺的事情——创造民主有关。现在，这件事情就像在一百五十年前一样的紧迫，当时这个国家最有经验的和最聪明的人聚集在一起对现状进行考察，以创建出一个自治社会的政治结构。

因为这些后来发生的变化的意义在于，曾经是自然的、几乎不可避免的以及作为幸运条件的产物的那种生活方式和制度，现在必须通过有意识的和坚定的努力来赢得。八十年前，并非全国都处于一种拓荒状态。但是，也许除了在少数几个大城市里，它仍然非常接近美国生活的拓荒者时期，在形成那些在这种生活中诞生的那些人的思想和信仰方面，拓荒者的传统实际上是积极的力

---

① 译自：John Dewey, *Creative Democracy--The Task Before Us.* // Jo Ann Boydston（ed.）. *The Latter Works of John Dewey*. 1925—1953. Carbondale, Southern Illinois University Press, Vol. 14., 1988: 224-230. 该文原标题是《创造性的民主——我们面对的任务》，系杜威在1939年10月20日纽约庆贺杜威八十岁生日晚宴上的致辞，由美国哲学家贺拉斯·M. 卡伦（Horace M. Kallen）代为宣读。// 首次发表于《杜威·约翰与美国的承诺》，《进步教育小册子》第14期，哥伦布：美国教育出版社，1939：12-17.——原注

量。至少在想象中，这个国家仍然是一个开放的新领域，一个未被使用和未被占用的资源。这是一个充满机遇和具有吸引力的国家。即便如此，在这个新国家诞生的过程中，物质环境的奇妙结合还是不可思议的。当时，有一群人能够对旧的制度和观念进行重新调整，以适应新的物质条件所提供的环境——这一群人在政治创造力上是具有非凡天赋的。

目前，边界是道德意味的，而不是物质意味的。似乎是无边无际的、谁开拓谁拥有的自由土地时代已经消失了。未被使用的资源现在是人力资源，而不是物质资源。但资源浪费存在于那些成年男女失去工作机会中，也存在于那些年轻男女一见机会就紧闭大门中。一百五十年前，引起社会和政治创新的那个危机，正以一种对人类创造性提出更高要求的形式与我们同在。

总之，我现在要说的就是，我们必须通过深刻的思考和坚定的努力，重新建立一种民主，这种民主在很大程度上源于一百五十年前人和环境的幸运结合的产物。很久以来，我们一直生活在由早期的人们和事件的幸福结合而产生的遗产之中。世界的现状更多地提醒我们，我们必须为证明自己遗产的价值而竭尽全力。这是我们所面临的一种挑战，我们应该如同早期的人们在较为简朴的条件下所做的那样，为今天的危急的和复杂的环境作出贡献。

如果我强调，只有通过创造性努力和创造性活动，这个任务才能完成，那么部分原因是当前危机的严重程度，但重要的原因是归于这个事实：长期以来，我们都是这样想的，好像我们的民主本身是自动延续的，好像我的祖先成功地建立了一台机器就解决了政治上永恒动力的问题。我们还这样认为，好像民主主要发生在华盛顿和奥尔巴尼（Albany）[①]——或者其他州的首府——通过成年男女每年一次的选举投票来推动。这是一个有点极端的说法，我们已经习惯于把民主看作为一种政治机器，只要公民理性地、忠实地去履行政治义务，它就能正常地运行。

---

①奥尔巴尼，纽约州的首府。

近年来，我们越来越经常地听到人们说，这样理解民主是不充分的，民主还是一种生活方式。这种说法触及了问题的本质。但我并不确定，旧观念的某种外部性是否会依附于那种新的、更好的表述。无论如何，只有当我们在思想和行动中认识到民主是一种有个性的个人生活方式时，我们才能摆脱这种外在的思维方式。它意味着，拥有并不断运用某些态度，形成个人的性格，以及确定在所有生活关系中的期望和目的。我们不应该把我们自己的性情和习惯看作是适应于某些制度，而应该习惯性地把后者看作是个人的主要看法的表达、投射和延伸。

从根本上来看，民主作为一种有个性的个人生活方式的说法，并没有什么新东西。但是，在应用这种说法时，它给旧的观念注入了一种新的实际含意。它的实施表明，只有通过在人类的每一个个体中创造有个性的态度，才能成功地应对目前民主的强大敌人；它实施还表明，我们必须克服自己的思维倾向，即认为如果把民主同根深蒂固的、足以构成个体性格的个人态度分离开来，它的防御就可以从任何外在的手段中找到，无论是军事手段还是非军事手段。

民主是一种生活方式，由一种对人类本性的可能性起作用的信念所支配。相信普通人（Belief in the Common Man），这是民主信条中常见的一种信念。这种信念是没有基础和意义的，除非它意味着对人性潜力的信念，因为无论种族、肤色、性别、出生和家庭、物质或文化财富如何，每个人都会表现出其本性。这种信念可以在法律中确立，但仅仅是在字面上确立，除非它在人类日常生活的所有事件和关系中通过彼此表现出的态度而得到体现。如果在我们日常生活的相处和交谈中，我们受到种族偏见、肤色偏见或其他阶级偏见的影响，那么，在我们与其他人的个人关系中，就不会谴责因为不宽容、残忍和煽动仇恨而表现出的纳粹主义，那就等于助长了虚伪。的确，除了对他们作为人类的可能性抱有一种慷慨的信念之外，任何事情都不能使这个信念带来一种需要，即提供实现这些能力的条件。人类平等的民主信念就是相信每个人，不管其天赋的多少或范围如何，他都有权利与其他每个人平等地获得发展的机会，这是普遍的情况。它相信，只要其他人提供适当的条件，每个人都有能力不受他人的强迫而自由地过他自己的生活。

民主是一种个人生活方式，一般讲，它不仅受人的本性的信念所支配，而且也受人的理智判断和行动的能力的信念所支配，如果有适当条件的话。我不止一次受到对立阵营的指责，他们认为我对理智的可能性以及与理智相关联的教育具有一种过分的和乌托邦的信念。无论如何，我并没有发明这种信念。我是从我的环境以及那些受到民主精神所激励的环境中获得这种信念的。对于在咨询、会议、说服、讨论中以及在公众舆论的形成中起作用的民主信念来说，其作用从长远来看就是自我纠正。除了相信普通人的理智能力会用常识来回应事实和思想的自由发生——通过自由探究、自由集会和自由交流来提供有效保证外，民主信念还能相信什么？我愿意把相信理智能力是乌托邦的观点留给支持集权政府的左派人士和右派人士。因为这种信念是如此深植于民主固有的方法之中，以致当一个自称是民主人士的人否认这种信念时，他就认定自己已背叛了他的事业。

当我想到今天许多外国成年男女的生活处境，对间谍恐惧的危险正笼罩着私人聚会上友好交谈的朋友会面时，我愿意相信，民主的本质在于最终保证自由相聚的邻居在街头巷尾随意地讨论未经审查的当日新闻，以及和朋友相聚在房间起居室和公寓里自由地相互交谈。对宗教、政治或商业的看法不同，以及种族、肤色、财富或文化程度的不同，而引起的不宽容、虐待、辱骂，都是对民主生活方式的背叛。因为一切妨碍自由和充分交流的做法实际上设置了障碍，使人类分成了不同的小集团和对立的派别，从而破坏了民主的生活方式。如果在日常生活中，思想、事实和经验交流的自由被相互猜疑、滥用、恐惧和仇恨所扼杀，那么，仅仅对公民的自由信仰、言论自由和集会自由进行保障的法律是无济于事的。这些做法破坏了民主的生活方式的基本条件，甚至比公开胁迫更为有效（正如极权政府的例子所证明的），而公开胁迫只有在成功地在人们心中滋生仇恨、怀疑和不宽容时才有效。

最后，考虑到上述的两种情况，民主作为一种生活方式是由个人的信念所支配的，因为个人每天都与其他人一起工作。民主是这样的一种信念，即使每个人的需要、目的或结果不同，但友好合作——可能包括体育、抗衡和竞争——的习惯本身就是对生活的一种无比珍贵的补充。尽可能地把在暴力以及暴力的氛围和媒介之外所发生的每一个冲突（它们一定会出现的），作为解决问题的一种手段，作为进入讨论和理性活动的一种手段，把那些与我们有分歧的人——甚至是有很大分歧的人——当作我们可以向他们学习的人来对待，至少把他们当作朋友来对待。一个真正旨在和平的民主信念相信，通过给对方一个表达自己的机会,而不是通过强力的压制来征服对方，就有可能把纠纷、争端和冲突变成合作的事业而使双方受益——一种压制的发生虽然是采用心理上嘲弄、滥用、恐吓的手段，而不是通过公开监禁或集中营的手段，但它仍然是一种暴力压制。因为相信表达分歧不仅是他人的权利，而且是丰富自己生活经验的一个手段，所以，通过给分歧一个表达其自己的机会来进行合作，这是民主的个人生活方式所固有的。

如果上面所说的被批评存在一套道德准则，那我唯一的回答是，这正是我说这些话的意义所在。为了摆脱把民主看作是制度上的和外在东西的习惯，就要养成把民主当作一种个人生活方式的习惯，从而认识到民主是一种道德理想，只要它成为一个事实，那就是一个道德事实。人们应该认识到，民主只是一种现实，因为它确实是生活中的一件平常事情。

因为我长期从事哲学研究，所以，如果我在发言结束时以规范的哲学术语来陈述民主信念，那要请大家原谅。可以说，民主相信人类经验能够产生目的和方法，而通过这些目的和方法，经验将进一步有序地丰富起来。任何一种形式的道德和社会信念都基于这样一种观点，即经验肯定在某一时刻或其他时刻受到某种外在形式的控制，受到据称存在于经验过程之外的某个"权威"的控制。民主是这样一种信念，即经验的过程比获得的任何特定结果都重要，所以，所获得的特定结果只有当它们被用来丰富和安排那个正在进行的经验过程时，才具有最终的价值。由于经验的过程具有教育的价值，因此，有关民主的信念也就是有关经验和教育的信念。所有与那个正在进行的经验过程相隔离的目的和价值都变得呆板停滞起来。它们尽力去固化已经获得的经验，而不是利用这些经验来开拓道路，并指出去获得新的和更好的经验的道路。

如果有人问经验在这种关系中的含意是什么，那我的回答是，它是个人与周围环境尤其是人的环境的自由的相互作用，通过增加对事物本来面目的认识，以便发展和满足人们的需要和欲望。对现状的认识就是人们交流和分享经验的唯一的坚实基础。所有其他的交流意味着一些人受制于其他人的个人观点。需要和欲望——从中产生目的和方向——超越了现存的东西，因而超越了知识，超越了科学。它们不断地开拓通往未开发的和未实现的未来的道路。

与其他的生活方式相比，民主是唯一的生活方式，它完全相信作为目的和手段的经验过程，因为它能够产生科学，而科学是指导未来经验的方向的唯一可靠的权威，它释放情感、需要和欲望以便产生过去不存在的新事物。因为在民主方面失败的每一种生活方式限制了接触、交流、交往以及相互作用，所以就难以使经验得到巩固、扩大和丰富。这种释放和丰富的工作必须日复一日地进行。由于在经验自身走向终点之前这种工作没有终点，因此，民主的任务就是不断地创造一种所有人都能分享和贡献的更自由的和更人道的经验。

在纽约庆贺杜威九十岁生日宴会上[①]

（约翰·杜威九十岁生日宴会1949年10月20日晚上在纽约市
康芒多尔酒店的格兰德大舞厅举行）

开场白

哈里·W. 莱德勒（Harry W. Laidler）

美国工业民主联盟执行董事

庆贺约翰·杜威九十岁生日宴会组织委员会主席

这几天，整个世界都在跌宕起伏的进程中赫然停滞，向我们今晚的嘉宾——尊敬的哲学家、教育家和民主领袖约翰·杜威表示致敬。

来自拉丁美洲各地、加拿大的高等学府以及欧洲、以色列、土耳其、日本、中国、印度和其他地区的人们，以公共集会、广播、撰文、翻译和颁奖的形式来庆祝一位对我们当今世界的教育生活产生深远影响的人的一生和成就。他的影响超越了任何一个人。

美国和奥地利的总统发来了贺电，英国、印度、以色列、意大利、荷兰以及挪威的首相以及每一个民主国家的知名人士也发来了贺电。他们讲述了

[①] 译自：Harry W. Laidler. *John Dewey at Ninety*. New York: League for Industrain Democracy，1950：5–31. 原青林，译.

约翰·杜威及其生活和教诲对他们的重要意义，并代表我们所有人祝愿他继续成为我们未来的教育领袖。智利政府还向他颁发了勋章。

在所有人的贺词中，我最喜欢英国爱丁堡大学戈弗雷·汤姆森（Godfrey Thomson）教授的贺词。我认为，这一贺词所代表的是杜威博士今晚在其生日宴会上收到的祝贺中所体现的某种精神。汤姆森教授指出，苏格兰的教育体制是开拓精神和保守主义非同寻常的结合，它以开拓者的方式追随着杜威的思想，同时又以谨慎的方式体现出精明的苏格兰人的特点。在他的贺词中，我还想引述一段话："谨向这位大师致以我多年良好的祝愿。我想起有人曾经在一位英国大学教师九十岁生日聚会上对他所说的一句话：'我希望我能在你活到百岁时向你表示祝贺。'"

"回答是：我看不出你有什么不可能，你看上去似乎身体很棒，很健康。"杜威教授，我们大家从现在起都会精心呵护我们的身体，这样，在十年后，我们就能够像今晚这样以同样的热情来庆贺您百岁生日。

我还喜欢来自杜威教授教过的学生埃里克·许拉的贺信，信中表达了其他民族对杜威博士民主思想的渴望，以及教育工作者立志在一个国家将这种被广泛追求的思想传播给自己国家人民的奋斗历程。这位学生在希特勒政权成立的前几年将杜威的《民主主义与教育》译成了德文。这本书受到了广泛的关注，但是在希特勒上台后，这些书几乎全部被销毁了。

在战争期间，许拉的家和个人图书馆被烧成了灰烬。许拉花了很长时间去寻找杜威的这本书。最终他找到了，但历经了千辛万苦。这本书最初的出版商住在俄国人控制区。当时纸张难寻，货币严重贬值。许拉写道："但是，当货币一稳定下来，我就开始着手办理此事并获得了很大成功。现在，这本书的第二版正在印刷。我希望第一本书能在杜威博士生日的时候交到他的手上。然而，在德国办事没那么快。"

许拉接着写道："这本书一旦出版，将有助于我们根据您杜威博士在这本书中以及在您一生全部的宏伟著作中所极力倡导的精神重建我们的教育体制，这对于德国而言意义重大。祝愿未来的几年可以向您进一步证明，人类虽然会有很多凶兆劫难，但人类通过民主教育在不断进步，正朝着创建更美好的生活、提供更丰富的自由以及带来更有意义的快乐的方向迈进。"

今天，美国有100多所高等院校分别举行集会和讲座，庆贺杜威您九十岁华诞这个里程碑的日子。以克伯屈教授为主席的约翰·杜威九十岁生日庆贺组织委员会开展了一系列活动。根据委员会的建议，纽约大学的悉尼·胡克教授正在编写一本杜威博士文集，来回顾他在各个领域的杰出贡献。这本文集将在明年的春天付梓，书名为《科学和自由哲学家——约翰·杜威》（*John Dewey, Philosopher of Science and Freedom*）。杰尔姆·内桑森（Jerome Nathanson）也在编写一本文集。接下来，本周末将举行3个重要会议，哥伦比亚大学校长德怀特·D. 艾森豪威尔（Dwright D. Eisenhower）、新学院（New School）的布琳·J. 霍夫德（Bryn J. Hovde）校长、萨拉·劳伦斯（Sarah Lawrence）学院的哈罗德·泰勒（Harold Taylor）院长、康迈格教授、贺拉斯·M. 卡伦系主任、种族文化协会的杰尔姆·内桑森、哥伦比亚大学师范学院的约翰·L. 蔡尔兹以及其他人都将在会议上发表演讲。

在晚宴开始之前，我们很高兴地把杜鲁门（Harry S. Teuman）总统的亲笔贺信①转交给杜威博士。

现在，我很荣幸地向各位介绍一位美国最年轻的、最具进步教育思想和最受欢迎的大学校长，萨拉·劳伦斯学院的哈罗德·泰勒院长作为宴会的主持人。

［哈罗德·泰勒院长接下来成了晚宴的主持人，他以自己独特的魅力和幽默感征服了在场的嘉宾。他郑重宣布，今晚的一切活动是："献给一个才华

---

①杜鲁门总统在致杜威的贺信中写道："亲爱的杜威先生：祝贺您在经验的智慧和朋友的爱戴上达到了如此成功和如此完美的境界，以及具有年轻人的不可征服和不可战胜的精神。对您来说，一次快乐的生日充分意味着使人振奋的昨天和满怀信心的明天。"

出众的人，一个当代最杰出的人，一个我们人类当中的伟人。"

应邀参加今晚宴会的不少嘉宾来自国内外的各个社会团体，他们一一向杜威表达了致意。其他嘉宾还应邀讨论了杜威博士在哲学、教育、艺术和公共事务领域所作出的贡献。除了接下来的演讲人外，泰勒院长还邀请了阿尔文·约翰逊（Alvin Johnson）、悉尼·胡克、埃尔默·戴维斯（Elmer Davis）、J. J. 辛格（J. J. Singh）以及智利驻美国总领事卡洛斯·德拉巴拉（Carlos Delabarra）致辞。德拉巴拉先生还代表智利政府向杜威博士授勋。]

哥伦比亚大学向杜威表示祝贺

弗兰克·D. 法肯索尔（Frank D. Fackenthal）
哥伦比亚大学前任代理校长

我很荣幸参加杜威九十岁生日庆贺晚宴，然而我不无遗憾地说，艾森豪威尔校长今晚没能代表哥伦比亚大学来参加这里的庆贺活动。令人高兴的是，他将在以后的一个活动中向杜威教授表示祝贺。我比今晚的贵宾（杜威）早2年来到哥伦比亚大学校园。所不同的是，我的到来是通过向一个招生委员会提出申请得以实现的，而他是受学院和校董事会之邀请而来的。

因此，从1904年至今他在哥伦比亚大学整个工作期间——他还要接着工作下去，因为对他来说，退休就像过生日一样没有多大意义或者说根本就没有意义。我能认识并且迄今比别人更了解杜威教授是我一生极为珍贵的财富。

今晚，还有更多人带来了生日的问候。他们都是一些领域里的知名人士，正如他们的名字和头衔所清楚表明的那样。这恰恰促使我去做一些我担心不明智的比较：

> 有六个印度男人
> 非常喜欢学问。
> 见到了大象，
> （尽管自己都是盲人）
> 每个人凭着观察
> 满足了自己的心灵。

一些人一定会发现约翰·杜威很像一位哲学家；另一些人会关注他的思想对法律支柱的作用；还有一些人会谈到他给其他国家的人民所带来的影响。但可以肯定的是，人们在杜威的身上可以找到在重新研究教育原理和实践的过程中一个伟大教师的品质，一个令人振奋的领袖的品质。他对人权和责任的执着，他对人类尊严中固有的自由的坚定，可能对他人而言似乎更像一堵厚实的墙。在遇到这种"是大象或不是大象"的情况时，任何一个服务于教育的人、一个管理者都可能把杜威看作是大学的一个个体、一位同事和一个成员。为了增加与分享学术生活的愉悦和满足，他义不容辞地履行了自己的全部职责，并承担了更多的日常事务和必要的琐事。他总是听从学校的调遣，时刻准备着为他自己职责范围以外的事情提供咨询和帮助。无论课程计划的修改，还是对学生、教师、管理者三者之间关系趋向的指导，只要什么地方需要他，他都乐意帮助。当这些问题巧妙而又果断地得以解决时，对一所学校的健康发展和良好运作来说，其意义是极为重大的。他总是一个凭良心行事的人，但也不总是寡言少语。

然而，所有这样的事都不会影响他在课堂里的活动，尽管课堂外面要做的事情很多。他善于利用自己的自由空间，将自己的伟大才能发挥到极致；他身边吸引着大批的学生；他著述丰硕；他工作勤勤恳恳，犹如在葡萄园里工作的工人。他让世界了解了哥伦比亚大学，也让哥伦比亚大学了解了世界。他的影响遍及世界各地。但是，超越其影响的是他对民主的人性化，而我怀疑，当来自印度的男人和我所做的表述完成后，我们对杜威教授的描述是否比爱默生的几句话精辟："没有什么比伟人更为简单的；的确，能做到简单的就是伟人的。"

约翰·杜威不只属于一所大学，他属于整个美国教育，但让哥伦比亚大学欣慰和自豪的是，他多年来选择把他的帽子和衣服挂在了莫宁赛德（Morningside）[①]。至此，请让我代表哥伦比亚大学向杜威教授表示敬意，向他致以亲切的问候和良好的祝愿。

杜威对我们所有人来说意义非凡

费利克斯·法兰克福特（Felix Frankfurter）
美国高等法院助理法官

这场盛大的聚会仅仅是为了庆贺一位哲学教授的生日。可以肯定的是，今天是他的九十岁华诞。另外，我还怀疑，美国哲学学会的会员就是在场的几位。或许，从专业角度讲，成为哲学家的人并不是很多。社会的每一个阶层和每一次呐喊——"富人，穷人，乞丐，小偷，医生，律师，商人和首领"——在这里都得以体现。

是什么让我们大家聚在一起？不向约翰·杜威表示敬意，这个我们是做不到的。他也不需要通过这种鼓励方式来排遣思想上的孤独，即使有时伟大的思想家需要这样。我们在这里对他所给予我们的一切表示感谢，并对文明的人类最终依靠精神的东西而不是依靠稍纵即逝的时尚和不起眼的东西又充满了信心。在约翰·杜威的身上，我们可以汲取到开创道德工作的全新力

[①] 指哥伦比亚大学所在地。

量。

约翰·杜威给予了我们什么呢？他一直属于这样一位思想家，其思想在某种程度上指导着人们的活动，但人们却可能从来没有听说过他。他所写的内容可以在100多本书中找到。但是，读完所有这些书——我对书中内容的认识正好证明了潜移默化的教育作用——有一种震撼的力量远远超越了哲学教授这一职位。或许，在哲学教授和哲学家之间存在着巨大的差异。一个人如果他的专业，即所全神贯注的东西是一些永恒的、尚未解决的、有待进行高度抽象思考的问题，除非他能超越个人的技术问题，才能促进人类思想的发展。尽管哲学探究的术语对人们来说可能听起来像讲外语那么难懂，那么，从人文主义意义上讲他就是一个伟人。这样的思想家会使每一个行业重新思考其专业上的问题。他具有这样的能力，因为他能够通过专心致志研究破碎的思想来闪烁令人振奋的光芒。因为他看到在不显眼事物表面下的有机体；他能够看到是因为他对整个完美生活的各种可能性具有深刻的感应。

在这个房间里，每个人都能从自己对生活的领悟中证明，这种力量一直就是约翰·杜威对他的时代的影响；而且令人欣慰的是，这种影响已经延续了很久。请允许我举一位伟人来说明这一点。在谈到私人通信的自由时，贾斯蒂斯·霍姆斯（Justice Holmes）先生是这样表达他对约翰·杜威著作的感受的："它就像薄薄的玉片一样，时而精妙，时而简练和开放，把整个世界和人类都看作是流动的物体……它给我留下了像沃尔特·惠特曼（Walt Whitman）①一样的印象：那么和谐，那么充满生命活力和体验，其想象超越了大多数的作家、哲学家或其他的人……有时会清楚地表明，他的写作思路非常清晰；有时又变得模糊不清。尽管如此，令我欣慰的是，他比任何一个这些年我所认识的人更接近这种和谐的摆动……因此，在我看来，如果上帝的表达是含糊不清

---

① 沃尔特·惠特曼（Walt Whitman, 1819—1892），美国诗人。其创作对美国和欧洲诗歌的发展很有影响。——编译者注

的，那他以前就是这样的；但是，杜威会急切地告诉你该是怎样的。"在一次又一次的演讲和信函中，贾斯蒂斯·霍姆斯都表达了独特的敬意，因为他是一个极乐意偿还精神债务而毫不吝啬的人。

我们当中只有几个人有幸在课堂上聆听过约翰·杜威的讲课，但是，我们所有的人都受过他的教育。尤其幸运的是，那些偶尔与他交谈受到教诲的人。我个人对他的感觉可以由约3个世纪前一位著名剑桥大学的校友所说的话准确表达出来："我一整天在书房的书堆里劳作，可还不如与他交谈一个小时感觉这么好。因为他不是一个封闭的图书馆，也不是抓起来就读的一本书，而是一个准备与任何人进行交流的人，一个喜欢学习的人。是的，他是一股长流不断的泉水，不知疲倦地向那些或许根本不想接受的人施善。"

我不关心哲学信条的风向，因为我没有这个能力，即使在这个场合也难以说清杜威现在所刮的大风的风力和风向。但是，关于这场风的影响，或许我可以大言不惭地评说几句。杜威的思想穿透力太强，难以拘泥于一个偶像或被一帮占有欲极强的信徒所持有。他的哲学观从来就不受制于僵硬的三段论建立起来的固定体系的约束。生活以其旺盛的生机和讽刺、按照自己的方式嘲弄着这一体系。杜威教育我们要学会使用从体验中所获得的一切成果，在解决那些常常是无法靠抽象的方法加以解决的问题的过程中取得新的体验。尽管他远离喧闹的人群而全神贯注地探究智力的问题，但他是一个土生土长的美国式乐观主义的典型代表，靠着谦逊的认识得到启蒙和锤炼，主张人对尚未走过的路需要用相关的精神和意愿去开辟和尝试。他的乐观是谨慎的和自我考验过的。他对人类潜能的信念是一种能量，而不是一种镇痛剂。

如果我所获得的这一坚定的信念已落后于约翰·杜威思想的各种观点的话，那么在我看来，这无疑就像是一个信念声明，考虑发放一个作诗的许可证，最后当诗人战死在战争中，再将许可证留给自己的子孙。"人是万能的。在心灵的王国里，他没有可以想象的目标；但是在物质的王国里，这样的目标他可以随时达到。还没有发现什么强大的力量可以使他受到挫折：通过他的后代，他可以最终战胜显而易见的死亡结局。没有什么潜在的恐惧会让他永远感到害怕，也没有什么巨大的痛苦让他在精神上不能忍受。他的内心充满着各种他心目中的上帝所恩赐的品质：美丽、智慧、博识、全能和神性。"

这一信念的基础反映在约翰·杜威对民主社会各种主导力量的深刻认识之中。他的领悟在于，他认识到民权难以仅仅从法律保障方面获得有限的力量。我们的人民一直关心立法或执法的合宪性而非其智慧，结果所认同的价值观往往是虚假的。即使那些毫无顾忌地使用司法手段遏制民主进程的人也会不厌其烦地解释这样一个事实：分寸感、睿智的幽默以及没有恐惧并不都是合宪性的检验标准。但是，将注意力集中在合宪性上的倾向会使合宪性与智慧难以区分。这种态度是自由精神的大敌，对有可能引起思想自由和言论自由问题的立法而言，尤其如此。很多由于不明智和懦弱原因而被斥之为非自由的东西，也不一定就是不合宪的。文明最深层次的需求的终极依赖必须在法庭上证明无罪的证词以外去寻找。除此之外，法官应该去反省，即使是无意识地反省那种捉摸不定的但又是起主导作用的力量，即公共舆论的大趋势。积极地、坚持不懈地将自由的信念转变为一个社会的感情、思想和行动是一次真正的抵御束缚人们心灵诱惑的保卫战。我们必须感激这种信念所带来的诚实和舒适的生活，也无须担心信念的各种不确定性。没有开放的思想，就不可能有开放的社会。如果社会不开放，人的精神就会被肢解和奴役。

公开讲真话是一件艰难的事情。过去的人告诫我们不要讲死人的坏话，但我也不应该为了讲活人的好话而有失佛蒙特州人的谦逊品质。但是，这种场合不会再现。如果我当着约翰·杜威先生的面说他，使我再一次想起了一个生活在17世纪的人——一个在科学技术革命时代之前生活很贫困的人，当时的条件在约翰·杜威看来是最基本的了，那就请杜威先生原谅我。就像我问心无愧地说起约翰·杜威一样，据说威廉·佩恩曾讲过，他是一个"博学而不势利、敏捷而不失礼、交谈时诙谐但又认真和严肃的人；他是一个具有超凡才智的人，但又是一个没有丝毫野心的人"。

杜威——一位公共事务的领袖

约翰·海恩斯·霍姆斯（John Haynes Holmes）
美国民权联合会主席

前一段时间，有人做某个调查，请我说出当今5个最伟大的美国人。说出第一个人很简单，那就是约翰·杜威！说出其他几个人就让我立刻感到为难了。对于每一个我所能想到的人，似乎都有些保留。最后，我是绞尽脑汁才说出其他几个人的名字，但是即使到现在，我发现我对自己所筛选的人还是不十分满意。有一半的人选让我赞同当今一本书作者的观点：这是一个平庸的时代！但是，杜威是放在任何时代都称之为伟大的人。他已经成为一个流芳百世的人。

约翰·杜威通常被认为是一位教育家。由于我自己不是一位教育家，我总是对我的教育界弟兄们把杜威作为他们自己同行的方式深感不快。当然，他是一位伟大的教育家——一位自贺拉斯·曼以来最伟大的教育家。但是，如果事情就这么简单，那么，我们今晚所参加的就是一个更为普通的社交聚会了。正是约翰·杜威的包容的一面唤起了我的好奇，这是一种已经开启了每个思想和生活大厦窗口的自由精神，一种引导人们穿过无知的荒野和僵死的传统而通向心灵巅峰的冒险开拓精神。约翰·杜威是一个摆脱了以三教九流进行分类的人，因此，所有狭隘的归类都不适合他。

例如，教育家们刚把杜威的肖像牢牢挂在他们自己的房门上，哲学家们就会走过来宣称杜威还是一个好好活着的人，只不过是他们队伍中一个与众不同的人。我记得，威尔·杜兰特（Will Durant）①博士在他的《哲学的故事》（*Story of Philosophy*）一书中是以他与杜威的逸事作为结尾的，在书中他先讲到柏拉图，接着是亚里士多德、斯宾诺莎、肯特（Kent）、叔本华（Schopenhauer）、斯宾塞、亨利·伯格森（Henri Bergson）以及其他同样著名的人。我认为，他这样写是有一定道理的。

但是，与其说杜威以教育擅长，不如说他以哲学为主导。在我个人的书架上浏览杜威的著作，有一本著名的题为《共同信念》（*A Common Faith*）的书，这使我想到，这位伟大的思想家曾写过一本著名的当代有关宗教方面的书。

因此，杜威既属于宗教，也属于哲学和教育，但更属于公共事务这个伟大的领域。虽然他没有任何的政治职位，也不支持任何的党派运动，但是，约翰·杜威完完全全通过自己智慧和性格的力量，给所有为人类争取更多自由和完美生活的运动带来了巨大的影响。他的领导才能一直就体现了一个崇尚民主、推进民主启蒙和进步的自由主义者的领导才能。他从没有放弃对人类事业的追求，总是处于运动的前列，把自己的大名作为一个所有向前看的人以此可以求助的旗标。美国什么时候曾经拥有过这么一个勇敢或睿智的公民，抑或世界什么时候拥有过这样一个真正的预言家？

在他的九十华诞之际，约翰·杜威是以一个世界公民的身份出现的。人们的欢呼声在他的耳旁回响。但这并不会宠坏他，因为他的谦逊是根深蒂固的。而且，当他在思考他自己一生的奇迹时，谦逊也会给他以安慰，激励他奋斗不息。我想起了《西拉书》（*Sirach*）②的一段话：

---

① 威尔·杜兰特（Will Durant, 1885—1981），美国哲学家、历史学家。

② 《西拉书》，天主教和东正教《旧约圣经》的一部分。

让我们来赞美伟人吧；

那些靠才能名扬四海的人，

那些靠智慧领导百姓的人，

以及那些靠理解为百姓着想的读书人。

许多人都会有自己的想法。

世界永恒不变，不会被毁灭；

对他们的追忆也不会消失，

他们的英名会被一代一代传诵。

杜威和劳工世界

戴维·杜宾斯基（David Dubinsky）
国际女士服装工人联盟主席

今晚与会的教育家和世界各地的学者齐声称赞杜威博士作为一位教育家和哲学家所取得的伟大成就。

我们这些参加劳工运动的人对人类自由和人类价值观的理解，已超越了干一天诚实的劳动换得仅仅一天诚实工资的境界。我们很早就深深体验到与约翰·杜威博士所结下的真诚和温暖的友情关系，因为他为自由民主的理想做出了不懈的贡献。

我们认识和敬仰杜威博士，因为他是一位无所畏惧的自由主义领袖，一个坚定的工会会员。对于我们进步主义劳工运动的每一项事业和目标，他总是毫不犹豫地给予真诚的支持。

杜威对成人劳工教育的执着关注；他对教师行业中自由工会主义事业的宝贵贡献；他反对国内外红色和黑色极权主义者的不妥协立场；他对我们国家

新的政治联盟的潜在机遇所表现出的深切关注，使他在最广泛的劳工——自由领域赢得了无数朋友和同事对他的爱戴。

我们的未来更加光明，我们的思想更加清晰，我们的运动更加健康，这是因为杜威在我们中间。我们向教授、教育家、哲学家、工会会员杜威博士表达我们的敬意。我们希望他在未来能继续为我们的美国工会和自由主义运动添砖加瓦。

沃尔特·鲁瑟（Walter Reuther）的贺词

联合汽车工人联合会主席

今晚能在这里与你们一起向一位伟大的哲学家、教育家、一位美国人和世界公民表达敬意，感到非常荣幸。我带来了许多工人的祝福，他们的生活因为约翰·杜威而变得丰富起来。

在我离开底特律之前，我的小女儿问我去哪儿，我告诉她我要去参加一位哲学家的生日聚会。她问："哲学家是干什么的？"于是，我拿了一本书，让她看书中诸如亚里士多德上一辈哲学家的图片。她又问："杜威先生比亚里士多德老吗？"我回答说："没有，他马上就要赶上了。但是，历史将会记住，他与亚里士多德同样伟大。"

在我们所生活的这个纷乱世界里，人类的智者充满了疑虑。当他们寻找如何能够建立一个自由的社会以便让人类可以获得经济安全和美好物质生活而无须牺牲任何人类基本价值的答案时，当他们寻找如何可以在民主的国度里拥有经济富有和政治自由的答案时，他们的心开始沉重起来。

在这一求索过程中，约翰·杜威建立起一些基本的导向标志，因而在今晚我们向他所做的一切表示敬意。今晚，在充满独立和自由的世界各地，约翰·杜威成为人们心中的偶像。在向他致意的时候，我们不应该仅仅是向他表示祝贺，我们还应该像他那样在有生之年努力地工作。我们应该将务实的人类的民主哲学应用到我们的社会生活当中，并依此尽我们的微薄之力来缩短民主所经常承诺的与民主很少得以实践之间的严重差距。祝贺约翰·杜威生日快乐！

作为哲学家的杜威

拉尔夫·巴顿·佩里（Ralph Barto Perry）

哈佛大学哲学荣誉教授

当威廉·詹姆士急切盼望杜威、费迪南德·席勒与他结成联合阵线来共同应付对手并试图界定他们之间的细腻差异的时候，杜威给他写了一封信，指出："甚至最微贱、最无名的作家大概也有一种自然的抵触心理，尽管别人给了权威性的解释，他依然会意见很大，即使他认识到他做别人的批评对象是再合适不过的了。"如果杜威仍然还有相同的看法，那他一定在接下来的40年里受不少苦。既然他现在已经成为历史性的名人，那就希望他已克服了这种自然的抵触心理。我们这些今天应邀来谈一谈对他看法的人，肯定不能回避谈到在我们看来他到底在想些什么的问题，尽管我们可以并且的确能够放弃任何为他做权威性辩护的权利。

毫无疑问，杜威依然"意见很大"。我刚刚拜读过他发表在10月份《评论》学刊上的一篇文章。我相信，他在这篇文章发表后又写了一些东西，并且还有其他的手稿待发。《评论》学刊上这篇文章的题目《科学时代的哲学未来》（*Philosophy's Future in Our Scientific Age*）可以作为针对杜威整个人写一篇评论的内容，其副标题为《哲学的作用从未如此重要》。这篇文章的主旨是作者为1948年在荷兰阿姆斯特丹举行的国际哲学大会撰写的贺词。在那里，你认识的杜威是：他的合作精神，他对当代栩栩如生的认识，他对未来的展望，他的不屈不挠的信心，他的哲学工作，他对以科学力量的范畴获得释放以及其内在的动力得到恰当的引导为前提，依靠科学力量来解决当代道德和社会问题的信念。

因为杜威在场，我是不敢以权威的口吻乱说什么的。他对权威的厌恶是解读他的基本个性的关键因素之一。关于这一点我敢这么说，当然绝对不是权威的。杜威是一个不折不扣的非正统人士。他的人道主义，他的民主思想，他在教育以及其他领域中倡导的进步主义，他的道德规范，所有的一切都基于他的信念：人的尊严在于他有能力为自己思考。按照杜威的观点，这种能力不局限于知识分子阶层或专业研究人士；他会让各行各业的人们，在人类的各个年龄阶段，从幼儿园开始，只要不是在摇篮里，都能认识到这种能力。思考，为自己思考，全新地去思考，从个人的体验中学习，作出个人的判断以及去思考个人问题——所有这一切都是在与同伴的交流和互动中发生的——这就是人类所独有的权利，一种不能废除的权利，它是人类进步发展的唯一保障。而与之相对的是傲慢、教条主义、绝对主义、均变论、奴颜婢膝、传统和怀疑论，这些正是杜威倾其全部的智慧和日益提升的声望进行坚决斗争的大敌。

正是由于这样一种基本的个性，杜威与威廉·詹姆士一起在20世纪为美国思想提供了发育的土壤。碰巧的是，我的一生有50年是在哈佛大学度过的，对我一生影响最大的是被杜威称之为"精神之父"的威廉·詹姆士。换句话说，我认为自己是杜威的精神兄弟。将詹姆士和杜威进行比较，一直是让我着迷的反思课题。他们哲学经历不同，天赋不同，性情和风格差异很大，两个人是不可能复制的，他们从来就不是对手，他们都以个人的耐性和个性著称。然而，从广义上来说，他们一直是盟友，而且正是通过他们之间的交流，才造就了今天的美国哲学。过去50年的美国哲学家大多都一直在确定、解读、评价或反驳他们，然而无论是何种情况，都从他们那里受益匪浅。

通过他们之间的联合，詹姆士和杜威打破了19世纪占主导地位的哲学所带来的束缚，解放了当时年轻人的思想。这些人现在都成老人了。在我年轻的时候，我曾寄给克莱顿①一篇文章，希望在《哲学评论》上发表。他接受了我的文章，但以父亲的口吻对我的年轻急躁进行了叱责。他说："你就像詹姆士一样太轻率了。"任何一位年轻的美国哲学家都会因敬畏哲学的历史或其崇高的倡导者而不敢开学术的玩笑或做出鲁莽的行为的时代已经过去了。今天，任何一位年长的哲学家也不愿提出这样的指责。为此，我们必须感谢威廉·詹姆士和约翰·杜威，我喜欢把他们的名字与美国哲学界新自由的预言家联系起来。

詹姆士40年前过世了。今天，杜威依然保持着这种精神的活力。作为一位喜欢畅所欲言且仍然在世的哲学家，他还会为自己辩护。然而，我斗胆对他再一次进行非权威性的诠释。我指的是他的道德规范。没有人会怀疑他有自己的道德规范。我们一些人希望他能就这方面谈一谈，或就其他方面的事多写一写。但是，道德规范的存在不仅在于这个人本身和他的行为，而且还在于他说的话。为此，我要谈到最近的一篇文章。他赞同道德知识能为"作为自由社会一名成员"的人服务，并且"能使学习道德知识的专业化和技术性的方法为实践一个共同和共享的美好事业发挥作用"。一个诠释杜威的人引述杜威自己的话说，杜威一直"站在大多数人的立场上赞同一种较高质量的体系"。这是一种理想、一个标准，具有共同和普遍的意义，而约翰·杜威在实践中对此深信不疑。这种思想根植于他的一般世界观，是他的社会哲学的前提假设。只要我不轻易将它称之为"绝对"的思想，我希望我把这种思想归因于他，他是不会

---

① 克莱顿（James Edwin Creighton，1861—1924），美国哲学家。出生于加拿大。美国哲学学会第一任会长，《哲学评论》主编。——编译者注

生气的。

向一个不知道索取并且从来就不觉得自己该拥有的人致意，有一种特别的满足感。谦逊的优秀人物因为他们的谦虚和优秀而值得加倍赞扬。越是拥有相同优越感的人越是缺乏优越感的气质。他没有觉得自己不能辜负自己的好名声：要表现得出众、睿智、善辩或幽默。他就是说了他想到的。他的性格和心灵充满了纯真的品质。因此，在我们敬慕他的著作的同时，我们要更加热爱他这个人。在这个国家里有成千上万的人，他们的感受就是我的感受。我想引用卡莱尔的话来贴切地概括杜威这个人：

> 哲学家是一个从最高点走下来的人，一个从最低点攀越上去的人：他是所有人的平等和友善的兄弟。

杜威对艺术的贡献

欧文·埃德曼（Irwin Edman）
哥伦比亚大学哲学教授

过去有很多人批评杜威，因为他不像赶时髦的哲学家那样谈论真、善、美。因此，这些哲学家认为，他不会像一个正统的哲学家那样对世界的正直、永恒和美好的事物感兴趣。他谈了大量有关方法的问题，所以很多人认为，他是崇尚方法的矮人国（Nibelung）的人，生活在黑暗的方法论阴沟里。杜威曾提醒感伤主义者，理想需要付诸实施，因此，那些鲁莽的批评者又简单地视他为不尊重理想的感伤主义者。他已认识到，生活和社会都在不停地变化着，不断地产生新的问题，而这些问题需要专业的智慧和应答的想象力。

由于杜威谈了很多有关想象力的原则问题，因此，他的许多评论家已经认为他早忘记了想象力本身是什么。他强调共享体验的重要性，结果众多的唯美主义者和独白者认为他没有认识到个人至高无上的价值和体验的个性。

在九十岁的时候，杜威教授一定早已习惯常人对他评价所用的陈词滥调了吧。他在有生之年，已看到了一些披着哲学外衣的所谓新魔法是如何给那些希望逃避现实艰难困境和挑战的人以不切实际的安慰的。他在有生之年，已看到了缺乏思想耐心的人是如何急匆匆地诉诸口号、回避和暴力方式的。

在这种来自左翼和右翼的喧闹中，杜威始终平静地强调，理想是人类潜能的一种投射反映。从长远来看，那些具有合作精神的人的专业智慧是人类完善的唯一希望，而在进入我们的原子时代后，它是我们人类生存的唯一希望。在一个濒临自杀疯狂边缘的世界里，杜威感到有责任谈论方法问题。在一个到处都是花言巧语理想牺牲品的世界里，他感到有必要指出一条有规范的和有成效的期望之路。

杜威是这样的一丝不苟，我们可以说，甚至到了极端刻板的地步，结果是他的一些学生甚至都忘了他最终关注的是什么，哪一种是实现生活的方式，是整体的、直接的、透明和清晰明朗的方式，还是其他什么方式。让一些人仍然感到惊讶的是，在约翰·杜威70岁的时候，那时他还很年轻，他本该写一本有关艺术的宏伟论著。"这里正在发生什么？"一些人问。他们不太相信这样的回答："有一个实用主义者在瓷器商店里。"

一个致力于实用性和工具性事业的人，为什么必须屈就自己或鼓起勇气才敢去谈论涉及崇尚美感、为艺术而艺术、诗歌和冥想的崇拜者这方面的问题？在对杜威在艺术方面的兴趣和想象力表现出惊奇后，他们或许显露出他们自己对艺术和生活所持观点的局限性。他们还显露出他们自己没有抓住杜威一直最终关心的问题。在我们这样一个受到严格管制和机械呆板的社会里，由于我们的智力习惯死板僵硬，体验总是不全面的，并且常常被分隔和扭曲。而智慧的价值在于使生活少一些阴暗、混乱和困惑。艺术是一种卓越

（excellence）的体验，想象是一种圆满的生活，而圆满的生活是诸如艺术和艺术体验所体现出的个人创造力。

对民主社会的检验就是看其能在多大程度上打破各种阻碍，释放活力，每个人的生活可以自由地达到其完整和辉煌。杜威谈过社会机构的问题、科学和社会领域的方法问题、一般的智力问题，并且对人性实现的问题一直保持着浓厚的兴趣。他将人性的实现以艺术的方式描述为一种体验。对于杜威所表达的全部清晰明理的论述，我们大家都感到他是生活的诗人，他认识到变革总是在发生着，变革带来了挑战和实现圆满艺术生活和想象力的可能性，带来了建立自由社会的可能性。这种社会使得充满活力的个性成为人类希望的核心。

杜威和民主教育

威廉·赫德·克伯屈（William Heard Kilpatrick）

哥伦比亚大学师范学院荣誉教授

要考察杜威的教育理论，我们就必须考察他的哲学思想。因为对杜威而言，这二者是密不可分的。尽管对杜威来说教育是"一个形成基本素质的过程，具有智力和情感特征"，但是，哲学的任务是在选择什么样的基本素质需要培养的过程中进行评价，继而提供充分的指导。从这个意义上讲，"哲学是作为有目的付诸实践的教育理论"。

但是，就约翰·杜威本人而言，他又是如何开始的呢？他的出生和家庭背景又是怎样的呢？他出生在一个有着悠久家族历史的清教徒后裔的家庭，在佛蒙特州一个小镇长大。从他的出身和家庭背景，我们似乎可以追溯到他浅显易懂的实用思想，他对具体生活问题的关心以及（其中包括）他对道德问题的浓厚兴趣。

那么，杜威的伟大之处缘何而来呢？一部分是源于他自身的能力，一部分是源于他母亲的抚育关爱，一部分是源于他在佛蒙特大学和约翰斯·霍普金斯大学所受的教育，但最主要是源于他的"基本素质"——对所面临的思想界的挑战性局面的反应。伟大思想的诞生是基于有能力的人依靠新的和未来的资源去解决重要的问题。对约翰·杜威而言，什么是令人振奋的重要问题呢？

让杜威兴奋的问题是，旧时占主导地位的古老的哲学思想与某些当代发展的哲学思想之间存在的冲突。一方面，古老的哲学认为：（1）基本的事物是永恒不变的，而这种观点构成了"永恒的真理"；（2）任何将自然资源进行改造以符合明确需求的行为，如太阳的热与人类世界，或导盲犬与人类，都是一个设计实例、一个宇宙意图的实例；（3）无论何处，先验的演绎逻辑应该主导基本的思维方式。

另一方面，与下面现行哲学的两种发展趋势相对立和冲突的是：（1）现代科学仅仅是以归纳实验逻辑所取得的惊人成果为基础的。从现代科学那里直接产生了人类迄今所发现的似乎是最明确的知识，间接地通过技术出现了文明史所见到过的最伟大的变革；（2）但是具有相同的战略意义，或许接下来更为持续的是达尔文的《物种起源》（该书是杜威出生那一年出版的）。这直接否定了各种陈旧的论述：物种是永恒的（如亚里士多德所说）；基本的物质是不会改变的（在达尔文的著作中，我们发现甚至人类本身都是逐步演变而来的）；在进化过程中，设计是没有明显位置的。正是这一连串的冲突，促使杜威进行创造性思维的研究。

杜威能够获得的新资源是什么呢？（1）实验探究的归纳逻辑、科学的方法；（2）达尔文的观点中人类是与自然界的其他生物一同发展的概念；（3）达尔文—皮尔斯—詹姆士把意义、思想和行为看作是生物为各种目标和目的控制环境的活动的观点。

所以，我们可以想象杜威的自问：（1）为什么不能用科学的方法研究哲学？（2）为什么不能用哲学解决目前社会实际生活中的真正的具体问题？

（3）为什么不能从达尔文观点的角度去考察人类和他的各种问题？（即生活、思想和情感是人类解决生活问题的实际努力）这些正是杜威在哲学和教育领域所作出的贡献。我们很多人相信，他对上述每一个领域的思考都比其他人思考的意义更为重大。当然，依我的判断，就教育这个我最为熟悉的领域，情况的确如此。

那么，杜威对教育的重大贡献是什么呢？

1. 最为重要的是，正如我们一开始所看到的，恰当的生命哲学必须是整个教育过程和活动的基础，进而为教育过程的每一个具体步骤提供合理的指导。

2. 所有的机构、所有的社会和个人企业最终都必须根据他们对所有相关人的影响加以评判。尤为特殊的是，我们必须了解每个层次的学校每一次活动的情况：这一活动是否促进了所有受到该活动影响的人的发展，使他们准备得更加充分，以开放的胸怀、负责任的态度和有效的方法来应对生活的各种需求和可能出现的各种问题。

3. 从上述的原则可以说明，"教师不是简单地从事于训练一个人，而是从事于适当的社会生活的形成"。

4. 因此，教育必须停止以获得教科书和讲课内容为其主要的目标；相反地，教育必须以人的个性和人格为目标，以发展全面的人去获得完美的生活为目标。

5. "纪律、自然发展、文化和社会效率都是道德品质，即一个人的标志。这个人应该是那个以教育行业推动发展的社会里的一个优秀成员。""教育不仅仅是获得这样的生活的手段。教育就是这样的生活。"我们通过实践文化来学习文化，通过实践民主来学习民主，通过实践道德来学习道德，以思想和行为来实践每一个活动。那纪律该怎么办呢？""一个经过训练会考虑自己的行为并有意识地实施行为的人就是一个具有一定纪律的人。在这一能力的基础上，再拥有一种可以在精心选定的课程里面对外在的干扰、困惑和困难仍然能挺得住的能力，那你就把握住了纪律的实质。"

6. 儿童的兴趣是他在发展中的能力最为确定的标志和体现。凭借兴趣，儿童可以通过必要的努力来认识自己。这样，纪律就产生了。

7. 教育成为这样一种持续不断地重新构建当前体验的活动，并给予这一过程以新的含义；而教育在扩大和加深社会内容的同时，又给予个体更好掌控进一步体验过程的能力。

8. "每一位教师应该认识到他的职业尊严；他是一个社会公仆，其分工在于维护正常的社会秩序和确保合理的社会发展。"

9. 如前所述，使教育承担其应有的社会责任应该成为首要的社会义务。

美国教师和学生向杜威表示敬意

乔伊·埃尔默·摩根（Joy Elmer Morgan）的贺词
美国教育协会《期刊》主编

美国教育协会向约翰·杜威表示深深的谢意。当杜威诞生时，这个协会才刚刚成立2周年，从某种意义上说，这两者是在美国历史上最令人称道的时期、也是世界历史上最令人称道的时期一起成长的。

约翰·杜威对美国自由的公立学校和其作为民主基础的意义有着深刻的认识。他认为，最明智和最称职的家长期望他孩子得到的一定是社会为他孩子所提供的想要的教育。

20年前，在类似今天这样的一个晚宴上，美国教育协会为杜威颁发了终身会员证书。我能为他颁发这一荣誉感到很荣幸。从那时起，他一直就是美国社会和经济目标委员会的成员。他还被推选为美国教育协会所授予的最高荣誉——终身荣誉主席。我们在《期刊》上发表的一些最富有内容和最好的文章都是出自他的笔下，并且不少由其他人撰写的文章都深受过他的教诲和思想的影响。

在今天报刊的大标题上，有很多的政治家和英雄的名字，但是，在记载这个时代的历史时，受到人们怀念的将不是这些人。历史所记载的将是托尔斯泰、甘地（Gandhi）和杜威的名字。在孩提时代我学过一首诗，我想重温一遍：

> 善良的心是美丽的花园，
> 细致的关怀是万物的根，
> 亲切的话语是艳丽的花朵，
> 仁慈的行为是丰硕的收成。

请允许我代表美国教育协会的40万会员和美国3000万因约翰·杜威的教诲而使生活将发生改变的儿童，向您致以最美好的祝愿，祝您来日继续作出有益的贡献。

丽贝卡·西蒙森（Rebecca Simonson）的贺词
纽约教师协会①主席

我感到很惭愧。一位课堂教师能为在座的听众说一些你们尚不知道的有关约翰·杜威的事情吗？是的，我感到，的确有几件他为我们做的事情可以说一说。在那并不遥远的过去，我们大家都目睹并生活在一个威权的、压抑的和僵硬的学校氛围里。我们的课堂是沉默的，纪律是很严厉的。人们常常听到这

——————————

①纽约教师协会，即New York Teachers Guild。

样的喊声："把手放在背后，坐整齐了！"我们意识到，这些言语是陈旧的权威教育概念的标志和特征。

我们当中的很多人现在已经摆脱了这种概念，因为约翰·杜威告诉了我们原因。宽松的纪律、健康的氛围，这些都是许多人正在努力将其带入我们学校的孩子生活当中的内容。这些内容源于我们学会给予孩子以充分的尊重。同样，进入我们学校的还有一种从教师身上体现出来的新的创造性工作和自由思考的特征，这也是源于我们从杜威那里学到的东西。

约翰·杜威对个体的乐观评价和他对个体工作的深刻理解最终使我们很多人深信，我们可以并且必须在学校里做得更多、更好。

在希特勒上台之前很长一段时间，在我们被告知自由的生活方式必须由学校来培养和提升的之前很长一段时间，约翰·杜威就指明了道路，我们从他那里得到了指导。为此，我们心存感激之情。他不是高高在上，而是耐心告诉我们该做什么。他以特殊的身份加入我们队伍中来，成为教学领域的一个特许的工会会员，并带领我们去拼搏。今晚，我满怀着喜悦的心情向他表示祝贺，祝愿他不断进取，使自由的生活得以生存和繁荣。

艾丽斯·霍夫曼（Alice Hoffman）的贺词
亚伯拉罕·林肯中学学生

作为这个国家众多学生的代表能和您约翰·杜威说话，并与您分享这一快乐的时刻，能够有此殊荣，我认为自己是一个非常幸运的姑娘。

对于教育家和哲学家约翰·杜威，美国的学生深表感激。因为学习不再是一个枯燥乏味的过程，知识的获取不再是一项令人厌烦的任务。因为引入我们今日学校的是由约翰·杜威培植的新的令人振奋的教育方法，这些方法已经深入人心并且在实践中证明对我们学生的个性发展和学业成就有很大的帮助。

杜威博士最喜欢的口号"民主教育和教育民主",它已经成为打开通往更广义的学生活动概念之门的钥匙。

过去的课程是在没有多少学生参与的状态下进行的。但是,由于约翰·杜威的努力,学校已经改进了教育方法,并确立了值得奋斗的教育目标。现今的课堂教学是在宽松的环境下进行的,学生可以在社交化的课堂教学中交流看法。这一过程受到了教师和学生的欢迎。现今,学校的课程计划更丰富了,其在现实生活中的意义更为深远。

在林肯中学,如同在美国成千上万的其他学校一样,民主教育正在进行。通过广泛的课外课程,包括成百上千个俱乐部,学生们学会了做中学。这些课程都是由学生团体组织发起的,由学生管理,为学生服务。在最重要的俱乐部——学生团体组织委员会里,学生管理有助于在学校生活中发挥不可或缺的作用;在这里,那些希望改进自己学校的学生可以通过他们民主选举出的代表发表他们的意见。

民主教育发挥重要作用的一个独特例子是我们的"林肯奖"(Lincoln Award)。每年,经过2个月的酝酿和讨论,学生们选出一位他们认为的为纽约市提供了最佳服务的公民。今年5月19日,我们学校的学生将林肯奖颁发给杜威教授,以表彰他在改善我们城市学校中所做出的成功努力。

我们都认识到,在约翰·杜威的影响下,所有这些形式多样的学生活动有助于建立一个以儿童为中心的学校,有助于培养学生的领袖才能、自由的意识、合作的精神、社会化的个性和现实的理想主义。

因此,我非常荣幸地代表美国无数的学生以及那些进步教育哲学的受益者,向您约翰·杜威表示我们最诚挚和最衷心的祝贺,代表人类祝您拥有一个富有成就感的生活。

来自东方的敬意

胡 适

今晚我很荣幸能在这里，不仅代表我本人和今晚出席宴会的一些中国朋友，而且代表成千上万个您的中国朋友，他们要么是您的学生，要么是您学生的学生，向您杜威博士表达最热烈和最衷心的祝贺。

我们敬仰您，热爱您。我们非常感谢你在中国居住的时间比你在其他外国所居住的时间都长。你在那里度过了两年多的时间，准确地说是两年又两个月。你曾到过中国11个省份的学校里生活过，与当地的教师和学生交谈过，为我们带来了新的哲学和新的教育理论。

我们感谢你曾当过我们的老师，当了我们年轻中国40年的老师。你对我们学校里无数中国孩子的生活和幸福产生了影响。

今晚，我们的很多朋友可能会记得，我曾有幸于1939年在这里参加了您八十岁华诞的庆祝活动。然而很少有人会记得，30年前即1919年的今天，中国的教育家与你在北平庆祝你六十岁的生日。那天真是奇特的天文巧合，正好也是孔夫子的诞辰日。

那天说到亚里士多德，说他与孔夫子相比还只是一个襁褓中的孩子。杜威博士，你是否记得那是一个多么开心的时刻。你所有的中国朋友共同庆祝你的生日和他们最景仰的古代贤人的生日。我们这位贤人喜欢把自己描述为一个"学而不厌，诲人不倦"的教师。

杜威博士，你是否记得，在您八十岁生日的时候，你不能亲自和我们在一起，但你给我们发了一封信，上面有这样一些庄重的话："当我想到今天许多生活在国外的人们因与朋友接近会面和进行友好交谈就担心会被指控犯有间谍罪这种危险的状况，一想到这些，我就会相信，最终的民主保障使邻居们可以在大街小巷自由集会，每天发布的新闻没有受到新闻审查，朋友们可以在客厅和公寓里聚会，大家可以在那里进行自由交流。"

10年过去了，然而不幸的是，许多国家的人们仍然生活在因私人聚会与朋友会面交流时就常担心会被指控犯有间谍罪的危险之中。的确，还有许许多多的人生活在明显的恐惧之中，他们不知道还有诸如未经审查的新闻、没有基本的自由以及没有基本的民主保障等事情。

我对您的生日祝愿是，当我们大家，你的学生下次聚会庆祝你百岁生日之际，你会欣喜地发现全世界的民主保障得以实现，包括我自己的祖国。

贾瓦哈拉尔·尼赫鲁（Jawaharlal Nehru）的贺词

印度总理

从开始访问你的国家之日起，我根本就没有一天空的日子。就在今天晚上，主人为我举行了一个特别宴会，很多人都应邀参加了。终于，晚宴一结束，我就赶到这里。

能参加这样的晚宴，来到这样的场合，即使是片刻时间，也确实是一件非常荣幸的事情。两三天前，我第一次见到杜威博士。但是，还没有几位我所熟悉的美国人对我自己的思想以及我认为最终对我的行为产生过如此大的影响。因此，认识杜威博士一直就是我的愿望，或许能从他身上学到一些东西，从他成熟的智慧方面汲取一些力量。

我们都生活在今天这个世界里，都意识到时代的需求，都在试图弄清楚我们该如何去思考和行动。我们所有人都面临着一项很艰难的工作，因为将一个人的理论和行动结合起来通常是很困难的。在今天特殊的形势下，这种协调尤其困难。所以，人们需要智慧。

当一个人深信他所选择的行动路线并开始行动的时候，他是否能取得伟大的成功在最后的评判中并不是真的很重要，因为他一往直前、义无反顾，尽管谁都想达到他所设定的目标。

如果你对自己应该做些什么还没有想清楚，那麻烦就会来了。在这样的时刻，拥有约翰·杜威这样的成熟智慧就会对你有很大帮助。因此，当我经常遇到这样困难的时候，我就会去找老的和新的哲学家请教。我也不是什么时候都能找到解决问题的办法，但是，我可以获得一些沉着和平衡，可以感到发热的大脑正在冷静下来。杜威博士在这一过程中给予我很大的帮助。因此，我向他表示由衷的敬意，并希望他能永远和我们在一起。

庆贺约翰·杜威九十岁生日委员会的贺词

威廉·佩珀雷尔·蒙塔古（William Pepperell Montague）

致约翰·杜威——一位哲学家、教师、公民和朋友：

那些你一生中曾经影响过的并且仍然在影响着的人们向你表示赞赏和感谢。在生活的各个领域，无论智能低下的人，还是学识渊博的人，都从你对一切有关人类事务的独特的、自由的和深刻的思想中获益。

是你振兴了哲学，将它提炼为一种对人类体验基本潜能的认识。你指出，自然世界并不是与人类世界格格不入的，而是所有人类潜能的产地和源泉。你教导我们，在重建我们共同生活的机构中有条理使用智慧的极其重要性，只有这样，我们所有人的生活才能得以丰富和完美。

你教导我们，要确保民主的依托主要是基于所有公民可以做出自由和智慧的选择。当教育主要成为一种把预期的负责任的行为作为目的去进行批判性的探索和发现的习惯时，这种自由和选择才能成为可能。

你教导我们，共享体验的价值。你亲自树立起一个榜样，来体现人类应该如何参与相互的生活。你全身心地支持劳工运动的发展，关怀工业和政治民主的成长，促进人权的进步。

你从根本上重塑了教育理论，你的研究成果逐步获得了全世界的认可。在你个人的生活中，你体现了你深奥的民主哲学的原则，敢于按照自己的信念去做，表现出对友谊的珍爱，展示了灵活的和幽默的语言。

在你九十岁华诞之际，让我们和你的全世界的朋友一起向你表达我们最美好的祝愿，祝愿你能为自由和更加灿烂的人类事业提供更长久的睿智和更勇敢的服务。

庆贺约翰·杜威九十岁生日委员会

威廉·赫德·克伯屈（主席）

杰尔姆·内桑森（秘书）

弗雷德里克·L.雷德弗（Frederick L. Redefer）（司库）

欧文·埃德曼

哈里·W.莱德勒

哈罗德·泰勒

1919年10月20日

成千上万份贺词

（节选）

您，约翰·杜威和你同行的希腊哲学家们是驱除恐惧的人。受你教诲的人对潜在的恶魔、另类思想家的邪恶灵魂、所谓的道德败坏以及思想意识的庞大幽灵并不畏惧。你的追随者带着感激的心情去拥抱那蔚蓝天空下的绿色大地，他们毫无畏惧，更不要说各种让人安静睡去的死亡。

90年成了你与永存之间的里程碑。90年的岁月将会流逝，但人们永远不会忘记约翰·杜威。到那时，他们会重新思考是谁教诲他们去生活而没有任何毫无根据的恐惧呢？约翰·杜威会再一次为他们活着。

——阿尔文·约翰逊（Alvin Johnson）

纽约社会研究新学院前院长

你的著作和学说对讲英语的世界各地有思想的人们产生了影响，向他们阐述了民主的真正含义，并增强了他们对民主生活方式的信念。在大不列颠，我们与美国的同胞一样共同拥有你对教育作为提升人类和促进人类进步手段的信心。

——克莱门特·阿特利（Clement Attlee）

英国首相

许多年前，约翰·杜威发出了预言家的警告，他说："自然科学暂时超越了心理科学。我们已经掌握了自然机制……但我们还不了解，可能的价值观将成为现实生活的条件。因此，我们仍然受制于习惯和武力。"

同样，亨利·伯格森[1]曾说过，我们每一次可能的物质的增加都相应有精神的增加。

这种和谐是愿望和理想高度统一的象征，它在我们的民族之间处于主导地位。这种和谐是我们尊重和仰慕像约翰·杜威这样的人的象征，他们想帮助我们的民族获得"精神的提升"。

——亨利·邦尼特（Henri Bonnet）

法国驻美国大使

杜威博士从来没有对一个坐在学校板凳上、可能拥有林肯的才能、衣衫褴褛的小顽童失去信心。因此，机会平等作为教育民主体制的先决条件是十分

---

[1] 亨利·伯格森（Henri Bergson，1859—1941），法国哲学家。

重要的。这一概念已经使教学方法和学校管理发生了革命——这是一个重大的贡献。

——斯蒂芬·达根（Stephen P. Duggan）

亲爱的杜威教授：在你的九十岁华诞之际，我十分自豪地给你发出这封贺信。

在英国，你是知名的"现代教育之父"（Father of Modern Education），因为你使教育工作者们认识到儿童对真实世界和其周围环境的奥秘发生兴趣的极端重要性。在把学校看作是社会的一部分以及认识到我们并不知道未来的主要问题是什么时，你教育我们必须帮助儿童发展他们的适应能力并教会他们如何思考，如果他们长大成为自由和独立的公民的话。

你揭露了在正规教学中普遍存在残酷竞争的谬误，当儿童为了一个共同目标而携手工作时，你给我们指出了儿童之间民主合作的丰富内涵。通过这样的合作，他们学会了自律和自制。总之，你让我们恢复了研究儿童游戏的伟大理论，并使我们认识到思想的过程。

——艾伦（Allen of Hurtwood）
世界早期儿童教育组织主席

让其他人去评论你为教育哲学所做的真正里程碑式的贡献吧。我要讲的话肯定是真诚地感激你把哲学应用于人际关系。正如弗朗兹·博厄斯①重新引起了世界人民对于种族的思考一样，你的哲学有助于更加清晰地思考不同种族、阶级和文化的人们可以一起和谐积极地生活和工作。之所以隆重庆贺你的生日的理由是，你已享有殊荣地生活以便看到你所信仰的哲学被检验和重新检

---

① 弗郎兹·博厄斯（Franz Boas, 1858—1942），德裔美国人类学家，现代人类学的先驱之一。

验，直到被理解为千百万人民生活的一种原理。

——查宁·H. 托拜厄斯（Chaning H. Tobias）

菲利普—斯托克斯基金会董事

美国哲学家杜威比现代的其他任何人更加有效地参加了人们为平等自由的战斗，这场战斗正在世界上的每一个地方进行。一种理性的自由信念和把智慧力量作为自由的方法，正是来自人们日常生活的共同经验。

——布琳·J. 霍夫德（Bryn J. Hovde）

贺拉斯·M. 卡伦（Horace M. Kallen）

费利克斯·考夫曼（Felix Kaufmann）

在纽约庆贺杜威九十岁生日宴会上的答谢辞①

［美］约翰·杜威

　　大家在这个场合所说的贺词和所读的贺信确实使我有点不知所措，我几乎不需要再说什么了。对于庆贺杜威九十岁生日庆典组织委员会成员以及各位朋友出席今晚的庆贺宴会活动，我无法用言语来充分表达自己的谢意。

　　在一件事情上，我自己是幸运的。它恰恰不是我活着去完成这件事情,而是在1949年我已达到了九十岁这个年龄，但不是在1969年，或者更糟糕的是在1979年或1989年。现在，由于人的寿命年限的延长，因此，人们几乎随处都能在一本杂志上找到有关讨论人的寿命年限这个问题的社会和哲学意义的文章。如果人的寿命年限按它现在的速率继续增加的话，那么我可以想象，20年或30年后将不再有安排某个人达到九十岁的庆典。今晚的庆贺生日宴会很可能称之为关于长寿所带来的一系列社会问题的讨论会。

　　总之，老年人喜欢对过去往事的回忆，这被认为是习惯——如果不是特权的话。我一直在充分地回顾我自己最近这些年的情况，因此，我几乎不由自主地回到了我过去的岁月，并思考那些岁月是如何度过的。

　　在充分思考之后，我得出了这样的结论：无论是好还是坏，我的一生自始至终都在从事哲学研究，因此，在哲学领域我是一个长者。而且，在我看

---

①译自：Harry W. Laidler, *John Dewey at Ninety*. New York：League for Industran Democracy, 1950：32-35. 该文系杜威在1949年10月20日纽约庆贺杜威九十岁生日宴会上的答谢辞。

来，我很坦然地接受这一说法是正确的，并为之感到自豪——尽管我担心哲学领域的很多同行可能会把这一说法看作是一种自我吹嘘。

但是，当我回顾过去的那些岁月时，我发现，我自己似乎涉足了许多领域——诸如教育、政治、社会问题，甚至还有高雅艺术和宗教等。尽管如此，但我对这些领域的兴趣，实际上只是我对哲学的基本兴趣的一种衍生性表现。

这种哲学兴趣的衍生，主要表现在两个方面——一个是否定方面，另一个是肯定方面。就否定方面而言，哲学所要求的不同形式的专业技能——也可以说专业学术技能——是如此的耗费心力，因而在那些旧的相似原理上被吸引进入的外部领域里游历，因为在围栏另一边的浆果数量更多且更好更大。就肯定方面而言，哲学如果不通过在其自身深思基础上的反复思考，那它既不能无限地也不能充满活力地得到繁荣。哲学家需要新的和第一手的资料。否则，有关旧哲学家们的观念和主张的故事将成为自我的终结，而不是能够应对当代生活中那些紧迫问题的一种智慧。

情况也可能是，那些从事探究所谓哲学功能的人，夸大了哲学家在解决问题方面所能做的事情。但是，在解决问题之前，还有一种需求。那就是，需要得到一种有关问题的清晰感觉和合理论述，即必须认识到这些问题缘何而起，以及这些问题在哪里存在。在这一点上，哲学家们可能自认为他们已进入到问题的深处，探究了事物呈现的方式。于是，十分可能的是，哲学家们成为自命不凡的人。但是，几乎不可能夸大获得一种比较清晰的和确切的观念的重要性，这些观念是有关我们事实上（也就是在实际生活中）所经历的局面和罪恶的问题。我认为，夸大理智变化，甚至可以伴随一种系统活动的理智刺激，其旨在改变我们的实际困难和困境并用理智术语来表达，因而可能使计划得到发展并附属于理智探究（作为补救行动的一种条件），那也可能是不容易的。因为在技术和医术领域，我们已经认识到，在我们还没有弄清楚事实情况之前就贸然采取行动，那只会使事情变得更为糟糕。因为除了系统地去研究罪恶的根源，我们唯一能够选择的行动方法：不是在惯常先例和盲目习惯的基础上的机械方法，就是源于鲁莽的冲动方法。

在当代，作为曾在指导我们的活动中可以依赖的传统和习俗已日渐式微。当我们现在生活在这样一个几乎充满危机的严重境况中，其危险就在于恐惧感和危机感成为我们活动的主要动机。

在我九十岁生日之际，人们对我的学术活动给予了各种友善的和慷慨的，甚至是过于慷慨的赞誉。其中，有一个赞誉特别使我感到高兴并给以认同，那就是阿尔文·约翰逊①教授的赞誉，他说我帮助了同时代人从恐惧中解放出来。比什么事情都重要的是，未被认识的和未被很好思考的恐惧将会阻碍个人和群体的前进，并使我们采用漫无目标和间歇无序的行动方式。当我们让自己深陷恐惧之中，并允诺让恐惧来支配我们如何行动，这是一种违反民主精神的不可饶恕的错误，因为我们失去了对我们自己同伴的信任。

许多年前，我读到一位精明的政治家所阐述的一些观点。他认为，民主的本质并不是多数人的统治，而是持有一种专门的政治观点的一个特定群体成为多数的过程。这个观点一直留存在我心里。实际上，它暗含着这样的认识：民主是一个具有教育意义的过程；在民主体制中的投票行为是一个连续的公开沟通交流过程的最高阶段，在这个过程中各种观点有机会进行相互争论；事实和思想的不断沟通交流暴露了各自的谬误和缺陷，从而可以使人类得以趋于完美。

这个具有教育意义的过程，是建立在坚信人类具有良好感觉和良好意志的基础上的，因为人类自身会在漫长的过程中得到显现，人际的沟通交流从各种偏见和无知的束缚中被解放出来。它不断地提醒我们，在共同生活的过程中，当它从压迫和压抑中解放出来时，就成为人性中正在增长的信念之一。所

---

① 阿尔文·约翰逊（Alvin Johnson, 1874—1971），美国经济学家。1918年在纽约成立的新学院（The New School）的合作创办者之一。——编译者注

以，这一过程成为对我们关系的相互理解的一种不断发展，以驱除恐惧、猜疑和不信任的过程。

从这种相互理解和相互合作的生活中散发出来的友爱，是可以被感知的东西，而恰恰不是被谈论的东西。对于我有幸参与的事业，它是一个好兆头。因为我自己意识到，通常是把这样一种赞誉看作是对事业的赞誉，而不是对某个人的赞誉。我也认识到，假若是这样的话，那我所经历的友爱这样一种表现，正是对有助于自由公正和合作友谊的那些事情表示赞同的一种证明。只有在自由的地方，即我们和无数民众共同拥有（诸如共同分享）的地方，它才能获得成功。

我想引用得克萨斯州一位老朋友的来信结束我的答谢辞。他在信中这样写道：今晚他本应该来到这里，虽然他为自己迫不得已的缺席表示非常抱歉，但他并不那么很在意，因为人生的规律并不在于如此多地纪念过去的岁月，其实人生就是"满怀决心和勇气地大步迈向未来"。

我高兴地相信，这次庆贺生日宴会活动的意义，并不在于兴奋地回顾过去的岁月（尽管它们已经90年了），而在于放眼于前面未完成的工作。今天庆贺生日宴会活动的主题就是"迈步前进"。

大家在今晚的庆贺生日宴会上给予我过分慷慨的赞誉，我将会铭记在心。我相信，甚至在一个某些人在他们的绝望中倾向于相信武力而不相信合作的时代，通过继续坚定而纯真地相信民主作为一种道德和人性的理想，美国梦将会得以实现，这将是共同善意和分享理解的成果。——我就说这些了。

在厄伯纳举行的杜威九十岁生日
庆贺会上的致辞①

［美］约翰·杜威

伊利诺伊大学教育学院社会学、哲学及历史学基础部以及美国教育联谊会②的朋友们：

通过肯尼恩·贝恩③博士，我想表达我对你们的深切感激，感谢大家在我九十岁生日庆贺会上给予我的荣誉。回顾过去我们半个世纪的交往，充满了欢乐和享受，这也更增添了我的感激。最近一次与肯尼恩·贝恩先生的接触，是他在纽约市的哥伦比亚大学师范学院的时候。在50年中，当我在芝加哥大学教授哲学和教育（首先是教育学）时，我与州立大学及州立师范大学教育系和哲学系的教职人员也有着密切而频繁的联系。我此时的心情无法用语言来描述，因为在那时，我从交往中曾得到了激励以及在智慧上的帮助。

---

① 译自：American Education Fellowship. *Essays for John Dewey's Nintieth Birthday*. Urbana：University of Illinois Press，1950：3-4. 勾月，译. 为了庆贺约翰·杜威九十岁生日，伊利诺伊大学教育学院社会学、哲学及历史学基础部和美国教育联谊会一起在厄伯纳举行了约翰·杜威九十岁生日庆贺会。该文系杜威于1949年10月21日在厄伯纳伊利诺伊大学举行的杜威九十岁生日庆贺会上的致辞，由美国教育联谊会主席肯尼恩·贝恩（Kenneth D. Benne）代为宣读。

② 美国教育联谊会（American Education Fellowship），其前身是进步教育协会。1944年改为此名。

③ 肯尼恩·贝恩（Kenneth Benne），美国教育联谊会主席。

在美国赫尔巴特学会（National Herbart Society）^①的多次会议上有个人见解的人士至今仍然健在的恐怕不多了。在那个时期，以麦克默里兄弟、德加谟^②为一方和以哈里斯博士为另一方之间进行了热情而友好的辩论，相互交换观点。我满怀感激的心情回想他们在教育问题上对我自己的帮助，在我人生的发展时期，我在与他们的交往中所讨论的教育问题是有助于我进步的。在这几年的杰出成就中，麦克鲁尔（MeClure）的思想可谓是一个亮点，他后来是伊利诺伊大学的哲学教授和哲学系主任，他曾因哲学系研究生方面的工作到过哥伦比亚大学。

除通过回忆这些交往来表达我个人的感激之外，我想将今天发言人中的一位也包括在其中，他就是来自威斯康星大学的奥托（Max Otto），让我们共同感谢他所做的工作，并向他致以敬意。我特别珍惜每一次的压力与紧张，正如我们今天的生活，我体会到我们都被连接在一个连续不断并持续发展的链条中，这是智慧与道德持续发展的链条；链条上的每一个人都能够为后来者作出贡献，因为我们已经从别人那里得到智慧与道德。甚至在最艰难的日子里，也存在着希望，而且不仅仅是希望，而是更有自信。我们知道，事实上，好多年前乔赛亚·罗伊斯（Josiah Royce）曾对此提出"大共同体"（the great community）一词，也可以说成"持续发展的共同体"（the continuing community），这是一种很大的满足。

---

①美国赫尔巴特学会，其前身是1892年成立的赫尔巴特俱乐部。1895年改为此名。1902年，又改名为美国教育研究会（National Society for the Study of Education）。

②德加谟（Charles De Garmo，1849—1934），美国教育家，因推广赫尔巴特教育思想而闻名。

在厄伯纳举行的杜威九十岁生日庆贺会上的演讲①

［美］肯尼恩·贝恩

我们聚在一起庆贺杜威的九十岁生日。倘若我们能首先思考与本次聚会相关的两个问题，这将有助于我们以更加关切和更加敏感的方式举行本次庆贺会，我们将从中得到更多的收益，并通过我们使别人受益。这两个问题是：我们为什么要庆贺约翰·杜威的生日？我们应当如何庆贺？

从某种意义上讲，第一个问题是我们每个人都必须亲自回答的。然而，在我们中间可能会出现的众多不同的答案中，我猜测还会有一种我们在此相聚的共同目的和共同理由。这就是杜威先生在向我们致辞时所提出的目的和理由。我们以某种方式加入一个思想和努力的大集体中，这个集体致力于提高作为人类行为最终裁决者的共同才智，其当代的共同目的在约翰·杜威的大力帮助下得到了澄清和界定。在当今混乱和冲突的张力之下，我们理所当然地对这个集体的继续存在表示担心。我们聚在一起，就像今天世界各地许多别的群体聚在一起一样，就是为确保这个大集体的继续存在而助上一臂之力，这正是杜威在其致辞中所表达的一种希望。

我们不应忘记杜威为这个集体所做出的贡献，这一点也许很重要。那不是一种需要通过问答式教学来弄通和弄懂的教条，也不是一种需要在一切合理与不合理的反对意见面前得到保护的完美信仰，更不是一种面对人间邪恶旨在

---

① 译自：American Education Fellowship. *Essays for John Dewey's Ninetieth Birthday*. Urbana: University of Illinois Press, 1950：5-8. 原青林，译.

将顺从变成一种易于接受和值得褒奖之态度的慰藉传递；而是对其重要性和疑难程度足以对我们大家最清晰明确的思想构成挑战的共同问题的澄清，是一种催人行动的和需要我们做出最大贡献的未完成之业，是一种关于和整合我们的最清晰思想与最大贡献的实验号令。杜威向自己和向我们大家强调的这一问题、这一任务虽难于解决或完成，却易于用通俗的语言加以陈述。在我们生活的这个世界上，实验科学使人类知识日益丰富、日益精确，也使人类支配周围能源和材料的实用技术日益增强。同样在这个世界上，新的和适切的价值观本可以指导人们对他们新发现的知识和技术力量加以人性化的利用，然而人们在这方面的道德和审美水准却没有得到相应的提高。裹着知识上无法穿透的教条外衣，实行孤立的相对重要的制度，这使得从过去经验中积累的正确的伦理和审美思想无法在新的条件下生长和发展，也无法有效地影响人们关于正确利用知识和力量的实际决定。这既是一个使科学技术的实验过程人性化的问题，又是一个使人性化的伦理与审美训导具有实验性质的问题。

显然，这一任务要求哲学家们与教育家们协同努力。我们怎么能从我们自己的时代和处境出发，重新思考科学与道德、科学与艺术、知识与价值观的关系呢？我们又怎么能发现将我们的新思想整合到人类一代代年轻人逐步走向更富于智慧和责任心的成熟阶段的过程（即受教育的过程）并在其中得到检验的方式呢？我相信，今天到这里来的大多是研读哲学和教育学的学生。我们将要听到和讨论的一些论文就是由研读哲学的学生撰写的，其他一些论文则是由研读教育学的学生撰写的。这两个学科的学生在庆贺杜威生日的活动中走到一起是再合适不过了，因为没有任何一个思想家能够像杜威那样清楚地看到哲学与教育学之间存在的紧密联系。我曾试图指出，正是当代知识和道德任务的各种要求的本质使得杜威强调指出，哲学乃是教育的一般理论，而教育乃是检验哲学思想的实验室，如果哲学思想得以检验的话。我希望看到，今天本地的哲学家们和教育家们的短暂相聚将成为一种持久性相聚。这或许就是"我们为什么要庆贺杜威的生日"这一问题的最令人信服的答案。

关于第二个问题"我们应当如何庆贺",我不由回想起"庆贺"（celebrate）一词的词源。它是由一个曾经表示"大批出动"之意的拉丁文单词派生而来,直至后来才开始具有"向……表示敬意"之意。我们可以想象,不计其数的人们向一个伟人靠近或者向他的不朽之作靠近。他们不单单为了向一个人表示敬意,同时还寄托着一种希望,即通过靠近希图从此人的丰功伟绩中得到些什么,以帮助他们理解生活中的复杂和困难。我认为,这种希望只对一些人来说是正当的,那就是通过庆贺洞悉他们所寻求的"丰功伟绩"的某些奥秘的人。

倘若我们能从今天对约翰·杜威贡献的庆贺会上得到最大收益的话,难道我们不可以试图洞察他在过去半个世纪对美国哲学家的思想和美国教育管理者与重建者的思想产生重大影响的奥秘所在?就不断提高我们自身的思维和理论推断的活力与能力而言,我们能够向杜威学习些什么?

回答这一问题的两条不完全的思路似乎是值得稍作思考的。第一条思路便是杜威的思想在极大程度上产生于美国人共同文化之志向,或曰感觉和思维的方式。我们可以准确地说,杜威的思想表达澄清了美国普通人以前未曾表达的志向、感情和思维方式,其充分程度在理性思考史上是引人注目的。乔治·H. 米德对杜威思想的这一特点作了令人赞叹的描述:"我已表明,在我看来,似乎是美国生活重要特征的东西,即在某些相当严格却极其广泛的范围内从事与我们直接相关的政治和业务的自由,无需对先前存在的社会秩序毕恭毕敬,虽然它们必须从中找到自己的地位,必须维护其价值体系……你无法用上述伦理去接近他（美国人）,但你可以用另一种伦理去达及他,这种伦理无非就是其行为所隐含的理智的发展结果。我认为,正是这种隐含的理智在几乎无须什么领导和几乎完全没有什么主意的情况下促成了美国社会的稳步发展和团结。杜威的哲学思想强调根据手段确定目的,这种哲学思想是美国人头脑中的隐含的理智逐渐形成的方法。"

其次,杜威并没有对这种共同理智的条件和情况所保留的"隐含"性表示满意。以往的理论推断往往将舶来的或不完全的理论当作"理论"加以接受，而不是运用和发展其自身主动经验中所固有的"理论"，以致使美国这个文化群体对之漠不关心甚至怀有敌意，而杜威敢于在这样一种文化环境中大胆进行理论假设。理论推断可以涉及引导和决定我们行动的各种变数及其相互联系，从这个意义上讲，杜威一直是一个激进的理论假设者。假若没有一种理论来描绘决定我们行动的一切重要因素，那我们的思维便注定是极其"抽象的"，就像实在主义思想、本位主义思想或教条主义思想的思维方式所常常表现的那样。因为这些思想往往以各种方式将某种"抽象的"图式强加于不同境况和它们自身的行动之上，而这种图式又是由对行动——情境的单一方面或几个方面的觉察发展而来的。受到如此引导的行动对于完全具体的经验而言，必然是非正义的和暴力性的。只有一种适当的理论才能使我们的思想和行动具备崇高的具体性，而不是"不良的抽象性"。杜威的缜密而谦逊的理论假设所具备的崇高的具体性有助于说明其思想的魅力和力量。

也许在1949年，我们可以从杜威身上学到如何在思考社会和教育的过程中接近当今美国平民，乃至世界平民的新的志向和思维方式。也许我们能够学会进行缜密而谦逊的理论假设，以便我们的思想能够为我们的行动提供具体而可靠的指导。也许在这样的学习中，我们能够为我们自己的重构性思维提供更多的永久性力量，对世界各地的平民思想产生更加重要的和持久的影响。

附录

约翰·杜威生平活动年表

（1859年10月20日—1952年6月1日）

1859年

■ 10月20日，约翰·杜威（John Dewey）出生于美国佛蒙特州伯灵顿市南威兰德街186号。他是当地经营杂货商店的阿奇博尔德·斯普拉格·杜威（Archibald Sprague Dewey）和卢西娜·里奇·杜威（Lucina Rich Dewey）夫妇的四个孩子中的第三个儿子。"约翰·杜威"这一姓名是为了纪念在同年年初因意外被开水烫伤去世的最年长的哥哥约翰·阿奇博尔德·杜威（John Archibald Dewey）。

■ 11月26日，英国博物学家、进化论的奠基人达尔文（Charles Robert Darwin）的《物种起源》一书出版。达尔文的进化论对杜威的思想发展产生了重要的影响。

1867年

■ 9月，进入附近第三学区的文法学校读书，学习科目有阅读、书写、计算、拼音、文法、历史、地理等。比杜威大一岁的戴维斯·里奇·杜威（Davis Rich Dewey）和比他年龄更小的查尔斯·迈纳·杜威（Charles Miner Dewey）也进入这所学校读书。由于死记硬背的学校生活使他们感到厌烦，因此，他们教育的最重要部分是在课堂外面获得的。在形成杜威教育理论的各种因素中，他童年的时代环境显然起了很大的作用。

1872年

■ 1872年9月起，在伯灵顿中学就读，选择了大学预备班，其课程有拉丁文、希腊文、法文、英文、数学及选修课程等。1875年6月中学毕业，学业成绩优异。

1875年

■ 在佛蒙特大学就读。1875年9月，与表弟约翰·里奇（John Rich）一起进入佛蒙特大学。约翰·杜威和他的哥哥戴维斯·杜威是杜威家族的第一代大学生。

■ 在大学就读期间，对杜威个人发展影响最大的是佛蒙特大学哲学教授托里（Henry A. P. Torrey），使他对哲学学习产生了兴趣。杜威自己在1930年的《从绝对主义到实验主义》一文中曾这样评论托里教授："佛蒙特大学教授托里先生是一个真正有见识和有教养的人，对美学具有明显的兴趣和爱好。……他对哲学的兴趣是真诚的，而不是草率的。托里是一位优秀教师，我的成长应该归功于他对我的双份恩惠：一是他使我的思想明确地转向了把哲学研究作为终生的职业；二是在那一年里他用了大量时间对我进行指导，我开始专心于哲学史方面经典著作的阅读，并学习富有哲理性的德国哲学著作。"

1879年

■ 6月25日，从佛蒙特大学毕业，获得文学士学位，并在毕业典礼上成为美国大学优秀生联谊会（Phi Beta Kappa）的会员。休学一年的哥哥戴维斯·杜威和同时进入大学的表弟约翰·里奇与杜威一起毕业。

■ 9月，在表姐威尔逊［一说"克莱拉·威尔逊"（Clara Wilson），见简·M. 杜威的《约翰·杜威传》1939年英文本第13页；另一说"阿菲娅·威尔逊"（Affia Wilson），见乔治·戴克威曾的《约翰·杜威的人生与精神》1973年英文本第21页］的帮助下，杜威来到表姐担任校长的宾夕法尼亚州石油城中学任教师，主要教拉丁文、代数和自然科学等科目。1881年，杜威的表姐因结婚而辞职，他也随之辞去教职。

■ 在石油城中学任教期间，杜威给美国哲学家、研究黑格尔哲学的一流学者哈里斯（William T. Harris）教授主编的《思辨哲学杂志》投寄他的处女作，即《唯物论的形而上学假设》一文。

1881年

■ 担任佛蒙特州夏洛特村莱克维尤高级中学教师。宾夕法尼亚州石油城中学和佛蒙特州夏洛特村莱克维尤高级中学的任教经历，使杜威积累了最初的教育经验。

■ 在业余时间继续对哲学保持着浓厚兴趣，跟随佛蒙特大学托里教授继续学习哲学史。在这个过程中，杜威和托里教授之间逐渐加深了相互了解。

1882年

■ 4月，杜威的第一篇哲学文章《唯物论的形而上学假设》在哈里斯教授主编的《思辨哲学杂志》（1882年4月）上发表。由于哈里斯教授的肯定和托里教授的鼓励，杜威决定继续进行哲学研究生阶段的学习。之后，在《思辨哲学杂志》上，他又发表了两篇哲学文章，即《斯宾诺莎的泛神论》（《思辨哲学杂志》1882年7月），以及《认知和感觉的相对性》（《思辨哲学杂志》1883年1月）。

■ 1882年至1884年，在位于马里兰州巴尔的摩的约翰斯·霍普金斯大学哲学系攻读博士学位。在德国柏林大学的影响下，约翰斯·霍普金斯大学成为美国第一所现代研究型大学。攻读期间，对杜威影响较大的教授有乔治·莫里斯（George S. Morris）、皮尔斯（Charles S. Peirce）、斯坦利·霍尔（Granville S. Hall）等。1883—1884学年，杜威曾获得奖学金。在1883年春季学期，兼职给大学本科生教授哲学史课程。这是杜威在他的教育学术人生中第一次给大学本科生讲课。杜威选修了美国心理学家斯坦利·霍尔的所有课程，包括生理心理学、实验心理学、理论心理学等，并在他的实验室独立进行了一些关于注意力的实验。

1883年

■ 1月，法国《哲学评论》杂志刊载杜威第一篇哲学文章《唯物论的形而上学假设》的摘要。这是最早提及杜威的国外期刊。

■ 9月，来自密歇根州芬顿的一位女生艾丽丝·奇普曼（Alice Chipman，后来成为杜威的夫人）进入密歇根大学学习教育。

1884年

■ 在约翰斯·霍普金斯大学获得哲学博士学位。其博士学位论文题目是《康德的心理学》（未发表）。

■ 在莫里斯教授的帮助下，担任密歇根大学哲学系的讲师和助理教授。在密歇根大学工作期间，杜威与莫里斯之间建立了密切的个人交往和学术友谊。莫里斯的人格对杜威产生了极其重要的影响。此外，正是在密歇根大学期间，杜威通过对该州学校的访问和参与中小学教师培训工作，激发了对教育的兴趣。

■ 莫里斯在密歇根大学哲学系发起成立"哲学学会"，开展主题讲演，促进师生进行学术思想交流。杜威在密歇根大学期间积极参加学会的活动。

■ 11月22日，杜威被聘为《大学》杂志的撰稿人。

1885年

■ 9月19日，在《大学》第208期上发表《妇女健康与高等教育》一文。这是杜威被聘为《大学》杂志撰稿人后所发表的第一篇教育文章，也是杜威论述教育问题的开端。

■ 10月16日，在《科学》第6期上发表《教育与妇女健康》一文。

1886年

■ 3月，在《大众科学月刊》第28期上发表《高等教育中的健康和性别问题》一文。在不到半年时间内，杜威着重研究女性健康和教育问题，并接连发表了三篇与此相关的文章，这在某种程度上与密歇根大学的一位学教育的女生艾丽丝·奇普曼有关。

■ 5月1日，在密歇根州教师俱乐部（Michigan Schoolmaster's Club）的第一次会议上，提交题为《从大学立场看中学的心理学教育》的文章。该文提出，心理学在中学里应该作为一门独立科目，与其他科目一样进行教学。该文章在内容上与《教育与妇女健康》一文略有重复，但并不是它的直接加工品。

■ 7月28日，与艾丽丝·奇普曼结婚，在艾丽丝的外祖父母家里举办婚礼。艾丽丝·奇普曼是杜威在密歇根大学所教过的学生。对于杜威来说，新生家庭和孩子教育是他的教育实践和教育理论研究的原动力。

1887年

■ 第一本心理学著作《心理学》在纽约出版（1889年和1891年又先后出版了修订本）。该书是杜威的处女作，前后共印刷过26次，它确立了杜威在心理学领域稳固的地位。1891年夏，杜威对该书内容作了进一步的修订和更正。美国学者施耐德（Herbert W. Schneider）认为，《心理学》这本著作已经蕴含了杜威后来在《我们如何思维》一书中提出的基本见解。尽管杜威在1891年后停止了撰写和修订心理学教科书的工作，但对心理学的兴趣及心理学领域的研究贯穿其一生。美国心理学家霍尔曾这样说："杜威的研究领域主要是伦理学，他对心理学的研究在他后来的伦理学及哲学研究领域中得以延续。"

■ 2月，被选为密歇根州教师俱乐部副主席（1887—1888），并在俱乐部里作题为《精神科学与道德科学》的讲演。

■ 7月19日，第一个孩子（大儿子）弗雷德里克·阿奇博尔德·杜威（Frederick Archibald Dewey）在密歇根州芬顿出生。

1888年

■ 3月，在事先没有任何征兆的情况下，杜威从密歇根大学正式辞职，去明尼苏达大学担任精神与道德哲学及逻辑学系教授和系主任。但因莫里斯教授1889年3月去世，杜威又回到密歇根大学，所以他在明尼苏达大学仅仅待了一年时间。

■ 元良右二郎的《杜威氏心理学》一文刊载于［日］《宇宙》杂志，这是日本正式刊物上第一次介绍杜威学说。

1889年

■ 3月5日，第二个孩子（大女儿）伊夫琳·里格斯·杜威（Evelyn Riggers Dewey）在明尼苏达州明尼阿波利斯出生。

■ 3月23日，杜威所崇敬的老师、密歇根大学哲学系主任莫里斯教授在安阿伯去世。杜威曾写了《已故的莫里斯教授》一文，其中提及莫里斯"他一生的伟大，不在于外在事工，而在于内在精神，在于精神成就的质量"，对莫里斯的去世表示深切的哀悼。莫里斯的去世导致了密歇根大学哲学系人事上的一场危机，年仅29岁的杜威被选为莫里斯的继任者。

■ 4月19日，杜威回密歇根大学担任哲学系教授和系主任。实际上，他是夏天回到密歇根大学，一直至1894年去芝加哥大学任教。在这一时期，他的哲学观点逐渐呈现确定的形式，并趋于对他自己的很多原创性想法提出更成熟的表述。

■ 由美国社会活动家简·亚当斯（Jane Addams）和她的同学斯塔尔（E. G. Starr）共同创办的一个新的社会住宅区，即芝加哥社会福利中心在芝加哥成立，它以赫尔会所（Hull House）闻名。因赫尔会所的影响，1931年简·亚当斯获得诺贝尔和平奖，成为美国第一位诺贝尔和平奖女性获得者。

1890年

■ 美国心理学家威廉·詹姆士（William James）的《心理学原理》一书出版，对杜威的思想产生了很大的影响。杜威在1900年发表的题为《威廉·詹姆士的心理学原理》一文中曾这样指出："渊博的学识、创新的论述和有益的建议这三者结合起来，对我而言，这是对现存高级心理学问题的最好研究。它比我所知道的任何一本著作都做得更好，更能把心理学放在科学的研究位置上。"

1891年

■ 1月，《道德理论与实践》一文发表在《国际论理学杂志》第1期（1891年1月）上。

■ 4月10日，第三个孩子（二儿子）阿奇博尔德·斯普拉格·杜威（Archibald Spragg Dewey）在密歇根州安阿伯出生，但出生后就夭折了。

■ 4月，杜威的父亲阿奇博尔德·斯普雷格·杜威因为心脏病在安阿伯去世。

■ 杜威前往芝加哥访问简·亚当斯创办的赫尔会所。之后，他经常去赫尔会所访问或讲课。

1892年

■ 1月21日，在赫尔会所作题为《心理学与历史》的讲演。

■ 和密歇根大学教授司各特（Fred Newton Scott）一起创办学术文学月刊《内陆人》期刊，并成为该期刊的顾问之一，一直到他离开密歇根大学。

1893年

■ 10月18日，第四个孩子（三儿子）莫里斯·杜威（Morris Dewey）在密歇根州安阿伯出生。他是以杜威的恩师莫里斯的名字取名的。

■ 11月，在《教育评论》第6期上发表第一篇关于中等教育的文章《中学的伦理学教学》。

■ 12月12日，在美国哲学学会（American Philosophical Association）作题为《伦理学与政治学》的演讲。

1894年

■ 1月，在《心理学评论》创刊号上发表《幼儿语言心理学》一文，呈现了杜威从1887年至1893年对他自己头三个孩子（大儿子弗雷德里克、大女儿伊夫琳、三儿子莫里斯）的观察结果。

■ 3月19日，杜威去芝加哥大学，担任哲学、心理学和教育学系（Department of Philosophy, Psychology and Pedagogy）的系主任，教授研究生课程。这是杜威的学术成就和认可度迅速提升的一个时期。他被授予三个学科的教授，并在每个学科领域都有较大的建树。杜威认为，哲学、心理学和教育学这三个学科具有紧密的联系。在最广泛的意义上，他所寻求的是知和行的统一。

■ 10月13日，在赫尔会所作题为《社会心理学》的讲演。

■ 10月，先后于4日、10日、17日和24日在库克县立师范学校作演讲。

1895年

■ 3月，杜威夫妇去欧洲旅行。在这次旅行途中，他们的第四个孩子（三儿子）莫里斯因患白喉于3月12日死于意大利米兰。

■ 沿袭密歇根大学哲学系开办俱乐部的学术传统，杜威在芝加哥大学哲学、心理学和教育学系也成立了"哲学俱乐部"，并亲自担任了一年的俱乐部主席。俱乐部每两周举行一次学术研讨会。

■ 秋天，得到哈珀（William R. Harper）校长和大学董事会的认可，杜威还在哲学、心理学和教育学系成立"教育学俱乐部"，为师生的教育思想交流和讨论提供了平台。

1896年

■ 1月，创办并领导芝加哥大学实验学校，他夫人艾丽丝·奇普曼担任校长。1896年1月，学校在与大学部校园相邻的第57街389号开始运行，其校址后来几经变迁。杜威夫妇在这所实验学校一直待到1903年。这所实验学校的最初名称是"大学初等学校"，后来通称为"杜威学校"（Dewey School）。杜威在《一个教育学实验》《大学初等学校的三年》等文章中，对这所实验学校进行了论述。这所实验学校的创办，实现了杜威十分渴望有自己的学校的心愿，而且他在这一时期出版的著作主要集中于教育问题，并在"知行合一"方面取得了明显的进展。因此，在杜威的实际指导和管理下，芝加哥大学实验学校在当时美国教育界获得普遍的认同。杜威1904年离开芝加哥大学后，芝加哥大学初等学校不再称为"杜威学校"，但它仍然开办到现在。

■《与意志训练有关的兴趣》在美国赫尔巴特学会（National Herbart Society）的《赫尔巴特学会年鉴（1895年增刊二）》上发表。1899年，芝加哥大学出版社出版了该书的修订版，之后至少印刷过6次。

■ 5月29日，第五个孩子（四儿子）戈登·奇普曼·杜威（Gordon Chipman Dewey）在芝加哥出生。

■ 7月，《心理学中的反射弧概念》一文在《芝加哥大学对哲学的贡献》第1卷1号（1896年）上发表。该论文后来被《心理学评论》第3期（1896年7月）转载。该论文的发表标志着在人类行为研究中出现了一个真正重要的转折点。作为心理科学中最有影响力的论文之一，该论文被认为在心理学史上具有里程碑意义。1942年，《心理学中的反射弧概念》被《心理学评论》杂志评选为它创刊五十年来所发表的最重要的论文之一。

■ 9月，《作为一门大学学科的教育学》一文发表在《芝加哥大学学报》第1期（1896年9月18日和9月25日）上。

1897年

■ 1月，《我的教育信条》在纽约出版。这是杜威的一篇具有纲领性意义的教育论著，不仅阐释了他对教育的信仰和奠定了他的教育理论基础，而且是他自己后来的教育实践和教育理论研究的引领。

■ 1月，《努力的心理学》一文在《哲学评论》第6期（1897年）上发表。

■ 4月10日，在幼儿园会议上发表题为《有关福禄培尔心理学的一些观点》的讲演，但这个演讲没有保留下来。

■ 4月，《构成教育基础的伦理原理》一文发表，刊载于《赫尔巴特学会年鉴（1897）》，第7—34页。这是杜威1909年出版的《教育中的道德原理》一书的基础。

■ 成为芝加哥的赫尔会所理事会的成员。之前，杜威曾在赫尔会所作过多次讲演。

■ 12月28日，第六个孩子（二女儿）露西·艾丽丝·杜威（Lucy Alice Dewey）在芝加哥出生。

1898年

■ 7—8月，在芝加哥大学哲学、心理学和教育学系开设暑期讲座，其主题为"教育改革中的社会因素"。

■ 12月28—30日，在哥伦比亚大学召开的美国心理学会（American Psychological Association）年会上被选为第八任会长（1899—1900）。

1899年

■ 3月13日，杜威的母亲卢西娜·里奇·杜威在芝加哥去世。

■ 4月，在芝加哥大学心理学院作题为《有关早期教育的游戏和想象》的讲演。其首次发表在《幼儿园杂志》第2期（1899年）上。

■ 8月8—29日和9月2—8日，在夏威夷檀香山中学作系列教育讲座，其主题分别为"儿童的生活"和"19世纪的思想运动"。

■ 11月，《学校与社会》一书由芝加哥大学出版社出版，共129页。这是杜威直接以芝加哥大学初等学校的实验为基础所撰写的第一本教育著作。1915年7月又出版了该书的第二版，共164页，其中增加了他曾在《初等学校纪事》杂志上发表的5篇文章，具体包括：《初等教育心理学》《福禄培尔的教育原理》《作业心理学》《注意力的发展》《初等教育中的历史教学的目标》，第一版中的第4章《大学初等学校的三年》被作为了"附录"。在该书中，杜威阐述了他自己在儿童心理、初等和中等学校教育、学校课程、手工训练、职业等方面的观点。他在书中这样写道："本书作为教育实验的一个结果，在教育变革中是有影响力的。"在某种意义上，该书是杜威后来的《民主主义与教育》等大篇幅教育著作的先声。

■ 12月27—29日，主持在纽黑文的耶鲁大学举行的美国心理学会年会。在年会上作题为《心理学与社会实践》的讲演，系杜威的主席致辞。

1900年

■ 担任《初等学校纪事》杂志的编辑。

■ 4月6—7日，在埃文斯维尔举行的南印第安纳州教师协会（Southern Indiana Teachers Association）的会议上作演讲。

■ 7月11日，第七个孩子（三女儿）简·玛丽·杜威（Jean Mary Dewey）在芝加哥出生。她是以杜威的好友简·亚当斯的名字取名的。

■ 12月27—28日，在约翰斯·霍普金斯大学举行的美国心理学会年会上被选为学会理事，任期3年。

■《学校与社会》在英国伦敦出版。这是杜威教育著作的第一个外国版本。

■《与意志训练有关的兴趣》的瑞典文译本出版。这是杜威教育著作在国外的第一个译本。

1901年

■ 2月28日，成为美国教育科学研究学会（National Society for the Scientific Study of Education）的会员。该学会前身为"美国赫尔巴特学会"（National Herbart Society）。

■ 夏天，应加利福尼亚大学校长惠勒（Benjamin Ide Wheeler）的邀请，访问了加利福尼亚大学伯克利分校。

■ 6月17—21日，应杨百翰学院代理院长布林霍尔（George H. Brimhall）的邀请，在加利福尼亚州的杨百翰学院暑期学校开设教育学系列讲座。具体内容包括："大脑是如何学习的""教育的社会性""想象""成长的各阶段""注意力""技巧阶段""习惯""课程的社会价值""记忆与判断""构成性格的一些因素"等十次讲演。这些演讲刊载于杨百翰学院学生主办的《白与蓝》半月刊第5卷第2期（1901年11月1日）至第5卷第12期（1902年5月1日）上。

■ 6月26日，在圣何塞州立师范学校毕业典礼上致辞。《圣何塞每日使者》在相关报道中指出："来自芝加哥大学的约翰·杜威博士在毕业典礼上作了演讲。他是美国最著名的教育家之一。他的演讲雄辩有力，博学精深，在长达一个多小时的时间里，全体听众一直全神贯注地听他演讲。"

■ 12月4日，在芝加哥大学哲学俱乐部作题为《伦理学中的历史方法》的演讲。

■ 留学德国的美裔学生博格斯（L. D. Boggs）的博士学位论文以杜威教育学说为题目。这是外国大学中第一篇以杜威教育学说为题目的博士学位论文。

1902年

■《儿童与课程》一书出版。这也是杜威直接以芝加哥大学初等学校的实验为基础所撰写的教育著作。在1902年至1950年间，该书发行超过27000本。该书虽然使用的是19世纪和20世纪相交之际的学术用语，但在课程教材建设方面仍然具有当代性影响。

■ 3月2日，美国教育家、芝加哥大学教育学院院长弗兰西斯·W. 帕克（Francis Wayland Parker）去世。帕克是美国公立学校教育领域的一位重要领导人，被杜威称为"进步教育之父"。

■ 4月1日，被任命为芝加哥大学教育学院院长，担任此职一直至1904年4月5日离开芝加哥大学。

■ 7月10日，在明尼阿波里斯举行的美国教育协会（National Education

Association）的大会上作题为《作为社会中心的学校》的讲演。该讲演首次刊载于《小学教师》第3卷（1902年10月）。

■ 10月，帕克1900年所创办的杂志《初等学校教师》由杜威担任编委会主任，埃拉·弗拉格·扬（Ella Flagg Young）任执行编辑。

■ 12月30日，在华盛顿举行的美国哲学学会和心理学学会联合会议上作题为《伦理学中的心理学方法》的讲演。

1903年

■《逻辑理论研究》一书出版。其包括杜威的四篇论文，以及他在芝加哥大学哲学系的同事和学生的论文，最后由杜威编辑而成。从芝加哥大学这个群体中产生了芝加哥学派，其标志就是《逻辑理论研究》一书的出版。该书的作者们以"芝加哥学派"或"芝加哥实用主义者"闻名，而杜威则无可争议地成为他们的领袖。该书是作为芝加哥大学十周年纪念的出版物之一，也是对美国著名哲学家威廉·詹姆士表示特别感激之作。威廉·詹姆士在他的书评（1904年）中这样写道："芝加哥有一个思想流派！……可以有把握地预言，该思想流派将在未来25年的文献中被称为芝加哥学派。"

■ 担任美国教育学院教师学会（National Society of College Teachers of Education）主席（1903—1905）。

1904年

■ 3月11—29日，在哥伦比亚大学作系列讲座，其主题为"知识问题"。

■ 4月5日，由于在实验学校的组织架构和行政管理问题上与芝加哥大学校长哈珀存在着分歧，杜威最后从芝加哥大学愤慨辞职。他的夫人艾丽丝·奇普曼也辞去芝加哥大学实验学校校长一职。在辞职时，杜威并没有在其他院校谋得一个职位。杜威的学生、美国作家马克斯·伊斯特曼

（Max Easterman）后来曾这样指出："这是杜威学校的终结，也是杜威一生中一个十分快乐的和极为丰富的重要时期的终结。"

■ 4月28日，通过美国心理学家卡特尔（James McKeen Cattle）的帮助，杜威应聘哥伦比亚大学。5月2日，他接受邀请担任哥伦比亚大学哲学系教授，同时在哥伦比亚大学师范学院讲授课程；5月24日，他还接受邀请兼任心理学教授。

■ 6月9日，被美国威斯康星大学授予名誉法学博士学位。这是杜威在国内大学中所获得的第一个名誉博士学位。

■ 7月9日，杜威全家去欧洲旅行，至1905年1月从欧洲回国。在这次旅行中，他们的第五个孩子（四儿子）戈登因患伤寒于9月10日在去英国的路上死于爱尔兰。随后，他们在意大利威尼斯收养了跛脚男孩萨拜诺（Sabino）。

■ 俄国教育学者伊万诺维奇（В. Иванович）在 ［俄］《教育通报》1904年第2期上刊登的题为《美国教育家谈手工训练》的文章中，对杜威的《手工训练在初等学习课程中的地位》一文作了介绍。这是在俄国的第一篇介绍杜威教育的论文。

1905年

■ 2月1日，从欧洲旅游回来的杜威正式开始他在哥伦比亚大学的教学工作。之后，杜威任教于哥伦比亚大学，一直至1930年6月30日退休。在哥伦比亚大学的任教工作，在杜威整个教育生涯中对其著述有着深刻的和重要的影响。这意味着他进入了一个更大范围的并具有激励作用的学术群体，也意味着他进入了一个非常不同于芝加哥的国际大都市环境。

■ 5月7日，在哈佛大学作题为《知识与行动》的演讲。

■ 12月27—29日，参加在哈佛大学举行的美国哲学学会年会，杜威被选为该学会东部地区分会的会长（1905—1906）。12月28日，他发表主席就职演讲。

■ 瑞士著名儿童心理学家克莱帕雷德（Edouard Claparede）开始在他自己
的著作中论及杜威教育学说。

1906年

■ 3月14日，在哥伦比亚大学师范学院作题为《教育中的自发活动》的讲
演。

■ 3月31日，再次在密歇根州教师俱乐部作题为《教育中的自发活动》的
讲演。

■ 4月11日，苏联著名文学家高尔基及同居女友安德列耶娃抵达纽约访问
美国，为俄国革命寻求经济和道德上的支持。当高尔基在纽约受到各方
抵制时，杜威邀请他们住到他自己家里，因而也受到了舆论的猛烈攻
击，甚至差点丢掉自己的教职。但是，杜威仍然坚持他自己的做法，杜
威夫人也坚定地支持自己的丈夫。

■ 10月22日，在位于纽约市布鲁克林的普拉特学院作题为《教育哲学》的
讲演，共6次，一直持续到1907年1月21日。

1907年

■ 4月，在纽约科学院（New York Academy of Science）作题为《知识与判
断》的讲演。

■ 10月21日，哥伦比亚大学成立哲学俱乐部。之后几年，杜威是该哲学俱
乐部的一位活跃的成员和贡献者。

■ 12月9日，在伊利诺伊大学教育学院作题为《哲学与教育理论的关系》
的讲演。

■ 俄国启蒙思想家、教育家、出版家戈尔布诺夫-波萨多夫（И.И.
ГорбуновПосадов）翻译的《学校与社会》（部分）刊载于［俄］

《自由教育》杂志1907年第11期上。这是在俄国翻译出版的第一本杜威教育著作。

■ 英国教育家、曼彻斯特大学教授芬德兰（J. J. Findlay）编辑的《杜威教育论文集》第1卷和第2卷先后于1907年和1910年在英国出版。

1908年

■ 4月21日，在费城举行的教师大会上，作题为《教学心理学》的演讲。

■ 12月，在《进步教育》杂志第1卷2号上发表题为《实用主义对教育的影响》一文。该文是杜威对实用主义在教育方面的意义的一个简要说明，也是他撰著《民主主义与教育》一书的一个准备。

■ 与在密歇根大学和芝加哥大学的老同事、美国哲学家塔夫茨（James H. Tufts）合著的《伦理学》一书出版。该书用心理的伦理学来阐述其伦理学概念的，以善为其核心概念。据莫里斯的回忆，正是塔夫茨向杜威建议了这本著名的《伦理学》写作计划。整个《伦理学》体现了杜威的激励性和鼓动性。该书一直被作为伦理学的大学教材。《伦理学》一书的修订版于1932年出版。

1909年

■ 《教育中的道德原理》一书出版。这是在1897年4月发表于《赫尔巴特学会年鉴（1897）》的《构成教育基础的伦理原理》一文基础上修订而成的。该书是杜威对与学校中的道德教育相关的心理学、伦理学和社会学的一个阐述，是他论述道德和道德教育主题的一本最重要的著作。该书是杜威为他在哥伦比亚大学师范学院的同事亨利·苏扎卢（Henry Suzzallo）教授主编的"河畔教育专论"丛书而撰写的。在该书出版后的21年里，印刷了16次，并销售了约2万册。

■ 2月12日，美国有色人种协会（National Association for the Advancement of Colored People）创立。杜威是该协会的创始会员。

■ 7月，《达尔文对哲学的影响》一文首次在《通俗科学月刊》第75卷（1909年7月）上发表。在该文一开始，杜威就明确指出："《物种起源》的发表，标志着自然科学进程中的一个新纪元。"后来修改重印时，该文改名为《达尔文主义对哲学的影响》。

■ 11月，《公立学校课程的道德意义》一文首次刊载于北伊利诺伊教师协会的《全体大会议题：公立学校中的道德与宗教训练》（1909年11月）。该文提供了《教育中的道德原理》一书的简要版。

■ 12月29日，作为美国科学促进协会（American Association for the Advancement of Science）副主席，在波士顿的会议上作题为《作为教材和方法的科学》的讲演。

■ 法国教育家、新学校运动领导人乔治斯·伯蒂尔（Georges Bertier）在他的《教育》一书中刊印了《学校与社会》的部分法文译文。

1910年

■ 3月，《我们如何思维》一书出版（1933年5月又出版了增订本）。在该书中，杜威把逻辑学、心理学和教育学的理论融于一书，并把对思维过程的逻辑分析与专业教育家的教学手册独特地结合起来。该书为很多有关逻辑和科学方法的著作提供了基础。其标志着一个时期的开端，这个时期就是对思想和行为的本性进行更专门的哲学分析。该书出版后，被教师们广泛地阅读。

■ 4月1日，被母校佛蒙特大学授予名誉法学博士学位。

■ 8月26日，美国哲学家和心理学家、机能心理学创始人之一威廉·詹姆士去世。杜威先后于9月8日、9月15日在《独立》第69期和《哲学杂志》第7期上发表了两篇相同的题为《威廉·詹姆士》的文章。在前一篇文章中，他指出："由于威廉·詹姆士的逝世，美国失去了哲学和心理学领域最杰出的人物。"在后一篇文章中，他又指出："毫无疑问，威廉·詹姆士在他那个时代的任何国家中都是最伟大的心理学家——也许是任何时代。"后来，在1937年发表的《威廉·詹姆士的哲学》一文中，杜威还指出："就多方面来说，威廉·詹姆士是美国历史上出现的最重要的学界人物。"

■ 在美国教育协会的大会上，杜威的同事和挚友埃拉·弗拉格·扬被选为主席（1910—1911），系该协会第一任女性主席。杜威谨致贺辞。

1911年

■ 1911年至1913年，为美国著名教育家孟禄（Paul Monroe）主编的《教育百科全书》（*A Cyclopedia of Education*）五卷本（纽约1911—1913年版）撰写词目。其中，在第1卷中撰写了12个词目；在第2卷中撰写了42个词目；在第3卷中撰写了23个词目；在第4卷中撰写了20个词目；在第5卷中撰写了25个词目。

■ 10月5日，在佛蒙特大学举行的教育大会上作题为《当前的大学教育趋向》的演讲。

■ 12月17日，在纽约市莫里斯山基督教浸信会教堂作题为《道德的意义和发展》的演讲。

1912年

■ 8月8日，在哥伦比亚大学暑期学校作题为《妇女参政和教育》的讲演，听讲演者众多。

■ 12月，杜威的《学校与幼儿生活》一文由法国教育学者德弗勒（J. Desfeuille）翻译为法文，在［法］《教育》杂志上发表。

■ 我国近现代著名教育家蔡元培发表《对于新教育之意见》一文，系在中国最早推介杜威实用主义教育思想的文章。

1913年

■ 《教育中的兴趣与努力》一书出版。这是1896年发表的《与意志训练有关的兴趣》和1897年发表的《努力的心理学》的合并修订版。在1913年至1943年的30年间，销售了近2.4万本。

■ 2月21日，在大学教师校友会幼儿园教育专业会议上宣读一篇题为《早期儿童的推理能力》的论文。

■ 2月28日，在哥伦比亚大学师范学院给来自纽约各地的准备筹建纽约教师联合会的教师作题为《教师的职业精神》的讲演。其首次刊登于《美国教师》第2期（1913年10月）上。

■ 3月22日，《工业教育与民主》一文在《调查》第29期（1913年3月22日）上发表。

■ 春季，在全美女子高中教师联合会会议上作关于社会教育的讲演，但该演讲稿已丢失。

■ 10月23日，在美国工业教育促进协会（National Society for the Promotion of Industrial Edcuation）第七届年会上作题为《密歇根州应当把职业教育置于"单一"的还是"双重"的管辖之下》的报告。

■ 12月30日，在美国哲学和心理学协会（American Philosophical and Psychological Associations）的论心理学的观点和方法联合讨论会上宣读论文《心理学原理与哲学教学》。

■ 冬季至1914年春，在儿童研究联合会（The Federation for Child Study）上作题为"现代教育中的一些主要思想"的系列讲座。在讲座上，杜威对卢梭、裴斯泰洛齐、福禄培尔、赫尔巴特、蒙台梭利等欧洲教育家的思想进行了简要的阐述，并评述其功过。

■ 被美国密歇根大学授予名誉法学博士学位。

■ 纽约教师联合会（Teachers League of New York）成立。杜威参与了筹建。

■ 担任美国幼儿园协会（National Kindergarten Association）主席（1913—1914）。

■ 杜威的《学校与儿童》一书由瑞士教育学者皮多斯（L. S. Pidoux）翻译为德文，译本在瑞士纳沙特尔出版。

■ 意大利教育学者奥利瓦（Cuigi Oliva）翻译的《我的教育信条》意大利文译本以单行本出版。

1914年

■ 1月，《儿童早期的推理能力》一文在《哥伦比亚大学师范学院学报》第15期（1914年1月）上发表。

■ 3月20日，在哈佛大学哲学俱乐部作题为《心智是什么》的讲演。在这次讲演中，杜威和英国哲学家罗素首次见面，他们共进午餐并一同散步。杜威给罗素留下了非常深刻的印象。在见面后不久，罗素给他友人的信中曾这样写道："杜威是最让我欢欣的。"

■ 4月19日，美国著名哲学家查尔斯·桑德斯·皮尔斯去世。后来。杜威在《哲学、心理学与科学方法杂志》第13卷（1917年）上发表了《皮尔斯的实用主义》一文，其中指出"实用主义"这个名称和观念都是由皮尔斯提出的，但使人们震惊的是皮尔斯和詹姆士之间的差异——皮尔斯更加强调程序的方法。

■ 5月13日，在纽约市立学院召开的大学和公共服务全美研讨会上作题为《教育的原则》的演讲。

■ 冬季，在联合学院（Union College）作为期8周的系列演讲，其主题是"社会行为心理学"。

■ 担任美国大学教授协会（American Association of University Professors）

筹备委员会主席。

1915年

■ 与他女儿伊夫琳·杜威合著的《明日之学校》一书出版。该书实际上是纽约达顿出版公司的"命题作文"。但是，无论在影响方面，还是在深度方面，杜威在该书中提出的理论观点都具代表性。这些理论观点的中心基础后来在《民主主义与教育》一书出版时才得以亮相。该书的出版，被看作是该年度最重大的教育事件。从1915年到1928年，共销售了2.4万本。在《明日之学校》一书出版后的两年里，出现了14篇评论该书的文章。在《学校与家庭教育》第35期（1915年）上发表了杜威在哥伦比亚大学师范学院的同事巴格莱（William C. Bagley）所写的社论，其中指出："杜威的近著《明日之学校》描述了一类具有代表意义的学校。由他所提出的理论，在这些学校里得以实施。"

■ 1月1日，美国大学教授协会成立，杜威担任首任主席，并作任职演讲。同年12月31日，他又作了年度演讲。在1913年筹建纽约教师联合会之后，成立美国大学教授协会是杜威的更重要的创举。

■ 被母校约翰斯·霍普金斯大学授予名誉法学博士学位。

■ 西班牙教育协会秘书多明戈·巴恩斯（Domingo Barnes）翻译的《学校与社会》（第二版）的西班牙文译本出版。

1916年

■《民主主义与教育》一书出版，其副题为"教育哲学导论"。在杜威与麦克米兰出版公司签订协议五年之后，该书才付梓。该书是杜威的一本教育哲学、社会哲学、政治哲学和道德哲学领域的经典著作，系统阐述和确立了他的教育理论体系。在该书的"序言"中，杜威明确指出："本书所阐明的哲学，把民主主义的发展和科学的实验方法、生物科学的进化论思想以及工业的改造联系起来，旨在指出这些发展所表明的教材和教育方法上的变革。"该书出版后在整个世界的教育界产生了最广泛的学术影响。多年来，杜威一直将它视为主要的哲学著作，最全面地阐述了他的教育哲学。他在教育上的那些努力，正是他的整个哲学事业的组成部分。在同年7月1日给美国哲学家贺拉斯·M. 卡伦（Horace M. Kallen）的信中，杜威这样写道："虽然这本书取名为《民主主义与教育》，但它却凝聚了我总结自己的整个哲学观点的最大努力。"在1930年的《从绝对主义到实验主义》一文中，他也写道："许多年来，我的哲学在题为《民主主义与教育》的书中得到了最充分的阐述。"《民主主义与教育》一书出版后，有的出版社希望杜威能够再写一本大篇幅的教育著作，但他并没有接受。尽管该书出版于1916年，但在当代仍然具有振聋发聩的意义。在杜威的教育著作中，该书是被世界各国教育学者翻译得最多的一本著作。

■ 9月，《教师的职业组织》一文在《美国教师》第5期（1916年9月）上发表。

■ 10月27日，在印第安纳波利斯的印第安纳州教师协会上作题为《学校教育的社会意义》及《教育平衡、效率与思考》的演讲。

1917年

■ 2月20日，在纽约市巴尔的摩酒店举行的公共教育协会（Public Education Association）年会上作题为《学会获得：职业教育在公共教育综合计划中的地位》的演讲。

■ 被美国伊利诺伊大学授予名誉法学博士学位。

1918年

■ 春天，在斯坦福大学韦斯特纪念基金会作系列讲座。根据讲座主办方的规定，讲演稿应该在两年内出版，但因为杜威到日本和中国访问讲学，所以实际上推迟了两年才出版，即1922年出版的《人性与行为》一书。

■ 11月29日，在加利福尼亚大学哲学协会作题为《哲学与民主》的讲演。

■ 冬季，从哥伦比亚大学休假。前半个冬季在加利福尼亚大学开设讲座。在这之后，杜威与夫人艾丽丝·奇普曼去日本和中国访问。

1919年

■ 2—4月，杜威访问日本。杜威夫妇从美国旧金山乘坐"春秋丸"客轮于2月9日上午抵达横滨。杜威在帝国大学作系列讲演，共8讲。这些讲演第二年汇集成《哲学的改造》一书出版。在日本期间，拒绝日本帝国政府为他颁发的"旭日东升勋章"，这使杜威更加声名鹊起。

■ 3月，胡适、陶行知等人给正在日本帝国大学作讲演的杜威写信邀请他来华讲学。赴欧洲考察教育的北京大学教授陶履恭教授和南京高等师范学校教授郭秉文，在路过日本时也专门拜会杜威当面表达了这个愿望，杜威当时"一口答应"接受邀请来华讲学。

■ 4月4日，美国进步教育协会（Progressive Education Association）成立。美国著名教育家、时任哈佛大学校长埃利奥特（Charles W. Eliot）担任该协会的名誉主席。

■ 4月上旬，北京大学校长蔡元培致电哥伦比亚大学校长巴特勒（Nicholas M. Butler），聘请杜威教授在该校讲学一年。

■ 4月30日下午，杜威夫妇乘坐日本客轮"熊野丸"抵达上海，住沧州饭店。北京大学代表胡适、江苏省教育会代表蒋梦麟、南京高等师范学校陶行知等人在码头迎候。在杜威以前的几个学生的安排下，他们开始了中国之行。上海《民国日报》5月1日对此进行了报道。《新教育》杂志1920年第3期出了"杜威专号"；《平民教育》杂志也出了"欢迎杜威专号"。

■ 5月1日，在蒋梦麟、陶行知的陪同下，参观商务印书馆。此后（5月底之前），杜威在江苏、浙江两省各地讲演。

■ 5月3—4日，在江苏省教育会作题为《平民之教育》的讲演。这是杜威在中国的第一次讲演。

■ 5月4日，在北京爆发了闻名于世的五四运动。杜威后来在华讲演中经常谈到给他印象深刻的五四运动。

■ 5月12日，由胡适、蒋梦麟陪同，与正在上海的孙中山先生共进晚餐。席间，孙中山与杜威讨论了"知难行易"的问题。杜威后来这样回忆道："那天傍晚，与前总统孙中山先生在一起感到很高兴。"

■ 5月29日，杜威夫妇一行抵达天津，胡适在天津迎候。据《晨报》1919年5月29日报道，美国哥伦比亚大学校方批准杜威休假一年在华讲学。其实，哥伦比亚大学校方1919年4月15日就予以批准，只是杜威自己由于心中的疑虑，在他亲自到中国之后才同意在中国待一年。

■ 5月30日，据《晨报》1919年5月31日报道，杜威夫妇一行下午六时抵达北京，住北京饭店34号。目睹了爱国学生上街游行，抗议北洋军阀政府。计划在北京游览名胜一周后开始讲演。

■ 6月8日，在北京学术讲演会讲坛开始杜威在京的第一次讲演。此后几个月，杜威在北京各校讲演。

■ 7月25日，杜威女儿露西·杜威加入了杜威的中国之行。

■ 10月6日，在胡适、万元甫的陪同下，赴山西太原参加第五届全国教育联合会会议并考察教育。会后，在太原讲演。10月14日离开太原回京。

■ 10月19日，北京大学与教育部、尚志学会、新学会在北平中央公园的来今雨轩举行庆贺杜威六十岁生日晚宴。晚宴上，北京大学校长蔡元培先生致贺词，其中称杜威为"西洋新文明的代表"。

■ 10月，江苏省立第二师范学校编辑出版了《杜威在华演讲集》。

■ 11月14日下午，杜威参加北京高等师范学校创办纪念日活动。

■ 12月17日，应蔡元培校长的邀请，在北京大学建校二十二周年纪念大会上作题为《大学与民治国舆论的重要》的讲演。

■ 12月24日，杜威夫妇一行在胡适陪同下第一次抵达山东济南。此后，在济南进行了两周的考察及讲演。

■ 社会研究新学院（The New School for Social Research）在纽约成立，由杜威与历史学家查尔斯·比尔德（Charles A. Beard）、经济学家维布伦（T. B. Veblen）、罗宾逊（J. H. Robinson）、米切尔（W. C. Mitchell）共同发起。

1920年

■ 1月2日，在天津青年会作题为《真的与假的个人主义》的讲演。

■ 1—3月，继续在北京各校讲演。其中，1月北京高等师范学校新设教育研究科，聘请杜威主讲，以他的《思维术》为教本。

■ 2月24日，杜威女儿伊夫琳·杜威从美国抵达北京，加入了杜威的中国之行。

■ 4月1日—6月30日，应新教育共进社的邀请南下讲演。在南京高等师范学校以及江苏各地和上海、杭州讲演。

■ 4月24日，据《北京大学日刊》报道，美国哥伦比亚大学校长巴特勒复电北京大学，同意杜威续假一年在华讲学。

■ 5月28日晚，新教育共进社、中华职业教育社、江苏教育会三团体公宴杜威一行。南京高等师范学校校长郭秉文致辞说："教育上，则杜威来后，如久旱逢甘雨，精神焕发矣。"杜威在他的致辞中说："中国将来之发展，端赖热心教育者提倡。"

■ 7月，北京大学聘请杜威下学期担任哲学与教育学教授。

■ 7月31日，青年毛泽东起草的《湘潭教育促进会宣言》发布。其中写道："美博士杜威东来。其新出之教育学说，颇有研究之价值。"

■ 8月1日，《杜威五大讲演》由北京晨报社出版。其内容包括：《社会哲学与政治哲学》《教育哲学》《思想之派别》《现代三大哲学家》《伦理讲演纪略》。在该书出版后的两年中，共计重印14次。

■ 10月17日，被北京大学授予名誉法学博士学位。在授予典礼上，蔡元培校长称杜威为"西方的孔子"。

■ 10月25日—11月4日，湖南省教育会举行盛大的讲演会，邀请杜威、罗素、蔡元培、章太炎等国内外知名人士讲演。期间，杜威在长沙各校讲演。其中在杜威讲演时，青年毛泽东应湖南《大公报》之约以"特约记录员"身份担任了记录员。

■ 11月2日下午，杜威夫妇一行应邀乘沙市轮船赴湖北汉口，计划讲演4天。

■ 11月15日，对于中国之行，杜威在给哥伦比亚大学哲学系主任约翰·J. 科斯（John J. Coss）的信中这样写道："这是我所做过的最感兴趣的和在智力上最有益的事情。"

■《哲学的改造》一书出版，系杜威在日本东京帝国大学的讲演稿。该书展示了杜威的工具主义哲学视野，他自认为该书在相当程度上摆脱了在行为方面的派系偏见。《哲学的改造》一书出版后，在1921—1956年间被翻译成11种文字。

■ 英国哲学家罗素访问中国期间，在北京因患肺炎住院时，杜威守候在他的病榻旁，记下他最后的愿望和遗言。

■ 杜威与他夫人艾丽丝·奇普曼合著的《寄自中国和日本的家书》一书出版。该书是由他们的女儿伊夫琳·杜威编辑的。

1921年
■ 1月—3月，在北京各校讲演。
■ 2月，上海泰东图书局出版了《杜威三大演讲》。

■ 4月12日，应厦门大学校长邓芝园的邀请，南下福建，在厦门、福州两地各校讲演。

■ 4月28日，杜威夫妇一行抵达广州讲演。5月初离开广州回京。杜威在广州讲演时，时任广东省教育委员会委员长兼大学预科校长的陈独秀担任了主持人。

■ 5月—6月，在北京各校讲演。

■ 6月30日中午，北京大学、男女两高师、尚志学会、新学会五团体在北平中央公园的来今雨轩公饯杜威夫妇一行，与会者约八十人。席间，五团体代表范源廉、梁启超、胡适等人致辞，杜威夫妇及女儿也分别讲了话。杜威在他的致辞中这样讲："这两年，是我生活中最有兴味的时期，学得也比什么时候都多。中国是一个教育的国家，外面来的人能在知识上引起好奇心，感情上引起好理想，并且也能引起同情心，故到中国来旅行者很是有益。我向来主张东西文化的汇合，中国就是东西文化的交点，我相信将来一定有使两方文化汇合的机会。"杜威在他致辞的最后还表达了将来能再到北京来的愿望。

■ 7月11日上午，杜威夫妇一行离开北京第二次赴山东济南，胡适等人到车站送行。此行由北京高等师范学校教育研究科王卓然陪同兼翻译，抵达济南后又谒孔陵、游泰山等，7月17日回到济南。

■ 7月18—23日，在济南讲演6次，每天一讲。其中包括：《教育者的工作》（7月18日）、《教育之社会的要素》（7月19日）、《教育科目与社会之关系》（7月20日）、《学校的行政和组织与社会之关系》（7月21日）、《教育之心理的要素》（7月22日）、《学校与社会之关系》（7月23日）。

■ 7月25日，杜威夫妇一行离开济南赴青岛。在青岛期间，杜威与当地各界人士交谈，并参观当地崂山等名胜。

■ 7月，在美国纽约发行的《中国学生月刊》（Chinese Students Monthly）

刊文写道："杜威中国之行是非常成功的。从他抵达中国到现在，所到之处都受到了热烈的欢迎。"

■ 8月2日，杜威夫妇一行从青岛乘坐"西京丸"客轮离开中国去日本神户，结束了对中国的访问讲学。杜威在中国十一个省和北京、上海和天津三市讲演，共待了两年三个月又三天，从1919年4月30日开始到1921年8月2日结束。在中国的访问讲学，使杜威有机会了解中国社会和中国人民，也有机会广泛接触中国知识分子阶层。之后，杜威对中国事务表现出持续的关心。杜威女儿简·杜威1939年在《约翰·杜威传》（*Biography of John Dewey*）一书中这样写道："不管杜威对中国的影响如何，杜威在中国的访问对他自己也具有深刻的和持久的影响。"

■ 8月19日，杜威夫妇一行从日本横滨乘船回美国。9月11日下午，抵达旧金山第46号码头，北京大学同学代表数人在码头迎接。这意味着杜威的远东之行的完美结束。

■ 10月，商务印书馆出版了《杜威教育哲学》。

1922年

■《人性与行为》一书出版，其副题是"社会心理学导论"。该书是杜威于1918年在斯坦福大学韦斯特纪念基金会所作的系列讲座。杜威在该书中的关注点与他长期在教育上的兴趣是如此紧密地相关联，着重强调作为"社会功能"的习惯反映了社会思维和行为。美国著名出版人麦克卢尔（M. T. McClure）评论说："毫无疑问，杜威先生是美国社会哲学方面最著名的作家。任何一位对理解人性和改善人类社会怀着真诚兴趣的读者，都会在这本最新著作中找到大量具有指导和教导意义的信息。"直至今日，该书仍然是杜威著作中最受欢迎的和被引用最多的著作之一。

■ 12月，在保罗·卡鲁斯基金会上作第一期系列讲演（即开幕讲演）。

这表明杜威已被认为是美国卓越的哲学家。这些讲演为他的《经验与自然》一书的写作提供了素材。

1923年

■ 5月16—23日，参加在华盛顿举行的美国社会工作会议，作了题为《学校作为发展儿童社会意识和社会理想的手段》的讲演。

■ 9月26日，在哥伦比亚大学的公开课上作了题为《文明与教育中的职业化》的年度学术演讲。

[参加在哥伦比亚大学举行的美国哲学学会的年会，并在该学会组织的卡鲁斯讲座上作演讲。

1924年

■ 6—9月，应土耳其新政府公共教育部部长瓦西弗·贝尔（Vassif Bey）的邀请，杜威从5月底至9月中旬在土耳其研究其教育状况。其中，他先在君士坦丁堡访问了三个星期，后在安卡拉访问了两个星期。在安卡拉期间，杜威三次与贝尔部长会见。他以独特的活力和建设性的态度为土耳其教育制度改革提出建议，即《关于土耳其教育的报告与建议》（1939年首版；1952年再版）。具体包括三个主题：正确地对待教师；明智地组织学校；学校的卫生保健。1960年，这份报告首次由土耳其教育部研究和测量局以英文出版，其标题为《约翰·杜威报告》（*The John Dewey Report*）。杜威的土耳其访问的发起人和资助者是芝加哥银行家查尔斯·R. 柯兰（Charles R. Crane），他是美国在君士坦丁堡的女子学院的委托理事会主席。杜威在中国访问期间，曾会见过时任美国驻华公使柯兰。事实已证明，杜威对土耳其的访问是一次具有巨大影响的访问。1925年12月至1929年1月任土耳其公共教育部长的穆斯塔法·内卡蒂（Mustafa Necati）尤其受到杜威教育思想的影响。

■ 12月3日，《在土耳其的外国学校》一文在《新共和》第41期（1924年12月3日）上发表。

■ 自1924年起，应马什（Benjamin C. March）的邀请，杜威担任"反垄断联盟"的一个社团"人民院外游说团"（People's Lobby）主席。1936年，他辞去这个职位。

1925年

■ 2月，《经验与自然》一书出版。在该书中，杜威强调应该把自然与经验联系起来，而不是将它们分裂孤立，明确指出"人类经验的历史就是一部技艺发展史"。该书出版后受到人们超常的关注，那些评论文章把它看作是杜威一本主要的和重要的著作。1951年，杜威说："如果我今天撰写（或重写）《经验与自然》，我会把这本书命名为《文化与自然》，具体的内容也会因此而修改。"1929年，杜威70岁时又出版了该书的修订本。杜威的学生、美国哲学家悉尼·胡克（Sidney Hook）指出："杜威的《经验与自然》既是他的著作中最具启发性、最深奥的，也是其反对者批评最多和其支持者解释最多样的一部著作。"

■ 3月19日，杜威作为巴恩斯基金会（Barnes Foundation）的教育顾问，在宾夕法尼亚州费城附近的梅里恩举行的巴恩斯基金会庆典上致辞。

■ 在哥伦比亚大学哲学系编的《思想史研究》第2卷上发表题为《美国实用主义的发展》一文。杜威在文中指出："实用主义发轫于查尔斯·桑德斯·皮尔斯。……皮尔斯把他的理论文章冠名为《如何使我们的观念清晰》。……威廉·詹姆士继承了皮尔斯开创的工作，在某种意义上，威廉·詹姆士缩小了皮尔斯实用主义方法的应用范围，同时对其进行了扩展。"

■ 比利时著名教育家德可乐利（Ovide Decroly）为法国的一个出版公司翻译了《我们如何思维》的法文译本；1931年，又翻译了《明日之学校》

的法文译本。

1926年

■ 7月5日—8月21日，由夫人艾丽丝·奇普曼陪同在墨西哥考察教育状况，但艾丽丝因病只得中途返回纽约。在墨西哥国立大学暑期学校，杜威曾为五百多名美国学生作了6次讲演，其主题是"论高等教育问题和当代哲学思想"。他所撰写的《墨西哥的教育复兴》一文发表在《新共和》第48期（1926年9月22日）上。

■ 9月15日，在哈佛大学举行的第六届国际哲学会议上作题为《哲学与文明》的讲演。

■ 与美国著名艺术收藏家巴恩斯（Albert C. Barnes）及一群学生一起赴西班牙马德里、法国巴黎和奥地利维也纳参观博物馆。巴恩斯对杜威的美学思想产生了重要影响。

■ 与其他人在纽约建立中国研究所（The China Institute），正在纽约的郭秉文担任所长。其目的是通过教育促进中美两国人民加深相互理解，以及促进中国文化在美国的研究。1933年，该研究所开始为美国公共学校教师设立中文课程。1944年，该研究所与纽约大学合作成立了非盈利组织"促进教育和文化中国基金会"。

1927年

■ 春季学期，杜威为了照顾生病的妻子而向哥伦比亚大学校方请假离职。

■ 7月14日，杜威夫人艾丽丝·奇普曼因动脉硬化和高血压去世。杜威的学生马克斯·伊斯特曼在他的《约翰·杜威：我的良师益友》一文中曾这样提及此事："对她（杜威夫人）来说，从那（实验学校的关闭、最有天赋的儿子戈登在欧洲旅行中因伤寒而死于爱尔兰）以后到去世，不仅仅是一条悲惨的道路。对杜威来说，他感到十分伤痛。"

■ 11月17日，在纽约医学科学院第八十一届年会上作题为《身体与心灵》的演讲。

■《公众及其问题》一书出版。该书集中论述了民主问题，系杜威1926年2月在俄亥俄州凯尼恩学院拉威尔基金会的讲演稿基础上修改而成。在一定意义上，该书是杜威工具主义理论的顶峰。

■ 冬天，苏维埃政府教育部门致函美苏文化关系协会，邀请一个美国教育工作者代表团访问苏联。

1928年

■ 3月，在进步教育协会执行委员会的反复邀请下，杜威答应担任进步教育协会的名誉主席，一直到1952年去世。在此之前，杜威一直拒绝参加进步教育协会。

■ 3月8日，在美国进步教育协会第八次年会上作题为《进步教育与教育科学》的讲演。其讲演稿后来以进步教育协会小册子的形式发行。

■ 4月10日，在哥伦比亚大学师范学院院长威廉·F. 拉塞尔（William F. Russell）的就职仪式上作题为《教育的方向》的演讲。

■ 6月，杜威肖像刊登在美国《时代周刊》杂志的封面上。

■ 7月，随美苏文化关系协会（American Society for Cultural Relations with Russia）组织的美国教育家代表团访问了苏联，并考察苏联教育状况。因为当时苏联学校已经放暑假，代表团未能看到学校的教学活动情况。在他的长媳伊丽莎白（Elisabeth Dewey）的陪同下，担任代表团团长的杜威于5月19日先期乘船出发赴欧洲，先后在英国伦敦、法国巴黎和德国柏林等城市参观，并于7月2日抵达苏联列宁格勒，与代表团的其他成员会合。代表团成员共25人，除杜威外，还有美国心理学家卡特尔、明尼苏达大学前校长科夫曼（L. D. Coffman）、卡利顿学院院长考林（D. J. Cowling）、国际教育学院院长达根（Stephen P. Duggan）、纽约布鲁克林工艺学院院长科尔比（P. R. Kolbe）、十分熟悉俄罗斯文化和文学的美国作家孔尼茨（J. Kunitz）、费城德塞克塞尔学院院长马西森（K. G. Matheson）、阿默斯特学院名誉院长奥尔兹（G. D. Olds）、十分熟悉俄罗斯教育的宾夕法尼亚大学教授伍迪（T. Woody）以及中小学教师和行政人员等。在访问苏联期间，杜威不仅在苏联著名教育家沙茨基（С.Т. Шацкий）的陪同下访问了国民教育第一实验站及少年儿童夏令营等，而且在莫斯科国立师范大学作了系列讲座，还应邀列席了时任苏联国家学术委员会科教部主任、科学教育学科研所副所长卡拉什尼科夫（А. Г. Калашников）在莫斯科国立鲍曼技术大学举行的学术会议。

■ 11—12月，杜威访问苏联回国后，在《新共和》上连续发表有关苏联之行的6篇文章，后来这些文章汇集成《苏维埃俄罗斯印象》。

■ 担任为在美国的中国人提供法律援助的全美委员会（National Committee of Legal Aid to Chinese in America）主席。

1929年

■ 2月21日，在芝加哥大学利昂·曼德尔会堂作题为《俄国的学校体系》的演讲。

■ 2月24—28日，在俄亥俄州克利夫兰市召开的美国教育协会督导部的年会上作题为《教育衔接的一般原则》的发言。

■ 2月26日，杜威应邀在俄亥俄州克利夫兰市的国际教育荣誉学会（The Kappa Delta Pi）的系列讲座上作了题为《教育科学的资源》的讲演。这是该学会年度系列讲座的第一个讲演，在一定程度上表明了杜威在当时美国哲学界和教育界已有很大的学术性影响。《教育科学的资源》一书在1929年到1944年期间共印刷4次。

■ 3月14日，乘船抵达英国伦敦，在那里待了一个月。

■ 4月17日—5月17日，在英国爱丁堡大学校长尤因（Alfred Ewing）爵士的邀请下，在爱丁堡大学的吉福德讲座上作系列讲演，每周三和周五两次讲演。该系列讲演是杜威的《确定性的寻求》一书的基础。杜威对知行关系的强调，不仅是对20世纪的哲学，而且对20世纪的自然科学，都有澄明之功。在讲演中，杜威强调他首先是一位哲学家，而不是一位教育家。期间，杜威还被聘为苏格兰教育研究院荣誉研究员。

■ 5月，吉福德讲座的系列讲演一结束，杜威就赶往伦敦。接着在德国法兰克福与他的学生、美国哲学家悉尼·胡克会面；并到维也纳看望他的女儿露西。在此期间，杜威在英国圣安德鲁大学的学位典礼上被授予法学荣誉博士学位。

■ 10月11日，《确定性的寻求——关于知行关系的研究》一书出版。该书强调把哲学作为文化批评的最普遍的方法，是杜威自然主义伦理学说发展的一个里程碑。该书出版后，迅速赢得广泛的评论和普遍的认可。由于《确定性的寻求》和《经验与自然》修订本的出版，因此这一年杜威正处于创造力和影响力的巅峰，并被誉为"美国最伟大的哲学家"。

■ 10月18—19日，庆贺杜威七十岁生日会在纽约举行。许多美国思想界的领军人物都参加了生日庆贺会，其中有：纽约庆贺杜威七十岁生日会执行委员会主席斯旺（Swan）女士以及美国社会活动家简·亚当斯、美国心理学家安吉尔（James R. Angell）、美国社会心理学家乔治·H.米德（George H. Mead）、美国哲学家穆尔（Carroll Moore）、美国哲学家拉尔夫·佩里（Ralph B. Perry）等人。当时，美国教育家克伯屈（William H. Kilpatrick）正在中国访问而未能参加。在生日庆贺会上，杜威致了答谢辞。会后，编辑出版了一本纪念文集《约翰·杜威与他的哲学：纽约庆贺杜威七十岁生日演讲集》（*John Dewey: the Man and His Philosophy: Addresses Delivered in New York in Celebration of His Seventieth Birthday*），系庆贺生日会上的致辞和发言汇集。

■ 10月，美国教育协会在庆贺杜威七十岁生日会期间为杜威颁发了终身会员证书，由美国教育协会《期刊》的主编摩根（Joy Elmer Morgan）颁发。他还被推选为美国教育协会所授予的最高荣誉——终身荣誉主席。

■ 10月21日，在纽约举行的《美国希伯来人》杂志创刊五十周年纪念宴会上作题为《理解与偏见》的讲演。

■ 10月30—31日，在芝加哥大学召开的关于儿童健康与保护的白宫会议上作题为《儿童的健康与保护》的演讲。

■ 11月26日，在母校佛蒙特大学作题为《詹姆斯·马什和美国哲学》的演讲。这是詹姆斯·马什编辑的《对沉思的援助》一书首个美国版本出版一百周年庆典的一个组成部分。

■《约翰·杜威对苏俄和革命世界墨西哥—中国—土耳其的印象》一书出版。

■《经验与自然》一书修订版出版。

■ 被选为独立政治行动联盟（the League for Independent Political）主席。

■ 从此时起，杜威一直是美国社会和经济目标委员会的成员。

1930年

■ 2月25日，在哥伦比亚大学的艺术与科学研究院作题为《创造与批判》的讲演。这是纪念戴维斯（Milton Judson Davis）系列讲座的第一讲。同年，该讲演稿作为一本小册子由哥伦比亚大学出版社出版，共25页。

■ 3月3日，被美国哥伦比亚大学授予名誉法学博士学位。

■ 3月28日，在加利福尼亚大学洛杉矶分校新校区落成仪式上作题为《哲学与教育》的讲话。杜威在讲话中强调指出："教育仍然是对性格的培养，包括智力、道德、审美等方面，而不仅仅是培训技能以及教授知识。……教育的最终目的就是创造出能力得到充分发展的人类。"

■ 4月24日，《新旧个人主义》一书出版。该书由杜威在《新共和》杂志上发表的8篇文章汇集而成，系他为试图重新定义自由主义而作出的部分努力，其具有预见性的核心问题是如何创造一种与我们实际生活的社会相一致的新个人主义。该书出版后，不仅在美国国内得到了广泛评论，而且在国外受到了很多关注。

■ 6月30日，从哥伦比亚大学退休，被校方任命为"驻校荣誉退休哲学教授"（professor emeritus of philosophy in residence）。根据校董事会决议，杜威在退休后给一些高年级学生和研究学者提供咨询与建议，但没有任何旨在获得学位的课程指导。

■ 夏季和初秋，在加拿大新斯科舍省的哈巴兹避暑，并为哈佛大学的威廉·詹姆士讲座的讲演做准备。

■ 8—10月，多次赴宾夕法尼亚州费城附近的梅里恩拜访巴恩斯。

■ 晚秋，在法国巴黎和奥地利维也纳度过。杜威被法国巴黎大学授予名誉法学博士学位，并被誉为"美国精神的最深刻和最完美的体现"。

■ 自传性提纲《从绝对主义到实验主义》首次发表在乔治·亚当斯（George P. Adams）和蒙塔古（William P. Montague）合编的《当代美国哲学》第二卷中。在该文中，杜威追溯了他自己始于就读佛蒙特大学时跟随托里教授学习哲学的哲学思想发展过程。后来，该自传性提纲又再次发表在《星期六文学评论》第32期（1949年10月22日）上，题为《创造中的哲学家：自传》（Philosopher-In-The-Making: Autobiography）。

■ 担任工业民主联盟（League for Industrial Democracy）副主席。

■ 担任城市事务委员会（City Affairs Committee）副主席。

■ 担任美国与拉丁美洲文化关系委员会（Committee on Cultural Relations with Latin America）名誉主席。

■ 曾在哥伦比亚大学师范学院听杜威课程的德国学生埃里克·许拉（Erich Hylla）第一次翻译出版了《民主主义与教育》的德文译本，该书在德国教育界受到广泛的关注，但在希特勒上台后被全部销毁了。

1931年

■ 1月19—24日，参加在佛罗里达州温特帕克的罗林斯学院举行的人文学院课程研讨会。罗林斯学院院长霍尔特（Hamilton Holt）召集了研讨会，并致开幕辞。杜威主持了全体大会，并作了发言。

■ 春季，应邀在哈佛大学的威廉·詹姆士讲座上作十次系列讲演，杜威获准可以自由选择主题并进行讲座设计。这十次讲演后来于1934年3月汇集出版，书名为《作为经验的艺术》。同时，还以其他方式至少作过4次讲演，3月11日在有关中学教育的英格利斯讲座上所作的题为《从教育混乱中寻找出路》的讲演便是其中之一。

■ 4月27日，杜威在密歇根大学的老同事、美国哲学家米德去世。

■ 4月30日，在芝加哥举行的米德追悼仪式上，杜威、塔夫茨等人先后致了悼词。杜威悼词的题目是《我所认识的乔治·赫伯特·米德》，其中提及他与米德之间的40年友谊成了其一生中最为珍贵的财富之一。

■ 10月30—31日，芝加哥关于儿童健康与保护的会议在芝加哥市帕尔默大楼召开。这次会议是为了响应在1930年11月19—22日在华盛顿特区举行的关于儿童健康与保护的白宫会议所提出的建议。杜威在会议上作了3次演讲。

■ 11月4日，《纽约世界电讯报》发表《七十岁设立的新目标》一文，系记者威廉·恩格尔（William Engle）采访杜威的文章。在被采访中，杜威提出："需要一个新的政党！"记者评论道：在70岁之时，美国最为杰出的哲学家杜威博士如他一直在用思考发出他的声音那样，平静地发出了革命的声音。

■ 担任全美互惠联盟（All America Reciprocity Union）副主席。

1932年

■ 与塔夫茨合著的《伦理学》一书的修订版出版。这是一本基本思路照旧但视角和背景有了一些变动，而且有三分之二的部分是重写的修订版。相比1908年版的《伦理学》，1932年修订版作了两个重大的修改：一是研究伦理学的社会文化维度；二是研究伦理学观念之间的联系。该修订版更好地阐述了杜威对伦理学的根本看法，即伦理学的具体任务是用最广泛的经验教训和创新资源来解决具体问题。然而，《伦理学》的修订版并没有像1908年版一样引起广泛的评论。

■ 6月29日，被选为美国教育协会终身名誉主席。

■ 10月15日，中国共产党的主要创始人之一陈独秀因叛徒出卖在上海被国民党当局逮捕后，杜威、爱因斯坦、罗素等世界知名人士分别通电蒋介石提出抗议，要求立即释放陈独秀。

■ 10月17日，在美国儿童研究协会（Child Study Association of America）大会上作题为《自由与灌输》的讲演。

■ 担任亨利·乔治社会科学学院（Henry George School of Social Science）名誉院长。

■ 被美国哈佛大学授予名誉法学博士学位。

■ 法国巴黎布鲁克林学院教授鲁本·华伦罗德（Reuben Wallenrod）所著的《约翰·杜威：教育家》一书（法文本）出版。

1933年

■ 3月1日，在美国教育协会指导监事理事部第13次年会上发表致辞，题为《教育和我们当前的社会问题》。其首次刊载于《学校与社会》第37期（1933年4月15日）。

■ 5月，《我们如何思维》（修订版）出版，其副题是"重述反思性思维对教育过程的关系"。杜威在该书修订版"序言"中写道：该书的内容有相当大的扩展，在表述的确定性和清晰性上都有所提高，教学论部分的变化是明显的。该书被认为是教育学家和心理学家的经典著作。在杜威

1952年去世前，它至少被重印了6次。

■ 5月17日，被优生学协会（Aristogenic Association）评选为最伟大的十个美国人之一。

■ 9月2—3日，独立政治联盟在芝加哥举办"进步政治行动联合大会"。杜威担任独立政治联盟执行委员会首任主席。

■ 12月27日，在波士顿大学俱乐部向美国心理学家卡特尔博士表示敬意的晚宴上作题为《最重要的学术责任》的致辞。

1934年

■《教育与社会秩序》首次由工业民主联盟作为一本小册子发表。1949年，工业民主联盟又重印了该小册子，作为杜威九十岁生日庆贺活动的一部分。

■ 3月23日，《作为经验的艺术》一书出版，系在哈佛大学哲学和心理学系的威廉·詹姆士讲座的十次讲演汇集。杜威将该书献给友人巴恩斯。该书出版后受到了广泛的关注和普遍的好评，在1934年至1955年间共印了18500本。

■ 3月24日，在俄亥俄州克利夫兰市举行的美国教育学院协会上发表题为《面向不断变化的社会秩序的教育》的致辞。

■ 3月，《到明天就太晚了：拯救学校从现在开始》一文在《好家政》第98期（1934年3月）上发表。该文系《新时代儿童》的编辑格洛弗（Katherine Glover）对杜威的访谈。杜威在该文中提出，重新整顿整个教育系统。

■ 主持耶鲁大学的托里讲座。

■ 7月，在女儿简·杜威的陪同下，参加欧洲新教育联谊会（New Education Fellowship）在南非开普敦举行的国际教育研讨会。杜威是受到特别邀请的二十位海外发言学者之一，他作了题为《教育哲学的必要性》的致辞。在会上，杜威还发表了《对教育哲学的需要》《什么是学习》《在活动中成长》三篇演讲稿。

■ 10月，美国教育家康茨（George S. Counts）主编的《社会前沿：教育批评和重构》期刊正式创刊。杜威是由特约撰稿人组成的该期刊创刊号编辑部成员。他的题为《教育能够参与社会重建吗？》一文发表在该杂志的第1期（创刊号）上。该杂志还设立了"约翰·杜威专栏"，定期刊载由杜威本人撰写的文章。

■ 12月28日，参加在纽约召开的美国哲学学会一年一度的圣诞周会议，在会上发表了题为《自由主义的未来》的演讲。

1935年

■ 6月，被选为农工政治联盟（Farmer Labor Political Federation）名誉主席。

■ 11月8日，哈佛大学开始建校三百周年庆典，其整整持续了一年。杜威是被邀请在庆典上发言的学者之一。他的题为《世界最高的知识法庭》的发言刊载于1936年9月14日《基督教科学箴言报》上。

■ 致力于社会方面的教育研究会（The Association for the Study Education in Its Social Aspects）在纽约成立。第二年（1936年）初改名为"约翰·杜威学会"（The John Dewey Society），现仍然存在。

■ 担任工业民主联盟（League for Industrial Democracy）副主席。1939年，担任该联盟主席。

1936年

■ 4月26日，密歇根州教师俱乐部创立五十周年纪念会在密歇根州安阿伯市举行。会上，杜威作为该俱乐部四个依然健在的创立者之一致辞，并作了题为《定向的需要》的演讲。

■ 10月16—17日，美国教育协会主办的贺拉斯·曼百年庆典在俄亥俄州的安提阿学院举行。在庆典开幕式上，杜威作了题为《教育：社会组织的基础》的演讲。

■ 11月13日，参加在纽约市宾夕法尼亚酒店举行的一年一度的进步教育协会东部地区会议。在会上，杜威作了题为《民主对教育的挑战》的演讲。

■ 11月23日，国民党政府制造了"七君子"事件，以"危害民国"等罪名逮捕了救国会领导人沈钧儒、章乃器、邹韬奋、李公朴、沙千里、史良、王造时等七位抗日民主人士。该事件发生后，在陶行知的联络下，杜威、爱因斯坦、罗素、罗兰等十六位国际知名人士联名通电蒋介石，要求无条件释放这些人士。

■ 12月9日，在纽约社会研究新学院对美国哲学家贺拉斯·卡伦所作的讲演《实用主义对社会科学意味着什么》发表评论。

1937年

■ 2月21日，在路易斯安那州新奥尔良市举行的约翰·杜威学会会议上，杜威作了题为《教育与社会变化》的演讲，其首次发表在《社会前沿》第3期（1937年5月）上。

■ 2月22日，美国教育协会校长部大会在路易斯安那州新奥尔良市举行。杜威在会上作了题为《民主与教育管理》的演讲，其中指出，在民主制度下的教育和为民主事业进行的教育两个方面，美国教育家贺拉斯·曼（Horace Mann）是美国最伟大的先知。在演讲之前，杜威被授予美国教育协会校长部终身名誉会员称号并颁发证书。在致接受辞中，他说："我做了一辈子的执业教师。……为了教师这一职业，我们全都奉献一生。……在我看来，这一职业比另一些职业对于人的未来有着更大的意义。"

■ 担任控诉莫斯科对列夫·托洛茨基审判的调查委员会（Commission on Inquiry into the Charges Made Against Leon Trosky in the Moscow Trials）

主席。该调查委员会在民间被称为"杜威委员会"。4月10—17日，年逾77岁的杜威赴墨西哥城主持调查听证会，共举行了13场听证会，调查结论是对托洛茨基的指控不成立。杜威在他的陈述中说："我把毕生的精力都献给了教育事业，我把教育看作为社会利益而进行的公众启蒙。如果我最终接受我现在担任的这个责任重大的职务，那是因为我发现，不这么做将是对我的终身事业的背叛。"杜威把这些调查听证会看作是他"生命中最棒的智慧体验"。作为调查委员会报告的《无罪》一书于1938年6月出版。

■ 4月21日，在密苏里州圣路易斯的美国内科医师学院召开的年会上作了题为《人的统一性》的演讲。参加该年会的有来自美国各州以及加拿大、墨西哥的两千多名医生。1939年，该演讲首次刊载于拉特纳（Joseph Ratner）主编的《现代世界的智慧：约翰·杜威的哲学》（*Intelligence in the Modern World*：*John Dewey's Philosophy*）一书中。

■ 12月，被选为艺术与教育之友（Friends of Art and Education）名誉主席。

■ 担任美国俄罗斯研究院（American Russian institute）董事会成员。

■ 与美国教育家赫钦斯（Robert Maynard Hutchins）进行了一场充满火药味的著名争论，其争论以赫钦斯1936年出版的《美国的高等教育》（*The Higher Learning in America*）一书为中心。

1938年

■ 《经验与教育》一书出版。系杜威1938年2月25日在国际教育荣誉学会系列讲座上的第十个讲演。该书是杜威晚年最重要的教育学论著。虽然该书篇幅简短，但它对教育哲学的贡献却是至关重要的。该书在他生前至少再版了11次，很多学者为该书撰写了书评。该书出版后被翻译成11种不同的文字。

■ 《逻辑：探究的理论》一书出版。该书讨论了逻辑理论本质思想的发展。这一思想首次出现于《逻辑理论研究》，后来在《实验逻辑论文集》中得到某些扩充；在《我们如何思维》中，杜威着重从教育方面对其进行了简短的总结。这是杜威一生中最重要的工作。

■ 12月28日，美国哲学学会在哥伦比亚大学举办题为"杜威的经验与自然概念"研讨会。杜威在研讨会上作了题为《经验中的自然》的发言。美国哲学学会授予杜威为该学会终身名誉主席。

1939年

■ 2月6日，约翰·杜威劳动研究基金会（John Dewey Labor Research Fund）在纽约市曼斯菲尔剧院成立，并举行了"什么样的人生！"的义演。杜威没有亲自到场参加，但请人代为宣读了他的"给约翰·杜威劳动研究基金会朋友们的话"。

■ 5月1日，杜威在佛蒙特大学第四十六届创始人纪念典礼上的演讲，题为《教育：1800—1939》，其首次发表在《佛蒙特大学校友》第18卷8号（1939年5月）上。杜威在他的演讲中说：佛蒙特大学"这些老师都是他们自己专业里具有献身精神的学者，与这些老师的接触能使人受到激励的作用"。《佛蒙特大学校友》发表文章写道："我们最杰出的校友之一回母校作演讲嘉宾，增强了学校的爱国主义精神。"《伯灵顿每日新闻》1939年5月1日刊发了《约翰·杜威回到家乡》一文。

■ 6月14日，美国哲学家悉尼·胡克等人创立文化自由委员会（Committee for Culture Freedom），推选杜威担任首任主席。

■ 6月30日，杜威的身份由"驻校荣誉退休哲学教授"改为"荣誉退休哲学教授"（professor emeritus of philosophy），在学术上将没有任何职务。

■ 10月20—21日，在美国进步教育协会的赞助下，在纽约市宾夕法尼亚酒店举行了一个庆贺杜威八十岁生日的全国性会议，讨论了杜威的教育哲学。其会议记录以《约翰·杜威与美国的承诺》（*John Dewey and Promise of America*）为名刊载于《进步教育小册子》第14期（1939年）上。

■ 10月20日，庆贺杜威八十岁生日晚宴在纽约的宾夕法尼亚酒店举行，约一千人出席。承认自己已精疲力尽的杜威决定不出席庆贺生日晚宴，而由美国哲学家贺拉斯·卡伦代为宣读他的致辞《创造性的民主——摆在我们面前的任务》（*Creative Democracy——The Task Before Us*），该致辞刊载于10月24日的《华盛顿邮报》上。在杜威80岁生日之际，全美报刊纷纷表达对他的敬意。其中，《纽约时报》发表了《一位哲学家的哲学》（10月15日）、《美国精神的哲学家》（10月20日）、《致约翰·杜威八十岁生日》（10月21日）等庆贺文章。

■ 举行了美国哲学学者希尔普（P. A. Schilpp）主编的《在世哲学家文库》首卷《约翰·杜威的哲学》的发行仪式。杜威女儿简·杜威撰著的《约翰·杜威传》被收入首卷。这篇传记被认为是一本广义的杜威"自传"。英国哲学家怀特海（A. N. Whitehead）在该首卷中对杜威作了这样的评论："我们所生活的时代深受杜威的影响。"

■ 为向杜威八十岁生日表示致敬，美国西北大学教育学院主办的期刊《教育趋势》11—12月期被作为"约翰·杜威专辑"发行。该专辑除杜威撰写的"序言"外，刊载了献给杜威的五篇文章。

■ 12月20日，在纽约举行的中美文化名人招待会上，杜威和巴特勒被授予"玉石勋章"，以表彰哥伦比亚大学对中国教育做出的贡献。

1940年

■ 1月24日，巴恩斯基金会决议，每年给杜威发放年金5000美元，以让他更好地安度自己的晚年。

■ 4月2日，担任文化自由委员会名誉主席。

1941年

■ 6月，《为了一种新的教育》一文在《新时代》第22期（1941年6月）上发表。

■ 7月，参加欧洲新教育联谊会在美国密歇根大学举行的国际教育研讨会，并担任研讨会主席。

■ 8月23日，杜威在美国教师联合会（American Federation of Teachers）创立二十五周年纪念晚宴上宣读讲演稿，向美国教师联合会表示祝贺。其中，杜威提出："我们应该在牢记过去的奋斗和成就的同时面向未来。"

■ 12月，在日本偷袭珍珠港后，杜威改变了他自己的看法，转而支持使用武力对付那些"侵略者"国家，即日本、德国和意大利。随着这种看法的转变，杜威否定了自己先前持有的有关战争非法的主张。

■ 纽约州教育厅批准一个实践杜威哲学的学校教育实验，为期6年。

■ 与美国哲学家贺拉斯·卡伦合编的《伯特兰·罗素案件》一书出版。

1942年

■ 1月10—11日，威廉·詹姆士百年诞辰纪念活动在威斯康星大学举行，进行了一系列演讲。哲学系教授伯格霍尔特（Carl Boegholt）代没有出席纪念活动的杜威宣读了他的题为《威廉·詹姆士与当今世界》的文章，其中指出："今天的哲学在这方面大多得益于威廉·詹姆士。今天的科学也是如此。威廉·詹姆士高于其他哲学家［皮尔斯除外］的地方，是他将自己训练成了一位科学家。"这为杜威提供了阐述威廉·詹姆士思想的重要机会。

■ 5月17日，弗吉尼亚州的霍林斯学院举行百年校庆。5月18日，杜威作了题为《自由社会的宗教与道德》的演讲，该演讲后来被收入《霍林斯学院百年庆典》（The Centennial Celebration of Hollins College）一书。

■ 10月8日，在芝加哥大学举行的塔夫茨追悼会上，美国学者艾姆斯

（Edward S. Ames）代杜威宣读对他的同事和挚友塔夫茨的颂词。后来，杜威又在《哲学评论》第52期（1943年3月）上发表了《詹姆斯·海登·塔夫茨》一文。

■ 1896年在《心理学评论》杂志上发表的《心理学中的反射弧概念》一文，该文被评选为该杂志创刊五十年来所发表的最重要的论文之一。

1943年

■ 5月24日，在波兰天文学家哥白尼逝世四百周年纪念大会上，杜威被授予"哥白尼奖"，由他儿子弗雷德里克·杜威代领。

■ 《美国实用主义的发展》（1925）一文被收入美国哲学学者鲁恩斯（D. D. Runes）编的《二十世纪哲学》一书。

1944年

■ 3月20日，在迈阿密大学艺术与科学学会冬季短训班上，年已84岁高龄的杜威作了题为《在两个世界之间》的讲演，提出教育年轻人成为实际有用的、未来的创造者。他是迈阿密大学艺术与科学学会冬季短训班的五个讲演者之一。

■ 5月27日，在纽约伦理文化学院召开"科学精神与民主信念大会"。在杜威本人缺席的情况下，由美国伦理学家、纽约伦理文化协会领导人内桑森（Jerome Nathanson）代为宣读他的题为《民主信念与教育》一文。该文对美国教育家赫钦斯的教育理论进行了猛烈的抨击。

■ 10月20日，《八十五岁生日谈话：斥责N. M. 巴特勒和R. M. 赫钦斯的声明》在《纽约时报》（1944年10月20日）上发表。

■ 进步教育协会更名为"美国教育联谊会"（American Education Fellowship）。到1953年，该协会又恢复了原名。1956年6月，时任进步教育协会主席赫尔菲什（H. Cordon Hullfish）宣布该协会解散；两年之后，即1957年，《进步教育》杂志也停办了。当代美国教育史学家克雷明（Lawrence A. Cremin）在他的《学校的变革》一书中强调指出：这"标志了美国教育中一个时代的结束"。

1945年

■ 4月，《科学教学的方法》一文在《科学教育》第29期（1945年4月）上发表。

■ 12月20日，《伦理学的教材和语言》一文在《哲学杂志》第42期（1945年12月20日）上发表。

1946年

■ 7月25日，中国近现代教育家陶行知因脑出血去世。杜威在他的致唁电中赞扬陶行知为中国教育做出了巨大贡献。

■ 8月11日，中共中央在延安为陶行知举行追悼会。

■ 12月9日，在美国纽约举行陶行知追悼会。追悼会由杜威博士和冯玉祥将军担任名誉主席，美国一些著名学者分别就陶行知一生事迹发表演说，以示悼念。这一悼念活动在当时曾引起海内外的广泛关注。

■ 12月11日，与罗伯特·L. 格兰特（Robert Lowitz Grant）女士在纽约结婚。婚后，杜威居住在纽约第五大道1158号公寓，直到1952年去世。杜威当年在石油城中学任教时，正是格兰特的孩提时代，他就与格兰特的父亲洛维茨（Joshua Lowitz）相识。两年后，他们领养了两个比利时的战后孤儿（姐弟俩）：男孩小约翰·杜威（John Dewey, Jr.）和女孩阿德里安娜·杜威（Adrienne Dewey）。

■《人的问题》一书出版。该书选自杜威在期刊上已发表的31篇文章，分为"民主与教育""人性与学术""价值与思维""关于思想家们"四个部分。该书出版后得到了众多好评，其中一些评论家都谈到了杜威的活力和精力。美国伦理学家内桑森评论道："很难意识到，收集在这本书中的论文作者将于10月庆贺他八十七岁诞辰。……不失精神饱满，不失日益中肯，杜威深刻地洞察到了我们时代的核心问题。"美国学者小兰德尔（John Herman Randall, Jr.）评论道："杜威的巨大影响的秘密在于他将理论瞄准实践的敏锐性。理论与实践如何周密地结合在一起，的确是他整个思想的核心命题。他能够与各领域最专业的思想家们交往，他对哲学问题的深入分析极为严格冷峻，但他从来没有对于现实生活中的问题——即'人的问题'视而不见。"

■ 被挪威奥斯陆大学授予名誉哲学博士学位。

■ 被美国宾夕法尼亚大学授予名誉理学博士学位。

1947年

■ 8月26日，美国学者惠特·伯内特（Whit Burnet）写信告诉杜威，杜威的文章《人的统一性》入选了他编的《世界之最》（*World Best*）一书（纽约：日暑出版社1950年版），得票数是前25名。杜威回复说："能够入选我感到相当荣幸和满足。"事实上，杜威的文章在658票中获得了368票，位于第20名。

■ 11月11日，在美国哲学家博德（Boyd H. Bode）因其在教育哲学领域的突出贡献而被授予"克伯屈奖章"的颁奖大会上，杜威宣读了他的颂词表示祝贺。

■ 11月13日，在哥伦比亚大学哲学系毕业班上作了题为《哲学的未来》的演讲。

■《思维是什么？》一文被收入美国学者巴德（A. L. Bader）和韦尔斯（C. F. Wells）合编的《我们时代的论文》（1947年纽约版）一书。

1948年

■ 8月11—18日，在荷兰阿姆斯特丹举行第十届国际哲学会议。8月14日，由美国哲学家胡克在会上代为宣读杜威提交的题为《哲学有未来吗？》的论文。

■ 11月，被选为国际救援委员会（International Rescue and Relief Committee）名誉主席。

1949年

■ 5月19日，纽约的亚伯拉罕·林肯中学的学生们给约翰·杜威颁发该年度的"林肯奖"（Lincoln Award，系为纽约市提供最佳服务的公民奖），以表彰他为纽约市学校所作出的成功努力。由杜威夫人罗伯特·L. 格兰特代领。

■ 8月24日，美国教师联合会在威斯康星州密尔沃基市施罗德酒店举行向杜威表示敬意的晚宴。美国教师联合会前主席、美国教育家康茨（George S. Counts）代没有出席晚宴的杜威宣读致美国教师联合会的一封信。

■ 9月，与美国哲学家本特利（Arthur F. Bentley）合著的《认知与所知》一书出版，该书系他们在《哲学杂志》上合作发表的13篇论文汇集。该书出版后，得到了学界的广泛认可。

■ 杜威的学生、美国教育家克伯屈担任庆贺约翰·杜威九十岁生日委员会主席。在他的领导下，庆贺约翰·杜威九十岁生日委员会宣布：将通过晚宴、会议以及发行周年纪念特刊等一系列活动来庆贺杜威的九十岁生日。

■ 10月19日，在纽约市的社会研究新学院举行了庆贺杜威九十岁生日活动，由霍夫德（Bryn J. Hovde）院长主持。名誉院长约翰逊（Alvin Johnson）称杜威是"最伟大的美国哲学家"；研究生部的哲学教授考夫曼（Felix Kanfmann）说："研究杜威在伦理学、政治学和教育学方面的著作时，他的强烈信念会给你留下深刻的印象。"

■ 10月20日晚上，庆贺杜威九十岁生日宴会在纽约市康芒多尔酒店的格兰德大舞厅举行。庆贺杜威九十岁生日宴会组织委员会主席、美国工业民主联盟执行董事莱德勒（Harry W. Laidler）在他的"开场白"中指出："来自拉丁美洲各地、加拿大的高等学府以及欧洲、以色列、土耳其、日本、中国、印度和其他地区的人们，以公共集会、广播、撰文、翻译和颁奖的形式来庆贺一位对我们当今世界的教育生活产生深远影响的人的一生和成就。他的影响超越了任何一个人。"庆贺生日宴会由萨拉·劳伦斯学院的哈罗德·泰勒（Harold Taylor）院长主持。各界人士约1500人出席了庆贺杜威九十岁生日宴会，其中一些嘉宾致辞，杜威致了答谢辞。世界各地也给杜威寄来了数百封贺信，还有成千上万贺词。当天，整个美国有一百多所高等院校分别举行集会和讲座庆贺杜威九十岁生日。

■ 10月21日，在伊利诺伊州厄伯纳的伊利诺伊大学校园的自然历史楼，举行了杜威九十岁生日庆贺会。在美国教育联谊会和伊利诺伊大学的社会学、哲学和历史学系基础部的共同赞助下，整个庆贺会包括两场研讨会，分别安排在下午和晚上。杜威的致辞由美国教育联谊会主席贝恩（Kenneth D. Benne）在研讨会上代为宣读。

■ 10月22日，在贺拉斯·曼礼堂举行了由哥伦比亚大学师范学院赞助的杜威九十岁生日庆贺会。哥伦比亚大学校长艾森豪威尔（Dwight D. Eisenhower）称杜威是"哥伦比亚大学的苍穹中最耀眼的明星"。

■ 10月26日，在夫人格兰特的陪同下，杜威回母校佛蒙特大学参加以他名义举办的校友日庆贺活动。期间，杜威重访了伯灵顿的一些地方，包括他的出生地南威兰德街186号，回忆了他的童年趣事。在晚宴上的致辞中，杜威说他为自己是一名佛蒙特人而感到骄傲。

■ 杜威在他的九十岁生日之际，曾接受了《纽约时报》的采访。在采访中，他承诺撰写一本著作（即《非现代哲学与现代哲学》）作为他多年来哲学观点的总结。杜威的意愿是撰写一本关于常识、科学和哲学的著作，但这本著很快就写成了现代文化哲学史。杜威完成了这本著作的手稿，但没有想到这本手稿却丢失了。在为此伤心了两天之后，杜威开始考虑与本特利合作撰著，但这一合作并没有实现。约70年之后，杜威所遗失的这本手稿在美国南伊利诺伊大学特殊收藏研究中心的杜威文献中被发现，并由美国马萨诸塞州维尔斯利学院客座讲师迪恩（Phillip Deen）完成了手稿的编辑工作，作为《杜威全集》补遗卷出版。在补遗卷的扉页上写着，该书为美国思想史研究作出了重要贡献，并最终解决了实用主义哲学中的一个谜团。

■ 12月18日，在纽约社会研究新学院举行庆贺前院长阿尔文·约翰逊（Alvin Johnson）七十五岁生日会上，杜威是致辞者之一。

1950年

■ 由美国工业民主联盟执行董事、庆贺杜威九十岁生日宴会组织委员会主席莱德勒编的《九十岁的约翰·杜威》（*John Dewey at Ninety*）一书出版，系纽约庆贺杜威九十岁生日宴会上的演讲和贺辞汇编。

■ 由杜威的学生、美国哲学家和教育家悉尼·胡克主编的《约翰·杜威：科学和自由的哲学家》（*John Dewey: Philosopher of Science and Freedom*）一书出版，系庆贺约翰·杜威九十岁生日专集。

1951年

■ 2月，杜威为克伯屈的学生、美国学者特南鲍姆（Samuel Tenenbaum）所著的《威廉·赫德·克伯屈——教育中的开拓者》一书撰写了序言。其中，杜威指出："好的教学需要教师不断学习，而克伯屈的著作正体现了这一事实。"他还指出："真正的进步教育运动最合理和最宝贵的特点之一，就是它力图打破把教室和校园之外的几乎所有东西隔离开来的围墙。"最后杜威写道，他非常高兴能与克伯屈博士一起努力发展教育哲学。

■ 6月11日，出席耶鲁大学建校250周年大会，会上作为美国最杰出的25位学者之一被耶鲁大学授予名誉文学博士学位。

■ 11月，杜威因摔倒而导致臀骨骨折，术后在家中休养。

1952年

■ 杜威的最后一篇论文《〈教育资源的使用〉一书的引言》发表。借为他以前的助教克拉普（Elsie Ripley Clapp）的著作撰写"引言"的机会，杜威回顾了半个世纪以来他自己与进步教育运动的关系。当他一生事业临近结束时，他回顾了对进步教育运动的希望，并十分忧虑地关注了进步教育运动的未来。

■ 被选为伦理学联盟（Ethical Union）副主席。

■ 担任种族平等委员会（Committee of Racial Equality）咨询委员会成员。

■ 6月1日，约翰·杜威在纽约市第五大道1158号他的寓所因肺炎不治去世，终年九十三岁。根据与杜威合著《认知与所知》一书的美国哲学家本特利的描述，杜威在去世前几个月始终在工作。